中国上市公司业绩评价报告

PERFORMANCE EVALUATION REPORTS OF CHINESE LISTED COMPANIES

中国上市公司业绩评价课题组 著

中国财经出版传媒集团
中国财政经济出版社

图书在版编目（CIP）数据

2020中国上市公司业绩评价报告 / 中国上市公司业绩评价课题组著. — 北京：中国财政经济出版社，2020. 10

ISBN 978-7-5223-0039-9

Ⅰ. ① 2… Ⅱ. ①中… Ⅲ. ①上市公司-经济评价-中国-2020 Ⅳ. ①F279.246

中国版本图书馆CIP数据核字（2020）第172908号

责任编辑：罗亚洪　　　　责任校对：赵婵婷

中国财政经济出版社 出版

URL：http：//www.cfeph.cn

E-mail：cfeph @cfemg.cn

社址：北京市海淀区阜成路甲28号　邮政编码：100142

营销中心电话：010-88191537

三河市宏图印务有限公司　各地新华书店经销

880×1230毫米　16开　34.25印张　560 000字

2020年10月第1版　2020年10月河北第1次印刷

定价：320.00元

ISBN 978-7-5223-0039-9

（图书出现印装问题，本社负责调换）

本社质量投诉电话：010-88190744

打击盗版举报热线：010-88191661　QQ：2242791300

中国上市公司业绩评价课题组

顾　问：孟建民　第十三届人大社会建设委员会委员、
　　　　　　　　国务院国有资产监督管理委员会原副主任

组　长：王子林　中联企业管理集团董事局主席

副组长：孙庆红　中国上市公司业绩评价课题组副组长
　　　　范树奎　中联资产评估集团有限公司董事长
　　　　姚庚春　中兴财光华会计师事务所首席合伙人
　　　　穆东升　中联财联网科技有限公司总裁
　　　　潘　明　中联企业管理集团合伙人
　　　　严晓健　中联造价咨询有限公司董事长

成　员：邓艳芳、金　阳、韩　荣、唐章奇、陈志红、周　良、鲁杰钢、刘　松、
　　　　吴晓光、蒋卫锋、陶　涛、高红海

目　录

第一部分　中国上市公司评价总报告

第二部分　中国上市公司评价各行业分析报告

第三部分　中国上市公司税收分析报告

附　录

第一部分
中国上市公司评价总报告

第一章　中国上市公司业绩评价宏观经济背景

2019年，面对复杂严峻的国际环境和国内经济下行压力，中国经济运行继续保持总体平稳、稳中有进的态势。经济结构和区域布局继续优化，发展新动能不断增强，就业保持相对稳定。但物价结构性上涨特征明显，经济下行压力继续加大。

一、国际经济大环境的影响

（一）全球经济增长放缓

国际货币基金组织（IMF）2020年1月在其发布的《世界经济展望》中表示，考虑到新兴经济体的负面情况与一些国家社会动荡因素，2019年全球经济增速仅为2.3%，这一数字是继2008年全球金融危机以来经济增速的最低水平。美、欧等发达经济体2019年经济增长均有所放缓，但得益于货币政策宽松等政策托底，出现企稳迹象；新兴市场表现也不尽如人意，2019年新兴市场经济体增速为3.7%，增速回落，该指标在2018年为4.5%。

（二）主要经济体物价水平总体稳中有降

2019年，主要发达经济体CPI总体平稳，全年CPI维持在2.5%，其中美国为1.8%，欧元区综合物价指数（HICP）为1.2%，日本为0.5%，仍徘徊于通货紧缩的边缘。由于2019年猪肉及其他肉类产品供需不平，中国因此出现CPI的小幅攀升，但从全年来看，CPI同比上涨2.9%，仍在可控范围内。印度在年末时CPI同比上涨7.4%，涨幅较大。

（三）全球贸易市场低迷

2019年全球贸易增速仅为世界经济增速的一半。由于贸易保护主义逐渐蔓延与全球经济环境的逐渐恶化，各国纷纷推出多项贸易保护措施以保护本国企业与本国经济；而与此相对的是，在贸易促进方面，各国推出的促进国际贸易的举措却大幅减少，这种减少使得经济愈加恶化。

（四）金融市场走强

得益于2019年各国央行较为宽松的货币政策和金融市场的触底反弹，全球金融市场涨幅攀升，各国股指均迎来不同程度的上升。其中，俄罗斯交易系统指数（RTS指数）上涨

44.9%，成为全球市场涨幅之最，其次为深证成指，比2018年年末上涨44.08%。

二、国内宏观经济指标

（一）GDP（国内生产总值）符合预期

2019年，我国国内生产总值（Gross Domestic Product，GDP）为990865亿元，较2018年同比增长6.1%。2015—2019年我国GDP情况见图1–1。

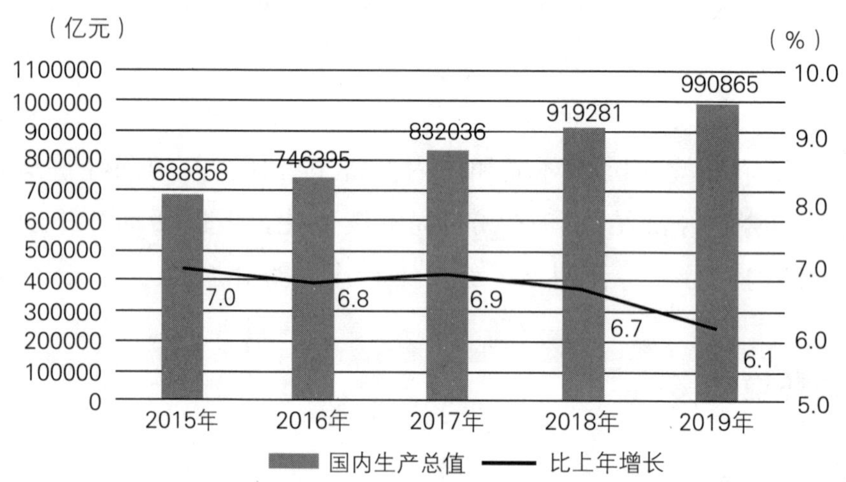

图1–1 2015—2019年国内生产总值及其增长速度

资料来源：国家统计局网站。

（二）固定资产投资有所增长

2019年全社会固定资产投资[①]560874亿元，比上年增长5.1%。其中，固定资产投资（不含农户）551478亿元，比上年增长5.4%。三大产业投资占固定资产投资的比重情况见图1–2。

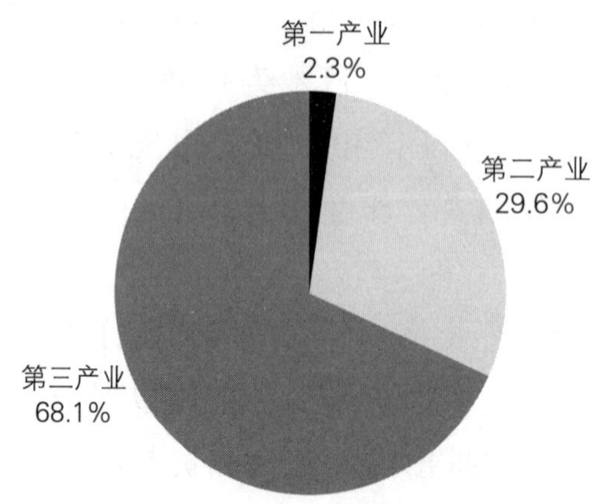

图1–2 2019年三大产业投资占固定资产投资（不含农户）的比重

资料来源：国家统计局网站。

① 根据第四次全国经济普查、统计执法检查和统计调查制度规定，对2018年固定资产投资数据进行修订，2019年增速按可比口径计算。

（三）进出口增速放缓

2019 年货物进出口总额达到 315505 亿元，比上年增长了 3.4%。其中，出口 172342 亿元，增长 5.0%；进口 143162 亿元，增长 1.6%。出口总额减去进口总额（进出口差额）为 29180 亿元，比上年增加 5932 亿元。在所有对外贸易国家中，我国对“一带一路”战略所涉及的沿线国家进出口总额 92690 亿元，增幅较大，比上年增长了 10.8%。其中，出口 52585 亿元，增长 13.2%；进口 40105 亿元，增长 7.9%。2015—2019 年我国进出口总额情况见图 1-3。

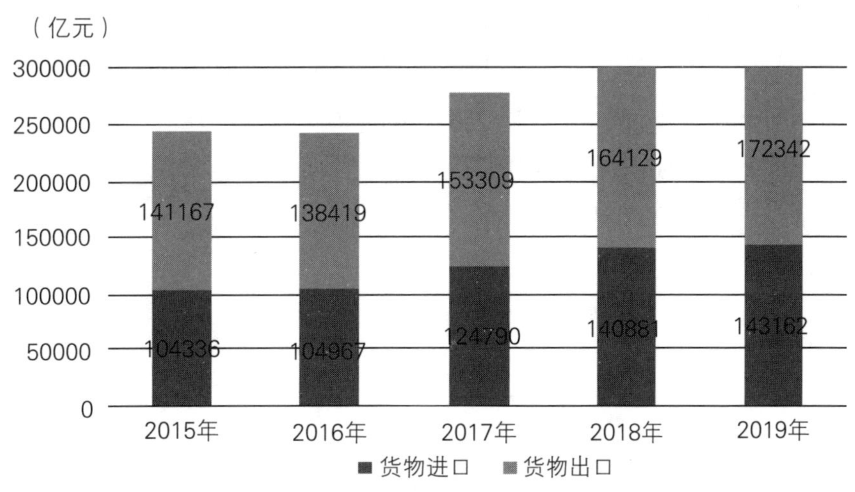

图 1－3　2015—2019 年货物进出口总额

资料来源：国家统计局网站。

（四）国内贸易增速明显

2019 年全社会消费品零售总额 411649 亿元，比上年增长 8.0%。分城乡来看，城镇地区消费品零售额达到 351317 亿元，增长 7.9%；乡村地区消费品零售额为 60332 亿元，增长幅度大于城镇地区，增长了 9.0%。按消费类型来看，各类商品的零售额为 364928 亿元，增长 7.9%；餐饮收入额 46721 亿元，增长 9.4%。2015—2019 年我国社会消费品零售占额情况见图 1-4。

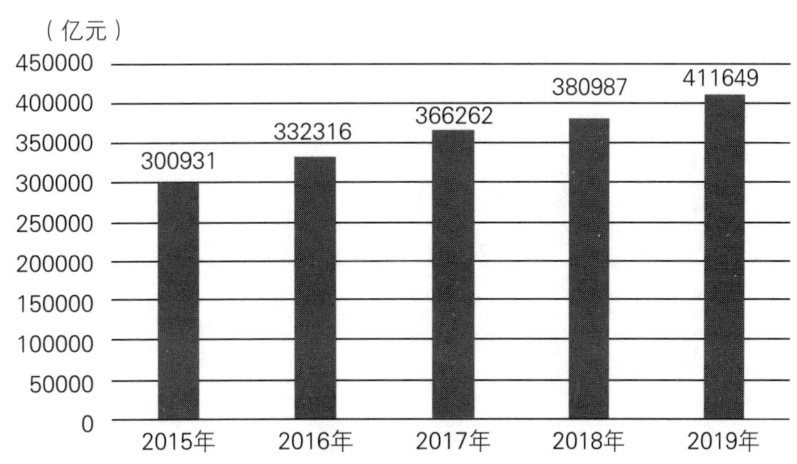

图 1－4　2015—2019 年社会消费品零售总额

资料来源：国家统计局网站。

（五）CPI（居民消费价格指数）结构性上涨

2019 年居民消费价格指数（Consumer Price Index，CPI）同比上涨 2.9%，涨幅相较上年同比扩大了 0.8 个百分点。由于 2019 年猪肉及其他肉类产品供需不平，CPI 小幅攀升，全年猪肉同比上涨 42.5%，带动其他肉类诸如牛、羊肉价格也有所上涨，分别同比上涨 12.1% 和 11.9%。居民个人较为关心的食品价格上涨 9.2%，涨幅有所扩大，比 2018 年提高了 7.4 个百分点；而非食品价格上涨不明显，全年仅上涨了 1.4%，涨幅有所回落，比 2018 年回落了 0.8 个百分点。2019 年各国涨跌情况见图 1–5。

生产价格同比下降。2019 年，工业生产者出厂价格指数（Producer Price Index，PPI）同比下降 0.3%，涨幅比上年回落 3.8%。工业生产者购进价格指数（Purchasing Price Index of Raw Material，PPIRM）同比下降 0.7%，涨幅比上年回落 4.8%。企业商品交易价格指数（Corporate Goods Price Index，CGPI）同比下降 0.2%。分产品生产加工链条来看，关于初加工产品和产成品的价格同比涨幅扩大，而产品加工链条上的中间产品，价格持续负增长。

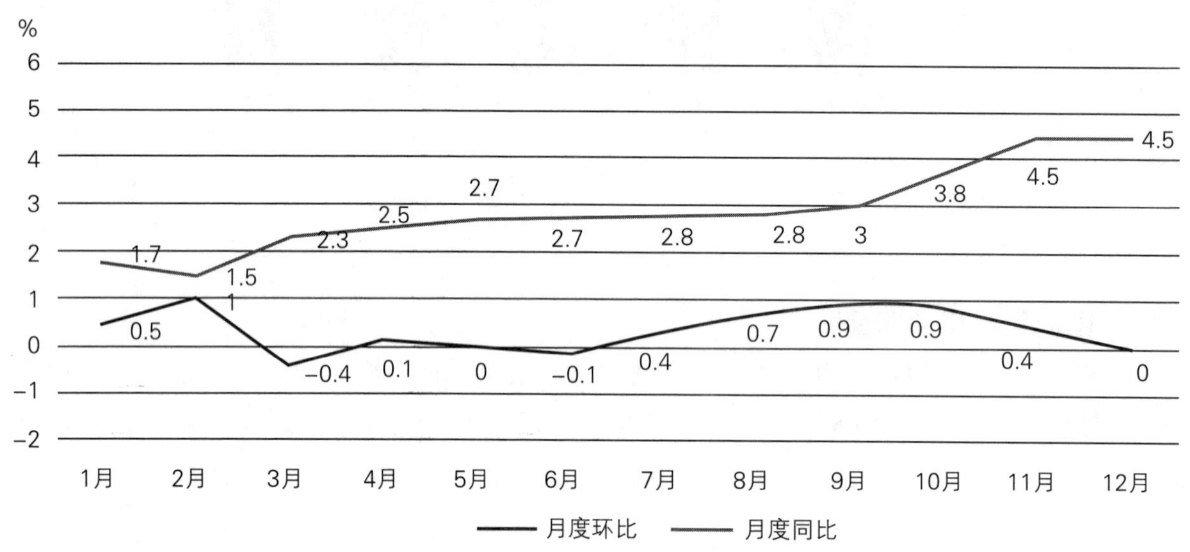

图 1 – 5　2019 年居民消费价格月度涨跌幅度

资料来源：国家统计局网站。

（六）就业保持稳定

截至 2019 年年末，全国就业人口 77471 万人。其中，城镇就业人口 44247 万人。2019 年年末全国城镇调查失业率为 5.2%，城镇登记失业率为 3.6%，同比下降 0.2%。2018 年年末城镇登记失业率为 3.8%，2017 年年末城镇登记失业率为 3.9%，2016 年年末的城镇登记失业率为 4.02%。可见，近年来我国城镇登记失业率逐年持续降低（见图 1–6）。

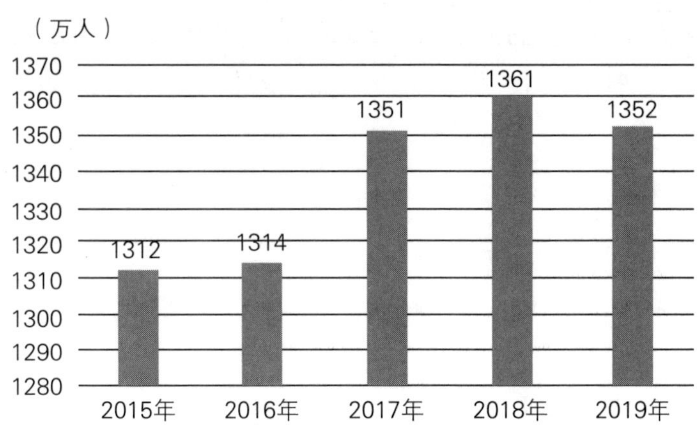

图 1－6　2015—2019 年城镇新增就业人数

资料来源：国家统计局。

（七）国际收支平稳

2019 年，我国国际收支两条线基本保持稳定，经常账户顺差 1775 亿美元。按类型分类来看，货物贸易存在顺差且顺差在增大，服务贸易存在逆差但逆差在缩小。资本和金融账户中，直接投资净流入 591 亿美元，证券投资顺差约 600 亿美元。

截至 2019 年年末，根据国家外汇管理局的相关数据显示，我国外汇储备余额为 31079 亿美元，同比增加 352 亿美元。

（八）PMI（中国制造业采购经理指数）维持稳定

制造业采购经理指数（Purchasing Managers' Index，PMI），是对企业采购经理发放月度问卷调查所统计出的扩散指数加权而成的综合指数，用来反映制造业行业整体的增长或者衰退情况，是行业运行情况的“晴雨表”。PMI 以 50% 表示荣枯线，PMI>50%，通常可以理解为制造业经济扩张；PMI<50%，解释为制造业经济萎缩。2019 年 PMI 各月指数见表 1–1。

表 1－1　PMI 各月指数

月份	1 月	2 月	3 月	4 月	5 月	6 月	7 月	8 月	9 月	10 月	11 月	12 月
PMI（%）	49.5	49.2	50.5	50.1	49.4	49.4	49.7	49.5	49.8	49.3	50.2	50.2

（九）股票市场指数与成交量上升

2019 年年末，中国大陆股票市场指数上升，沪市上证综合指数收于 3050 点，比上年年末上涨了 22.3%；深市深证成份指数收于 10431 点，比上年年末上涨了 44.1%。不仅股指上升，股票市场的成交量也明显增加，市场交易活跃。2019 年，沪、深两市累计成交额达到 127.4 万亿元，平均每日成交量达到 5222 亿元，较 2018 年同期增长 40.7%。股票市场筹资额也在同比增加 11.2%。

（十）货币市场交易活跃

2019 年，银行间市场债券回购累计成交额达到 819.6 万亿元，每日平均成交额为 3.3

万亿元，同比增长 14.3%；同业拆借累计成交额达到 151.6 万亿元，每日平均成交额为 6065 亿元，同比增长 9.7%。人民币利率互换市场达成交易 23.77 万笔，同比增长 26%。货币市场交易活跃。

三、宏观经济特征

2019 年国民经济总体运行平稳，经济结构持续优化，经济发展质量逐步提高。全年经济运行的总体特征可以概括为表 1–2：

表 1－2　2019 年我国宏观经济运行特征

经济运行特征	具体表现
降低	GDP 增速继续降低，已经降至 21 世纪以来的最低水平
	工业企业利润，较 2018 年同期下降 3.3%
上升	国际贸易顺差大增，外汇储备增加
	猪肉等肉类产品价格上涨拉动 CPI 涨幅扩大
稳定	就业情况保持相对稳定

（一）深化供给侧结构性改革，实现经济高质量发展

2019 年，我国国民经济三大产业增加值分别增长 3.1%、5.7% 和 6.9%，占 GDP 比重分别为 7.1%、39.0% 和 53.9%（见图 1–7）。

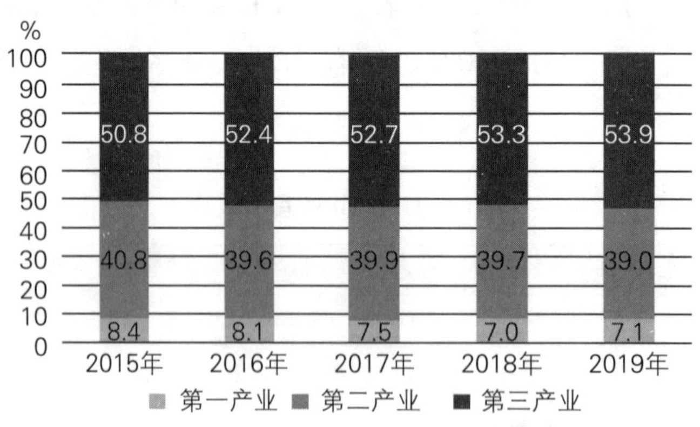

图 1－7　2015—2019 年三大产业增加值占国内生产总值比重

资料来源：国家统计局网站

1. 工业生产基本稳定，新动能不断壮大

2019 年，工业作为我国第二产业继续保持了一定比例增速的持续发展，并且在各种宏观政策引导之下工业企业内部结构也在不断进行转换与调整。2019 年我国规模以上工业增加值同比增长 5.7%。而在这其中，对我国经济发展具有重要战略意义的高新技术制造业和战略性新兴产业增加值均超过 5.7%，高新技术制造业比上年增长 8.8%，战略性新兴产业

比上年增长8.4%，增速分别比规模以上工业快3.1和2.7个百分点。新兴产业发展与经营不断步入正轨，规模和体量逐步积累，传统产业也在根据相关政策的部署加快转型与产业升级。营商环境日益改善，企业数量日均增长显著，每日净增加企业1万户以上。2019年12月，国家统计局公布的数据显示，制造业生产经营活动预期指数达到54.4%，市场需求回升明显。根据第四季度中国人民银行5000户工业企业的调查显示，企业经营景气指数为55.5%，比上季回升2.2个百分点；企业盈利指数为57.3%，比上季回升2.0个百分点。

2. 服务业发展较快

2019年全国服务业生产指数同期增长6.9%。按照服务业构成情况来看，新兴服务业如信息传输、软件和信息技术服务业规模和体量增长较快。2019年前11个月，根据相关统计数据显示，规模以上服务业企业的营业收入同比增长9.4%。按照服务业类型分类，战略性新兴服务业企业营业收入增长12.4%、科技服务业企业营业收入增长12.0%、高技术服务业企业营业收入增长12.0%，均大幅超过服务业营业收入增长的总体水平。

（二）消费增势平稳，投资缓中趋稳，进出口规模扩大

1. 消费对经济增长贡献度上升

2019年全年，消费市场活跃，消费支出成为经济增长“助推器”，为经济增长贡献57.8%。资本形成总额为经济增长贡献了31.2%。社会消费品零售总额同比增长8.0%。其中，线上销售继续充满活力，2019年全国线上商品销售额达到10.6万亿元，比2018年同期增长16.5个百分点。

2. 固定资产投资趋于稳定

2019年，全国固定资产投资（不含农户）551478亿元，同比增长5.4%。从主要投资领域看，制造业投资增速为3.1%，比上年低6.4%；基础设施投资增速为3.8%，增速与上年一致；房地产投资增速为9.9%，比上年高0.4个百分点。从不同投资主体来看，民间投资增速为4.7%，比上年下降4.0%；国有投资增速为6.8%，比上年高4.9个百分点。

3. 进出口规模扩大

2019年，货物进出口总额31.54万亿元，较2018年同期增长3.4%，增速比上年下降6.3%。其中，出口增长5.0%，进口增长1.6%。进口与出口差额为顺差2.92万亿元，同比扩大25.4%。出口商品特征变化明显，由价值链低端向高端逐步转移。对主要国际经济体诸如欧盟、东盟、美国和日本进出口分别增长8%、14.1%、−10.7%和0.4%，对“一带一路”倡议所涉及的沿线国家进出口9.27万亿元，增幅较大，增长10.8%。

（三）房地产市场调控效果显著

1. 商品房销售面积、销售额持续回落，去库存进展良好

2019年12月末，根据相关调查显示，在被调查的70个大中城市中，新建商品房价格较2018年同期上涨6.8%，二手房价格较2018年同期上涨3.7%，涨幅均有所下降，显示出房地产市场的调控效果显著，新建商品房价格涨幅较上年同期下降3.7%，二手房价格涨幅较上年同期下降4%。2019年全年商品房销售面积与2018年相比基本相同，销售额为

159725亿元，同比增长6.5%，主要是由于价格的增长带动销售额的增长，增速较上年年末回落5.7%。2019年年末全国范围内待售商品房总面积为49821万平方米，较上年同期下降4.9%，去库存平稳进行。

2. 房地产开发投资平稳增长，新开工有所下降

2019年全国房地产开发投资完成额同比增长9.9%，增速较上年提升0.4%。其中，住宅开发投资完成额为9.7万亿元，同比增长13.9%，增速较上年提高0.5个百分点，占房地产开发投资的比重为73.4%。全国房屋新开工面积为22.7万亿平方米，同比增长8.5%，增速较上年下降8.7个百分点。

3. 房地产贷款增速平稳回落

2019年年末，全国主要金融机构（含外资）房地产贷款余额44.41万亿元，同比增长14.8%，增速较上年年末回落5.2%。房地产贷款余额占各项贷款余额的29%。其中，个人住房贷款余额为30.2万亿元，同比增长16.7%，增速较上年年末回落1.1个百分点；住房开发贷款余额为8.4万亿元，同比增长14.6%，增速较上年年末回落17.3个百分点；地产开发贷款余额为1.28万亿元，同比下降7.1%，增速较上年年末回落11个百分点。

四、宏观经济政策

（一）积极的财政政策

2019年，我国坚持实施积极的财政政策，扩大减税降费的广度和深度，将政策传导到实体企业，减轻实体企业尤其是中小企业支出负担。但在此基础上并不弱化财政支出的力度，以政策引导投资，扩大有效需求，转变思维，提高财政支出效率，推广PPP模式，盘活民间资本，继续清理规范涉企收费；盘活存量资金，绝不缩减民生领域的相关支出；加强地方政府债务风险防控；推进科技创新能力建设；支持制造业转型升级；激发创业创新活力；巩固“三去一降一补”成果；促进城乡区域协调发展；财税改革向纵深推进；加快财政体制改革；深化预算管理制度改革；财政管理水平继续提高；严肃财经纪律；认真整改审计发现问题。

关于具体财政数据，在收入方面，2019年全国一般公共预算收入190382亿元，同比增长3.8%，相较2018年增速有所回落。分中央和地方来看，中央一般公共预算收入89305亿元，同比增长4.5%；地方一般公共预算本级收入101077亿元，同比增长3.2%。从收入构成角度来看，因税收入157992亿元，同比增长1%；非税收入32390亿元，同比增长20.2%。关于支出方面，2019年全年我国财政支出增长较快。全国一般公共预算支出238874亿元，同比增长8.1%。分中央和地方来看，中央一般公共预算本级支出35115亿元，同比增长6%；地方一般公共预算支出203759亿元，同比增长8.5%。分项目来看，节能环保支出、城乡社区支出和科学技术支出三项支出增长最快，分别同比增长18.2%、16.1%和14.4%。

1. 实施更大规模的减税降费，助力实体经济发展

财政部与国家税务总局网站的相关数据显示，2019 年全面减税降费规模显著、成果惊人，规模超过 2.3 万亿元，占 GDP 的比重超过 2%。在企业方面，减税降费缓解了广大居民企业税收方面的负担，惠及各行各业，使得企业有资金、有能力去加大研发投入、扩大对内对外投资，支持了转型阶段实体经济的发展，并且在一定程度上也稳定了就业。

2. 扩大财政支出规模，全面打开国内市场

将财政支出集中支持保障性安居工程、重大基础设施和养老与医疗等脱贫与民生重点领域。顺应“快消”趋势。完善科、教、文、体等服务，支持第三方污染防治、节水节能、环境保护等重点领域发展，创新和疏通农村和贫困地区的消费，寻找新的消费增长点。

3. 加强地方政府债务风险防控

严格控制各地地方政府杠杆，有效识别、应对地方政府债务风险，针对隐性债务风险更要确定一套严格监管与控制系统。坚决抵制发生增量隐性债务，对于违反法律法规的地方性融资行为，发现即问责，并且实行终身问责制。摸排现有隐性债务存量与相关风险情况，对于高风险地区应督促其尽快落实与降低隐性债务的规模。推行“阳光政府”，鼓励政府政务信息公开。

（二）稳健、中性的货币政策

2019 年，面对国内外诸多经济与政治不利因素，中国人民银行按照相关决策的部署要求，坚持金融系统服务实体经济，实施稳健、中性的货币政策。中国人民银行综合运用多种长短期货币政策工具，加强逆周期调节，引导货币市场稳定运行。

2019 年，人民币汇率在合理区间内保持基本稳定。2019 年年末，人民币对美元汇率中间价为 6.9762 元，比上年年末贬值 1.62%。截至 2019 年年末，外汇储备余额为 31079 亿美元，较 2018 年年末增加 352 亿美元。2019 年年末，广义货币供应量 M2 余额为 198.6 万亿元，同比增长 8.7%，比上年年末高 0.6 个百分点。狭义货币 M1 余额为 57.6 万亿元，同比增长 4.4%，比上年年末高 2.9 个百分点。流通中货币 M0 余额为 7.7 万亿元，同比增长 5.4%。2019 年现金净投放 3981 亿元，同比多投放 1418 亿元。初步统计，2019 年年末社会融资规模存量为 251.31 万亿元，同比增长 10.7%。

1. 灵活开展公开市场操作

2019 年，为保持合理且充裕的流动性，央行综合运用降准、定向降准、MLF、7 天期逆回购等开展公开市场操作。2019 年，MLF 和逆回购操作中标利率均下行了 5 个基点，对外有效释放了逆周期调节信号。为了增强金融系统服务实体经济的能力，降低破产风险，支持银行发行永续债以进行资本补充，2019 年央行累计开展了 7 次共计 320 亿元央行票据互换（CBS）操作。

2. 加大关于新冠肺炎疫情防控相关的货币信贷支持力度

向主要商业银行和疫情较为严重地区的部分地方法人银行提供了总计 3000 亿元低成本专项再贷款资金；引导金融机构加大信贷投放力度，强化对重点医疗与生活物资相关企

业的信贷支持，督促金融机构主动联系有关医疗服务系统和医疗物资企业，保障资金支持，提升湖北等疫情重灾区的金融供给能力。

3. 强化对小型微利企业、民营企业、涉农扶贫等国民经济重点领域的信贷投放

综合运用再贷款、再贴现和抵押补充贷款等工具，引导金融机构加大对上述企业的支持力度。增加再贴现额度2000亿元、常备借贷便利额度1000亿元，全面实施优化运用扶贫再贷款发放贷款定价机制工作，设立专项扶贫再贷款，完善再贷款和常备借贷便利质押品的管理。截至2019年年末，全国再贷款、再贴现余额合计10148亿元，比年初增加1815亿元。2019年全年支农再贷款余额为2602亿元（含扶贫再贷款1642亿元），支小再贷款余额为2832亿元，再贴现余额为4714亿元。

4. 深化利率市场化改革

中国人民银行2019年8月发布公告称，为了进一步深化利率市场化改革、改革与完善现有市场报价利率（LPR）的形成机制、疏通和提高利率传导效能，对于报价原则和计算方式、所涉及银行、期限品种、定价基准等方面都提出了新的要求。新的LPR更具代表性。

五、对2020年宏观经济的几点展望

2020年，虽然国内新冠疫情控制良好，但国际上新冠肺炎疫情仍未得到有效控制，预计仍会在未来一段时间内影响中国和世界经济。不过对此要客观看待、理性认识，此次疫情对于中国的影响程度有限，不会改变中国经济长期向好基本面。面对愈加严峻的国际形势与国家间的摩擦，2020年要灵活运用财政、货币等政策工具并借助大数据、云计算等技术手段，使得对宏观经济的调控更具效率。推动国内市场发展，增加有效投资，刺激消费增长，充分挖掘国内巨大的市场潜力。预计2020年财政政策和货币政策将延续2019年年末的积极取向，将更加宽松、更具弹性且更有效率，经济结构的有利变化也有望增强增长动能。减税降费政策对实体经济的影响已经逐渐显现，对于基础建设的投资将在更多地方专项债的支持下加速推进。

（一）稳健的货币政策要更加灵活适度

1. 为应对新冠肺炎疫情影响的短期经济下行，未来一段时间仍要谨慎、妥善把握逆周期调节力度，保证灵活、稳健的货币政策，尽快走出此次经济低谷。找到能最大程度满足多重目标的平衡点，将改革和调控相结合、短期与长期相结合、内部疏通与外部均衡相结合，保持经济运行基本稳定。

2. 疫情防控是2020年及后几年最重要的任务，决不可掉以轻心，须引导金融机构主动对接医疗机构与医疗卫生物资生产企业，提高对这些机构和企业的货币信贷支持力度。防范化解金融风险，促进经济金融良性循环。不同宏观政策之间搭配进行，科学适度，处理好内、外部之间的均衡发展。继续开展金融领域内的供给侧结构性改革，加快健全现代金

融体系的抗风险能力、竞争力、普惠性，促进国民经济整体实现良性循环。

（二）积极的财政政策要更加积极有为

1. 继续提高财政支出规模，放宽财政赤字率，发行抗疫特别国债。由于近年来我国持续的经济下行压力、短期内疫情所带来的经济冲击和近年来大规模的减税降费、政府让利等措施造成财政收入缩减，同时疫情防控、三大攻坚等又必须要求政府加大投资与支出规模，因此财政的收支矛盾十分突出。因此，适度放宽财政赤字率，有助于更好地适应当前我国面临的经济发展现实情况，以缓解财政收支矛盾。李克强总理在 2020 年 5 月 22 日的《政府工作报告》提到，2020 年赤字率拟按 3.6% 以上安排，预期财政赤字的规模提高 1 万亿元，在此基础上一并发行同等规模的抗疫特别国债。并且，前述 2 万亿元的支配权归地方所有，配套建立起特殊的转移支付机制，使资金一步到位、直达基层，在各方面惠及企业与人民，达到稳就业、护民生、支持市场主体等目标。

2. 优化财政支出结构。坚决不予缩减保障基本民生的财政支出规模，同时扩大重点领域内的财政支出，这就意味着政府的一般性支出要有效控制。由中央政府带头缩减本级支出，地方政府也要作好相关预算，作好过紧日子的准备，不必要支出缩减比例要达到 50% 以上。还要盘活各类沉淀资金。

3. 增加地方政府专项债券规模。2020 年拟安排地方政府专项债券 3.75 万亿元，同比增加接近一半，增加规模达到 1.6 万亿元。以地方开展的相关“项目”为主导发行地方政府专项债券，做好可行性研究报告，对于筹集的资金储备合理、运用有效、接续得当。

（三）加大宏观政策实施力度，着力稳企业、保就业

1. 加大减税降费力度。2020 年继续执行 2019 年新发布的 13%、9% 与 6% 三档增值税税率和企业养老保险费率，预计 2020 年新增减税降费规模约 5000 亿元。前期出台的截至 2020 年 6 月 30 日前到期的税收优惠政策，延长政策执行期限到 2020 年年底。出于对疫情的特殊考量，小微企业、个体工商户的所得税缴纳均延缓到 2021 年。预计 2020 年全年新增减税降费总体规模超过 2.5 万亿元。

2. 推动降低企业生产经营成本。延长“降低工商业电价 5%”的政策至 2020 年年底。宽带和专线平均资费降低 15%。由于疫情期间企业和个体工商户复工复业时间较晚，即使复业收入与经营也不及预期，因此，鼓励出租人对其承租人的房租予以一定程度的减免或在一定时间内缓收，坚决整治涉企违规收费。

3. 千方百计地稳定和扩大就业。对于就业有困难的重点行业和重点群体提供有效的就业支持。一要加大力度为高校毕业生解决就业问题，开通网上直聘，在疫情期间为毕业生与用人单位构架“桥梁”。二是针对有就业需求的特殊群体。妥善安置好退役军人，保障好退伍军人的创业与转业工作。解决残疾人等困难群体的就业问题。三要增加岗前培训，以训稳岗，要使更多劳动者依靠自身技能独立解决就业问题。

资料来源：

1. 国家统计局网站
2. 国家商务部网站
3. 国家财政部网站
4.《2020年政府工作报告》
5.《2019年财政收支情况》
6.《2019年第四季度中国货币政策执行报告》

第二章　中国上市公司业绩评价结果综述

2019年，我国面临内外部经济环境复杂化、贸易摩擦此起彼伏、需求端增速逐步放缓等诸多困难与挑战，但在持续推进积极财政政策、积极实施“六稳”政策的驱动下，国民经济运行总体平稳，发展质量稳步提升，主要预期目标较好实现。中国上市公司作为中国经济的支柱力量，在利好政策不断出台、减税降费政策逐步推进以及“三去一降一补”供给侧改革的助力下，实现了创新高质量发展。2019年，沪、深两市上市公司（不包括金融和B股，以下如无特指按此口径；本书除第二部分第十三、十四章，以及第三部分，如无特指，全部上市公司也按此口径）实现营业收入41.68万亿元，同比增长8.81%，较2018年营业收入增速13.68%，有所下降；归母净利润合计1.67万亿元，同比下降2.55%。A股市场活跃度有所回升，指数上涨显著，上证综指上涨22.30%，深证成指上涨44.08%，创业板指上涨43.79%。

一、上市公司业绩评价结果

按照中国上市公司业绩评价体系，本书以统一的评价标准为测算基准，运用功效系数法，同时结合上市公司的市场表现，对2019年中国上市公司业绩进行评价。从整体综合评价得分情况来看，3654户上市公司的业绩评价得分在2019年整体略有上升。2019年综合得分61.3分，与2018年综合得分61.16分相比上升了0.14分。

2018—2019年全部A股上市公司在财务效益、资产质量、偿债风险、发展能力和市场表现各方面的得分情况如图2-1所示。从图中可以看出，2019年全部A股上市公司除在偿债风险方面稍有下降外，其余各方面均有不同程度的上升，因而综合得分较2018年有所上升，但上升幅度较小。2019年偿债风险得分下降的主要原因在于资产负债率上升而获利倍数下降的双重影响。

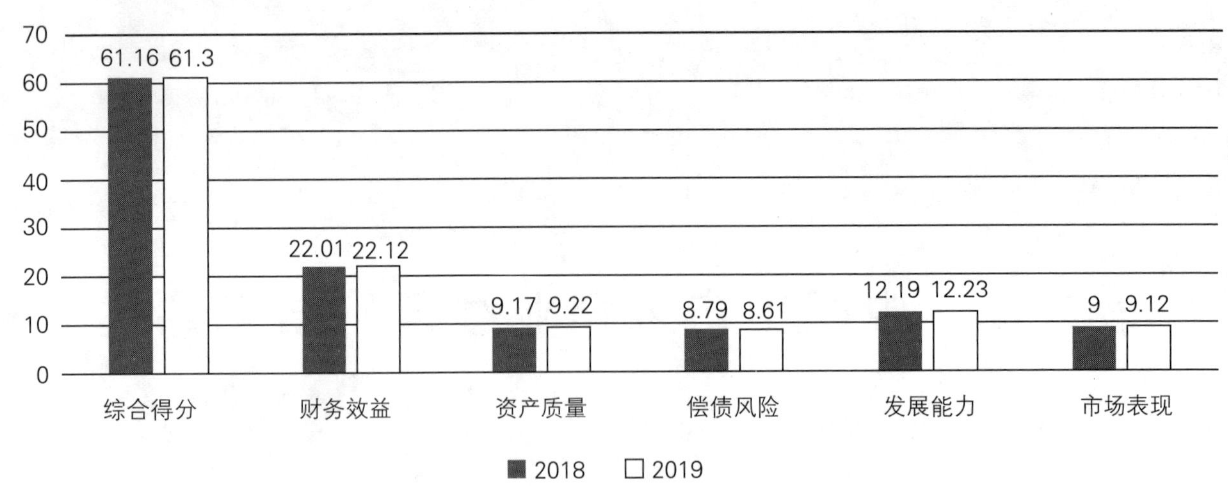

图 2－1 2018—2019 年全部 A 股上市公司各项能力得分情况对比

图 2−2 列示了 2018—2019 年各行业综合得分情况变化。从图 2−2 可以看到，随着党的十九大提出的供给侧结构性改革深入推进以及“六稳”政策的实施，农林牧渔、电气设备、传媒、电子等行业综合得分较上年有不同程度提高，其中农林牧渔行业增长最为显著，主要原因在于猪肉价格保持高位运行以及需求提升的双重刺激，带动整体养殖板块业绩上涨，行业整体盈利能力、经营效益持续上涨；传媒行业上年受监管趋严影响，综合得分下降明显，2019 年整体行业业绩有所回升。除此之外，钢铁、通信、化工、商业贸易等行业综合得分较上年有较大幅度下降，其中通信行业下降最为明显，主要原因是受提速降费竞争影响，流量单价下降明显，国内三大运营商平均单用户价值持续下降，移动数据收入增速首次出现负增长，但随着 5G 技术的应用与推广，通信行业未来发展潜力巨大。

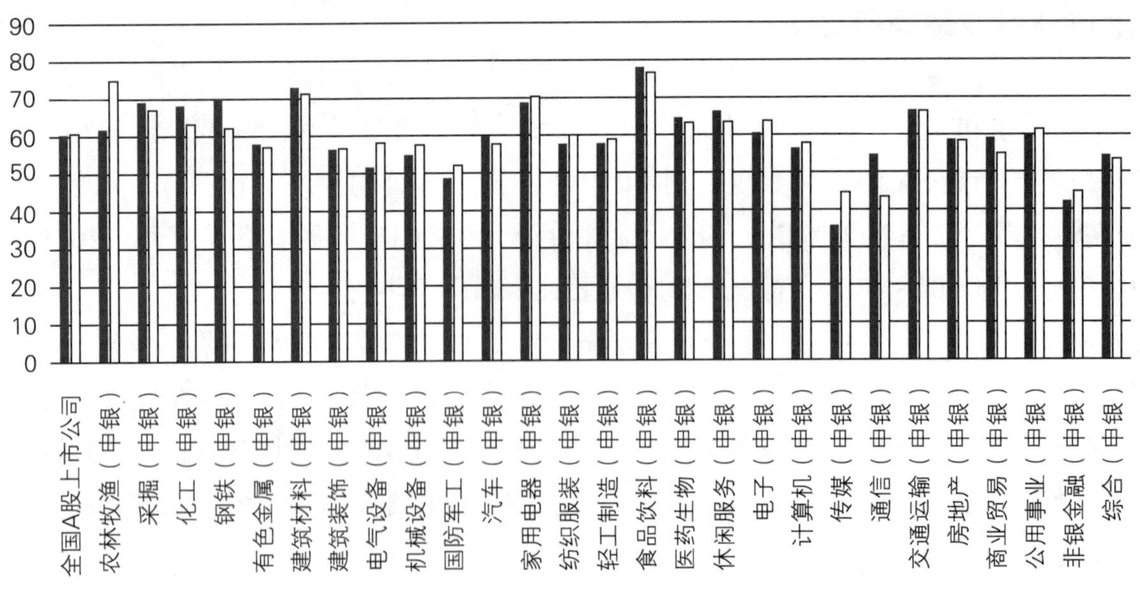

图 2－2 2018—2019 年各行业综合得分情况对比

图 2-3 列示了 2018—2019 年各规模上市公司综合得分情况。从图 2-3 可以看出，50 亿—100 亿元和 10 亿元以下的上市公司在 2019 年的综合评分有所上涨，100 亿元以上和 10 亿—50 亿元的上市公司综合评分小幅下降，其中 10 亿—50 亿元和 10 亿元以下的上市公司综合得分变动浮动较大。由此可见，面对整体经济环境的波动，大规模公司较为稳定，而小规模的公司相对而言更易受到经济环境影响。

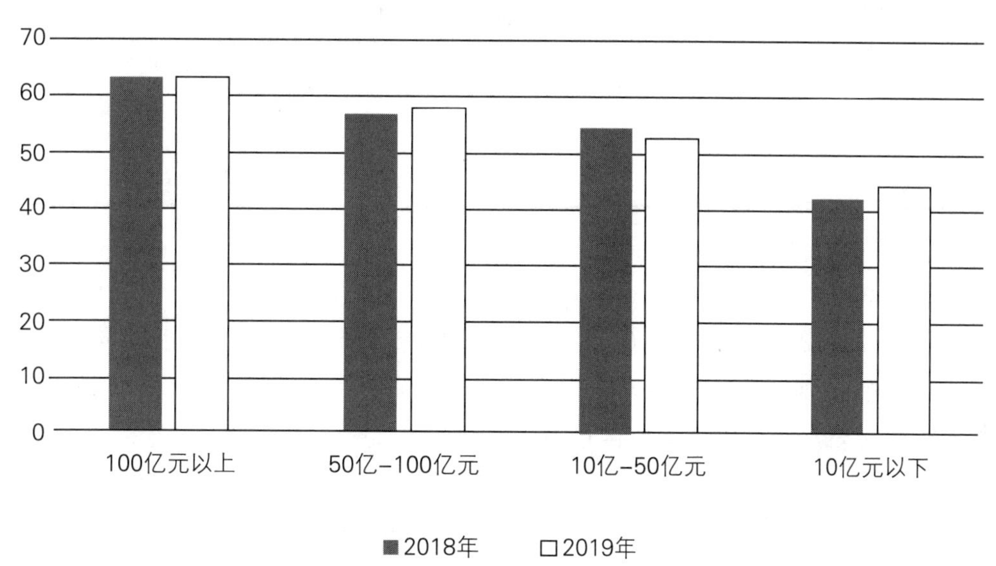

图 2-3　2018—2019 年各规模上市公司综合得分情况对比

2019 年上市公司的期末总资产为 685447.62 亿元，同比增长 10.59%，而当年的 GDP 为 990865 亿元，相当于当年 GDP 的 69.18%。

2019 年上市公司共实现营业收入 416790.19 亿元，同比增加 8.81%，相当于当年 GDP 的 42.06%。2019 年实现营业利润 26439.92 亿元，同比增加 0.61%，相当于当年 GDP 的 2.67%。

下面分别从财务效益、资产质量、偿债风险、发展能力和市场表现五个方面对评价结果逐一说明。

（一）财务效益状况

2019 年上市公司的财务效益状况平均得分为 22.12 分。评价财务效益状况的指标包括两个基本指标（扣除非经常性损益净资产收益率和总资产报酬率）和三个修正指标（营业利润率、盈利现金保障倍数、股本收益率）。财务效益状况各项指标年度变化情况详见表 2-1。

由表 2-1 可见，除盈利现金保障倍数较 2018 年有大幅上涨外，其余各项指标均有不同程度下降，但 2019 年整体财务效益状况较 2018 年略有上升，可以看出 2019 年上市公司的现金流状况较好，但资产收益率较上年有所下降。

表 2-1 财务效益状况指标年度对比表

分析指标		2019 年上市公司平均值	2018 年上市公司平均值	增长率（%）
基本指标	净资产收益率（%）	6.61	7.16	-7.68
	总资产报酬率（%）	5.26	5.61	-6.24
修正指标	营业利润率（%）	6.34	6.73	-5.79
	盈利现金保障倍数	1.97	1.69	16.57
	股本收益率（%）	36.41	38.49	-5.40
综合得分		22.12	22.01	0.50

1. 行业分析

图 2-4 列示了各行业财务效益得分 2018—2019 年的变化。农林牧渔、电气设备、机械设备、传媒、非银金融、综合等行业有较大程度的改善，采掘、化工、钢铁、有色金属、汽车、通信、商业贸易等行业有一定程度的降低。

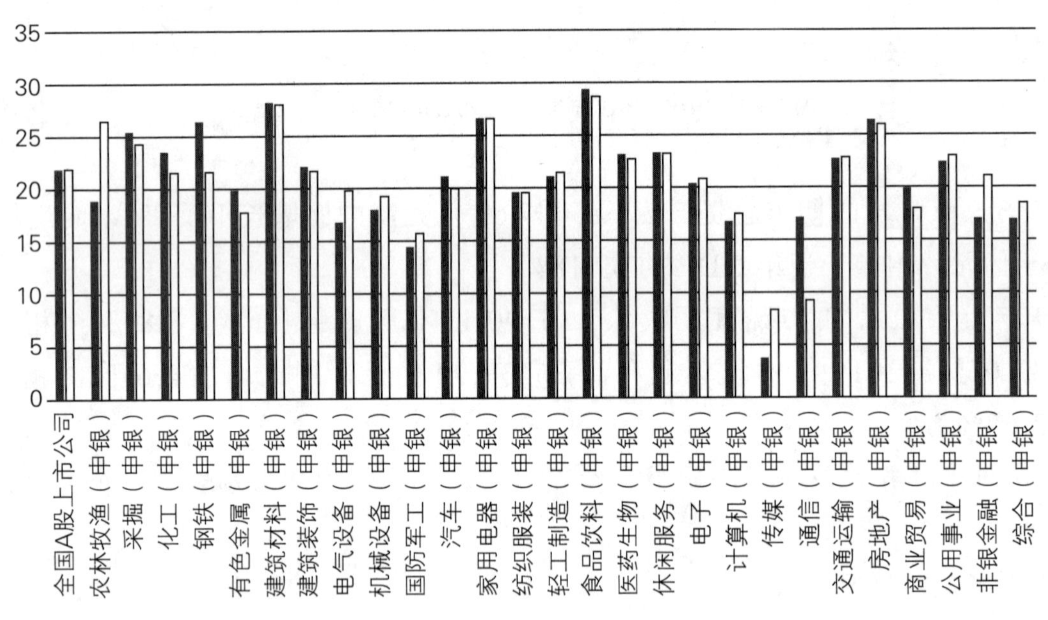

图 2-4 2018—2019 年各行业财务效益得分

从图 2-4 来看，食品饮料行业较上年虽有小幅下降，但仍以 28.67 分位列各行业第一，较全部上市公司平均财务效益指标评分高出 6.55 分，此外，建筑材料、家用电器、农林牧渔和房地产行业也分别以 28.01 分、26.60 分、26.46 分和 25.96 分远超全部上市公司平均水平。2019 年，食品饮料行业 97 家上市公司实现营业利润 1587.23 亿元，占全部上市公司实现营业利润总额的 6.00%，较 2018 年的 1413.60 亿元增长 12.28%。从各项财务效益基本指标和修正指标看，食品饮料行业净资产收益率、总资产报酬率、营业利润率、总股本收益率等指标均远高于其他行业，从而拔得头筹。位于食品饮料行业之后的是建筑材料行业，2019 年建筑材料行业上市公司实现的营业利润为 1014.16 亿元，占全部上市公司实现营业利润的 3.84%，较 2018 年的 840.97 亿元增长 20.59%，涨幅较大。从各项财务效益基本指标和修正指标情况看，建筑材料行业除盈利现金保障倍数指标外，其余各项指标都优于 A 股上市公司的平均水平，且均高于全部上市公司平均水平近 3 倍之多。可以看出，2019 年稳定增长的居民消费水平、“一带一路”和“六稳”政策的推进以及基础设施建设投资的增加为以上 2 个行业在财务效益的良好表现加分不少。

此外，家用电器、农林牧渔、房地产、采掘、休闲服务等行业财务效益状况评分均高于全部上市公司平均评分。家用电器行业财务效益状况评分较上年有小幅下降，主要原因是原材料价格的持续上涨，但其评分仍保持在较高水平，这主要受益于产品技术和结构的加速升级。农林牧渔行业的较快增长则主要受价格、需求的双重刺激，带动养殖板块整体上行。房地产行业较 2018 年小幅下降，主要由于房地产开发投资和销售额均有所回落。以上各行业扣除非经常性损益净资产收益率、总资产报酬率、营业利润率和总股本收益率均高于全部上市公司平均水平，但盈利现金保障倍数则普遍低于平均水平。

化工、钢铁、建筑装饰、轻工制造、医药生物、非银金融、交通运输等行业财务效益状况评分与全部上市公司平均水平基本持平。从各项财务效益状况指标来看，以上各行业指标较全部上市公司平均水平略高或略低，与平均水平差距较小，其中非银金融行业受行业特点影响，营业利润率较高，为全部上市公司平均水平的 2.60 倍。钢铁行业较 2018 年下降明显，主要是由于铁矿石、焦炭等原材料价格高位运行侵蚀了钢铁行业利润，此外，节能环保政策的推进对钢铁行业的影响仍在，但有所弱化。

有色金属、机械设备、国防军工、计算机、传媒、通信、综合等行业财务效益状况评分显著低于全部上市公司平均水平。其中，有色金属行业受 2019 年基本金属价格分化影响显著，主要金属延续 2018 年高位震荡回落态势，多数产品均价较 2018 年均价有所回落，其中铝、铅、锌同比跌幅超过 10%，行业整体财务效益状况小幅下降，距离达到平均水平仍有一定差距。而国防军工一直保持较高的增长率，一定程度上是受益于政府的高额补贴。传媒行业财务效益状况评分上升最为明显，主要原因在于 2018 年传媒行业受监管及商誉减值的影响，现金流急速下降，2019 年行业财务效益状况有所回暖。此外，受到提速降费政策持续推进的影响，通信行业财务效益下降趋势明显，但随着 5G 技术的推广与应用，预计通信行业未来财务效益状况会随之上升。

2. 规模分析

图 2-5 列示了 2018—2019 年各规模上市公司财务效益状况得分情况。从图中可以看出，规模在 50 亿—100 亿元和 10 亿元以下规模的上市公司在 2019 年财务效益得分有所提高，100 亿元以上和 10 亿—50 亿元规模的上市公司得分有不同程度的下降。

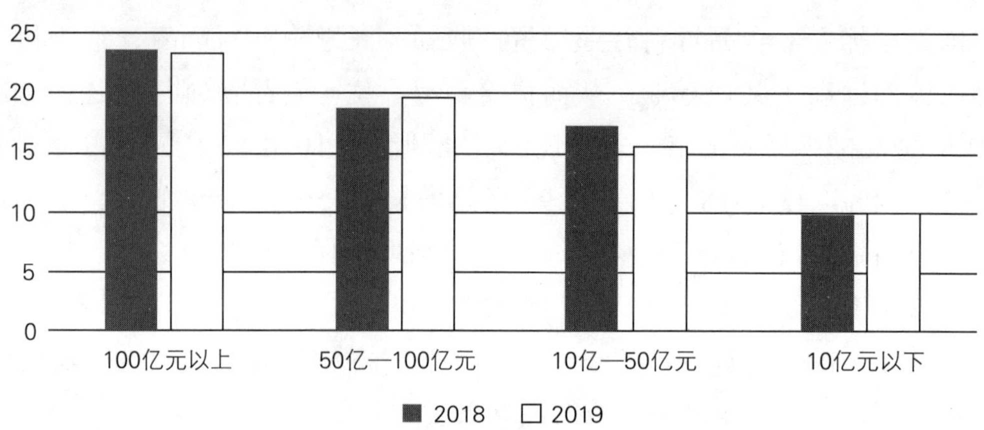

图 2－5　2018—2019 年各规模上市公司财务效益得分情况对比

100 亿元以上规模企业实现利润总额 23889.16 亿元，占全部上市公司实现利润总额的 91.98%，实现归属于母公司股东的净利润 15563.19 亿元，占全部上市公司实现归属于母公司股东的净利润的 92.97%；2019 年财务效益得分为 23.58 分，高于上市公司均值 6.60%，扣除非经常性损益净资产收益率、总资产报酬率、营业利润率和总股本收益率均高于全部上市公司平均水平；而盈利现金保障倍数则略低于全部上市公司平均值。

50 亿—100 亿元规模企业实现利润总额 1429.56 亿元，占全部上市公司实现利润总额的 5.50%，实现归属于母公司股东的净利润 970.13 亿元，占全部上市公司实现归属于母公司股东的净利润的 5.80%；2019 年财务效益得分为 19.63 分，低于全部上市公司平均值 11.26%，扣除非经常性损益净资产收益率、总资产报酬率、营业利润率和总股本收益率均低于全部上市公司平均值，而盈利现金保障倍数高于全部上市公司平均水平。

10 亿—50 亿元规模企业实现利润总额 651.45 亿元，占全部上市公司实现利润总额的 2.51%，实现归属于母公司股东的净利润 219.55 亿元，占全部上市公司实现归属于母公司股东的净利润的 1.31%；2019 年财务效益得分为 15.53 分，低于全部上市公司平均值 29.79%，扣除非经常性损益净资产收益率、总资产报酬率、营业利润率和总股本收益率均低于全部上市公司平均值，而盈利现金保障倍数高于全部上市公司平均水平，其中扣除非经常性损益净资产收益率为负值。

10 亿元以下规模企业实现利润总额 2.59 亿元，占全部上市公司实现利润总额的 0.01%，实现归属于母公司股东的净利润 −12.69 亿元，占全部上市公司实现归属于母公司股东的净利润的 −0.08%；2019 年财务效益得分为 9.87 分，低于全部上市公司平均值 55.38%，扣除非经常性损益净资产收益率、总资产报酬率、营业利润率、盈利现金保障倍数和总股本收益率均低于全部上市公司平均值，且扣除非经常性损益净资产收益率和总股本收益率为负值。

3. 财务效益评价得分前五名的公司

从上市公司的财务效益指标来看，排在前五名的公司情况如表 2−2 所示：

表 2-2　2019 年度中国上市公司财务效益评价得分前五名的公司

序号	股票代码	股票简称	财务效益得分
1	600585	海螺水泥	35
2	000858	五粮液	35
3	601225	陕西煤业	35
4	600309	万华化学	35
5	600519	贵州茅台	35

2019 年度中联上市公司业绩评价中财务效益得分并列第一名的上市公司共有 7 家，得分均为 35.00，前五名按总体评分排序。财务效益得分前五名的上市公司企业规模均为 100 亿元以上企业，其中：4 家均来自制造行业、1 家来自采掘行业。

以上行业 2019 年整体财务效益状况除盈利现金保障倍数外，均远高于全部上市公司平均水平，五粮液业绩亮眼，贵州茅台再次入围。

（二）资产质量状况

2019 年度上市公司的资产质量状况平均得分为 9.22 分。评价资产质量状况的指标包括两个基本指标（总资产周转率和流动资产周转率）和两个修正指标（存货周转率和应收账款周转率）。资产质量状况各项指标年度变化情况见表 2-3 所示。

表 2-3　资产质量状况指标年度对比表

分析指标		2019 年上市公司平均值	2018 年上市公司平均值	增长率（%）
基本指标	总资产周转率（次）	0.64	0.65	-1.54
	流动资产周转率（次）	1.21	1.23	-1.63
修正指标	存货周转率（次）	2.73	2.78	-1.80
	应收账款周转率（次）	8.24	8.18	0.73
综合得分		9.22	9.17	0.55

从表 2-3 可以清晰地看出，2019 年上市公司总资产质量略高于 2018 年的水平，但除应收账款周转率小幅提升外，其余各项资产质量状况基本指标和修正指标都较 2018 年有一定程度下降，说明总资产、流动资产、存货分别对应的公司营运能力和存货管理情况在 2019 年都有所降低，但应收账款回收速度提升，经营质量呈上升趋势。

1. 行业分析

图 2-6 列示了 2018—2019 年各行业资产质量状况得分，可见除采掘、有色金属、建筑装饰、电气设备、纺织服装、休闲服务、交通运输和房地产行业有不同程度增长，建筑材料和综合行业有所降低外，其他各行业基本维持不变，其中综合行业变动幅度最大。

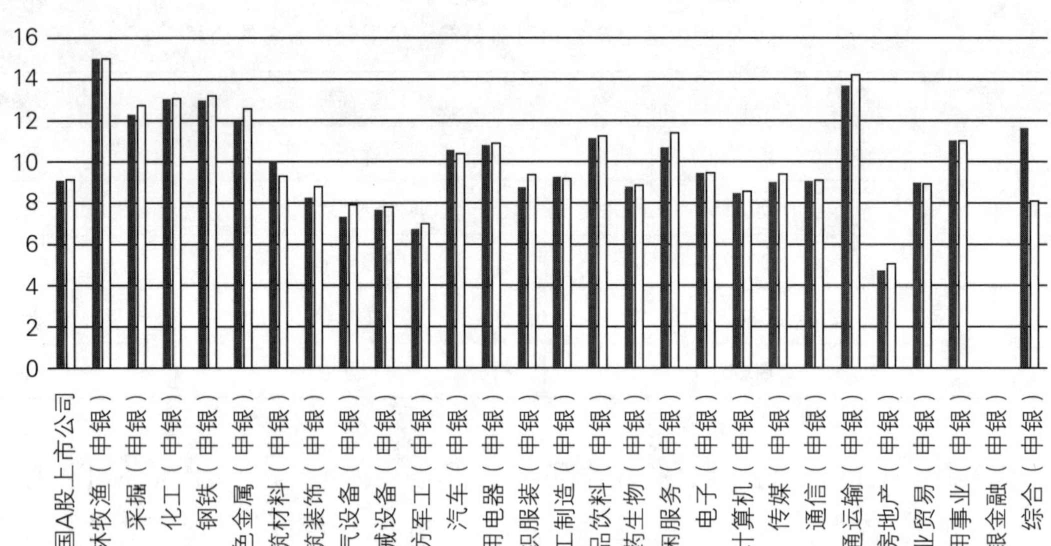

图 2－6　2018—2019 年各行业资产质量得分情况对比

2019 年资产质量状况表现最突出的行业依旧为农林牧渔业，资产质量状况得分保持在 15.00 分。由于行业特点，加上近年来互联网经济的快速发展，农产品直销渠道进一步拓广，从而减少了传统批发中的诸多中间环节，缩短了流通时间，农林牧渔业多年一直位于资产质量状况评分第一。在其他行业中，交通运输、采掘、化工、钢铁、有色金属、交通运输等行业亦远远超出上市公司资产质量状况平均得分。这些行业各项资产质量状况指标都高于全部上市公司平均水平，其中应收账款周转率最为突出，分别为 22.83 次、20.97 次、20.15 次、40.34 次、23.01 次和 18.17 次，均高于全部上市公司平均水平 2 倍以上。

此外，汽车、家用电器、食品饮料、休闲服务和公用事业等行业的资产质量状况得分都高于全部上市公司平均水平。从各项资产质量状况指标来看，除公用事业外，以上各行业均高于全部上市公司平均水平或与其相当。食品饮料和休闲服务行业因其应收账款占收入比率较小的行业特点而具备较高的应收账款周转率。汽车、家用电器行业因其高销量、低库存的特点而具备较高的存货周转率。公用事业行业具有庞大的资产规模且属于重资产、自然垄断、政府约束力较强的行业，因此总资产周转率远远低于其他行业。从其他指标来看，公用事业行业存货周转率非常高，但应收账款周转率低于平均水平，说明投资的回收速度较慢、行业特色较为明显。

建筑材料、建筑装饰、通信、传媒、纺织服装、电子、轻工制造、商业贸易等行业资产质量状况得分与全部上市公司平均水平相近，除商业贸易受行业特点影响各项周转率均远高于全部上市公司平均水平外，其余行业的各项指标在全部上市公司平均水平上下波动不大。电气设备、机械设备、国防军工、房地产、综合等行业资产质量状况指标均低于全部上市公司平均水平。其中，房地产行业的资产质量状况得分最低，从各项指标来看，除应收账款周转率维持在 13.44% 的较高水平外，其余各指标均大幅低于平均水平。其主要原因是房地产行业出台从传统的需求端抑制向供给侧增加进行转变，限购限贷限售叠加土拍收紧的政策，使得房价增速变缓，大量房屋搁置，成交率下降，存货周转变缓，资金紧张，致使其资产质量指标明显低于全部上市公司平均水平。综合行业较上年得分大幅下降，由全部上市公司平均水平之上下降至平均水平之下。

2. 规模分析

图 2-7 列示了 2018—2019 年各规模上市公司的资产质量状况得分情况。从图中可以看出，除 10 亿元以下规模的上市公司资产质量得分有所下降外，100 亿元以上、50 亿—100 亿元和 10 亿—50 亿元规模的上市公司在 2019 年的资产质量得分均有不同幅度的上升。

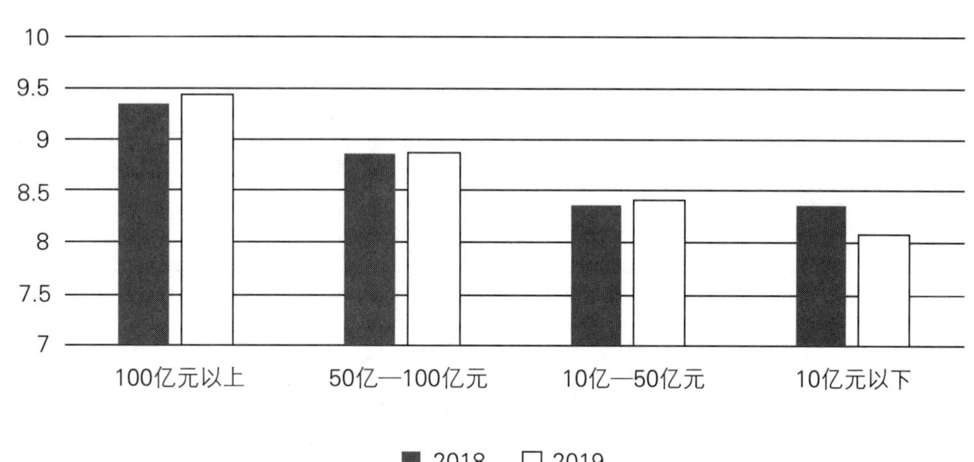

图 2-7　2018—2019 年各规模上市公司资产质量得分情况对比

100 亿元以上规模企业 2019 年资产质量得分为 9.44 分，高于全部上市公司平均值 2.39%，各项指标基本与全部上市公司平均值持平，其中存货周转率略低于全部上市公司平均水平，流动资产周转率略高于全部上市公司平均水平，应收账款周转率为 9.51 次，高于全部上市公司平均值 1.27 次。

50 亿—100 亿元规模企业 2019 年资产质量得分为 8.88 分，低于全部上市公司平均值 3.69%，总资产周转率、流动资产周转率和存货周转率均略高于全部上市公司平均水平，应收账款周转率低于全部上市公司平均水平。

10 亿—50 亿元规模企业 2019 年资产质量得分为 8.42 分，低于全部上市公司平均值 8.68%，除存货周转率略高于全部上市公司平均水平外，总资产周转率、流动资产周转率和应收账款周转率均低于全部上市公司平均值，应收账款周转率最显著为 4.08 次，比全部上市公司平均水平低 4.16 次。

10 亿元以下规模企业 2019 年资产质量得分为 8.09 分，低于全部上市公司平均值 12.26%，较上年下降明显。存货周转率高于全部上市公司均值，总资产周转率、流动资产周转率和应收账款周转率均低于全部上市公司平均值，尤其应收账款周转率为 3.55 次，低于全部上市公司平均水平 4.69 次。

3. 资产质量评价得分前五名的公司

从 2019 年上市公司质量状况得分来看，有 118 家公司质量指标得分为满分，占上市公司总数的 3.23%。资产质量评价得分前五中列示的 5 家为资产质量得分相同情况下综合得分较高的上市公司（见表 2-4）。

表 2-4 2019 年度中国上市公司资产质量评价得分前五名的公司

序号	股票代码	股票简称	资产状况得分
1	300498	温氏股份	15
2	002120	韵达股份	15
3	002746	仙坛股份	15
4	000708	中信特钢	15
5	300761	立华股份	15

位列上市公司资产质量评价得分前五的公司中，有 3 家为农林牧渔行业，1 家为社会服务业，1 家为制造业。2019 年，农林牧渔业迎来景气周期，猪肉价格快速上涨，上市公司扩产积极，带动行业整体发展，各项指标均高于平均水平，应收账款周转率最为显著。其余两家企业为社会服务业和制造业，受行业特点影响，其存货周转率远高于平均水平。

（三）偿债风险状况

2019 年上市公司的偿债风险状况平均得分为 8.61 分。评价偿债风险状况的指标包括 2 个基本指标（资产负债率、获利倍数）和 3 个修正指标（现金流动负债比率、速动比率和带息负债比率）。偿债风险状况各项指标年度变化情况见表 2-5。

表 2-5 偿债风险状况比较表

分析指标		2019 年上市公司平均值	2018 年上市公司平均值	增长率（%）
基本指标	资产负债率（%）	61.12	60.9	0.36
	获利倍数	4.11	4.41	-6.80
修正指标	速动比率	77.4	78.76	-1.73
	现金流动负债比率	13.01	12.06	7.88
	带息负债比率（%）	41.99	48.41	-13.26
综合得分		8.61	8.79	-2.05

从表 2-5 可以看出，2019 年上市公司整体营利能力较 2018 年有所下降，获利倍数指标同比下降 6.80%。资产负债率和现金流动负债比率较上年有不同幅度的增加，其余各项指标有不同程度的下降，其中带息负债比率下降幅度较大。综合来看，上市公司的偿债能力比 2018 年略有下降，这是由于获利倍数下降明显，上市公司获利能力降低，而资产负债率有所上升，负债比率提高，但带息负债比率大幅下降，降低了偿债压力，与此同时现金流动负债比率大幅提升，说明上市公司现金流状况良好，偿债风险增长并不显著。

1. 行业分析

图 2-8 列示了各行业 2018—2019 年偿债风险得分情况。其中，农林牧渔、国防军工、传媒、公用事业、非银金融、综合行业在偿债能力方面有较大程度的改善，采掘、建筑材料、食品饮料、商业贸易行业偿债风险上升明显。

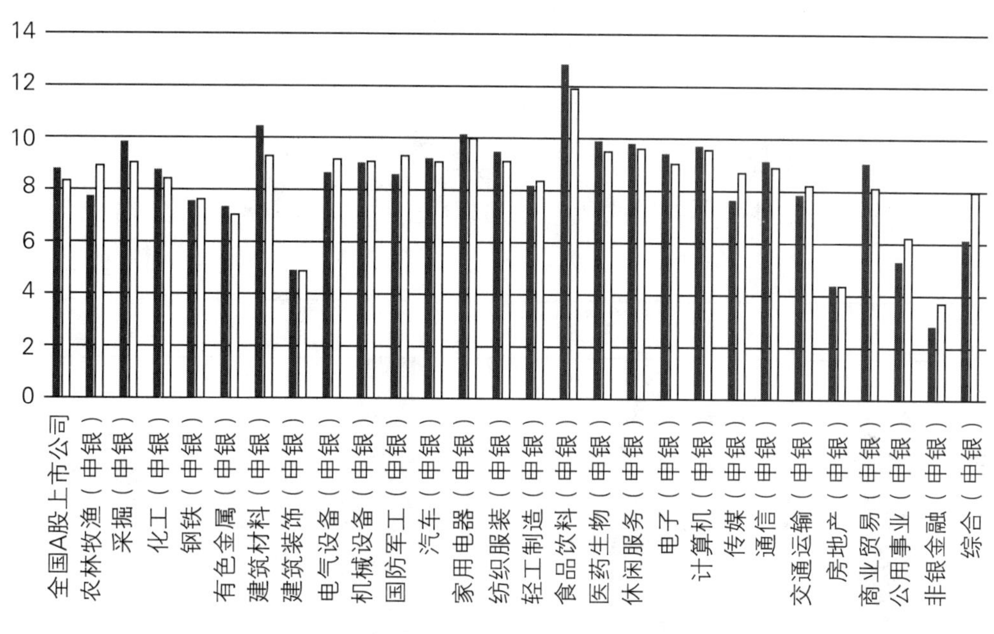

图 2-8　2018—2019 年各行业偿债风险得分情况对比

在偿债风险控制方面，表现较好的行业有食品饮料、家用电器、医药生物、休闲服务、计算机等。以上行业的偿债风险得分均高于全部上市公司平均水平，偿债风险指标中速动比率均远远高于全部上市公司的均值，同时资产负债率均低于全部上市公司均值，反映出较强的偿债能力。此外，农林牧渔、采掘、建筑材料、电器设备、机械设备、汽车、纺织服装、传媒、通信等行业的偿债风险得分也高于全部上市公司平均得分。其中农林牧渔行业受猪肉价格上涨等因素影响，已获利息倍数翻倍增长，使得偿债风险下降明显；传媒行业较 2018 年监管政策适度修正、产业整合升级，因而偿债能力有所回升，但已获利息倍数仍处于较低水平；而建筑材料受房地产销售面积负增长、宏观政策收紧以及原材料价格上涨等因素的影响，偿债风险较上年明显上升。

钢铁、有色金属、建筑装饰、国防军工、轻工制造、房地产、公用事业、非银金融、综合等行业偿债风险得分低于全部上市公司平均水平。其中，尤以非银金融、房地产、建筑装饰和公用事业行业得分最低。非银金融行业上市公司的现金流动负债比率和已获利息倍数远低于全部上市公司平均值，而资产负债率和带息负债比率高于全部上市公司平均值，说明其经营现金净流量及息税前利润较低而负债比例较高，行业整体偿债能力弱，但较2018年有显著上涨。房地产行业的速动比率和现金流动负债比率均远低于上市公司均值，并且资产负债率常年保持较高比率，因而其偿债能力一直保持在较低水平，且呈下降态势，现金流动负债比率最为突出，仅为3.55%，与全部上市公司平均水平差距较大，说明行业内公司资金压力大，偿债压力重。公用事业行业受火电盈利改善引领，偿债能力较2018年有较为明显的改善，现金流动负债比率和已获利息倍数小幅增长，但带息负债比率远高于全部上市公司平均值，因而偿债能力仍维持在较低水平。

2. 规模分析

图2–9列示了2018—2019年各规模上市公司的偿债风险状况得分情况。从图中可以看出，除2019年10亿元以下规模的上市公司偿债能力较2018年显著上涨外，其余各规模上市公司偿债风险得分均有不同程度下降，100亿元以上规模上市公司得分最低。

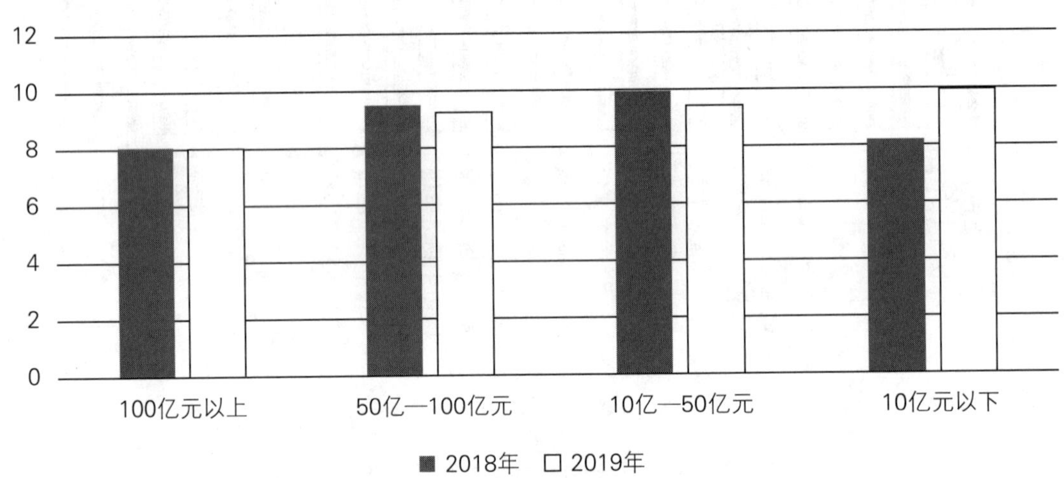

图2－9 2018—2019年各规模上市公司偿债风险得分情况对比

100亿元以上规模企业2019年偿债风险得分为8.02分，相比全部上市公司平均值低约6.85%。资产负债率、获利倍数和带息负债比率高于全部上市公司平均水平；速动比率和现金流动负债比率低于全部上市公司平均水平，其中速动比率为71.58%，较全部上市公司平均水平低约7.52%。

50亿—100亿元规模企业2019年偿债风险得分为9.25分，相比全部上市公司平均值高约7.43%。速动比率、现金流动负债比率高于上市公司平均水平，其中速动比率为107.91%，较全部上市公司平均水平77.4%高约39.42%；资产负债率和获利倍数比率低于全部上市公司平均水平；带息负债比率基本与全部上市公司平均水平持平。

10 亿—50 亿元规模企业 2019 年偿债风险得分为 9.43 分，相比全部上市公司平均值高约 9.52%。其中速动比率和现金流动负债比率均远高于全部上市公司平均水平，其中速动比率为 140.6%，较全部上市公司平均水平 77.4% 高约 81.65%；资产负债率、获利倍数和带息负债比率低于全部上市公司平均水平。

10 亿元以下规模企业 2019 年偿债风险得分为 9.95 分，相比全部上市公司平均值高约 15.56%，较 2018 年上涨明显。资产负债率、已获利息倍数和带息负债比率均远低于全部上市公司平均水平，现金流动负债比率和速动比率则远高于上市公司平均水平，其中速动比率高达 201.17 %，较全部上市公司平均水平 77.4% 高约 1.60 倍。

从资产规模可以看出，伴随着资产规模的增加，资产负债率上升，其偿债能力得分逐渐降低，10 亿元以下规模企业营利能力较 2018 年大幅上涨，偿债能力随之提升。

3. 偿债风险状况评价得分前五名的公司情况

从上市公司的偿债风险指标来看，偿债风险得分并列最高分 15.00 分的共有 3 家，得分为 14.99 的共有 154 家。偿债风险状况评价得分前五中列示的 5 家为偿债风险得分相同情况下综合得分较高的上市公司。排在前五名的情况如表 2–6 所示：

表 2 – 6　2019 年度中国上市公司偿债风险状况评价得分前五名的公司

序号	股票代码	股票简称	偿债风险得分
1	300033	同花顺	15
2	002553	南方轴承	15
3	000503	国新健康	15
4	600276	恒瑞医药	14.99
5	603160	汇顶科技	14.99

总体看来，上市公司偿债能力得分的分值差距较小，得分前五名的上市公司有 2 家属于制造行业，2 家属于信息技术行业，1 家为综合类。从偿债能力分析指标来看，资产负债率普遍较低，最高仅为 23.8%。较低的负债导致的速动比率和现金流动负债比率普遍较高，而由于付息债务较少，带息负债比率均为零，已获利息倍数除同花顺外均保持较高水平，但差距较大。由此可知，以上上市公司具备优良的偿还债务的能力。

（四）发展能力状况

2019 年上市公司的发展能力状况平均得分为 12.23 分。评价发展能力状况的指标包括 2 个基本指标（营业收入增长率和资本扩张率）和 4 个修正指标（累计保留盈余率、三年营业收入增长率、总资产增长率和营业利润增长率）。2019 年发展能力各项指标年度变化情况见表 2–7。

表 2－7　发展能力状况比较表

分析指标		2019 年上市公司平均值	2018 年上市公司平均值	增长率（%）
基本指标	营业收入增长率（%）	8.81	13.68	−35.60
	资本扩张率（%）	9.67	9.66	0.10
修正指标	累计保留盈余率（%）	41	40.89	0.27
	三年主营业务平均增长率（%）	14.54	15.02	−3.20
	总资产增长率（%）	10.59	11.63	−8.94
	营业利润增长率（%）	0.61	4.93	−87.63
综合得分		12.23	12.19	0.33

上市公司的发展能力是公司能否持续稳定经营的一个重要方面，2019 年上市公司整体发展能力小幅上升，但除资本扩张率和累计保留盈余率较 2018 年小幅上涨外，其余各项指标较 2018 年均有不同程度的下降，营业利润增长率下降幅度最大，同比下降 87.63%，三年主营业务平均增长率下降幅度最小，同比下降 3.20%。说明 2019 年各行业上市公司自身盈利能力较 2018 年有所下降，但资本扩张态势良好，因此综合得分较 2018 年稍有上涨，但上涨幅度仅为 0.33%。

1. 行业分析

图 2−10 列示了各行业 2018—2019 年发展能力得分情况，可知 2019 年总体情况较 2018 年略有上升，但各行业变动幅度较大，农林牧渔、建筑装饰、电气设备、机械设备、国防军工、纺织服装、传媒、公用事业等行业较上年有较大程度的改善，采掘、化工、钢铁、建筑材料、休闲服务、通信、商业贸易、综合等行业发展能力得分有较大幅度下降。各行业发展能力得分波动明显，主要受政策变动及经济环境波动影响，传媒行业监管较 2018 年有所修正，发展能力回升迅速。

2019 年发展能力评分最高的行业有农林牧渔、建筑材料、家用电器、纺织服装、房地产、食品饮料等，以上行业发展能力评分都在 13.50 分以上，单各项指标表现差异性较大，但基本位于全部上市公司平均水平之上，只有家用电器行业营业收入增长率、纺织服装行业资本扩张率、累计保留盈余率和营业利润增长率、农林牧渔行业三年营业收入平均增长率以及建筑材料行业总资产增长率略低于全部上市公司平均水平。农林牧渔行业以 15.14 分高居第一，与 2018 年相比增长迅速，营业利润增长率高达 135.25%，主要归功于猪肉等禽畜价格的上涨。而建筑材料行业得分较 2018 年有所下降，主要由于营业收入增长率、总资产增长率和营业利润增长率较上年有所下降，其中总资产增长率降至行业平均水平之下，为 8.23%。纺织服装行业发展能力增长显著，虽部分指标仍未达到全部上市公司平均值，营业利润增长率仅为 −2.38%，但营业收入增长率和总资产增长率位于各行业之首。食品饮料行业和房地产行业发展能力保持高位，得分较 2018 年变动较小，各项指标均高于全部上市公司平均水平。

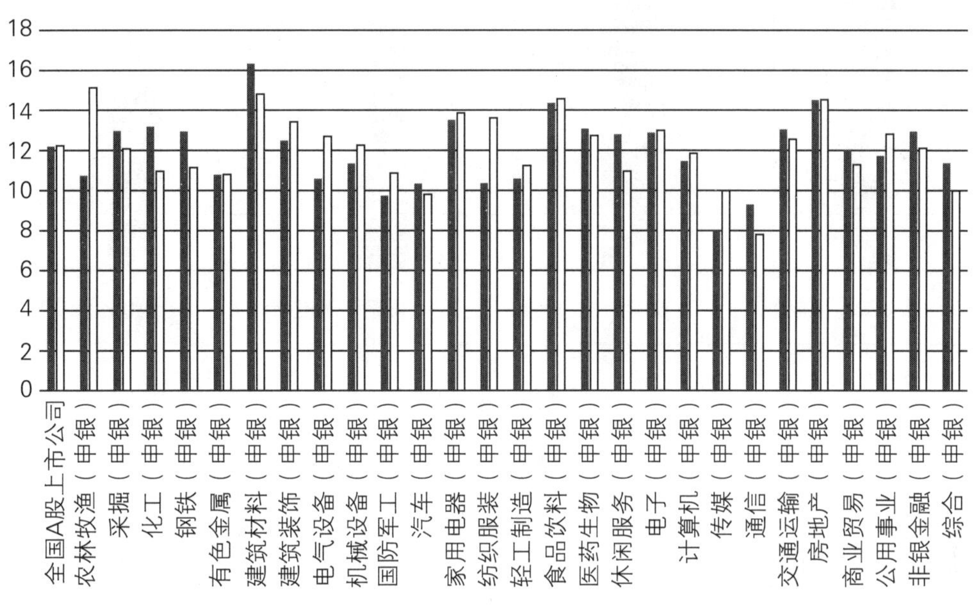

图 2－10　2018—2019 年各行业发展能力得分情况对比

此外，建筑装饰、机械设备、生物医药、电子、交通运输和公用事业等行业也高于全部上市公司平均水平。电气设备增长迅速，营业利润增长率高达 37.87%，主要归功于社会用电量持续增长，电源基本投资额由负转正。由于人们生活水平提高、科技快速发展以及政府的大力扶持，生物医药、电子、交通运输行业也一直保持较高的发展能力。

化工、钢铁、休闲服务、通信、综合等行业发展能力得分较 2018 年下降明显，均跌到平均值以下，其中化工、钢铁行业下降最为明显，主要受进出口下降及原材料价格上涨影响。传媒行业较 2018 年增长迅速，但仍处于行业平均值以下，受益于政策监管放缓。2019 年，通信行业得分垫底，低至 7.81 分，较上年下降明显，营业收入和营业利润均处于负增长的状态，营业利润增长率低至 −83.2%。

2. 规模分析

图 2−11 列示了 2018—2019 年各规模上市公司的发展能力状况得分情况。从图中可以看出，除 100 亿元以上规模上市公司发展能力较上年小幅下降外，其余各规模上市公司发展能力得分较 2018 年均有不同程度上升，且规模越小，发展能力上升越快，规模为 10 亿元以下的上市公司上升幅度最大，较 2018 年上升 8.61%。

100 亿元以上规模企业 2019 年发展能力得分为 12.69 分，高于全部上市公司平均值 3.76%，基本指标和修正指标均高于全部上市公司平均水平，但差距较小。

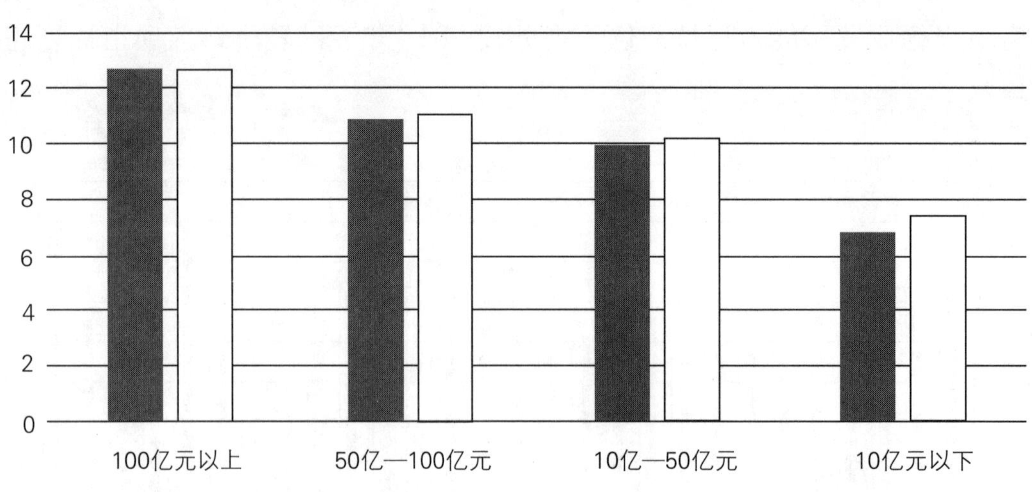

图 2－11　2018—2019 年各规模上市公司发展能力得分情况对比

50 亿—100 亿元规模企业 2019 年发展能力得分为 11.08 分，低于全部上市公司平均值 9.40%，基本指标和修正指标均低于全部上市公司平均水平，其中营业利润增长率仅为 −2.47%，但较上年的 −22.44% 有所提升。

10 亿—50 亿元规模企业 2019 年发展能力得分为 10.24 分，低于全部上市公司平均值 16.27%，各项指标均远低于全部上市公司平均水平，营业利润增长率仅为 −6.51%，但较 2018 年的 −51.13% 上涨明显。

10 亿元以下规模企业 2019 年发展能力得分为 7.44 分，低于全部上市公司平均值 39.17%。各项指标均远低于全部上市公司平均水平，且多项指标得分为负值，但资本扩张率和营业利润增长率较 2018 年有所增长，其中营业利润增长率由 −60.87% 上涨为 0。

从各种规模上市公司发展能力得分来看，100 亿元以上规模的上市公司摘得桂冠，稍高于全部上市公司平均水平，虽得分有所下降，但其余各规模上市公司发展能力得分距其仍有一定差距，小规模上市公司营业利润增长率虽上涨明显，但仍处于较低水平。各项指标与全部上市公司平均水平相比较，基本与得分规律相符。

3. 发展能力评价得分前五名的公司情况

从上市公司的发展能力指标来看，共有 16 家上市公司以 20 分的满分获得上市公司发展能力最高分。发展能力评价得分前五名中列示的 5 家为发展能力得分相同情况下综合得分较高的上市公司。排在前五名的情况如表 2−8 所示。

发展能力得分前五名的上市公司企业规模均为 100 亿元以上企业，其中，4 家均来自制造行业、1 家来自农林牧渔行业。上述上市公司发展能力状况得分较高的原因主要有：营业利润和营业收入增长率处于较高水平，远超全部上市公司平均值；企业核心竞争力提高；行业景气度回升；“一带一路”政策推动产能快速增长；重大资产重组为企业带来业绩的提升。

表 2－8　2019 年度中国上市公司发展能力评价得分前五名的公司

序号	股票代码	股票简称	发展能力得分
1	002714	牧原股份	20
2	601012	隆基股份	20
3	600031	三一重工	20
4	000708	中信特钢	20
5	600346	恒力石化	20

（五）市场表现状况

2019 年上市公司的市场表现状况平均得分为 9.12 分，较上年得分小幅上升。评价市场表现状况的指标包括市场投资回报率和股价波动率。

2019 年全部上市公司平均股价波动率为 94.27%，较 2018 年的上市公司股价波动率 127.11% 有较大幅度下降，说明 2019 年上市公司股价较 2018 年波动幅度有所减小。市场投资回报率在经历了连续三年的大幅下降后，在 2019 年迎来触底反弹，由 2018 年的 −33.09% 上涨到 23.04%，但较 2015 年 74.18% 的回报率水平还有一定差距。

2014—2016 年，上市公司的股价与其整体业绩之间的正相关关系逐渐减弱，甚至背离情况显著。2017 年以后上市公司股价与其整体业绩间的正相关关系逐渐显现，2019 年上市公司的市场投资回报率大幅上涨，业绩较上一年度呈上升趋势，同时股价上涨明显，两者间的正相关关系凸显。

1. 行业分析

图 2−12 列示了各行业两 2018—2019 年市场表现得分情况，如图所示，电子行业较上年上涨明显，摘得市场表现桂冠，食品饮料和计算机行业市场表现得分保持高位稳定，而 2018 年得分较高的钢铁行业 2019 年下降明显，降至全部上市公司平均水平之下，得分仅为 8.56 分。此外，有色金属、建筑材料、家用电器、传媒、综合等行业均较上一年度有更加优异的市场表现。建筑装饰、纺织服装、休闲服务、通信、交通运输、商业贸易、公用事业、非银金融等行业在 2019 年的市场表现较 2018 年有较大幅度的下降 .

2019 年，在市场表现方面，电子行业以 11.5 分摘得桂冠，较上年增长 37.23%，该行业市场投资回报率高达 60.67%，同样位于各行业之首，但与此同时，该行业也伴随着较高的股价波动率，为 117.12%。电子行业的高市场回报率主要是受半导体板块增长以及科技企业发展的影响。其他得分较高的行业包括食品饮料、计算机、建筑材料、生物医药等。从指标来看，市场投资回报率均高于全部上市公司平均水平，而股价波动率除建筑材料为 89.06% 外，也高于全部上市公司平均水平，其中计算机行业市场投资回报率和股价波动率均处于较高水平。

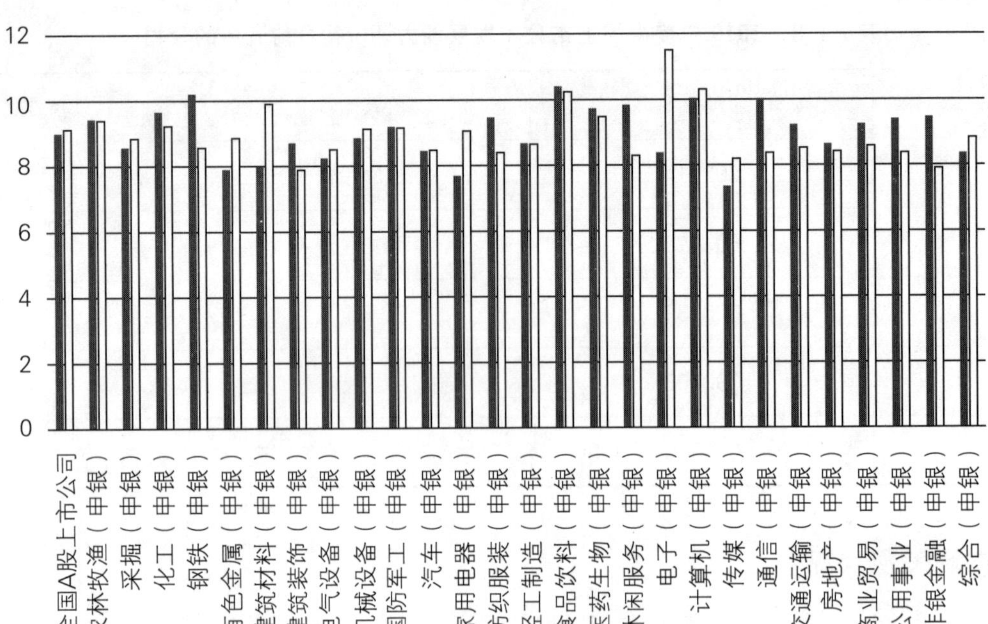

图 2-12 2018—2019 年各行业市场表现得分对比

2019 年，市场表现得分较低的行业包括传媒、通信、建筑装饰、钢铁、非银金融、休闲服务等行业。除传媒行业外，这些行业市场表现得分均较上年有明显下降，市场投资回报率普遍低于全部上市公司平均水平。

2. 规模分析

图 2-13 列示了 2018—2019 年各规模上市公司市场表现状况的得分情况。从图中可以看出，除规模在 100 亿元以上的上市公司市场表现得分有所下降外，其余各规模上市公司均有不同程度的提高，其中 50 亿—100 亿元规模的上市公司增长幅度最大，为 4.45%。总体来看，各规模上市公司市场表现得分差距缩小，且随着规模的扩大，市场表现得分上升。

100 亿元以上规模企业 2019 年市场表现得分为 9.27 分，较全部上市公司平均水平得分高 1.64%，投资回报率为 22.24%，低于全部上市公司平均水平。

50 亿—100 亿元规模企业 2019 年市场表现得分为 9.16 分，较全部上市公司平均水平高 0.44%，投资回报率为 24.24 %，略高于全部上市公司平均水平。

10 亿—50 亿元规模企业 2019 年市场表现得分为 9.05 分，较全部上市公司平均水平低 0.77%，投资回报率为 23.02%，基本与全部上市公司平均水平持平。

10 亿元以下规模企业 2019 年市场表现得分为 8.93 分，较全部上市公司平均水平低 2.08%，投资回报率为 23%，略低于全部上市公司平均水平。

从不同规模上市公司的市场表现来看，2019 年各规模的上市公司市场表现得分和市场投资回报率差距较小，50 亿—100 亿元规模的上市公司投资回报率水平最高，市场表现得分较 2018 年上涨幅度最大；100 亿元以上规模的上市公司虽投资回报率最低，但股价波动率也远低于其他规模上市公司，因而市场表现得分最高。可以看出，随着公司规模的扩大，股价稳定性也随之增强，但收益率会有所下降。

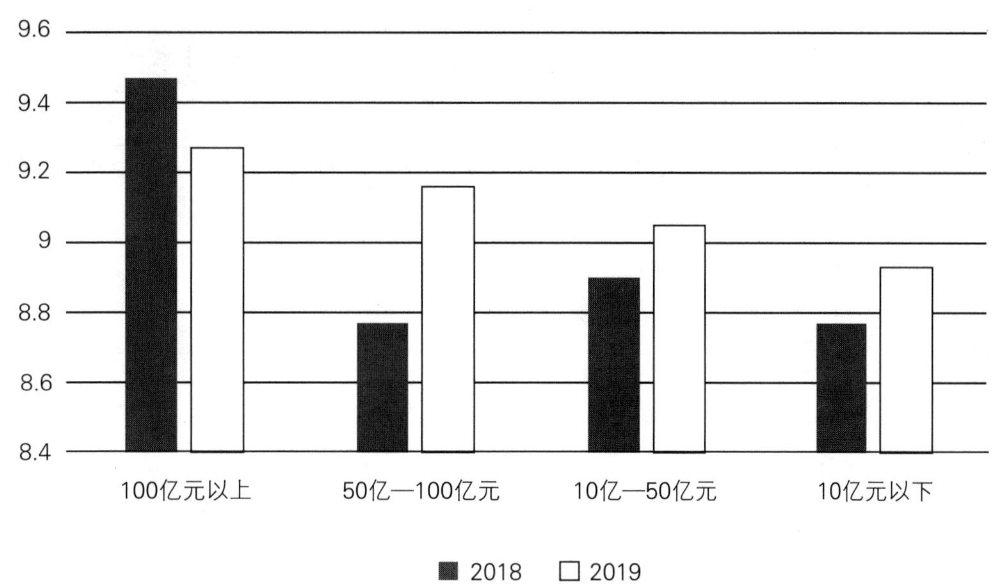

图 2－13　2018—2019 年各规模上市公司市场表现得分情况对比

3. 市场表现评价得分前五名的公司

从上市公司的市场表现指标来看，2019 年市场表现得分的最高分较上年有所下降，仅为 13.45。市场表现较好的前五名的公司如表 2–9 所示。

表 2－9　2019 年度中国上市公司市场表现评价得分前五名的公司

序号	股票代码	股票简称	市场表现得分
1	600426	华鲁恒升	13.45
2	300701	森霸传感	13.4
3	300450	先导智能	13.36
4	000425	徐工机械	13.34
5	000100	TCL 科技	13.34

2019 年上市公司市场表现评价得分前五名的上市公司均来自制造业。其中 3 家上市公司的企业规模在 100 亿元以上，1 家企业规模为 1 亿—10 亿元，1 家企业规模为 50 亿—100 亿元。电子及机械设备企业在 2019 年表现亮眼，主要受 LED、面板、半导体板块上涨以及钢材等原材料价格下降的影响，此外，2019 年我国固定资产投资稳健增长、技术改造和设备更新、国际贸易需求加大等也是机械行业利好的重要推动力量。

资料链接：

➢2019 年中国证券市场十大新闻

✧ 新证券法四审获通过，我国资本市场在市场化、法治化道路上又迈出至关重要的一步。

✧ 资本市场“深改 12 条”出炉，将推动股市从量变走向质变，从规模增长迈向高质量发展。

✧ 科创板试点注册制扬帆起航，在新股发行、注册制、并购重组、再融资等方面进行一系列改革和创新，市场化定价功能初步显现。

✧ 资本市场双向开放不断升级，QFII 和 RQFII 投资额度限制取消，原定于 2021 年取消证券公司、基金管理公司和期货公司外资股比限制的时点提前到 2020 年。

✧ 多家银行理财子公司获准开业，进一步丰富机构投资者队伍，增加金融产品供给，为实体经济和金融市场提供更多新增资金，更好满足金融消费者多样化金融需求。

✧ 中国船舶集团、国家管网公司相继成立揭牌，翻开国企改革新篇章，国企混改在电力、铁路、军工等重点领域纷纷破题。

✧ 沪深 300 指数涨幅居全球前列，涨幅达 35.57%，在全球主要股指中排名第二位，仅次于纳斯达克指数。

✧ A 股公司退市走向常态化，监管层将扰乱市场秩序、触及退市标准的企业坚决清出市场，A 股“不死鸟”将成过去时。

✧ 新基金发行份额、成立数量双创历史新高，新基金发行市场火爆，专业投资机构的优势不断凸显。

✧ 期货市场品种上市数量为历年之最，期货市场初步形成了商品金融、期货期权、场内场外、境内境外协同发展的局面。

资料来源：《中国证券报》。

二、上市公司业绩评价结果分析

（一）A 股业绩结构化增长，行业龙头公司凸显稳健发展优势

2019 年，沪、深两市上市公司实现营业收入 41.68 万亿元，同比增长 8.81%，继 2017 年增速 21.02%、2018 年增速 13.68%，又进一步下滑；归母净利润合计 1.67 万亿元，同比下降 2.55%，这是继 2018 年利润首度下滑之后的再度下滑，下滑幅度与 2018 年基本持平。这是在我国利好政策不断出台、减税降费政策逐步推进以及“三去一降一补”供给侧结构性改革不断深化的助力下，A 股业绩仍保持增长但增长放缓的局面。

具体来看，纳入本次业绩评价范围的 3654 家上市公司中，利润业绩同比增长的上市

公司合计 1877 家，占比 51.27%，近半数上市公司业绩较 2018 年下滑；3195 家上市公司实现盈利，占比 87.44%，1997 家上市公司盈利过亿元。从财务数据看，商誉减值总额 1575.51 亿元，与 2018 年基本持平；利息支出 7165.95 亿元，较 2018 年增长 11.50%。但从沪、深两市情况看，行业龙头公司在整体经济下行的压力下业绩稳健，引领高质量发展态势明显。

1. 沪市公司经营质量稳中向好，彰显经济中流砥柱

2019 年，沪市公司共实现营业收入 28.98 万亿元，同比增长 8.51%，占同期 GDP 比重 29.25%；共实现净利润 1.21 万亿元，同比增长 1.79%。在总体营收和净利润规模已经较大的基础上，增速较 2018 年有所放缓，但依然保持了较好的增长势头。总体上看，沪市公司以占全国注册企业不到万分之一的数量，实现全国 GDP 约三分之一的营业收入，充分展现了国民经济的中流砥柱作用。

同时，具有市场代表性的各项蓝筹股指数公司表现也依然稳健。代表大型龙头企业的上证 180 营业收入增长高于沪市平均水平，发挥了经济排头兵的作用。

2. 深市公司总体盈利下行，创业板业绩逆势亮眼

2019 年，深市公司共实现营业收入 12.79 万亿元，同比增长 9.69%，其中主板、中小板和创业板同比分别增长 8.98%、9.96% 和 11.67%，均高于上市公司整体平均水平；归属于母公司股东净利润合计 0.47 万亿元，同比下降 12.23%，其中主板和中小板分别下降 18.39%、10.61%，创业板逆势增长 28.86%。2019 年创业板公司厚积薄发，创新优势和发展能量尽显，近 90% 的公司实现盈利，逾 60% 的公司利润增长。

3. 商誉减值居高不下，传媒行业依然是重灾区

2019 年，上市公司商誉减值损失合计 1575.51 亿元，商誉减值仍未停止。其中，商誉减值金额超过 10 亿元的上市公司高达 36 家，数量较 2018 年减少了 9 家。*ST 众泰、万达电影和 *ST 银亿商誉减值居上市公司前三名，减值金额分别为 61.20 亿元、55.75 亿元和 46.67 亿元。从行业分布看，共有 6 个行业计提商誉减值的规模超过百亿元。传媒行业依然是重灾区，共 70 家传媒行业上市公司计提商誉减值，占传媒行业上市公司总数的 41.67%，商誉减值金额 355.91 亿元，占上市公司商誉减值总规模的 22.59%。计算机、医药生物、电子、机械设备和通信等 5 个行业的商誉减值规模分别为 166.30 亿元、196.80 亿元、108.50 亿元、106.00 亿元和 103.75 亿元，汽车行业计提商誉减值为 99.15 亿元，亦接近百亿元。上述 7 个行业共计提商誉减值 1136.40 亿元，占上市公司商誉减值总规模的 72.13%。

（二）结构化行情推动 A 股市值重回高点

2019 年年末，A 股市值总额 64.30 万亿元，较上年年末增长 34.47%，市值上升的公司数量占比达到 73.94%。其中，涨幅超过 50% 的上市公司数量占比为 20.98%，涨幅超过 80% 的上市公司数量占比为 9.65%，涨幅超过 100% 的上市公司数量占比为 6.57%。

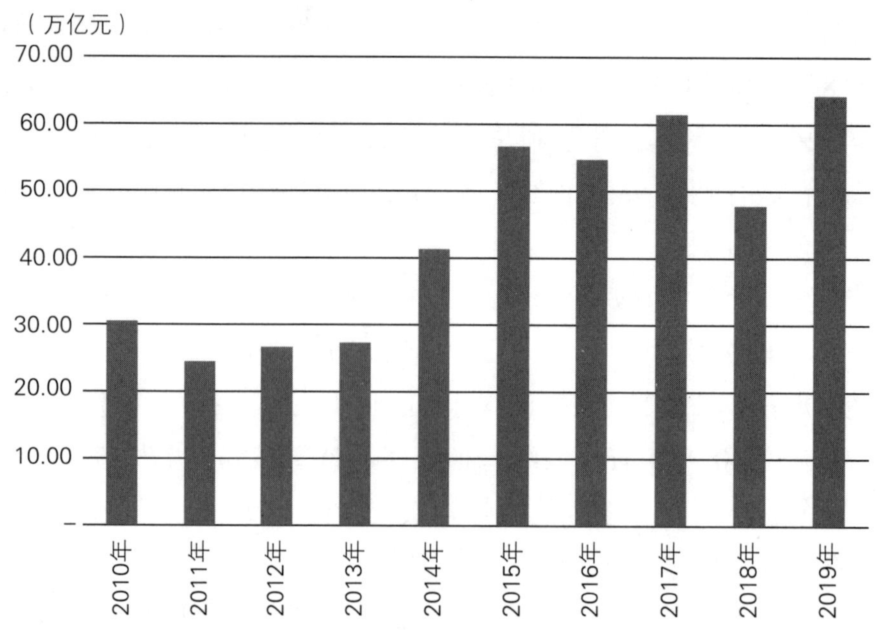

图 2－14 历年 A 股总市值变化图

从行业来看，只有建筑装饰和综合这两个行业的市值有所下降，其他行业都不同程度地上涨。其中，电子行业全年大涨，居行业首位，涨幅达到 92.24%。在中美贸易战及国产替代、产业升级的背景下，5G 牌照落地以及多款 5G 手机发布，以华为、中兴为代表的制造商积极布局 5G 建设，我国科技兴国、自主可控的决心增强了市场信心。除此之外，食品饮料、计算机、国防军工和建筑材料等行业上涨幅度也超过了 50%，分别为 78.18%、66.44%、63.76% 和 60.50%。大消费板块王者归来，除了食品饮料行业领涨以外，医药生物、传媒、农林牧渔和家用电器等行业俱有不俗的市场表现，分别上涨了 47.89%、45.96%、44.21% 和 37.20%。

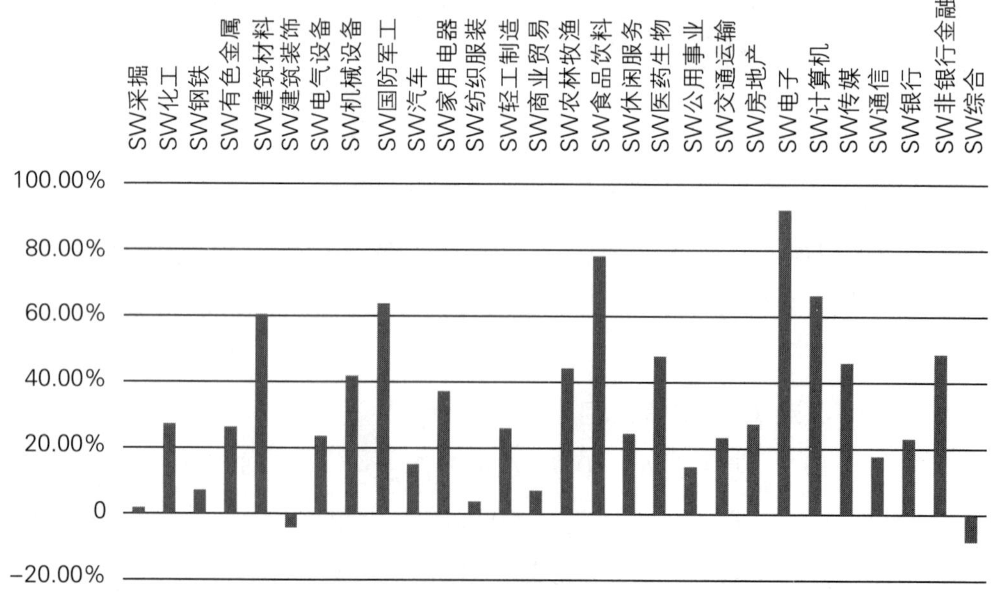

图 2－15 各行业 2019 年市值涨幅

（三）高回报点亮市场，分红概念逆势上扬

自2006年以来，中国证监会不断推出鼓励上市公司积极分红的系列政策，沪、深两市也通过从严监管高送转、ST股炒作、“忽悠式”重组等方式落实该系列政策，不断强化监管，支持、鼓励现金分红，使得A股上市公司现金分红意愿愈加浓烈，近80%的A股公司实现现金分红，分红的稳定性和数量也有了很大改善。尽管2019年上市公司业绩表现惨淡，但是上市公司分红仍然维持相当的热度。

2019年，A股市场共有2618家公司进行现金分红，占全部上市公司数量的67.53%，现金分红总额为10121.95亿元。沪市公司继续保持了历年来重回报、高分红的蓝筹特点，合计派现金额达到7605.68亿元；深市现金分红总额为2516.28亿元，其中主板、中小板和创业板现金分红金额分别为1164.17亿元、1013.24亿元和338.87亿元。

2019年，A股市场宣告分红总金额为13555.31亿元。银行和非银金融依然是分红大户，金额分别高达4874.40亿元和1175.65亿元，合计占宣告分红总金额的44.63%。27家上市公司宣告分红高达百亿元，其中15家属于银行保险业，工商银行、建设银行、农业银行、中国银行和招商银行仍居第一，宣告分红金额分别为936.64亿元、800.04亿元、636.62亿元、562.28亿元和302.64亿元。“两桶油”依然慷慨，中国石化、中国石油宣告分红金额分别为375.32亿元、262.93亿元。除此之外，中国神华、贵州茅台、长江电力、万科A、美的集团、海螺水泥、上汽集团宣告分红金额也都超过了百亿元。

（四）资本市场加速开放，外资加码A股市场

随着中国资本市场加速开放，2019年，MSCI、富时罗素、标准道琼斯等国际指数公司不断提升A股的权重，三大国际重要指数为A股带来的资金增量约有5400亿元。沪伦通、中日ETF互通也在2019年6月相继启动，为外资长期持续流入A股打通了渠道。2020年以来，北上资金（指从香港股票中流入大陆股市的资金）总体保持流入态势，买卖金额达8.24万亿元，占2019年全年的84.47%，累计净买入达1.11万亿元，较2018年年末增长11.89%。特别是2020年第二季度以来，北上资金加速流入，3个月内净买入金额达1360亿元。从持股行业分布情况来看，北上资金主要分布在食品饮料、医药生物、家用电器、电子、银行等行业，合计占比超过50%；在医药生物、食品饮料、电子和计算机等行业的持股市值增长最多，分别增长了69.39%、26.17%、49.63%和96.61%。除传统消费领域外，外资对科技领域的关注度也大幅提升，如药明康德、迪安诊断等医药企业，大族激光、韦尔股份等电子行业企业，外资持股比例都出现了大幅上升，说明外资看好中国经济的韧性和未来转型升级的潜力。

（五）上市公司持续加大研发投入，技术创新提升发展动能

作为经济发展动能的“转换器”，上市公司持续加大研发投入，折射出我国经济转型的过程、方向和正在形成的突破口。2019年，A股上市公司研发费用支出为7271.10亿元，同比增长21.38%。纳入本次业绩评价范围的3654家上市公司中，研发费用较上年有所增长的上市公司数量占比62.23%，上市公司在加大自主创新研发力度上的主观能动性持续提

升。其中，103 家上市公司研发费用超过 10 亿元，比 2018 年增加了 27 家；22 家上市公司研发费用超过 50 亿元，主要分布在建筑装饰、家用电器、电子、汽车等行业，这几个行业在所有行业中，研发费用占营业收入的比重也最高。其中，美的集团、工业富联、中兴通讯、上汽集团在各自所属行业中处于首位。

（六）积极财政政策持续升温，减税降费提升发展活力

2019 年，减税降费的力度继续加大，制造业等行业 16% 的增值税税率降至 13%，将交通运输业、建筑业等行业 10% 的增值税税率降至 9%，相应调整部分货物服务出口退税率、购进农产品适用的扣除率等；进一步扩大进项税抵扣范围，将旅客运输服务纳入抵扣，并将纳税人取得不动产支付的进项税由分两年抵扣改为一次性全额抵扣；对主营业务为邮政、电信、现代服务和生活性服务业的纳税人，按进项税额加计 10% 抵减应纳税额（2019 年 10 月 1 日起又进一步将生活性服务业加计抵减比例提高到 15%）。从 A 股上市公司的税负情况看，2017—2019 年平均税负率（支付的各项税费 / 营业总收入）分别为 7.65%、7.38% 和 7.06%，连年持续下降显著。其中，化工、纺织服装、采掘、电气设备行业的税负下降最为显著。可见，本轮财政体制改革减税力度最大限度地减轻了上市公司的负担，逆经济形势增长活力尽现。

从各行业税负情况看，历年税负率最高的行业是食品饮料、房地产和银行业，在各行业税负都有所下降的情况下，食品饮料行业的税负率有上升的趋势（见图 2-16）。

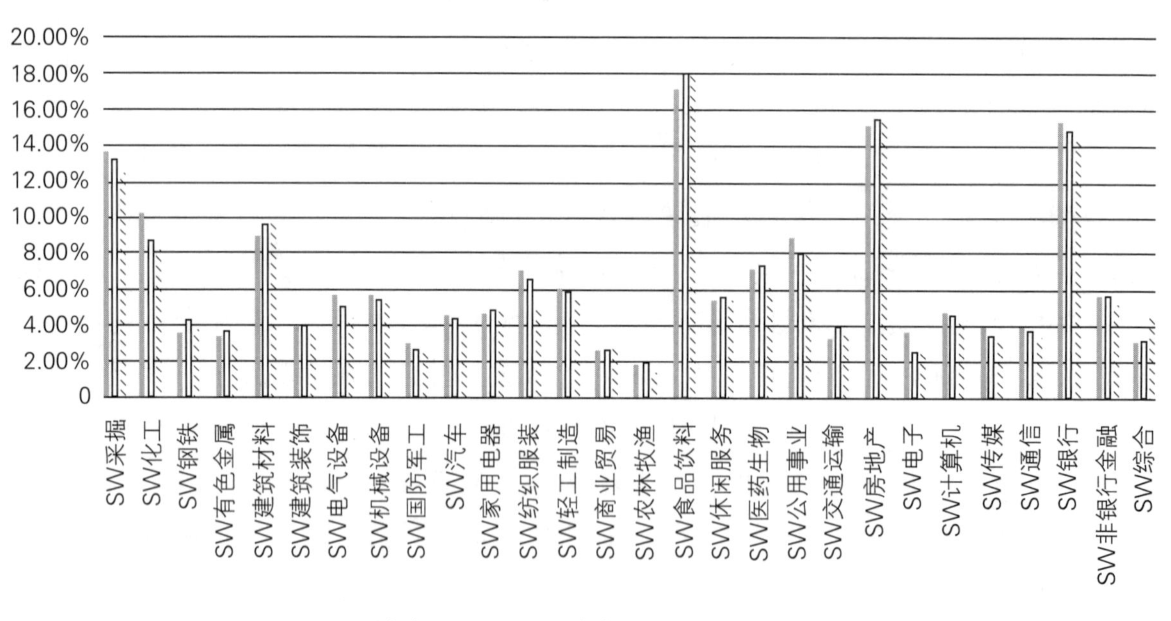

图 2-16　2017—2019 年 A 股各行业税负率变化

2019 年，居于上市公司纳税第一地位的大户仍然是中国石化和中国石油，支付税负总额分别为 3156.68 亿元和 3404.49 亿元。工商银行也突破了千亿元。排在前十名的除了“两桶油”、工农中建招商五大银行，还有中国平安、万科 A、中国建筑。中国神华跌出了前十的行列。

（七）监管制度趋严，退市风险加大

2019 年，证券监管机构推进注册制出台的同时，进一步加大退市制度的改革，违规公司和绩差公司面临更加严峻的退市风险。2019 年，在愈发严格的退市制度下，有 10 家 A 股上市公司退市摘牌，另有 138 只股票为风险警示股票，实施 ST 的上市公司共计 90 家。其中，长生生物因重大违法被强制退市，雏鹰退（雏鹰农牧）、华信退（华信国际）、印纪退（印纪传媒）、退市大控（大连控股）均因为“破面”不得不退市；华泽退（华泽钴镍）、退市海润（海润光伏）、众和退（众和股份）因业绩持续不达标而退市；神州长城、华业资本处于退市整理期，金亚科技因涉嫌欺诈发行股票等遭暂停上市，处于退市边缘；小天鹅因美的集团完成吸收合摘牌，上海普天主动选择退市。进入 2020 年以来，截至 7 月中旬已被实施 ST 的上市公司数量就达到了 102 家。2020 年以来，盛运环保、神雾环保、*ST 银鸽等 8 家上市公司股票被终止上市后进入退市整理期交易；*ST 天夏、*ST 金正、*ST 瀚叶等 9 家上市公司因被注册会计师出具“无法表示意见”或“否定意见”的审计报告而被实施 ST；*ST 拉夏、*ST 勤上、*ST 长动等 78 家公司因近期 2—3 个会计年度连续亏损而被实施 ST。

纳入本次业绩评价范围的 3654 家上市公司中，2019 年审计报告审计意见类别为“无法表示意见”的上市公司数量为 44 家，较 2018 年增加了 14 家；保留意见的上市公司数量为 118 家，较 2018 年增加了 39 家。从本次业绩评价的最终排名看，无法表示意见的上市公司大多处于后 15% 的排名行列。

第三章 2019年度“中联价值”上市公司业绩评价

一、2019年度“中联价值”上市公司评价结果

按照中国上市公司业绩评价体系，我们以统一测算的评价标准为基准，运用功效系数法，对截至2020年7月4日公布年报的A股3654家上市公司（不包括B股上市公司和金融行业，以下简称“评价范围内全部上市公司”）业绩进行了评价，得出了2019年度“中联价值”上市公司（以下简称“中联价值100”），其中，海螺水泥以综合得分94.7分获得第1，得分第2—10名的企业分别是温氏股份、牧原股份、华新水泥、海天味业、韵达股份、恒瑞医药、五粮液、隆基股份和陕西煤业。具体信息见表3–1。

表3－1 “中联价值100”评价得分表

序号	股票代码	股票简称	评价得分	序号	股票代码	股票简称	评价得分
1	600585	海螺水泥	94.7	15	600031	三一重工	85.4
2	300498	温氏股份	89.1	16	000708	中信特钢	85.4
3	002714	牧原股份	88.9	17	601888	中国中免	85.1
4	600801	华新水泥	88.8	18	002555	三七互娱	85.0
5	603288	海天味业	88.6	19	000333	美的集团	84.9
6	002120	韵达股份	88.3	20	000651	格力电器	84.5
7	600276	恒瑞医药	87.6	21	002458	益生股份	84.4
8	000858	五粮液	87.5	22	000672	上峰水泥	84.0
9	601012	隆基股份	87.2	23	603160	汇顶科技	83.9
10	601225	陕西煤业	87.1	24	600309	万华化学	83.9
11	300760	迈瑞医疗	86.8	25	000789	万年青	83.8
12	600009	上海机场	86.2	26	600519	贵州茅台	83.5
13	603833	欧派家居	86.1	27	000568	泸州老窖	83.5
14	002746	仙坛股份	85.4	28	601006	大秦铁路	83.4

续表

序号	股票代码	股票简称	评价得分	序号	股票代码	股票简称	评价得分
29	601233	桐昆股份	83.2	62	603899	晨光文具	80.2
30	600426	华鲁恒升	83.2	63	300750	宁德时代	80.1
31	600570	恒生电子	82.7	64	603369	今世缘	80.1
32	600690	海尔智家	82.7	65	002064	华峰氨纶	80.1
33	002299	圣农发展	82.6	66	002468	申通快递	80.0
34	600438	通威股份	82.5	67	600188	兖州煤业	80.0
35	600809	山西汾酒	82.5	68	002236	大华股份	79.9
36	600346	恒力石化	82.4	69	000921	海信家电	79.8
37	002475	立讯精密	82.2	70	603816	顾家家居	79.7
38	000877	天山股份	82.2	71	002311	海大集团	79.7
39	600233	圆通速递	82.0	72	002110	三钢闽光	79.7
40	002128	露天煤业	81.9	73	600763	通策医疗	79.7
41	002841	视源股份	81.8	74	000538	云南白药	79.7
42	600720	祁连山	81.7	75	002508	老板电器	79.5
43	002016	世荣兆业	81.6	76	000876	新希望	79.5
44	002234	民和股份	81.5	77	300529	健帆生物	79.4
45	000338	潍柴动力	81.3	78	601021	春秋航空	79.4
46	000961	中南建设	81.3	79	002677	浙江美大	79.4
47	600167	联美控股	81.3	80	300628	亿联网络	79.3
48	603986	兆易创新	81.1	81	600606	绿地控股	79.3
49	002415	海康威视	81.1	82	603568	伟明环保	79.2
50	002233	塔牌集团	81.1	83	600887	伊利股份	79.1
51	603517	绝味食品	81.0	84	300014	亿纬锂能	79.0
52	002352	顺丰控股	80.9	85	300559	佳发教育	78.8
53	300015	爱尔眼科	80.9	86	000031	大悦城	78.8
54	002146	荣盛发展	80.9	87	300417	南华仪器	78.7
55	000401	冀东水泥	80.9	88	600328	中盐化工	78.7
56	600048	保利地产	80.7	89	603060	国检集团	78.6
57	000895	双汇发展	80.7	90	603609	禾丰牧业	78.6
58	000661	长春高新	80.6	91	000932	华菱钢铁	78.5
59	601360	三六零	80.5	92	002869	金溢科技	78.3
60	002271	东方雨虹	80.3	93	600486	扬农化工	78.3
61	300454	深信服	80.2	94	600007	中国国贸	78.3

续表

序号	股票代码	股票简称	评价得分	序号	股票代码	股票简称	评价得分
95	002078	太阳纸业	78.2	98	000596	古井贡酒	78.2
96	002032	苏泊尔	78.2	99	002821	凯莱英	78.1
97	002007	华兰生物	78.2	100	601100	恒立液压	78.0

注：当年 IPO 上市或借壳上市的公司未参与。

从评价得分结果来看，2019 年“中联价值 100”表现优异，算数平均得分为 81.91 分，比评价范围内全部上市公司算数平均得分 54.48 分高出 27.43 分，高于评价范围内全部上市公司平均水平 50.35%。

从市场价值来看，2019 年度“中联价值 100”总市值为 100919.46 亿元，与 2018 年相比上升 64.20%，占评价范围内全部上市公司总市值的 20.80%，较上年提升了 3.41%；“中联价值 100”户均市值为 1009.19 亿元，为评价范围内全部上市公司户均市值的 7.60 倍，明显高于评价范围内全部上市公司的平均水平。“中联价值 100”平均市盈率为 11.65 倍，是评价范围内全部上市公司平均市盈率的 69.22%，具有较强的投资价值。以上数据表明，“中联价值 100”市场价值明显优于评价范围内全部上市公司平均水平。

从经营规模来看，“中联价值 100”2019 年度实现营业收入 43861.61 亿元，占评价范围内全部上市公司的 10.45%，户均水平为评价范围内全部上市公司户均水平的 3.82 倍；“中联价值 100”2019 年净利润为 5579.91 亿元，占评价范围内全部上市公司的 27.43%，户均水平为评价范围内全部上市公司户均水平的 10.03 倍，明显高于评价范围内全部上市公司平均水平。“中联价值 100”2019 年度经营活动产生的现金流量净额为 6825.72 亿元，占评价范围内全部上市公司的 17.43%，户均水平为评价范围内全部上市公司户均水平的 6.37 倍，高于评价范围内全部上市公司平均水平。“中联价值 100”2019 年资产总额 71914.93 亿元，占评价范围内全部上市公司的 9.13%，户均水平为评价范围内全部上市公司户均水平的 3.33 倍；净资产总额 27056.05 亿元，占评价范围内全部上市公司的 9.95%，户均水平为评价范围内全部上市公司户均水平的 3.64 倍。

从经营质量来看，“中联价值 100”2019 年度整体净资产收益率为 21.40%，为评价范围内全部上市公司平均水平的 3.19 倍；“中联价值 100”2019 年度整体总资产周转率为 0.67 次，为评价范围内全部上市公司平均水平的 1.19 倍，“中联价值 100”2019 年度整体资产负债率为 62.38%，低于评价范围内全部上市公司的平均水平 65.47%，“中联价值 100”2019 年度整体收入增长率为 22.91%，为评价范围内全部上市公司平均水平的 2.61 倍，可见，2019 年度“中联价值 100”整体经营质量明显优于评价范围内全部上市公司平均水平。“中联价值 100”2019 年度整体市场投资回报率为 79.34%，为评价范围内全部上市公司的 3.44 倍，“中联价值 100”市场回报明显优于评价范围内全部上市公司平均水平。

以上数据表明，2019 年度“中联价值 100”集聚了经营效益好、资产质量优、发展潜力大的上市公司。

二、2019 年度“中联价值 100”上市公司评价指标分析

本次业绩评价分别从财务效益状况、资产质量状况、偿债风险状况、发展能力状况、市场表现状况五个方面进行，“中联价值 100”上市公司整体优于评价范围内全部上市公司平均水平，下面分别从上述五个方面对“中联价值 100”上市公司的财务指标进行分析：

（一）财务效益

表 3–2 列示了“中联价值 100”上市公司财务效益状况评价结果。根据财务效益状况指标具体分析：与评价范围内全部上市公司平均值比较，2019 年度“中联价值 100”上市公司财务效益基本指标和其他修正指标明显较高；与 2018 年度“中联价值 100”情况相比较，2019 年度“中联价值 100”除总资产报酬率、盈利现金保障倍数有所下降，其他指标均不同幅度地得到提升。总体而言，“中联价值 100”上市公司财务效益状况较 2018 年有所提升。就“中联价值 100”具体上市公司的财务效益得分情况而言，100 家上市公司财务效益全部超过评价范围内全部上市公司平均水平，其中海螺水泥、五粮液、陕西煤业、贵州茅台、万华化学 5 家上市公司在财务效益方面获得满分 35 分，与其他“中联价值 100”上市公司相比表现明显突出。

表 3－2　2018—2019 年“中联价值 100”财务效益状况比较表

分析指标		2019 年上市公司平均值	2019 年“中联价值 100”值	与上市公司平均值比值	2018 年“中联价值 100”值	同比增长率（%）
基本指标	扣除非经常性损益净资产收益率	6.71%	21.40%	3.19	20.39%	4.94
	总资产报酬率	4.65%	11.27%	2.42	12.13%	−7.14
修正指标	营业利润率	6.45%	15.81%	2.45	15.47%	2.17
	盈利现金保障倍数	1.93	1.22	0.63	1.27	−3.81
	总股本收益率	37.06%	196.69%	5.31	165.51%	18.83

（二）资产质量

表 3–3 列示了“中联价值 100”上市公司资产质量状况评价结果。从资产质量状况指标来看，2019 年度“中联价值 100”四项指标与 2018 年度相比均有所下降，部分指标低于评价范围内全部上市公司平均水平。就资产质量得分情况而言，2019 年度“中联价值 100”中有 93 家上市公司超过评价范围内全部上市公司平均水平，其中温氏股份、韵达股份、仙坛股份、中信特钢、益生股份、桐昆股份、圣农发展等 16 家上市公司在资产质量方面获得满分 15 分，表现优于“中联价值 100”其他公司。

表 3 - 3　2018—2019 年“中联价值 100”资产质量状况比较表

分析指标		2019 年上市公司平均值	2019 年“中联价值 100”值	与上市公司平均值比值	2018 年“中联价值 100”值	同比增长率（%）
基本指标	总资产周转率（次）	0.56	0.67	1.2	0.74	-10.27
	流动资产周转率（次）	1.21	0.98	0.81	1.34	-27.35
修正指标	存货周转率（次）	2.73	1.65	0.6	2.99	-45.06
	应收账款周转率（次）	8.29	14.08	1.7	16.14	-12.78

（三）偿债风险

表 3–4 列示了“中联价值 100”上市公司偿债能力状况评价结果。从偿债风险状况指标来看，2019 年度“中联价值 100”资产负债率、已获利息倍数、速动比率、现金流动负债比率均优于评价范围内全部上市公司平均水平。从“中联价值 100”内具体公司来看，“中联价值 100”上市公司中有 73 家企业偿债能力综合得分高于评价范围内全部上市公司平均水平。其中，恒瑞医药、汇顶科技、健帆生物、佳发教育、华兰生物得分 14.99 分，接近满分，明显优于“中联价值 100”其他公司水平。

表 3 - 4　2018—2019 年“中联价值 100”偿债风险状况比较表

分析指标		2019 年上市公司平均值	2019 年“中联价值 100”值	与上市公司平均值比值	2018 年“中联价值 100”值	同比增长率（%）
基本指标	资产负债率	65.47%	62.38%	0.95	56.23%	10.94
	已获利息倍数	4.19	14.62	3.49	16.21	-9.84
修正指标	速动比率	77.40%	79.99%	1.03	90.88%	-11.99
	现金流动负债比率	13.10%	19.52%	1.49	25.46%	-23.30
	带息负债比率	34.11%	32.25%	0.95	38.01%	-15.16

（四）发展能力

表 3–5 列示了“中联价值 100”上市公司发展能力状况评价结果。从具体指标来看，2019 年度“中联价值 100”发展能力水平与 2018 年度相比明显上升，并且所有指标均优于评价范围内全部上市公司平均水平。从“中联价值 100”内具体公司来看，“中联价值 100”上市公司全部企业发展能力得分高于评价范围内全部上市公司平均水平。牧原股份、隆基股份、三一重工、中信特钢、恒力石化、立讯精密等 9 家企业发展能力综合得分为满分 20 分，明显优于“中联价值 100”其他公司水平。

表 3－5　2018—2019 年“中联价值 100”发展能力状况比较表

分析指标		2019 年上市公司平均值	2019 年“中联价值 100”值	与上市公司平均值比值	2018 年“中联价值 100”值	同比增长率（%）
基本指标	营业收入增长率	8.79%	22.91%	2.61	20.95%	9.35
	资本扩张率	9.77%	23.52%	2.41	18.97%	23.98
修正指标	累计保留盈余率	40.95%	68.69%	1.68	62.82%	9.35
	三年营业收入增长率	14.53%	25.12%	1.73	21.65%	16.03
	总资产增长率	10.16%	20.20%	1.99	17.15%	17.80
	营业利润增长率	0.83%	25.79%	31.07	27.36%	−5.74

（五）市场表现

表 3–6 列示了“中联价值 100”上市公司市场表现状况评价结果。从具体指标来看，“中联价值 100”市场投资回报率为 79.34%，远高于纳入评价的全部上市公司平均值 23.04%，“中联价值 100”全部企业均实现了上涨，91 家公司的市场投资回报率高于评价范围内全部上市公司平均水平，说明“中联价值 100”具有较高的投资价值，投资回报率前六名的是牧原股份、益生股份、立讯精密、兆易创新、亿纬锂能和金溢科技。股价波动率高于评价范围内全部上市公司平均水平，说明股票活跃度较高。以上数据表明“中联价值 100”市场表现良好。2019 年“中联价值 100”指数与沪深 300 指数对比见图 3–1。

表 3－6　“中联价值 100”市场表现状况比较表

分析指标	2019 年上市公司平均值	2019 年“中联价值 100”值	与上市公司平均值比值	2018 年“中联价值 100”值	同比增长率（%）
市场投资回报率	23.04%	79.34%	3.44	−6.10%	—
股价波动率	94.24%	109.82%	1.17	74.16%	48.08%

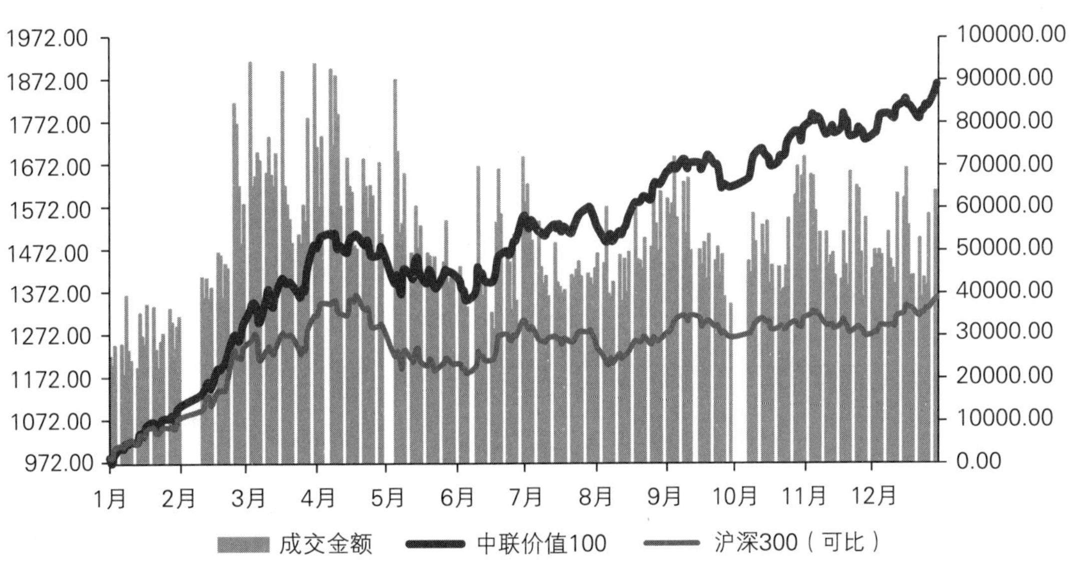

图 3－1　2019 年沪深 300 指数与“中联价值 100”指数叠加图

三、2019 年度“中联价值 100”上市公司分布特点

2019 年，中国经济在国内外不确定性明显上升的复杂局面下稳中求进，GDP 的总量达到了 99.1 万亿元，接近 100 万亿元，取得了 6.1% 的经济增长，高于全球经济增速，人均 GDP 按平均汇率折算，达到了 10276 美元，突破了 1 万美元的大关。与此同时，2019 年 A 股市场一扫 2018 年下跌的阴霾，沪深 300 全收益指数年回报 39.19%，成为近五年来表现最好的一年。

与全部 A 股上市公司相比，“中联价值 100”表现出了更为明显的优势。“中联价值 100”具有以下特点：

（一）“创转升”力撑制造龙头，“猪周期”影响行业布局

2019 年，“中联价值 100”行业分布较 2018 年相对稳定，其中，制造业通过创新转型升级高质量发展，数量虽有减少，但仍占据着“中联价值 100”半壁江山;“猪周期”助力农、林、牧、渔行业增加数量与信息传输、软件以及信息技术服务业增加数量并列第一，而信息传输、软件以及信息技术服务业增加数量名列第一主要受益于我国“新基建”系列产业政策；交通运输、仓储和邮政业，科学研究和技术服务业，卫生和社会工作行业数量与上年持平；采矿业，电力、热力、燃气及水生产和供应业，水利、环境和公共设施管理业以及租赁和商务服务业数量均较上年有所下降；而文化、体育和娱乐业本年度没有企业入围。

2016—2019 年“中联价值 100”行业分布情况如表 3−7、图 3−2 所示。

表 3 − 7　2016—2019 年“中联价值 100”行业分布情况表

单位：家

行业	2016 年	2017 年	2018 年	2019 年
制造业	59	67	68	66
房地产业	11	5	5	7
交通运输、仓储和邮政业	6	10	7	7
农、林、牧、渔业	4	1	3	6
信息传输、软件和信息技术服务业	8	3	2	5
采矿业	1	4	4	3
卫生和社会工作	1	3	2	2
电力、热力、燃气及水生产和供应业	2	2	3	1
水利、环境和公共设施管理业	1	1	2	1
租赁和商务服务业	2	2	2	1
科学研究和技术服务业	0	0	1	1
建筑业	2	1	0	0
文化、体育和娱乐业	3	1	1	0

注：本行业分类标准参照证监会发布的《上市公司行业分类指引（2012 年修订）》，以往年度行业分类均按此标准调整。

制造业是国民经济的支柱，更是国际竞争的主战场。2019 年，《政府工作报告》指出，要推动制造业高质量发展，强化工业基础和技术创新能力，促进先进制造业和现代服务业融合发展，从 2019 年入围的“中联价值 100”名单来看，汇集了一批诸如海信家电、美的集团、大华股份、南华仪器等先进制造业企业，彰显政策效果。黑色金属冶炼和压延加工业以及石油加工、炼焦和核燃料加工业等的传统制造业企业占比大幅降低，取而代之的是电气机械和器材制造业、计算机、通信和其他电子设备制造业、专用设备制造业等高端科技制造业，说明“中联价值 100”中制造业中、高端科技类企业占比仍在上升，结构更加优化。

“中联价值 100”中，农、林、牧、渔业较上年新增了 3 家企业，共有 6 家企业入围，分别为民和股份、牧原股份、圣农发展、温氏股份、仙坛股份和益生股份，以上企业所属具体行业均为畜牧业，与此同时，2019 年新进“中联价值 100”中，农副食品加工制造业有 5 家企业入围，分别是禾丰牧业、通威股份、新希望、绝味食品和双汇发展，不难发现，以上企业经营产品均与禽、畜类饲料或制品有关。这与 2019 年畜牧业发展波动有很大关系，一方面，2019 年全国生猪产能大幅下滑，猪价涨幅较大；另一方面，家禽产业快速发展，牛羊产业稳中有增。

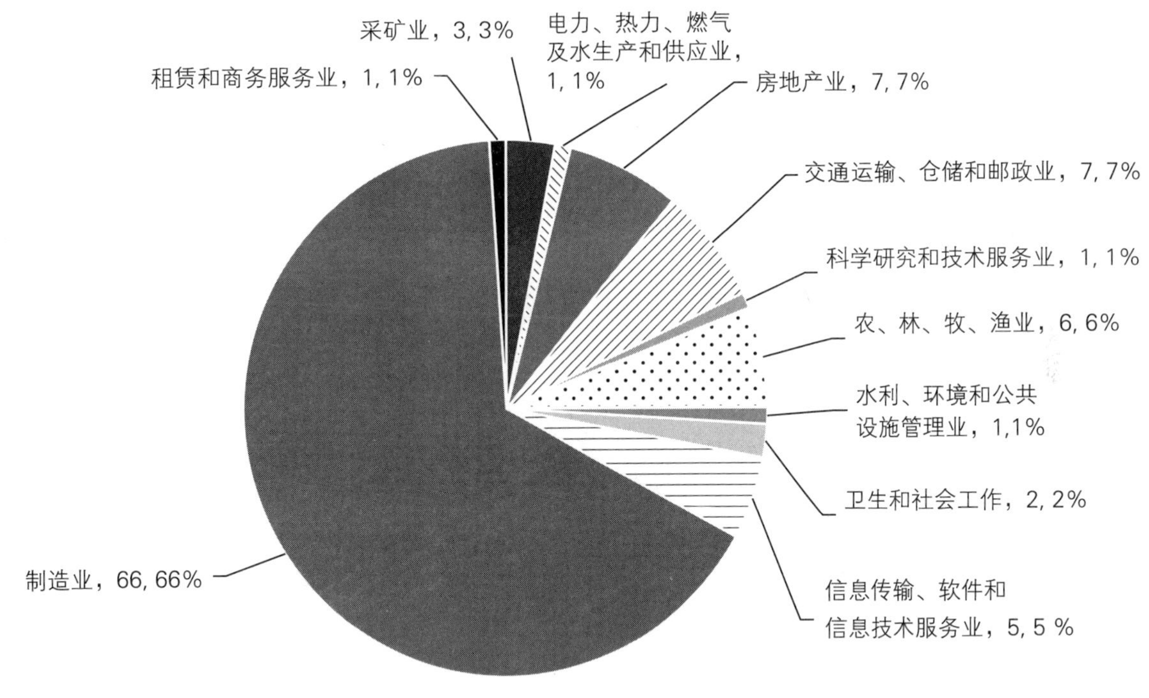

图 3－2　2019 年“中联价值 100”行业分布

（二）东部地区继续领跑，西部地区提升显著

从“中联价值 100”地区分布来看，2019 年东部地区共有 66 家入围，较上年减少了 6 家，东北地区增加了 1 家，西部地区增加了 5 家，共有 15 家入围，超越了中部地区入围的 14 家。从“中联价值 100”省份分布来看，2019 年广东省比上年增加 5 家，以 21 家的绝对优势重返第一，浙江省和山东省位列第二、第三，北京市入围“中联价值 100”的数量

为6家，较上年有所减少，位列第四。

在西部地区入围名单中，四川省表现突出，有5家企业入围，分别为佳发教育、泸州老窖、通威股份、五粮液和新希望，内蒙古自治区有3家企业入围，分别为露天煤业、伊利股份和中盐化工，而甘肃省、陕西省、贵州省、新疆维吾尔自治区、云南省、广西壮族自治区、重庆市这些地区，每两年都有1—2家企业入围，可见，西部地区近年来成绩显著提升，且分布相对平均。

“中联价值100”地区和省份数量和占比分布情况如表3-8、图3-3所示。

表3－8 2016—2019年“中联价值100”地区和省份分布情况表

单位：家

地区	省份	2016年	2017年	2018年	2019年
东部地区	广东省	18	17	16	21
	浙江省	17	13	20	13
	山东省	6	9	5	9
	北京市	7	10	8	6
	江苏省	9	8	7	5
	福建省	2	2	5	4
	上海市	8	8	7	4
	河北省	1	2	4	2
	天津市	0	1	0	2
	小计	68	70	72	66
西部地区	四川省	5	3	2	5
	内蒙古自治区	2	2	2	3
	甘肃省	0	1	1	2
	陕西省	1	2	1	2
	贵州省	2	1	1	1
	新疆维吾尔自治区	1	1	1	1
	云南省	1	1	0	1
	广西壮族自治区	0	1	1	0
	重庆市	4	0	1	0
	小计	16	12	10	15
中部地区	安徽省	7	5	4	3
	河南省	3	3	1	3
	湖南省	4	2	2	3
	湖北省	2	2	3	2
	山西省	0	2	1	2
	江西省	0	2	3	1

续表

地区	省份	2016 年	2017 年	2018 年	2019 年
中部地区	小计	16	16	14	14
东北地区	辽宁省	0	2	4	4
	吉林省	0	0	0	1
	小计	0	2	4	5

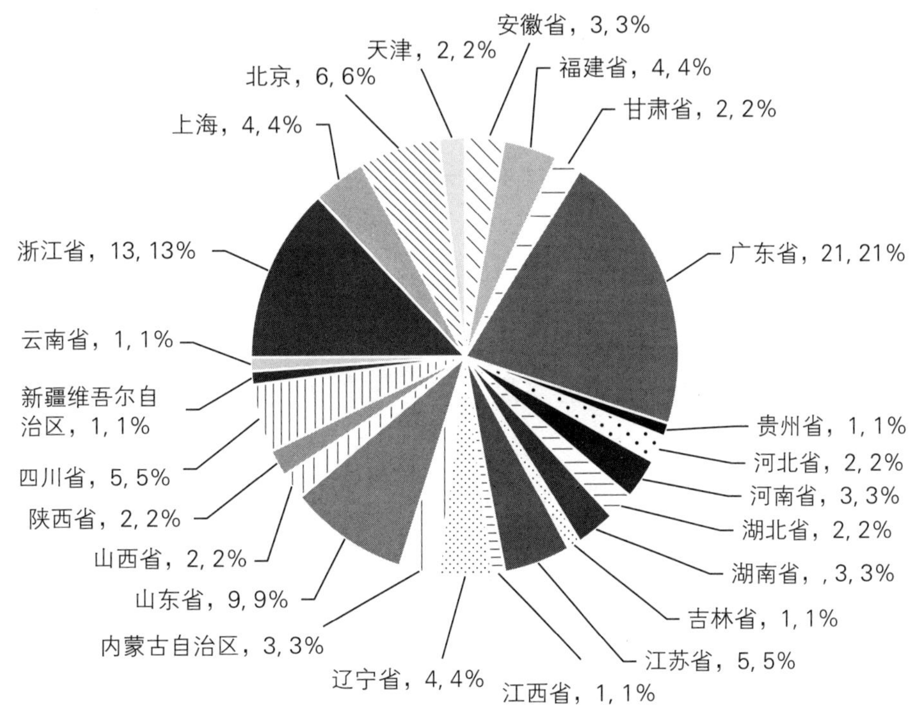

图 3－3　2019 年“中联价值 100”省份分布

（三）上海主板绝对优势被撼动，中小创板把握新机遇异军突起

上海主板汇集了关乎国计民生的各大行业门类，工业体系完整，产业配套健全，在国民经济中继续发挥着“压舱石”的作用。2019 年，沪市主板公司专注主业，业绩整体稳中有增，各主要行业营收均实现稳定增长，但业绩表现有所分化，超 60% 的行业净利润实现增长，近 40% 的行业出现不同程度的下滑。而中小企业板和创业板中汇集了一批高科技企业和民营企业，随着经济改革的进一步深化，中小创板也迎来新的发展机遇。在“中联价值 100”中，上海主板有 43 家企业入围，较上年减少了 18 家，可见，上海主板仍面临着技术革新带动新、旧动能转换的压力。2019 年，中央全面深化改革委员会第九次会议审议通过了《关于支持深圳建设中国特色社会主义先行示范区的意见》，支持深圳强化产学研深度融合的创新优势，建设综合性国家科学中心，2019 年度“中联价值 100”中，深圳主板科技企业发展迅猛，较 2018 年增加了 6 家，创业板和中小企业板也抓住了经济发展的机遇，取得了喜人的成绩，在“中联价值 100”中，分别增加了 3 家和 9 家（见图 3–4）。

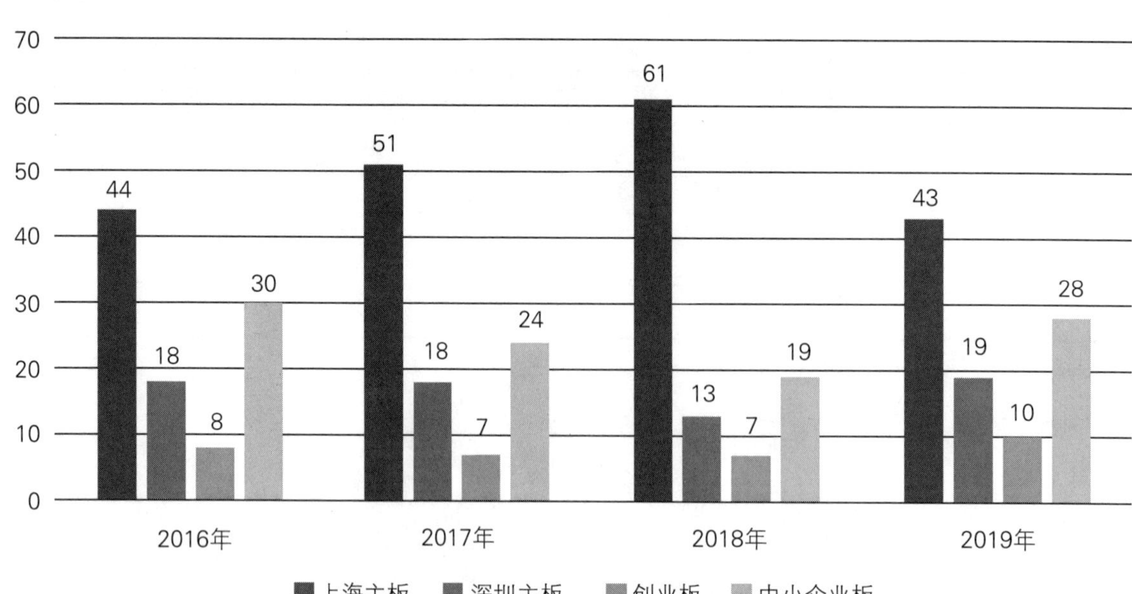

图 3－4 2016—2019 年"中联价值 100"上市板块分布图

（四）研发投入强度高，创新驱动能量足

以习近平新时代中国特色社会主义思想为指导，全面贯彻党的十九大和十九届二中、三中、四中全会精神，坚持新发展理念，2019 年，国务院出台多项政策优化营商环境，深入实施创新驱动发展战略，鼓励企业研发投入。科技创新引领，持续增加研发投入，2019 年度"中联价值 100"研发规模较 2018 年有了显著的提升，显著特点是研发规模处于较高档次的家数越来越多，研发规模小于 1 亿的明显减少，企业研发费用超过了 50 亿元的有 5 家，分别为格力电器、海尔智家、海康威视、美的集团和潍柴动力，研发费用规模为 10 亿—50 亿元的企业共有 18 家，较 2018 年增加了 9 家，研发费用为 1 亿—10 亿元的企业较上年减少了 1 家，共有 37 家，可见，研发规模 10 亿元以下的企业虽有减少，但仍占据"中联价值 100"绝大多数，研发费用规模低于 1 亿元的企业有 40 家，较上年减少了 10 家。研发规模在 10 亿元以上的企业中，仅有国电南瑞为信息传输、软件和信息技术服务业企业，其余均为制造业企业，可见制造业长期占据"中联价值 100"第一的地位，研发投入是其创新发展的核心动力（见表 3–9、图 3–5）。

表 3－9 2018—2019 年"中联价值 100"研发规模分布情况表

单位：家

研发规模	2019 年	2018 年
小于 1 亿元	50	40
1 亿—10 亿元	38	37
10 亿—50 亿元	9	18
50 亿元以上	3	5

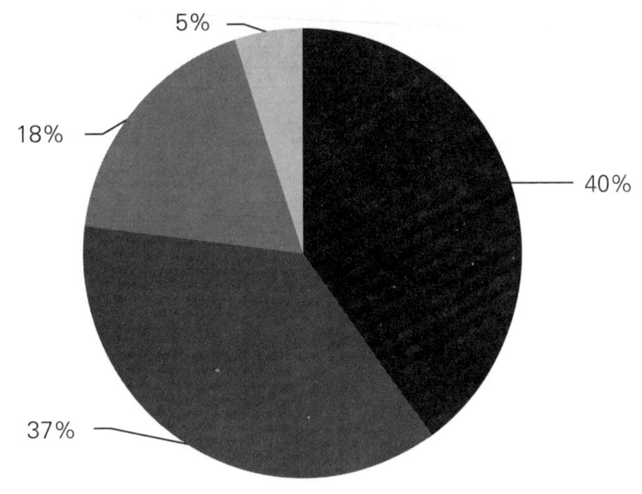

图 3-5 "中联价值 100"研发规模分布图

（五）A 股市场创佳绩，"中联价值 100"涨幅猛

2019 年，受贸易摩擦此起彼伏等因素的影响，全球主要股指大幅下跌，但中国 A 股市场扬眉吐气，沪指累计涨 22.30%，深证成指累计涨 44.08%，创业板指累计涨 43.79%，深证指数和创业板指成为全球表现最好的两大指数。2019 年评价范围内的全部上市公司中，超 70% 的股票实现上涨，173 只股票股价翻番、成绩喜人。"中联价值 100"作为 A 股市场的"领头羊"，成绩更为抢眼，具体来看，"中联价值 100"全部企业均实现了上涨，其中，6 家企业涨幅达 2 倍，实现 1 倍以上涨幅的企业共有 28 家，涨幅低于 50% 的企业仅有 35 家，"中联价值 100"价格翻倍股票数量占评价范围内全部上市公司价格翻倍股票数量的 19.62%。

2019 年，国面对内外部经济环境复杂化，中国政府及时作出预判，出台系列稳经济、促发展的政策，更加重视创新和自主研发，在关键芯片、通信技术设备、大数据云计算、人工智能、高端装备等领域培育出具有自主创新能力的"排头兵"，这些企业通过创新高速发展，也得到了市场的青睐，如"中联价值 100"中南华仪器、金溢科技、立讯精密、亿纬锂能等公司的股价均实现了 1 倍以上的涨幅。

（六）2019 年度"中联价值 100"亮点分析

1. 连续三年入围"中联价值 100"的公司。表 3-10 显示，2017—2019 年连续三年入围"中联价值 100"的共有 24 家公司，其中海螺水泥、华新水泥、海天味业、韵达股份、恒瑞医药、五粮液、陕西煤业、上海机场、中国中免、格力电器、万华化学、贵州茅台、大秦铁路、塔牌集团共 14 家公司连续三年评价得分居前 50，是上市公司发展持续稳定、业绩表现优异的表率。

2. "中联价值 100"最具送红股和分红实力公司：2019 年年末，贵州茅台每股留存收益 105.47 元，再次成为"中联价值 100"最具送红股和分红实力的公司。作为老牌绩优蓝筹股，贵州茅台长期入围“中联价值 100”，是 A 股市场回报股东的典范。

3. 近三年入围“中联价值 100”股票涨幅前五名的公司。表 3-10 显示，2017—2019 年连续三年入围“中联价值 100”的公司股价涨幅排名前五的分别是华新水泥、中国中免、五粮液、爱尔眼科和海天味业，涨幅分别为 414.31%、323.08%、308.12%、293.55% 和 282.90%，绩效显著。

表 3 - 10　连续三年入围“中联价值 100”公司

证券简称	三年累计分红占比（%）	每股留存收益（元/股）	近三年涨幅（%）
海螺水泥	98.08	22.90	257.27
华新水泥	103.05	8.26	414.31
海天味业	177.94	4.65	282.90
韵达股份	71.90	3.53	36.70
恒瑞医药	52.25	4.32	262.51
五粮液	149.66	17.45	308.12
陕西煤业	98.56	4.08	105.41
上海机场	55.37	14.27	205.88
中国中免	102.25	7.15	323.08
格力电器	81.25	16.17	190.97
万华化学	136.11	11.83	249.24
贵州茅台	154.99	105.47	269.88
泸州老窖	115.15	9.57	178.52
大秦铁路	153.45	5.05	33.55
海尔智家	87.60	5.34	109.05
潍柴动力	98.26	4.82	261.06
海康威视	151.58	3.60	117.24
塔牌集团	170.66	4.08	55.56
爱尔眼科	135.90	0.98	293.55
申通快递	74.29	3.69	-33.31
三钢闽光	114.27	4.66	32.38
通策医疗	2.85	4.55	207.62
春秋航空	35.06	9.94	21.23
伊利股份	207.84	3.53	90.46

资料链接：

水泥龙头价值典范

海螺水泥2019年实现营收1570.30亿元，同比增长22.30%，扣非归母净利335.93亿元，同比增长12.66%。“730”会议重申“房住不炒”精神，预计未来两年房地产对水泥的需求将会放缓甚至收缩，但因对冲疫情影响+西部大开发+基建REITS，基建提振幅度或较大。

公司的核心竞争力是生产低成本和低费用，海螺水泥在华东区域实行“T”形战略，在有着丰富且优质石灰石原矿的安徽设立熟料基站，利用低运输成本的长江物流将熟料运送至下游无资源但水泥需求强劲的长三角地区，同时自建余热发电装置降低电力成本。

矿山资源（排他性）：占有量大，单位成本低。2019年海螺持有矿山开采权48亿元，以140亿吨估计，吨成本仅为0.34元/吨。

长江物流：单位运价低。海螺水泥将安徽的熟料通过水路运送至华东水泥需求市场，从武汉到南京的水路运输价格为22.80元/吨，铁路运输需要104.44元/吨。水路运输成本为铁路的21.83%。

收购中小水泥厂改造成粉磨站：粉磨厂当地采集当地生产，可以节省原料运输至生产地的费用，降低10%—50%的水泥产品运输费。

电力：该项成本从2014年的59.86%下降到2019年的52.93%。至2015年年底，公司余热发电总装机量共1183MW，年发电量约为71亿千瓦时，年创收43亿元，2019年余热发电总装机量约1811MW，年创收约60亿元。

费用率：费用率为6.0%，远低于行业的12.7%。海螺水泥费用率从2016年的13.3%下降至2019年的6.0%，主要系销售费用率、管理费用率和财务费用率同时下降。

公司连续两年名列“中联价值100”之首，是典型的投资回报高蓝筹公司，连续六年分红比例高于30%。

资料来源：Wind。

第二部分
中国上市公司评价各行业分析报告

第四章　煤炭行业上市公司业绩评价

随着我国煤炭改革不断深化，煤炭行业从“总量性去产能”全面转入“结构性去产能、系统性优产能”的新阶段。2019 年我国煤价总体平稳，“淡季不淡、旺季不旺”的特征明显。根据中国煤炭工业协会统计数据，2019 年规模以上煤炭企业营业收入完成 2.48 万亿元，同比增长 3.2%；营业成本 1.80 万亿元，同比增长 5.6%。2019 年煤炭行业指数震荡上涨，年初为 2208.52 点，年末涨至 2451.71 点，涨幅达 11.01%，除 2019 年上旬小部分时间外，全年煤炭行业指数低于沪深 300 指数。世界煤炭产量延续了 2016 年下半年以来的周期性复苏态势，但 2019 年产量增速明显放缓，国际大型煤企或破产或主动退出煤炭业，全球“去煤化”进程加快，2020 年世界煤市前景不确定性增加，2020 年，按照《能源发展“十三五”规划》的要求，清洁能源替代进程加快，我国能源需求增速和能源消费强度将进一步下降，削弱煤炭消费增长动力，煤炭产能过剩将成常态，煤价重心或下移。

一、煤炭行业上市公司业绩评价结果

截至 2019 年年末，煤炭行业相关上市公司共计 38 家，其中沪市为 30 家，深市为 8 家。除辽宁能源、大有能源、郑州煤电、ST 平能和 ST 大洲之外，全部实现盈利，盈利企业占比为 87%，2017 年和 2018 年该比例分别为 92% 和 94%，说明煤炭行业上市公司业绩持续回暖，国家层面去产能效果显著。

煤炭行业 2019 年综合评分分值为 70.5，略低于 2018 年的 71.9 分。基本保持平稳，也超过同年全部上市公司（不包括金融和 B 股，本文以下如无特指按此口径）的综合评价分值 61.3 分，说明煤炭行业自 2014 年以来的低迷状态得到了阶段性改善；3 家煤炭行业上市公司进入 2019 年上市公司业绩评价综合得分“中联价值 100”名单，陕西煤业、露天煤业和兖州煤业分别位列第 11 名、第 41 名和第 71 名。

在 38 家煤炭行业上市公司中（在业绩排名时，剔除 2019 年上市、2019 年借壳及 2019 年证监会立案处罚虚假财务报告公司），陕西煤业评价等级为 AAA，露天煤业评价等级为 AA，评级等级为 A 的有 4 家（分别为兖州煤业、中国神华、淮北煤业和盘江股份），评价等级为BBB的有3家，评价等级为BB的有8家，评价等级为B的有3家，评价等级为CCC的有5家，评价等级为CC的有2家，评价等级为C的有10家。

2019年全部上市公司共3654家，其资产总额为68.54万亿元，其中，煤炭行业上市公司资产总额为2.08万亿元，占全部上市公司的3.03%；全部上市公司实现营业收入41.68万亿元，其中，煤炭行业上市公司营业收入为1.10万亿元，占上市公司营业收入的2.63%；全部上市公司实现净利润1.97万亿元，其中，煤炭行业上市公司净利润为0.12万亿元，占全部上市公司净利润的5.99%。2019年煤炭行业综合排名评价得分前十名的公司的见表4–1。

表4－1　2019年度煤炭行业评价得分前十名的公司

序号	股票代码	股票简称	综合得分	在全部上市公司中评价得分排序
1	601225	陕西煤业	87.1	11
2	002128	露天煤业	81.9	41
3	600188	兖州煤业	80	71
4	601088	中国神华	77.5	122
5	600985	淮北矿业	76.8	147
6	600395	盘江股份	76.1	174
7	600971	恒源煤电	74.6	235
8	601898	中煤能源	71.9	400
9	601001	大同煤业	71.4	441
10	603113	金能科技	69.6	576

资料链接：

陕西煤业内生性高质量成长　驱动可持续发展

2019年，随着“十三五”煤炭去产能主要目标任务基本完成，煤炭行业由总量性去产能向系统性去产能、结构性优产能方向转变，煤炭龙头企业效益持续向好。

立足于我国的煤炭大省陕西，陕西煤业拥有不可比拟的资源优势。公司所属矿井中，95%以上的产能均位于国家“十三五”重点发展的大型煤炭基地。产煤区90%以上的煤炭属于优质煤，在销售方面享有充分溢价能力。2019年公司实现煤炭销量17849万吨，同比增长24.88%；煤炭售价383.47元/吨，同比增加10.51元/吨，增幅2.82%。

近年来，公司始终坚持创新发展理念，引领行业发展。数据显示，截至2019年，公司拥有国家级科研机构2个，全年申请专利193项，其中发明专利4项，实用新型103项，获省部级奖项6个。公司与中国矿业科学协同创新联盟、中国科学院院士团队合作共同实施的无煤柱自成巷“110/N00工法”，成功解决了煤炭开采长期面临的“安全、资源回收和开采成本”三个突出瓶颈问题，被业界誉为“第三次矿业科学技术革命”。

得益于优质产能的加速释放及科技融合创新，公司具有其他煤炭企业不可比拟的成长潜力。未来，随着陕煤入渝量的不断提升，西南市场影响力将逐步增强。此外，依托浩吉铁路及江陵港，“沿海看神华，中部看陕煤”的新格局将逐步形成。

资料来源:《中国证券报》。

基于对煤炭行业上市公司的整体评价，下面分别从财务效益状况、资产质量状况、偿债风险状况、发展能力状况、市场表现状况五个方面对煤炭行业上市公司进行具体分析。

（一）财务效益

表4–2列示了2019年煤炭行业上市公司财务效益评价结果（满分35分），从基本指标来看，煤炭行业上市公司财务效益状况得分27.03分，较2018年得分28.23分小幅下降了4.25%，扣除非经营性损益，净资产收益率、总资产报酬率两项基本指标也有小幅下降，降幅分别为11.76%和6.69%。上述指标略微下降的主要原因为: 2019年，全国煤炭消费没有大幅增长，价格与2018年相比略有下降，在当前煤炭价格相对高位稳定运行之时，企业盈利也趋于稳定。

表4－2　煤炭行业财务效益状况比较

评价指标		2019年全部上市公司平均值	2019年行业值	2018年行业值	增长率（%）
基本指标	扣除非经常性损益净资产收益率（%）	6.61	10.8	12.24	−11.76
	总资产报酬率（%）	5.26	8.92	9.56	-6.69
	基本得分	20.77	27.03	28.23	-4.25
修正指标	营业利润率（%）	6.34	14.03	16.14	−13.07
	盈利现金保障倍数	1.97	1.68	1.9	−11.58
	总股本收益率（%）	36.41	79.07	80.48	−1.75
综合得分		22.12	27.76	29.02	-4.34

财务效益指标综合得分高于全部上市公司平均水平22.12分的共有19家，其中陕西煤业和露天煤业该指标为满分35分，其特点在于该上市公司对产业结构和资本结构的布局合理，业务均衡发展，综合实力突出，抗风险能力优于同行。根据年报显示，陕西煤业全年煤炭业务实现毛利269.8亿元，同比增加14.65亿元（5.7%）。陕西煤业在资源储量、年产规模、人员功效排名国内行业前列，2018年盈利规模仅次于中国神华，其净利润约等于陕西省其余49家上市公司之和。2018年煤炭价格比较稳定，在行业去产能进程中，龙头企业效益向好。

（二）资产质量

表4－3列示了煤炭行业上市公司资产质量状况评价结果（满分15分），基本指标与修正指标变化趋势一致，2019年煤炭行业上市公司资产质量状况综合得分为12.7分，与上年12.04分相比增长5.48%。

基本指标中总资产周转率为0.53次，与2018年的0.5次相比小幅增长6%，低于全部上市公司平均值0.56次。而流动资产周转率从2018年的1.66次提高为1.82次，表明企业流动资产周转速度变快、资金利用效率提高、企业营利能力增强。

修正指标中应收账款周转率增幅略大，平均为17.62次，比2018年增长18.18%，说明煤炭行业上市公司收账速度加快、平均收账期变短、坏账损失减少、偿债能力增强。存货周转率平均为16.2次比上增长9.16%，高于全部上市公司平均值2.73次，这表示煤炭流动性增强，煤炭供需平衡使得库存煤炭维持高位的状况进一步缓解，2019年煤炭销售情况继续保持乐观。

2019年煤炭行业上市公司资产质量综合得分12.7分，已经超过2019年全部上市公司平均得分9.22分及2018年行业得分12.04分，煤炭企业销售收入增加、回款加快、库存降低等因素是导致资产质量上升的主要原因。该指标表现较好的有ST安泰（15分）和ST云维（15分），该公司在销售渠道开拓、去库存等方面处理较为出色。

表4－3　煤炭行业资产质量状况比较

评价指标		2019年全部上市公司平均值	2019年行业值	2018年行业值	增长率（%）
基本指标	总资产周转率（次）	0.64	0.53	0.5	6.00
	流动资产周转率（次）	1.21	1.82	1.66	9.64
	基本得分	9.53	10.09	9.45	6.77
修正指标	应收账款周转率（次）	8.24	17.62	14.91	18.18
	存货周转率（次）	2.73	16.2	14.84	9.16
综合得分		9.22	12.7	12.04	5.48

（三）偿债风险

表 4－4 列示了煤炭行业上市公司偿债风险状况评价结果（满分为 15 分），从综合得分来看，2019 年煤炭行业上市公司偿债风险状况高于全部上市公司平均水平 8.61，与上年得分 13.07 相比下降了 29.00%。

基本指标中，资产负债率小幅度下降 2.37%，已获利息倍数小幅度上升 4.61%，国际上通常认为，该指标为 3 时较为适当，煤炭行业上市公司已获利息倍数 6.13 与之相比较高，说明煤炭行业上市公司长期偿债能力越强。

从修正指标来看，现金流动负债指标和速动比率较上年均出现大幅下降，降幅分别为 14.53% 和 18.78%，表明企业流动资产中可以立即变现用于偿还流动负债的能力减小。带息负债比率较上年下降 9.44%，反映企业负债中带息负债的比重进一步下降，减小了企业未来的偿债（尤其是偿还利息）的压力。在综合得分上，ST 平能该项指标得分为 14.82，表现较好。

表 4－4　煤炭行业偿债风险状况比较

评价指标		2019 年全部上市公司平均值	2019 年行业值	2018 年行业值	增长率（%）
基本指标	资产负债率（%）	61.12	48.7	49.88	−2.37
	已获利息倍数	4.11	6.13	5.86	4.61
	得分	8.94	9.95	9.75	2.05
修正指标	速动比率（%）	77.4	78.85	97.08	−18.78
	现金流动负债比率（%）	13.01	30.65	35.86	−14.53
	带息负债比率（%）	41.99	49.43	54.58	−9.44
综合得分		8.61	9.28	13.07	−29.00

（四）发展能力

表 4－5 列示了煤炭行业上市公司发展能力状况评价结果（满分 20 分），下游行业需求继续改善，煤炭消费稳中有升，但随着环保趋严，未来需求面临抑制，发展能力综合得分由 2018 年的 12.12 分下降至 11.87 分。

各项指标中，累计保留盈余率指标连续三年表现较为稳定，营业收入增长率下降 26.47% 至 7%，主要原因是煤炭产量维持稳定的情况下，价格与上年相比保持小幅回落。三年营业收入增长率增长至 19.19%，营业利润降幅为 6.04%，2019 年仍低于全部上市公司平均水平，未来随着供给侧结构性改革由限制产能向优化产能转变，煤炭供需结构将得到改善，营业收入大幅度增长的可能性不大，煤炭行业的发展潜力在一定程度上受到限制。

资本扩张率和总资产增长率两项指标均低于全部上市公司平均值，煤炭行业“去产能”

是一场持久战，淘汰落后小型矿井，严格限制新建矿井，压缩煤炭行业投资，鼓励煤炭行业转型，未来较长一段时间内上述两项指标将保持较低水平。

从综合得分来看，露天煤业发展能力得分在煤炭行业中排名第一，发展能力综合评分20分，2019年露天煤业的煤炭销售价格得益于公司2019年系统性提升长协售价以及增值税降税效应的影响，使其销售价格出现逆势增长，同时公司电解铝和新能源发电板块收益提升带动公司整体发展能力增强。由此可见，在煤炭行业未来发展存在重大不确定性的背景下，保持可持续性发展，积极推进资本运营和产业升级，响应"一带一路"号召配置海外优质资产是未来煤炭行业可持续发展的可行之路。

表4－5　煤炭行业发展能力状况

评价指标		2019年上市公司平均值	2019年行业值	2018年行业值	增长率（%）
基本指标	营业收入增长率（%）	8.81	7	9.52	−26.47
	资本扩张率（%）	9.67	5.48	8.77	−37.51
	得分	12.05	10.99	11.38	−3.43
修正指标	累计保留盈余率（%）	41	51.13	49.21	3.90
	三年营业收入增长率（%）	14.54	19.19	18.57	3.34
	总资产增长率（%）	10.59	2.15	5.31	−59.51
	营业利润增长率（%）	0.61	−6.04	13.07	−146.21
综合得分		12.23	11.87	12.12	−2.06

（五）市场表现

2019年，煤炭板块上市公司实现营业收入10977.47亿元，归属母公司的净利润971.77亿元，同比继续保持增长。2019年煤炭供给侧结构性改革深入推进。"十三五"煤炭去产能主要目标任务基本完成。年产30万吨以下煤矿产能减少到2.2亿吨/年以内。煤炭行业由总量性去产能转向系统性去产能、结构性优产能。

图4–1为煤炭行业（申万）指数与沪深300指数波动对比图，我们可以看到煤炭行业指数的走势与沪深300指数变化趋势上半年基本相同，下半年有所落后。

表4–6列示了煤炭行业上市公司市场表现状况评价结果（满分15分）。其中市场投资回报率指标2019年行业值为13.85，增长率为139.54%，大盘表现不太理想。股价波动率指标与全部上市公司平均值较为接近，说明煤炭行业股票市场走势紧跟大盘脚步。从综合得分来看，煤炭行业上市公司市场表现综合得分8.88，总体比2018年略有下降。

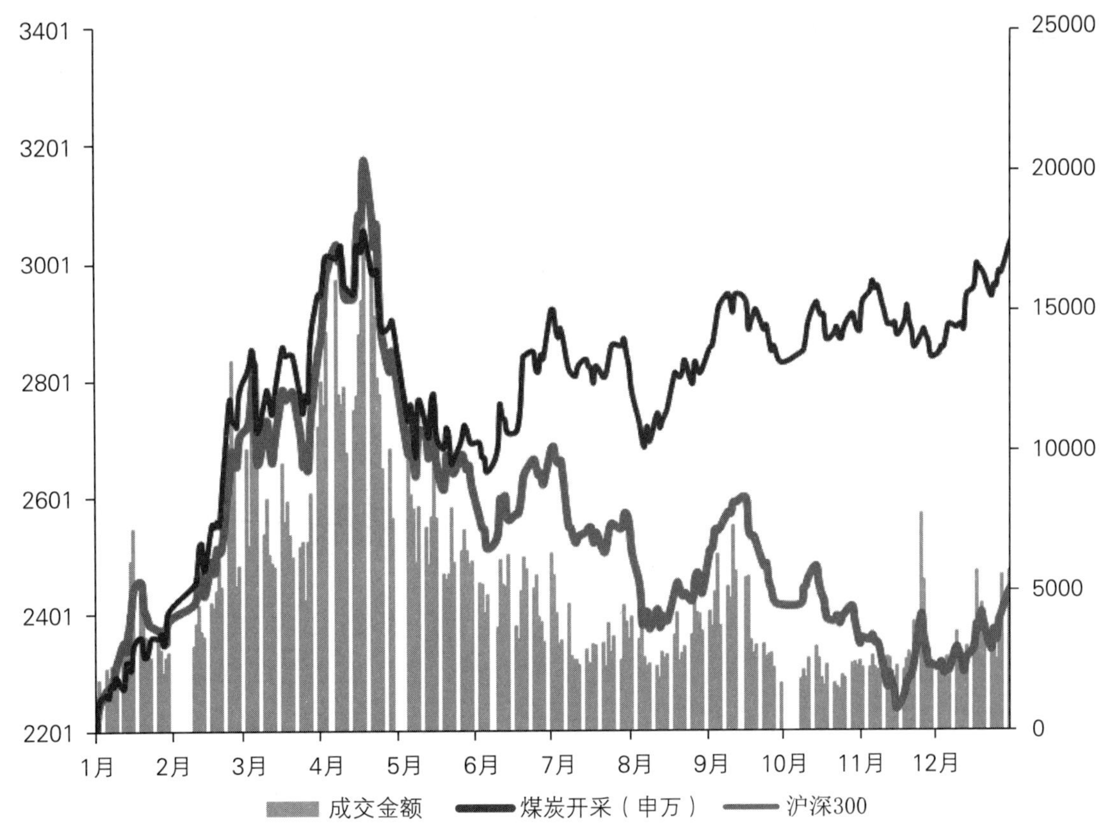

资料来源：Wind 资讯。

图 4－1　2019 年煤炭开采Ⅱ（申万）与沪深 300 指数波动

表 4－6　煤炭行业公司市场表现比较

评价指标	2019 年全部上市公司平均值	2019 年行业值	2018 年行业值	增长率（%）
市场投资回报率（%）	23.04	13.85	−35.03	—
股价波动率（%）	94.27	78.92	106.07	−25.60
综合得分	9.12	8.88	9.26	−4.10

二、2019 年度煤炭行业上市公司业绩影响因素分析

“十三五”最后一年国家推动煤炭供给侧结构性改革的政策取向不会改变，但调控市场方式将更加稳健灵活。2019 年，煤炭消费增速趋缓，在煤炭供应将进一步增加的情况下，市场供需大概率继续保持平衡。去产能结构化调整后，陕、蒙等煤炭主产区的优质产能集中释放促使我国煤炭产量稳步增长，增速高于全国平均水平。煤炭行业自 2012 年开始进入“寒冬”，在 2016 年年底迎来了煤价上涨，2019 年煤价总体来看虽出现回落，但仍是处于较高水平，因此煤企营利能力相比 2018 年略有回落。现对影响 2019 年煤炭行业上市公司业绩因素分析如下：

（一）延续周期性复苏态势，煤炭价格总体稳定

2019年，工业生产、投资增速小幅回升，水电持续负增长为火电腾出增长空间，钢铁、建材行业生产保持增长，拉动煤炭消费增速回升；不过，煤炭产量保持较快增长，煤炭进口仍然保持相对高位，煤炭供给充足；全社会库存旺季回升，市场价格稳中有跌，煤炭市场景气度有较大幅度回落。

从下游需求来看：2019年全社会用电量稳定增长，火力发电增速有望维持，发电耗煤需求稳中有增；在建材方面，地产市场回暖有望抵消基建投资下行带来的负面影响，建材耗煤需求趋于平稳；在煤化工方面，传统煤化工用煤需求受益于原油价格波动上涨，“十三五”以来新型煤化工发展如火如荼，大量在建煤化工项目未来投产有望为化工用煤需求带来新增量。整体来看，动力煤需求仍较为旺盛，伴随供给侧释放部分产能，2020年动力煤供需或将进一步宽松，动力煤价格存在小幅下行压力，但煤企得益于高长协比例、煤炭综合售价稳定，盈利有望维持在较高水平。

得益于陕、蒙等煤炭主产区的优质产能集中释放，2019年陕西煤业公司报告期内煤炭产量11494万吨，同比增加685万吨（6.34%）；销量17849万吨，同比增加1954.46万吨（15.84%），其中销售自产煤10535万吨，同比增加797万吨（8.19%）；贸易煤3757万吨，同比增加3557万吨（24.88%）；吨煤综合售价383.47元/吨，同比上升10.51元/吨（2.82%），量价齐升使公司报告期内实现煤炭销售收入684.45亿元，同比增加151.40亿元（28.40%）。

（二）长协占比提高，煤炭售价基本维稳

煤炭价格受到供给侧改革的影响，在经历了几年连续下跌后从2016年第四季度开始上涨，上涨趋势延续至2018年，2019年煤价较为稳定，相较上年出现小幅度下跌。从2019年全年来看，各个煤种的价格波动基本仍是遵循淡、旺季的周期变化，比较值得注意的是动力煤2019年最高点出现在第一季度（见图4–2），并未像2018年一样出现冬季大幅上涨的预期，但是综合全年走势来看，2019年煤价仍是处于较高水平。

1. 动力煤。2018年，环渤海动力煤均价571元/吨，秦港（Q5500）均价650元/吨；2019年，环渤海动力煤均价575元/吨，秦港（Q5500）均价590元/吨。对比可得，环渤海动力煤上升4元/吨，秦港下降60元/吨，和2018年煤价相比环渤海动力煤均价变化不大，秦港均价略有下降。环渤海动力煤价反映的是电厂采购的价格，多以年度和月度长协为主，港口煤价则更多反映的是即时市场价。环渤海动力煤价格全年表现仍然是较为稳定，这点和2018年情况基本一致，未来随着长协煤占比和签订时间的延长，港口煤价的振幅会进一步降低，长期来看价格会趋于稳定。

2. 焦煤。CCI柳林低硫煤价格指数2019年全年均值为1566元/吨，较2018年同期均值吨煤价回调48元，CCI灵石肥煤价格指数2019年全年均值为1111元/吨，较2018年同期均值吨煤格回调8元，焦煤的价格整体略有下降，其主要由于焦煤、焦炭作为煤焦钢产业链的上、中游产品，与基建、房地产行业息息相关，其价格既受到宏观经济大环境的影响，又受到产业链供需博弈的左右。2019 年煤焦钢行业在整体供应充足、下游需求相对稳定的情况下，产业链整体利润全线下移。观察 2019 年双焦价格走势，焦煤波动小于焦炭，而焦煤走势整体要强于焦炭，整体价格趋于稳定。

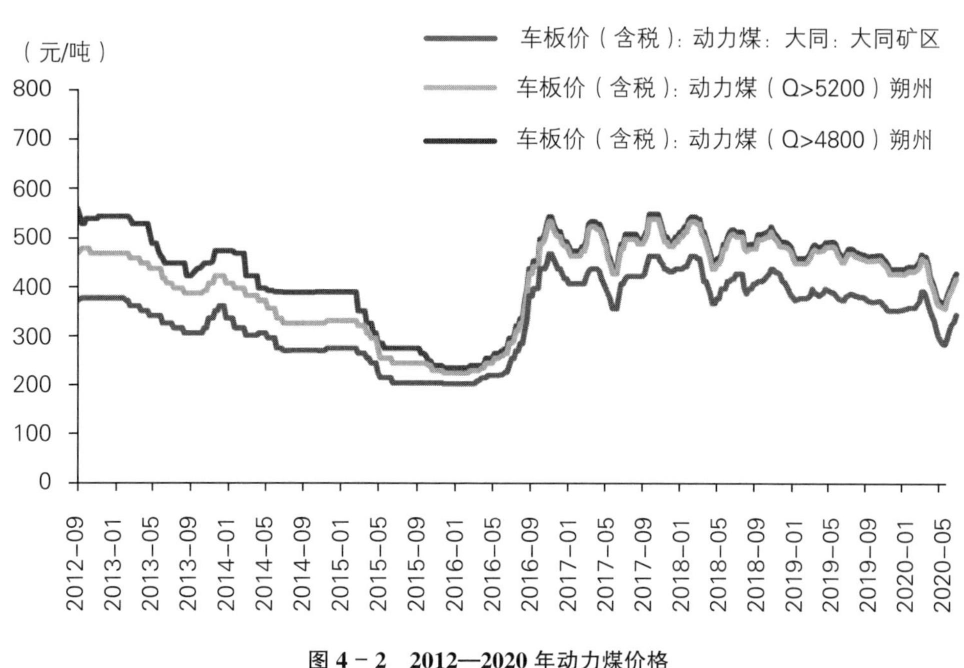

图 4－2　2012—2020 年动力煤价格

资料来源：Wind。

3. 无烟煤。以 2019 年晋城市无烟煤为例，整体煤炭市场价格总体下行。分产品规格看：无烟煤洗混末煤全年直线下行，均价从年初的 589.5 元 / 吨（不含税价，下同）下降到年末的 488.6 元 / 吨，吨煤价格下降 100.9 元。无烟煤洗块煤 1—9 月波动下行，从 1 月 834.0 元 / 吨下降到 9 月的 788.6 元 / 吨，10 月即将进入供暖季，山东等地将无烟煤列入清洁煤，受需求影响价格短期上涨，全年最高价格在 11 月为 851.7 元 / 吨。筛选混末煤作为动力、化工用煤，1—4 月价格处于上行态势，4 月为 602.6 元 / 吨，为全年最高价，5—12 月波动下行，12 月为 481.1 元 / 吨，为全年最低价。

2019 年长协价仍由基准价 + 浮动价组成，而基准价与 2018 年不变，为 535 元 / 吨。根据国家发展改革委发布的《发改委关于推进 2020 年煤炭中长期合同签订履行有关工作的通知》，2020 年基准价格，下水煤合同基准价由双方根据市场供需情况协商确定，对协商不一致的，仍按 2019 年水平执行。同时，该通知要求煤、电企业长协量达到自有资源量和采购量的 75% 以上，较 2019 年水平合理增加，且要求加强铁路运力衔接，预计会导致 2020 年全国煤炭交易会上长协量略微增加。

（三）供给侧改革深化，产销量逐步企稳

煤炭价格的变化归根结底是受到市场上供需关系的影响，2012 年煤价下跌的原因就是煤炭产能过剩引起的，而随着供给侧改革的影响，煤价到 2016 年开始回升。“十三五”期间要化解淘汰过剩产能共 8 亿吨，根据实际情况来看，2016—2018 国内煤炭产业化解过剩产能合计8.1亿吨，行业产能利用率从2016年的59.5%提升到2018年的70.6%，“十三五”期间（2016—2020年）规划8亿吨的目标，提前两年实现了超额落地。在此基础上，2019年淘汰落后产能约为1.1亿吨。

2019年国家能源局公告称，截至2018年12月底，取得安全生产许可证等证照齐全的生产煤矿3373处，我国煤炭在产产能为35.3亿吨/年，已核准（审批）、开工建设煤矿1010处（含生产煤矿同步改建、改造项目64处），产能10.3亿吨/年，其中已建成、进入联合试运转的煤矿203处，产能3.7亿吨/年。2018—2019年，总产能由34.91亿吨上升至35.3亿吨，获得安全许可证的矿山数量从3816处下降至3373处，每处矿的平均产能由91.5万吨上涨至104.65万吨，说明2018年的去产能在关闭小产能的矿井上效果明显，另外还有部分以往未获批的产能2019年陆续获批。核准在建矿提升大概5400万吨产能，但处数却有所下降，这也侧面反映出目前新批产能速度放缓，未来新建产能的投产速度也会有所放慢。

中煤能源2019年全年完成商品煤产量10184万吨，其中，动力煤产量9145万吨，炼焦煤产量1039万吨。公司煤炭销售规模创历史新高，全年累计完成商品煤销售量23128万吨，同比增长38.6%。

（四）进口煤调控，限制劣质进口煤

进口煤方面，2019年进口量将维持平控，总量较2018年持平。2019年，全国进口煤炭3.00亿吨，其中，褐煤1.02亿吨，动力煤1.15亿吨，炼焦煤7466万吨，无烟煤719万吨，同比增长6.3%，略高于2018年全年进口煤量。2019年国家发展改革委采取进口煤平控政策，即2019年与2018年进口煤总量基本持平，淡、旺季之间进行进口煤量调整以平滑煤价大起大落。

近六年来，我国煤炭进口量出现明显起伏，呈“V”形变化。2013年，我国煤炭进口量一度达到3.27亿吨，之后连续两年下降；2014年降至2.9亿吨，2015年跌至2.04亿吨，两年时间减少过亿吨；2016年煤炭进口出现较大幅度回升，全年进口量2.55亿吨，比上年增长25.2%；2017年进口煤政策有所调控，增幅回落为6.1%，但进口总量仍达到2.71亿吨；2018年煤炭进口出现小幅度回升，全年进口量2.81亿吨。资料显示，我国煤炭进口的主要国家为印度尼西亚、澳大利亚、俄罗斯、蒙古和菲律宾。进口量较大的省份则为广东、江苏、内蒙古、辽宁及广西，这些省份在2019年的煤炭进口量超过了全国进口量的60%。

近年来，进口煤逐渐成为调控国内煤炭市场、平抑煤价、保障煤炭供需平衡的重要砝码。进口煤数量的大幅增加，会挤压国内煤炭市场供应空间，一定程度上削弱去产能、减量化生产改善煤炭供应关系的政策效应，缓冲国内煤炭市场的供需矛盾，所以，适时收紧进口煤政策、限制劣质进口煤是必要的。

三、2020 年度煤炭行业前景展望

按照《能源发展“十三五”规划》的要求，到 2020 年，我国煤炭消费总量要控制在 41 亿吨以内，在一次能源消费中所占比重应减少到 58%。据中国煤炭消费总量控制方案和政策研究项目组预计，2020 年，中国煤炭消费总量和一次能源消费占比将分别达到 38 亿吨和 55.8%，能够超额完成“十三五”规划目标。

（一）2020 年煤炭供求继续宽松，价格重心或下移

2019 年第一至第四季度，我国 GDP 增长速度分别为 6.4%、6.2%、6.0% 和 6.0%，增速呈逐季回落之势，全年 GDP 累计增长 6.1%，较 2018 年同比下降 0.6%。拉动经济增长的“三驾马车”呈内需走弱、投资趋缓、出口走弱之势，对经济增长贡献降低。

受全球经济动能偏弱、贸易摩擦、投资贡献率减弱，以及新冠疫情的影响，业内专家预计，我国 2020 年 GDP 下降 0.6%，2021 年下降 0.4%。宏观经济增速放缓，加之在国内经济增速换挡和产业优化中，能源需求增速和能源消费强度将进一步下降，将削弱煤炭消费动力。

与此同时，一次能源清洁化转型加快推进，新增电力装机中，可再生能源装机已占据主导，煤电装机比重下滑，发电耗煤率持续下降，相应的削弱煤炭消费。同时，既有的煤电机组为水、风、光及核电等清洁的可替代能源“让路”，火力发电设备平均利用小时数不断下降，对电煤需求的不确定性增加；化工、建材、冶金行业受政策调控、环保约束、基建投入收缩及调峰停产等影响，对煤炭的需求前景也不容乐观，煤炭消费总量的增长空间越来越小。

多家机构预测，全国煤炭消费峰值为 42 亿—43 亿吨。中国煤炭经济研究会书记兼副会长梁敦仕在 2019 年（第七届）国际动力煤资源与市场高峰论坛上预计，我国的煤炭消费增长的高峰期已经过去，再次出现高速增长的可能性微乎其微，随即而来的很可能是煤炭消费总量基本稳定、小幅波动或下降。随着西部开发、中部崛起、东北振兴、京津冀一体化建设、雄安新区建设、长江经济带发展，长三角区域一体化发展、粤港澳大湾区建设、“一带一路”倡议以及黄河流域生态保护和高质量发展等新的国家战略的推进，人均能源消费水平还将继续逐渐提高，今后我国的煤炭消费可能将在比较长时期内延长峰值平台的区段。

（二）煤炭产能过剩压力加大，优质产能继续向晋陕蒙宁新集中

根据国家能源局数据，截至 2018 年 12 月底，安全生产许可证等证照齐全的生产煤矿 3373 处，产能 35.3 亿吨 / 年；已核准（审批）、开工建设煤矿 1010 处（含生产煤矿同步改建、改造项目 64 处）、产能 10.3 亿吨 / 年，其中已建成、进入联合试运转的煤矿 203 处，产能 3.7 亿吨 / 年。此外，考虑到有的煤矿“批小建大”等情况，全国煤炭总产能在 48 亿吨左右。2019 年以来，我国已核准年产 120 万吨及以上的煤矿 40 余处。同时，晋陕蒙宁新等资源富集省（区）正在按照产能置换原则加快建设一批大型现代化煤矿，这些煤矿预

计在2020年和“十四五”期间陆续建成投产。而目前我国煤炭消费总量约在40亿吨左右。综合供求来看，2018年煤炭就存在过剩压力，2019年因产地限产停产较多，产能过剩未转换为严重的产量过剩。但随着产能逐渐释放，业内预计，2020年国内煤炭产量加进口量在40.5亿吨左右，供给过剩预计在1.5亿吨左右，煤炭生产重心“西移”或致全国煤炭呈结构性不足与总量长期过剩的格局。加之2020年起取消煤电价格联动机制，火电企业对压低电煤价格的诉求十分强烈，煤价面临较大调整压力，一些微利煤企可能步入亏损。对煤炭企业而言，建议遵循产业周期特征，在产业周期可能面临向下“拐点”之际，除必要的资源接续外，宜控制投资规模、适度放缓建设步伐。

目前，我国年产120万吨及以上煤矿产能占比达到总产能的3/4，但淘汰落后产能、消除无效低效供给的任务依然较重。截至2019年8月，我国30万吨/年以下煤矿数量仍有约2100处，主管部门要求，力争到2021年年底，全国30万吨/年以下煤矿数量减少至800处以内。业内预计，2020年及“十四五”时期，30万吨/年以下的小煤矿将继续关闭，一些产能90万吨/年以下的煤矿也将进一步枯竭，大型现代化煤矿的产量比重会越来越大，将有千万吨级特大型煤矿71处，产能10.7亿吨/年。主产地及大型企业宜顺势而为，进一步优化产品结构，提升全产业链水平；全面推动数字化、智能化矿山建设，促进煤炭行业高质量发展。

（三）铁路运力进一步宽松，煤价重心或下移

尽管国内煤炭生产重心不断“西移”“北移”，但煤炭运输格局也在持续调整和优化，“公转铁”和货运增量行动的实施，强化了核心产区跨区域、长距离的保供能力，“西煤东运、北煤南调、公铁转运、铁水联运”大运输网络不断完善。数据显示，2018年，全国铁路累计煤炭运输量完成23.81亿吨，同比增长10.3%；2019年1—11月，全国铁路累计发运煤炭22.4亿吨，同比增长3.1%。

2019年9月，设计规划运力达2亿吨的浩吉铁路开通，将极大改善陕北煤炭南下外运能力，除保障华中地区煤炭稳定供应外，还可辐射影响西南与华东区域。煤炭主产区将以更短的时间和更低的成本运煤至“两湖一江”区域，将对现有的铁水联运、海进江、区域内汽车运输等运输方式产生影响，不过疆煤外运继续大量增长的可能性不大。

中国国家铁路集团有限公司发布的《2018—2020年货运增量行动方案》提出，到2020年，全国铁路煤炭运量要达到28.1亿吨，较2017年增运6.5亿吨，铁路运输煤炭要占全国煤炭产量的75%，较2017年产运比提高15%。铁路在煤炭供需衔接中的作用将与日俱增。同时，也将倒逼煤炭企业提升矿区储装运系统能力，进一步向铁路主导型煤炭供应链转变。

综合产运需各个环节，我国煤炭产能供应已有保障，铁路运输大通道网逐渐完善，政策调控配套也在日趋完善，稳定煤炭市场供求的“软”“硬”条件日渐巩固，有助于保证未来相当长时间煤炭市场稳定运行。尽管2020年产能过剩压力加大，供需关系宽松，煤价重心可能“向下”，但随着煤炭生产集中度提高，大型煤企可通过控制产量稳定市场，不会出现大面积和长时期煤炭市场供需关系大幅波动和市场煤价大涨大落的状况。

（四）新冠疫情对于煤炭行业的影响

总体来看，煤炭行业是基础能源行业，受宏观经济影响较大，并且从业人员众多，工人跨省区作业状况普遍，具有生产人员集中、空间小等特点，因此本次疫情对煤炭行业的影响在周期性行业中比较而言是相对较大的。2020 年 1 月 20 日以来，随着疫情感染人数的不断增加，政府采取了包括企业延迟复工、交通管制等措施来隔离病毒传播，煤炭企业作为劳动密集型企业，在遵守中央和地方政策的同时，生产和运输受到明显影响。

高频数据显示，截至 2020 年 2 月 11 日，6 大发电集团日均耗煤量跌至 37.2 万吨 / 天，只有 1 月中旬日均耗煤量的一半左右。煤炭库存可用天数攀升至 45 天的高位。疫情造成的不利影响初步显现。

从需求角度看，需求的延后、库存的高位使得下游客户并不急于补库存。煤炭需求虽然受到影响，但总体程度有限。1 月下旬疫情暴发之后，对节后的复工、复产及消费会产生较大影响。但从中长期看，影响不大，因为投资需求这块后续会弥补上来，虽然消费端部分需求不好弥补，但基建投资等需求并不是消失而只是延后，需求的节奏会变化。这会给经济活动带来的波动加大。

从供给端看，疫情对供应的影响逐步减弱。政府连续发文，加快组织煤矿复产复工，保供稳价。疫情发酵初期，各地纷纷发文推迟煤矿复产时间，主产地以春假期间未停产的国有企业和民营大矿生产为主。2020 年 2 月 1 日，国家煤监局下发《切实做好春节后煤矿复工复产工作有关事项》的通知，供应措施相应出台。2 月 5 日，国家发展改革委、国家能源局在北京召开应对疫情能源供应保障电视电话会议，要求统筹疫情防控和煤炭生产，加快组织煤矿复工复产，优化调运组织和产运需衔接，做好疫情严重地区、京津冀以及东北等地区的煤炭供应，给予煤矿运输绿色通道支持，严禁以各种名义设卡设限，影响煤炭正常运输。往年煤矿普遍也在农历正月十五后陆续复工。对比 2018、2019 年春节假期对煤矿复工影响，正月十五是产量变化的分界点。2020 年煤矿复工虽有疫情影响，但在政策性保护措施下，正月十五后各地煤矿将加快复工节奏，供应逐步恢复，疫情对供应的影响将逐步降低。

回顾 SARS 事件，2003 年 3 月 12 日世卫组织发布全球警报，至 6 月 15 日内地确诊、疑似及疑似转诊均为零解除非典风险接触，SARS 的爆发期历时三个月。在 SARS 爆发阶段，煤炭的下游工业产品增速均受到影响，在爆发的首月 3 月，电力、粗钢、焦炭、合成氨等几乎所有煤炭下游产品产量增速放缓，火电量甚至环比回落。

综合来看，由于春节假期及疫情影响，煤矿复工复产速度较慢，发运交通一定程度受阻，北方港库存偏低，阶段性结构性供应偏紧加剧了市场的担忧情绪，使得动力煤节后出现了一定程度的上涨。

从历年的煤矿复工节奏看，正月十五后是煤矿复工的高峰期，同时能源局保供措施的出台，使各地煤矿复工有所加快，同时煤矿运输保障力度升级，前期促使动力煤价格上升的短期阶段因素逐步消除，价格逐步转为需求引导。

从动力煤需求端在SARS期间的表现看，建材、钢铁、化工在疫情暴发首月影响较大，而在次月逐步恢复，但由于第三产业恢复较慢，三产用电需求低迷或拖累总体电力需求进度，这在SARS期间得到了印证。因此预计此次新冠，料此次疫情将影响动力煤总体需求，恢复相对缓慢。

总体看，阶段性结构供应偏紧因素逐步消除，价格将重回需求指导，而电力需求相对滞后于其他工业产品，随着疫情结束，预期当前需求+补库存需求叠加将使动力煤价格重回涨势。

附表　**2018年煤炭行业上市公司业绩评价结果排序表**

序号	全部上市公司评价得分排序	股票代码	股票简称	综合得分（100分）	评价等级	每股收益（元）	总资产报酬率（%）	净资产收益率（%）	总资产周转率（次）	流动资产周转率（次）	资产负债率（%）	已获利息倍数	营业收入增长率（%）	资本扩张率（%）	市场投资回报率（%）	股价波动率（%）	年末资产总额（万元）	营业收入净额（万元）	净利润（万元）
1	11	601225	陕西煤业	87.1	AAA	1.18	16.32	22.65	0.59	2.21	39.87	25.88	28.27	14.73	23.52	38.58	12668352.19	1967406.64	1663243.2
2	41	002128	露天煤业	81.9	AA	1.28	14.48	16.65	0.74	2.65	44.58	7.25	132.76	51.63	21.71	48.15	3382099.96	325497.42	270554.6
3	71	600188	兖州煤业	80	A	1.76	8.16	11.77	0.98	3.1	59.81	6.1	23.09	−1.68	33.57	58.42	20782136.3	1352124.7	1110966
4	122	601088	中国神华	77.5	A	2.17	12.32	12.05	0.42	1.23	25.58	18.34	−8.42	2.76	3	31.18	55848400	6662900	5154000
5	147	600985	淮北矿业	76.8	A	1.68	8.8	14.88	0.99	4.86	64.44	4.63	9.87	9.14	15.27	72.01	6228089.27	415624.03	361313.88
6	174	600395	盘江股份	76.1	A	0.66	10.02	14.26	0.47	1.34	46.51	19.14	6.04	11.17	26	43.14	1433453.59	131482.83	109084.18
7	235	600971	恒源煤电	74.6	BBB	0.94	10.19	13.55	0.4	0.79	42.81	10.93	1.72	10.91	27.29	67.17	1542276.03	141406.08	112618.18
8	400	601898	中煤能源	71.9	BBB	0.42	6.51	7.29	0.48	2.34	56.93	3.28	24.15	6.04	5.12	34.74	27248316.9	1197338.2	859274.4
9	441	601001	大同煤业	71.4	BBB	0.54	10.77	12.79	0.43	1.21	58.98	4.57	0.88	14.02	0.22	52.93	2748917.57	223159.19	136694.62
10	576	603113	金能科技	69.6	BB	1.13	11.74	11.89	1.05	2.21	31.96	125.07	−7.51	21.12	−1.78	99.39	866292.5	86139.68	76233.11
11	645	600348	阳泉煤业	68.7	BB	0.71	5.75	7.24	0.69	2.23	50.75	6.32	−0.08	10.26	10.88	42.83	4906509.82	232214.17	179068.79
12	666	600997	开滦股份	68.5	BB	0.72	8.01	9.78	0.81	1.82	44.95	5.59	−1.9	7.4	−0.44	56.1	2448257.24	164405.16	127958.3
13	708	600508	上海能源	68	BB	0.79	5.08	4.97	0.48	2.99	40.35	5.38	11.29	2.76	−2.31	41.71	1665556.84	65516.74	48867.72
14	723	000983	西山煤电	67.8	BB	0.54	5.91	8.68	0.51	2.06	64.48	4.75	2.12	−1.21	14.34	41.63	6511327.07	307623.84	202056.1
15	763	601666	平煤股份	67.3	BB	0.5	5.75	8.43	0.46	1.42	69.96	2.37	17.28	10.82	8.3	46.65	5426079.8	167069.11	132883.26
16	775	601699	潞安环能	67.1	BB	0.8	6.44	9.15	0.38	0.96	68.38	3.09	6.57	4.49	9.39	46.98	7426103.36	308072.09	229736.69
17	852	000723	美锦能源	66.2	BB	0.23	9.06	12.54	0.74	2.03	52.75	6.68	−6.98	14.59	192.06	259.94	1963997.18	149432.74	108212.05
18	1145	000937	冀中能源	63	B	0.26	5.58	5.48	0.48	1.17	49.56	3.32	1.31	6.25	−4.17	55.27	4545836.61	204919.31	120314.92
19	1176	600546	山煤国际	62.6	B	0.59	8.13	16.44	0.82	2.1	75.95	3.09	−1.27	4.32	88.98	159.5	4324120.46	277360.47	157986.2
20	1247	601918	新集能源	61.8	B	0.22	8.83	−1.69	0.32	5.27	75.58	2.75	5.41	13.7	16.36	51	2797681.87	160886.14	75428.32
21	1472	000552	靖远煤电	59.6	CCC	0.23	6.29	6.74	0.39	0.81	28.54	15.58	−0.88	6.61	2.4	59.96	1089131.42	61436.98	52543.6

续表

序号	全部上市公司评价得分排序	股票代码	股票简称	综合得分（100分）	评价等级	每股收益（元）	总资产报酬率(%)	净资产收益率（%）	总资产周转率（次）	流动资产周转率（次）	资产负债率(%)	已获利息倍数	营业收入增长率(%)	资本扩张率(%)	市场投资回报率(%)	股价波动率(%)	年末资产总额（万元）	营业收入净额（万元）	净利润（万元）
22	1544	600123	兰花科创	58.9	CCC	0.58	5.04	5	0.33	1.85	57.5	3.25	−6.83	2.26	0.06	57.8	2555992.96	88520.27	52933.9
23	1681	000968	蓝焰控股	57.6	CCC	0.58	9.36	12.4	0.22	0.52	49.78	6.23	−19.13	12.5	−0.37	74.96	880284.38	65985.41	53703.05
24	1725	600408	ST 安泰	57.1	CCC	0.45	11.36	11.26	1.75	4.25	65.67	4.86	8.48	30.52	−6.14	148.31	568178.99	51359.66	45705.22
25	1845	600792	云煤能源	55.6	CCC	0.24	7.06	7.23	1.02	2.2	41.93	3.86	6.05	7.97	19.53	79.68	590590.72	30105.75	24656.64
26	2124	600740	山西焦化	52.6	CC	0.31	3.87	4.25	0.33	1.11	47.2	2.35	−8.12	9.85	−8.77	78.09	2036207.5	45299.93	45247.38
27	2188	600725	ST 云维	51.8	CC	0.01	3.42	2.81	3.59	3.59	25.17	84.43	32.81	4.37	3.59	64.31	40237.91	856.94	1259.86
28	2375	601101	昊华能源	49.5	C	0.22	4.34	3.19	0.25	1.41	57.05	2.95	−4.78	−19.2	−7.97	64.6	2394128.69	68719.43	40801.73
29	2449	600157	永泰能源	48.5	C	0.01	4.35	0.81	0.2	2.32	73.07	1.21	−5.11	0.79	8.33	134.94	10648515.78	87044.89	27885.84
30	2513	600397	安源煤业	47.4	C	0.02	4.17	0.51	0.84	2.38	88.75	1.15	10.01	−1.32	19.15	94.3	661220.86	6271.95	1172.56
31	2695	600758	辽宁能源	44.6	C	0.02	2.94	−1.18	0.43	1.14	65.14	1.19	−8.5	−0.07	30.42	144.19	1560243.54	−2248.81	2538.71
32	2703	601015	陕西黑猫	44.3	C	0.02	1.64	0.81	0.64	1.61	49.9	1.58	−10.36	−2.47	−22.86	109.88	1473873.64	8942.97	6861.99
33	2896	600403	大有能源	39.1	C	0.03	1.37	0.02	0.33	0.69	60.96	0.85	−24.91	−15.7	17.91	60.4	1847824.44	−17208.33	959.93
34	2943	601011	宝泰隆	37.4	C	0.04	1.4	0.6	0.25	1.16	36.81	2.76	−23.44	0.8	−19.7	106.6	1083177.86	13534.24	5057.17
35	3050	000780	*ST 平能	32.9	C	−0.08	−2.2	−6.13	0.43	0.65	20.67	0	−3.18	−7.57	2.69	66.12	484553.14	−6863.98	−7802.1
36	3358	000571	*ST 大洲	16.9	C	−0.75	−12.8	−31.98	0.37	1.03	63.94	−4.77	−9.4	−33.97	−18.62	151.94	345271.89	−46970.79	−61584.15
37	3374	600121	郑州煤电	16	C	−0.76	−3.05	−13.53	0.27	0.59	71.57	−1.36	−25.58	−12.72	−3.86	74.39	1344160.26	−56653.11	−78650.63
38		600989	宝丰能源	80	A	0.54	15.69	21.11	0.45	4.98	29.86	14.21	3.95	70.67	23.08	81.35	3329474.16	463187.76	380187.33

第五章 钢铁行业上市公司业绩评价

钢铁行业作为我国建筑业发展的重要组成部分，同时也是我国实体经济的支柱行业，其发展与国民经济的发展息息相关。2019 年，钢铁行业继续深入推进供给侧结构性改革，巩固去产能成果，加快结构调整、转型升级，推动全行业高质量发展，行业运行总体平稳。同时，在经历三年“化解过剩产能”后，供给侧结构性改革带来的政策红利逐渐衰减，钢铁行业高供给压力有所显现，市场价格有所下行，叠加铁矿石价格大幅上涨侵蚀企业利润，钢铁行业盈利水平显著下降。2019 年钢铁行业指数有所下降，年初为 2141.76 点，至年末为 2132.80 点，全年下降了 0.42%，全年钢铁行业指数与沪深 300 指数上升下降趋势一致。预计 2020 年钢铁行业国内钢材消费量较 2019 年有所回落，钢材出口难有增长，国内钢材市场供大于求的压力开始显现。

一、钢铁行业上市公司业绩评价结果

截至 2019 年年末，钢铁行业 A 股上市公司共计 33 家，全部盈利，高于 2018 年 97% 的公司实现盈利水平；钢铁行业上市公司总资产共 18311.64 亿元，占全部上市公司（全部上市公司不包括金融和 B 股，以下如无特指按此口径）总资产的 2.67%。

2019 年全国 3654 家上市公司共计完成营业收入 416790.19 亿元，33 家钢铁行业上市公司完成营业收入 16243.19 亿元，占全部上市公司营业收入的 3.90%；全部上市公司共计实现净利润 19733.15 亿元，钢铁行业上市公司实现净利润 637.76 亿元。

2019 年钢铁行业整体评价结果为“中”，33 家钢铁行业上市公司中有 3 家进入 2019 年上市公司业绩评价综合得分的“中联价值 100”名单。业绩为 AAA 的有 1 家，业绩为 A 的有 4 家，业绩为 BBB 的有 5 家，业绩为 BB 的有 5 家，业绩为 B 的有 4 家，业绩为 CCC 的有 9 家，业绩为 CC 的有 1 家，业绩为 C 的有 4 家。2019 年度钢铁行业评价得分前十的公司见表 5–1。

基于对钢铁行业上市公司的整体评价，下面分别从财务效益状况、资产质量状况、偿债风险状况、发展能力状况、市场表现状况五个方面对钢铁行业上市公司进行具体分析。

表 5－1 2019 年度钢铁行业评价得分前十名的公司

序号	股票代码	股票简称	在全部上市公司中评价得分排序
1	000708	中信特钢	17
2	002110	三钢闽光	77
3	000932	华菱钢铁	98
4	600782	新钢股份	128
5	600282	南钢股份	204
6	601003	柳钢股份	428
7	000717	韶钢松山	450
8	002478	常宝股份	513
9	600507	方大特钢	538
10	002756	永兴材料	558

（一）财务效益

2019 年钢铁行业上市公司财务效益低于全部上市公司平均水平。财务状况评价首先通过基本指标扣除非经常性损益净资产收益率、总资产报酬率进行基本评分，然后再用营业利润率、盈利现金保障倍数、股本收益率进行修正，得出综合得分。

从综合得分来看，2019 年钢铁行业上市公司财务效益状况平均得分为 21.60 分，低于上市公司平均得分 22.12 分。

表 5–2 列示了 2019 年钢铁行业上市公司财务效益状况评价结果。在钢铁行业上市公司财务效益状况指标中，华菱钢铁财务效益排名第一。华菱钢铁一方面拥有区域优势，另一方面持续提升竞争力，加强科技创新和研发投入，加大智能制造和信息化改造力度，提升企业运营效率。2019 年实现营业收入 1071.16 亿元，比 2018 年增加 5.84%；实现营业利润 83.62 亿元，利润逆市增长 7.6%。

表 5－2 钢铁行业财务效益状况比较表

分析指标		2019 年上市公司平均值	2019 年行业值	2018 年行业值	增长率（%）
基本指标	扣除非经常性损益净资产收益率（%）	6.61	7.85	15.14	−48.15
	总资产报酬率（%）	5.26	5.49	9.10	−39.67
	得分	20.77	21.73	30.40	−28.52
修正指标	营业利润率（%）	6.34	4.67	8.51	−45.12
	盈利现金保障倍数	1.97	2.03	1.64	23.78
	股本收益率（%）	36.41	31.63	58.34	−45.78
综合得分		22.12	21.60	26.42	−18.24

与2018年的情况相比较，2019年钢铁行业上市公司除盈利现金保障倍数指标高于2018年行业值，其他指标均低于2018年行业值。

（二）资产质量

2019年钢铁行业上市公司资产质量状况优于全部上市公司平均水平。资产质量评价首先通过基本指标总资产周转率、流动资产周转率进行基本评分，再用应收账款周转率和存货周转率进行修正，得出综合得分。

表5-3列示了钢铁行业上市公司资产质量状况评价结果。在钢铁行业上市公司资产质量状况指标中，排名前五的为中信特钢、三钢闽光、甬金股份、杭钢股份和山东钢铁，排名前五的钢铁行业上市公司资产质量状况得分均超过了14分，远高于2019年上市公司平均值。

表5－3　钢铁行业资产质量状况比较表

分析指标		2019年上市公司平均值	2019年行业值	2018年行业值	增长率（%）
基本指标	总资产周转率（次）	0.64	0.91	0.89	2.25
	流动资产周转率（次）	1.21	2.47	2.47	0.00
	得分	9.53	13.04	12.89	1.16
修正指标	应收账款周转率（次）	8.24	40.34	39.51	2.10
	存货周转率（次）	2.73	6.92	6.45	7.29
综合得分		9.22	13.20	12.98	1.69

与2018年比较可知，2019年钢铁行业上市公司总体上资产质量略有上升，同时高于2018年全部上市公司平均值。钢铁行业上市公司2019年平均应收账款周转率40.34次，比2018年高2.10%。

（三）偿债风险

2019年钢铁行业上市公司偿债风险低于全部上市公司平均水平。偿债风险评价首先通过基本指标资产负债率和获利倍数进行基本评分，再用速动比率、现金流动负债比率和带息负债比率进行修正，得出综合得分。

表5-4列示了钢铁行业上市公司偿债风险状况评价结果。在钢铁行业上市公司偿债风险状况指标中，常宝股份排名第一，得分为12.15分，远高于2019年上市公司平均值8.61分，以及2019年行业值7.62分。2019年，各钢铁企业加强资金管理，努力去杠杆，年末资产负债率为63.16%，同比下降0.94%。例如，太钢不锈2019年“去杠杆”效果明显，资产负债率比上年降低3.45%，财务费用比上年降低15.20%，带息负债总额比上年降低6.06%。

表 5－4　钢铁行业偿债风险状况比较表

分析指标		2019 年上市公司平均值	2019 年行业值	2018 年行业值	增长率（%）
基本指标	资产负债率（%）	61.12	56.53	57.51	-1.70
	获利倍数	4.11	4.37	6.32	-30.85
	得分	8.94	9.29	9.42	-1.38
修正指标	速动比率（%）	77.40	53.67	52.02	3.17
	现金流动负债比率（%）	13.01	14.87	21.59	-31.13
	带息负债比率（%）	41.99	42.89	46.21	-7.18
综合得分		8.61	7.62	7.56	0.79

与 2018 年相比较，2019 年钢铁行业上市公司偿债风险状况平均得分略有上升。

（四）发展能力

2019 年钢铁行业上市公司发展能力低于全部上市公司平均水平。发展能力评价首先通过基本指标营业收入增长率和资本扩张率进行基本评分，再用累计保留盈余率、三年营业收入增长率、总资产增长率和营业利润增长率进行修正，得出综合得分。

表 5-5 列示了钢铁行业上市公司发展能力状况评价结果。在钢铁行业上市公司发展能力状况指标中，中信特钢排名第一，得分为 20.00 分。2019 年在钢铁行业整体承压的大背景下，特钢市场相对较好，这是由于特钢的周期性波动要小于普钢行业，而中信特钢占全国特钢总产能的比例约为 10%，居全国第一，同时公司保持较大的研发投入规模，属于国内技术最成熟、产品种类最广的特种钢企业，未来将凭借自身的规模、管理、产业布局和技术等方面优势，继续提升市场份额，发展能力较好。

表 5－5　钢铁行业发展能力状况比较表

分析指标		2019 年上市公司平均值	2019 年行业值	2018 年行业值	增长率（%）
基本指标	营业收入增长率（%）	8.81	6.14	13.13	-53.24
	资本扩张率（%）	9.67	8.50	15.32	-44.52
	得分	12.05	11.39	13.19	-13.65
修正指标	累计保留盈余率（%）	41.00	34.82	34.43	1.13
	三年营业收入增长率（%）	14.54	19.68	20.75	-5.16
	总资产增长率（%）	10.59	6.12	3.36	82.14
	营业利润增长率（%）	0.61	-41.43	45.77	-190.52
综合得分		12.23	11.14	12.94	-13.91

2019 年钢铁行业上市公司营业收入增长率从 2018 年的 13.13% 降至 6.14%，营业收入规模不断缩小，主要受国家环保限产政策的影响。

（五）市场表现

钢铁行业上市公司市场表现劣于全部上市公司的平均水平。市场表现是通过市场投资回报率和股价波动率两个指标对上市公司进行评价得出综合得分（见图 5–1）。

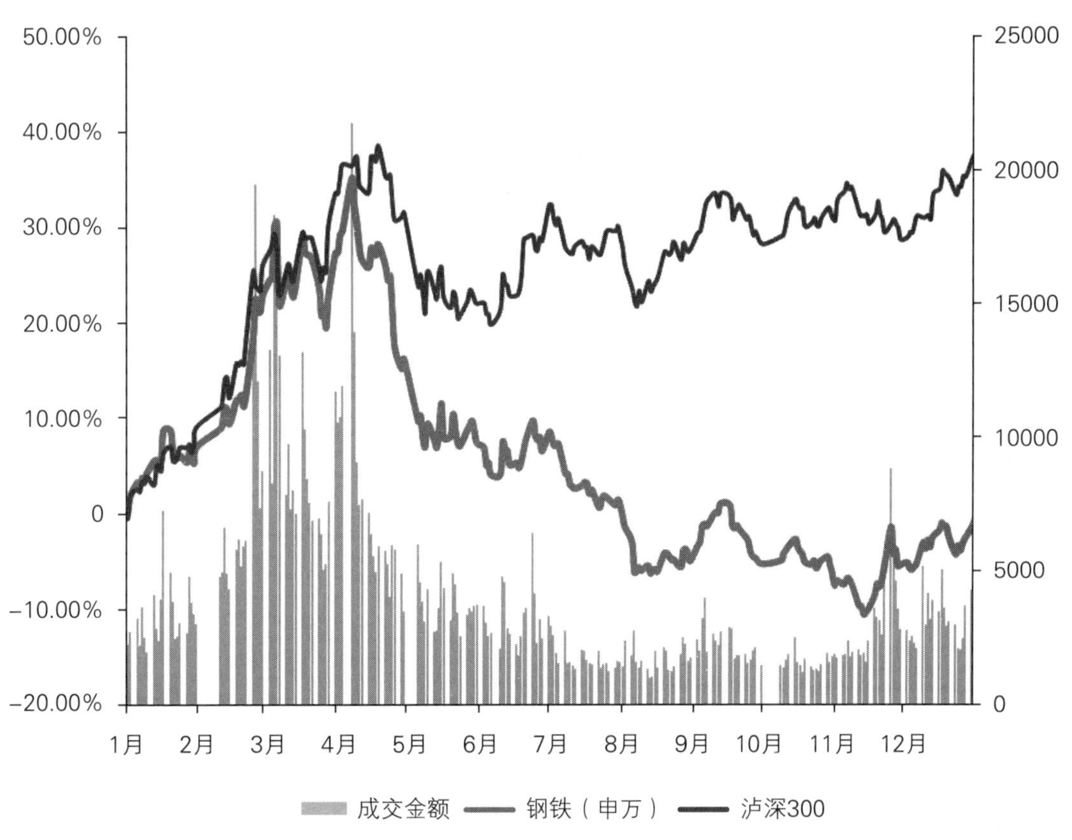

图 5 – 1　2019 年钢铁指数与大盘指数波动

表 5–6 列示了钢铁行业上市公司市场表现状况评价结果。在钢铁行业上市公司市场表现状况指标中，永兴材料名列第一，得分为 12.20 分。永兴材料自成立以来始终专注于不锈钢棒线材和特殊合金材料生产，产品种类丰富，生产组织灵活便捷；同时高度重视技术研发，每年持续投入大量研发经费，用于技术创新和改造，提升工艺技术水平。未来将持续巩固公司在高端不锈钢管行业的市场地位，实现可持续发展。

表 5 – 6　钢铁行业公司市场表现状况比较表

分析指标	2019 年上市公司平均值	2019 年行业值	2018 年行业值	增长率（%）
市场投资回报率（%）	23.04	10.34	−31.17	−133.17
股价波动率（%）	94.27	79.80	92.95	−14.15
得分	9.12	8.56	10.21	−16.16

二、2019 年钢铁行业业绩的影响因素分析

钢铁行业是我国国民经济的支柱性产业，是关系国计民生的基础性行业，在我国工业现代化进程中发挥了不可替代的作用。钢铁工业作为一个原材料的生产和加工部门，处于工业产业链的中间位置。它的发展与国家的基础建设以及工业发展的速度关联性很强。影响钢铁行业的业绩因素主要如下。

（一）基建、房地产等下游行业稳定运行，保持钢铁行业市场需求

钢铁下游需求主要来自建筑业（包括地产和基建），其直接拉动的需求占钢铁消费的 53.5% 左右，同时会拉动工程机械以及重卡、家电等间接用钢，直接和间接建筑业占钢铁用量的 80% 左右，因此钢铁消费的核心变化就是建筑业，而建筑业主要就是基建与房地产。2019 年基建、房地产等下游行业稳定运行，保持了钢铁行业的市场需求；同时，国内经济的平稳运行也有效支撑了钢铁的市场需求。

2019 年全国生铁、粗钢和钢材产量分别为 8.09 亿吨、9.96 亿吨和 12.05 亿吨，同比分别增长 5.3%、8.3% 和 9.8%，粗钢产量再创历史新高（见图 5-2）。同时，国内粗钢表观消费量约 9.4 亿吨，同比增长 8%；钢材表观消费量达 11.53 亿吨，同比增长 9.91%。典型例子如宝钢股份，得益于基建、房地产等下游行业的稳定运行，公司产销量基本平衡，其中热轧碳钢板卷销量增长 2.6%，长材产品销量增长 9.9%，其他钢铁产品增长 2.8%，产品应用于湛江钢铁三高炉系统项目、基建和房地产工程建设项目等。

（二）环保政策对钢铁供给面的影响不断边际弱化，钢铁行业产量小幅增加

2019 年国内环保因素对钢铁供给的影响趋弱：一方面，环保政策更加强调精准施策、分类施策，不再搞“一刀切”，没有出现大面积的限产；另一方面，近年来钢铁企业环保投入不断加大、环保水平不断提升，部分钢铁企业实现标准排放甚至是超低标准排放，不再受环保限产制约。

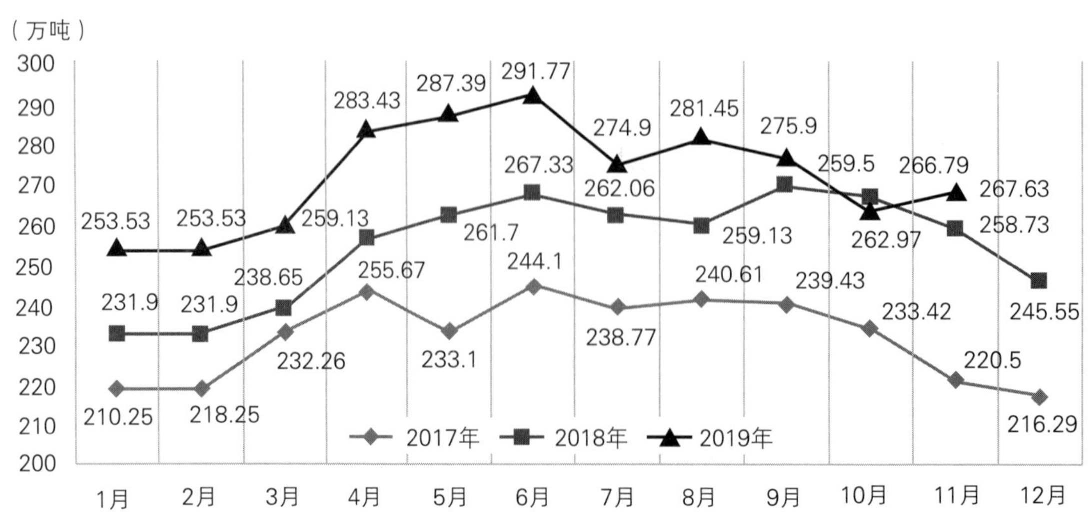

图 5-2 2017—2019 年月度粗钢日均产量

资料来源：Wind。

2019年粗钢产量同比增长7.0%，全国粗钢产量同比增长4.0%，据国家统计局数据，全国生铁、粗钢和钢材产量分别为73894万吨、90418万吨和110474万吨，同比分别增长5.1%、7.0%和10.0%。从数据看，钢铁行业产量还有惯性增加的动力。例如华菱钢铁完成钢材产量2288万吨、销量2318万吨，分别同比增长6.32%、7.44%；新钢股份完成生铁、粗钢和钢材产量分别为915.58万吨、902.28万吨和874.04万吨，同比分别增长1.33%、1.02%和0.58%；南钢股份完成生铁、粗钢和钢材产量分别为990.02万吨、1097.13万吨和992.06万吨，同比分别增长8.94%、9.17%和8.17%。

（三）原材料价格高位运行，钢铁行业利润整体下降

2019年伴随铁矿石、焦炭等原材料价格高位运行，钢铁行业利润遭到严重侵蚀。根据数据统计，2019年我国累计进口铁矿石10.7亿吨，同比增长0.5%，进口金额1014.6亿美元，同比增加266.4亿美元，增幅为33.6%，全年平均价格为94.8美元/吨，同比增加34.3%。与2018年相比，进口总量保持稳定的同时，进口价格大幅上涨，对下游钢铁制造业利润影响较大。

2019年以来，受巴西淡水河谷矿山溃坝和澳大利亚港口飓风影响，进口铁矿石出现供应缺口，在资本市场的炒作下，价格呈现大幅上涨，62%铁矿石指数由年初的72.35美元/吨上涨到7月的最高点126.35美元/吨，虽然下半年有所回调，但年平均水平达到93.41美元/吨，较上年上涨23.95美元/吨；加上废钢、焦煤价格上涨以及环保成本、物流成本上升，钢铁企业成本大幅度上扬，致使全行业效益同比下降。例如，新钢股份受铁矿石价格上涨因素影响，成本大幅攀升；钢材价格又波动较大，供销“两头”价格挤压，公司业绩同比下降幅度较大，2019年公司实现净利润34.29亿元，同比下降41.99%。

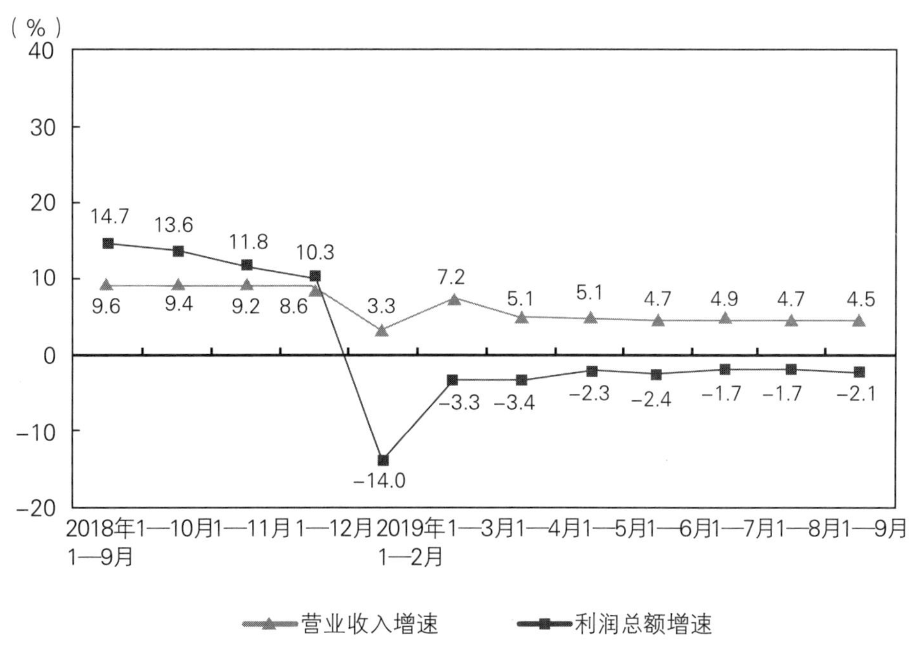

图5－3　2018—2019年全国规模以上工业企业利润增速

资料来源：Wind。

（四）国内需求稳健，钢材进出口双双下降，钢铁出口营收下降

2019年1—12月，我国累计出口钢材6429.3万吨，同比下降7.3%；累计出口金额537.6亿美元，同比降低11.3%。累计进口钢材1230.4万吨，同比下降6.5%；累计进口金额141.1亿美元，同比下降14.1%。

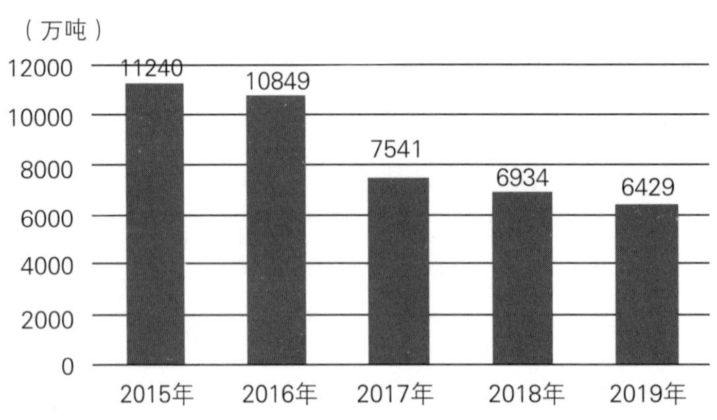

图5-4 2015—2019年中国钢材出口数量统计图

资料来源：Wind

资料链接：

➢中国推进实施钢铁行业超低排放

2019年，生态环境部等五部委联合印发《关于推进实施钢铁行业超低排放的意见》（以下简称《意见》）。《意见》提出，推动现有钢铁企业超低排放改造，到2020年年底前，重点区域钢铁企业超低排放改造取得明显进展，力争60%左右产能完成改造；到2025年底前，重点区域钢铁企业超低排放改造基本完成，全国力争80%以上产能完成改造。

➢宝武之后添"宝马"，钢铁业兼并重组进程加速

2019年6月2日，马钢股份公告，安徽省国资委将马钢集团51%股权无偿划转至中国宝武。中国宝武将成为公司间接控股股东，公司实控人将变更为国务院国资委。

据中钢协数据，2018年中国宝武、马钢集团粗钢产能分别为7000万吨、2170万吨，产量分别为6743.约1960万吨，重组后，中国宝武在汽车板、电工钢上的优势将更明显；按2018年粗钢产量口径测算，若中国宝武重组马钢集团，则中国钢铁行业前十累计产量将从35%上升至37%。

➢15家钢企签署绿色发展宣言

钢铁行业庆祝中华人民共和国成立70周年座谈会于2019年9月7日在北京召开。会上，中国宝武集团、鞍钢集团、首钢集团等15家钢铁企业签署并发表《中国钢铁企业绿色发展宣言》。

我国钢铁业实现高质量发展，就必须走绿色发展之路。在中国钢铁工业协会指导与组织下，冶金工业信息标准研究院会同其他相关单位一起，参考国内外绿色宣言行动计划，立足中国钢铁企业，起草了《中国钢铁企业绿色发展宣言》。

资料来源：和讯网新闻。

三、2020年钢铁行业业绩前景分析

2020年是“十三五”规划的最后一年，也是全面建成小康社会的收官之年，同时也是打好防范化解重大风险、精准脱贫、污染防治三大攻坚战的收官之年。稳步推进结构性去杠杆、实现主要污染物排放总量大幅减少、改善生态环境质量仍然是年度重点任务。预计2020年国内钢材消费量较2019年有所回落，钢材出口难有增长，国内钢材市场供大于求的压力开始显现。

（一）超低排放改造将有效推进，行业绿色发展迈上新台阶

2019年年底，生态环境部发布《关于做好钢铁企业超低排放评估监测工作的通知》。要求按照《钢铁企业超低排放评估监测技术指南》，对有组织排放、无组织排放和大宗物料产品运输情况开展评估监测。地方各级生态环境部门将经评估监测认为达到超低排放的企业纳入动态管理名单，实行差别化管理。

按照2019年5月生态环境部等五部门联合发布的《关于推进实施钢铁行业超低排放的意见》，2020年年底前，重点区域钢铁企业超低排放改造取得明显进展，力争60%左右的产能完成改造，有序推进其他地区钢铁企业超低排放改造工作。对完成超低排放改造的企业，加大税收、资金、价格、金融、环保等政策支持力度。2020年，在相关政策文件的指引和实施下，超低排放改造评估监测工作将加快推进钢铁工业绿色发展，促进钢铁行业绿色发展迈上新台阶。

（二）并购重组驶入快速通道，行业集中度逐步提升

2019年，钢铁行业并购重组呈现加速态势，企业间加大战略合作，股权划转、收购、重组模式层出不穷，跨区域、跨所有制重组障碍不断被突破。2020年，钢铁行业兼并重组大潮仍将势不可挡，钢铁行业将迎来“大钢企时代”；同时，行业也将加大混合所有制改革力度，钢铁企业的市场活力和国际竞争力进一步增强。

（三）钢铁置换产能集中投放，粗钢产量将继续增长

2018年以来，随着行业超低排放改造和产能置换项目的推进，钢铁行业投资逐步加大。2020年钢铁行业将迎来钢铁产能置换项目集中投产。在化解过剩产能和产能减量置换政策实施下，我国钢铁工业产能规模得到了有效控制。当前产能置换虽然实施减量置换，但置换后技术装备水平的大幅提升，新投放产能对行业供给的冲击仍不可小觑。预计2020年粗钢产量将继续增长。

（四）中国经济“稳增长”发力下，2020 年钢铁需求将保持平稳

2020 年，稳增长依然是中国经济发展的重中之重，财政政策将继续托底经济发展不动摇，逆周期调节进一步发力，扩大基础设施建设投资，促进制造业稳增长，发挥好政府投资对“稳增长”的支柱性作用，2020 年房地产投资增速将有所放缓，基建投资有望回暖，制造业在“稳增长”政策下有望保持平稳，下游用钢需求增长放缓。

（五）钢材均价进一步下降

2020 年钢铁市场仍面临挑战，中国将大力推进改革创新，逆周期调节政策将加快落地、扩大基建补短板有效投资、增强国内经济发展韧性，房地产投资将有所放缓，基建投资有望回暖，制造业在“稳增长”政策下有望保持平稳，下游用钢需求增长放缓；而从原料市场趋势来看，2020 年铁矿石市场价格回归，焦炭价格将继续走弱，虽超低排放设施改造及运行成本增加，但原料价格走弱带动整体成本对钢铁市场的支撑力度减弱；从行业供给来看，置换产能将集中投放，钢铁产量将保持增长态势。综上所述，2020 年钢铁行业供需矛盾将有所体现，特别是下半年产能集中投放后将更为明显，预计 2020 年国内钢铁市场将呈现前高后低的态势，全国钢材平均价格较 2019 年下降，行业盈利水平进一步下滑。

附表　2019年度钢铁行业上市公司业绩评价结果排序表

序号	全部上市公司评价得分排序	股票代码	单位名称	综合得分	评价等级	每股收益（元）	净资产收益率（%）	总资产报酬率（%）	总资产周转率（次）	流动资产周转率（次）	资产负债率（%）	已获利息倍数	营业收入增长率（%）	资本扩张率（%）	市场投资回报率（%）	股价波动率（%）	年末资产总额（万元）	营业收入（万元）	净利润（万元）
1	17	000708	中信特钢	85.4	AAA	1.81	36.34	17.62	1.81	4.19	65.18	9.92	477.58	473.99	166.61	217.62	7258501.28	7261986.93	538899.52
2	77	002110	三钢闽光	79.7	A	1.50	19.82	17.03	1.57	2.78	36.86	44.30	25.55	2.08	18.52	79.52	2976900.13	4551132.32	368540.86
3	98	000932	华菱钢铁	78.5	A	1.04	19.2	11.02	1.35	3.38	60.78	8.32	17.48	23.96	7.35	78.70	8292831.67	10711563.41	665167.74
4	128	600782	新钢股份	77.3	A	1.07	16.78	9.51	1.33	2.11	50.64	15.10	1.65	14.22	2.12	78.16	4516664.52	5790357.47	342993.62
5	204	600282	南钢股份	75.4	A	0.59	16.21	9.75	1.13	2.79	49.72	11.76	9.91	10.71	6.13	56.81	4362051.35	4797048.31	336485.52
6	428	601003	柳钢股份	71.5	BBB	0.92	21.46	10.53	1.89	3.34	57.11	59.20	2.68	7.74	−8.72	95.86	2644565.07	4862010.18	234685.34
7	450	000717	韶钢松山	71.3	BBB	0.75	25.73	12.19	1.73	5.54	53.42	14.96	7.49	29.48	−0.19	115.79	1717149.71	2914318.38	182353.57
8	513	002478	常宝股份	70.4	BBB	0.63	14.25	11.63	0.80	1.48	27.23	80.20	−1.69	11.98	23.12	55.84	684404.11	528511.14	66554.84
9	538	600507	方大特钢	70.1	BBB	1.18	26.35	19.75	1.36	2.28	47.03	43.56	−10.97	1.82	13.83	114.42	1294982.15	1538899.91	171489.56
10	558	002756	永兴材料	69.9	BB	0.95	10.11	9.07	1.10	2.18	23.89	107.92	2.40	1.25	48.99	66.98	454206.35	490942.23	34033.10
11	561	002318	久立特材	69.9	BB	0.59	15.17	11.35	0.80	1.35	40.40	12.86	9.20	8.31	41.91	68.99	597851.18	443686.09	50739.75
12	861	600019	宝钢股份	66.1	BB	0.56	7	5.1	0.86	2.33	43.70	7.15	−4.33	1.04	−5.95	53.38	33963300.44	29159397.87	1346901.45
13	863	603878	武进不锈	66	BB	1.1	13.87	12.32	0.77	1.01	24.19	50.69	16.17	9.70	37.06	61.61	313235.18	232355.55	31486.89
14	897	600126	杭钢股份	65.7	BB	0.27	4.9	3.73	1.03	2.37	27.20	45.10	1.11	2.54	7.57	64.89	2634211.14	2674247.93	93288.12
15	1090	002443	金洲管道	63.6	B	0.53	11.71	9.80	1.35	1.94	29.91	15.70	5.02	7.84	25.24	70.25	371029.52	504909.69	29319.24
16	1213	600231	凌钢股份	62.2	B	0.15	5.63	3.86	1.32	3.18	51.25	5.21	1.64	4.08	0.09	66.69	1589585.84	2111719.65	42769.90
17	1222	600307	酒钢宏兴	62.1	B	0.2	11.08	5.04	1.18	3.90	70.03	2.69	2.87	12.09	3.02	61.41	3958705.04	4673605.78	124356.98
18	1272	000708	新兴铸管	61.5	B	0.38	7.18	4.79	0.81	1.63	54.90	4.48	0.84	2.98	0.32	59.28	4956403.37	4088970.71	158611.79
19	1453	000825	太钢不锈	59.8	CCC	0.37	6.79	4.28	1.00	3.18	53.63	3.26	−3.46	4.63	−2.87	72.77	6954821.27	7041938.86	206384.59
20	1502	600808	马钢股份	59.3	CCC	0.15	4.09	3.68	0.96	1.84	64.27	3.92	−4.50	−3.60	−2.44	76.43	8632204.35	7826284.60	171391.79
21	1508	002075	沙钢股份	59.2	CCC	0.24	11.22	10.41	1.17	1.94	34.72	1199.31	−8.41	−0.20	−13.25	108.45	1151300.89	1347456.58	96005.26
22	1658	600022	山东钢铁	57.8	CCC	0.05	2.83	2.57	1.01	3.07	56.58	2.14	27.16	3.65	−11.82	78.77	6953395.99	7109169.03	90567.41

续表

序号	全部上市公司评价得分排序	股票代码	单位名称	综合得分	评价等级	每股收益（元）	净资产收益率（%）	总资产报酬率（%）	总资产周转率（次）	流动资产周转率（次）	资产负债率（%）	已获利息倍数	营业收入增长率（%）	资本扩张率（%）	市场投资回报率（%）	股价波动率（%）	年末资产总额（万元）	营业收入（万元）	净利润（万元）
23	1671	000761	本钢板材	57.7	CCC	0.14	2.88	1.98	0.88	1.65	67.05	1.61	5.10	1.80	18.94	62.48	6073142.52	5274135.36	55686.05
24	1767	600399	ST 抚钢	56.6	CCC	0.15	6.99	4.45	0.70	1.46	47.67	5.33	−1.82	7.34	17.50	122.07	855255.28	574106.80	30202.55
25	1781	000959	首钢股份	56.4	CCC	0.24	4.78	2.98	0.50	3.07	71.92	1.72	5.13	9.15	−9.85	72.81	14137092.54	6915143.27	175406.66
26	1811	000898	鞍钢股份	56.1	CCC	0.19	3.44	3.39	1.19	4.19	40.16	2.77	0.41	0.16	−13.33	86.16	8780800.00	10558700.00	176000.00
27	1830	601005	重庆钢铁	55.8	CCC	0.1	4.88	3.91	0.87	3.06	28.10	5.12	3.70	4.66	−6.93	55.01	2697572.60	2347759.70	92572.30
28	1939	000709	河钢股份	54.8	CC	0.2	4.53	3.23	0.58	1.81	72.24	1.99	0.45	−0.20	−9.44	75.30	21193568.11	12149541.53	287311.85
29	2452	600117	西宁特钢	48.4	C	0.09	7.78	3	0.44	1.40	76.71	1.23	45.09	194.11	1.49	56.47	2100815.95	984627.04	14266.35
30	2463	600569	安阳钢铁	48.2	C	0.1	2.82	2.67	0.82	1.68	72.01	1.49	−10.07	22.26	−18.28	110.51	3822623.49	2983574.14	23801.03
31	2505	600010	包钢股份	47.5	C	0.01	1.27	2.49	0.43	1.47	58.54	1.59	−5.64	15.78	−12.63	79.15	14708662.11	6339746.66	89406.78
32	2512	600581	八一钢铁	47.4	C	0.07	2.71	2.35	1.06	4.07	78.71	1.33	2.52	2.65	−6.13	110.82	1949534.51	2061249.07	11113.90
33		603995	甬金股份	74.1	BBB	1.92	15.34	12.18	3.86	8.43	39.04	23.84	1.13	88.37	23.08	–	518989.43	1582776.48	38770.92

第六章　有色金属行业上市公司业绩评价

当今社会有色金属已成为决定一个国家经济、科学技术、国防建设等发展的重要物质基础，是提升国家综合实力和保障国家安全的关键性战略资源。2019 年以来，随着有色金属行业持续深化供给侧结构性改革，统筹推进做优增量、优化存量与提质增效等各项工作，严控电解铝新增产能，加快传统行业智能化、绿色化改造，行业运行情况总体平稳。2019 年规模以上有色企业主营业务收入 60042 亿元，同比增长 7.1%，增速高于工业平均值 2.6 个百分点。利润总额 1578 亿元，同比下降 6.5%。2019 年色金属指数全年震荡上行，年初开盘为 3049.25 点，年末收盘为 3781.62 点，全年指数上涨 20.01%。展望 2020 年，有色金属行业产能过剩风险依然存在，绿色化、智能化改造任务艰巨，国际贸易环境复杂多变，市场环境依然严峻，同时叠加新冠病毒疫情的影响，预计主要有色金属价格将持续震荡或小幅增长，有色企业实现利润有望维持基本持平或小幅增长。

一、有色金属行业上市公司价值分析结果

截至 2019 年年末，有色金属行业（含铝、铅锌、铜、黄金、锂、钨、稀土等采掘、制造子行业）的 A 股上市公司共 118 家，其中盈利 103 家，占 87.29%；亏损 15 家，占 12.71%。按照中国上市公司业绩评价指标体系，有色金属行业综合评价结果为 57.01 分，比全国上市公司综合评价结果 61.3 低 4.29 分。在有色金属行业的 118 家上市公司中，业绩评价综合得分 70 分以上的有 9 家，60—70 分的有 40 家；50—60 分的有 34 家；50 分以下的有 35 家。118 家有色金属行业上市公司年末资产总额 17951.00 亿元，归属母公司的所有者权益 6983.86 亿元，资产负债率为 55.93%。2019 年有色金属行业上市公司完成营业收入 16960.63 亿元，比上年增加 10.88%；实现净利润 170.38 亿元，比上年减少 39.46%。与全部上市公司相比，有色金属行业总资产、营业收入和净利润所占比例分别为 2.62%、4.07% 和 0.86%。在 118 家行业上市公司中评价等级为 A 的有 3 家，评价等级为 BBB 的有 6 家，评价等级为 BB 的有 15 家，评价等级为 B 的有 25 家，评价等级为 CCC 的有 20 家，评价等级为 CC 的有 14 家，评价等级为 C 的有 35 家。2019 年有色金属行业评

价得分前十名的公司（见表 6–1）

表 6 – 1　2019 年度有色金属行业评价得分前十名的公司

序号	股票代码	股票简称	在全部上市公司中评价得分排序
1	601899	紫金矿业	134
2	000603	盛达资源	150
3	300395	菲利华	276
4	600362	江西铜业	391
5	601677	明泰铝业	458
6	002056	横店东磁	499
7	000975	银泰黄金	567
8	601137	博威合金	573
9	601958	金钼股份	575
10	002171	楚江新材	578

资料链接：

紫金矿业并购步伐从未停止，国际矿业巨头继续起航

➢ 国际收购

2019 年 11 月 15 日，公司公开发行 23.46 亿股 A 股股票，募集资金主要用于收购 Nevsun Resources Ltd.100% 股权项目，完成收购后，将新增铜资源储量（按权益）约 819.01 万吨，占公司现有储量的 26.02%；新增金资源储量（按权益）约 236.36 吨，占公司现有储量的 17.90%；新增锌资源储量（按权益）约 187.69 万吨，占公司现有储量的 23.97%。

2019 年 12 月 2 日，公司与大陆黄金签署《安排协议》，以现金方式收购大陆黄金 100% 股权。大陆黄金核心资产是位于哥伦比亚安蒂奇省的武里蒂卡金矿项目，收购完成后新增黄金产量约为公司 2018 年黄金产量的 21.38%。

➢ 国内收购

公司拟以现金 388275 万元收购西藏巨龙铜业 50.1% 股权（100% 股权作价 77.5 亿元），矿业巨头再下一城。驱龙铜矿为国内最大的斑岩型铜矿，331 以上级别的铜储量 350 万吨、钼 22 万吨，333 以上级别的铜储量 1041 万吨、钼 72 万吨。项目二期达产后年产铜 26.3 万吨、产钼 1.3 万吨，有望跻身全球大型铜矿行列。

资料来源：信达证券、广发证券。

基于有色金属行业上市公司的整体评价，下面分别从财务效益状况、资产质量状况、偿债风险状况、发展能力状况、市场表现状况五个方面对有色金属行业上市公司进行具体分析。

（一）财务效益状况

从综合得分来看，2019 年有色金属行业上市公司财务效益状况相比 2018 年有所下降，仍低于全部上市公司平均水平。

表 6 – 2 列示了有色金属行业上市公司财务效益状况评价结果。从综合得分来看，有色金属行业上市公司财务效益平均得分为 17.75 分，比全部上市公司平均分 22.12 分低 4.37 分。其中，嘉元科技、紫金矿业、盛达资源、菲利华、江西铜业等 27 家公司超过全部上市公司平均水平。

表 6 – 2　有色金属行业财务效益状况表

评价指标		2019 年上市公司平均值	2019 年行业值	2018 年行业值	增长率（%）
基本指标	扣除非经常性损益净资产收益率（%）	6.61	0.42	3.14	−86.62
	总资产报酬率（%）	5.26	3.66	4.7	−22.13
	得分	20.77	15.22	17.49	−12.98
修正指标	营业利润率（%）	6.34	1.95	3.06	−36.27
	盈利现金保障倍数	1.97	6.03	3.86	56.22
	股本收益率（%）	36.41	7.8	14.8	−47.30
综合得分		22.12	17.75	19.87	−10.67

从具体指标看，除盈利现金保障倍数外，其余各项指标均有较大幅度下降，总体情况劣于 2018 年。其中扣除非经常性损益净资产收益率由 3.14% 下降至 0.42%；营业利润率从 3.06% 下降至 1.95%；股本收益率从 14.8% 下降至 7.8%，下降幅度均在 30% 以上。这些指标的大幅降低导致有色金属行业的整体财务效益状况评分低于 2018 年。

在有色金属行业上市公司财务效益状况指标中，方大炭素的财务效益得分为 32.18，财务效益在有色金属行业排名第一。作为世界前列的优质炭素企业，2019 年，面对国内外炭素市场持续下行，产品销售价格同比出现较大幅度下跌，加强产销衔接，优化资源配置，持续推进精细化管理，实现了业绩继续领先炭素行业，扣除非经常性损益后的加权平均净资产收益率为 11.84%，总资产报酬率 13.77%，营业利润率 35.12%，盈利现金保障倍数 2.25。

（二）资产质量状况

从综合得分来看，2019 年有色金属行业上市公司资产质量状况较 2018 年略有上升，仍高于全部上市公司平均值的水平。

从表 6–3 可以看出，2019 年有色金属行业上市公司资产质量状况（满分为 15 分）基本指标平均得分 13.32 分，高于全部上市公司 9.53 分的平均水平；其中有 68 家企业超过全国上市公司平均水平，盛屯矿业、有研新材、江西铜业、锡业股份、楚江新材、山东黄金等 22 家企业的资产质量状况评分获得满分。

表 6 – 3　2018—2019 年有色金属行业资产质量状况表

评价指标		2019 年上市公司平均值	2019 年行业值	2018 年行业值	增长率（%）
基本指标	总资产周转率（次）	0.64	0.98	0.95	3.16
	流动资产周转率（次）	1.21	2.36	2.23	5.83
	得分	9.53	13.32	12.57	5.97
修正指标	应收账款周转率（次）	8.24	23.01	20.36	13.02
	存货周转率（次）	2.73	5.91	5.61	5.35
综合得分		9.17	12.57	12.03	4.49

从修正指标来看，2019 年有色金属行业上市公司资产质量状况（满分为 15 分）平均得分 12.57 分，高于全部上市公司 9.17 分的平均水平，同时较 2018 年资产质量状况有略有上升。

在有色金属行业上市公司资产质量指标中，有研新材的资产质量得分为 15，资产质量在有色金属行业排名第一。有研新材主营业务为具有巨大发展潜力的高端金属靶材、先进稀土材料等多个战略性新材料领域。2019 年，靶材产业实现突破，产能快速提升，主要高端客户中芯国际、北方华创等国内外知名企业，得益于市场销售同步提高，总资产周转率 2.86 次，流动资产周转率 4.16 次，应收账款周转率 47.37 次，存货周转率 16.57 次，均高于行业平均水平。

（三）偿债风险状况

从综合得分来看，2019 年有色金属行业上市公司偿债风险状况较 2018 年略有下降，仍低于全国上市公司平均水平。

从表 6–4 可以看出，2019 年有色金属行业上市公司偿债风险状况（满分为 15 分）基本指标平均得分 7.85 分，低于全部上市公司 8.94 分的平均水平；其中有 66 家企业超过全国上市公司平均水平，闽发铝业、金钼股份、海星股份、菲利华、银河磁体等 8 家企业得分为满分 15 分。基本指标得分较 2018 年同比下降 2 个百分点。有色金属行业 2019 年获利倍数较 2018 年下降 20.83%，可见，有色金属行业上市公司 2019 年获利能力减弱、偿债风险状况有所增加。

表 6－4　2018—2019 年有色金属行业偿债风险状况表

评价指标		2019 年上市公司平均值	2019 年行业值	2018 年行业值	增长率（%）
基本指标	资产负债率（%）	61.12	55.93	55.26	1.21
	获利倍数	4.11	1.9	2.4	−20.83
	得分	8.94	7.85	8.01	−2.00
修正指标	速动比率（%）	77.4	65.69	71.58	−8.23
	现金流动负债比率（%）	13.01	14.46	17.19	−15.88
	带息负债比率（%）	41.99	64.01	66.26	−3.40
综合得分		8.61	7.04	7.35	−4.22

从修正指标来看，2019 年有色金属行业上市公司偿债风险状况（满分为 15 分）平均得分 7.04 分，低于全部上市公司 8.61 分的平均水平；速动比率、带息负债比率、现金流动负债比率相比 2018 年均有下降，有色金属行业偿债压力仍大于全国平均水平。

在有色金属行业上市公司偿债风险指标中，金钼股份的偿债风险得分为 14.99，偿债风险在有色金属行业排名前列。金钼股份是行业领先的钼产品供应商，公司拥有丰富的资源储备、完整的钼采矿、选矿、冶炼、化工及金属加工全产业链，高品位钼精矿生产技术达到先进水平，钼冶金炉料、钼化工及钼金属深加工装备技术国内领先。2019 年公司钼精矿（金属量）产量 22555 吨，同比增长 5.58%；市场占有率稳步提升，达到全球的 11%，国内市场份额达到 26%。2019 年河南 45% 钼精矿均价 1774 元 / 吨，同比上涨 2.78%。钼精矿量价齐升，使公司盈利能力改善、现金流充沛、偿债能力大大增加。2019 年，金钼股份资产负债率 11.43%，已获利息倍数 120.25 倍，速动比率 427.35，现金流动负债比率 137.1%。

（四）发展能力状况

从综合得分来看，2019 年有色金属行业上市公司发展能力状况较 2018 年基本持平，低于全国上市公司平均水平。

从表 6–5 可以看出，有色金属行业上市公司发展能力状况（满分为 20 分）基本指标平均得分为 11.76 分，低于全国上市公司平均水平 12.05 分；其中有 49 家公司高于全国上市公司平均水平，西部超导、宏创控股 2 家企业得分超过 19.5 分。

从修正指标来看，2019 年有色金属行业上市公司发展能力状况（满分为 20 分）平均得分 10.8 分，低于全部上市公司 12.23 分的平均水平，同比上升 0.09%；在各项修正指标中，三年营业收入增值率、营业利润率略有上升，受有色金属价格高位震荡回落、环保趋严、中美贸易摩擦持续升温等多方面因素的影响，累计保留盈余率、总资产增长率均有所下降。

在有色金属行业上市公司发展能力状况指标中，嘉元科技的发展能力得分为 16.51，发展能力在有色金属行业中排名前列。

表 6－5 有色金属行业发展能力状况表

评价指标		2019 年上市公司平均值	2019 年行业值	2018 年行业值	增长率（%）
基本指标	营业收入增长率（%）	8.81	10.88	9.05	20.22
	资本扩张率（%）	9.67	5.86	9.63	-39.15
	得分	12.05	11.76	11.47	2.53
修正指标	累计保留盈余率（%）	41	26.46	28.13	-5.94
	三年营业收入增长率（%）	14.54	11.62	11.38	2.11
	总资产增长率（%）	10.59	8.13	9.44	-13.88
	营业利润增长率（%）	0.61	-28.58	-29.56	3.32
综合得分		12.23	10.8	10.79	0.09

嘉元科技主要产品为各类高性能电解铜箔，是国内高性能锂电铜箔行业领先企业之一，已与宁德时代、ATL、比亚迪等知名电池厂商建立了长期合作关系，并成为其锂电铜箔的核心供应商，2019 年 6μm 铜箔产品占比进一步提升，受益于全球新能源汽车动力电池需求快速爆发，嘉元科技业绩强劲增长。2019 年，嘉元科技营业收入增长率 25.38%，三年营业收入平均增长率 51.15%，总资产增长率 161.88%，营业利润增长率 80.41%。

（五）市场表现状况

如图 6-1 所示，2019 年有色金属行业上市公司股价总体呈现震荡上行，波动较大。上半年走势与大盘走势接近，下半年偏离大盘在震荡下行，至年底又逐渐回升。从评价指标

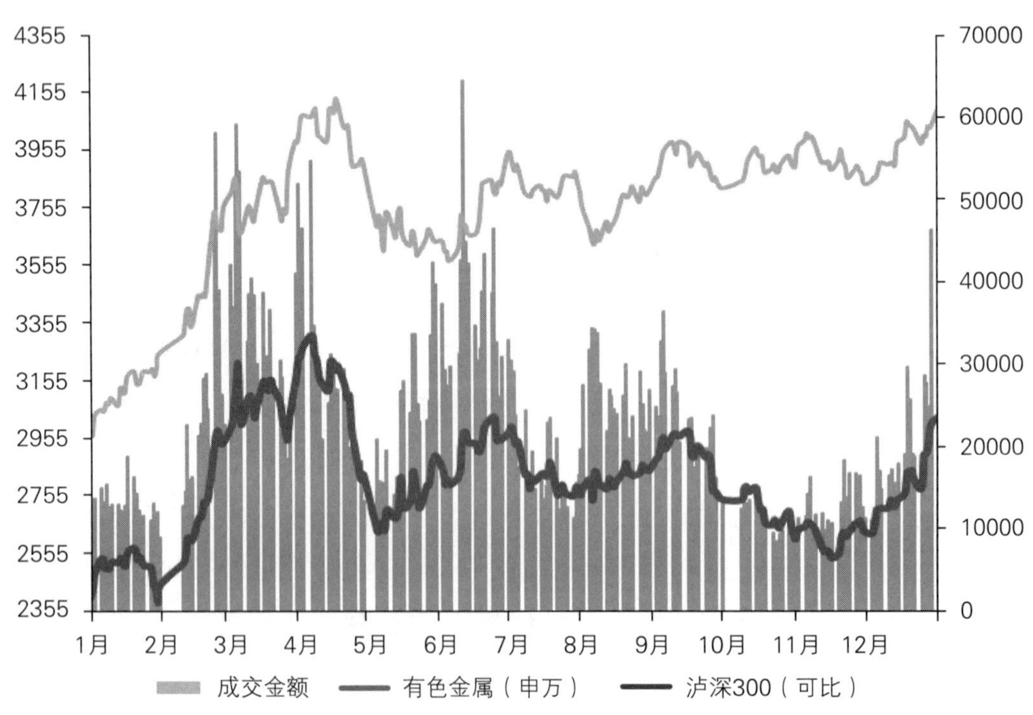

图 6－1 2019 年有色金属行业指数与沪深 300 指数走势图

资料来源：Wind。

来看（见表 6–6），2019 年有色金属行业上市公司的平均市场回报率为 21.51%，较 2018 年大幅上涨，市场投资回报率略低于全部上市公司 23.04% 的平均水平。从个股来看，宜安科技、中钢天源、有研新材、金力永磁、银河磁体等 92 家上市公司的市场投资回报率大于 0，其余 26 家有色金属行业上市公司市场投资回报率小于 0，市场投资回报率整体表现较好。云南铜业以 13.25 分的市场表现状况评价得分位列有色金属行业第一。

表 6 – 6　有色金属行业公司市场表现表

评价指标	2019 年上市公司平均值	2019 年行业值	2018 年行业值	增长率（%）
市场投资回报率（%）	23.04	21.51	-38.58	155.75
股价波动率（%）	94.27	98.39	136.46	-27.90
得分	9.12	8.85	7.9	12.03

二、有色金属行业上市公司业绩影响因素分析

2019 年，有色行业全年投资累计增长 2.1%，主要有色金属产量均有一定幅度的提高，但受有色金属价格持续震荡回落影响，行业效益延续下滑，具体影响有色金属行业业绩的因素主要有以下几方面：

（一）基本金属价格分化，主要金属持续震荡回落，导致行业效益延续下滑走势

1. 基本金属分析

伦敦金属交易所 6 种基本金属现货结算价 2019 年平均价格见表 6–7、图 6–2。

表 6 – 7　2015—2019 年基本金属 LME 现货结算年平均价统计表

	现货结算价：LME 铜	现货结算价：LME 铝	现货结算价：LME 锌	现货结算价：LME 铅	现货结算价：LME 锡	现货结算价：LME 镍
2015 年平均价格	5494.50	1660.77	1928.30	1783.57	16070.16	11807.27
2016 年平均价格	4862.63	1604.89	2094.75	1871.58	18005.93	9608.70
同比	-11.50%	-3.36%	8.63%	4.93%	12.05%	-18.62%
2017 年平均价格	6165.97	1968.74	2895.94	2317.46	20104.70	10411.35
同比	26.80%	22.67%	38.25%	23.82%	11.66%	8.35%
2018 年平均价格	6523.04	2110.08	2921.95	2242.43	20153.22	13122.27
同比	5.79%	7.18%	0.90%	-3.24%	0.24%	26.04%
2019 年平均价格	5999.73	1791.13	2546.34	1999.68	18642.89	13935.57
同比	-8.02%	-15.12%	-12.85%	-10.83%	-7.49%	6.20%

2019年基本金属价格分化，主要金属延续2018年高位震荡回落态势，从均价来看，铜价同比下降8.02%，铝价同比下降15.12%、锌价同比下降12.85%，铅价同比下降10.83%，镍价同比上升6.20%，多数产品均价较2018年均价有所回落，其中铝、铅、锌同比跌幅超过10%，而镍矿则受到印尼可能在提前限制镍矿出口，外部产能受限，而下游新能源汽车销量表现较好，需求旺盛等因素的影响下，价格整体走高。根据伦敦金属交易所（LME）基本金属指数2010—2019年的数据可以看出，基本金属指数2019年整体呈现持续回落趋势。

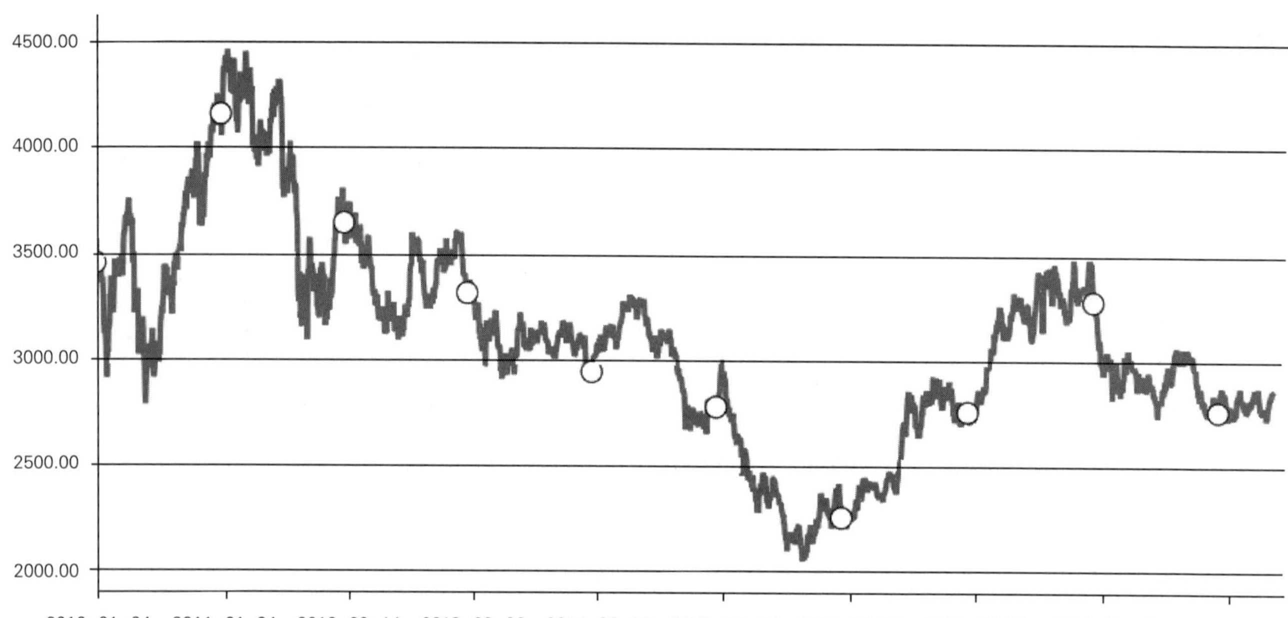

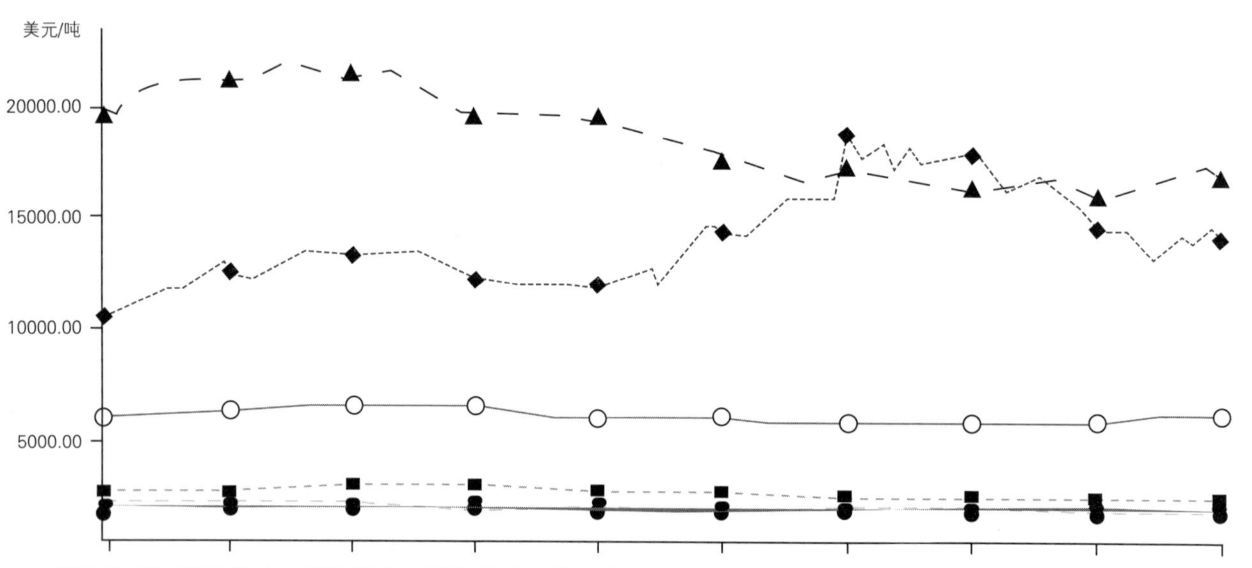

图6－2

资料来源：Wind。

以西藏珠峰为例，公司的主要业务为铅精矿、锌精矿和铜精矿的采选生产和销售。2019 年全球金属矿业市场维持平衡格局，铅、锌、铜价格一度跌至过去三年低位，产品价格的下跌对公司收入和利润产生一定的消极影响，西藏珠峰 2019 年归属于上市公司股东的净利润同比减少 33.37%。

2. 稀有金属分析

2015—2019 年主要稀有金属价格统计如表 6–8 所示。

表 6 – 8　2015—2019 年主要稀有金属年平均价格统计表

年份	价格：碳酸稀土：REO42.0－45.0%：上海	价格：金属锂：≥ 99% 工业级，电池级	最低价：金属钴：国产	价格：铌：≥ 99%：上海	价格：1# 钼：≥ 99.95%：国产
2015	24161.16	411708.33	211877.92	736.25	197.85
2016	22533.47	654375.00	207492.68	591.94	182.85
2017	22829.92	824606.74	429096.30	521.15	207.77
2018	23000.00	892510.29	525668.18	629.55	257.97
2019	24565.57	696327.87	261995.76	579.02	277.02
增幅	6.81%	-21.98%	-50.16%	-8.03%	7.38%

2019 年，钴、锂价格跌势不止，承压明显。截至 12 月末，金属锂价格年内累计跌幅约 27%，降至两年来最低点；电解钴价格年内跌幅近 22%，降至 2017 年 7 月以来最低点。从均价来看，2019 年，稀土氧化物和钼价格均价有小幅上升，而锂、钴、铌则表现较差，由于钴、锂市场处于供过于求的状态，下游采购意愿不强烈，市场需求疲软，导致钴、锂价格承压、降幅较大，其中钴 2019 年均价较 2018 年跌幅达 50%。

以天齐锂业为例，天齐锂业是中国和全球领先的集上游锂资源储备、开发和中游锂产品加工为一体的锂电新能源核心材料供应商。行业周期调整及国家新能源汽车补贴退坡等不利因素影响下，2019 年锂精矿产品销售数量与锂化工产品销售价格较 2018 年下降，导致总体销售收入下降，公司实现营业总收入 484061.53 万元，同比减少 22.48%，实现归属于上市公司股东的净利润 -598336.25 万元，同比减少 371.96%。

3. 贵金属分析

在贵金属方面，价格同比上涨，市场交易相对活跃。其中金、钯、铑、铱价格同比涨幅较大。2015—2019 年贵金属平均价格见表 6–9。

2019 年，国际黄金现货均价 1395.6 美元 / 盎司，同比增长 9.8%，国内黄金现货均价 308.7 元 / 克，同比增长 13.7%。受全球贸易摩擦及地缘政治危机加剧等因素影响，黄金市场关注度不断提高，现货、期货成交量大幅增长。2019 年，上海黄金交易所全部黄金品种累计成交 6.86 万吨（双边），同比增长 0.1%，成交额 21.49 万亿元，同比增长 15.7%；

上海期货交易所全部黄金品种累计成交量9.25万吨（双边），同比增长186.8%，成交额29.99万亿元，同比增长238.9%。2019年12月，上海期货交易所黄金期权正式挂牌交易，为黄金交易品种增添了新的避险工具。

表6－9 2015—2019年主要贵金属年平均价格统计表

年份	价格：金：99.99%	价格：1#银：99.99%	价格：铂：99.95%	价格：钯：99.95%	价格：钌：99.95%	价格：铑：99.95%	价格：铱：99.95%
2015	234.88	3406.13	228.79	156.43	12.94	223.69	126.83
2016	266.23	3756.02	226.53	149.37	11.5	178.97	141.9
2017	275.61	3921.2	224.35	216.11	20.49	286.07	226.91
2018	271.10	3592.42	202.97	251.90	68.85	561.72	326.08
2019	312.67	3879.21	203.39	389.30	75.61	1024.45	386.98
增幅	15.33%	7.98%	0.21%	54.55%	9.82%	82.38%	18.67%

但受经济下行压力增大等因素影响，国内黄金消费整体疲软，尤其随着下半年金价不断攀升，黄金消费未能延续上半年同比增长的趋势，2019年全国黄金消费量1002.8吨，同比下降12.9%。其中，黄金首饰消费量676.2吨，同比下降8.2%；金条及金币消费量225.8吨，同比下降27%；工业及其他领域消费量100.8吨，同比下降4.9%。受黄金矿产开发利用难度加大、人工及原辅料成本上涨等影响，黄金采矿综合成本大幅提升。2019年，金矿采选利润77.3亿元、金冶炼利润58.8亿元，同比分别降低9.5%、26.4%。黄金消费同比下降，效益下滑态势明显。

以银泰黄金为例，公司主要业务为贵金属和有色金属矿采选及金属贸易。由于地缘政治关系以及各国实施宽松货币政策等因素，2019年黄金价格上涨近19%，创2010年以来年内最大涨幅，得益于青海大柴旦投产后盈利以及黄金价格的上涨等因素，2019年银泰黄金业绩大增。2019年，公司实现营业收入514895.07万元，比2018年同比增长6.69%；实现营业利润119212.95万元，同比增长20.66%；归属于上市公司股东的净利润86416.54万元，同比增长30.43%。

（二）全球经济进一步放缓，经济形势分化，国际贸易形势复杂多变

全球经济增长动能减弱。2018年下半年以来，主要发达经济体增长势头略有放缓。2019年第一季度，国际市场整体表现有所改善，但改善的基础并不牢固，不确定因素较多，全球经济下行风险仍然存在。国际贸易形势复杂多变。以特朗普政府推行的“美国优先”政策和英国“脱欧”为代表，美欧贸易保护主义风险抬头。2019年3月22日，美国特朗普政府基于“301”调查结果对中国对美出口与投资出台了多种贸易保护措施。随后，中国坚决地采取了等量级的关税反制措施，中美贸易战进入白热化阶段。随后，中美双方

开展了多轮经贸高层磋商，但中美贸易谈判反反复复，美国的反复无常对有色金属市场情绪带来短期利空冲击，摩擦不断升级，直至2019年12月，中美第一阶段经贸协议文本才达成一致。贸易摩擦的实质性影响显现，铝材出口持续增长难以为继，机电、汽车等有色终端消费品出口受阻也将加剧行业运行压力。由于有色金属金融属性很强，贸易摩擦对行业的间接影响甚至大于直接影响，冲击市场信心、价格及投资，影响行业发展。

（三）有色金属产品进出口贸易同比下降，固定资产投资支出恢复增长，但涨幅趋缓

2019年，有色金属行业进出口贸易总额1739亿美元，同比下降12.4%，其中进口额1440亿美元，同比下降13.5%，出口额298亿美元，同比下降6.7%。有色行业固定资产投资扭转第一季度以来同比大幅下降的趋势，全年投资累计增长2.1%，其中矿山投资同比增长6.8%，冶炼及加工行业投资同比增长1.2%，行业节能减排技术改造、高端材料等领域的投资不断加快。

（四）供给侧结构性改革深入推进，产业结构进一步优化

2018年1月，工信部《关于电解铝企业通过兼并重组等方式实施产能置换有关事项的通知》指出，2011—2017年关停并列入淘汰公告的电解铝产能指标须在2018年年底前完成产能置换。2018年5月，工信部发布《铜铝等有色行业规范及准入条件》，2018年全面修订铜、铝、铅锌、钨、钼、锡、镁8品种的行业规范及准入条件，鼓励和引导行业转型升级，提高技术、环保等门槛。2018年，生态环境部等四部委两次发布《关于调整〈进口废物管理目录〉的公告》，将回收铜为主的废电机等固体废物于2018年年底调整入禁止进口的固体废物目录；将废钢铁、铜废碎料、铝废碎料等八个品种固体废物从《非限制进口类可用作原料的固体废物目录》调入《限制进口类可用作原料的固体废物目录》，自2019年7月1日起执行。2019年11月，国家发展改革委修订发布《产业结构调整指导目录（2019年本）》（以下简称《目录》），《目录》由鼓励、限制和淘汰三类组成，修订重点为推动制造业高质量发展、适度提高限制和淘汰标准。各项行业政策的趋严，短期内将增加企业运营成本，但从中长期看将有利于行业过剩产能快速出清、促进行业结构进一步优化。

2019年，进一步推进电解铝产能置换，全国电解铝产能跨省置换300多万吨，其中246万吨置换至云南等清洁能源富集地区。智能化及高端材料加快发展，中金岭南凡口铅锌矿机械化无人采矿率达到83%，洛阳钼业将5G技术应用于无人采矿设备，中铝萨帕高端铝合金智能制造生产线投产，7055板材、2026型材等民机铝材获得装机许可，集成电路超高纯稀有金属靶材进入验证或小批量供货。

资料链接：

➢ 印尼正式颁布禁止镍矿石出口的行政命令

支持2020年1月1日起禁止镍矿石出口，较起初的说法提早了两年。

➢ 2019年12月20日，黄金期权在上海期货交易所正式挂牌交易

➢ “废六类”转限制类进口政策2019年7月1日起开始执行

2019年1月4日消息，生态环境部、商务部、发展改革委、海关总署联合印发《关于调整〈进口废物管理目录〉公告》(2018年第68号)，将废钢铁、铜废碎料、铝废碎料等8个品种固体废物从《非限制进口类可用作原料的固体废物目录》调入《限制进口类可用作原料的固体废物目录》，自2019年7月1日起执行。

➢ 6家有色企业入围世界500强

2019年7月22日，财富中文网发布了最新的《财富》世界500强排行榜。入围的129家中国企业中，有6家有色企业，48家中央企业，6家有色企业中国五矿集团公司、中国铝业集团、山东魏桥创业集团、江西铜业集团、金川集团、铜陵有色金属集团分别位居112、251、273、358、369、461位。

➢ 腾冲口岸封关禁运推升稀土价格

2019年5月14日24点，云南腾冲与缅甸边境关口进行封关，禁止所有稀土业务相关商品进行进出口贸易。关口封闭后，不接受任何稀土相关商品的报关，稀土矿无法从缅甸出口到中国。随着缅甸稀土封关，国内以氧化镝和氧化铽为代表的中重稀土价格随之大幅上涨。

资料来源：wind。

三、2020年有色金属行业前景分析

2020年，有色金属行业产能过剩风险依然存在，绿色化、智能化改造任务艰巨，国际贸易环境复杂多变，市场环境依然严峻，同时叠加新冠病毒疫情的影响，预计主要有色金属价格将持续震荡或下滑，有色企业实现利润有望维持基本持平或小幅增长；有色金属行业固定资产投资有望大体持平；中美贸易磋商第一阶段的经贸协议达成，中美贸易对有色产品出口的影响也有望缓解，有色金属生产有望总体平稳运行。

（一）新冠病毒疫情全球蔓延，有色金属价格或将下滑

2020年中国农历春节刚过，国内工业品价格经历了节后国内疫情利空的集中释放、海外疫情爆发、原油暴跌导致的连带下挫，我国铜、铝、铅、锌、锡、镍六大有色金属品种基本跌至2017年以来的底部区间。随着全球感染新冠病毒的人数不断攀升，全球许多矿业公司正在采取措施保护员工和社区的安全，已经出现了项目推迟，营地关闭等情况。也有一些矿业公司关闭了总部办公室，实行在家办公，以阻止疫情进一步蔓延。

随着国内疫情发展得到较好的控制，不论是疫情还是复工情况均在好转，市场情绪也有所升温。政策方面也在财政政策和货币政策方面均有所支持，比如，下调LPR、逆周期政策加码、各省陆续公布2020年重点项目计划进一步推动建设一批重大项目等。但是，海外市场风险在超预期增加，也使得海外市场的恐慌情绪升温，LME市场承压走弱。随着日本、韩国、伊朗等地确诊人数上升较快，且伊朗新增死亡病例较多，由于前期对疫情的低估，部分领导人也面临被传染风险。有色价格仍将在底部震荡甚至继续下滑。

（二）下游需求增速放缓，我国有色金属行业经营将承压

有色金属下游需求如房地产、电力、家电和汽车等与宏观经济关联度高，加之有色金属大宗商品属性，行业景气度易受国内外宏观经济波动影响。美国发起的全球贸易摩擦、中东等热点地缘政治冲突在未来一段时间内仍对全球经济增长形成较大下行压力，我国经济增长面临的外部环境更加复杂化，输入性风险上升，有色金属行业景气度有所回落，中短期内行业经营仍将承压。

（三）全球矿山资源有限，部分金属矿供给短缺持续

有色金属资源在全球的分布不均，导致我国多种有色金属品种生产对进口矿石依赖度高，行业发展易受全球矿石供应的影响。分品种来看，目前铜矿、铝土矿、镍矿全球供应偏紧，铅锌矿受新增、复产产能影响偏宽松。金属价格及冶炼加工费相应受矿端供应影响，如果矿端供应偏紧，金属价格趋于上升而冶炼加工费倾向于下降。

（四）环保及产业政策提升经营成本，我国有色金属企业信用质量进一步分化

有色金属行业在产能建设与淘汰、环境保护等方面面临的政策管控压力仍较大，短期内去产能政策不会放松，而在提高技术、减少能耗、搬迁改造等方面将进一步趋严，有色金属企业持续面临环保及产业政策压力，行业企业信用质量进一步分化。行业内中小型企业随着过剩产能整治、安全与环保成本费用上升以及资金成本上升，信用水平存在下降空间；而大型企业多数或拥有较强的矿产资源储备，或拥有下属上市子公司直接融资渠道畅通，或为国资国企背景在改革方面得到政府的大力支持，具有较强的抗风险能力。

附表　2019年度有色金属行业上市公司业绩评价结果排序表

序号	全部上市公司评价得分排序	股票代码	股票简称	综合得分（100分）	评价等级	每股收益（元）	净资产收益率（%）	总资产报酬率（%）	总资产周转率（次）	流动资产周转率（次）	资产负债率（%）	获利倍数	营业收入增长率（%）	资本扩张率（%）	市场投资回报率（%）	股价波动率（%）	年末资产总额（万元）	营业收入（万元）	净利润（万元）
1	134	601899	紫金矿业	77.2	A	0.18	9.15	7.62	1.15	4.61	53.91	4.4	28.4	20.74	48.89	60.34	12383094.72	13609797.8	506090.47
2	150	000603	盛达资源	76.8	A	0.65	20.28	18.87	0.72	3.03	38.76	13.44	20.77	23.96	38.68	115.4	434790.38	290068.67	56002.39
3	276	300395	菲利华	73.9	BBB	0.63	12.53	12.33	0.44	0.7	11.93	300.89	7.88	79.77	50.49	80.76	216153.74	77901.54	19255.42
4	391	600362	江西铜业	72	BBB	0.71	3.49	4.24	2.02	3.13	56.24	2.68	11.64	13.47	29.1	41.56	13491391.54	24036033.51	217838.86
5	458	601677	明泰铝业	71.1	BBB	1.52	10.21	12.19	1.34	2.1	38.26	17.38	6.2	19.25	26.7	45.47	1176800.55	1414762.46	98369.57
6	499	002056	横店东磁	70.6	BBB	0.42	11.71	10.29	0.86	1.39	37.15	38.17	1.16	12.72	51.07	59.41	849950.06	656363.82	69345.4
7	567	000975	银泰黄金	69.8	BB	0.44	9.68	10.69	0.46	2.68	14.93	41.18	6.69	7.63	27.21	120.17	1188579.37	514895.07	95545.14
8	573	601137	博威合金	69.7	BB	0.66	10.96	8.25	1.17	2.36	50.56	7.65	25.18	6.98	59.13	95.14	759238.05	759164.21	44444.36
9	575	601958	金钼股份	69.7	BB	0.18	4.67	5.13	0.59	1.67	11.43	120.25	4.25	1.37	34.41	48.59	1529202.69	915147.92	64881.65
10	578	002171	楚江新材	69.6	BB	0.37	6.26	8.34	2.26	3.93	33.85	7.66	30.07	24.31	49.09	67.15	846146.1	1704797.21	47922.98
11	582	600516	方大炭素	69.5	BB	0.75	11.84	13.77	0.39	0.5	14.12	69.19	−42.06	17.42	7.21	121.75	1847616.57	675090.52	195292.4
12	591	002203	海亮股份	69.4	BB	0.56	10.51	6.78	1.88	2.94	60.19	6.27	1.37	16.36	30.22	82.36	2452226.33	4115270.43	108305.61
13	629	601168	西部矿业	68.9	BB	0.42	9.58	6.3	0.73	1.99	67.63	2.4	6.46	26.41	9.52	47.87	4451746.78	3056684.18	134651.55
14	656	002182	云海金属	68.6	BB	1.41	12.42	23.36	1.16	2.18	47.76	12.5	9.23	46.26	48.24	75.93	512111.22	557205.83	91101.85
15	657	600547	山东黄金	68.6	BB	0.42	5.81	5.74	1.21	7.39	55.61	3.51	14.31	10.44	46.03	145.69	5815557.28	6263069.93	142138.6
16	765	000878	云南铜业	67.3	BB	0.39	7.59	5.28	1.59	3.66	71.38	2.23	33.44	9.16	62.03	69.13	4236391.7	6328999.59	97475.98
17	776	000060	中金岭南	67.1	BB	0.24	6.22	6.38	1.14	3.3	44.08	5.22	14.21	6.04	6.5	71.93	2032060.16	2280052.28	87138.8
18	910	300697	电工合金	65.5	BB	0.62	15.56	14.28	1.57	1.89	31.61	9.96	33.02	12.29	24.61	78.49	123472.29	187787.82	12906.49
19	934	600206	有研新材	65.3	BB	0.13	1.93	3.41	2.86	4.16	14.17	35.98	119.23	4.94	78.57	114.92	380517.98	1045245.41	11225.23
20	964	300127	银河磁体	65	B	0.46	11.67	12.98	0.46	0.55	5.74	0	0.62	2.79	77.42	161.64	134256.95	60276.98	14839.56
21	979	600711	盛屯矿业	64.9	B	0.15	2.03	4.04	2.3	4.55	51.72	2.18	21.33	20.92	8	70.59	1899544.44	3731426.91	33018.62
22	1000	000807	云铝股份	64.6	B	0.19	3.56	4.32	0.63	2.57	68.23	1.56	11.96	36.43	32.55	68.19	3957945.66	2428362.34	54520.62

续表

序号	全部上市公司评价得分排序	股票代码	股票简称	综合得分（100分）	评价等级	每股收益（元）	净资产收益率（%）	总资产报酬率（%）	总资产周转率（次）	流动资产周转率（次）	资产负债率（%）	获利倍数	营业收入增长率（%）	资本扩张率（%）	市场投资回报率（%）	股价波动率（%）	年末资产总额（万元）	营业收入（万元）	净利润（万元）
23	1018	600988	赤峰黄金	64.4	B	0.13	6.66	6.27	0.78	1.99	57.93	2.63	181.85	15.87	16.15	89.83	778463.35	606846.33	20945.03
24	1051	603663	三祥新材	64	B	0.44	18.17	14.94	0.81	1.81	45.01	14.46	27.16	−1.93	4.89	50.67	103584.51	76108.37	10754.96
25	1123	000960	锡业股份	63.2	B	0.51	7.68	5.96	1.24	3.86	60.06	2.71	8.3	−0.91	3.85	55.77	3513731.32	4288723.24	110909.36
26	1124	000630	铜陵有色	63.2	B	0.08	4.26	4.65	1.96	3.92	58.17	2.62	9.89	2.99	17.94	59.35	4797007.15	9295107.43	104177.78
27	1134	600459	贵研铂业	63.1	B	0.56	7.22	6.63	3.16	3.82	54.62	3.1	25.07	51.08	38.64	87.33	753568.16	2135499.66	25994.28
28	1193	603688	石英股份	62.4	B	0.49	8.87	10.98	0.36	0.62	20.61	0	−1.73	9.26	69.83	90.86	193808.71	62233.8	16313.51
29	1235	603799	华友钴业	61.9	B	0.11	0.61	2.53	0.89	1.85	56.63	1.42	30.46	19.98	67.74	112.91	2326698.43	1885282.85	10812.39
30	1253	002237	恒邦股份	61.7	B	0.34	8.52	4.65	1.84	2.78	71.19	1.94	34.6	6.58	56.96	162.23	1614079.42	2853607.76	29043.53
31	1268	002379	宏创控股	61.5	B	0.35	−3.8	18.7	1.48	3.45	35.74	141	89.65	26.18	24.13	65.57	246567.24	287827.18	32458.38
32	1292	300748	金力永磁	61.2	B	0.38	12.02	8.85	0.69	0.87	52.93	5.71	31.61	20.09	77.69	270.74	282623.71	169683.85	15658.81
33	1337	002057	中钢天源	60.9	B	0.24	8.49	8.65	0.71	1.16	32.56	21.1	7.98	7.62	125.01	233.22	212557.92	138148.48	13745.64
34	1339	600111	北方稀土	60.9	B	0.17	4.01	5.26	0.77	1.06	44.34	3.16	29.65	3.44	18.52	75.4	2316090.7	1809179.93	64032.32
35	1362	600219	南山铝业	60.7	B	0.14	3.82	4.5	0.4	0.97	24.12	5.91	6.36	3.21	5.47	60.45	5475935.07	2150900.91	173628.09
36	1366	603826	坤彩科技	60.6	B	0.31	10.59	10.85	0.38	0.94	21.84	39.9	5.15	8.37	17.21	46.74	180024.95	61700.6	14898.69
37	1368	603993	洛阳钼业	60.6	B	0.09	1.32	3.85	0.63	1.47	57.65	2.28	164.52	−0.21	16.21	71.44	11686222.65	6867656.5	176584.84
38	1376	002130	沃尔核材	60.5	B	0.17	6.67	6.24	0.62	1.45	51.72	2.86	12.85	10.95	39.3	94.08	644106.24	397808.32	22554.06
39	1382	603527	众源新材	60.4	B	0.53	9.68	9.93	2.79	3.61	23.61	32.18	0.45	6.51	1.91	53.83	121125.02	322365.15	9277.49
40	1390	000795	英洛华	60.4	B	0.13	5.5	5.73	0.8	1.11	30.93	17.65	17.69	7.26	59.87	144.79	344744	251275.34	14673.84
41	1391	000751	锌业股份	60.4	B	0.14	6.81	6.47	1.73	3.15	42.6	3.15	−4.08	8.35	11.16	65.95	458526.15	801629.8	20285.8
42	1404	600456	宝钛股份	60.3	B	0.56	6.22	6	0.54	0.83	49.78	3.39	22.8	5.48	53.87	83.84	810139.68	418762.02	28061.57
43	1422	603260	合盛硅业	60.1	B	1.18	11.84	9.08	0.53	1.95	50.53	6.6	−19.3	7.14	−2.86	94.32	1738707.87	893879.17	111384.04
44	1427	002460	赣锋锂业	60.1	B	0.28	8.42	4.93	0.39	0.78	40.83	3.27	6.75	5.43	53.24	89.39	1421303.19	534172.02	35339.21

续表

序号	全部上市公司评价得分排序	股票代码	股票简称	综合得分（100分）	评价等级	每股收益（元）	净资产收益率（%）	总资产报酬率（%）	总资产周转率（次）	流动资产周转率（次）	资产负债率（%）	获利倍数	营业收入增长率（%）	资本扩张率（%）	市场投资回报率（%）	股价波动率（%）	年末资产总额（万元）	营业收入（万元）	净利润（万元）
45	1450	600114	东睦股份	59.8	CCC	0.49	4.15	9.51	0.57	1.37	31.87	34.59	12.69	-1.25	42.18	74.4	417083.89	216154.81	32073.61
46	1451	600338	西藏珠峰	59.8	CCC	0.66	22.86	19.08	0.5	0.84	34.43	9.55	9.19	26.13	-15.16	193.56	417837.12	223429.8	60015.22
47	1470	000970	中科三环	59.6	CCC	0.19	3.97	5.45	0.63	0.88	16.74	22.6	-3.12	2.74	41.54	86.06	646724.69	403451.16	24514.66
48	1477	600980	北矿科技	59.5	CCC	0.3	3.7	6.58	0.62	0.91	25.23	0	5.54	9.41	38.37	121.33	84497.62	49853.93	4542.23
49	1488	600490	鹏欣资源	59.4	CCC	0.14	0.08	6.26	1.61	3.35	36.04	3.75	4.59	16.74	-3.15	87.29	1006424.26	1478730.99	28245.78
50	1499	600768	宁波富邦	59.3	CCC	0.83	-10.54	27.51	1.09	1.55	25.76	29.96	-29.94	113.47	36.15	42.6	30269.85	51729.81	11160.47
51	1563	002340	格林美	58.6	CCC	0.18	6.76	5.69	0.55	1.07	58.76	2.43	3.43	8.27	22.78	56.36	2684103.18	1435401.01	74949.88
52	1636	600489	中金黄金	58	CCC	0.05	3.72	3.97	1	2.42	50.27	2.75	13.09	3	-4.62	53.7	4002163.59	3896344.85	69216.64
53	1657	002155	湖南黄金	57.8	CCC	0.13	3.21	3.61	2.02	9.1	25.97	4.71	10.98	2.21	-4.71	69.9	679964.16	1382921.71	15564.79
54	1665	002540	亚太科技	57.7	CCC	0.29	5.58	8.27	0.67	1.01	7.98	40.91	-1.64	-5.56	-0.54	65.38	502142.58	353101.23	36199.84
55	1687	601069	西部黄金	57.5	CCC	0.06	2.4	3.45	1.45	4.83	35.31	2.73	285.6	1.65	5.46	42.76	264152.8	386289.6	4106.87
56	1689	601600	中国铝业	57.5	CCC	0.04	1.25	3.36	0.94	3.53	65.17	1.45	5.46	4.52	-1.92	61.61	20307066.4	19007416.1	148808.1
57	1740	600497	驰宏锌锗	56.9	CCC	0.15	4.34	5.03	0.52	4.57	43.53	3.01	-13.44	5.68	5.65	59.03	3137277.94	1640334.08	76082.16
58	1742	000688	国城矿业	56.9	CCC	0.15	5.05	7.57	0.39	1.2	20.02	479.44	-16.75	-8.96	20.23	63.59	266539.15	102053.02	17085.93
59	1753	002114	罗平锌电	56.8	CCC	0.08	0.53	2.14	0.84	3.99	29.84	3.01	73.82	1.19	7.23	66.55	223190.17	186667.48	2383.56
60	1805	002578	闽发铝业	56.1	CCC	0.05	2.61	3.48	0.88	2.01	14.16	74.64	2.61	-7.94	6.84	49.76	161731.54	146330.33	4944.75
61	1818	600531	豫光金铅	56	CCC	0.2	4.75	4.42	1.7	2.35	68.16	1.86	-4.81	5.06	25.74	78.92	1086899.74	1840402.37	21548.39
62	1820	000657	中钨高新	56	CCC	0.14	5.07	4.64	1.1	1.98	47.11	3.71	-1.12	2.5	23.8	61.33	731565.52	808464.25	19925.48
63	1822	601020	华钰矿业	55.9	CCC	0.24	3.5	4.02	0.36	3.09	37.85	4.35	32.69	6.84	4.9	74.58	453801.58	151927.46	10720.91
64	1906	600549	厦门钨业	55.1	CCC	0.18	4.27	4.44	0.76	1.53	58.35	2.19	-11.05	6.69	7.3	53.06	2347117.67	1739551.58	56035.66
65	2010	300328	宜安科技	53.9	CC	0.22	0.51	5.2	0.51	0.96	27.98	13.57	3.98	7.4	148.15	169.99	203064.96	102508.42	8453.51
66	2011	300224	正海磁材	53.9	CC	0.11	2.94	2.38	0.49	0.67	26.53	28.71	7.06	-1.8	55.95	79.51	361202.56	179855.84	8769.57

续表

序号	全部上市公司评价得分排序	股票代码	股票简称	综合得分（100分）	评价等级	每股收益（元）	净资产收益率（%）	总资产报酬率（%）	总资产周转率（次）	流动资产周转率（次）	资产负债率（%）	获利倍数	营业收入增长率（%）	资本扩张率（%）	市场投资回报率（%）	股价波动率（%）	年末资产总额（万元）	营业收入（万元）	净利润（万元）
67	2036	000612	焦作万方	53.7	CC	0.09	2.48	2.76	0.66	3.5	38.49	2.11	−3.01	2.1	8.88	74.01	701320.99	476118.36	10664.31
68	2063	002149	西部材料	53.3	CC	0.14	4.52	4.47	0.48	0.85	51.86	3.76	16.62	0.71	38.75	105.39	442580.2	200610.26	11687.35
69	2066	600888	新疆众和	53.3	CC	0.15	2.68	3.72	0.43	0.99	61.19	1.62	−2.53	24.28	8.99	61.79	1169988.67	474780.09	14200.11
70	2095	601212	白银有色	52.8	CC	0.01	−4.03	3	1.31	2.84	65.79	1.35	−0.4	29.75	17.04	100.37	4855038.66	6170028.08	24929.48
71	2159	600392	盛和资源	52.2	CC	0.06	1.13	3.47	0.76	1.03	42.02	2.15	11.76	1.78	−0.51	91.78	944949.2	695951.85	11191.34
72	2200	000969	安泰科技	51.6	CC	0.16	1.64	3.1	0.5	1.06	41.89	4.33	−5.42	0.11	40.84	109.95	927110.75	478021.69	20164.1
73	2202	603876	鼎胜新材	51.5	CC	0.72	3.45	5.33	1.02	1.83	71.26	2.74	9.18	13.15	−10.03	104.32	1353747.33	1123634.7	30740.66
74	2237	600259	广晟有色	51.1	CC	0.15	−2.48	3.64	1.17	1.61	53.16	2.02	87.05	1.67	54.31	117.9	392760.64	450918.09	3745.16
75	2272	002824	和胜股份	50.6	CC	0.06	1.23	2.15	1.03	1.97	41.2	2.13	25.22	4.28	18.08	101.32	142937.05	133311.56	1394.56
76	2276	601388	怡球资源	50.6	CC	0.06	4.49	4.29	1.1	1.6	44.76	2.57	−13.47	6.63	−2.51	101.28	496143.28	544847.34	11494.35
77	2283	000831	五矿稀土	50.5	CC	0.09	4.17	4.29	0.64	0.79	16.6	21.94	78.12	4.88	48.44	124.9	276568.89	164728.52	9412.8
78	2365	600330	天通股份	49.6	C	0.17	1.58	3.87	0.44	1	38.36	5.16	6.5	7.15	33.26	80.86	671850.77	277994.3	16766.96
79	2371	603978	深圳新星	49.5	C	0.59	5.4	5.76	0.51	1.12	29.12	14.72	−6	6.66	34	153.27	212410.2	103393.57	9426.89
80	2393	002295	精艺股份	49.3	C	0.2	3.25	5.63	2.49	3.07	41.58	2.33	−10.98	3.4	−0.42	63.27	203651.65	512559.62	5099.89
81	2404	603612	索通发展	49.1	C	0.26	4.01	2.92	0.64	1.38	60.4	2.09	30.34	8.67	1.87	111.04	775637.61	437164.35	8883.72
82	2446	600331	宏达股份	48.5	C	0.04	1.89	3.8	0.54	2.55	50.64	1.88	−5.38	1.5	33.85	121.07	465066.42	254525.57	8407.77
83	2541	000933	神火股份	47.1	C	0.71	−28.46	5.57	0.34	1.02	82.11	1.59	−6.46	15.46	32.08	68.21	4939358.41	1761783.67	56929.37
84	2570	600366	宁波韵升	46.6	C	0.05	−0.13	1.4	0.35	0.62	23.32	2.58	−3.99	−3.92	32.67	112.08	562615.59	194574.18	4483.86
85	2571	000962	东方钽业	46.6	C	0.09	1.73	3.23	0.35	0.73	28.68	4.21	−45.13	3.52	8.33	71.06	164524.12	60106.87	4194.12
86	2588	002842	翔鹭钨业	46.3	C	0.24	4.42	4.88	0.69	1.17	56.88	3.09	−11.66	2.33	31.7	118.35	227325.49	147978.54	6475.92
87	2602	603045	福达合金	46.1	C	0.53	6.19	7.71	1.11	1.58	43.99	3.83	17.98	7.3	−27.12	112.91	147186.43	156377.91	7317.88
88	2689	002160	常铝股份	44.7	C	0.03	0.46	2.79	0.7	1.29	49.57	1.22	4.66	4.23	−10.94	90.72	600170.58	433064.98	2196.25

续表

序号	全部上市公司评价得分排序	股票代码	股票简称	综合得分（100分）	评价等级	每股收益（元）	净资产收益率（%）	总资产报酬率（%）	总资产周转率（次）	流动资产周转率（次）	资产负债率（%）	获利倍数	营业收入增长率（%）	资本扩张率（%）	市场投资回报率（%）	股价波动率（%）	年末资产总额（万元）	营业收入（万元）	净利润（万元）
89	2693	600961	株冶集团	44.6	C	0.01	-6.3	4.18	1.73	3.11	90.88	1.93	-13.96	15.51	8.41	58.39	697766.99	1119196.58	9456.27
90	2784	002806	华锋股份	42.4	C	0.2	1.8	3.2	0.37	0.94	33.87	3.89	8.66	8.52	-19.77	115.91	207690.74	70622.14	3771.39
91	2881	300618	寒锐钴业	39.5	C	0.05	0.28	0.1	0.51	0.76	49.26	0.15	-36.06	-6.44	49.46	113.65	350216.09	177903.87	1358.91
92	2903	603003	龙宇燃油	38.8	C	0.02	-1.12	1.39	2.33	3.36	32.29	1.13	-15.83	-2.46	18.77	56.99	594129.65	1349795.57	544.89
93	2921	600766	园城黄金	37.9	C	0.04	-4.55	7.76	0.17	0.21	59.68	10.11	122.01	19.03	-12.35	77.08	15196.68	2681.66	963.24
94	2948	000426	兴业矿业	37.1	C	0.06	-1.55	3.29	0.1	1.18	42.01	1.82	-64.18	5.14	-19.9	94.82	926938.53	87366.14	10220.18
95	2980	600615	丰华股份	35.8	C	0.16	-1.25	6.27	0.1	0.11	6.62	0	-20.55	5.43	8.97	175.94	67745.7	6618.49	3085.32
96	2997	600385	ST 金泰	35.2	C	0.02	-24.09	5.18	0.38	0.45	89.43	10.28	1218.67	-62.32	-22.69	103.69	20760.06	7191.12	302.95
97	3020	002428	云南锗业	34.1	C	-0.09	-3.9	-1.95	0.21	0.75	27.08	-1.78	-10.02	-3.81	70.43	93.58	203133.32	41846.62	-5706.72
98	3045	600595	ST 中孚	33	C	0.05	-26.48	5.45	0.24	1.09	88.96	1.25	-53.03	1.5	6.47	201.41	2237353.26	551907.18	3587.31
99	3098	300337	银邦股份	30.9	C	0.02	-6.81	3.39	0.69	1.6	52.15	1.52	5	2.06	-24.14	118.56	305277.23	202490.56	2941.35
100	3125	600311	*ST 荣华	29.9	C	-0.14	-13.43	-9.51	0.23	0.39	37	0	161.63	-12.85	-11.98	94.28	99737.34	21514.79	-9267.6
101	3145	603399	吉翔股份	28.9	C	-0.41	-10.73	-4.54	0.77	1.07	34.9	-3.06	-23.47	-9.31	17.19	56.6	332969.49	285491.94	-22843.04
102	3173	300489	中飞股份	27.2	C	-1.24	-27.96	-17.13	0.22	0.69	28.11	-21.47	-12.19	-24.15	62.85	100.45	49254.7	12913.44	-11240.37
103	3213	002378	章源钨业	25.1	C	-0.31	-18.08	-5.36	0.48	0.94	54.15	-2.24	-2.22	-15.46	9.16	99.68	368882.02	182779.97	-29420.79
104	3259	000758	中色股份	23.2	C	-0.54	-12.91	-2.67	0.44	0.75	65.85	-2.54	-25.16	-7.77	15.86	81.75	2547335.65	1107798.87	-116325.93
105	3275	002167	东方锆业	22.3	C	-0.33	-25.33	-4.61	0.2	0.74	64.11	-0.94	-6.3	-20.72	28.83	69.21	221962.61	47162.03	-22483.14
106	3341	600255	*ST 梦舟	18.3	C	-0.64	-65.52	-31.67	0.96	1.75	59.41	-35.71	-29.38	-51.49	-15.96	128.03	291321.5	354477.14	-121471.33
107	3401	000633	合金投资	14.9	C	-0.02	-7.8	-1.03	0.09	0.88	84.01	-37.98	-10.28	10.04	-13.78	112.18	111552.91	9966.51	-1145.37
108	3409	002501	*ST 利源	14	C	-7.73	1562.52	-113.63	0.02	0.22	284.87	-11.75	-61.96	-236.67	-43.45	306.31	293518.68	18177.7	-939171.52
109	3419	002466	天齐锂业	13.7	C	-5.24	-54.86	-5.34	0.11	0.94	80.88	-1.19	-22.48	-25.36	12.92	100.74	4659685.48	484061.53	-548233.46
110	3457	002716	*ST 金贵	10.1	C	-4.53	-238.19	-35.43	0.57	0.76	106.29	-8.35	-41.83	-117.24	-56.93	228.12	1013335.42	619919.81	-434891.4

续表

序号	全部上市公司评价得分排序	股票代码	股票简称	综合得分（100分）	评价等级	每股收益（元）	净资产收益率（%）	总资产报酬率（%）	总资产周转率（次）	流动资产周转率（次）	资产负债率（%）	获利倍数	营业收入增长率（%）	资本扩张率（%）	市场投资回报率（%）	股价波动率（%）	年末资产总额（万元）	营业收入（万元）	净利润（万元）
111	3483	600614	*ST 鹏起	6.2	C	-0.53	-67.27	-16.63	0.35	0.73	96.48	-5.12	-23.49	-87.62	-62.21	488.2	431639.61	164289.79	-92498.16
112	3516	600687	*ST 刚泰	0	C	-2.27	-105.67	-30.39	0.12	0.13	81.32	-8.12	-89.44	-69.02	-59.36	314.26	820344.35	116610.41	-341795.31
113		688357	建龙微纳	70.2	BBB	1.93	12.59	12.24	0.46	0.79	24.69	12.46	7.34	304.41	23.08	12.27	115702.73	40597.2	8600.34
114		688300	联瑞新材	71.9	BBB	1.13	11.57	12.3	0.44	0.57	12.46	55.3	13.37	180.45	23.08	38.15	102372.65	31530.11	7469.5
115		603115	海星股份	68.3	BB	0.69	9.83	10.35	0.81	1.09	19.5	68.58	0.48	60.77	23.08	68.21	159950.14	109749.13	12213.35
116		688388	嘉元科技	79.4	A	1.67	19.29	22.22	0.79	1.21	4.15	14.78	25.38	261.65	23.08	78.18	265376.11	144604.97	32972.48
117		300811	铂科新材	68.9	BB	1.96	14.36	13.99	0.57	0.84	16.25	45.67	24.18	115.77	0	0	92381.39	40254.33	8459.5
118		688122	西部超导	51	CC	0.38	4.62	4.88	0.33	0.46	45.55	4.52	32.87	32.12	23.08	115.65	480305.32	144610.74	15348.13

第七章　石油石化行业上市公司业绩评价

石油石化行业作为基础产业在中国国民经济的发展中有重要作用，是中国的支柱产业部门之一，关系国民经济的发展和经济社会的稳定。石油石化行业与其他行业的关联度高，行业产品包括石油、煤、天然气等基础原料，因而国民经济各部门的许多产品都是石油的衍生物。

2019 年，我国 GDP 总额为 99.09 万亿元，增速达 6.1%，随着国家大力推进产业结构升级，绿色产业、安全生产和规范可持续发展的相关政策深化落实，在全球经济增幅下行、全球贸易投资支撑力度下降的重压下，面临美国贸易战、国际油价频繁震荡和市场竞争加剧、风险挑战上升等诸多因素的影响，石油化工行业在保持平稳运行的基础上，依然实现了行业收入的小幅增长。在资本市场，申银万国石油化工板块股票指数同比增加 13.87%。2020 年，预计在应对疫情和地缘政治等新的挑战下，随着油气改革的进一步推进、“十四五”规划的开启，石油石化行业在上半年探底，下半年景气度有望回升。

一、石油石化行业上市公司业绩评价结果

截至 2019 年年末，石油石化行业包括石油、化工、塑胶、塑料等企业的 A 股上市公司共 361 家，其中 322 家盈利。

石油石化行业的综合评价分值为 64.15 分，高于同年全部上市公司（不包括金融和 B 股，本文以下如无特指按此口径）的综合评价分值 61.30 分；有 7 家石油石化行业上市公司进入 2019 年上市公司业绩评价综合得分的“中联价值 100”名单。在 361 家石油石化上市公司中（在业绩排名时，剔除了其中 25 家当年上市或借壳上市的公司），业绩为 AA 的有 5 家，业绩为 A 的有 10 家，业绩为 BBB 的有 33 家，业绩为 BB 的有 47 家，业绩为 B 的有 48 家，业绩为 CCC 的有 58 家，业绩为 CC 的有 40 家，业绩为 C 的有 95 家。

2019 年全部上市公司为 3654 家，其资产总额总计为 68.54 万亿元，石油石化行业上市公司资产总额合计为 7.78 万亿元，占全部上市公司资产总额的 11.35%，行业同比增长 10.94%；全部上市公司实现主营业务收入 41.68 万亿元，石油石化行业上市公司实现主营

业务收入 7.77 万亿元，占全部上市公司营业收入的 18.65%，行业同比增长 4.71%；全部上市公司共计实现利润总额 2.60 万亿元，石油石化行业上市公司实现利润总额 0.29 万亿元，占全部上市公司实现利润总额的 11.07%，行业同比减少 21.62%；全部上市公司共计实现净利润 1.97 万亿元，石油石化行业上市公司实现净利润 0.21 万亿元，占全部上市公司实现净利润的 10.48%，行业同比减少 25.00%；该行业上市公司 2019 年度市场投资回报率 21.91%，略低于全部上市公司 23.04% 的市场投资回报率；石油石化行业上市公司股价波动率为 89.93%，略低于全部上市公司 94.27% 的股价波动率。

石油石化行业扣除非经常性损益净资产收益率的平均值为 6.41%，低于全部上市公司 6.61% 的平均水平；营业利润率平均值为 3.92%，低于全部上市公司 6.34% 的平均水平；总资产报酬率 5.12%，低于全部上市公司的 5.26%，说明 2019 年石油石化行业上市公司净资产收益水平和总资产的报酬率低于全部上市公司水平，经营收益低于全部上市公司水平。2019 年，石油化工行业按评价体系，行业综合排名评价得分前十名的公司见表 7－1。

表 7－1　2019 年度石油石化行业评价得分前十名的公司

序号	股票代码	股票简称	在全部上市公司中评价得分排序
1	600309	万华化学	25
2	601233	桐昆股份	30
3	600426	华鲁恒升	31
4	600346	恒力石化	37
5	002064	华峰氨纶	69
6	600328	中盐化工	95
7	600486	扬农化工	100
8	300699	光威复材	112
9	000301	东方盛虹	139
10	002749	国光股份	146

下面分别从财务效益、资产质量、偿债风险、发展能力及市场表现等五个方面对石油石化行业上市公司进行具体分析。

（一）财务效益

表 7－2 列示了石油石化行业上市公司财务效益状况评价结果。从指标来看，石油石化行业上市公司财务效益状况平均得分略低于全部上市公司的平均水平。其中，万华化学、华鲁恒升、恒力石化、龙蟒佰利和浙江龙盛分别排在前五名。该行业除盈利现金保障倍数外，其余净资产收益率、总资产报酬率、营业利润率及股本收益率等财务效益指标均低于全部上市公司平均水平。

与上年的财务效益情况相比较，2019年行业财务效益减少6.59%。除盈利现金保障倍数外，其余财务效益指标均低于2018年，净资产收益率、总资产报酬率、营业利润率、股本收益率分别减少15.55%、22.07%、26.04%、33.40%；盈利现金保障倍数增加37.02%。

石油石化行业上市公司财务效益指标除盈利现金保障倍数外，其余净资产收益率、总资产报酬率、营业利润率及股本收益率等财务效益指标均低于全部上市公司的平均值。石油石化行业财务收益较弱，主要原因为2019年大型民营炼化一体化项目陆续投产，而在新能源汽车销量不断增加、经济下行压力增大、经济结构转型的多因素影响下，成品油需求表现仍然不佳，国内成品油市场供过于求的情况加剧，行业净利润有所下滑。

表7－2　石油石化行业财务效益状况比较表

评价指标		2019年上市公司平均值	2019年行业值	2018年行业值	增长率（%）
基本指标	净资产收益率（%）	6.61	6.41	7.59	−15.55
	总资产报酬率（%）	5.26	5.12	6.57	−22.07
	得分	20.77	20.55	21.59	-4.82
修正指标	营业利润率（%）	6.34	3.92	5.30	−26.04
	盈利现金保障倍数	1.97	3.59	2.62	37.02
	股本收益率（%）	36.41	25.72	38.62	−33.40
综合得分		22.12	21.82	23.36	−6.59

（二）资产质量

从表7－3可以看出，石油石化行业上市公司资产质量状况指标平均得分高于全部上市公司的平均水平，其中存货周转率、应收账款周转率都近3倍于全部上市公司平均水平。2019年石油石化行业收入小幅增长，以中国石化、中国石油为行业代表的企业进一步地进行产业结构调整改革，对业务进行合理化整合，加强产销衔接和库存管理。

表7－3　石油石化行业资产质量状况比较表

评价指标		2019年上市公司平均值	2019年行业值	2018年行业值	增长率（%）
基本指标	总资产周转率（次）	0.64	1.05	1.1	−4.55
	流动资产周转率（次）	1.21	3.42	3.47	−1.44
	得分	9.53	13.8	14.2	−2.82
修正指标	应收账款周转率（次）	8.24	21.17	22.17	−4.51
	存货周转率（次）	2.73	9.34	9.73	−4.01
综合得分		9.22	13.3	13.21	0.68

与 2018 年相比较，石油石化行业 2019 年资产质量指标均低于 2018 年，主要原因为总资产增长率高于营业收入增长率。上市公司资产质量最佳排名前五名的为桐昆股份、氯碱化工、新凤鸣、大庆华科和岳阳兴长，这五家公司在资产质量上得分表现优良，共同点是都保持很高的流动资产周转率以及应收账款周转率。

（三）偿债风险

从表 7 – 4 中关于石油石化行业指标的分析可知，2019 年该行业上市公司偿债风险状况平均得分高于全部上市公司的平均水平，该行业的资产负债率 51.13% 优于所有上市公司的 61.12% 的平均值，速动比率低于所有上市公司平均值。

2019 年石油石化行业的偿债风险能力高于 2018 年水平，偿债风险指标资产负债率高于 2018 年，其他指标均低于 2018 年，主要原因为石油石化行业具有规模经济效益，2019 年资产规模扩张较快，债务融资金额较高。2019 年石油石化行业偿债风险最佳排名前五名分别是国光股份、濮阳惠成、高盟新材、苏利股份和乐凯新材。

表 7 – 4　石油石化行业偿债风险状况比较表

评价指标		2019 年上市公司平均值	2019 年行业值	2018 年行业值	增长率（%）
基本指标	资产负债率（%）	61.12	51.13	47.95	6.63
	获利倍数	4.11	4.15	6.36	−34.75
	得分	8.94	9.53	9.90	−3.74
修正指标	速动比率（%）	77.4	62.38	66.24	−5.83
	现金流动负债比率（%）	13.01	29.05	31.10	−6.59
	带息负债比率（%）	41.99	41.18	49.15	−16.22
综合得分		8.61	8.49	9.01	−5.77

（四）发展能力

从表 7 – 5 可知，石油石化行业上市公司发展能力状况指标平均得分低于全部上市公司的平均水平。行业的累计保留盈余率、三年营业收入增长率、总资产增长率均高于全部上市公司的平均值，营业增长率、资本扩张率、营业利润增长率均低于全部上市公司。

2019 年行业发展能力指标除了三年营业收入增长率和总资产增长率指标外，其余营业增长率、资本扩张率、累计保留盈余率和营业利润增长率均低于 2018 年。原因为 2019 年原油开采规模扩大，大型民营炼化一体化项目陆续投产，而在新能源汽车销量不断增加、经济下行压力增大、经济结构转型的多因素影响下，成品油需求表现仍然不佳，国内成品油市场供过于求的情况加剧，行业规模扩张和营业利润有所下滑。石油石化行业 2019 年度发展能力排名前五名的为恒力石化、华峰氨纶、中盐化工、东方盛虹和三棵树。

表 7－5　石油石化行业发展能力状况比较表

评价指标		2019 年上市公司平均值	2019 年行业值	2018 年行业值	增长率（%）
基本指标	营业增长率（%）	8.81	4.71	19.9	−76.33
	资本扩张率（%）	9.67	3.84	6.32	−39.24
	得分	12.05	10.31	12.69	−18.75
修正指标	累计保留盈余率（%）	41.00	51.45	52.7	−2.37
	三年营业收入增长率（%）	14.54	16.04	14.14	13.44
	总资产增长率（%）	10.59	10.94	7.14	53.22
	营业利润增长率（%）	0.61	−23.12	50.63	−145.66
综合得分		12.23	11.37	13.54	−16.03

（五）市场表现

图 7－1 列示了石油石化行业上市公司市场表现评价结果。2019 年沪深 300 市场表现 1—4 月震荡上行，5—12 月相对平稳。石油化工行业市场表现 1—4 月与沪深 300 大致趋同，5—12 月石油石化行业指数位于沪深 300 指数下方。

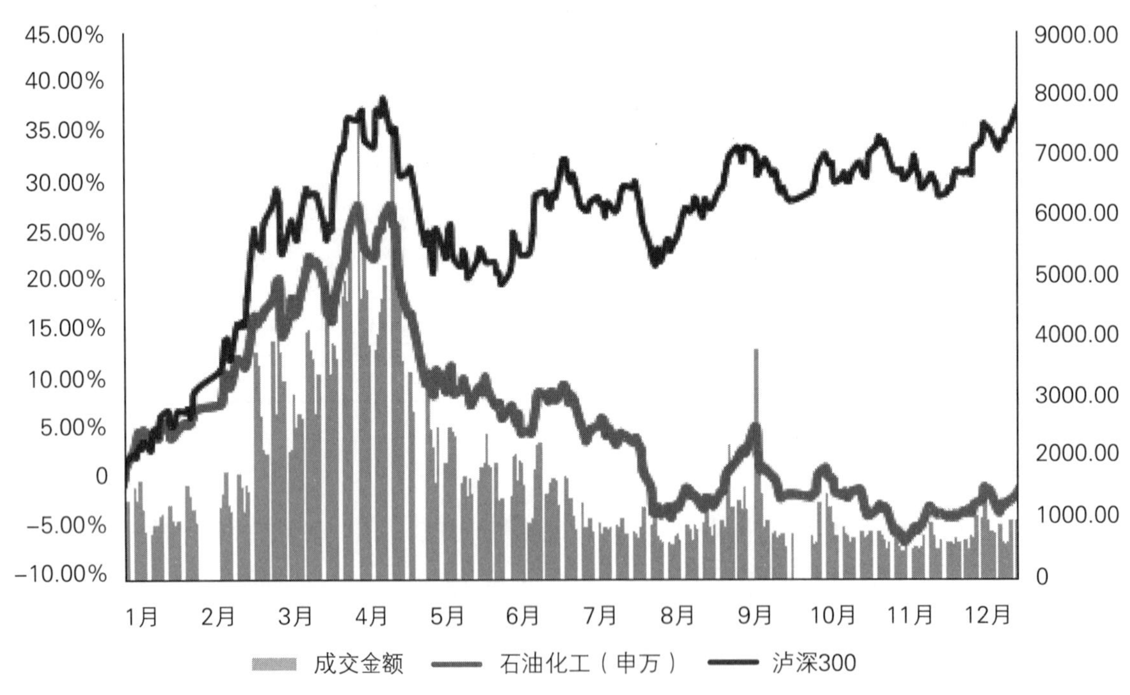

图 7－1　2019 年石油石化行业指数与沪深 300 指数比较

资料来源：Wind 资讯。

从表 7－6 可知，2019 年石油石化市场表现的得分高于同年全部上市公司平均值。2019 年石油石化行业的股价波动率为 89.93%，低于全部上市公司 94.27% 的平均值，低于行业 2018 年的 115.33%。2019 年石油石化行业上市公司市场投资回报率为 21.91%，略低于全部上市公司 23.04% 的市场投资回报率，高于 2018 年的 –31.22%。行业的市场投资回报率比 2018 年有较大的提高。该行业市场表现排名前五位的是华鲁恒升、扬农化工、皇马科技、中材科技、中科电气。

表 7 – 6　石油石化行业公司市场表现状况比较表

评价指标	2019 年上市公司平均值	2019 年行业值	2018 年行业值	增长率（%）
市场投资回报率（%）	23.04	21.91	–31.22	170.18
股价波动率（%）	94.27	89.93	115.33	–22.02
得分	9.12	9.17	9.61	–4.58

二、2019 年度石油石化行业上市公司影响因素分析

2019 年，石油化工行业 361 家 A 股上市公司总体表现平稳。中国石油、中国石化两大巨头公司依然代表上市公司石油石化板块的整体业绩，也引领着我国整个石油石化行业的发展。从石油石化行业经营实体影响力的角度来看，这两家上市公司经营业绩的变化仍是石油石化上市公司业绩的决定性因素，其他规模相对较小的石油石化类上市公司数量逐渐增多，其业绩有较好表现，在行业中的影响力正日渐显现。

2019 年上市公司石油石化板块格局是中国石化、中国石油占绝对市场地位如表 7–7 中所列，中国石化、中国石油两家上市公司的资产总额、营业收入、净利润和总市值分别占石化行业上市公司相关总额的 57.67%、70.54%、67.26% 和 36.35%，说明这两大行业巨头占据了石油石化行业上市公司绝大部分资产总额、营业收入和净利润收益，同比市值所占比例大幅下降。

表 7 – 7　2019 年度中国石油、中国石化与石化行业上市公司指标表

企业名称	资产总额（万亿元）		营业收入（万亿元）		净利润（亿元）		总市值（万亿元）	
	数额	比例（%）	数额	比例（%）	数额	比例（%）	数额	比例（%）
中国石化	1.76	22.55	2.97	38.16	721.22	34.87	0.62	13.34
中国石油	2.73	35.12	2.52	32.38	670.10	32.39	1.07	23.01
小计	4.49	57.67	5.48	70.54	1391.32	67.26	1.69	36.35
石化行业上市公司	7.78	100.00	7.77	100.00	2068.57	100.00	4.64	100.00

在 2019 年严峻的国际市场和激烈的市场竞争环境下，影响石油石化行业业绩的主要因素如下：

（一）国际油价震荡盘升，石油石化行业业绩增幅变窄

油价的波动是影响石化行业景气与否的决定性因素之一。以布伦特油价为例，2019年年初国际油价开始反弹，全年受诸多因素扰动，油价基本是高位震荡、年末盘低。布伦特原油最终在2019年12月31日收于66美元/桶，比年初上涨22.7%；布油价格最低为55美元/桶，出现在1月，于4月下旬达最高点75美元/桶，波动幅度为20美元/桶。受国家油价频繁波动的影响，2019年石油石化行业上市公司业绩增幅相对2018年减少。

影响2019年国际油价波动主要有五大因素：

一是减产协议的持续推进导致供给减少，一定程度上推动油价上涨。自2017年11月30日起，OPEC国家将减产协议延长9个月至2019年年底，产量限额调整到3250万桶/日的水平。豁免国利比亚、尼日利亚从2019年1月1日开始限制产量，产量上限之和为280万桶/日。

非OPEC国家的减产行动是按延期协议，根据市场供求将2016年达成的60万桶/日的减产限额修改为55.8万桶/日。非OPEC国家配合减产使得全球原油的供给量更为可控。

2019年OPEC持续推进减产行为有效缩减了一部分供应，但其内部各成员国因各自财政及国情、盈亏平衡点等差异因素，表现各有不同。比如，沙特由于财政平衡点较高对推荐减产有强烈意愿，而俄罗斯盈亏平衡点低因而可以承受更低的油价，但2019年OPEC总体维持减产并在未来预期持续维持减产。

二是美国成为全球最大原油生产国并不断增产，对国际油市影响力持续增强，但上游勘探开发活动持续疲弱或削弱增产动能。受页岩油的驱动，尤其是来自二叠纪盆地的页岩油，美国产量是非OPEC供应的最核心推动力量。路透社调查显示，由于以美国为主的供应过剩加上全球经济增速放缓，会在很大程度上削弱OPEC支撑市场所作的努力。2019年11月中旬美国周度原油产量达到1170万桶/日，超越俄罗斯成为全球最大的原油生产国。2019年伴随国际油价的复苏以及技术进步带来的成本降低，美国页岩油公司的盈亏平衡点一直在下降，美油产量和出口量不断刷新历史新高。截至2019年12月底，美国二叠纪盆地、巴肯等七大产区的页岩油产量已突破900万桶/日，在原油总产量中比重达到70%；美国国内原油产量达到1290万桶/日，原油出口量达到446.2万桶/日。

三是全球经济增速持续放缓，原油需求增量下行，主导油价下行。根据联合国发布的《世界经济形势与展望2020》显示，2019年全球经济增速为2.3%，为近10年来的最低水平。从韩国GDP萎缩，到中国、欧洲和美国PMI下行，再到美债利率倒挂，加上中美贸易摩擦、英国脱欧等国际事件的接连发生拖累全球经济，令原油需求进一步下行。2019年，美国能源信息署连续多月下调其对2019年全球石油需求增长的预期，年初EIA曾预计2019年全球石油需求将日增150万桶，但于2019年9月就已经将预期下调到了89万桶，2011年以来预期首次低于100万桶，需求疲软的预期也在一定程度上影响了油价的波动。

四是地缘政治、突发事件对油价的影响日益深化，导致2019年原油价格频繁大幅震

荡。2019 年 5 月 8 日，美国单方面宣布退出伊核协议，并要求各国在 2019 年 11 月前停止对伊朗石油进口，2019 年 4 月，美国决定停止执行针对伊朗的原油买家的豁免计划导致布伦特原油一度上涨到 75 美元 / 桶；5 月，两艘沙特阿拉伯油轮遭遇“蓄意袭击”，紧接着沙特阿美公司的油泵站遭袭。2019 年 9 月以来地缘政治事件接连发生，在沙特阿美石油设施受到袭击后，油价从之前的 60 美元 / 桶飞涨至 71.95 美元 / 桶，是自 2008 年以来最大单日涨幅，但油价随着沙特阿拉伯的石油产能后续迅速恢复而迅即回落。从全年来看，中东地区一系列安全事件引发了市场的高度警惕，沙特阿拉伯、伊朗、伊拉克、利比亚和委内瑞拉等产油大国政治局势被高度关注，在当前全球备用产能较低的情况下一旦主要产油国供应意外中断，将在短期内引发石油市场和油价走势的剧烈震荡。

五是原油库存增加，成品油供给过剩抑制后续原油油价。2019 年第一季度原油库存连续两周增幅低于预期且低于行业增幅的数据一经公布，美油布油迅速反弹、跌幅收窄。而 4 月底美国原油库存大增 993.4 万桶，库存和产量双双创下新高，使得前期上扬的油价在 5 月初放缓上涨脚步。随后由于墨西哥湾风暴来袭，导致美国原油库存连续一个月下降，截至 7 月 5 日，美油库存量约 4.59 亿桶，比上周下降 950 万桶，使得国际油价强劲走高，WTI 涨幅 4.5%，布油涨幅高达 4.44%。而在第四季度根据 EIA 公布数据，截至 2019 年 11 月 8 日美油当周库存增加 220 万桶，报告还显示美国汽油库存在上周也增加了 190 万桶，随后政府报告美国原油库存连续第三星期增长，且产量创下记录，导致 WTI 期货价格下跌 35 美分，收盘于每桶 56.77 美元，跌幅达 0.6%，布油价格也下跌 9 美分，跌幅为 0.1%。从全球趋势来看，2019 年成品油裂解价差持续走弱，美国、欧洲等发达经济体，中国等发展中经济体均表现出这种状况，成品油结构性过剩在全球范围内已经显现（见图 7–2）。

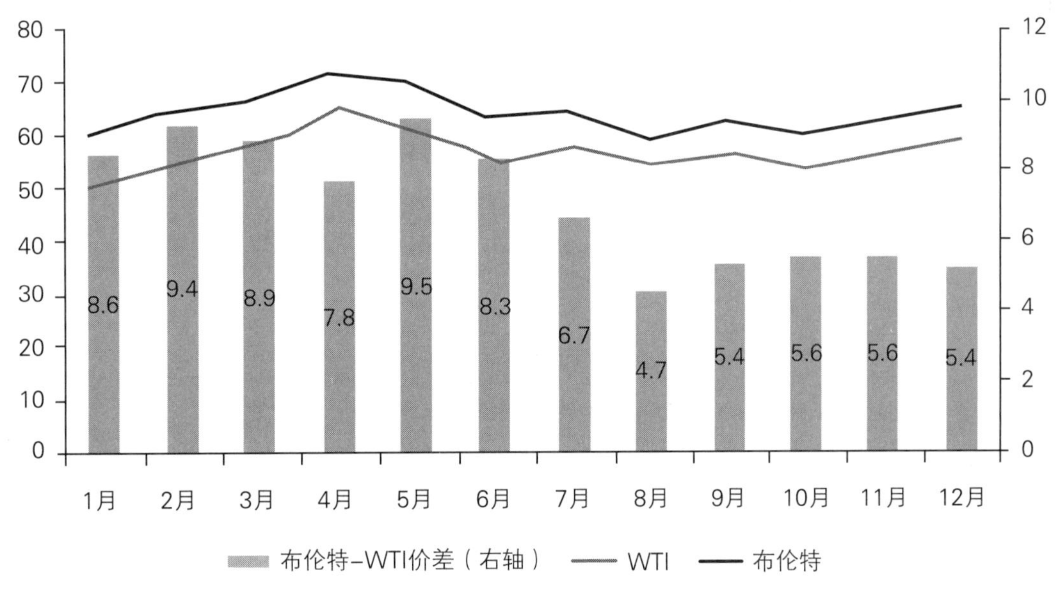

图 7 – 2　2019 年国际油价走势图

资料来源：Wind。

（二）全球经贸形势不确定性和经济增长压力引发需求侧担忧，主导世界石油需求增速进一步放缓

2019年全球原油消费量在45.23亿吨左右，增长1.5%，世界石油需求比2017年提高140万桶/日，低于2017年150万桶/日的增量。2019年全球经济下行压力进一步加大，美联储三次降息引发了全球的降息潮，美国挑起与中国及其他主要贸易伙伴之间的贸易摩擦等因素成为阻碍经济增长的重要因素。同时，金融环境收紧、地缘政治局势紧张以及石油进口成本上升使新兴经济体经济下行压力加大，加之国际油价总体水平回升，上述因素引发对石油需求增长乏力的担忧的同时，也使世界石油需求增长受到一定影响。IEA、EIA以及OPEC都预测2019年石油需求增幅将全面降至100万桶/日以下。全球石油市场基本面回归平衡后再度转向过剩，全年平均供大于求。4月美国停止豁免计划后，沙特阿拉伯虽遭袭，产能却迅速恢复、伊朗石油出口降幅不及预期、美国原油产量不断突破历史新高等因素，使全球石油市场自2018年以来一直处于供大于求的局面。

2019年中国的石油进口量为5.1亿吨，同比增长9.5%，石油对外依存度相比2018年的69.8%再度上升至72.55%；天然气进口量1322亿立方米，同比增长6.5%，对外依存度相比上年的45.3%降至42.94%，2019年，中国油气消费持续快速增长，在2017年成为世界最大原油进口国、2019年超过日本成为世界最大的天然气进口国之后，为了应对能源安全威胁，加大了天然气勘探开发力度，大幅降低了天然气的对外依存度。

（三）我国原油供给与需求增速放缓，天然气需求增幅较大

1. 原油、天然气市场

2019年全年，国内原油产量1.9亿吨，比上年增长1%，相比2018年1.3%的降幅产量大幅上升，全年进口原油5.1亿吨，同比增长9.5%，进口量与生产量之比为2.68:1。2019年国内天然气产量1777亿立方米，比上年同期增长11.5%；天然气进口量1322亿立方米，比上年同期增长6.5%。

据国家发展改革委统计，2019年我国天然气表观消费达3067亿立方米，同比增长9.4%，增速比上年下降0.3个百分点。2019年原油表观消费量6.96亿吨，同比增长7.33%，增速比上年加快0.33个百分点。全年天然气表观消费量3067亿立方米，增速达9.4%，比上年的17.3%降低7.9个百分点，相比2018年创近年来最大增幅的情况来说，增速显著放缓。国内天然气产量增长快速，而进口量增速回落趋势显著，国内天然气全年供需基本平衡，有效缓解季节性供应紧张的情况。但是，由于国家实行减税降费，国内天然气价格增幅相比预期略低。

成品油消费增长趋于平稳，汽油增速放缓，柴油有所下降，结构进一步改善。2019年成品油表观消费量约3.30亿吨，增长1.4%，增速与上年相比减少1.1%。

2. 石油加工市场

国内炼油能力不断增长，据国家发展改革委资料显示，2019年原油加工量60334万吨，同比增长2.6%，增速有所提升，成品油产量38139万吨，同比增长3.6%，增速放缓；

成品油表观消费量 32961 万吨，同比增长 1.4%，其中汽油同比增长 2.3%、柴油同比下降 0.5%，净出口量持续增长。全年国家 22 次调整国内成品油包括汽油、柴油价格，其中上调 15 次、下调 6 次。汽油标准品价格累计上调人民币 700 元 / 吨，柴油标准品价格累计上调人民币 695 元 / 吨（含国家增值税税率调整影响）。国内成品油价格走势与国际市场油价变化趋势基本保持一致。

3. 化工市场

2019 年，国内化工产品市场受贸易摩擦、园区关闭、事故频发和停产停顿等多重事件影响，全年一波三折，年底地位收尾。第一季度整体较平稳，第二季度受“3 · 12”响水事件影响，行业进行全面安全检查和停产整顿，导致开工和需求大幅下滑，到第二季度末下行到全年最低点。第三季度末由于国际贸易摩擦、长期停产导致部分化工品供应不足，因而供需矛盾爆发，货源紧缺，行情飞涨，于 9 月底到达全年最高点。第四季度终端难以消化高昂的化工原料价格，多数企业处于亏损边缘，需求低迷，市场下行。据中石化公司统计，境内乙烯当量消费量达 5271 万吨，同比增长 11.8%，合成树脂、合成纤维和合成橡胶三大合成材料表观消费量同比分别增长 10.1%、12.5% 和 3.6%。国内化工产品平均价格同比下降 12.6%，化工毛利缩窄。

2019 年，中国石油原油总产量 739.7 百万桶，同比增长 0.8%；可销售天然气产量 36330 亿立方英尺，同比增长 9.3%，油气当量产量 1345.4 百万桶，同比增长 4.5%；该集团加工原油 1228.4 百万桶，同比增长 4.1%，其中加工集团勘探与生产业务生产的原油 684.8 百万桶，占比 55.7%，产生了良好的协同效应；生产成品油 11779.1 万吨，同比增长 6.0%。中国石化全年油气当量产量 458.92 百万桶，其中，原油产量 284.22 百万桶，同比下降 1.5%，天然气产量同比增长 7.2%，全年加工原油 2.49 亿吨，同比增长 1.8%，生产成品油 1.60 亿吨，同比增长 3.4%，其中，汽油产量增长 2.6%，煤油产量增长 7.8%。

（四）出口增速加快，出口产品结构优化

2019 年，行业出口增速较快。据统计，石油和化工行业规模以上企业完成出口同比增长 22%，增速比上年加快 5.9 个百分点。其中，石油加工出口值增速超 80%，化学工业增长 13.1%。石油加工业出口在全行业中的比重大幅上升，达到 19.9%，较上年提高 6.6 个百分点。专用化学品、合成材料和有机化学原料制造等出口增长较快，占比上升。2018 年上述三大领域出口分别增长 19.7%、17.2% 和 21.6%，明显高于化学工业平均增速，占化工行业出口比重达到 19.7%、16.7% 和 12.7%，同比分别提高 1.1、0.6 和 1.0 个百分点。而化肥、橡胶制品等传统出口主导产品占比继续下降。全年化肥出口降幅逾 5%，占比仅为 2.3%，同比下降 0.5%；橡胶制品出口增幅只有 4.4%，占比 28.3%，下降 2.4%。

（五）环保政策对能源行业板块的影响

《中华人民共和国环境保护税法》于 2019 年 1 月 1 日起施行，环境保护税开征，排污费停止征收，收税范围延伸到了一些具体的有毒有害物质，对石油和化工行业产生了较大影响。环保税属于地方税，各地方政府因地制宜，为属地化工企业设置了适宜的税收环境，减轻了区域内企业一定的环保压力。但未来随着环保税逐渐加码，化工企业必须通过要素替代、能源结构优化、生产技术更新、设备更换、运行效率提高、资产更替等方式提升绩效，消化环保税的外在压力。

随着国家不断深化生态文明建设以及人民不断提高对环境保护的要求，国家未来将逐步调整生态环境基准以确定更加科学、合理、有效的生态环境质量标准，对石油石化行业企业的环境安全规范和要求也会日益提升。《中华人民共和国能源法（征求意见稿）》发布，自2017年后，经过长达三年的修改，征求意见稿问世意味着能源法未来很快正式颁布并施行。此法将会是中国首部能源法，目的是规范能源开发利用和监督管理，保障能源安全，优化能源结构，提高能源效率，促进能源高质量发展。这将弥补我国能源基础法律的空缺，能源产业将从法律层面得到确认和保障，最终促进中国能源朝着市场化、清洁化、智能化、综合化的方向发展。

链接：

➢ 2019年全年，“三桶油”油气勘探多面开花，创新升级

2019年2月25日，中国海油宣布，位于渤海海域渤中凹陷的渤中19-6气田，确定天然气探明地质储量超过1000亿立方米，可以供百万人口城市的居民使用上百年。

2019年3月25日，中国石化页岩气发现，威（远）荣（县）页岩气田提交探明储量1247亿立方米，年内将建成10亿立方米产能。

2019年9月29日，中国石油宣布在鄂尔多斯盆地长7生油层内新增探明地质储量3.58亿吨，预测地质储量6.93亿吨，发现了10亿吨级的庆城大油田；在四川盆地长宁—威远和太阳区块新增探明页岩气地质储量7409.71亿立方米，累计探明10610.3亿立方米，形成了四川盆地万亿立方米页岩气大气区。10月3日，中国石油塔里木油田公司博孜9井试井成功，日产天然气41.82万立方米、凝析油115.15立方米，标志着塔里木油田第二个万亿立方米大气区的建设取得了实质性进展。

➢ 政府相关部门加速推动天然气价格及计价方式改革

2019年3月29日，国家发展改革委发布《关于调整天然气基准门站价格的通知》，决定自2019年4月1日起，调整各省（区、市）天然气基准门站价格，最低1030元/千立方米（含9%增值税）。天然气价格并轨除了意味着价格上调，还是我国天然气价格改革的必由之路，以保障我国天然气市场健康有序地发展。

国家发展改革委、国家能源局等四部门制定了《油气管网设施公平开放监管办法》，并于2019年5月24日起施行。文件指出油气管网设施开放后，混输的天然气热值品质不同，采用能量计量方式有利于准确计量、体现公平，减少结算纠纷，有利于天然气行业健康发展和我国天然气市场国际化进程。此举有效提高了油气管网设施利用效率，促进了油气安全稳定供应，规范了油气管网设施开放行为，维护了油气管网设施运营企业和用户的合法权益。

资料来源：十大品牌网、搜狐新闻。

三、2020年石油石化行业前景分析

2020是我国“十三五”规划的收官之年，“十四五”规划即将开启，在全球经济低迷、新冠肺炎疫情常态化的影响下，我国经济将坚持稳中求进的基本指导方针，石油石化行业的油气改革的推进，都将对行业参与主体结构产生深远影响，预计在我国经济持续以不低于6.5%的年增长率保持高速增长的背景下，石油和化工行业总体景气表现同比将稳中小幅趋升。

（一）国际油价同比下挫呈宽幅震荡，疫情因素影响突出

2020年，受地缘政治紧张局势、贸易的不确定性、产油国减产实施以及世界多国新冠肺炎疫情等因素影响，全球经济同比整体下行，全球石油市场供需保持宽松，国际油价低位运行（见图7–4）；据国际货币基金组织（IMF）预测，2020年的石油平均价格每桶35.60美元。

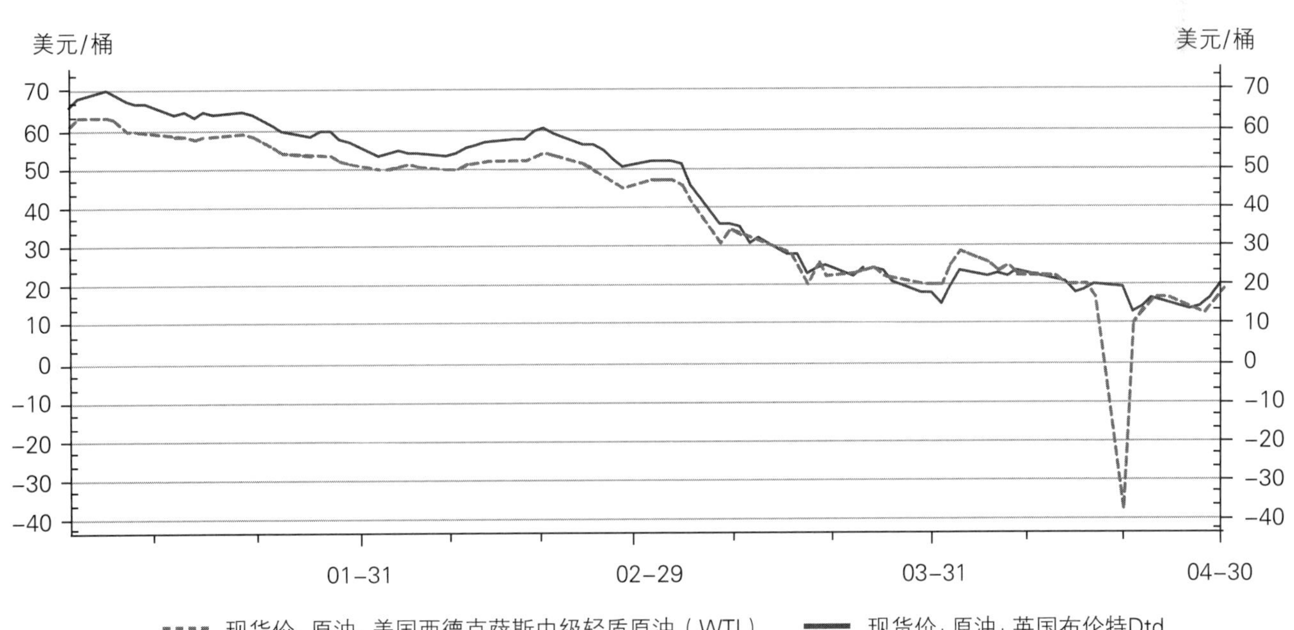

图7–3 2020年1—4月国际石油价格走势图

资料来源：Wind。

（二）世界石油供需同比减少，全年将呈现前低后高的态势，石油石化板块下半年景气度增加

从供给方面上看，2019年12月6日，欧佩克组织将执行为期4个月的减产幅度为170万桶/日的决定，加上沙特阿拉伯额外减产40万桶/日，欧佩克组织的实际减产量达210万桶/日，相当于全球原油总需求的2.1%，减少供应对原油市场形成利好。

从需求方面上看，IMF于2020年6月24日修订，预计2020年全球GDP增速为−4.9%，此前预期为−3%。从近年来看，全球宏观经济疲软影响了原油消费，全球原油需求增速从2015年的1.9%回落至2018年的1.2%，2019年回落至1%以内。2020年全球原油的需求增速将承受更大的压力。随着全球疫情的逐步缓解、各国复工复产的逐步恢复，2020下半年，石油石化板块景气度将增加。

（三）我国石油石化行业从供需角度平稳增长，石油对外依存度持续创新高

2020年预计，原油表观消费量同比增长约5.5%；天然气表观消费量同比增长约7%，成品油表观消费量同比增长约3%上下，化肥表观消费量与上年持平或略有下降；合成材料表观消费总量同比增长约7%；乙烯表观消费量同比增长约8%；烧碱表观消费量同比增幅约3%。

2020年，中国石油需求增速将小幅回落，原油进口将继续增长，原油对外依存度将逼近75%。

（四）新冠肺炎疫情为行业景气度呈现前低后高的态势的主要成因

2020年年初新冠肺炎疫情暴发，各地政府陆续采取防控措施，各类化工产品的产销随即出现新问题：一方面，上游大型企业连续生产，但下游销售、物流受阻，迫使企业下调生产负荷，正常生产受限；另一方面，各种管控措施使市场消费出现断崖式下跌。总体来看，第一季度成品油及化工产品的产销都将出现较为明显的下降。但疫情过后，下游消费会出现明显反弹。预计在第二季度后，尤其是在下半年市场会迎来新一轮的繁荣，价格的上升将会提升行业利润，行业景气程度增加。

（五）"十四五"规划的开启及管网改革配套政策将促进石油石化行业的发展

2020年是"十三五"规划收官之年。展望"十四五"，能源消费仍将保持稳步增长势头，而清洁低碳转型仍将是我国能源转型的主线。在"十四五"期间，天然气行业发展进入改革的适应期和利益博弈期，各项政策措施将以协调稳定为主。同时，稳步提高国内油气勘探开发力度，保持与传统油气合作国家或地区关系的稳定，稳步促进对外油气合作，完善天然气产供销体系，从而保障天然气供应，把对外依存度控制在合理水平。

2020年，将稳步推进油气体制改革，随着"十三五"期间国家油气管网公司成立，相关配套细则，比如国家管网运行规则、价格管理体制、投融资改革管理办法、上游下游改革配套措施等有望在"十四五"期间推出，健全管网运行机制将是全年天然气行业改革的"重头戏"，相关配套政策将逐步落地。

国家发展和改革委员会、国家能源局将共同推动，在国内逐步形成上游油气资源多主体多渠道供应、中间"一张网"高效集输、下游市场化良性竞争的油气市场体系。

链接：行业重大事件

➢ 加大油气勘探开发力度，取消外资准入油气勘探开发领域限制，三大石油公司合作推动油气增储上产

2019 年 6 月 30 日，国家发展改革委、商务部发布了《外商投资准入特别管理措施（负面清单）（2019 年版）》和《自由贸易试验区外商投资准入特别管理措施（负面清单）（2019 年版）》。新版负面清单取消了外资投资油气勘探开发必须通过合资、合作形式的限制，外资企业可以独立在我国油气勘探开发领域进行投资，标志着我国油气全产业链对外开放，各类资本在油气产业开展竞争的格局形成。

2019 年 7 月 8 日，中国石油与中国石化就塔里木盆地、准噶尔盆地和四川盆地签订联合研究框架协议，共涉及双方探矿权 81 个、总面积约 30.58 万平方公里。7 月 10 日，中国石化与中国海油的附属公司中海石油（中国）有限公司就渤海湾、北部湾、南黄海和苏北盆地签订合作框架协议，共涉及双方探矿权 19 个、总面积约 2.69 万平方公里。“三桶油”互签协议，联手我国油气勘探，允许外资进入我国油气勘探，有利于推动我国油气开放合作、加大油气勘探开发力度、提高油气勘探开发技术、保障国家能源安全。

➢ 中俄东线天然气管道正式投产通气，四大油气进口通道全部建成

2019 年 12 月 2 日，中俄两国又一条能源大动脉——中俄东线天然气管道正式投产通气，该管线将与现有区域输气管网互联互通，结束东北油气进口通道“有油管、无气管”的历史，每年可向东北、环渤海和长三角地区稳定供应 380 亿立方米天然气资源，有效改善并缓解沿线地区大气污染现状，直接受益于我国东北及京津冀地区。

➢ 国家管网公司正式成立，油气体制改革取得重大进展

2019 年 12 月 9 日，国家石油天然气管网集团有限公司正式挂牌成立，这标志着中国油气体制改革迈出关键一步，进一步推动形成“X+1+X”油气市场体系。公司将整合三大石油公司油气管道资源，构建“全国一张网”，统一负责全国油气管网建设和运行，公平公正地为所有用户提供管输服务。管网公司的成立将从推动价格改革以形成竞争性定价机制、注入新活力以扩大全产业链体量和优化完善管网基础设施及配套设施建设三方面对天然气行业上游至下游产生重要影响。

资料来源：十大品牌网、搜狐新闻。

附表　2019 年度石油石化行业上市公司业绩评价结果排序表

序号	全部上市公司评价得分排序	股票代码	股票简称	评价得分	评价等级	每股收益（元）	总资产报酬率（%）	净资产收益率（%）	总资产周转率（次）	流动资产周转率（次）	资产负债率（%）	已获利息倍数	营业收入增长率（%）	资本扩张率（%）	市场投资回报率（%）	股价波动率（%）	年末资产总额（万元）	营业收入（万元）	净利润（万元）
1	25	600309	万华化学	83.90	AA	3.23	15.68	23.13	0.78	2.56	54.65	10.01	12.26	11.93	101.24	96.61	9686532.27	6805066.87	1059331.88
2	30	601233	桐昆股份	83.20	AA	1.57	11.78	15.94	1.35	4.09	52.31	6.94	21.59	18.26	43.03	84.03	4000094.36	5058243.07	289629.99
3	31	600426	华鲁恒升	83.20	AA	1.51	16.66	18.28	0.77	3.64	21.75	17.78	-1.16	17.93	72.88	79.01	1818725.07	1419047.84	245303.09
4	37	600346	恒力石化	82.40	AA	1.44	12.1	28.97	0.67	2.17	78.93	3.69	67.78	31.64	59.73	113.71	17437754.01	10078237.11	1011237.35
5	69	002064	华峰氨纶	80.10	AA	0.43	19.56	8.45	1.2	2.53	54.26	13.87	210.78	104.26	45.94	62.96	1697461.01	1378524.76	184076.49
6	95	600328	中盐化工	78.70	A	1.07	15.65	11.38	0.96	4.16	57.8	5.79	165.71	107.68	17.21	47.27	1413727.99	1004587.63	108262.44
7	100	600486	扬农化工	78.30	A	3.78	17.2	17.95	1.02	1.59	47.52	21.03	64.47	4.74	81.42	85.55	963748.49	870147.17	117283.81
8	112	300699	光威复材	77.80	A	1.01	16.21	15.01	0.45	0.66	20.01	53.01	25.77	13.52	78.25	96.66	406253.63	171495.05	52178.84
9	139	000301	东方盛虹	77.00	A	0.4	8.33	9.55	0.87	2.72	56.34	5.09	34.96	18.08	-3.36	49.15	3504225.27	2488776.9	161216.08
10	146	002749	国光股份	76.80	A	0.55	18.85	19.12	0.82	1.27	16.92	9771.56	17.2	17.58	26.1	59.17	134204.78	101428.07	20113.39
11	164	603360	百傲化学	76.40	A	1.64	35.44	32.5	0.84	2.13	13.1	156.42	65.08	29.5	178.1	180.23	118929.69	87189.61	30680.14
12	172	002648	卫星石化	76.10	A	1.2	10.18	14.68	0.68	1.76	48.36	10.09	7.47	15.03	67.94	106.54	1792581.69	1077866.52	126726.82
13	183	002597	金禾实业	75.70	A	1.45	16.5	17.69	0.67	1.01	27.11	24.55	-3.89	14.34	47.75	60.77	614932.64	397185.61	80835.60
14	193	600727	鲁北化工	75.60	A	0.47	14.14	17.49	0.65	1.76	23.64	483.64	96.15	17.53	21.7	54.05	207175.18	129057.95	24144.47
15	213	601966	玲珑轮胎	75.20	A	1.41	7.78	14.79	0.66	1.52	58.5	5.48	12.17	10.14	66.76	96.98	2658063.8	1716416.3	166746.23
16	218	002601	龙蟒佰利	75.00	BBB	1.29	13.68	18.74	0.48	1.59	45.76	17.52	8.79	11.38	25.77	70.76	2594278.16	1135853.97	260454.77
17	236	600352	浙江龙盛	74.60	BBB	1.58	12.58	18.63	0.41	0.6	48.01	19.54	12	22.15	55.54	156.19	5158392.14	2136499.46	530625.89
18	244	603181	皇马科技	74.40	BBB	0.92	13.93	15.08	0.9	1.9	31.14	3774.94	10.2	11.12	61.77	76.54	231633.44	189409.85	25616.01
19	251	600618	氯碱化工	74.40	BBB	0.7	16.62	19.3	1.2	2.74	18.83	21.05	-9.86	19.03	9.45	72.52	573404.15	646377.34	80933.38
20	262	002080	中材科技	74.20	BBB	0.82	7.62	9.65	0.51	1.37	56.36	5.56	18.73	16	73.9	88.31	2928511.49	1359046.7	142847.71
21	294	002812	恩捷股份	73.50	BBB	1.06	11.66	18.73	0.32	0.81	59.97	11.8	28.57	19.86	72.31	104.27	1219318.84	315956.16	93556.88
22	303	300481	濮阳惠成	73.40	BBB	0.57	17.84	16.66	0.72	1.14	11.05	88.62	6.98	12.98	56.29	101.56	97641.8	68025.38	14472.05
23	307	000703	恒逸石化	73.40	BBB	1.13	8.01	13.81	1.1	3.67	65.9	5.65	-6.27	30.52	18.71	58.79	8523075.76	7962054.36	402068.21

续表

序号	全部上市公司评价得分排序	股票代码	股票简称	评价得分	评价等级	每股收益（元）	总资产报酬率（%）	净资产收益率（%）	总资产周转率（次）	流动资产周转率（次）	资产负债率（%）	已获利息倍数	营业收入增长率（%）	资本扩张率（%）	市场投资回报率（%）	股价波动率（%）	年末资产总额（万元）	营业收入（万元）	净利润（万元）
24	317	601058	赛轮轮胎	73.20	BBB	0.47	9.53	16.5	0.91	1.97	58.55	6.12	10.55	17.28	94.13	143.52	1787732.51	1512783.93	119119.48
25	320	603916	苏博特	73.10	BBB	1.14	12.12	15.93	0.77	1.2	47.52	8.96	42.78	25.52	43.72	70.79	500772.47	330661.74	38383.79
26	327	603225	新凤鸣	73.00	BBB	1.13	9.51	12.54	1.7	5.86	49.08	6.1	4.56	41.47	-9.55	66.49	2290053.58	3414820.68	135469.26
27	328	002810	山东赫达	73.00	BBB	0.85	13.93	18.26	0.79	2	36.98	14.6	21.87	20.96	88.97	104.87	148192.43	111284.48	16203.19
28	336	601216	君正集团	72.80	BBB	0.3	11.34	13.16	0.35	3.09	37.96	8.47	15.68	18.29	14.61	92.72	3154793.58	979056.69	246631.9
29	341	300200	高盟新材	72.70	BBB	0.7	11.65	11.15	0.52	1.11	12.72	1175.52	-5.53	9.1	78.35	95.73	189610.91	96011.26	18591.22
30	343	002440	闰土股份	72.70	BBB	1.19	15.9	12.2	0.62	1.12	17.57	88.29	0.76	9.54	28.02	105.72	1091071.38	651316.89	134397.68
31	365	603737	三棵树	72.30	BBB	2.18	12.25	23.61	1.35	2.21	67.64	13.86	66.64	37.53	214.26	240.18	567529.61	597226.34	42398.38
32	372	603585	苏利股份	72.10	BBB	1.68	18.25	16.78	0.68	0.99	11.11	0	10.13	13.43	-0.66	54.19	285424.63	181260.56	40794.96
33	393	000985	大庆华科	72.00	BBB	0.35	6.32	7.2	3.01	7.81	21.98	0	27.55	9.86	25.9	51.44	74103.52	215588.99	4472.76
34	405	600273	嘉化能源	71.80	BBB	0.88	17.15	18.1	0.63	1.99	21.44	70.49	-4.19	6.5	29.42	104.86	889059.51	536903.43	123059.12
35	411	603605	珀莱雅	71.60	BBB	1.96	15.92	19.1	1.07	1.67	30.52	54.26	32.28	21.89	101.65	153.4	297936.51	312352.02	36636.82
36	418	600028	中国石化	71.60	BBB	0.48	6.31	7.93	1.77	6.24	50.04	6.78	2.59	2.24	6.24	30.19	175507100	296619300	7212200
37	419	600378	昊华科技	71.60	BBB	0.62	7.5	9.17	0.55	1.11	30.47	20.47	12.41	22.01	103.6	140.75	874425.86	470068.61	53684.43
38	422	002942	新农股份	71.50	BBB	1.29	14.88	16.81	0.9	1.43	29.29	135.17	12.32	23.64	5.73	77.81	130832.92	108608.44	15452.51
39	433	300690	双一科技	71.40	BBB	1.39	14.89	14.16	0.7	0.9	20.29	478.18	54.34	12.64	45.73	90.58	128926.98	82751.54	15153.67
40	435	603968	醋化股份	71.40	BBB	1.08	13.11	13.68	1.11	1.71	24.66	41.37	11.31	8.88	18.52	67.75	208927.57	225756.02	22101.92
41	479	300684	中石科技	70.80	BBB	0.49	15.15	15.88	0.8	1.2	23.27	34.94	1.65	16.87	56.22	106.63	103731.62	77574.86	12335.54
42	481	300446	乐凯新材	70.80	BBB	0.6	17.49	14.54	0.4	0.55	6.56	0	5.34	11.76	81.55	120.79	74010.14	27858.02	10960.61
43	485	300019	硅宝科技	70.80	BBB	0.4	14.17	14.99	0.94	1.76	22.15	63.1	16.94	17.53	58.04	84.34	114674.71	101803.5	13161.18
44	490	603599	广信股份	70.70	BBB	1.09	9.25	7.86	0.5	0.73	22.93	355.84	9.25	9.63	38.14	70.42	659868.86	311036.41	50565.27
45	515	601808	中海油服	70.40	BBB	0.52	6.03	6.07	0.41	1.39	51.5	4.24	41.87	6.44	129.34	177.29	7610183.82	3113515	252801.53
46	520	600777	新潮能源	70.40	BBB	0.16	5.65	6.99	0.23	2.79	43.33	12.48	26.97	8.76	8.39	79.42	2844588.71	607001.85	107756.95

续表

序号	全部上市公司评价得分排序	股票代码	股票简称	评价得分	评价等级	每股收益（元）	总资产报酬率（%）	净资产收益率（%）	总资产周转率（次）	流动资产周转率（次）	资产负债率（%）	已获利息倍数	营业收入增长率（%）	资本扩张率（%）	市场投资回报率（%）	股价波动率（%）	年末资产总额（万元）	营业收入（万元）	净利润（万元）
47	521	603299	苏盐井神	70.30	BBB	0.34	6.74	5.55	0.71	1.96	41.92	5.34	51.63	84.36	35.53	84.43	706589.2	419038.5	26020.58
48	522	002643	万润股份	70.30	BBB	0.56	11.19	10.76	0.52	1.18	15.13	120.59	9.06	8.82	56.81	86.7	590767.73	287012.77	53382.83
49	560	300196	长海股份	69.90	BB	0.71	10.62	10.35	0.7	1.47	14.25	53.26	0.54	8.12	30.92	50.47	318567.56	220970.68	29018.05
50	563	600160	巨化股份	69.90	BB	0.33	6.97	4.57	1.02	2.22	14.09	358.71	−0.39	2.57	10.37	63.77	1538530.09	1559523.48	91805.73
51	572	300285	国瓷材料	69.70	BB	0.52	14.06	13.82	0.47	1.2	17.7	27.23	19.76	13.53	114.1	170.43	480566.18	215307.94	54351.58
52	574	300132	青松股份	69.70	BB	0.96	18.99	21.21	0.95	1.69	32.15	20.74	104.57	184.6	2.56	115.76	465502.94	290811.71	47445.84
53	587	601163	三角轮胎	69.40	BB	1.06	6.73	7.3	0.54	0.91	33.19	60.89	5.72	7.46	31.61	54.4	1507505.54	794078.47	84739.42
54	588	002734	利民股份	69.40	BB	1.18	11.06	15.17	0.76	1.62	51.85	8.4	86.46	22.3	34.84	100.71	476728.63	283267.46	34606.99
55	599	300586	美联新材	69.20	BB	0.38	9.5	12.78	0.92	2.3	49.75	5.5	115.9	50.63	146.21	124.55	181187.2	126023.66	10137.42
56	604	600143	金发科技	69.20	BB	0.47	7.68	9.87	1.13	2.45	63.3	3.41	15.68	3.41	48.8	116.28	2916965.49	2928592.38	126424.39
57	609	300596	利安隆	69.10	BB	1.38	12.12	16.27	0.77	1.55	38.48	14.6	32.97	76.32	28.47	66.47	315014.39	197831.15	26261.18
58	639	000936	华西股份	68.80	BB	0.63	8.86	11.15	0.25	0.58	55.33	3.74	8.69	17.77	23.12	122.8	1317078.49	318687.47	61840.29
59	642	603938	三孚股份	68.70	BB	0.72	10.45	8.94	0.95	1.58	9.4	0	4.78	9.73	13.3	71.47	128376.25	115660.61	10735.2
60	643	002381	双箭股份	68.70	BB	0.6	13.36	13.59	0.68	0.93	23.95	51341.22	12.31	3.69	28.35	87.75	232804.49	152527.71	24613.16
61	683	600389	江山股份	68.30	BB	1.01	10.03	15.46	1.27	2.5	51.68	13.47	21.93	14.18	18.04	61.37	430624.39	478118.22	29907.58
62	685	002802	洪汇新材	68.20	BB	0.82	15.93	13.82	0.83	1.29	8.58	485.77	3.79	−7.57	−1.06	44.37	61982.84	53797.1	8829.03
63	692	300610	晨化股份	68.10	BB	0.63	10.79	9.35	0.84	1.19	14.16	0	2.3	15.33	−8.89	51	102554.84	80489.81	9368.19
64	693	603033	三维股份	68.10	BB	0.75	9.92	10.53	0.56	1.16	34.74	11.59	60.61	137	20.73	53.31	443779.89	174677.51	21862.5
65	694	300487	蓝晓科技	68.10	BB	1.24	14.53	21.64	0.49	0.9	43.19	19.94	60.12	32.2	41.49	75.41	225348.87	101193.03	24808.1
66	705	300037	新宙邦	68.00	BB	0.86	8	10.02	0.5	1.05	32.39	18.19	7.39	17.49	51.08	86.5	494895.53	232482.76	32941
67	714	600176	中国巨石	67.90	BB	0.61	9.54	12.01	0.33	1.28	52.15	5.92	4.59	10.29	13.64	70.41	3360424.23	1049329.31	211345.93
68	727	603041	美思德	67.70	BB	0.72	9.78	7.57	0.4	0.53	9.47	918.69	10.96	8.32	22.15	42.89	87894.43	33859.72	7204.07
69	728	603823	百合花	67.70	BB	1.01	11.93	14.13	0.78	1.3	35.46	52.44	9.27	11.5	45.47	96.07	277969.86	198114.56	25612.64

续表

序号	全部上市公司评价得分排序	股票代码	股票简称	评价得分	评价等级	每股收益（元）	总资产报酬率（%）	净资产收益率（%）	总资产周转率（次）	流动资产周转率（次）	资产负债率（%）	已获利息倍数	营业收入增长率（%）	资本扩张率（%）	市场投资回报率（%）	股价波动率（%）	年末资产总额（万元）	营业收入（万元）	净利润（万元）
70	729	002768	国恩股份	67.70	BB	1.46	11.71	17.26	1.19	1.64	48.83	11.66	36.12	17.47	12.01	65.9	486155.92	506935.37	40199.24
71	730	300214	日科化学	67.70	BB	0.42	12.75	10.77	1.25	2.06	15.39	35.06	54.27	7.46	42.62	119.54	205975.88	242012.03	17791.14
72	761	300522	世名科技	67.30	BB	0.62	11.38	10.73	0.52	0.77	8.91	0	11.54	0	14.22	54.85	70961.82	37149.52	7322.03
73	767	603378	亚士创能	67.20	BB	0.59	6.23	5.99	0.85	1.27	57.05	3.57	45.89	4.1	56.45	124.33	318029.88	242499.06	11418.23
74	768	002895	川恒股份	67.20	BB	0.45	8.73	9.46	0.64	2.01	29.06	14.44	35.58	4.72	3.67	53.26	282123.69	174930.76	17945.08
75	769	300505	川金诺	67.20	BB	0.73	7.42	8.28	0.9	2.15	35.94	14.37	16.61	28.87	−2	44.27	144675.51	112599.56	7281.13
76	772	600063	皖维高新	67.20	BB	0.2	5.89	6.43	0.69	2.08	44.84	4.9	8.52	11.13	58.34	82.43	931421.09	635637.96	38501.92
77	801	603639	海利尔	66.70	BB	1.88	10.95	14.16	0.73	1.17	35.86	43.25	12.56	14.64	−7.11	87.39	349708.83	246678.4	31578.48
78	819	600803	新奥股份	66.60	BB	0.99	8.37	9.72	0.57	2.04	58.41	3.3	−0.65	8.47	6.05	53.53	2435262.7	1354405.35	118384.26
79	825	600731	湖南海利	66.50	BB	0.28	7.92	10.11	0.92	1.72	47.24	7.05	32	8.65	59.88	97.99	241093.71	214869.18	11067.01
80	827	603722	阿科力	66.40	BB	0.45	6.48	6.55	0.74	1.59	21.17	955.07	19.54	4.32	49.06	77.77	68672.37	50498.95	3911.57
81	828	603086	先达股份	66.40	BB	1.83	11.92	14.59	0.78	1.22	32.42	173.31	−3.75	14.73	10.61	108.31	230414.55	157457.01	20461.83
82	831	603067	振华股份	66.40	BB	0.32	11.02	10.19	0.98	1.77	9.71	0	−0.69	8.14	3.35	58.49	148450.88	139522.17	13819.65
83	832	603798	康普顿	66.40	BB	0.42	9.58	8.11	0.95	1.6	12.77	725.92	14.54	4.75	18.84	47.21	105672.46	97024.41	8409.65
84	833	002391	长青股份	66.40	BB	0.69	9.92	10.55	0.73	1.54	32.4	11.42	12.54	6.1	18.08	62.39	514245.18	337716.96	37148.44
85	857	002683	宏大爆破	66.10	BB	0.43	6.9	9.78	0.82	1.37	51.95	5.38	28.88	7.36	120.66	137.84	773508.49	590241.2	37350.97
86	878	600315	上海家化	65.90	BB	0.83	7.17	6.27	0.71	1.43	43.61	12.35	6.43	8.13	13.42	53.66	1114749.25	759695.18	55709.11
87	879	600299	安迪苏	65.90	BB	0.37	8.21	6.71	0.52	1.21	18.52	114.81	−2.47	−1.06	−0.74	62.23	2112725.81	1113548.98	125739.98
88	890	603906	龙蟠科技	65.70	BB	0.42	9.63	10.23	0.81	1.36	29.91	13.54	14.37	9.25	47.04	108.45	216968.74	171296.32	16277.17
89	909	000059	华锦股份	65.60	BB	0.62	5.74	6.76	1.28	2.64	51.82	3.45	7.97	3.01	3.97	53.59	2935920.23	3960834.1	104897.64
90	924	002360	同德化工	65.40	BB	0.41	14.58	9.64	0.6	1.23	20.83	59.83	−5.99	10.16	0.43	52.15	149719.62	84289.21	14752.24
91	926	000902	新洋丰	65.40	BB	0.5	8.71	9.92	1	1.7	31.11	192.72	−7.01	5.01	−7.7	82.37	971808.13	932749.84	66055.78
92	931	300717	华信新材	65.30	BB	0.5	9.54	7.9	0.5	0.98	10.91	728.27	2.96	8.44	15.75	54.43	65675.55	31568.7	5170.43

续表

序号	全部上市公司评价得分排序	股票代码	股票简称	评价得分	评价等级	每股收益（元）	总资产报酬率（%）	净资产收益率（%）	总资产周转率（次）	流动资产周转率（次）	资产负债率（%）	已获利息倍数	营业收入增长率（%）	资本扩张率（%）	市场投资回报率（%）	股价波动率（%）	年末资产总额（万元）	营业收入（万元）	净利润（万元）
93	942	300321	同大股份	65.20	BB	0.44	5.86	5.32	0.61	1.15	14.35	0	-2.74	5.54	23.91	49.13	75943.23	45634.43	3946.31
94	946	600810	神马股份	65.20	BB	0.73	6.23	10.89	1.05	2.1	69.46	3.46	16.76	5.87	-0.53	95.68	1390422.96	1302218.43	50596.94
95	949	603110	东方材料	65.10	BB	0.37	8.45	7.15	0.55	0.78	14.39	28.63	5.17	2.95	55.51	91.22	76187.8	41271.97	5252.84
96	983	002838	道恩股份	64.80	B	0.41	11.98	15.28	1.5	2.27	39.89	10.87	100.76	15.17	-5.34	58.09	191603.16	273544.08	17770.28
97	986	601857	中国石油	64.80	B	0.25	5.22	5.24	0.97	5.59	47.15	4.27	6.94	2.38	-18.68	69.77	273319000	251681000	6701000
98	1003	002909	集泰股份	64.50	B	0.51	11.67	17.04	1.08	1.63	47.21	15.75	8.95	14.35	8.06	45.21	99898.19	101605.19	8569.06
99	1008	002408	齐翔腾达	64.50	B	0.35	6.76	7.24	2.34	5.75	42	5.43	7.64	10.05	3.01	68.81	1413081.71	3005769.29	63154.39
100	1023	002254	泰和新材	64.30	B	0.35	6.23	6.16	0.63	1.24	36.76	56.98	17.01	10.8	-3.23	34.62	430525.24	254196.5	21456.94
101	1033	300236	上海新阳	64.20	B	0.73	15.7	-3.78	0.38	0.76	18.6	78.63	14.54	18.78	63.77	92.2	186193.81	64098.57	21088.51
102	1074	002637	赞宇科技	63.80	B	0.84	8.25	10.15	0.96	2.35	51.92	6.41	-6.86	11.85	43.35	77.87	667923.82	657979.13	38946.56
103	1079	603601	再升科技	63.70	B	0.24	8.39	11.54	0.53	1.15	40.15	14.65	15.72	8.86	28.42	65.25	244826.06	125219.36	16892.92
104	1085	603977	国泰集团	63.60	B	0.37	6.02	6.21	0.48	1.44	30.94	21.59	65.73	12.76	18.07	71.63	325657.77	143903.86	15599.48
105	1105	603790	雅运股份	63.30	B	0.61	10.8	9.12	0.74	0.88	10.2	64.13	1.66	9.29	1.55	50.26	132890.77	95655.79	11946.23
106	1111	002226	江南化工	63.30	B	0.32	7	6.91	0.3	1.01	45.17	3.66	25.92	7.36	4.72	81.18	1220560.61	363318.7	52042.77
107	1115	000818	航锦科技	63.30	B	0.44	9.29	11.73	0.87	2.55	38.09	9.67	-1.34	11.76	117.92	142.16	445008.74	377394.58	31237.24
108	1121	002145	中核钛白	63.20	B	0.28	9.99	12.38	0.6	1.87	42.83	10.75	9.33	2.1	31.89	66.86	573637.87	337698.02	43093.99
109	1136	603980	吉华集团	63.00	B	0.62	10.01	8.3	0.5	0.73	15.63	0	-9.64	5.14	-4.21	96.4	545081.97	263430.46	43562.36
110	1141	002669	康达新材	63.00	B	0.56	6.75	6.28	0.44	0.74	16.33	29.12	14.84	11.49	22.5	66.25	255011.82	106607.44	13858
111	1143	300035	中科电气	63.00	B	0.29	8.27	9.11	0.4	0.76	30.25	8.65	50.02	54.85	58.99	65.56	276637.15	92909.04	15120.25
112	1149	300731	科创新源	62.90	B	0.4	7.92	0.19	0.47	0.7	20.88	21.65	7.03	11.99	71.37	122.39	70692.94	30598.37	3916.12
113	1150	002809	红墙股份	62.90	B	1.07	10.47	10.09	0.74	0.84	31.31	24.89	24.26	12	27.03	66.6	168892.08	115774.53	12818.36
114	1151	300305	裕兴股份	62.90	B	0.33	6.56	5.01	0.52	0.71	13.63	28.15	18.43	1.82	8.91	50.53	174786.98	87456.03	9436.83
115	1153	300082	奥克股份	62.90	B	0.51	9.16	10.07	1.2	2.74	29.92	9.9	-15.58	4.58	1.06	69.85	488242.92	628842.39	36212.56

续表

序号	全部上市公司评价得分排序	股票代码	股票简称	评价得分	评价等级	每股收益（元）	总资产报酬率（%）	净资产收益率（%）	总资产周转率（次）	流动资产周转率（次）	资产负债率（%）	已获利息倍数	营业收入增长率（%）	资本扩张率（%）	市场投资回报率（%）	股价波动率（%）	年末资产总额（万元）	营业收入（万元）	净利润（万元）
116	1177	000096	广聚能源	62.60	B	0.24	5.36	4.53	0.58	1.03	7.14	0	−1.88	9.48	25.07	57.93	294670.8	162308.68	12898.52
117	1191	603822	嘉澳环保	62.40	B	0.83	6.56	8.16	0.83	1.74	48.02	3.16	20.63	4.51	9.01	80.83	156335.33	125398.37	6382.73
118	1216	603192	汇得科技	62.10	B	1.24	9.22	10.44	0.86	1.02	29.32	66.9	−9.58	8.16	−1.07	59.8	170894.61	143997.84	13215.54
119	1218	300587	天铁股份	62.10	B	0.7	10.79	13.59	0.48	0.83	48.22	7.46	101.88	16.39	48.84	78.75	234617.88	99022.84	15569.7
120	1219	300575	中旗股份	62.10	B	1.13	8.35	11.39	0.7	1.42	42.41	14.09	−4.9	6.78	21.98	92.43	224038.64	156907.5	14664.28
121	1225	000819	岳阳兴长	62.10	B	0.21	9.35	7.18	1.92	2.55	12.84	161	−13.21	10.2	−7.19	75.58	95775.97	174543.97	5857.59
122	1227	002825	纳尔股份	62.00	B	0.3	5.01	5.56	1.06	1.74	28.18	1183.85	29	25.06	−7.42	72.52	108222.89	101719.1	4562.33
123	1243	300538	同益股份	61.80	B	0.26	8.44	9.35	2.33	2.55	49.1	8.34	37.95	7.33	63.32	122.01	91393.66	178735.33	4189.07
124	1281	300429	强力新材	61.40	B	0.29	9.03	7.92	0.43	0.94	17.33	26.16	16.89	5.72	12.36	102.02	210314.6	86390.67	14763.09
125	1285	603615	茶花股份	61.30	B	0.29	6.11	4.76	0.52	0.84	11.72	0	3.16	2.27	7.4	44.93	156015.03	78666.5	6883.64
126	1300	002258	利尔化学	61.20	B	0.59	7.5	9.75	0.59	1.52	46.83	5.85	3.4	9.45	6.6	92.52	758655.85	416384.21	38656.52
127	1301	002250	联化科技	61.20	B	0.16	4.26	3.71	0.47	1.12	37.87	4.99	4.12	4.29	83.69	112.79	961108.37	428378.45	19598.3
128	1322	603026	石大胜华	61.00	B	1.52	13.08	17.77	1.54	2.82	38.45	16.61	−12.9	16.85	85.7	130.59	324005.65	464349.99	33281.9
129	1338	000830	鲁西化工	60.90	B	1.15	8.93	8.41	0.62	6.69	62.54	4.52	−15.05	3.02	5.5	114.12	3021032.8	1808157.63	169194.68
130	1340	600688	上海石化	60.90	B	0.21	6.02	6.89	2.23	4.22	34.23	45.7	−6.88	−1.54	−22.15	75.77	4563612.8	10034604.8	222515.3
131	1354	300576	容大感光	60.70	B	0.32	7.37	8.13	0.73	1.06	34.64	0	7.58	5.88	122.85	131.18	70904.91	45511.22	3783.71
132	1358	300320	海达股份	60.70	B	0.37	10.16	13.8	0.82	1.21	39.24	21.8	5.22	12.73	4.67	76.68	284344.51	224119.94	22944.58
133	1360	002221	东华能源	60.70	B	0.7	7.67	10.08	1.68	2.76	66.74	3.17	−5.63	10.91	−5.26	88.2	2808143.57	4618762.36	110693.94
134	1363	000822	山东海化	60.70	B	0.18	4.76	3.14	1.02	2.17	26.28	13713.08	−12.19	−0.37	0.72	77.69	451870.76	462127.42	16357.14
135	1375	601678	滨化股份	60.50	B	0.28	7.19	6.87	0.57	2.43	42.09	4.5	−8.7	3.47	20.06	121.81	1107358.21	616425.85	45156.31
136	1385	002224	三力士	60.40	B	0.19	6.59	4.58	0.35	0.6	17.51	7.64	2.94	17.95	8.88	64.18	280245.45	94611.82	12920.43
137	1397	603010	万盛股份	60.30	B	0.47	9.44	5.71	0.93	2	40.68	8.71	11.35	7.3	13.42	52.48	205296.14	192960.23	15296.16
138	1400	002274	华昌化工	60.30	B	0.21	5.37	6.94	0.96	4.22	58.03	3.35	8.76	4.29	92.23	153.66	664522.4	631457.46	20101.99

续表

序号	全部上市公司评价得分排序	股票代码	股票简称	评价得分	评价等级	每股收益（元）	总资产报酬率（%）	净资产收益率（%）	总资产周转率（次）	流动资产周转率（次）	资产负债率（%）	已获利息倍数	营业收入增长率（%）	资本扩张率（%）	市场投资回报率（%）	股价波动率（%）	年末资产总额（万元）	营业收入（万元）	净利润（万元）
139	1403	600409	三友化工	60.30	B	0.33	5.33	5.49	0.82	2.72	51.45	3.34	1.69	2.23	10.46	76.4	2480414.79	2051513.47	73999.61
140	1411	300398	飞凯材料	60.20	B	0.5	8.34	7.42	0.37	0.79	47.7	8.76	4.68	10.48	17.86	54.69	473034.32	151330.78	26223.8
141	1413	300041	回天新材	60.20	B	0.38	7.74	8.45	0.74	1.21	37.51	14.56	8.06	−4.87	49.15	110.67	268487.3	187996.45	15813.71
142	1414	002206	海利得	60.20	B	0.28	8.04	10.56	0.77	1.83	49.38	12.24	12.44	−3.91	0.31	60.69	557070.32	401362.92	33034.79
143	1419	600256	广汇能源	60.20	B	0.24	5.75	9.18	0.29	1.98	65.81	2.76	8.81	−3.83	−10.54	67.93	4862014.74	1404159.84	145409.99
144	1430	002886	沃特股份	60.00	CCC	0.44	6.26	3.23	0.76	1.07	44.72	3.89	11.38	11.3	62.07	100.97	131433.72	90015.83	5122.5
145	1481	603580	艾艾精工	59.40	CCC	0.27	9.15	6.67	0.43	0.56	7.8	98.08	2.86	8.17	8.18	45.27	46287.8	19350.21	3543.73
146	1496	002539	云图控股	59.30	CCC	0.21	4.8	5.05	0.86	2	66.06	2.5	9.64	3.65	17.35	56.21	971781.75	862647.34	21868.23
147	1519	300218	安利股份	59.10	CCC	0.33	4.78	3.74	0.82	1.77	44.1	4.18	0.92	7.72	27.07	49.3	204785.79	169483.89	7282.13
148	1521	002136	安纳达	59.10	CCC	0.15	4.23	4.13	1.14	2.99	20.04	21.89	0.19	1.95	−7	54.07	90481.13	103773.21	3483.3
149	1524	002917	金奥博	59.00	CCC	0.34	9.31	8.38	0.53	0.65	13.53	0	7.91	8.27	14.76	90.3	89178.56	45156.12	7101.61
150	1526	603928	兴业股份	59.00	CCC	0.66	10	9.6	0.82	1.34	14.18	180.12	−14.18	6.5	−15.02	63.53	153909.42	128983.28	13261.17
151	1538	002326	永太科技	58.90	CCC	0.31	6.93	4.72	0.51	1.3	51.05	4.18	4.08	6.29	54.17	80.76	686636.99	342984.24	26055.94
152	1541	002263	大东南	58.90	CCC	0.03	2.98	2.16	0.52	1.21	11.15	3.98	12.08	2.78	19.06	68.4	250779.4	164571.55	6019.88
153	1543	600596	新安股份	58.90	CCC	0.54	5.93	5.74	1.04	2.29	41.29	8.33	−0.4	2.01	−9.39	92.7	1089409.27	1095725.35	44014.16
154	1548	002324	普利特	58.80	CCC	0.31	5.98	5.79	0.92	1.42	38.44	4.41	−1.79	2.79	73.22	123.51	389210.32	359996.66	16404.6
155	1550	600871	石化油服	58.80	CCC	0.05	2.2	8.03	1.14	2.23	89.1	0	19.62	17.05	20.61	89.8	6206937.8	6987014.7	91424.4
156	1551	603650	彤程新材	58.70	CCC	0.56	11.21	12.02	0.61	1.07	40.99	14.1	1.52	4.63	−9.58	81.5	409323.36	220799.77	32020.32
157	1553	300109	新开源	58.70	CCC	0.45	6.39	5.58	0.28	1.03	27.26	4.24	32.39	139.19	18.36	87.23	419671.71	92442.63	12574.7
158	1557	603970	中农立华	58.60	CCC	0.62	7.56	11.21	1.63	1.76	61.87	4.41	16.28	9.13	6.01	62.73	273943.98	434246.53	12448.88
159	1572	002004	华邦健康	58.50	CCC	0.31	6.45	6.27	0.38	0.96	50.28	3.03	−4.56	3.88	5.45	43.13	2663639.94	1009137.05	93190.31
160	1578	300243	瑞丰高材	58.40	CCC	0.32	9.74	11.03	1.15	1.78	35.46	9.12	−16.06	12.23	5.47	58.9	104597.87	121336.97	7452.54
161	1580	002092	中泰化学	58.40	CCC	0.16	2.89	0.75	1.4	4.14	63.92	1.32	18.37	9.84	−3.13	99.42	6011191.22	8311988.83	19141.02

续表

序号	全部上市公司评价得分排序	股票代码	股票简称	评价得分	评价等级	每股收益（元）	总资产报酬率（%）	净资产收益率（%）	总资产周转率（次）	流动资产周转率（次）	资产负债率（%）	已获利息倍数	营业收入增长率（%）	资本扩张率（%）	市场投资回报率（%）	股价波动率（%）	年末资产总额（万元）	营业收入（万元）	净利润（万元）
162	1582	000677	恒天海龙	58.40	CCC	0.01	4.84	2.6	0.91	2.38	21.83	4.08	11.86	2.74	40.68	104.83	86377.62	79067.42	1798.04
163	1590	002666	德联集团	58.30	CCC	0.29	7.24	6.99	0.98	1.44	26.04	11.45	3.26	0.54	24.17	51.31	404592.61	385091.28	21751.18
164	1602	002246	北化股份	58.20	CCC	0.25	3.99	3.66	0.65	1.01	30.27	0	4.12	3.88	8.37	72.87	392005.31	246083.59	13476.44
165	1606	600387	海越能源	58.20	CCC	1.01	8.58	0.25	1.68	3.93	29.69	5.22	-44.15	3.3	5.22	77.91	454617.72	1195963.05	43692.89
166	1618	000912	泸天化	58.10	CCC	0.18	4.21	5.23	0.8	2.64	25.63	9.77	25.01	6.47	3.97	102.16	678177.18	550720.38	28077.69
167	1622	603078	江化微	58.00	CCC	0.32	3.5	3.84	0.42	0.89	41.5	7.18	27.82	2.62	66.77	114.17	134983.07	49042.95	3292.54
168	1624	300535	达威股份	58.00	CCC	0.38	5.19	4.89	0.48	0.93	14.6	3887.21	11.29	6.61	4.12	40.07	88321.38	39634.23	3929.14
169	1625	002783	凯龙股份	58.00	CCC	0.14	4.89	4.53	0.46	1.18	49.52	4.18	1.4	14.79	82.41	168.25	441107.45	189137.19	11311.35
170	1630	002549	凯美特气	58.00	CCC	0.14	8.36	8.27	0.34	0.88	38.37	6.49	1.98	3.27	9.16	86.78	162087.84	51452.74	9229.33
171	1634	002493	荣盛石化	58.00	CCC	0.35	2.61	7.03	0.54	1.88	77.23	4.82	-9.76	16.18	20.98	48.3	18258671.58	8249988.07	295668.42
172	1635	300107	建新股份	58.00	CCC	0.59	21.07	19.31	0.52	0.71	5.08	0	-34.77	11.95	-24.12	147.08	185932.9	92515.85	32551.37
173	1638	600141	兴发集团	58.00	CCC	0.33	3.98	4.28	0.67	2.88	66.16	1.74	1.03	13.03	0.99	56.18	2825278.78	1803870.75	39290.63
174	1640	000637	茂化实华	58.00	CCC	0.17	10.41	7.76	3.13	5.25	31.24	117.47	-0.5	9.13	15.98	73.74	150326.93	429816.23	11314.1
175	1649	603266	天龙股份	57.80	CCC	0.33	6.35	6.28	0.81	1.12	22.26	0	-0.82	5.11	16.85	105.99	117410.11	91900.47	6664.12
176	1663	603227	雪峰科技	57.70	CCC	0.15	6.37	7.16	0.66	1.34	54.6	6.85	4.94	3.07	23.58	61.93	344479.72	213469.51	12605.36
177	1672	000731	四川美丰	57.70	CCC	0.15	3.32	2.73	0.73	2.2	24.12	4.22	10.96	0.11	2.98	73.95	382158.27	292913.09	8656.47
178	1697	002538	司尔特	57.40	CCC	0.33	6.61	4.09	0.58	1.21	29.8	6.54	-3.55	9.17	-3.5	73.76	557703.46	301593.17	25050.44
179	1699	002002	鸿达兴业	57.40	CCC	0.24	6.9	8.93	0.34	0.85	56.42	3.3	-12.33	19.21	39.66	140.04	1680764.23	529965.08	63011.49
180	1714	002207	准油股份	57.20	CCC	0.22	14.8	14.04	0.69	1.31	84.77	5.92	16	278.58	25.21	77.98	47271.42	30207.61	5188.7
181	1723	002556	辉隆股份	57.10	CCC	0.23	4.49	1.65	2.27	3.23	65.55	3.03	10.69	9.22	13.98	54.06	818223.41	1862608.33	21792.36
182	1727	000510	新金路	57.10	CCC	0.1	5.23	5.28	1.5	4.81	34.79	5.65	12.07	9.9	3.95	92.88	161050.07	231906.53	6473.02
183	1733	300121	阳谷华泰	56.90	CCC	0.47	10.77	10.26	0.95	1.58	21.6	35.54	-3.25	-1.98	-12.63	103.85	213325.19	201429.47	18434.99
184	1747	300637	扬帆新材	56.80	CCC	0.44	12.32	12.75	0.54	1.31	29.53	43.88	-2.72	10.37	-8.7	95.23	109886.62	51169.27	10106.35

续表

序号	全部上市公司评价得分排序	股票代码	股票简称	评价得分	评价等级	每股收益（元）	总资产报酬率（%）	净资产收益率（%）	总资产周转率（次）	流动资产周转率（次）	资产负债率（%）	已获利息倍数	营业收入增长率（%）	资本扩张率（%）	市场投资回报率（%）	股价波动率（%）	年末资产总额（万元）	营业收入（万元）	净利润（万元）
185	1752	300067	安诺其	56.80	CCC	0.17	10.51	9.16	0.57	1.01	15.83	25.97	−3.06	4.22	11.35	78.39	203053.76	112449.31	16149.86
186	1754	000589	贵州轮胎	56.80	CCC	0.17	3	4.16	0.62	1.19	64.61	1.91	−5.38	9.03	41.17	69.44	1052102.92	645833.79	13544.25
187	1762	300727	润禾材料	56.60	CCC	0.4	8.96	8.7	0.9	1.49	21.6	79.71	−3.2	6.99	−23.37	89.61	71753.31	63099.06	5115.91
188	1769	000683	远兴能源	56.60	CCC	0.18	6.25	7.2	0.33	1.23	48.3	4	−13.79	3.47	−7.05	85.86	2351925.87	769322.04	87294.35
189	1785	300387	富邦股份	56.30	CCC	0.21	5.1	4.03	0.39	0.84	21.42	9.87	0.93	4.96	69.54	121.92	151465.78	58202.7	5706.67
190	1819	600182	S 佳通	56.00	CCC	0.26	9.91	10.83	1.07	1.72	44.6	6.95	−8.88	4.17	5.23	46.16	303674.06	307011.82	18033.6
191	1828	603002	宏昌电子	55.80	CCC	0.12	5.02	5.94	0.86	1.21	37.5	10.33	−9.33	4.51	21.79	54.87	185621.32	163559.75	7619.02
192	1844	000859	国风塑业	55.60	CCC	0.11	3.47	0.58	0.64	1.54	23.79	82.41	10.24	4.13	109.73	169.92	217047.22	136056.97	7237.16
193	1847	002919	名臣健康	55.50	CCC	0.19	3.75	2.86	0.74	0.84	19.17	0	−5.27	2.64	9.41	66.9	69955.25	51746.32	2307.67
194	1854	002386	天原集团	55.50	CCC	0.1	2.48	−0.76	1.66	4.86	63.19	1.35	27.48	−1	9.27	64.96	1377275.37	2310320.84	2335.52
195	1857	600722	金牛化工	55.50	CCC	0.05	4.65	4.93	0.63	0.75	8.87	0	−17.67	−2.33	4.78	96.56	122414.9	78721.98	5603.07
196	1868	300225	金力泰	55.40	CCC	0.06	2.79	1.7	0.7	1.05	20.2	2224.62	0.59	3.98	23.02	67.19	117664.65	81350.2	2985.84
197	1886	002554	惠博普	55.20	CCC	0.08	5.09	4.15	0.57	0.79	55.78	3.05	38.01	5.82	7.63	74.28	417338.27	229344.87	9528.83
198	1887	300180	华峰超纤	55.20	CCC	0.09	3.2	3.39	0.41	1.54	37.42	3.49	5.72	2.24	17.48	69.6	839005.28	324034.41	15827.5
199	1893	600500	中化国际	55.20	CCC	0.17	5.28	5.94	1.03	1.9	52.01	3.64	−11.86	5.31	3.5	55.89	5266805.07	5284646.31	159759.63
200	1903	601208	东材科技	55.10	CCC	0.12	2.97	2.26	0.54	1.49	27.59	5.14	5.52	−1.16	23.37	61.04	322895.48	173536.7	7192.56
201	1910	600078	澄星股份	55.10	CCC	0.09	4.61	5.67	0.41	0.78	71.96	1.84	5.2	5.89	56.35	120.85	807563.33	330996.02	13663.7
202	1916	002778	高科石化	55.00	CC	0.18	2.89	2	0.91	1.45	20.34	4.3	4.27	1.94	21.52	60.77	80700.02	71836.45	1617.32
203	1933	002588	史丹利	54.80	CC	0.09	2.15	1.77	0.83	1.58	31.4	4.59	1.58	1.85	−0.87	80.36	659576.49	577601.71	10385.9
204	1935	002165	红宝丽	54.80	CC	0.15	4.26	6.24	0.64	1.53	58.78	2.83	−3.42	4.39	23.01	66.25	381809.93	238280.01	8981.5
205	1936	002109	兴化股份	54.80	CC	0.14	4.55	3.81	0.46	1.86	10.87	14.07	−3.81	4	−6.96	82.92	417810.66	197445.31	14614.86
206	1938	000990	诚志股份	54.80	CC	0.36	3.34	2.69	0.29	1.32	32.05	2.73	17.79	0.13	25.91	191.4	2405606.16	691221.17	43808.92
207	1954	600469	风神股份	54.60	CC	0.37	4.95	6.62	0.82	1.76	71.01	3.43	−4.9	3.93	34.1	76.48	723226.18	591419.87	20622.35

续表

序号	全部上市公司评价得分排序	股票代码	股票简称	评价得分	评价等级	每股收益（元）	总资产报酬率（%）	净资产收益率（%）	总资产周转率（次）	流动资产周转率（次）	资产负债率（%）	已获利息倍数	营业收入增长率（%）	资本扩张率（%）	市场投资回报率（%）	股价波动率（%）	年末资产总额（万元）	营业收入（万元）	净利润（万元）
208	1967	300665	飞鹿股份	54.40	CC	0.18	4.12	3.81	0.54	0.8	54.83	3.31	30.13	-0.84	6.24	43.46	101234.98	49893.47	2290.41
209	1973	600367	红星发展	54.40	CC	0.26	5.43	5.89	0.77	1.33	31.02	14.08	-4.37	4.95	4.17	56.3	205242.43	152339.02	8350.15
210	1974	000949	新乡化纤	54.40	CC	0.1	3.78	3.16	0.6	1.84	53.55	2.33	6.9	3.01	48.06	87.4	813040.35	480415.25	12979.4
211	1975	002545	东方铁塔	54.30	CC	0.24	3.74	2.08	0.22	0.82	34.63	6.7	18.59	3.15	8.61	60.09	1180880.63	260592.3	30169.99
212	1994	002361	神剑股份	54.10	CC	0.15	5.45	2	0.59	0.95	49.52	4.44	7.27	-1.14	17.02	42.49	362669.25	207869.06	13118.23
213	2003	002054	德美化工	54.00	CC	0.26	6.37	4.85	0.53	1.11	30.85	6.29	-5.37	3.16	22.88	98.7	303223.77	157131.22	12464.27
214	2020	300230	永利股份	53.80	CC	0.32	8.11	4.29	0.71	1.34	28.51	29.68	-5.4	3.38	-13.01	106.27	460627.84	326329.14	27850.68
215	2031	300655	晶瑞股份	53.70	CC	0.21	4.99	4.83	0.61	1.16	52	3.76	-6.8	6.07	149.2	189.5	130117.28	75572.4	3811.19
216	2034	600583	海油工程	53.70	CC	0.01	0.68	-1.14	0.47	0.97	28.83	214.35	33.1	-1.01	39.08	63.02	3185654.29	1471039.43	2864.63
217	2077	002096	南岭民爆	53.00	CC	0.06	2.32	0.77	0.68	1.36	44.01	1.93	16	1.59	21.79	64.43	368664.91	252157.4	2783.69
218	2087	300537	广信材料	52.90	CC	0.37	5.39	4.33	0.43	1.12	31.24	12.67	26.52	4.47	117.02	166.6	193657.53	80895.94	7613.63
219	2093	600527	江南高纤	52.90	CC	0.06	3.55	3.26	0.46	0.77	4.84	0	-15.95	-2.52	5.81	60.9	248793.28	115275.18	8230.31
220	2104	603630	拉芳家化	52.70	CC	0.22	2.81	1.87	0.49	0.6	9.96	0	0.07	-3.34	-0.4	66.28	192873.48	96484.97	5043
221	2105	603330	上海天洋	52.70	CC	0.16	3.42	3.75	0.64	1.32	42.63	2.84	17.52	-3.75	12.2	56.06	107285.64	65906.73	1918.99
222	2109	002395	双象股份	52.70	CC	0.17	2.74	3.11	1.08	1.7	35.82	13.65	1.5	-0.64	144.52	176.37	132803.88	141659.68	3028.29
223	2111	000893	东凌国际	52.70	CC	0.05	2.23	1	0.14	0.96	6.95	448.91	43.8	1.19	35.88	129.95	421900.06	60543.82	4663.87
224	2115	000553	安道麦 A	52.70	CC	0.11	2.63	2.73	0.63	1.11	50.6	1.64	7.61	0.41	5.21	65.39	4528894	2756323.9	27704.1
225	2126	300530	达志科技	52.50	CC	0.28	6.51	2.19	0.3	0.38	7.92	0	-5.37	2.24	67.09	101.11	57877.1	17349.98	3043.62
226	2163	600929	湖南盐业	52.10	CC	0.16	6.01	5.36	0.63	2.15	27.37	9.26	-1.34	1.88	-20.46	97.31	359559.77	227201.26	16329.48
227	2167	002632	道明光学	52.10	CC	0.32	9.39	7.09	0.54	1.05	31.7	22.51	16.23	-2.35	8.87	82.21	286732.77	139164.19	19667.62
228	2173	002215	诺普信	51.90	CC	0.26	5.65	6.47	0.71	1.06	51.07	5.5	1.32	5.57	-4.01	98.99	588439.6	405839.45	25098.76
229	2177	603879	永悦科技	51.80	CC	0.12	4.79	3.03	0.73	0.85	7.7	46.8	-29.51	-0.07	60.94	128.24	58136.65	42872.58	2428.22
230	2181	002753	永东股份	51.80	CC	0.26	5.42	5.37	1.3	2.31	24.91	4.92	10.4	21.77	-9.24	80.2	238817.56	285603.57	9103.6

续表

序号	全部上市公司评价得分排序	股票代码	股票简称	评价得分	评价等级	每股收益（元）	总资产报酬率（%）	净资产收益率（%）	总资产周转率（次）	流动资产周转率（次）	资产负债率（%）	已获利息倍数	营业收入增长率（%）	资本扩张率（%）	市场投资回报率（%）	股价波动率（%）	年末资产总额（万元）	营业收入（万元）	净利润（万元）
231	2184	603077	和邦生物	51.80	CC	0.06	4.61	4.47	0.43	1.7	20.93	11.23	-0.66	2.27	-10.98	86.8	1448406.2	596910.07	50661.08
232	2185	002497	雅化集团	51.80	CC	0.07	4.06	-1.65	0.64	1.77	39.49	3.32	4.24	5.58	3.19	76.56	521799.23	319673.93	7673
233	2203	300716	国立科技	51.50	CC	0.16	3.05	2.18	1.57	2.61	51.29	2.16	138.27	9.76	-8.26	94.21	190527.01	260197.9	2070.3
234	2204	002476	宝莫股份	51.50	CC	0.15	9.61	-3.9	0.41	0.7	16.21	21.19	-7.33	12.63	46.86	84.89	96528.69	41689.23	9124.59
235	2207	000635	英力特	51.50	CC	0.17	2.27	1.64	0.67	1.58	13.77	0	5.04	1.01	-5.66	78.68	309830.95	208721.01	5108.5
236	2220	300437	清水源	51.30	CC	0.53	7.25	8.85	0.4	0.72	59.11	3.56	-0.25	14.4	-12.67	110.36	467384.98	170780.75	16118.62
237	2227	300174	元力股份	51.20	CC	0.22	6.44	9.75	0.88	2.32	36.04	8.88	-24.69	11.2	41	197.13	131728.51	128161.45	7740.09
238	2246	300568	星源材质	50.90	CC	0.66	4.33	1.96	0.13	0.43	53.55	5.79	2.79	60.69	32.93	69.08	532922.44	59974.17	12995.96
239	2290	300135	宝利国际	50.40	CC	0.04	4.06	-0.08	0.83	1.19	56.53	1.79	18.53	1.93	-4.77	69.02	289948.47	242966.94	3458.65
240	2315	300054	鼎龙股份	50.20	CC	0.04	0.78	-1.37	0.28	0.55	7.21	31.42	-14.11	4.66	44.21	84.23	420173	114879.55	1641.64
241	2319	300644	南京聚隆	50.10	CC	0.46	3.56	2.76	0.94	1.28	32.34	5.95	-6.38	2.52	-11.64	49.45	103225.28	95324.89	2920.16
242	2351	002828	贝肯能源	49.70	C	0.22	2.95	3.28	0.64	1.06	59.53	4.76	55.68	3.19	-6.68	59.83	252269.3	140805.46	4351.15
243	2359	002827	高争民爆	49.60	C	0.09	3.03	2.63	0.33	0.7	27.91	12.54	1.48	7.29	4.24	51.02	122282.79	36352.05	2624.36
244	2391	002455	百川股份	49.30	C	0.13	3.76	3.94	0.9	1.73	53.55	3.14	-14.95	-0.93	17.09	70.27	286059.16	257464.11	6471.84
245	2400	002125	湘潭电化	49.20	C	0.12	4.45	6.1	0.36	1.13	65.91	2.04	12.14	4.24	19.87	98.69	356992.23	121004.13	7031.11
246	2410	603727	博迈科	49.00	C	0.15	0.98	0.37	0.46	0.84	26.02	39.21	241.4	-2.85	47.26	85.5	315556.65	135409.78	3465.42
247	2416	002170	芭田股份	48.90	C	0.03	2.45	0.71	0.62	2.15	48.77	1.63	-0.54	0.72	7.3	103.6	376172.88	227850.33	2986.8
248	2423	000881	中广核技	48.80	C	0.1	2.79	-0.03	0.6	0.9	46.08	1.94	3.5	1.87	-1.45	97.31	1142836.28	702162.16	14144.29
249	2445	002201	九鼎新材	48.50	C	0.08	3.99	0.42	0.43	1.42	58.86	1.66	-8.1	5.27	239.43	404.55	229980.44	98432.15	2802.19
250	2450	300743	天地数码	48.40	C	0.27	6.47	5.97	0.83	1.2	24.9	17.31	2.43	1.23	-18.42	111.7	52006.23	41540.25	2647.47
251	2453	000420	吉林化纤	48.40	C	0.05	4.26	3.34	0.34	1.37	64.39	1.4	5	3.42	12.59	87.19	847843.43	269056.55	9994.83
252	2454	000523	广州浪奇	48.40	C	0.1	2.58	0.64	1.55	1.76	78.59	1.62	3.54	0.61	84.07	98.13	889265.68	1239750.77	6237.22
253	2469	002108	沧州明珠	48.10	C	0.12	5.8	4.18	0.62	1.48	29.31	5.46	-9.89	1.96	-11.38	104.7	475545.92	299625.6	15847.12

续表

序号	全部上市公司评价得分排序	股票代码	股票简称	评价得分	评价等级	每股收益（元）	总资产报酬率（%）	净资产收益率（%）	总资产周转率（次）	流动资产周转率（次）	资产负债率（%）	已获利息倍数	营业收入增长率（%）	资本扩张率（%）	市场投资回报率（%）	股价波动率（%）	年末资产总额（万元）	营业收入（万元）	净利润（万元）
254	2480	603619	中曼石油	47.90	C	0.04	3.76	0.04	0.51	1.15	56.41	2.66	77.22	-0.31	-14.27	87.56	542525.13	246290.48	1718.82
255	2485	600096	云天化	47.90	C	0.11	4.25	-1.54	0.84	1.61	89.13	1.18	1.88	4.16	4.19	89.95	5999528.19	5397585.76	17758.67
256	2487	600623	华谊集团	47.90	C	0.3	2.98	1.43	0.79	1.59	57.28	2.99	-15.18	2.82	-10.69	77.79	4871017.9	3752604.63	63648.41
257	2497	002805	丰元股份	47.60	C	0.08	2.5	1.13	0.54	1.25	36.95	2.89	72.94	0.8	17.62	108.67	92780.52	45796.6	1132.77
258	2509	002709	天赐材料	47.40	C	0.03	1.24	-1.13	0.54	1.16	44.25	1.01	32.44	0.16	53.18	79.46	532964.29	275458.96	-2890.54
259	2514	600339	中油工程	47.40	C	0.14	1.74	2.53	0.7	0.77	74.43	13.79	10.97	1.25	-6.75	77.92	9311358.3	6505389.79	80913.98
260	2554	000565	渝三峡 A	46.90	C	0.15	5.81	2.37	0.31	0.68	26.33	6.84	-25.06	5.08	19.1	74.23	153879.97	47303.01	6490.68
261	2564	000554	泰山石油	46.70	C	0.01	1.66	1.27	2.26	10.76	31.01	5.04	-4.97	0.67	-7.43	88.09	131844.27	292459.02	606.13
262	2587	300641	正丹股份	46.30	C	0.08	3.31	2.27	0.79	1.29	21.56	6.2	8.12	1.59	-1.72	54.72	169011.4	130768.22	4044.7
263	2595	601500	通用股份	46.20	C	0.12	2.69	2.84	0.59	1.42	47.21	3.95	-13.29	37.14	-2.25	66.23	693051.96	333548.47	10413.29
264	2597	300261	雅本化学	46.20	C	0.08	4.3	6.63	0.46	1.04	41.95	3.69	-7.82	-0.03	-11.48	92.33	357906.78	166442.38	10461.82
265	2600	000973	佛塑科技	46.20	C	0.04	3.43	2	0.57	1.38	37	2.87	0.9	2.07	39.49	81.85	413235.58	284830.52	6879.13
266	2614	002748	世龙实业	45.90	C	-0.08	-0.16	-1.32	1.11	3.01	36.29	-0.16	24.56	-1.09	2.94	101.01	181060.4	184951.22	-1848.01
267	2616	300163	先锋新材	45.90	C	0.1	7.09	-4.06	0.53	1.03	28.23	8.91	-23.3	21.17	3.44	51.46	80972.57	45018.2	4423.48
268	2633	000545	金浦钛业	45.70	C	0.03	2.42	-0.93	0.61	1.5	32.82	2.3	1.63	1.14	-5.9	82.93	309120.39	188487.75	2501.1
269	2640	603810	丰山集团	45.50	C	0.43	2.71	2.05	0.57	0.84	28.39	1007.11	-34.24	-0.61	-19.81	85.67	153885.27	86575.51	3475.89
270	2646	600277	亿利洁能	45.50	C	0.33	5.05	2.59	0.35	0.94	46.73	3.35	-28.81	5.08	-19.46	184.22	3448404.46	1236735.66	110178.29
271	2647	600075	新疆天业	45.50	C	0.03	1.87	0.1	0.54	2.6	36.97	1.61	-6.71	-1.92	11.84	94.44	806828.9	450373.78	-766.96
272	2652	600759	洲际油气	45.40	C	0.02	5.26	-0.34	0.19	1.36	60.27	1.41	-16.31	2.08	14.5	103.43	1408175.5	278363.26	7895.71
273	2679	603683	晶华新材	44.80	C	0.03	0.71	-1.23	0.66	1.45	45.34	0.57	5.73	2.07	-4.25	51.91	151190	93138.71	341.63
274	2697	300191	潜能恒信	44.50	C	0.08	2.64	2.01	0.11	0.2	31.8	61.33	59.89	-4.34	47.57	123.88	176942.33	17453.05	2699.68
275	2730	600228	ST 昌九	43.80	C	-0.02	1.66	0.82	1.61	2.95	49.41	3.82	-18.01	-5.14	-22.02	75.69	25237.14	43331.44	188.74
276	2741	300164	通源石油	43.60	C	0.1	3.23	3.22	0.53	1.36	36.57	2.98	-2.34	2.34	-17.39	104.73	295282.53	155577.39	5052.16

续表

序号	全部上市公司评价得分排序	股票代码	股票简称	评价得分	评价等级	每股收益（元）	总资产报酬率（%）	净资产收益率（%）	总资产周转率（次）	流动资产周转率（次）	资产负债率（%）	已获利息倍数	营业收入增长率（%）	资本扩张率（%）	市场投资回报率（%）	股价波动率（%）	年末资产总额（万元）	营业收入（万元）	净利润（万元）
277	2752	300539	横河模具	43.40	C	0.04	2.69	1.61	0.57	1.17	51.1	1.78	0.45	20.86	-10.59	144.07	100345.85	55666.77	985.73
278	2753	002094	青岛金王	43.40	C	0.03	4.3	-6.82	0.95	1.4	38.89	3.1	0.35	0.52	-2.02	83.87	555050.06	547497.82	4847.06
279	2767	603725	天安新材	43.00	C	0.03	1.36	-1	0.69	1.31	34.75	1.25	-9.13	-1.14	-4.14	53.34	123655.54	86806.36	530.91
280	2781	000408	*ST 藏格	42.60	C	0.18	5.15	4.54	0.22	0.61	18.07	11.49	-23	5.36	-34.77	127.02	956217.58	206414.83	35951.61
281	2783	002584	西陇科学	42.50	C	0.07	2.83	-0.19	0.86	1.29	52.74	1.73	-0.52	10.04	-14	126.87	423093.54	333766.2	3481.86
282	2803	000792	*ST 盐湖	41.90	C	-16.46	-96.75	41.33	0.37	1.69	229.01	-32.25	-0.23	-254.72	17.18	85.59	2253150.03	1784917.99	-4666232.92
283	2806	002562	兄弟科技	41.70	C	0.05	2.01	0.59	0.32	0.82	46.24	2.49	-11.12	2.57	17.09	89.03	430994.02	125771.71	4382.55
284	2808	300721	怡达股份	41.60	C	0.08	1.19	0.17	0.61	1.59	48.26	1.06	-15.33	-2.88	-3.26	52.88	173573.29	95441.71	632.07
285	2818	600746	江苏索普	41.50	C	-0.02	-0.43	-0.83	0.29	1.03	31.84	-9.49	24.5	418.5	17.79	65.31	357658.58	59052.85	-563.72
286	2830	600714	金瑞矿业	40.80	C	-0.03	-1.07	-1.76	0.25	0.36	8.69	0	6.07	-1.45	-3.16	68.3	67425.14	16670.2	-942.28
287	2836	300409	道氏技术	40.60	C	0.05	2.25	0.11	0.62	1.08	44.36	1.22	-15.73	6.36	-2.98	143.68	444500.72	298641.6	2029.68
288	2840	600319	ST 亚星	40.60	C	0.09	6.37	-39.54	1.28	3.53	95.04	1.55	-17.66	75.63	-9.8	73.83	130113.17	165512.02	2921.7
289	2847	002211	宏达新材	40.40	C	-0.2	-6.75	-4.84	0.98	1.31	34.52	0	2.27	-11.08	32.61	67.49	107886.08	110465.89	-8799.69
290	2867	002741	光华科技	39.80	C	0.04	1.52	-0.4	0.68	1.23	51.61	1.03	12.72	-1.46	-17.27	87.39	259393.38	171362.35	897.09
291	2888	002442	龙星化工	39.30	C	0.04	2.71	0.64	1.01	1.82	53.53	1.44	-9.07	-2.28	-13.5	146.6	266248.78	280593.04	1922.12
292	2910	000422	ST 宜化	38.60	C	0.09	4.12	-46.93	0.62	2.47	95.06	1.16	14.42	-41.26	-2.71	135.98	2312514.86	1466002.49	10615.42
293	2922	300405	科隆股份	37.80	C	0.05	2.49	-2.13	0.56	0.82	49.82	1.18	-21.02	-1.88	31.91	150.3	164396.3	94375.29	956.88
294	2940	000782	美达股份	37.50	C	0.05	3.54	-6.09	1.07	2.17	44.98	2.51	-21.68	-0.39	-21.93	105.01	267782.25	298654.62	2152.08
295	2947	300740	御家汇	37.10	C	0.07	1.54	0.33	1.29	1.52	34.02	4.8	7.43	-12.91	-17.33	103.88	184288.69	241212.07	2536.66
296	2952	600230	沧州大化	36.90	C	0.11	-0.11	0.47	0.44	0.96	21.16	-4.09	-52.49	-1.67	-35.22	189.44	495182.28	210556.86	2581
297	2958	600458	时代新材	36.70	C	0.07	1.95	-14.99	0.77	1.22	69.75	2.01	-6.26	-5.15	-0.81	115.26	1502460.96	1124561.25	2115.74
298	2968	600249	两面针	36.30	C	-0.1	-0.52	-7.89	0.45	0.86	23.44	-0.58	-4.66	22.86	19.48	69.03	269359.82	118667.41	-8189.41
299	2973	002915	中欣氟材	36.00	C	-0.47	-0.65	-26.27	0.55	1.03	43.33	-0.66	61.51	123.44	23.04	101.94	186541.35	70912.37	-5469.73

续表

序号	全部上市公司评价得分排序	股票代码	股票简称	评价得分	评价等级	每股收益（元）	总资产报酬率（%）	净资产收益率（%）	总资产周转率（次）	流动资产周转率（次）	资产负债率（%）	已获利息倍数	营业收入增长率（%）	资本扩张率（%）	市场投资回报率（%）	股价波动率（%）	年末资产总额（万元）	营业收入（万元）	净利润（万元）
300	2989	300072	三聚环保	35.40	C	0.06	1.87	0.85	0.36	0.45	46.89	1.31	-44.84	2.42	-33.91	153.93	2135571.54	848319.29	12013.18
301	2999	000707	ST 双环	35.10	C	0.02	4.46	-23.05	0.58	2.03	94.9	1.22	-38.87	5.66	6.72	101.68	363608.27	230458.96	2653.3
302	3065	603133	碳元科技	32.20	C	-0.19	-3.54	-5.89	0.35	0.76	48.05	-5.39	1.16	-4.45	54.23	115.91	176471.91	54839.92	-4645.95
303	3067	002341	新纶科技	32.20	C	0.01	1.76	-0.9	0.35	0.93	48.78	0.96	5.41	-1.18	-44.18	240.89	956373.74	332196.96	-109.27
304	3080	000698	沈阳化工	31.70	C	-0.91	-5.95	-18.65	1.22	3.15	58.03	-3.36	2.12	-17.36	-10.47	77.53	887009.86	1101995.28	-74529.5
305	3083	000159	国际实业	31.50	C	0.06	2.05	-0.93	0.15	0.3	22.46	2.41	-21.83	2	40.38	213.46	281707.93	43039.45	2606.09
306	3086	002453	华软科技	31.30	C	-0.55	-10.59	-26.73	1.18	2.05	62.35	-6.99	27.87	-30.99	0	70.53	182787.18	263502.6	-30617.61
307	3091	000953	*ST 河化	31.20	C	-0.21	-9.94	59.56	0.38	1.83	89.6	-1.48	-40	0	12.45	69.85	34468.36	13866.01	-6091.66
308	3102	600844	丹化科技	30.90	C	-0.43	-16.56	-20.15	0.39	2.63	24.59	-27.57	-14.21	-18.28	55.03	105.65	298784.78	122960.22	-50534.37
309	3105	300221	银禧科技	30.70	C	0.02	1.27	-9.04	0.8	1.15	30.07	0.89	-33.2	-24.72	10.47	117.1	145523.72	151147.1	1035.07
310	3106	300073	当升科技	30.70	C	-0.48	-4.3	-8.06	0.51	0.69	25.4	-35.09	-30.37	3.68	-2.18	82.26	458835.04	228417.54	-20904.51
311	3107	002427	*ST 尤夫	30.60	C	0.15	7.32	-56	0.5	1.07	86.34	1.32	-20.11	7.93	-27.34	141.46	590974.57	308404.48	6193.87
312	3109	002629	*ST 仁智	30.50	C	0.08	10.14	-25.5	0.28	0.6	84.71	6.5	-96.2	116.91	-26.49	299.78	35593.5	9683.68	3008.34
313	3130	000599	青岛双星	29.70	C	-0.33	-2	-13.95	0.44	0.91	63.23	-1.29	10.1	-5.67	25.99	76.93	988114.79	412378.97	-31151.63
314	3150	600889	南京化纤	28.80	C	-0.36	-7.77	-11.48	0.33	0.56	27.57	0	-33.6	-8.49	-2.34	72.3	192942.41	65770.93	-13048.7
315	3156	002513	*ST 蓝丰	28.30	C	-1.52	-16.23	-37.39	0.48	1.42	57.99	-9.34	1.56	-31.49	8.73	81.2	270268.81	150443.47	-51655.5
316	3158	600091	ST 明科	28.30	C	0.02	0.85	-6.76	0.02	0.03	23.14	32.6	-57.02	1.08	-0.71	51.79	118239.48	2417.8	974.85
317	3190	600470	*ST 六化	26.40	C	-0.5	-2.95	-32.19	0.84	2.4	75.67	-1.37	4.52	-18.62	13.47	76.98	462664.13	435368.81	-25733.44
318	3191	000737	ST 南风	26.40	C	-0.09	0.84	-16.06	0.77	1.62	74.72	0.28	-33.53	0.92	2.73	121.71	157505.46	121465.44	-4685.36
319	3197	002407	多氟多	26.00	C	-0.61	-3.49	-13.16	0.45	1.01	61.66	-2.22	-1.59	-13.73	15.38	83.73	904250.77	385074.75	-42073.06
320	3238	300169	天晟新材	24.00	C	-0.89	-12.21	-27.39	0.46	0.8	50.23	-5.67	-1.22	-24.3	16.15	91.67	182254.41	89350.83	-28873.05
321	3252	600691	阳煤化工	23.50	C	-0.22	1.71	-11	0.43	1.26	83.59	0.54	-17.66	-9.17	-15.99	88.8	4238161.53	1792940.59	-70581.65
322	3279	603188	ST 亚邦	22.10	C	-0.35	-6.48	-8.86	0.31	1.04	30.18	-14.3	-31.55	-3.42	-12.78	104.93	431628.43	142086.33	-25848.18

续表

序号	全部上市公司评价得分排序	股票代码	股票简称	评价得分	评价等级	每股收益（元）	总资产报酬率（%）	净资产收益率（%）	总资产周转率（次）	流动资产周转率（次）	资产负债率（%）	已获利息倍数	营业收入增长率（%）	资本扩张率（%）	市场投资回报率（%）	股价波动率（%）	年末资产总额（万元）	营业收入（万元）	净利润（万元）
323	3282	600589	广东榕泰	22.10	C	-0.76	-8.55	-24.39	0.3	0.46	39.61	-4.6	-14.74	-17.52	27.62	79.63	435370.12	144944.55	-53764.88
324	3300	002496	*ST 辉丰	21.40	C	-0.33	-8.51	-20.81	0.22	0.59	45.8	-6.31	-51.32	-13.85	32.7	98.37	541484.04	122638.03	-58627.06
325	3303	600423	ST 柳化	21.10	C	-2.34	-118.1	-31.64	0.22	0.45	36.02	-1364.05	-81.38	-82.53	3.35	85.12	59292.81	37395.98	-187624.86
326	3313	603991	至正股份	20.60	C	-0.77	-5.72	-12.89	0.61	0.96	39.25	-2.9	-18.94	-14.8	-5.21	65.27	68984.56	46186.56	-5705.42
327	3330	002068	黑猫股份	19.20	C	-0.38	-2.95	-9.34	0.91	1.8	58.47	-2.41	-17.09	-15.53	-15.34	88.27	718630.78	654420.87	-31829.44
328	3343	000525	红太阳	18.10	C	-0.59	-0.36	-7.85	0.34	0.64	66.72	-0.16	-21.9	-3.27	-31.46	131.86	1380158.68	461445.45	-33683.99
329	3347	002470	*ST 金正	17.90	C	-0.21	-1.89	-6.58	0.5	0.81	48.61	-2.91	-26.95	-6.26	-59.36	303.71	2280104.9	1130887.19	-74268.72
330	3349	300157	恒泰艾普	17.80	C	-1.56	-19.66	-33.31	0.21	0.54	32.3	-13.72	-28.5	-13.58	-2.84	79.02	459655.77	106417.17	-109993.94
331	3368	300478	杭州高新	16.20	C	-2.31	-27.69	-42.52	0.72	1.1	64.88	-11.87	-18.28	-51.34	-15.3	86.17	81363.52	69725.02	-29164.74
332	3370	002172	澳洋健康	16.10	C	-0.55	-6.8	-35.99	0.46	1.21	77.28	-3.72	-36.7	-28.72	-4.33	93.83	634738.9	298203.5	-56921.93
333	3413	300325	德威新材	13.80	C	-0.58	-15.46	-48.54	0.3	0.49	68.92	-5.21	-47.55	-37.26	2.76	172.03	333532.63	115082.5	-59364.86
334	3420	600165	新日恒力	13.70	C	-0.07	-0.94	-5.36	0.12	0.27	58.84	-0.6	-51.86	-6.86	-20.81	103.93	224771.88	26575.69	-5206.21
335	3453	002319	*ST 乐通	10.40	C	-1.46	-31.32	-100.73	0.48	1.62	78.56	-9.21	-21.41	-67.57	-42.07	129.3	65465.2	38305.5	-29149.14
336	3489	002450	*ST 康得	5.30	C	-1.93	-19.62	-11.76	0.05	0.07	56.87	-7.31	-83.83	-37.4	-50	220.85	2661108.93	147947.37	-683590.9
337		688268	华特气体	67.20	BB	0.81	7.96	7.52	0.78	1.07	15.84	102.5	3.23	116	23.08	0	142067.29	84399.01	7259.47
338		300801	泰和科技	75.10	A	1.86	14.04	12.96	0.86	1.37	10.84	0	0.04	141.37	23.08	23.74	194453.49	124522.1	17161.47
339		300806	斯迪克	63.70	B	1.23	8.26	9.52	0.72	1.38	48.31	3.94	6.47	57.76	23.08	44.38	208990.13	143269.58	11108.87
340		300798	锦鸡股份	61.80	B	0.25	8.1	8.51	0.81	1.28	19.03	796.64	-6.51	29.81	23.08	67.88	151086.43	112405.55	9638.26
341		688196	卓越新能	79.10	A	2.33	15.06	14.99	0.88	1.19	2.71	99.05	27.22	217.44	23.08	14.19	212552.57	129452.8	21556.46
342		300796	贝斯美	64.20	B	0.68	8.16	6.93	0.53	0.86	15.8	25.95	6.21	83.09	23.08	35.63	119879.11	49409.2	6509.23
343		688021	奥福环保	63.00	B	0.85	8.12	8.47	0.33	0.48	22.19	8.14	7.98	157.72	23.08	23.32	106835.76	26807.83	5162.29
344		688199	久日新材	72.80	BBB	2.85	14.83	13.92	0.63	0.94	10.26	21.44	32.8	239.81	23.08	12.53	297363.44	133486.61	24857.3
345		688116	天奈科技	67.80	BB	0.58	10.08	8.56	0.3	0.44	8.48	28	17.96	148.08	23.08	61.7	174246.13	38643	10987.57

续表

序号	全部上市公司评价得分排序	股票代码	股票简称	评价得分	评价等级	每股收益（元）	总资产报酬率（%）	净资产收益率（%）	总资产周转率（次）	流动资产周转率（次）	资产负债率（%）	已获利息倍数	营业收入增长率（%）	资本扩张率（%）	市场投资回报率（%）	股价波动率（%）	年末资产总额（万元）	营业收入（万元）	净利润（万元）
346		603983	丸美股份	77.00	A	1.37	22.11	22.17	0.65	0.73	22.3	0	14.28	93.21	23.08	84.04	343632.22	180085.76	51281.98
347		688005	容百科技	55.50	CCC	0.21	2.22	1.49	0.83	1.25	26.18	7.19	37.76	37.89	23.08	131.5	584961.7	418966.91	8642.54
348		603256	宏和科技	55.70	CCC	0.13	8.05	7.82	0.42	0.68	24.8	13.64	−19.89	32.78	23.08	106.97	189542.3	66267.48	10424.25
349		603867	新化股份	65.00	B	1.01	7.86	10.01	0.88	1.53	35.26	13.17	−23.04	63.85	23.08	77.07	219547.82	171798.76	12622.49
350		600968	海油发展	70.10	BBB	0.13	6.72	6.62	1.16	2.63	36.05	9.31	15.49	36.26	23.08	56.73	2970100.14	3346329.26	130276.48
351		603217	元利科技	66.70	BB	1.71	9.74	7.7	0.62	1.09	13.85	49.45	−14.63	142.98	23.08	70.37	250222.24	116734.19	13628.95
352		300777	中简科技	63.70	B	0.36	14.95	15.5	0.22	0.61	18.64	153.67	10.28	54.91	23.08	123.44	120438.56	23445.48	13660.33
353		300769	德方纳米	70.00	BB	2.56	9.14	8.22	0.77	1.37	42.18	11.87	0.04	98.71	23.08	48.84	170918.99	105408.77	10125.67
354		603379	三美股份	74.90	BBB	1.53	18.76	15.75	0.89	1.19	7.5	150.68	−11.67	98.66	23.08	86.11	535793.65	393460.27	64529.74
355		300767	震安科技	55.10	CCC	1.21	11.4	10.38	0.42	0.51	12.61	0	−15.27	72.61	23.08	121.35	110661.89	38919.32	9072.87
356		603681	永冠新材	70.10	BBB	0.95	10.83	13.04	1.35	2.12	26.52	31.83	26.05	52.21	23.08	82.45	185777.56	214425.73	14827.83
357		300758	七彩化学	67.00	BB	1.06	11.59	16.24	0.64	1.14	21.93	30.05	13.69	118.82	23.08	126.06	144370.8	69458.49	10809.92
358		603332	苏州龙杰	74.10	BBB	1.44	14.85	13.06	1.26	1.62	13.29	0	−6.86	74.19	23.08	113.24	158230.97	162366.42	16775.83
359		002053	云南能投	62.70	B	0.35	6.67	3.97	0.3	1	41.67	4.79	35.16	102.87	5.74	69.26	889605.49	193313.79	28631.38
360		002037	保利联合	43.20	C	0.3	3.79	4.4	0.42	0.56	67.51	2.24	−16.74	14.65	−17.88	90.58	1277905.03	502448.41	18373.74
361		002015	协鑫能科	76.00	A	0.41	14.51	14.13	0.88	3.18	68.09	3.13	2209.87	1165.78	10	55.84	2408088.39	1089825.76	83642.35

第八章　机械行业上市公司业绩评价

机械行业是资本、技术及劳动力密集型行业，在国民经济中处于重要地位，具有内部子行业众多、产品覆盖广、竞争激烈、地区发展不平衡等特点。2019 年全年机械行业营业收入实现小幅增长、产销回稳、出口基本稳定，但困扰机械行业发展的结构性矛盾尚未明显缓解。2019 年，申万机械设备指数涨幅为 24.73%，申万电气设备指数涨幅为 24.93%，申万国防军工指数涨幅为 25.99%。2020 年是我国全面建成小康社会和“十三五”规划的收官之年，2019 年的中央政经济工作会议为 2020 年经济运行奠定了“稳中求进”的总基调。突如其来的新冠肺炎疫情成为 2020 年我国及全球经济的重大变量，机械行业上市公司上半年业绩有所下滑，但有关加强传统基础设施和新型基础设施投资各项利好政策及时出台，加之经济转型深入环保限制升级，“一带一路”带来的巨量需求增长，都为机械行业的良好发展提供了机会。

一、机械行业上市公司业绩评价

截至 2019 年年末，机械行业细分为机械设备、电气设备和国防军工三个子行业。A 股机械行业上市公司共计 611 家（含 2019 年新增上市 42 家，买壳上市 1 家，整体上市 1 家），其中盈利 518 家，亏损 93 家，即有 85% 的公司实现盈利，比 2018 年提升了 1 个百分点。

2019 年年末，机械行业上市公司总资产共计 5.30 万亿元，占全部上市公司（全部上市公司是指：不包括金融和 B 股，本文以下如无特指按此口径）总资产的 7.73%，机械行业资产规模占比与 2018 年年末持平；归属于母公司的所有者权益 2.20 万亿元，比 2018 年年末略有增加，占全部上市公司归属于母公司的所有者权益的 9.64%；机械行业上市公司实现营业收入 2.65 万亿元，占全部上市公司营业收入的 6.35%，比 2018 年机械行业上市公司实现的营业收入增加了 0.35 万亿元；机械行业上市公司实现净利润 1.10 万亿元，占全部上市公司实现营业利润的 5.58%（比 2018 年增加了 1.5 个百分点），比 2018 年机械行业上市公司实现的净利润增加了 319.75 亿元，得益于市场和规模的同步增长，尤其是新型能源材料及组件此类下游需求旺盛，收入和营业利润均呈现增长趋势。

2019年，机械行业整体评价结果为C，行业业绩综合得分56.9分，比全市场的61.3分低7.18%。剔除了2019年新上市、买壳上市的公司后，机械行业上市公司中有5家进入2019年上市公司业绩评价综合得分的“中联价值100”名单，行业得分排名第一为隆基股份。业绩为AAA有2家，AA有3家，A有13家，BBB有53家，BB有55家，B有77家，CCC有77家，CC有8家，C有150家。2017年度机械行业评价得分前十名的公司见表8–1。

表8－1　2019年度机械行业评价得分前十名的公司

序号	股票代码	股票简称	在全部上市公司中评价得分排序
1	601012	隆基股份	10
2	600031	三一重工	16
3	600438	通威股份	35
4	300750	宁德时代	67
5	300417	南华仪器	94
6	601100	恒立液压	108
7	000425	徐工机械	109
8	603338	浙江鼎力	117
9	603218	日月股份	141
10	300572	安车检测	152

基于对机械行业上市公司的整体评价，下面分别从财务效益状况、资产质量状况、偿债风险状况、发展能力状况、市场表现状况五个方面对机械行业上市公司进行具体分析。

（一）财务效益

表8-2列示了2019年机械行业上市公司财务效益状况评价结果。

从综合得分来看，机械行业上市公司2019年的财务效益状况低于全部上市公司平均水平，但与2018年相比也有所提升，扣除非经常性损益净资产收益率、总资产报酬率、营业利润率、盈利现金保障倍数和总股本收益率指标均大幅提升。主要原因为机械行业作为传统工业，自身研发及创新能力较弱，但随着工业强国战略的深入执行，下游市场需求进一步扩大，规模效益完全覆盖材料成本和人力成本以及其他成本增加。

在机械行业上市公司财务效益状况指标中，太阳能晶片及组件生产制造商隆基股份财务效益排名第一。2019年隆基股份实现营业收入328.97亿元，同比增长49.62%；归母净利润52.80亿元，同比增长106.40%。依托单晶技术和成本的优势，隆基股份牢牢把握“一带一路”发展机遇，在拓展海外市场方面成效显著，海外收入因此大幅增长，组件产品的市场占有率迅速提升，占有率约为7%，其中海外销量达到4991MW，同比增长154%，在单晶组件对外销售总量中占比高达67%。

表 8－2　机械行业财务效益状况比较表

分析指标 上市公司平均值		2019 年上市公司平均值	2019 年行业值	2018 年行业值	增长率（%）
基本指标	扣除非经常性损益净资产收益率（%）	6.61	3.07	2.3	33.48
	总资产报酬率（%）	5.26	3.69	3.28	12.50
	得分	20.77	16.86	15.37	9.69
修正指标	营业利润率（%）	6.34	5.38	4.53	18.76
	盈利现金保障倍数	1.97	2.37	1.64	44.51
	总股本收益率（%）	36.41	19.2	14.51	32.32
综合得分		22.12	18.9	16.91	11.77

（二）资产质量

从综合得分来看，机械行业上市公司 2019 年资产质量状况明显高于 2018 年的行业平均水平，资产质量分析指标与上年相比都有不同程度的增长。表 8－3 列示了机械行业上市公司资产质量状况评价结果。

表 8－3　机械行业资产质量状况比较表

分析指标		2019 年上市公司平均值	2019 年行业值	2018 年行业值	增长率（%）
基本指标	总资产周转率（次）	0.64	0.52	0.5	4.00
	流动资产周转率（次）	1.21	0.81	0.78	3.85
	得分	9.53	8.04	7.72	4.15
修正指标	应收账款周转率（次）	8.24	3.07	2.82	8.87
	存货周转率（次）	2.73	2.69	2.61	3.07
综合得分		9.22	7.69	7.5	2.53

机械行业上市公司 2019 年总资产周转率及流动资产周转率分别为 0.52 次及 0.81 次，分别比 2018 年增长 4%、3.85%。机械行业上市公司应收账款周转率远远低于上市公司平均水平，这主要与机械行业上市公司交易结算方式有关。机械行业上市公司 2019 年存货周转率为 2.69，比 2018 年 2.61 增长 3.07%，与上市公司评价存货周转率基本持平。

在机械行业上市公司资产质量状况指标中，通威股份的质量状况得分为 14.66，资产质量在机械行业中排名第一。采用"就地生产、周边销售"的生产销售模式、大比重经销模式实时现金结算，为其优于同行业的各类周转指标奠定基础。2019 年通威股份实现营收

375.55 亿元，同比增长 36.39%，实现归母净利润 26.35 亿元，同比增长 30.51%。通威股份总资产周转率 0.88 次，流动资产周转率 3.34 次，应收账款周转率 26.47 次，存货周转率 15.26 次，均远高于全部上市公司平均值和行业值。

（三）偿债风险

从综合得分来看，2019 年机械行业上市公司偿债风险状况较 2018 年有所上升，均高于全部上市公司和上年平均水平。表 8–4 列示了机械行业上市公司偿债风险状况评价结果。与 2018 年相比，2019 年机械行业上市公司总资产负债率和带息负债比率有所下降，且低于 2019 年全部上市公司平均水平。除资产负债率和带息负债比率外，其他指标均高于 2018 年行业水平，说明机械行业公司在行业持续回暖过程下，虽然受制于有限的利润增长空间，但资产质量有所提高，偿债风险随之降低。

在机械行业上市公司偿债风险状况指标中，有 23 家公司得分为 14.99，在行业中并列最高，其中资产负债率、速动比率、带息负债率等指标均好于全部上市公司及行业平均水平，这与机械行业的产销模式和经营状况息息相关。

表 8 – 4　机械行业偿债风险状况比较表

分析指标		2019 年上市公司平均值	2019 年行业值	2018 年行业值	增长率（%）
基本指标	资产负债率（%）	61.12	54.66	54.67	−0.02
	获利倍数	4.11	4.02	3.34	20.36
	得分	8.94	9.33	8.7	7.24
修正指标	速动比率（%）	77.4	109.79	109.03	0.70
	现金流动负债比率（%）	13.01	11.01	6.11	80.20
	带息负债比率（%）	41.99	31.6	41.03	−22.98
综合得分		8.61	9.22	8.83	4.42

（四）发展能力

表 8 – 5 列示了机械行业上市公司发展能力状况评价结果。从综合得分来看，2019 年机械行业上市公司发展能力状况略低于全部上市公司的平均水平，但与同行业上年水平相比有所提升。行业的营业收入增长率、营业利润增长率均高于所有上市公司平均水平；资本扩张率、累计保留盈余率、总资产增长率均低于所有上市公司平均值。主要原因为自 2017 年以来，受基建投资需求增加、国家环保政策力度加强、设备更新需求、人工替代、出口增长等多重因素的影响，机械行业市场高速增长，行业整体盈利水平大幅提升。但受制于行业发展阶段，并未能领先全部上市公司平均发展能力水平。

表 8－5 机械行业发展能力状况比较表

分析指标		2019年上市公司平均值	2019年行业值	2018年行业值	增长率（%）
基本指标	营业收入增长率（%）	8.81	10.17	12.76	-20.30
	资本扩张率（%）	9.67	8.17	6.31	29.48
	得分	12.05	12.04	11.43	5.34
修正指标	累计保留盈余率（%）	41	30.38	28.93	5.01
	三年营业收入增长率（%）	14.54	12.4	12.43	-0.24
	总资产增长率（%）	10.59	8.42	7	20.29
	营业利润增长率（%）	0.61	28.1	-25.27	-
综合得分		12.23	12.2	10.8	12.96

在机械行业上市公司发展能力状况指标中，隆基股份、三一重工、晶澳科技发展能力得分均为20分，并列第一，三者持续受到新型能源、环保新规以及新基建的政策刺激，市场需求进一步扩大，产业集聚的规模效益优势得以突显。其中，三一重工2019年实现营业收入755.66亿元，较2018年增长35.55%；归母净利润112.07亿元，较上年增长83.23%。2019年，三一重工挖掘机、混凝土机械、起重机机械、桩工机械等主要产品均取得大幅增长，在行业内处于龙头地位。

（五）市场表现

2019年1—4月机械行业上市公司指数紧随大盘昂头上升，4月升至最高后直线下降，2019年5—12月随大盘震荡上行，机械行业指数位于沪深300指数下方。具体情况见图8-1。

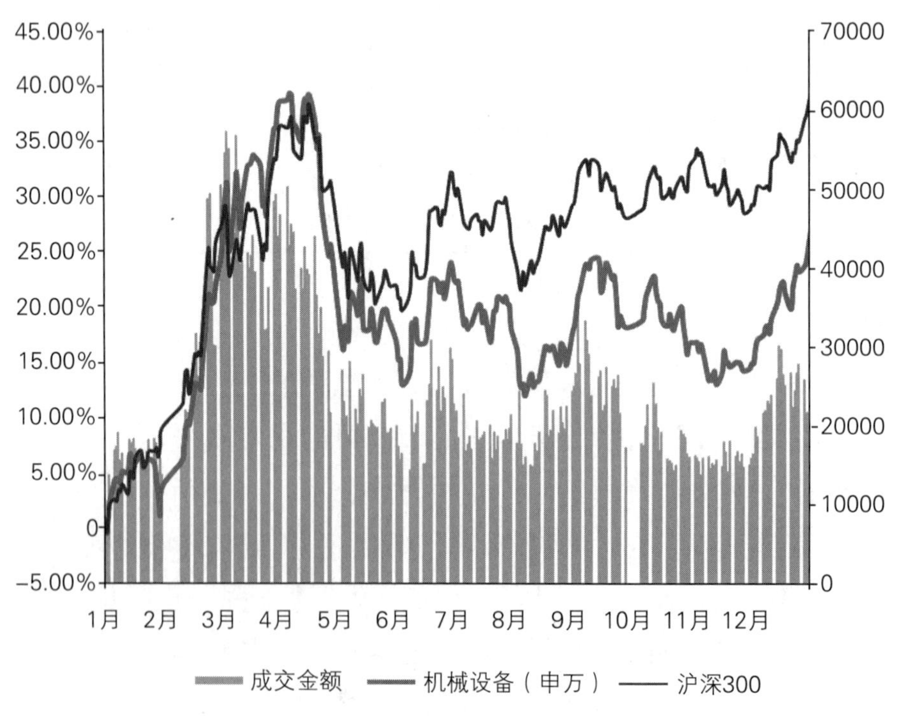

图 8－1 2019年机械指数与大盘指数波动

资料来源：Wind。

从综合得分来看，机械行业上市公司市场表现状况略低于全部上市公司的平均水平。表 8－6 列示了机械行业上市公司市场表现状况评价结果。2019 年机械行业上市公司市场投资回报率为 18.45%，低于全部上市公司 23.04% 的水平，比 2018 年机械行业－34.84% 的水平上升了 53.29%。2019 年机械行业上市公司有 439 家市场投资回报率为正值，比上年增加了 414 家，其中最高的为宝鼎科技，市场投资回报率达到 383.32%。市场表现得分最高的为先导智能，得分 13.36。进一步说明机械行业作为国民经济的支柱产业，与整体经济走势高度相关，整体稳中有进，但作为成熟的资本、技术及劳动力密集型行业，高速增长空间有限，领先全部上市公司市场表现平均水平的制约因素较多。

表 8－6　机械行业公司市场表现状况比较表

分析指标	2019 年上市公司平均值	2019 年行业值	2018 年行业值	增长率（%）
市场投资回报率（%）	23.04	18.45	−34.84	−
股价波动率（%）	94.27	88.72	129.01	−31.23
得分	9.12	8.93	8.68	2.88

二、2019 年度影响机械行业上市公司业绩的因素分析

2019 年，我国经济增长结构持续优化，持续推进供给侧改革，加大逆周期调节力度，着力做好“六稳”工作。在逆周期政策的积极调节下，宏观经济表现出较强韧性，实际 GDP 增速保持在目标区间。2019 年，在国内外风险挑战明显上升的复杂局面下，机械行业上市公司克服困难，承压前行，在宏观经济整体下行的环境中实现了逆势增长。

截至 2019 年年末，机械行业 A 股上市公司 85% 的公司实现盈利，比 2018 年提升了 1 个百分点。2019 年，机械行业上市公司实现营业收入 2.65 万亿元，比 2018 年机械行业上市公司实现的营业收入增加了 0.35 万亿元；2019 年机械行业上市公司实现净利润 1.10 亿元，占上市公司全部净利润的 5.58%，比 2018 年增加了 1.5 个百分点，总体呈现收入及净利润双增长的状态。2019 年机械行业上市公司财务效益状况较 2018 年情况呈现大幅转好态势。影响机械板块盈利状况的主要原因如下：

（一）机械行业上市公司收入保持增长势头，得益于固定资产投资稳健增长

2019 年政府分别从稳定企业投资信心、战略性布局投资结构以及适度加强固定资产投资的逆周期调节力度等三个方面制定和推出投资相关的政策和措施。机械行业作为典型的周期性行业，固定资产投资是决定机械行业发展的主要因素。2019 年机械行业固定资产投资总额持续增长，增速总体回落。2019 年仅仪器仪表制造业投资保持高位增长，增速达到 50.5%，较上年增加 43 个百分点；其余子行业增幅均呈现不同幅度的下降，其中：通用设备制造业投资同比增长 2.2%，增幅比上年降低 6.4 个百分点；专用设备制造业投资同比增

长9.7%，比上年降低5.7个百分点；汽车制造业投资同比下降1.5%，和上年相比由正转负，降低5个百分点；电器机械及器材制造业投资同比下降7.5%，比上年大幅降低，降低20.9个百分点。

截至2019年末，机械行业A股上市公司资产总额5.30万亿元，比2018年增加了0.41万亿元。2019年机械行业上市公司营业收入增长率为10.17%，比2018年的12.76%降低了2.59个百分点。虽然国内外宏观经济处于不确定的环境中，并且总体经济仍有下行压力，但机械行业上市公司维持了2016年以来的增长态势，仍旧处于上升发展周期。以固定资产投资为主要驱动力的机械行业，在2019年仍然保持良好的发展势头，但随着固定资产投资增速降低，机械行业的收入增速有所放缓。

（二）技术改造和设备更新，推动机械行业利润持续增长

2019年机械行业上市公司营业收入增长率为10.17%，比2018年的12.76%降低了2.59个百分点；2019年机械行业上市公司营业利润率为5.38%，比2018年的4.53%增加了0.85个百分点，制造业技术改造和生产设备更新升级使得营业利润率有所上升。2019年以来，我国机械行业坚定不移地推进供给侧结构性改革，深入实施创新驱动发展战略，在高端和智能化核心技术方面不断取得新的突破，一批龙头企业的产品已达到国际先进水平，为机械行业上市公司利润持续增长增添重要力量。

（三）"一带一路"拉动国际需求，机械行业对外贸易收效显著

"一带一路"倡议自2013年提出至今，经过几年发展，已经从理念变成行动、从愿景变成现实，在世界的舞台上发挥着越来越重要的作用。目前，中国已与多个国家和国际组织签署120余份共建"一带一路"的合作协议，合作范围覆盖了基础设施、投资、金融、社会等多个领域。在此前提下，"一带一路"沿线基础设施的建设也在如火如荼地进行，基础设施互通互联作为"一带一路"建设的前提，更是刺激了机械行业的出口增长，不仅为中国机械企业全面开拓海外市场创造了新的机遇，更极大提升了中国品牌的知名度和国际影响力。以三一重工、徐工机械为代表的中国机械企业，在"一带一路"倡议的助力，取得了显著成果，向世界展现出了中国制造的强大力量。

根据中国工程机械工业协会统计，2019年全年机械行业的重要核心产品挖掘机总销量超过23.6万台，同比增长15.9%，出口挖掘机共计2.66万台，同比增长39.4%，2019年挖掘机的出口数量创下历史新高。机械行业上市公司龙头企业三一重工、徐工机械表现优异，销量一直处于领先地位，12月单月增速远超行业水平，内资市场份额有显著提升。三一重工挖机全年累计销量6.1万台，同比增加29%，市场占有率25.8%，同比增加2.7%；12月单月销量同比增加43.2%，市场占有率达27.7%；徐工机械2019年全年累计销量3.3万台，市场占有率达14.1%；12月单月销量同比增加62%，市场占有率达15.2%。自2017年下半年以来，我国挖掘机出口屡创新高，"一带一路"沿线国家是我国机械设备出口的主要国家，机械企业依托"一带一路"积极拓展国际业务，加强在沿线国家的布局，收效显著。

（四）增值税改革促进机械行业上市公司利润增长

2019年，增值税改革力度持续加大。机械行业作为中游行业，上承原材料波动，下对各行业需求变化。增值税率降低，有利于机械行业上市公司改善经营现金流，提升盈利能力。增值税率自2018年5月从17%降至16%，2019年4月执行从16%降至13%，使得机械行业上市公司整体净利率水平进一步提升，经营性现金流得到改善。

此外，机械行业作为重资产且技术、劳动密集型行业，2019年度出台增值税增量留抵退税、不动产投资一次性抵扣和旅客运输纳入可抵扣范围一系列新政策，在改善机械行业公司经营现金流的同时，更助力其业绩增长，以提高营业利润率。

（五）多项政策齐下，带动机械行业高质量发展

近年来，我国出台了一系列政策，旨在促进高端装备、智能制造的发展，为机械行业的转型升级创造了宽松良好的政策环境。我国先后出台了《智能制造发展规划（2016—2020）》《中国制造2025》《高端智能再行动计划（2018—2020年）》《促进新一代人工智能产业发展三年行动计划（2018—2020年）》等重要规划文件，并以此形成了制造强国战略政策体系。2019年中央经济工作会议，更是将推动制造业的高质量发展列为了年度七项重点工作任务之首。

2019年机械行业中战略性新兴产业相关行业实现营业收入16.03万亿元，同比增长4.16%；实现利润总额9730.82亿元，同比增长0.89%。战略性新兴产业营业收入和利润总额同比增速均高于同期机械行业平均增速，对全行业实现平稳增长发挥着积极的带动作用。

三、2020年机械行业前景展望

展望2020年，预计2020年全球政治摩擦和贸易风险将有所缓和，宽松货币政策继续托底，全球经济有望触底回稳。自2020年1月下旬开始快速蔓延的新冠肺炎疫情，已对我国的社会运行与全球的经济发展产生影响，需求和生产骤然放缓，投资不振、消费低迷、出口下行态势明显。机械行业作为国民经济的支柱性产业，其生产运行也面临着巨大挑战和压力。根据调研，机械行业上市公司上半年业绩普遍受到疫情影响，或多或少均有所下滑，但随着产业链上下游的复工复产，预计各企业的生产经营将回到正轨，业绩也将重回增长区间；国家财政新规、机械设备更新需求、“一带一路”和其他相关领域带来的巨量需求增长，都将为机械行业带来新崛起和新突破的宝贵发展机会。

（一）新冠肺炎疫情的“危”与“机”，砥砺前行，疫情不改龙头崛起之路

2020年，受新冠肺炎疫情的影响，国家采取了空前严厉的防控措施，如住建部门要求春节期间强制停工并推迟复工复产时间，各地交通严格管制，全国封城封路造成大量务工人员无法及时返回工作岗位。在这些防控措施下，房地产及基建的开工受到较大影响，导致机械行业下游需求承压。机械行业上市公司第一季度受到疫情一定影响，但随着疫情影响的逐渐消退和国内复工复产工作的有序开展，第二季度情况大幅好转，机械行业基本走

出疫情阴影，迎来了受疫情影响较正常时间有一定推后的销售旺季。

第一季度经济增速放缓，逆周期政策调节的力度将继续加大，包括地方专项债、一般债的发行节奏前倾，将会对基建形成明显支撑；同时，房地产需求韧性仍在，环保加速叠加更新需求托底，第二季度疫情影响逐渐减弱，下游需求正在恢复正常，叠加经济增长压力下逆周期调节政策加码，基建需求增速快速上涨，第二季度需求已经凸显，以挖机为代表的工程机械设备维持高增长，淡季不淡。同时考虑到疫情在海外国家的爆发，全球疫情形势并不乐观，疫情期间海运受限以及未来可能的停工将对出口需求、零部件的海外供应有所影响，但整体来看，机械行业全年需求仍能保持稳定增长。

（二）专项债 + 资本金新规组合拳，促进基建投资，带动机械行业增长

2019 年 9 月 4 日，国务院常务委员会已提前下达 2020 年地方政府新增债务限额（约 1.29 万亿元），专项债可用作资本金的范围扩大，明确限制用于土储和房地产领域，极大程度上增加专项债用于基建动力；另外，专项债的新规也对机械行业的销售产生积极影响。11 月 27 日，国务院常务委员会会议决定，进一步完善固定资产投资项目资本金制度：一方面是直接降低部分基础设施项目最低资本金比例；另一方面是基础设施等项目可以通过发行权益型、股权类金融工具等方式筹措不超过 50% 的资本金。专项债 + 资本金新规的“组合拳”，将极大缓解地方政府的资金压力，为基建投资增添弹性。

在中美贸易战尚未明朗、经济增长失速的压力不断增加的整体形势下，政府在基建投资领域政策可能存在松动，专项债和固定资产投资资本金新规的“组合拳”将会在基建投资领域凸显效果，支撑机械行业的继续增长。

（三）产品寿命到期和环保限制，推动机械设备改旧换新，为机械行业发展增添动力

机械产品使用寿命到期的高峰期和环保限制升级将使得机械产品的更新需求持续增长。10 年前是机械产品销售的高峰期，随着时间的推移，机械产品使用寿命将陆续到期，产品面临更新。2016 年年底至 2019 年挖掘机率先进入存量设备更新换代的高峰期，加速推动了机械行业的复苏。而混凝土机械、塔机等机械后周期产品，复苏后会稍滞后于挖掘机，预计其更新需求在未来几年会成为带动机械行业整体发展的强劲动因。

另外，环保政策限制升级也使很多尚未达到使用寿命的机械产品被迫提前更新。例如，环保要求强制更新给混凝土运输车带来了大量更新需求，根据《重型柴油车污染物排放限值及测量方法（中国第六阶段）》，北京、上海等地区已于 2019 年 7 月开始率先实施“国六”标准，中国将在 2021 年开始全面实施，国六标准将加速“国四”“国五”淘汰，使更新需求大增。

（四）“一带一路”推动国际工程业务持续增长，机械行业有望继续发力

随着国家“一带一路”政策催化延续，基础设施的互通互联依然是首要任务，“一带一路”沿线国家的基建投资仍有巨大潜力。

未来 5 年预计“一带一路”沿线国家基建规模合计将达 31790 亿元，沿线国家的基建规模占总 GDP 比值的 5.4%，高于全球平均 3.5% 的水平。预计未来 5 年工程机械需求总量 1710 亿美元。

我国机械企业在国家“走出去”的规划中阔步前进。随着战略实施的逐步深入，我国机械行业龙头企业的海外业务销售收入占比有望进一步提升。预计“一带一路”的沿线市场将成为助推我国机械行业持续复苏的强劲动因。

（五）军备需求稳步增长，军企改革不断深化，“十三五”最后一年国防军工行业成绩值得期待

近年来，我国经济总量保持稳定增长，国防投入也稳步增加。2019 年，我国国防预算增速为 7.5%，规模约 1.19 万亿元。从增速层面看，我国军费增速一直高于 GDP 增速。从财政支出层面看，军费占全国财政支出的比例在不断下降，2018 年的 5.01% 为 2001 年以来的最低点。根据 2019 年 7 月国防部发布的《新时代的中国国防》白皮书披露，我国军费中装备费支出占比持续提升，自 2010 年的 33.2% 提升至 2017 年的 41.1%。随着我国军费的稳定增长以及装备费支出比例的提升，装备采购力度将持续加大。截至 2019 年 12 月 23 日，2019 年第四季度军队采购需求达到 600 条，已超 2018 年第四季度的整体需求量。全年来看，2019 年目前已有部队需求 1583 条，2018 年全年全军需求共计 1303 条，截至目前已较 2018 年增长 21.5%，预计 2019 年全年增速将超过 22%。同时目前军工行业正处于“十三五”规划期的最后一年，我国军品采购一般呈现前松后紧的态势，即军品采购在五年规划的前三年处于相对谨慎控制的状态，而最后两年会依据整体规划合理有效地加快采购进度。预计 2020 年我国军品采购在体量上将持续增加，军工行业整体需求有望持续向好。

军工企业资产证券化是兼并重组的重要方式，不但可以通过拓宽融资渠道，减轻政府财政负担、解决制约军工企业发展的资金瓶颈，同时还是混改的主要手段，帮助军企打破封闭体制，提升资产效率，改善军工企业的治理结构。“十三五”初期，部分军工集团设立了规划期内资产证券化率的目标，2020 年作为“十三五”最后一年，军工企业证券化有望加速进程，保证目标顺利实现。

（六）政策再加码，强调旧改 + 新基建，机械行业多产业前景广阔

中共中央政治局 2020 年 4 月 17 日召开会议，分析国内外新冠肺炎疫情发展及防控形势，研究当前经济形势，部署当前经济工作。会议专门提到要加强传统基础设施投资。会议强调，要积极拉动国内需求，释放消费潜力，做好复工复产、复商复市的工作，增加居民消费，适当增加公共消费。会议指出，要积极扩大有效投资，实施老旧小区改造，加强传统基础设施和新型基础设施投资，促进传统产业的改造升级，扩大战略性新兴产业的投资。

1. 智能制造，未来可期

2019 年以来，我国机械行业紧跟国家方针政策，坚定不移地推进供给侧性改革，深入实施创新驱动发展战略，并不断在高端、智能产品的核心技术研发和应用方面取得新的突破，重大科技创新成果亮点纷呈，行业内一批龙头企业的产品已达到国际先进水平，为行业持续增长增添重要动力。在 2019 世界智能制造大会上，徐工重型获得“2019 年国家级智能制造标杆企业”的称号。

发展智能制造、抢占全球未来产业制高点，已经成为行业的共识。目前，中国智造正在从初期的理念普及、试点示范，阔步迈入深化应用、全面推广的阶段。

2. 轨交建设，全面提速

国家发展改革委发布《关于促进枢纽机场联通轨道交通的意见》，提出要加大枢纽机场与轨道交通的互通互联建设，同时披露了11个枢纽机场联通轨道交通的重点项目清单，清单中大部分项目于2020年开工。随后，《交通强国江苏方案》《交通强国浙江方案》先后发布，依据《江苏方案》规划，到2035年江苏省高快速铁路将达到5000公里以上，货运铁路将达到1700公里以上；依据《浙江方案》，到2025年浙江省将高质量完成交通强国建设试点，为此专门规划了“十大千亿”“百大百亿”等重大工程。轨道交通、城际高铁均在此前“新基建”的内容之中，2019城轨获批复规模较大，2020年建设任务重大：2019年郑州、西安、成都3市新一轮的城市轨道交通建设规划、北京市城市轨道交通第二期建设规划调整方案、合肥市轨交第三期建设规划（2020—2025年）均已获国家发展改革委批复，总投资额约5500亿元。2020年以来，轨交加码助力经济稳增长已成为共识，国家和地方政府密集发布相关政策，在投资稳增长、积极财政政策的持续催化下，轨道交通批复、新开工建设正在全面提速。

3. 5G通信，蓄势待发

2020年2月21日，中共中央政治局、工业和信息化部先后要求加快推进5G建设发展，做好信息通信业的复工复产工作，发挥5G建设对“稳投资”、产业链发展的积极带动作用。2020—2021年将成为我国5G建设的第一个高峰期，在此期间预计将新增5G宏基站150万站以上。5G建设及万物互联应用的繁荣将推动数据流量爆发，从而使得云计算及边缘计算相关市场需求激增，随着下游流量的繁荣，上游器件和中游基础设施也将迎来新的爆发机遇。

附表 2019年度机械行业上市公司业绩评价结果排序表

序号	全部上市公司评价得分排序	股票代码	股票简称	综合得分（100分）	评价等级	每股收益（元）	总资产报酬率（%）	净资产收益率（%）	总资产周转率（次）	流动资产周转率（次）	资产负债率（%）	获利倍数	营业收入增长率（%）	资本扩张率（%）	市场投资回报率（%）	股价波动率（%）	年末资产总额（万元）	营业收入（万元）	净利润（万元）
1	10	601012	隆基股份	87.20	AAA	1.47	13.08	23.95	0.66	1.09	52.29	14.63	49.62	68.17	69.01	87.94	5930397.31	3289745.54	555716.38
2	16	600031	三一重工	85.40	AAA	1.36	16.44	29.53	0.92	1.26	49.72	25.15	35.55	40.07	110.40	113.12	9054129.80	7566576.00	1149444.80
3	35	600438	通威股份	82.50	AA	0.68	8.61	16.31	0.88	3.34	61.37	6.45	36.39	18.79	62.60	88.60	4682095.07	3755511.83	268233.60
4	67	300750	宁德时代	80.10	AA	2.09	5.67	12.83	0.52	0.73	58.37	19.82	54.63	19.85	35.65	72.99	10135197.67	4578802.06	501267.39
5	94	300417	南华仪器	78.70	A	2.75	44.66	47.83	1.04	1.55	24.08	–	292.33	28.38	191.48	325.27	68034.92	59871.42	21972.01
6	108	601100	恒立液压	78.00	A	1.47	19.05	25.59	0.69	1.09	33.38	27.69	28.57	22.71	161.31	155.43	842688.36	541402.20	129815.01
7	109	000425	徐工机械	78.00	A	0.43	5.87	11.44	0.85	1.12	56.47	12.85	33.25	10.90	69.63	82.17	7729165.71	5917599.89	364537.67
8	117	603338	浙江鼎力	77.70	A	2.00	18.44	23.90	0.56	0.80	33.99	292.70	39.93	23.30	81.67	102.07	485945.26	238935.53	69408.12
9	141	603218	日月股份	76.90	A	0.97	10.62	15.50	0.66	0.88	46.22	105.11	48.30	19.32	49.30	86.93	658763.90	348583.04	50454.00
10	152	300572	安车检测	76.70	A	0.98	15.98	24.78	0.74	0.86	42.40	–	84.30	24.38	77.54	116.35	150340.97	97267.47	18437.09
11	166	603806	福斯特	76.30	A	1.83	14.67	15.85	0.86	1.08	21.38	308.49	32.61	17.52	79.09	99.40	830510.69	637815.14	95503.58
12	179	603960	克来机电	75.90	A	0.57	12.78	18.27	0.73	1.13	40.34	72.27	36.54	28.29	64.26	83.32	124619.01	79630.24	12378.27
13	203	601877	正泰电器	75.40	A	1.75	9.68	16.40	0.59	1.21	54.86	8.17	10.23	12.15	18.82	47.15	5527744.65	3022590.63	397070.50
14	207	603583	捷昌驱动	75.30	A	1.61	15.67	16.93	0.69	0.92	18.67	–	26.15	11.62	63.14	117.15	217326.39	140777.08	28359.86
15	208	002801	微光股份	75.30	A	1.40	16.29	17.43	0.68	0.82	17.11	108.79	22.82	12.06	60.83	112.55	122951.13	79424.36	16292.42
16	219	300118	东方日升	75.00	BBB	1.11	6.04	12.42	0.65	1.36	63.42	5.38	47.70	11.49	133.26	121.32	2560949.13	1440424.83	97803.21
17	224	002353	杰瑞股份	74.80	BBB	1.42	11.45	14.97	0.49	0.63	39.22	34.23	50.66	15.85	144.17	140.93	1651940.39	692542.70	139235.61
18	248	300124	汇川技术	74.40	BBB	0.58	8.73	12.81	0.59	0.86	39.97	17.79	25.81	36.75	46.39	60.71	1488601.05	739037.09	101014.08
19	250	600406	国电南瑞	74.40	BBB	0.94	9.56	14.90	0.59	0.77	43.14	71.62	13.61	11.13	17.36	61.66	5742487.50	3242359.45	466029.33
20	255	300371	汇中股份	74.30	BBB	0.66	16.57	16.42	0.47	0.81	13.53	–	28.77	15.19	44.91	83.05	82707.65	36026.37	10966.11
21	260	603638	艾迪精密	74.20	BBB	0.89	18.94	22.63	0.66	1.26	24.82	25.03	41.33	95.72	85.91	127.19	266200.36	144244.50	34218.40
22	264	002851	麦格米特	74.10	BBB	0.78	11.09	20.22	1.00	1.26	50.62	39.76	48.71	15.71	45.72	88.98	394630.42	355958.72	36483.88
23	265	002833	弘亚数控	74.10	BBB	2.25	20.58	23.50	0.76	1.24	26.31	188.03	9.76	22.02	13.74	88.38	198041.82	131101.02	30649.72

续表

序号	全部上市公司评价得分排序	股票代码	股票简称	综合得分（100分）	评价等级	每股收益（元）	总资产报酬率（%）	净资产收益率（%）	总资产周转率（次）	流动资产周转率（次）	资产负债率（%）	获利倍数	营业收入增长率（%）	资本扩张率（%）	市场投资回报率（%）	股价波动率（%）	年末资产总额（万元）	营业收入（万元）	净利润（万元）
24	277	002690	美亚光电	73.90	BBB	0.81	22.82	23.21	0.55	0.64	13.92	7840.26	21.06	3.22	89.48	126.27	276897.10	150077.83	54455.78
25	284	002179	中航光电	73.80	BBB	1.04	9.16	15.07	0.64	0.79	42.28	13.17	17.18	32.91	47.96	93.14	1513186.95	915882.65	116256.92
26	289	603298	杭叉集团	73.70	BBB	1.04	13.59	15.79	1.49	2.44	25.40	141.07	4.87	11.50	5.52	49.23	627938.30	885410.67	71437.97
27	297	300450	先导智能	73.50	BBB	0.87	9.57	19.82	0.52	0.66	54.98	22.80	20.41	24.46	73.30	81.60	951669.62	468397.88	76557.21
28	298	002664	长鹰信质	73.50	BBB	0.77	9.63	13.30	0.77	1.14	38.87	44.94	12.97	13.52	28.31	66.40	424900.67	297197.01	33737.14
29	309	600885	宏发股份	73.40	BBB	0.95	12.18	15.05	0.74	1.32	35.37	15.79	2.93	10.23	52.64	67.30	1019733.88	708149.37	96424.08
30	312	603606	东方电缆	73.30	BBB	0.69	14.71	23.37	1.00	1.30	45.66	17.20	22.03	23.56	52.43	109.79	394313.72	369043.09	45218.81
31	316	300316	晶盛机电	73.20	BBB	0.50	10.11	14.81	0.44	0.62	40.01	113.22	22.64	11.48	60.93	81.04	786253.78	310974.28	62406.41
32	349	603416	信捷电气	72.60	BBB	1.16	13.86	14.45	0.49	0.61	17.75	–	10.04	13.47	31.51	61.79	146269.07	64964.16	16342.35
33	361	300259	新天科技	72.40	BBB	0.23	12.27	13.28	0.45	0.62	19.42	1826.80	38.07	13.19	59.00	62.16	279527.44	118083.18	28263.97
34	373	603203	快克股份	72.10	BBB	1.11	17.61	18.66	0.42	0.49	14.19	–	6.58	13.91	36.56	53.62	115575.62	46087.68	17372.75
35	408	002884	凌霄泵业	71.70	BBB	1.41	21.18	20.03	0.77	0.86	8.44	–	2.78	4.92	15.24	71.06	152055.38	113515.61	27238.25
36	412	300669	沪宁股份	71.60	BBB	0.65	11.74	11.24	0.64	0.93	10.56	172.92	24.85	10.01	56.32	77.28	57276.49	34788.45	5494.34
37	416	300286	安科瑞	71.60	BBB	0.54	11.41	15.14	0.58	0.81	32.34	728.35	31.10	2.75	34.74	55.56	112095.51	60020.83	11327.12
38	424	300443	金雷股份	71.50	BBB	0.86	11.05	11.18	0.55	0.95	13.33	107.99	42.34	11.33	25.10	83.17	223163.43	112400.08	20519.86
39	427	002150	通润装备	71.50	BBB	0.43	14.53	12.21	0.90	1.20	17.42	467.18	9.36	9.74	39.88	57.21	169527.53	147167.19	17815.09
40	436	300445	康斯特	71.40	BBB	0.48	13.51	14.05	0.46	0.78	9.81	547.16	19.09	9.92	70.79	93.72	65123.53	28640.75	7697.13
41	447	002028	思源电气	71.30	BBB	0.73	7.59	11.60	0.78	1.03	41.23	319.47	32.74	10.44	29.67	81.05	884514.65	638009.52	57581.30
42	457	300470	中密控股	71.10	BBB	1.15	15.60	17.92	0.54	0.76	23.35	36.53	26.08	17.94	26.95	59.85	174440.97	88834.42	22109.04
43	468	300274	阳光电源	71.00	BBB	0.61	5.24	10.95	0.63	0.79	61.63	10.37	25.41	12.32	21.08	75.72	2281912.83	1300333.18	91152.63
44	471	600580	卧龙电驱	71.00	BBB	0.75	7.55	14.78	0.65	1.26	62.34	5.24	12.10	14.70	89.16	96.24	1970354.72	1241610.61	100813.78
45	472	002706	良信电器	70.90	BBB	0.35	13.87	15.32	0.91	1.60	22.45	2654.87	29.53	2.66	47.94	108.77	232964.88	203851.32	27308.98
46	475	000157	中联重科	70.90	BBB	0.58	6.95	11.34	0.47	0.65	57.06	4.01	50.92	1.97	91.09	119.18	9206802.86	4330739.54	427511.52

续表

序号	全部上市公司评价得分排序	股票代码	股票简称	综合得分（100 分）	评价等级	每股收益（元）	总资产报酬率（%）	净资产收益率（%）	总资产周转率（次）	流动资产周转率（次）	资产负债率（%）	获利倍数	营业收入增长率（%）	资本扩张率（%）	市场投资回报率（%）	股价波动率（%）	年末资产总额（万元）	营业收入（万元）	净利润（万元）
47	476	600761	安徽合力	70.90	BBB	0.88	11.89	13.64	1.32	1.93	32.21	133.06	4.79	9.00	8.77	59.39	793567.80	1013023.46	77700.43
48	484	300179	四方达	70.80	BBB	0.23	11.05	13.29	0.45	0.71	20.95	86.28	33.05	8.36	53.89	79.79	115847.77	50118.04	11709.96
49	489	300607	拓斯达	70.70	BBB	1.41	10.60	14.44	0.76	0.95	37.19	17.32	38.58	83.60	52.09	74.52	266790.15	166036.34	18804.19
50	504	603757	大元泵业	70.50	BBB	1.04	14.11	16.00	0.84	1.13	20.53	–	1.91	11.70	12.69	53.60	141611.81	113485.55	17065.64
51	506	002698	博实股份	70.50	BBB	0.30	10.25	14.10	0.39	0.48	41.27	177.95	59.43	11.26	74.12	94.83	404115.41	145974.11	32772.24
52	510	603666	亿嘉和	70.40	BBB	2.61	22.09	23.42	0.54	0.63	22.65	545.48	43.29	22.13	45.86	95.18	155491.48	72374.57	25617.46
53	523	002129	中环股份	70.30	BBB	0.32	5.20	6.59	0.37	1.12	58.17	2.45	22.76	30.68	60.19	91.00	4911851.97	1688697.13	126124.48
54	525	002025	航天电器	70.30	BBB	0.94	9.59	14.06	0.69	0.81	34.26	–	24.69	15.42	18.46	40.61	559399.05	353371.06	45862.67
55	535	603277	银都股份	70.10	BBB	0.74	14.47	15.69	0.70	0.94	22.20	154.36	16.16	15.76	18.60	47.90	261450.24	172552.59	29734.94
56	537	002796	世嘉科技	70.10	BBB	0.57	5.34	6.49	0.84	1.61	36.44	1068.46	46.21	7.49	60.23	100.34	243185.47	187129.88	11029.00
57	546	002892	科力尔	70.00	BB	0.62	12.74	13.44	1.07	1.45	18.46	64.25	18.00	9.39	86.80	240.42	83967.33	85069.94	8805.47
58	566	002444	巨星科技	69.80	BB	0.84	10.22	12.72	0.65	1.31	31.58	22.47	11.64	11.65	16.37	63.20	1113249.88	662546.41	90365.30
59	595	002518	科士达	69.30	BB	0.55	9.10	12.73	0.69	0.97	35.29	145.52	−3.85	8.26	44.69	102.26	405708.70	261017.25	32169.52
60	602	601567	三星医疗	69.20	BB	0.75	8.99	13.37	0.48	1.02	40.61	40.18	14.80	7.76	32.33	60.12	1361113.31	673912.99	104681.63
61	621	300606	金太阳	69.00	BB	0.68	11.62	11.31	0.58	0.83	17.80	–	13.73	12.43	10.66	56.83	79054.14	43012.49	7590.86
62	622	002430	杭氧股份	69.00	BB	0.66	7.89	11.46	0.70	1.31	48.48	11.15	3.62	8.68	45.07	76.71	1204934.47	818701.24	68457.62
63	653	002611	东方精工	68.60	BB	1.01	26.09	43.95	1.31	1.66	29.83	64.03	50.63	9.17	9.80	71.33	627351.62	997350.36	183934.60
64	654	002531	天顺风能	68.60	BB	0.42	8.36	13.53	0.46	1.01	54.48	4.83	61.18	11.36	35.13	88.03	1306618.60	596684.94	76439.62
65	664	300483	沃施股份	68.50	BB	0.72	6.37	4.20	0.23	1.65	40.94	9.74	352.02	23.97	17.53	62.16	710345.13	153064.69	31285.62
66	701	603283	赛腾股份	68.00	BB	0.74	8.75	13.95	0.70	1.18	50.67	16.47	33.30	37.14	85.96	144.14	208993.05	120551.28	12918.67
67	704	300114	中航电测	68.00	BB	0.36	10.24	13.89	0.68	1.00	33.03	–	11.27	10.32	45.39	88.30	248807.33	154475.24	21953.72
68	739	600984	建设机械	67.60	BB	0.62	7.17	14.39	0.36	0.85	63.29	8.01	45.98	12.70	92.43	149.28	1036081.32	325140.69	51496.14
69	743	002760	凤形股份	67.50	BB	0.75	7.36	12.12	0.57	1.20	48.33	18.34	30.26	25.98	22.61	59.72	125031.98	61056.76	7389.32

续表

序号	全部上市公司评价得分排序	股票代码	股票简称	综合得分（100分）	评价等级	每股收益（元）	总资产报酬率（%）	净资产收益率（%）	总资产周转率（次）	流动资产周转率（次）	资产负债率（%）	获利倍数	营业收入增长率（%）	资本扩张率（%）	市场投资回报率（%）	股价波动率（%）	年末资产总额（万元）	营业收入（万元）	净利润（万元）
70	750	603187	海容冷链	67.40	BB	1.95	11.77	15.88	0.74	0.94	34.56	–	26.73	13.35	–8.43	60.06	224012.95	153563.27	21995.53
71	758	300718	长盛轴承	67.30	BB	0.65	11.70	11.06	0.46	0.71	9.62	–	–9.32	5.82	36.40	62.06	133576.29	60084.09	13064.10
72	787	603859	能科股份	66.90	BB	0.73	8.01	9.02	0.55	0.75	23.48	32.22	87.72	74.21	41.75	90.23	180512.06	76579.68	10032.71
73	788	603686	龙马环卫	66.90	BB	0.65	8.32	11.24	0.98	1.26	41.68	48.16	22.78	8.73	46.25	118.02	453974.26	422792.57	29695.40
74	789	603111	康尼机电	66.90	BB	0.65	15.75	30.67	0.72	0.85	43.90	28.40	–0.50	50.58	27.98	59.35	469180.19	339822.20	66694.76
75	805	002595	豪迈科技	66.70	BB	1.08	16.78	18.57	0.71	1.25	27.01	32.10	17.79	14.03	17.21	52.40	679176.65	438705.61	86277.63
76	806	600475	华光环能	66.70	BB	0.80	4.43	8.36	0.56	1.03	50.78	22.59	–6.02	26.57	19.15	53.65	1350564.84	700515.99	50258.27
77	808	000528	柳工	66.70	BB	0.69	4.95	10.18	0.68	0.98	63.73	8.64	6.04	7.26	11.32	58.13	2986136.73	1917729.58	107380.95
78	813	300080	易成新能	66.60	BB	0.30	14.51	19.58	0.86	1.58	38.55	8.31	114.70	183.29	23.19	78.48	889514.63	598213.94	66897.60
79	815	600528	中铁工业	66.60	BB	0.73	5.10	9.48	0.57	0.78	51.41	34.21	14.96	17.73	1.63	52.90	3888377.51	2057513.17	163649.27
80	817	600835	上海机电	66.60	BB	1.06	4.97	9.73	0.65	0.77	60.01	415.85	4.16	4.12	9.91	51.22	3418757.09	2211624.83	172804.37
81	834	002202	金风科技	66.40	BB	0.51	3.73	7.94	0.41	0.94	68.73	3.23	33.11	21.72	31.96	67.88	10305708.39	3824455.39	222975.30
82	843	300393	中来股份	66.30	BB	0.69	6.19	9.16	0.48	0.94	59.27	3.07	29.20	36.33	37.06	78.75	859499.09	347789.92	26127.42
83	854	002931	锋龙股份	66.10	BB	0.65	9.74	11.16	0.58	0.85	23.68	34.35	30.11	21.35	4.32	63.44	78904.40	41007.35	6064.17
84	856	300397	天和防务	66.10	BB	0.36	10.55	7.94	0.54	1.08	29.50	108.68	228.72	13.03	185.45	163.49	179380.36	86778.01	14659.02
85	866	300034	钢研高纳	66.00	BB	0.35	7.98	8.09	0.50	0.83	31.50	28.90	62.05	15.03	73.16	117.90	318608.04	144645.86	19461.93
86	871	603855	华荣股份	65.90	BB	0.57	8.05	12.91	0.72	0.92	46.42	110.87	19.08	4.31	22.67	42.07	286127.75	194254.65	19356.31
87	875	002534	杭锅股份	65.90	BB	0.50	5.43	11.51	0.45	0.60	62.52	115.34	9.95	5.51	44.35	71.32	929801.97	392743.30	43793.38
88	881	300464	星徽精密	65.80	BB	0.48	6.13	12.85	1.11	2.42	46.84	7.24	390.94	246.85	120.04	163.26	340224.19	349133.66	14915.92
89	891	603556	海兴电力	65.70	BB	1.03	7.99	9.89	0.45	0.57	22.88	18.95	15.72	6.84	20.98	83.17	678583.96	295417.29	50149.84
90	894	300360	炬华科技	65.70	BB	0.60	8.10	11.20	0.34	0.39	18.39	11021.73	2.35	1.15	80.39	124.22	267618.47	89239.06	24291.57
91	895	002498	汉缆股份	65.70	BB	0.13	7.55	8.95	0.95	1.18	20.53	236.63	10.98	7.49	32.18	55.89	635909.76	617960.88	43565.08
92	900	000547	航天发展	65.70	BB	0.42	7.91	9.19	0.40	0.76	24.60	33.26	14.89	13.31	24.06	57.78	1086099.04	403925.82	72255.11

续表

序号	全部上市公司评价得分排序	股票代码	股票简称	综合得分（100分）	评价等级	每股收益（元）	总资产报酬率（%）	净资产收益率（%）	总资产周转率（次）	流动资产周转率（次）	资产负债率（%）	获利倍数	营业收入增长率（%）	资本扩张率（%）	市场投资回报率（%）	股价波动率（%）	年末资产总额（万元）	营业收入（万元）	净利润（万元）
93	903	300660	江苏雷利	65.60	BB	0.90	8.10	10.37	0.72	0.85	27.52	73.00	0.04	10.35	18.08	46.16	323093.70	224984.01	23161.43
94	904	603488	展鹏科技	65.60	BB	0.41	10.44	10.03	0.38	0.46	11.15	199.19	18.21	6.17	16.19	46.07	99843.45	37173.83	8639.50
95	915	002111	威海广泰	65.50	BB	0.88	8.97	11.69	0.54	0.84	38.41	10.48	16.65	5.13	50.98	86.21	481622.50	255143.74	33251.53
96	922	300341	麦克奥迪	65.40	BB	0.29	12.35	16.06	0.73	1.07	33.60	25.14	14.23	17.62	195.77	349.99	162134.28	111809.29	15816.78
97	932	300129	泰胜风能	65.30	BB	0.21	4.60	6.79	0.57	0.81	45.66	190.60	50.70	5.11	62.80	74.53	427517.99	221902.58	15389.85
98	938	002837	英维克	65.20	BB	0.76	7.83	13.78	0.59	0.87	46.97	9.61	24.96	15.10	12.87	67.53	234810.72	133754.49	15708.76
99	953	300569	天能重工	65.10	BB	1.20	8.54	14.13	0.54	0.95	63.66	5.93	76.83	15.39	66.31	125.93	581712.90	246417.99	28439.81
100	955	300415	伊之密	65.10	BB	0.45	9.17	15.98	0.77	1.29	54.42	7.27	4.91	12.35	64.51	83.48	286535.63	211385.13	19626.32
101	957	002487	大金重工	65.10	BB	0.32	6.16	9.19	0.51	0.73	45.55	–	73.99	10.67	46.13	87.21	368731.68	168733.83	17564.59
102	968	000811	冰轮环境	65.00	B	0.68	8.40	13.72	0.57	0.99	46.57	15.42	5.94	33.81	29.35	114.57	743218.40	382082.98	46868.95
103	972	002882	金龙羽	64.90	B	0.65	16.72	16.26	1.63	1.94	23.21	18.34	15.92	16.01	3.75	58.86	241235.48	384662.27	28041.78
104	984	603611	诺力股份	64.80	B	0.93	6.80	14.55	0.72	1.06	67.90	26.62	20.94	–8.06	36.52	65.70	505530.06	308725.25	24723.34
105	992	002300	太阳电缆	64.70	B	0.33	9.01	13.77	1.80	3.12	60.21	4.43	36.64	11.04	12.60	69.54	394509.03	697486.51	20688.62
106	996	300066	三川智慧	64.60	B	0.18	10.98	11.37	0.48	0.77	14.45	–	43.70	10.59	34.82	67.13	218858.94	98750.12	20014.01
107	1007	300354	东华测试	64.50	B	0.22	8.47	8.20	0.44	0.70	9.64	–	32.45	7.34	47.84	99.04	42499.39	17774.33	3042.72
108	1015	603966	法兰泰克	64.40	B	0.49	6.43	10.85	0.51	0.81	57.61	12.39	44.80	17.91	17.61	80.72	245506.91	110585.77	10830.08
109	1020	002879	长缆科技	64.30	B	0.77	8.65	9.83	0.47	0.56	19.63	–	22.75	–2.98	7.04	56.46	181546.64	85277.53	14570.31
110	1021	002757	南兴股份	64.30	B	1.04	10.96	11.79	0.70	1.75	22.96	47.26	35.00	10.48	–13.38	110.96	237280.22	151997.28	20612.75
111	1024	000922	佳电股份	64.30	B	0.70	11.38	17.18	0.62	0.76	38.97	–	7.96	18.95	13.55	121.78	357189.71	210317.16	34478.49
112	1028	300488	恒锋工具	64.20	B	0.78	12.81	13.21	0.31	0.82	14.51	45.65	–2.99	9.26	4.69	60.40	119378.04	35169.37	12927.50
113	1036	601369	陕鼓动力	64.20	B	0.36	3.99	9.36	0.38	0.44	65.97	22.27	44.95	8.71	15.16	38.37	2066013.69	730396.83	67130.50
114	1041	300567	精测电子	64.10	B	1.10	9.96	20.70	0.57	0.77	65.11	8.93	40.39	22.67	80.02	98.27	424916.32	195073.20	26006.41
115	1050	300551	古鳌科技	64.00	B	0.41	6.02	8.02	0.56	0.67	34.49	–	77.45	10.42	113.48	144.60	89802.62	46625.35	4496.23

续表

序号	全部上市公司评价得分排序	股票代码	股票简称	综合得分（100分）	评价等级	每股收益（元）	总资产报酬率（%）	净资产收益率（%）	总资产周转率（次）	流动资产周转率（次）	资产负债率（%）	获利倍数	营业收入增长率（%）	资本扩张率（%）	市场投资回报率（%）	股价波动率（%）	年末资产总额（万元）	营业收入（万元）	净利润（万元）
116	1052	603988	中电电机	64.00	B	0.48	12.70	16.60	0.60	0.72	34.07	–	41.88	3.41	−1.07	68.82	105389.88	60800.17	11347.32
117	1054	300193	佳士科技	64.00	B	0.43	7.15	8.73	0.35	0.41	14.58	1363.95	8.09	−2.75	29.60	59.59	276617.20	96555.72	21444.86
118	1059	600967	内蒙一机	64.00	B	0.34	1.91	6.49	0.56	0.70	63.52	157.71	3.38	8.60	−3.67	41.90	2534378.13	1268111.03	57632.99
119	1073	300349	金卡智能	63.80	B	0.98	10.10	11.73	0.42	0.70	24.69	155.39	−3.32	5.64	−2.08	101.97	493136.93	197212.51	42274.83
120	1087	300423	鲁亿通	63.60	B	1.22	10.28	18.68	0.54	0.74	55.82	8.90	30.06	20.13	26.83	88.89	784135.63	394219.28	59299.87
121	1097	601727	上海电气	63.50	B	0.23	3.37	5.80	0.51	0.72	67.35	4.97	25.20	24.38	−3.00	60.57	28052358.90	12664771.80	581261.00
122	1103	002276	万马股份	63.40	B	0.21	4.30	5.35	1.30	1.69	43.68	4.47	11.51	6.09	53.95	84.11	759790.22	974540.88	23288.48
123	1110	300112	万讯自控	63.30	B	0.22	6.22	6.54	0.56	1.07	18.81	197.50	17.45	4.42	60.85	74.05	126551.64	69714.91	6601.18
124	1127	300724	捷佳伟创	63.10	B	1.19	8.10	15.98	0.48	0.52	57.48	146.52	69.30	14.73	27.82	73.37	601055.68	252716.35	37441.51
125	1142	300215	电科院	63.00	B	0.22	6.30	8.04	0.22	1.31	41.82	4.50	13.78	3.73	12.43	44.36	365187.03	80633.66	16735.86
126	1147	600894	广日股份	63.00	B	0.50	4.13	5.90	0.61	1.24	25.87	77.48	12.06	7.74	34.44	86.38	1039215.80	612189.15	42222.22
127	1152	002645	华宏科技	62.90	B	0.39	8.41	9.50	0.85	1.63	21.62	216.09	12.81	8.81	47.77	125.36	254359.85	216134.04	18206.68
128	1155	603912	佳力图	62.80	B	0.40	8.00	11.35	0.51	0.59	43.61	24.89	19.46	12.45	2.44	59.28	139925.52	63875.76	8457.30
129	1159	300720	海川智能	62.70	B	0.41	9.74	9.50	0.35	0.47	7.57	–	8.48	5.01	−7.89	57.01	51753.09	17580.39	4435.20
130	1174	603800	道森股份	62.60	B	0.54	8.71	11.14	0.78	1.01	42.42	10.62	12.01	0.32	16.75	45.58	175299.99	130978.34	10879.99
131	1179	600862	中航高科	62.60	B	0.40	9.35	13.83	0.35	0.52	35.97	68.26	−6.76	9.32	73.15	99.61	654050.66	247339.88	56445.72
132	1182	002685	华东重机	62.50	B	0.35	6.92	7.46	2.06	3.68	31.27	13.05	37.59	6.80	35.41	77.28	734579.26	1368718.90	36309.17
133	1185	300103	达刚控股	62.50	B	0.16	8.02	5.26	0.75	1.20	41.55	6.46	400.31	32.95	14.37	88.44	208683.18	117063.98	9520.80
134	1192	300474	景嘉微	62.40	B	0.58	6.03	7.70	0.21	0.25	9.21	–	33.63	6.65	71.44	143.77	259774.09	53078.72	17596.61
135	1199	002526	山东矿机	62.30	B	0.11	8.13	7.47	0.66	1.03	21.25	30.81	16.20	7.34	17.77	95.56	339985.20	217772.33	18952.83
136	1202	603500	祥和实业	62.20	B	0.50	10.88	10.20	0.36	0.48	6.69	17840.17	−1.30	6.32	17.55	42.85	96006.56	33551.90	8867.50
137	1203	603617	君禾股份	62.20	B	0.53	9.91	13.44	0.77	1.17	35.17	15.75	5.56	12.76	29.86	98.68	91254.69	67271.32	7504.45
138	1205	002871	伟隆股份	62.20	B	0.45	7.61	8.40	0.45	0.73	18.58	–	2.46	6.67	3.56	59.22	79990.90	35522.59	5298.39

续表

序号	全部上市公司评价得分排序	股票代码	股票简称	综合得分（100分）	评价等级	每股收益（元）	总资产报酬率（%）	净资产收益率（%）	总资产周转率（次）	流动资产周转率（次）	资产负债率（%）	获利倍数	营业收入增长率（%）	资本扩张率（%）	市场投资回报率（%）	股价波动率（%）	年末资产总额（万元）	营业收入（万元）	净利润（万元）
139	1208	300416	苏试试验	62.20	B	0.65	6.99	10.64	0.42	0.68	58.40	8.83	25.31	6.14	68.78	124.25	225636.11	78809.55	10240.12
140	1220	300092	科新机电	62.10	B	0.19	5.46	7.67	0.66	0.86	39.55	53.71	24.98	9.27	13.88	52.83	99367.77	59432.25	4324.75
141	1221	002367	康力电梯	62.10	B	0.32	5.31	8.25	0.65	0.96	48.63	46.04	18.48	-6.53	42.37	78.22	579469.99	366313.03	25074.73
142	1228	002532	新界泵业	62.00	B	0.26	8.54	9.45	0.83	2.10	27.06	28.90	10.31	2.03	20.53	88.90	198908.62	165319.42	13499.66
143	1230	600760	中航沈飞	62.00	B	0.63	3.25	10.61	0.82	1.06	68.10	57.96	17.91	13.64	6.67	47.66	2922385.54	2376086.09	88055.06
144	1233	002849	威星智能	61.90	B	0.50	8.38	10.13	0.76	0.90	52.34	54.66	36.21	16.38	-1.07	46.33	154416.63	107410.56	9182.90
145	1256	600765	中航重机	61.70	B	0.35	4.13	5.30	0.45	0.65	54.64	3.74	9.94	41.43	22.18	62.16	1438001.67	598490.88	32037.86
146	1257	002533	金杯电工	61.60	B	0.35	6.22	8.18	1.33	1.93	43.32	8.41	23.33	2.24	10.05	52.21	461585.49	584431.74	21190.10
147	1265	300515	三德科技	61.50	B	0.22	8.12	9.01	0.45	0.56	22.41	2048.17	11.17	6.70	8.12	44.94	65138.45	28246.82	4464.01
148	1267	300151	昌红科技	61.50	B	0.12	6.16	7.09	0.68	1.18	16.49	2940.29	3.13	-0.92	63.17	128.04	105684.18	71536.29	6037.74
149	1271	600038	中直股份	61.50	B	1.00	2.54	7.40	0.63	0.72	67.81	34.04	20.89	5.71	21.02	45.16	2633129.64	1579517.42	58830.85
150	1283	002158	汉钟精机	61.40	B	0.46	8.63	12.66	0.54	0.77	41.28	14.36	4.35	10.17	22.64	87.67	349865.20	180697.15	24485.13
151	1295	300553	集智股份	61.20	B	0.43	5.21	6.28	0.45	0.62	10.73	68320.33	18.62	2.35	10.73	43.68	37189.09	16632.57	1763.27
152	1299	002465	海格通信	61.20	B	0.23	4.78	5.77	0.37	0.60	23.20	28.82	13.20	13.50	29.48	53.26	1307669.67	460710.78	55888.63
153	1308	300480	光力科技	61.10	B	0.29	7.82	7.84	0.35	0.57	16.40	43.66	16.95	6.03	90.32	136.07	89894.66	29664.14	5599.39
154	1311	002651	利君股份	61.10	B	0.18	7.63	8.39	0.27	0.36	17.37	3890.91	33.15	7.54	11.38	54.83	266360.95	68783.70	17827.63
155	1318	000682	东方电子	61.10	B	0.18	4.95	7.87	0.60	0.72	43.19	66.24	12.37	8.41	31.52	107.05	626113.50	341861.53	28274.32
156	1323	603088	宁波精达	61.00	B	0.40	8.82	11.75	0.47	0.70	32.88	–	9.78	5.32	11.22	58.86	82645.93	37757.42	6376.98
157	1327	002322	理工环科	61.00	B	0.84	9.60	10.56	0.28	0.75	20.33	24.02	0.85	1.91	39.45	99.29	374080.56	100252.82	31134.31
158	1331	603100	川仪股份	60.90	B	0.59	5.90	10.00	0.78	1.06	51.97	7.48	11.58	6.83	16.19	70.09	508345.21	396889.04	22996.58
159	1333	002441	众业达	60.90	B	0.41	6.07	5.94	1.86	2.40	26.31	13.91	16.02	2.67	11.15	49.66	536508.40	992526.05	21525.09
160	1346	603699	纽威股份	60.80	B	0.61	11.05	17.01	0.62	0.80	46.19	35.05	9.92	-3.72	24.58	59.10	496149.89	305663.68	45844.46
161	1356	603311	金海环境	60.70	B	0.38	9.15	10.18	0.58	0.92	32.19	12.80	14.80	8.93	7.58	48.06	121039.74	64883.47	8011.20

续表

序号	全部上市公司评价得分排序	股票代码	股票简称	综合得分（100分）	评价等级	每股收益（元）	总资产报酬率（%）	净资产收益率（%）	总资产周转率（次）	流动资产周转率（次）	资产负债率（%）	获利倍数	营业收入增长率（%）	资本扩张率（%）	市场投资回报率（%）	股价波动率（%）	年末资产总额（万元）	营业收入（万元）	净利润（万元）
162	1364	000738	航发控制	60.70	B	0.25	4.29	5.12	0.41	0.68	24.67	13.25	12.60	4.95	1.79	46.98	789539.25	309249.15	26260.59
163	1369	002335	科华恒盛	60.60	B	0.76	3.99	6.40	0.50	1.20	56.06	4.20	12.58	−2.24	14.88	53.26	783178.99	386930.82	21630.59
164	1377	002097	山河智能	60.50	B	0.47	4.94	10.48	0.50	0.83	67.85	3.28	29.05	2.25	1.07	56.07	1570294.54	742735.56	51733.33
165	1383	300696	爱乐达	60.40	B	0.66	10.58	9.80	0.21	0.32	8.98	209.50	43.77	12.74	−0.78	72.05	92737.42	18423.52	7805.13
166	1393	603289	泰瑞机器	60.30	B	0.43	8.84	11.53	0.59	0.73	26.78	–	1.41	6.97	15.17	97.30	140542.26	80350.07	11483.30
167	1409	603131	上海沪工	60.20	B	0.30	6.62	8.54	0.61	1.08	23.77	122.34	5.06	20.35	17.98	95.18	161860.14	90748.29	8832.57
168	1418	600388	龙净环保	60.20	B	0.80	5.62	15.82	0.54	0.68	73.21	7.44	16.30	13.60	−5.62	68.63	2158301.09	1093502.76	86084.30
169	1433	002438	江苏神通	60.00	CCC	0.35	6.28	9.12	0.41	0.61	41.34	10.48	23.98	9.26	38.43	70.23	335849.97	134822.06	17203.24
170	1439	300306	远方信息	59.90	CCC	0.44	8.11	8.72	0.26	0.44	11.68	–	−0.90	−1.37	47.00	129.95	159277.19	41793.39	12398.00
171	1444	600582	天地科技	59.90	CCC	0.27	4.10	6.74	0.52	0.72	41.18	17.50	8.05	3.67	−8.71	59.74	3672526.14	1938357.32	129114.91
172	1446	000551	创元科技	59.90	CCC	0.28	5.15	6.62	0.72	1.12	48.37	9.31	8.50	11.15	11.54	57.89	463870.41	323726.34	19648.55
173	1456	300751	迈为股份	59.70	CCC	4.76	8.23	19.80	0.43	0.45	66.16	41.12	82.48	18.76	3.21	90.50	400505.73	143770.90	24389.25
174	1459	600577	精达股份	59.70	CCC	0.23	12.19	13.01	2.02	2.89	34.08	7.50	0.84	11.66	−10.39	81.69	624677.27	1199743.23	53405.17
175	1461	600893	航发动力	59.70	CCC	0.48	2.98	3.91	0.43	0.74	42.10	4.08	9.13	19.67	−6.60	56.17	6311502.01	2521049.63	110887.70
176	1465	603333	尚纬股份	59.60	CCC	0.20	5.76	7.04	0.78	1.10	47.61	3.76	29.10	8.78	92.31	131.87	293924.66	203354.57	10216.69
177	1480	603897	长城科技	59.40	CCC	0.87	8.83	8.66	2.08	2.50	33.78	7.27	−0.16	14.17	−16.06	84.67	289819.04	497133.04	15583.81
178	1482	300514	友讯达	59.40	CCC	0.27	5.95	9.67	0.77	0.84	50.13	24.57	11.89	8.18	4.11	69.53	114678.16	78040.37	5322.50
179	1491	300593	新雷能	59.30	CCC	0.38	6.78	10.01	0.56	0.86	41.86	4.81	62.06	11.44	43.63	133.62	141763.02	77234.61	7489.36
180	1503	603901	永创智能	59.20	CCC	0.23	3.79	7.21	0.58	0.76	59.06	5.92	13.34	11.48	57.51	86.29	355144.47	187116.23	10145.21
181	1512	603331	百达精工	59.10	CCC	0.59	7.87	10.09	0.66	1.25	44.16	7.44	10.01	16.87	11.02	33.69	150326.54	85210.37	7402.93
182	1522	000519	中兵红箭	59.10	CCC	0.18	2.54	3.18	0.50	0.76	25.64	101.95	7.43	4.15	13.15	74.03	1101122.54	532163.13	25521.89
183	1523	002927	泰永长征	59.00	CCC	0.43	9.27	9.63	0.62	0.74	24.45	456.55	73.15	14.61	−19.41	76.64	111503.05	60146.14	8236.82
184	1530	300722	新余国科	58.90	CCC	0.36	8.63	9.03	0.43	0.78	14.53	107.33	5.21	2.92	−8.54	61.62	52532.91	22468.48	4026.37

续表

序号	全部上市公司评价得分排序	股票代码	股票简称	综合得分（100分）	评价等级	每股收益（元）	总资产报酬率（%）	净资产收益率（%）	总资产周转率（次）	流动资产周转率（次）	资产负债率（%）	获利倍数	营业收入增长率（%）	资本扩张率（%）	市场投资回报率（%）	股价波动率（%）	年末资产总额（万元）	营业收入（万元）	净利润（万元）
185	1547	300154	瑞凌股份	58.80	CCC	0.25	5.66	6.96	0.29	0.32	13.50	–	–3.95	3.22	15.63	52.39	191960.72	55478.09	11258.25
186	1549	601766	中国中车	58.80	CCC	0.41	4.56	8.92	0.62	0.96	58.59	15.96	4.53	6.11	–22.02	67.19	38357248.50	22901083.30	1382370.10
187	1554	002013	中航机电	58.70	CCC	0.27	5.20	10.14	0.44	0.69	55.39	5.59	4.25	7.55	–1.73	49.95	2843481.92	1213138.31	105918.36
188	1556	002935	天奥电子	58.60	CCC	0.70	7.82	9.10	0.56	0.59	23.02	110.37	0.34	7.02	–3.20	60.56	164448.19	86690.56	11145.46
189	1561	300427	红相股份	58.60	CCC	0.66	7.82	10.89	0.32	0.73	51.07	5.45	2.21	4.75	32.46	92.70	479303.59	134047.30	25472.11
190	1568	603315	福鞍股份	58.50	CCC	0.37	8.13	9.89	0.50	0.71	32.97	7.43	149.16	33.55	2.33	76.49	196613.55	83557.99	11336.61
191	1576	603012	创力集团	58.40	CCC	0.46	8.64	11.07	0.46	0.64	47.61	16.52	42.35	–1.68	15.84	181.40	542141.28	228847.36	34257.49
192	1589	300407	凯发电气	58.30	CCC	0.24	3.67	5.60	0.72	0.84	47.91	4.40	11.49	22.57	1.03	60.49	259805.30	180871.44	6837.99
193	1608	000039	中集集团	58.20	CCC	0.37	4.08	4.03	0.52	1.00	68.02	2.99	–8.22	5.03	16.69	57.51	17210752.10	8581534.10	251011.30
194	1611	603690	至纯科技	58.10	CCC	0.46	6.47	11.49	0.42	0.61	53.92	4.63	46.34	238.14	120.54	121.17	325710.65	98643.92	11033.39
195	1612	300527	中船应急	58.10	CCC	0.17	5.59	7.64	0.61	0.80	43.19	11.59	–7.12	4.73	62.36	155.09	394273.24	246444.31	17594.80
196	1621	603320	迪贝电气	58.00	CCC	0.41	5.30	6.27	0.77	1.15	36.27	14.74	8.94	11.43	–6.53	89.38	108405.99	69158.81	4100.39
197	1623	002857	三晖电气	58.00	CCC	0.25	5.56	6.77	0.43	0.50	20.91	120740.33	15.13	5.85	5.44	54.55	61226.22	26643.09	3186.35
198	1639	000400	许继电气	58.00	CCC	0.42	3.77	5.37	0.68	0.81	42.50	91.66	23.61	3.88	8.01	67.99	1508963.22	1015608.29	49446.04
199	1644	300385	雪浪环境	57.90	CCC	0.43	5.15	7.62	0.42	0.68	59.82	3.09	29.47	7.16	35.58	104.18	332272.59	124252.97	9994.73
200	1646	002552	宝鼎科技	57.90	CCC	0.18	7.39	8.84	0.45	1.04	8.92	184.69	9.50	9.24	383.32	447.50	72748.74	34037.10	5606.76
201	1648	002184	海得控制	57.90	CCC	0.22	5.82	5.55	0.99	1.37	44.42	5.08	21.76	4.40	7.29	62.66	202188.84	205841.24	6512.41
202	1651	300486	东杰智能	57.80	CCC	0.51	5.13	7.23	0.34	0.64	40.55	12.55	5.47	27.52	42.81	103.09	236376.76	73632.22	9078.25
203	1652	300424	航新科技	57.80	CCC	0.28	4.16	6.85	0.64	1.12	58.85	2.65	98.07	7.26	8.95	83.25	248917.31	149462.51	6619.10
204	1659	600379	宝光股份	57.80	CCC	0.16	6.30	8.28	1.15	1.59	34.34	12.74	9.96	5.01	16.50	61.92	83190.45	93390.69	4417.14
205	1661	603036	如通股份	57.70	CCC	0.32	6.41	6.30	0.26	0.30	11.13	–	24.21	5.36	–6.75	57.54	121217.66	29885.90	6503.01
206	1662	603090	宏盛股份	57.70	CCC	0.31	5.39	6.32	0.69	1.22	31.88	15.45	18.22	4.62	19.81	61.57	75059.59	49076.23	3257.28
207	1667	002338	奥普光电	57.70	CCC	0.20	5.01	5.80	0.40	0.57	11.08	2194.03	4.53	3.93	17.67	59.38	104045.08	40219.28	5003.72

续表

序号	全部上市公司评价得分排序	股票代码	股票简称	综合得分（100分）	评价等级	每股收益（元）	总资产报酬率（%）	净资产收益率（%）	总资产周转率（次）	流动资产周转率（次）	资产负债率（%）	获利倍数	营业收入增长率（%）	资本扩张率（%）	市场投资回报率（%）	股价波动率（%）	年末资产总额（万元）	营业收入（万元）	净利润（万元）
208	1685	300456	赛微电子	57.50	CCC	0.19	3.91	5.57	0.19	0.47	19.30	10.22	0.77	78.09	116.31	136.81	418072.73	71796.63	11060.45
209	1692	603667	五洲新春	57.40	CCC	0.36	4.91	6.01	0.60	1.28	41.43	4.93	32.33	1.84	24.93	59.88	311119.73	181759.94	10490.02
210	1693	603339	四方科技	57.40	CCC	0.62	6.04	7.64	0.52	0.78	29.19	23.99	-4.49	6.09	-15.00	67.93	246494.87	117530.10	12946.50
211	1694	002795	永和智控	57.40	CCC	0.30	9.88	9.58	0.78	1.11	19.60	12572.07	-8.12	-6.13	-0.20	53.72	75649.47	59205.80	6019.95
212	1696	002559	亚威股份	57.40	CCC	0.18	3.89	6.01	0.55	0.87	37.63	26.71	-4.22	11.59	26.82	61.81	298535.30	146812.97	9336.44
213	1706	600089	特变电工	57.30	CCC	0.47	3.64	5.97	0.38	0.73	57.91	3.62	-6.75	10.38	-7.61	56.82	10222470.28	3698004.86	239035.03
214	1708	603278	大业股份	57.20	CCC	0.53	5.07	9.42	0.75	1.28	58.04	13.45	11.91	11.63	-11.89	80.40	406184.02	272999.98	15223.95
215	1711	002733	雄韬股份	57.20	CCC	0.49	5.21	7.24	0.68	1.03	43.37	4.38	-0.82	1.79	150.55	113.83	442128.39	293182.03	16522.44
216	1715	000880	潍柴重机	57.20	CCC	0.30	1.32	5.91	0.65	1.39	65.71	–	12.28	6.30	4.05	57.04	425457.81	265876.36	8367.55
217	1716	002933	新兴装备	57.10	CCC	1.17	9.87	9.21	0.23	0.24	7.54	–	-2.40	6.24	-4.44	78.13	166066.06	36934.56	13557.48
218	1731	300260	新莱应材	57.00	CCC	0.31	4.81	8.05	0.64	1.01	64.89	2.82	18.10	14.03	29.62	79.44	237211.10	138723.03	6209.82
219	1735	300420	五洋停车	56.90	CCC	0.22	7.34	9.64	0.52	0.89	35.65	14.40	28.87	14.47	10.09	83.72	280180.82	129137.78	15291.04
220	1741	600150	中国船舶	56.90	CCC	0.29	0.91	2.65	0.52	0.80	52.50	4.78	36.82	2.17	60.38	134.09	4435138.37	2313618.79	51646.59
221	1745	603829	洛凯股份	56.80	CCC	0.30	5.83	7.22	0.63	0.87	32.14	21.42	9.68	4.48	9.13	57.01	101075.69	61433.90	4817.28
222	1758	603028	赛福天	56.70	CCC	0.07	2.43	2.04	0.69	1.27	19.24	3.88	15.44	1.46	65.39	93.56	87831.97	63184.78	1436.51
223	1765	601126	四方股份	56.60	CCC	0.24	3.76	4.76	0.64	0.80	33.26	296.76	4.32	-1.51	-1.89	45.17	583295.44	368119.80	17913.46
224	1779	300171	东富龙	56.40	CCC	0.23	3.67	4.72	0.46	0.54	37.75	559.41	18.11	4.02	7.47	120.66	520857.76	226400.43	14979.88
225	1780	002483	润邦股份	56.40	CCC	0.21	3.59	5.45	0.47	0.89	43.58	5.91	18.02	1.87	10.74	47.44	534555.54	231368.89	11888.92
226	1793	300499	高澜股份	56.20	CCC	0.29	3.88	7.51	0.51	0.70	56.84	12.26	25.03	20.88	16.02	80.72	191272.11	81682.50	5465.35
227	1796	300276	三丰智能	56.20	CCC	0.35	5.87	7.58	0.37	0.76	32.70	70.96	8.57	3.29	6.70	66.62	544359.69	194543.28	26869.82
228	1814	300667	必创科技	56.00	CCC	0.32	3.11	5.35	0.38	0.63	40.01	22.83	73.61	113.92	10.82	58.97	142805.28	36525.29	3329.24
229	1827	002877	智能自控	55.80	CCC	0.21	7.50	10.13	0.41	0.69	43.90	17.30	26.74	16.40	-3.75	67.37	132672.28	47661.38	7010.79
230	1861	603656	泰禾光电	55.40	CCC	0.42	6.18	6.89	0.37	0.46	11.16	–	-5.45	5.59	-0.27	53.84	105598.46	38516.23	6062.92

续表

序号	全部上市公司评价得分排序	股票代码	股票简称	综合得分（100分）	评价等级	每股收益（元）	总资产报酬率（%）	净资产收益率（%）	总资产周转率（次）	流动资产周转率（次）	资产负债率（%）	获利倍数	营业收入增长率（%）	资本扩张率（%）	市场投资回报率（%）	股价波动率（%）	年末资产总额（万元）	营业收入（万元）	净利润（万元）
231	1862	002843	泰嘉股份	55.40	CCC	0.29	8.92	9.84	0.50	0.98	25.23	118.75	12.74	−11.63	8.56	72.36	78751.88	39811.66	6174.40
232	1877	603728	鸣志电器	55.30	CCC	0.42	7.49	9.06	0.80	1.22	24.17	20.51	8.65	8.78	−13.62	59.83	265084.94	205797.47	17460.51
233	1878	002730	电光科技	55.30	CCC	0.13	5.11	4.49	0.61	0.97	34.18	5.16	6.77	3.54	18.51	59.53	158030.29	100253.07	5002.83
234	1885	002819	东方中科	55.20	CCC	0.36	9.15	11.21	1.05	1.11	43.90	30.84	11.21	13.89	57.46	170.93	102409.13	102981.21	7064.35
235	1888	300123	亚光科技	55.20	CCC	0.28	3.51	5.75	0.30	0.72	33.67	2.80	56.28	4.87	38.81	96.64	763921.35	220559.12	28064.83
236	1894	600218	全柴动力	55.20	CCC	0.26	2.10	4.87	1.04	1.50	49.63	46.40	16.32	5.46	142.57	183.20	415163.18	404444.74	9207.25
237	1896	600841	上柴股份	55.20	CCC	0.14	0.78	3.11	0.56	0.77	49.04	–	−2.12	2.04	5.27	73.35	745164.62	403327.02	11586.14
238	1917	603025	大豪科技	55.00	CC	0.28	14.56	14.08	0.48	0.64	13.50	177.06	−9.48	−1.18	−15.78	86.24	209797.73	97286.08	25535.24
239	1922	603321	梅轮电梯	54.90	CC	0.13	2.60	3.80	0.47	0.67	34.53	–	−0.09	3.10	26.19	55.94	161542.25	73695.66	3959.02
240	1923	300693	盛弘股份	54.90	CC	0.45	7.39	9.76	0.65	0.72	38.48	22.91	19.69	8.59	−14.28	112.82	107638.01	63584.48	6205.06
241	1924	603819	神力股份	54.90	CC	0.57	10.36	12.22	0.93	1.30	31.57	9.30	15.62	−0.26	25.18	64.79	113638.15	110216.68	9517.13
242	1943	300412	迦南科技	54.70	CC	0.20	5.42	6.49	0.49	0.65	44.70	21.95	21.50	0.21	−1.57	55.84	151717.26	70316.45	5898.98
243	1948	603985	恒润股份	54.60	CC	0.57	4.98	7.39	0.77	1.28	39.80	5.35	20.74	1.26	4.05	65.41	194947.14	143118.25	5618.68
244	1950	601882	海天精工	54.60	CC	0.15	4.06	6.08	0.54	0.84	41.49	38.34	−8.46	3.72	0.69	59.05	219538.44	116472.55	7671.84
245	1957	600262	北方股份	54.60	CC	0.37	4.01	5.37	0.63	0.84	51.49	4.29	18.57	2.42	3.27	57.60	243305.05	141756.35	6266.22
246	1966	002890	弘宇股份	54.40	CC	0.13	1.45	1.60	0.44	0.61	15.66	31.26	17.89	1.98	36.58	50.89	64110.35	28216.95	855.34
247	1972	600184	光电股份	54.40	CC	0.12	1.58	2.64	0.63	0.94	38.24	–	−3.74	1.94	10.23	57.40	383191.25	233171.01	6194.81
248	1976	002452	长高集团	54.30	CC	0.27	6.60	12.24	0.43	0.67	56.96	9.74	10.04	11.39	28.35	61.74	294771.00	115912.54	14078.40
249	1980	000976	华铁股份	54.30	CC	0.19	7.15	6.96	0.29	0.65	28.89	20.04	−3.42	7.61	8.86	58.40	648696.35	167213.15	30959.84
250	1982	603337	杰克股份	54.20	CC	0.68	8.59	11.71	0.88	1.52	34.80	28.96	−13.09	7.31	−15.22	107.18	417667.10	360805.74	30555.27
251	1983	603029	天鹅股份	54.20	CC	0.11	2.37	1.41	0.39	0.65	37.33	20.16	38.89	1.89	7.66	42.47	125037.93	46153.66	2315.55
252	1985	600372	中航电子	54.20	CC	0.32	4.17	7.22	0.38	0.51	63.77	2.98	9.27	3.90	2.44	51.95	2269670.07	835218.77	57860.64
253	1991	002598	山东章鼓	54.10	CC	0.24	6.16	8.87	0.78	1.10	36.98	17.70	14.39	1.64	−7.82	62.77	137390.16	107864.82	7445.33

续表

序号	全部上市公司评价得分排序	股票代码	股票简称	综合得分（100分）	评价等级	每股收益（元）	总资产报酬率（%）	净资产收益率（%）	总资产周转率（次）	流动资产周转率（次）	资产负债率（%）	获利倍数	营业收入增长率（%）	资本扩张率（%）	市场投资回报率（%）	股价波动率（%）	年末资产总额（万元）	营业收入（万元）	净利润（万元）
254	1992	601890	亚星锚链	54.10	CC	0.09	2.59	3.05	0.33	0.45	20.76	10.54	23.77	3.00	48.54	120.93	389643.73	128408.28	9003.92
255	1995	600482	中国动力	54.10	CC	0.58	2.19	3.72	0.52	0.74	34.71	7.24	0.10	18.20	−8.63	55.90	5601570.42	2969124.16	104066.67
256	2002	002164	宁波东力	54.00	CC	0.03	3.04	3.72	0.60	1.29	65.21	3.32	−91.32	3.85	33.15	99.44	172393.45	102026.28	2223.76
257	2004	600481	双良节能	54.00	CC	0.13	6.75	9.13	0.65	0.88	40.39	13.95	0.89	1.00	−2.08	78.20	385573.62	252734.04	21453.78
258	2007	603050	科林电气	53.90	CC	0.56	4.74	8.33	0.66	0.91	52.82	30.66	16.96	7.51	−18.00	76.84	239405.00	142764.93	9232.70
259	2008	300617	安靠智电	53.90	CC	0.65	7.53	7.57	0.30	0.39	21.14	16.94	−0.64	−3.26	4.15	48.65	105056.68	31802.43	6445.01
260	2009	603016	新宏泰	53.90	CC	0.40	7.11	7.23	0.46	0.58	10.90	–	6.43	0.61	−31.13	107.11	96086.11	44264.81	6240.85
261	2012	300185	通裕重工	53.90	CC	0.07	4.90	4.49	0.36	0.69	55.29	2.22	13.93	3.08	11.11	69.54	1229524.86	402745.09	25190.06
262	2015	600558	大西洋	53.90	CC	0.09	3.94	4.20	0.94	1.94	26.92	6.61	8.30	4.91	−0.04	82.97	301809.99	278772.79	8577.01
263	2021	300099	精准信息	53.80	CC	0.10	3.11	3.63	0.24	0.44	11.75	122.99	5.76	−0.54	45.27	145.90	202365.11	47186.62	5652.10
264	2022	002270	华明装备	53.80	CC	0.20	5.72	6.45	0.30	0.46	37.29	3.65	3.71	2.62	4.12	52.50	384226.64	120251.96	15753.54
265	2024	600444	国机通用	53.80	CC	0.33	5.56	8.48	0.77	0.92	36.28	8158.54	13.84	5.30	9.93	54.01	92163.64	67826.72	4855.89
266	2027	000901	航天科技	53.80	CC	0.26	3.48	3.96	0.88	1.54	38.52	8.10	2.25	3.25	3.27	80.69	700766.17	593188.88	17170.54
267	2029	603356	华菱精工	53.70	CC	0.52	8.17	9.72	1.26	1.84	40.20	12.57	47.83	8.46	−16.64	58.15	127644.03	144261.31	6786.31
268	2039	000925	众合科技	53.60	CC	0.24	3.90	5.61	0.40	0.82	65.94	1.98	32.98	2.34	19.91	69.06	732673.92	277807.99	9987.02
269	2044	600875	东方电气	53.60	CC	0.41	1.71	4.40	0.35	0.44	64.52	32.93	6.89	3.60	13.21	84.62	8961896.56	3177758.58	138087.17
270	2045	000561	烽火电子	53.60	CC	0.15	3.02	6.35	0.44	0.56	49.70	44.87	9.89	8.09	9.61	54.88	322797.31	134478.28	9720.69
271	2050	603308	应流股份	53.50	CC	0.30	3.00	4.04	0.24	0.59	43.95	1.93	10.66	20.10	65.49	104.01	744895.35	186046.63	11604.35
272	2057	603063	禾望电气	53.30	CC	0.16	2.34	2.73	0.45	0.55	39.48	68.09	51.20	4.55	41.55	90.45	424391.41	178625.81	8253.44
273	2070	603969	银龙股份	53.20	CC	0.20	8.13	9.37	0.91	1.17	41.14	6.74	13.22	5.91	−10.17	90.77	312655.68	264650.27	17543.83
274	2073	603680	今创集团	53.10	CC	0.50	5.81	10.02	0.45	0.63	54.74	6.10	16.25	9.59	−7.47	63.90	923734.30	375282.91	38728.14
275	2090	002389	航天彩虹	52.90	CC	0.25	3.75	3.67	0.39	0.88	19.42	15.70	14.04	3.16	−11.97	83.99	815316.12	310049.53	25593.10
276	2099	300018	中元股份	52.80	CC	0.10	2.71	4.82	0.32	0.42	11.41	56.11	4.70	3.91	3.79	70.13	124378.56	39391.32	4345.58

续表

序号	全部上市公司评价得分排序	股票代码	股票简称	综合得分（100分）	评价等级	每股收益（元）	总资产报酬率（%）	净资产收益率（%）	总资产周转率（次）	流动资产周转率（次）	资产负债率（%）	获利倍数	营业收入增长率（%）	资本扩张率（%）	市场投资回报率（%）	股价波动率（%）	年末资产总额（万元）	营业收入（万元）	净利润（万元）
277	2100	300756	中山金马	52.70	CC	1.52	6.72	10.78	0.37	0.43	37.93	–	20.14	8.36	−29.52	116.08	170196.89	62527.81	10950.47
278	2110	002282	博深股份	52.70	CC	0.16	3.73	3.32	0.43	1.18	18.23	7.77	10.83	5.10	−5.21	63.85	274024.20	116821.71	7224.86
279	2114	000576	广东甘化	52.70	CC	0.22	7.66	8.79	0.30	0.87	27.74	30.07	20.86	−0.02	29.19	110.56	158563.59	49455.41	10809.67
280	2119	002514	宝馨科技	52.60	CC	0.12	4.96	6.78	0.45	0.92	42.36	2.89	2.48	8.54	8.24	65.34	177953.85	82711.38	6627.18
281	2129	300069	金利华电	52.50	CC	0.15	5.97	4.89	0.34	0.67	35.11	5.30	7.43	5.75	46.52	86.70	58860.38	19797.12	2436.29
282	2130	002272	川润股份	52.50	CC	0.15	4.27	5.09	0.48	0.65	28.79	30.12	33.01	7.29	3.95	59.50	185392.93	87706.71	6564.07
283	2133	600879	航天电子	52.50	CC	0.17	2.92	3.78	0.50	0.63	55.56	3.58	1.35	4.23	0.34	48.38	2922826.84	1371221.25	50128.57
284	2134	000008	神州高铁	52.50	CC	0.16	5.63	5.88	0.29	0.53	37.10	6.88	25.55	2.32	−6.91	76.50	1204454.31	322014.30	45741.67
285	2135	300557	理工光科	52.40	CC	0.18	1.94	2.09	0.34	0.41	40.26	12.79	31.27	6.73	20.71	51.97	90570.64	26925.03	1544.73
286	2139	002520	日发精机	52.40	CC	0.24	5.26	6.12	0.37	1.05	50.93	4.03	9.71	−3.04	−6.05	58.69	582324.38	216004.77	17687.35
287	2141	002090	金智科技	52.40	CC	0.24	4.19	7.64	0.53	0.82	63.36	2.67	18.65	0.95	8.55	67.25	369236.00	198844.10	9355.40
288	2142	600592	龙溪股份	52.40	CC	0.37	5.87	7.76	0.35	0.58	28.60	15.18	−7.78	5.76	161.50	218.24	276145.23	94602.85	13682.91
289	2151	300095	华伍股份	52.30	CC	0.21	6.63	6.65	0.43	0.76	46.02	2.91	16.04	6.88	22.93	57.86	254784.97	107367.55	9634.69
290	2152	600973	宝胜股份	52.30	CC	0.13	4.32	4.12	1.98	2.92	71.16	1.50	3.41	4.14	−7.42	56.18	1697984.88	3328292.18	19007.14
291	2164	002896	中大力德	52.10	CC	0.66	6.74	8.60	0.69	1.46	37.98	8.98	12.88	6.87	−28.73	125.89	101684.06	67618.99	5253.66
292	2178	603577	汇金通	51.80	CC	0.32	4.89	5.55	0.72	0.95	49.57	2.24	68.88	39.91	0.96	103.46	248795.70	161832.39	5984.14
293	2179	603159	上海亚虹	51.80	CC	0.19	4.51	5.33	0.99	1.80	24.34	18.53	−11.49	1.84	−11.17	89.77	57002.10	56409.41	2279.18
294	2180	300509	新美星	51.80	CC	0.18	3.65	7.02	0.49	0.68	53.37	71.01	24.34	6.51	17.62	90.69	145103.10	69194.12	5317.77
295	2186	601002	晋亿实业	51.80	CC	0.17	4.24	5.24	0.66	0.97	30.11	6.67	−15.10	4.90	0.16	77.39	423422.12	294709.87	13371.85
296	2193	601218	吉鑫科技	51.70	CC	0.07	2.42	2.63	0.33	0.60	44.30	2.27	17.99	−0.41	17.45	58.66	450534.83	149693.83	6488.62
297	2208	600685	中船防务	51.50	CC	0.39	2.26	5.52	0.44	0.70	70.27	3.72	13.61	8.30	42.60	118.48	5230406.92	2182900.30	92854.63
298	2210	002823	凯中精密	51.40	CC	0.23	4.21	4.88	0.67	1.85	57.37	2.18	21.19	3.95	−10.40	80.82	321389.94	202357.43	6561.08
299	2212	002722	金轮股份	51.40	CC	0.34	4.19	3.16	0.82	1.43	37.68	3.17	5.84	3.80	9.38	50.25	306269.05	241377.84	5685.98

续表

序号	全部上市公司评价得分排序	股票代码	股票简称	综合得分（100分）	评价等级	每股收益（元）	总资产报酬率（%）	净资产收益率（%）	总资产周转率（次）	流动资产周转率（次）	资产负债率（%）	获利倍数	营业收入增长率（%）	资本扩张率（%）	市场投资回报率（%）	股价波动率（%）	年末资产总额（万元）	营业收入（万元）	净利润（万元）
300	2221	002546	新联电子	51.30	CC	0.20	5.46	5.68	0.21	0.25	11.61	164.61	1.86	2.30	3.72	88.73	344260.97	71988.71	16629.64
301	2222	002339	积成电子	51.30	CC	0.10	3.32	2.88	0.50	0.67	43.72	3.41	−6.14	−0.44	32.42	56.93	358375.23	184135.35	7113.76
302	2224	600499	科达洁能	51.30	CC	0.08	3.31	2.56	0.51	0.94	59.18	2.37	5.79	5.34	−0.24	86.90	1288126.96	642242.33	22939.66
303	2233	300382	斯莱克	51.10	CC	0.17	7.28	9.79	0.44	0.60	48.48	5.65	7.09	−4.29	−0.23	84.18	193749.23	79181.67	9051.48
304	2249	300283	温州宏丰	50.90	CC	0.06	4.20	4.36	1.36	3.01	57.50	1.72	65.01	4.67	−1.57	63.89	145106.67	193606.52	2418.16
305	2257	002278	神开股份	50.80	CC	0.12	3.45	3.90	0.48	0.70	27.04	141.14	11.85	1.86	−4.90	81.43	164079.33	78523.95	4990.96
306	2259	600207	安彩高科	50.80	CC	0.02	2.19	1.26	0.98	2.30	23.95	48.72	−5.51	1.31	4.64	71.78	213023.54	201635.94	2613.93
307	2263	002576	通达动力	50.70	CC	0.21	3.32	3.87	1.06	1.38	32.79	14.06	11.97	2.63	−13.84	78.26	132159.29	129355.73	3131.92
308	2267	600495	晋西车轴	50.70	CC	0.05	1.77	1.90	0.37	0.63	18.78	–	4.60	1.45	−5.92	74.97	392754.05	143777.37	6007.89
309	2269	600468	百利电气	50.70	CC	0.05	2.89	3.28	0.52	0.77	43.50	6.54	15.64	−0.92	−8.90	83.81	329495.26	156925.44	6563.88
310	2274	300402	宝色股份	50.60	CC	0.17	2.78	5.45	0.57	0.87	62.33	2.84	28.47	4.77	18.80	62.98	171919.52	91705.06	3450.62
311	2277	000777	中核科技	50.60	CC	0.35	5.80	9.59	0.54	0.84	39.11	17.71	3.23	8.50	12.58	65.43	241859.06	126587.94	13575.89
312	2285	300719	安达维尔	50.40	CC	0.29	6.88	7.60	0.45	0.51	24.02	30.30	10.63	3.51	3.59	61.10	128914.77	55244.66	7314.91
313	2288	300345	红宇新材	50.40	CC	0.11	9.02	10.20	0.20	0.38	13.91	12.08	17.89	10.51	113.69	236.13	58259.16	12328.59	4769.63
314	2289	002639	雪人股份	50.40	CC	0.08	3.27	2.50	0.38	0.85	41.54	1.98	16.12	1.45	55.60	140.83	401464.70	151356.87	4796.14
315	2292	002132	恒星科技	50.40	CC	0.07	3.30	3.06	0.66	1.23	43.29	2.19	12.33	−3.34	14.48	28.70	479956.89	338614.76	8464.25
316	2293	600992	贵绳股份	50.40	CC	0.12	1.56	2.08	0.86	1.26	47.21	3.13	5.42	1.53	−5.96	77.57	267835.40	218829.16	2919.88
317	2294	600202	哈空调	50.40	CC	0.13	3.94	7.87	0.49	0.72	66.74	3.49	17.65	8.59	38.61	87.74	201317.25	90450.03	5056.46
318	2295	600847	万里股份	50.40	CC	0.06	1.25	1.30	0.73	1.25	8.37	14.32	−5.04	1.31	1.76	74.06	75405.54	55161.16	890.71
319	2297	603185	上机数控	50.30	CC	1.05	9.59	11.40	0.36	0.51	38.19	45.98	17.84	10.71	−39.14	139.80	276255.21	80619.77	18531.34
320	2298	002613	北玻股份	50.30	CC	0.03	1.65	1.79	0.56	0.87	19.75	91.59	7.81	1.44	0.30	66.49	197922.45	109466.87	3333.10
321	2306	603396	金辰股份	50.20	CC	0.57	4.72	6.62	0.50	0.58	45.41	19.02	13.97	5.32	19.52	132.99	174045.43	86201.72	6952.71
322	2308	300589	江龙船艇	50.20	CC	0.17	4.60	9.70	0.63	1.05	55.27	8.42	17.33	7.54	7.13	64.54	81286.67	55070.28	3404.26

续表

序号	全部上市公司评价得分排序	股票代码	股票简称	综合得分（100分）	评价等级	每股收益（元）	总资产报酬率（%）	净资产收益率（%）	总资产周转率（次）	流动资产周转率（次）	资产负债率（%）	获利倍数	营业收入增长率（%）	资本扩张率（%）	市场投资回报率（%）	股价波动率（%）	年末资产总额（万元）	营业收入（万元）	净利润（万元）
323	2312	002560	通达股份	50.20	CC	0.22	3.90	6.05	0.61	1.03	41.12	3.16	-25.64	7.11	-1.77	53.98	297989.30	178357.74	8184.65
324	2325	002580	圣阳股份	50.10	CC	0.07	2.06	1.97	0.97	1.37	35.90	2.77	1.14	1.73	-0.37	59.86	191148.55	185654.54	2423.65
325	2333	600118	中国卫星	50.00	C	0.28	3.47	5.99	0.59	0.77	36.86	25.81	-14.77	10.67	15.48	63.64	1163037.95	646326.24	38315.58
326	2337	300457	赢合科技	49.90	C	0.44	4.50	5.39	0.31	0.46	44.00	6.27	-20.00	5.81	18.04	53.30	567869.37	166976.44	18718.26
327	2340	002023	海特高新	49.90	C	0.10	2.74	2.17	0.12	0.45	43.40	1.65	56.68	1.76	6.51	50.51	707204.68	80787.88	5358.83
328	2344	603618	杭电股份	49.80	C	0.17	3.24	4.78	0.80	1.14	59.28	2.73	12.15	17.61	-4.38	89.75	662891.67	490919.78	12026.22
329	2356	600843	上工申贝	49.70	C	0.16	3.30	3.79	0.75	1.20	42.01	6.59	0.31	3.29	10.17	59.91	447429.46	321045.86	9915.02
330	2358	300581	晨曦航空	49.60	C	0.28	7.00	7.55	0.30	0.36	18.30	–	37.17	5.68	16.49	124.66	80918.88	23868.32	4859.88
331	2364	600545	卓郎智能	49.60	C	0.32	7.20	12.69	0.62	0.90	52.05	9.17	-7.00	5.75	-16.28	63.95	1320397.10	857530.90	79016.30
332	2374	601616	广电电气	49.50	C	0.19	4.39	6.94	0.22	0.35	21.82	1048.56	17.32	6.74	-9.32	104.33	345895.59	69896.86	17985.06
333	2376	000768	中航飞机	49.50	C	0.21	1.35	3.49	0.71	0.86	65.95	14.36	2.48	-14.04	16.74	41.18	4876267.32	3429825.05	56904.02
334	2380	300275	梅安森	49.40	C	0.16	3.18	5.40	0.31	0.72	33.45	3.64	15.60	-22.46	53.50	82.10	76200.86	27081.44	2273.99
335	2383	600320	振华重工	49.40	C	0.10	2.71	3.35	0.34	0.70	75.04	1.34	12.76	5.44	11.20	61.02	7441078.33	2459558.79	49712.16
336	2385	300670	大烨智能	49.30	C	0.12	2.96	4.66	0.38	0.52	26.16	–	8.66	58.29	-24.17	78.67	126000.84	38614.81	3365.30
337	2386	002747	埃斯顿	49.30	C	0.08	3.89	4.07	0.38	0.76	54.61	2.66	-2.71	0.16	34.68	66.88	378697.02	142145.97	8813.87
338	2389	002606	大连电瓷	49.30	C	0.11	4.52	5.17	0.55	0.90	31.55	6.52	22.02	4.56	-9.52	90.97	135032.80	73685.01	4629.91
339	2397	002767	先锋电子	49.20	C	0.18	3.51	3.79	0.37	0.45	16.96	541.61	9.94	3.47	4.01	64.98	89069.36	31774.84	2698.69
340	2402	600869	智慧能源	49.20	C	0.02	2.98	0.92	0.95	1.48	71.65	1.57	-2.03	0.60	-2.82	48.11	1767322.92	1715539.17	5477.21
341	2407	002413	雷科防务	49.10	C	0.13	4.48	3.64	0.25	0.52	19.46	13.74	13.16	-7.40	-3.23	82.08	458440.90	112476.70	15171.04
342	2411	002364	中恒电气	49.00	C	0.14	2.63	3.52	0.45	0.57	18.44	69.22	19.26	-3.19	1.18	69.61	264692.09	117360.21	7339.58
343	2412	002169	智光电气	49.00	C	0.16	3.53	4.03	0.46	0.75	47.68	2.17	-5.52	-1.13	87.72	138.31	577690.70	255361.60	9878.00
344	2417	300626	华瑞股份	48.80	C	0.13	4.29	4.55	0.74	1.30	45.58	2.44	-11.33	4.66	-6.71	43.46	99828.49	75335.25	2416.79
345	2421	300001	特锐德	48.80	C	0.27	3.75	8.34	0.48	0.78	75.46	1.74	14.15	3.97	0.22	88.47	1496797.70	673908.61	24503.14

续表

序号	全部上市公司评价得分排序	股票代码	股票简称	综合得分（100分）	评价等级	每股收益（元）	总资产报酬率（%）	净资产收益率（%）	总资产周转率（次）	流动资产周转率（次）	资产负债率（%）	获利倍数	营业收入增长率（%）	资本扩张率（%）	市场投资回报率（%）	股价波动率（%）	年末资产总额（万元）	营业收入（万元）	净利润（万元）
346	2429	300619	金银河	48.70	C	0.56	6.08	8.75	0.56	0.92	55.73	3.98	-6.58	7.40	-23.85	58.13	110937.93	59958.92	4132.37
347	2430	300549	优德精密	48.70	C	0.16	3.81	4.10	0.47	0.68	31.90	5.71	-7.20	-1.11	16.36	59.12	74771.10	35352.11	2097.58
348	2431	601222	林洋能源	48.70	C	0.40	6.05	6.93	0.19	0.47	40.94	3.64	-16.37	3.62	3.63	69.35	1746810.30	335924.38	70346.03
349	2439	601179	中国西电	48.60	C	0.08	1.27	2.09	0.44	0.58	41.18	38.64	11.64	0.61	1.77	54.18	3536758.98	1528308.82	34089.16
350	2442	300512	中亚股份	48.50	C	0.40	6.10	7.99	0.44	0.62	26.79	19369.47	19.49	5.45	-7.95	96.36	191671.52	85813.96	10594.19
351	2447	600391	航发科技	48.50	C	0.07	1.95	1.56	0.60	0.94	64.40	1.61	43.11	8.09	13.32	83.96	541166.24	338354.65	3820.58
352	2462	601106	中国一重	48.20	C	0.02	2.31	1.17	0.39	0.57	66.27	1.29	25.25	1.07	4.71	88.70	3309302.12	1316504.96	12837.44
353	2464	600268	国电南自	48.20	C	0.08	3.80	2.38	0.55	0.76	64.82	3.75	0.33	2.34	3.47	125.32	879945.39	494738.20	21472.04
354	2468	002347	泰尔股份	48.10	C	0.06	1.71	2.20	0.37	0.48	46.30	4.32	9.67	2.34	16.25	78.83	219015.02	81838.01	2337.89
355	2483	002190	成飞集成	47.90	C	1.79	12.66	29.83	0.27	0.61	20.53	23.50	-21.94	-45.07	28.83	60.61	333339.70	167470.86	73587.88
356	2488	601038	一拖股份	47.80	C	0.06	2.10	1.52	0.46	0.82	58.86	2.32	3.54	2.74	50.95	140.05	1162902.24	573694.40	12651.31
357	2490	600560	金自天正	47.80	C	0.12	1.75	3.63	0.40	0.48	50.18	–	17.89	2.53	1.13	54.58	162253.93	66010.30	2771.73
358	2494	300065	海兰信	47.70	C	0.26	5.49	5.92	0.37	0.60	18.91	18.80	5.53	5.19	11.65	94.64	220771.15	81215.70	10099.54
359	2495	002204	大连重工	47.70	C	0.03	0.46	0.75	0.45	0.57	60.62	2.54	9.72	0.90	6.93	74.91	1677573.06	721039.52	3599.57
360	2498	300257	开山股份	47.60	C	0.18	2.74	4.29	0.33	0.89	55.97	5.22	1.29	2.25	14.35	84.96	815222.32	263330.67	15296.07
361	2499	002564	天沃科技	47.60	C	0.05	2.21	1.14	0.37	0.48	85.86	1.36	39.99	3.25	-9.64	73.11	3182611.30	1077919.71	13884.02
362	2506	600072	中船科技	47.50	C	0.19	1.75	3.62	0.34	0.62	56.53	1.78	1.96	-5.15	79.22	155.58	919587.00	332838.78	11019.78
363	2517	603269	海鸥股份	47.30	C	0.53	4.72	7.24	0.41	0.52	54.99	7.73	1.19	6.21	-5.99	48.70	154819.17	61094.15	5086.84
364	2519	002667	鞍重股份	47.30	C	0.05	1.22	1.42	0.24	0.33	15.94	2752.25	20.08	0.87	2.65	74.58	92441.95	22215.13	1073.55
365	2522	600435	北方导航	47.30	C	0.03	2.57	2.08	0.46	0.66	42.48	19.10	14.71	2.09	2.98	66.65	492236.62	229311.00	11657.32
366	2527	601606	长城军工	47.20	C	0.14	3.28	4.44	0.41	0.70	36.29	9.26	4.77	4.81	-20.75	94.53	365420.21	149876.50	10135.89
367	2535	603861	白云电器	47.10	C	0.36	3.81	6.52	0.48	0.72	59.01	4.15	11.07	9.18	-23.11	99.06	680398.36	286096.35	15394.90
368	2536	002779	中坚科技	47.10	C	0.06	0.58	1.21	0.47	0.83	24.58	54.19	-5.01	0.85	3.22	55.24	85311.75	39517.98	777.70

续表

序号	全部上市公司评价得分排序	股票代码	股票简称	综合得分（100分）	评价等级	每股收益（元）	总资产报酬率（%）	净资产收益率（%）	总资产周转率（次）	流动资产周转率（次）	资产负债率（%）	获利倍数	营业收入增长率（%）	资本扩张率（%）	市场投资回报率（%）	股价波动率（%）	年末资产总额（万元）	营业收入（万元）	净利润（万元）
369	2537	300421	力星股份	47.10	C	0.16	3.49	3.42	0.50	0.98	20.25	6.75	3.27	−0.88	0.73	127.17	141025.33	72937.39	3868.95
370	2544	300430	诚益通	47.00	C	0.30	4.36	4.89	0.31	0.54	26.46	16.07	0.01	5.26	−6.18	147.57	234688.07	68919.97	8326.67
371	2550	300600	瑞特股份	46.90	C	0.28	6.50	7.75	0.29	0.39	44.87	16.95	−0.55	2.30	5.59	94.39	204115.03	48613.31	8616.99
372	2558	300491	通合科技	46.70	C	0.19	5.14	5.50	0.40	0.70	21.34	19.56	70.83	63.51	−24.35	93.61	86012.97	27671.67	3000.92
373	2559	300477	合纵科技	46.70	C	0.08	2.69	3.18	0.41	0.75	56.61	2.24	−5.64	3.33	12.18	60.21	462164.62	189430.42	6219.31
374	2560	002350	北京科锐	46.70	C	0.17	3.50	4.68	0.70	1.02	41.77	10.34	−5.08	7.78	−13.64	74.17	338169.88	242099.29	9884.53
375	2561	002031	巨轮智能	46.70	C	0.01	3.92	0.68	0.22	0.40	37.17	2.89	0.32	3.03	2.10	85.92	574775.59	140652.33	11341.00
376	2562	600517	国网英大	46.70	C	0.01	1.40	0.46	0.59	0.75	59.15	1.65	5.03	−1.05	127.89	183.45	867392.39	517680.81	1537.34
377	2566	603169	兰石重装	46.60	C	0.05	2.70	3.13	0.31	0.44	81.90	1.43	34.99	4.59	39.85	117.74	1117315.79	343782.19	8871.02
378	2569	600316	洪都航空	46.60	C	0.12	1.81	1.69	0.49	0.76	40.95	2.43	82.80	1.91	18.95	92.56	843643.17	441972.21	8360.92
379	2576	300472	新元科技	46.50	C	0.29	6.23	5.55	0.31	0.70	29.09	11.32	−9.30	−2.00	50.66	92.48	157861.88	48588.14	7221.63
380	2580	603015	弘讯科技	46.40	C	0.08	2.38	2.74	0.36	0.52	30.16	8.82	−12.41	−0.06	6.02	61.77	174363.10	60054.10	3294.00
381	2582	002527	新时达	46.40	C	0.09	2.83	2.01	0.54	0.83	49.19	2.03	0.54	−0.25	−6.15	89.79	635745.17	353396.93	6055.87
382	2583	600405	动力源	46.40	C	0.02	2.35	1.04	0.48	0.90	58.66	1.33	36.85	−0.64	9.39	69.82	258681.24	124474.00	1047.92
383	2589	300376	易事特	46.30	C	0.18	5.73	8.14	0.31	0.62	56.54	2.59	−16.74	10.61	8.99	83.39	1267695.80	387349.79	42260.28
384	2590	300011	鼎汉技术	46.30	C	0.08	2.83	2.21	0.45	0.78	46.05	1.81	17.90	2.98	−7.88	75.19	362799.16	160008.24	3813.24
385	2591	002046	轴研科技	46.30	C	0.05	2.18	1.03	0.45	0.86	38.28	2.87	0.93	1.64	−1.49	69.64	461745.27	208512.93	5485.11
386	2598	002523	天桥起重	46.20	C	0.06	2.90	3.86	0.37	0.51	38.75	6.56	−5.14	2.05	−0.45	66.54	363688.67	133386.71	8255.88
387	2599	600990	四创电子	46.20	C	0.70	2.22	4.57	0.50	0.78	64.97	2.70	−30.03	3.58	26.49	87.49	712935.11	367096.69	11558.53
388	2604	300145	中金环境	46.10	C	0.01	2.11	0.48	0.41	1.15	52.14	1.80	−6.16	0.72	11.36	139.32	1032968.40	409402.04	3915.08
389	2605	300004	南风股份	46.10	C	0.04	0.95	0.86	0.30	0.55	27.65	3.95	−10.82	−3.38	69.40	120.93	274169.50	84868.24	1519.74
390	2606	600501	航天晨光	46.10	C	0.08	1.65	1.68	0.65	0.99	52.05	3.28	13.98	0.59	13.18	87.33	474020.22	300014.07	5046.18
391	2607	300604	长川科技	46.00	C	0.04	0.15	1.63	0.40	0.60	24.57	4.70	84.54	111.78	54.21	103.58	132121.84	39883.41	1193.53

续表

序号	全部上市公司评价得分排序	股票代码	股票简称	综合得分（100分）	评价等级	每股收益（元）	总资产报酬率（%）	净资产收益率（%）	总资产周转率（次）	流动资产周转率（次）	资产负债率（%）	获利倍数	营业收入增长率（%）	资本扩张率（%）	市场投资回报率（%）	股价波动率（%）	年末资产总额（万元）	营业收入（万元）	净利润（万元）
392	2609	601028	玉龙股份	46.00	C	0.03	–0.52	0.99	0.73	0.88	6.75	–	20.79	–14.22	7.66	57.59	221685.91	183949.72	–192.25
393	2610	300126	锐奇股份	46.00	C	0.03	0.70	0.95	0.38	0.52	18.02	–	–21.28	0.72	8.94	60.46	118701.49	45911.74	897.00
394	2612	002337	赛象科技	46.00	C	0.02	0.60	0.89	0.34	0.44	17.10	20.35	17.19	0.28	–5.79	113.31	157774.51	52745.38	785.19
395	2618	300068	南都电源	45.90	C	0.42	3.34	5.83	0.70	1.31	51.90	2.18	11.72	3.09	–19.24	105.74	1318931.01	900844.33	25814.20
396	2619	002249	大洋电机	45.90	C	0.02	1.46	0.80	0.57	1.02	47.27	2.11	–5.69	8.70	15.35	124.18	1377701.02	814595.30	3148.08
397	2624	300471	厚普股份	45.80	C	0.06	1.36	1.72	0.28	0.69	30.26	2.34	46.55	1.33	61.85	179.58	179978.36	54281.80	1699.49
398	2625	601608	中信重工	45.80	C	0.03	1.76	1.63	0.26	0.44	63.93	1.57	0.76	1.85	37.03	124.69	2076382.69	523994.91	13696.01
399	2627	600312	平高电气	45.80	C	0.17	1.77	2.54	0.49	0.64	58.83	3.16	3.17	1.40	–17.45	75.01	2269591.53	1115950.87	22975.68
400	2628	300521	爱司凯	45.70	C	0.04	0.86	1.12	0.28	0.48	10.56	37.02	–5.18	1.96	17.45	63.51	58922.14	16489.37	576.38
401	2629	601908	京运通	45.70	C	0.13	4.07	3.75	0.13	0.52	56.94	1.61	1.15	3.68	–	92.73	1683472.71	205740.33	27630.77
402	2637	002342	巨力索具	45.60	C	0.02	1.59	0.75	0.49	0.87	39.41	1.48	16.66	0.64	–7.10	94.48	401118.35	196595.41	1822.66
403	2656	300356	光一科技	45.30	C	0.06	3.44	2.36	0.23	0.53	38.35	1.85	–6.16	2.43	23.41	130.73	175607.55	40909.87	2709.34
404	2659	300201	海伦哲	45.30	C	0.04	2.44	2.81	0.52	0.84	52.59	1.89	–1.89	3.51	5.06	74.21	351728.04	177548.94	3535.38
405	2660	603789	星光农机	45.20	C	0.05	2.03	1.17	0.42	0.74	35.19	3.87	18.41	1.50	12.08	37.86	171933.14	70548.08	1418.66
406	2661	002112	三变科技	45.20	C	0.05	3.28	2.62	0.70	1.01	63.44	2.00	24.48	–1.10	1.61	69.30	104009.29	71038.99	1001.23
407	2671	603507	振江股份	45.00	C	0.30	2.59	2.67	0.56	1.05	56.87	1.85	82.27	–2.90	–0.85	106.05	335578.50	178608.76	3810.86
408	2672	300540	深冷股份	45.00	C	0.06	1.32	1.37	0.44	0.51	39.92	2.57	26.99	3.13	14.38	123.83	94232.78	43534.93	946.29
409	2676	600562	国睿科技	44.90	C	0.07	1.39	2.32	0.40	0.44	38.56	29.24	11.22	1.79	5.81	59.24	294150.17	116031.86	4160.13
410	2680	300024	机器人	44.80	C	0.19	4.00	4.61	0.28	0.40	33.89	4.76	–11.29	4.16	1.38	82.27	993766.70	274548.51	29001.79
411	2683	600526	菲达环保	44.80	C	0.17	2.71	4.62	0.45	0.62	71.00	1.86	–2.98	4.49	10.37	58.17	714495.10	341603.03	9051.56
412	2688	300165	天瑞仪器	44.70	C	0.05	2.21	1.31	0.41	0.68	21.58	17.06	–11.36	1.05	16.78	88.84	215545.82	90781.39	3319.65
413	2709	002073	软控股份	44.20	C	0.08	1.83	1.84	0.34	0.47	44.51	1.69	3.78	–1.81	3.32	96.35	801379.84	286537.91	5712.37
414	2710	000852	石化机械	44.20	C	0.03	2.20	1.40	0.79	0.98	77.98	1.51	33.94	1.59	13.00	57.62	885395.61	658835.22	4518.18

续表

序号	全部上市公司评价得分排序	股票代码	股票简称	综合得分（100分）	评价等级	每股收益（元）	总资产报酬率（%）	净资产收益率（%）	总资产周转率（次）	流动资产周转率（次）	资产负债率（%）	获利倍数	营业收入增长率（%）	资本扩张率（%）	市场投资回报率（%）	股价波动率（%）	年末资产总额（万元）	营业收入（万元）	净利润（万元）
415	2713	300490	华自科技	44.10	C	0.34	4.30	5.11	0.49	0.85	42.66	6.26	4.27	5.55	-18.59	86.99	314384.52	143886.02	8827.15
416	2717	000570	苏常柴A	44.10	C	0.04	0.73	1.20	0.58	0.91	38.91	5.66	-4.35	3.20	17.53	74.18	348497.60	204013.37	2495.24
417	2718	300105	龙源技术	44.00	C	0.03	0.30	0.72	0.23	0.25	12.23	-	10.67	0.41	12.65	63.79	222432.10	51333.64	1366.79
418	2722	000680	山推股份	44.00	C	0.05	1.68	1.67	0.70	1.14	58.40	1.65	-19.98	1.14	8.77	69.60	893079.82	640311.47	6191.83
419	2725	300447	全信股份	43.80	C	0.45	7.46	11.77	0.41	0.54	26.11	23.16	-3.48	-12.89	-6.09	63.46	148550.17	62544.96	13840.47
420	2733	603486	科沃斯	43.70	C	0.22	3.31	4.86	1.24	1.63	42.63	17.98	-6.70	-0.46	-40.09	175.28	433209.10	531219.43	12126.21
421	2743	600590	泰豪科技	43.60	C	0.17	2.97	3.60	0.41	0.58	67.05	2.33	-13.43	-3.78	-0.16	74.68	1279969.65	530446.00	15075.55
422	2748	601177	杭齿前进	43.50	C	0.05	2.53	1.20	0.43	0.99	53.40	1.59	1.09	1.66	7.20	96.69	387517.20	165287.58	3301.81
423	2749	002227	奥特迅	43.50	C	0.05	1.05	1.38	0.28	0.59	35.84	4.83	-3.89	0.86	5.84	88.03	127925.12	33892.55	1206.27
424	2756	002218	拓日新能	43.30	C	0.06	3.02	2.67	0.17	0.47	52.79	1.64	-5.97	2.71	4.90	71.42	627301.82	105389.19	7794.23
425	2768	002774	快意电梯	43.00	C	0.06	1.31	1.94	0.52	0.63	33.60	-	-6.29	2.04	-7.83	74.13	162630.77	82158.10	2034.40
426	2769	300062	中能电气	42.90	C	0.09	2.49	3.30	0.43	0.65	62.57	1.59	-7.53	-2.13	-0.44	59.91	212273.20	92063.25	2576.10
427	2771	000530	冰山冷热	42.90	C	0.11	1.49	2.64	0.33	0.81	37.49	4.71	-6.83	-0.12	16.61	75.51	552550.33	183185.13	8612.47
428	2774	300091	金通灵	42.80	C	0.09	3.04	4.38	0.31	0.49	58.03	2.80	-3.34	3.71	12.31	134.83	619357.16	188033.02	11043.45
429	2785	002196	方正电机	42.40	C	0.04	1.08	0.83	0.39	0.86	26.39	2.37	-18.26	7.28	2.30	79.62	287077.63	111465.14	1655.30
430	2788	300265	通光线缆	42.30	C	0.08	3.61	2.63	0.61	0.89	54.95	1.99	-8.15	10.39	-24.91	74.80	252261.87	147590.34	3380.36
431	2794	600421	ST仰帆	42.20	C	0.02	6.24	23.87	0.28	0.56	55.12	12.12	2220.51	349.02	8.30	182.74	11959.06	2326.78	287.08
432	2797	002870	香山股份	42.10	C	-0.59	-5.58	-8.15	0.82	1.47	22.08	-327.83	-10.26	-10.12	60.76	103.93	96724.44	84179.75	-6492.02
433	2799	601989	中国重工	42.10	C	0.02	-0.27	0.59	0.21	0.30	52.73	1.72	-14.45	2.54	15.94	71.81	18265146.35	3805654.85	45485.42
434	2804	002346	柘中股份	41.80	C	0.21	5.07	4.65	0.17	0.65	30.44	9150.66	-19.26	-0.53	-12.60	76.82	291894.53	45165.67	9466.38
435	2816	600192	长城电工	41.50	C	0.03	1.31	0.61	0.41	0.57	54.71	1.39	7.47	1.13	13.43	125.48	459761.40	191748.16	1879.38
436	2837	603011	合锻智能	40.60	C	0.06	1.66	1.60	0.29	0.55	33.28	3.90	-13.00	-3.20	13.42	72.87	251209.11	69496.50	2710.11
437	2846	300442	普丽盛	40.40	C	0.13	1.61	1.83	0.42	0.63	52.91	1.71	10.44	0.83	16.05	47.72	154293.97	64006.02	782.99

续表

序号	全部上市公司评价得分排序	股票代码	股票简称	综合得分（100分）	评价等级	每股收益（元）	总资产报酬率（%）	净资产收益率（%）	总资产周转率（次）	流动资产周转率（次）	资产负债率（%）	获利倍数	营业收入增长率（%）	资本扩张率（%）	市场投资回报率（%）	股价波动率（%）	年末资产总额（万元）	营业收入（万元）	净利润（万元）
438	2857	300040	九洲电气	40.20	C	0.15	2.83	2.56	0.18	0.41	58.47	1.60	-22.69	7.11	1.20	57.16	495479.73	79148.13	5559.89
439	2859	300007	汉威科技	40.10	C	-0.35	0.89	-7.41	0.37	0.72	61.05	0.97	20.31	-7.34	58.91	96.70	480357.89	181948.05	-6354.94
440	2868	300293	蓝英装备	39.80	C	0.06	2.04	1.97	0.61	1.01	59.10	1.43	-17.21	1.28	20.43	70.53	233990.20	143019.51	1849.46
441	2870	300048	合康新能	39.80	C	0.02	1.08	1.03	0.33	0.60	38.07	1.46	8.08	-0.74	-3.65	94.13	375492.59	130372.80	-1136.49
442	2875	600375	华菱星马	39.70	C	0.08	0.96	1.53	0.51	0.91	76.55	1.31	-12.47	0.99	25.46	118.34	1243058.59	638282.26	3831.45
443	2886	300648	星云股份	39.40	C	0.03	0.02	0.67	0.45	0.68	41.76	0.80	20.75	0.81	-1.35	88.12	92110.50	36558.39	609.82
444	2887	002617	露笑科技	39.30	C	0.02	2.40	1.63	0.37	0.72	64.77	0.98	-18.80	82.26	33.02	114.45	817089.70	245213.33	3461.30
445	2890	300281	金明精机	39.20	C	0.06	2.75	2.02	0.19	0.32	18.20	5.54	-24.09	1.50	19.67	61.60	150220.66	28347.32	2459.00
446	2900	002009	天奇股份	39.00	C	0.19	2.28	3.50	0.53	0.79	64.29	2.13	-9.85	-16.29	0.15	100.06	586821.41	315757.30	5886.81
447	2902	002266	浙富控股	38.90	C	0.08	3.80	4.89	0.13	0.41	39.87	4.73	-1.83	3.43	0.71	63.00	764742.79	108345.42	18140.64
448	2907	002074	国轩高科	38.70	C	0.05	1.44	0.59	0.22	0.37	64.02	1.14	-3.28	5.92	23.29	95.80	2517044.71	495889.86	4833.27
449	2915	000856	冀东装备	38.10	C	0.10	2.48	7.18	1.16	1.54	80.47	3.42	25.34	3.11	-23.66	133.75	230628.94	254640.03	1357.70
450	2935	300370	安控科技	37.50	C	0.01	3.06	1.50	0.33	0.56	70.22	1.10	-8.40	-2.46	31.02	146.76	334472.21	125587.52	1514.50
451	2937	002451	摩恩电气	37.50	C	0.08	4.76	5.38	0.26	0.59	41.94	3.65	-37.26	5.51	-21.59	114.28	120528.88	36702.32	3657.50
452	2941	002692	ST 远程	37.40	C	0.01	2.29	0.77	0.98	1.24	61.02	1.18	-6.90	-4.58	-23.60	137.48	274331.95	279299.55	847.81
453	2951	300554	三超新材	36.90	C	0.11	1.21	1.97	0.27	0.48	45.75	4.60	-32.63	0.05	-14.60	77.41	92241.72	22463.45	985.46
454	2953	600172	黄河旋风	36.90	C	0.03	3.14	0.89	0.26	0.75	61.43	1.13	-7.97	-7.30	-11.95	111.75	1088596.04	291372.01	4196.60
455	2954	300141	和顺电气	36.80	C	0.02	1.48	0.88	0.36	0.41	44.39	1.54	-30.94	2.15	-6.77	93.55	134016.00	52116.53	622.59
456	2959	300161	华中数控	36.60	C	0.09	1.68	1.32	0.37	0.53	44.35	1.71	10.55	-5.51	35.34	73.33	236797.61	90603.95	1923.64
457	2962	002506	协鑫集成	36.50	C	0.01	2.59	1.29	0.50	0.86	72.31	1.41	-22.41	3.61	19.66	73.68	1604211.28	868359.08	6962.73
458	2965	600343	航天动力	36.40	C	-0.13	-2.02	-3.80	0.58	0.80	43.51	-5.85	40.46	-4.48	9.11	64.36	457713.12	265151.23	-7782.37
459	2974	002829	星网宇达	35.90	C	0.08	1.75	1.40	0.26	0.46	34.69	2.46	-0.89	-1.03	18.13	54.73	148243.18	39873.13	1445.22
460	2975	300153	科泰电源	35.90	C	0.01	0.40	0.35	0.64	0.95	40.80	0.95	-20.10	1.89	-9.47	84.23	165590.69	104759.03	543.25

续表

序号	全部上市公司评价得分排序	股票代码	股票简称	综合得分（100 分）	评价等级	每股收益（元）	总资产报酬率（%）	净资产收益率（%）	总资产周转率（次）	流动资产周转率（次）	资产负债率（%）	获利倍数	营业收入增长率（%）	资本扩张率（%）	市场投资回报率（%）	股价波动率（%）	年末资产总额（万元）	营业收入（万元）	净利润（万元）
461	2976	300116	坚瑞沃能	35.90	C	0.07	9.96	72.27	0.06	0.08	54.94	1.49	-86.40	180.67	14.14	95.09	124907.40	54381.51	27789.87
462	2977	002665	首航高科	35.80	C	0.03	0.77	1.11	0.09	0.20	24.33	3.24	29.40	-2.30	21.27	135.52	879811.06	74408.47	7247.20
463	2979	000584	哈工智能	35.80	C	0.07	2.13	2.39	0.38	0.72	58.85	2.28	-27.11	3.74	-2.39	102.41	453408.10	173670.12	4831.13
464	2981	002691	冀凯股份	35.70	C	0.05	2.28	1.76	0.37	0.59	19.22	4.45	-6.09	1.77	-17.68	94.46	110452.81	39126.94	1556.62
465	2982	300084	海默科技	35.70	C	0.09	3.44	1.83	0.22	0.44	38.78	2.12	-1.35	2.27	-8.25	86.65	314614.75	69230.82	3484.46
466	2985	601798	蓝科高新	35.60	C	-0.10	-0.81	-2.04	0.33	0.54	47.75	-0.92	34.21	-2.55	28.38	68.09	336791.25	107940.61	-4529.98
467	2986	002309	中利集团	35.60	C	0.06	3.79	0.63	0.50	0.69	59.52	1.30	-29.30	-3.12	-28.62	123.71	2141214.73	1182509.80	12095.83
468	2994	603628	清源股份	35.20	C	-0.21	-0.53	-6.08	0.48	0.74	61.60	-0.26	30.03	-5.05	6.61	53.46	245614.94	125005.38	-5256.01
469	3004	603105	芯能科技	34.60	C	0.08	3.41	2.89	0.15	0.52	45.38	1.89	0.76	-0.54	-44.19	231.26	265728.88	38709.79	4211.80
470	3009	300101	振芯科技	34.50	C	0.01	0.42	0.49	0.30	0.42	32.86	2.11	6.32	0.49	-10.96	92.00	164815.61	47161.34	515.16
471	3021	002026	山东威达	34.10	C	-0.28	-3.20	-4.90	0.53	0.79	19.07	–	-5.23	-6.38	-8.16	76.54	288143.57	157510.94	-12079.60
472	3022	002903	宇环数控	34.00	C	0.03	0.54	0.65	0.10	0.13	9.61	–	-64.34	-1.62	-9.32	92.97	67043.42	7122.73	395.68
473	3023	300411	金盾股份	34.00	C	0.11	4.58	3.27	0.26	0.37	21.55	22.63	-5.77	-6.21	-9.91	107.87	196958.67	52153.52	5603.64
474	3046	000585	*ST 东电	33.00	C	-0.05	-8.47	–	0.21	0.56	110.71	-30.06	216.73	-331.08	-2.65	115.45	47704.15	10234.11	-4013.32
475	3066	002630	华西能源	32.20	C	0.03	1.76	1.16	0.26	0.46	73.78	1.01	-0.67	2.69	-17.17	122.40	1287481.30	362317.44	3347.20
476	3072	300441	鲍斯股份	31.90	C	-0.22	-1.86	-9.98	0.55	1.31	43.11	-1.49	3.60	-10.64	40.41	58.17	280305.99	155955.54	-11597.22
477	3073	300400	劲拓股份	31.90	C	0.10	1.99	3.96	0.49	0.76	49.34	10.22	-16.16	-10.14	-10.44	142.15	107011.99	49538.70	2113.11
478	3075	002622	融钰集团	31.80	C	0.01	2.83	0.58	0.09	0.30	27.30	1.32	-63.23	-4.49	7.68	140.08	176620.06	15532.19	746.76
479	3082	002248	华东数控	31.60	C	0.09	3.65	22.58	0.23	0.42	85.84	2.05	94.23	20.08	-10.27	75.79	60310.38	16137.83	1330.39
480	3084	002943	宇晶股份	31.30	C	0.14	1.84	1.76	0.29	0.39	26.57	14.61	-25.55	0.67	-27.33	128.22	106803.60	30161.83	1498.98
481	3093	603076	乐惠国际	31.10	C	-0.33	0.09	-3.21	0.38	0.45	61.55	0.35	-22.36	-4.40	-0.49	45.73	196773.55	75377.00	-2481.32
482	3111	002058	威尔泰	30.40	C	-0.10	-5.90	-7.64	0.42	0.52	14.39	–	-23.55	-8.07	72.96	135.34	20479.72	8951.26	-1397.72
483	3114	601700	风范股份	30.30	C	-0.25	-4.28	-10.67	0.63	0.85	47.98	-2.86	47.47	-16.14	31.82	136.01	460584.28	294036.76	-27967.66

续表

序号	全部上市公司评价得分排序	股票代码	股票简称	综合得分（100分）	评价等级	每股收益（元）	总资产报酬率（%）	净资产收益率（%）	总资产周转率（次）	流动资产周转率（次）	资产负债率（%）	获利倍数	营业收入增长率（%）	资本扩张率（%）	市场投资回报率（%）	股价波动率（%）	年末资产总额（万元）	营业收入（万元）	净利润（万元）
484	3117	600537	亿晶光电	30.30	C	-0.26	-4.71	-8.69	0.54	1.09	48.34	-11.84	0.25	-8.95	8.86	82.76	643368.60	355904.01	-30300.28
485	3118	300745	欣锐科技	30.20	C	0.24	1.59	2.48	0.36	0.42	28.49	62.95	-16.82	1.66	-34.44	147.83	153480.28	59646.89	2704.13
486	3134	002151	北斗星通	29.30	C	-1.31	-11.23	-17.91	0.47	0.89	41.45	-12.38	-2.10	-15.39	10.29	54.28	614268.80	298700.26	-75938.60
487	3138	600579	克劳斯	29.20	C	-0.18	-0.69	-2.84	0.66	1.56	66.38	-0.62	-6.44	-3.11	-19.00	105.93	1635588.03	1057610.13	-15842.02
488	3143	600151	航天机电	29.10	C	-0.52	-5.96	-13.35	0.62	1.53	47.10	-6.46	3.12	-13.51	11.22	90.46	1095148.38	690989.54	-75787.02
489	3149	002021	ST中捷	28.80	C	0.01	2.06	1.46	0.56	0.84	39.13	1.85	-38.07	1.38	-8.43	214.36	116443.75	70676.25	1025.68
490	3159	300629	新劲刚	28.20	C	-0.25	-2.66	-5.19	0.25	0.47	40.00	-2.60	-8.37	87.85	9.20	79.82	109937.75	19360.89	-2620.38
491	3165	600860	*ST京城	27.90	C	-0.31	-7.91	-32.34	0.69	1.55	58.07	-5.68	6.62	-18.84	29.00	133.80	167083.95	119584.71	-16252.67
492	3168	300111	向日葵	27.70	C	-0.10	-6.18	-92.71	0.78	1.26	75.25	-2.45	27.27	-3.06	14.07	59.74	69403.04	83661.01	-9550.43
493	3169	300466	赛摩智能	27.50	C	-0.37	-13.84	-19.94	0.35	0.63	32.68	-30.11	16.43	-27.76	9.36	74.78	126634.50	50046.93	-20972.59
494	3175	002334	英威腾	27.20	C	-0.39	-14.21	-17.40	0.74	1.09	41.78	-19.65	0.63	-22.61	-1.13	103.07	267365.77	224202.51	-43978.09
495	3177	603895	天永智能	27.10	C	-0.37	-4.53	-6.63	0.40	0.44	53.67	–	-7.14	-7.46	-10.21	53.17	125761.92	46993.63	-4046.13
496	3178	000533	顺钠股份	27.10	C	–	1.57	0.48	0.57	0.74	63.07	1.11	-85.63	-6.91	-18.13	94.74	236930.07	137370.55	-1025.21
497	3179	300713	英可瑞	26.90	C	-0.15	-3.87	-3.03	0.29	0.38	26.18	-9.97	-5.78	-3.46	-4.66	66.84	98686.61	28942.03	-2612.66
498	3196	002816	和科达	26.00	C	-0.68	-13.64	-13.90	0.24	0.32	14.94	-74.24	-58.24	-13.31	46.06	75.69	53740.73	14394.24	-6843.03
499	3203	000697	炼石航空	25.60	C	-2.31	-33.09	-67.36	0.45	1.95	58.33	-16.77	23.55	-50.68	-14.86	75.78	363611.67	197986.26	-156083.59
500	3206	300216	千山药机	25.50	C	-2.17	-15.47	–	0.08	0.21	212.83	-0.86	-1.63	–	–	41.70	226047.65	19756.54	-80277.53
501	3207	600525	长园集团	25.40	C	-0.67	-3.53	-18.24	0.44	0.85	61.81	-1.34	-10.11	-24.15	35.04	88.59	1105161.34	641500.18	-95719.73
502	3210	002633	申科股份	25.30	C	-0.19	-4.66	-5.66	0.20	0.38	19.02	-52.09	-24.13	-5.50	4.36	61.42	61246.54	12281.43	-2887.13
503	3215	600550	保变电气	25.10	C	0.01	2.68	2.14	0.50	0.72	88.38	1.27	10.38	-19.59	-25.14	116.49	674074.92	351776.53	1726.38
504	3217	603626	科森科技	24.90	C	-0.45	-2.67	-10.50	0.45	1.10	63.01	-1.53	-11.67	-12.83	40.26	84.75	459797.16	212727.18	-19053.29
505	3221	300307	慈星股份	24.60	C	-1.09	-18.35	-24.16	0.32	0.54	18.85	-65.50	-9.98	-20.92	0.09	117.23	396165.11	152103.38	-86960.73
506	3222	300503	昊志机电	24.50	C	-0.55	-9.61	-18.37	0.21	0.38	48.59	-6.02	-23.84	11.61	22.54	74.47	180510.94	35151.40	-14975.06

续表

序号	全部上市公司评价得分排序	股票代码	股票简称	综合得分（100分）	评价等级	每股收益（元）	总资产报酬率（%）	净资产收益率（%）	总资产周转率（次）	流动资产周转率（次）	资产负债率（%）	获利倍数	营业收入增长率（%）	资本扩张率（%）	市场投资回报率（%）	股价波动率（%）	年末资产总额（万元）	营业收入（万元）	净利润（万元）
507	3227	002689	远大智能	24.40	C	-0.10	-4.68	-8.02	0.36	0.60	38.90	-	-34.42	-5.24	4.62	102.51	211904.89	80974.86	-10881.48
508	3228	300228	富瑞特装	24.40	C	-0.69	-7.99	-20.24	0.42	0.70	59.71	-6.30	8.89	-23.31	-1.18	112.27	349230.93	157384.47	-34062.49
509	3233	300029	天龙光电	24.30	C	-0.38	-55.20	-92.78	0.12	0.37	55.17	-5201.49	79.47	-59.42	37.60	87.55	9730.65	1718.68	-7647.66
510	3248	000837	*ST 秦机	23.70	C	-0.43	-2.18	-12.48	0.36	0.63	65.91	-1.88	-0.73	-11.37	2.94	64.33	858416.37	316497.65	-31659.57
511	3254	002686	亿利达	23.40	C	-1.01	-13.19	-35.41	0.44	0.94	58.34	-7.07	-2.00	-30.23	-11.30	64.62	308183.14	148121.51	-49604.75
512	3255	600243	*ST 海华	23.40	C	-0.95	-18.78	-31.42	0.32	0.51	43.43	-12.65	-7.49	-28.51	12.18	66.98	195614.60	70635.47	-43956.10
513	3258	600169	太原重工	23.30	C	-0.32	-	-21.70	0.22	0.30	89.97	0.15	9.48	-19.71	-	71.15	3364157.61	703771.84	-81207.39
514	3260	002209	达意隆	23.00	C	-0.18	-2.03	-5.77	0.49	0.72	57.95	-2.39	-27.74	-5.89	2.16	61.51	144011.39	71214.14	-3673.20
515	3267	002490	山东墨龙	22.70	C	-0.25	-1.05	-10.64	0.71	1.57	68.81	-0.35	-1.42	-11.18	-12.77	74.29	573575.23	438890.42	-22490.78
516	3273	000816	ST 慧业	22.50	C	-0.68	-21.76	-36.38	0.31	0.67	38.45	-29.20	-5.40	-30.74	-4.61	144.90	383166.00	144535.43	-105842.39
517	3276	300351	永贵电器	22.20	C	-1.12	-16.33	-20.44	0.41	0.64	20.20	-459.81	-17.55	-19.70	5.54	85.43	241042.71	108029.28	-45893.70
518	3283	600302	标准股份	22.10	C	-0.48	-9.39	-14.25	0.34	0.43	21.24	-169.71	-27.50	-13.07	10.91	82.38	145337.79	54166.77	-16922.43
519	3284	002358	森源电气	22.00	C	0.01	1.54	0.19	0.19	0.28	43.74	1.13	-39.77	-9.97	-58.81	251.31	807210.59	162675.17	1351.37
520	3292	300510	金冠股份	21.70	C	-1.36	-25.69	-33.48	0.20	0.55	24.21	-59.07	-25.39	-30.76	24.15	100.40	390781.99	92668.66	-120355.03
521	3311	002786	银宝山新	20.70	C	-0.69	-5.89	-25.90	0.67	1.02	77.71	-3.04	-7.67	-21.36	32.18	109.25	421759.89	277918.39	-27027.96
522	3312	002192	*ST 融捷	20.70	C	-1.26	-32.91	-49.81	0.29	0.85	27.03	-39.66	-29.53	-27.91	29.79	172.51	81030.03	26979.73	-33897.88
523	3318	300195	长荣股份	20.00	C	-2.21	-11.69	-21.92	0.23	0.51	44.64	-13.16	-1.44	-23.64	-12.38	104.81	524885.03	129221.14	-69513.79
524	3319	000821	京山轻机	20.00	C	-0.98	-9.50	-20.37	0.44	0.70	52.35	-12.30	0.39	-19.16	-18.59	104.01	501041.77	225761.67	-52760.12
525	3324	600241	*ST 时万	19.70	C	-0.94	-24.14	-24.84	0.28	0.63	36.03	-21.95	-46.10	-31.95	-9.60	90.10	132460.90	43916.48	-39800.93
526	3325	300391	康跃科技	19.50	C	-1.91	-36.54	-61.08	0.40	0.68	50.63	-28.92	-17.67	-47.48	0.22	119.39	152313.07	72531.09	-67211.97
527	3328	002426	*ST 胜利	19.40	C	-0.89	-17.84	-53.73	0.86	1.60	69.39	-8.32	-21.01	-43.78	3.90	106.51	1369828.52	1364964.45	-308110.59
528	3329	300362	天翔环境	19.30	C	-4.38	-31.20	-	0.09	0.12	140.57	-3.49	19.66	-1107.80	-50.03	194.09	423341.44	41980.03	-187120.62
529	3331	600815	*ST 厦工	19.20	C	-0.65	-23.07	-202.09	0.42	0.55	61.38	-14.16	-34.05	-	-0.85	57.96	381381.15	187151.32	-112210.04

续表

序号	全部上市公司评价得分排序	股票代码	股票简称	综合得分（100分）	评价等级	每股收益（元）	总资产报酬率（%）	净资产收益率（%）	总资产周转率（次）	流动资产周转率（次）	资产负债率（%）	获利倍数	营业收入增长率（%）	资本扩张率（%）	市场投资回报率（%）	股价波动率（%）	年末资产总额（万元）	营业收入（万元）	净利润（万元）
530	3337	600677	*ST 航通	18.90	C	-1.60	-13.82	–	0.50	0.73	93.22	-4.81	-58.08	–	-28.68	182.25	628279.97	406444.63	-136980.87
531	3345	002006	精功科技	18.00	C	-0.27	-6.40	-12.55	0.48	0.69	46.59	-10.48	-13.84	-11.48	-19.60	92.76	171740.14	86538.66	-12247.89
532	3357	002255	*ST 海陆	17.00	C	-2.19	-36.00	-65.44	0.33	0.49	63.28	-33.94	5.58	-54.82	-20.02	104.77	490897.25	205967.87	-209725.93
533	3359	002480	新筑股份	16.80	C	-0.28	-0.61	-8.14	0.27	0.48	69.64	-0.22	1.87	-6.86	-16.49	111.97	760782.19	199677.06	-17007.43
534	3363	300700	岱勒新材	16.60	C	-0.56	-4.26	-8.53	0.24	0.47	53.50	-2.70	-20.71	-1.97	-30.36	96.80	114371.36	26164.44	-4583.22
535	3383	000410	*ST 沈机	15.60	C	-3.90	-19.05	-508.33	0.07	0.10	84.80	-5.05	-80.02	630.00	12.06	94.74	721213.11	100213.83	-311659.49
536	3387	300173	智慧松德	15.40	C	-0.25	-7.24	-19.26	0.16	0.24	53.02	-5.99	-21.70	-17.55	26.26	90.63	148251.47	27454.15	-14839.82
537	3389	002297	博云新材	15.40	C	-0.35	-8.09	-11.23	0.17	0.31	26.52	-9.91	-31.41	-11.15	-6.61	71.66	189176.35	34941.29	-16647.01
538	3392	300484	蓝海华腾	15.30	C	-0.73	-17.75	-24.32	0.33	0.39	35.97	-1805.60	-20.34	-21.81	-23.80	78.02	86094.19	32008.81	-15273.61
539	3393	300317	珈伟新能	15.30	C	-1.28	-17.18	-43.88	0.15	0.34	55.49	-8.02	-50.23	-36.21	5.41	121.98	431474.19	84095.90	-108390.58
540	3395	600520	文一科技	15.30	C	-0.46	-8.16	-17.86	0.27	0.56	56.08	-42.38	-15.88	-15.89	-17.25	85.17	95311.15	25876.36	-7911.57
541	3400	002471	中超控股	14.90	C	-0.37	-3.88	-27.93	1.01	1.34	73.02	-1.26	-3.32	-29.54	-19.54	107.54	639504.89	738089.55	-45813.58
542	3404	600416	*ST 湘电	14.50	C	-1.67	-6.84	-43.94	0.28	0.42	81.19	-4.15	-16.04	-36.61	22.97	71.03	1703500.78	520477.01	-158180.76
543	3405	300461	田中精机	14.40	C	-1.59	-28.09	-143.73	0.54	0.71	93.75	-15.61	-37.38	-91.12	15.16	111.24	48498.52	50306.16	-27802.62
544	3426	300410	正业科技	13.10	C	-2.42	-33.16	-62.30	0.37	0.61	60.83	-34.34	-26.80	-53.40	-20.85	104.69	242511.20	104597.04	-92415.56
545	3431	603318	派思股份	12.50	C	-0.30	-4.88	-12.47	0.17	0.35	45.17	-2.25	-23.43	-11.53	-6.71	219.03	164964.24	32360.92	-12010.72
546	3436	300008	天海防务	12.20	C	-0.37	-13.55	-61.95	0.27	0.48	80.08	-4.54	-42.70	-46.63	–	104.68	202453.79	58936.93	-36254.08
547	3439	300097	智云股份	11.70	C	-2.52	-31.89	-43.62	0.14	0.25	33.92	-45.48	-68.94	-37.66	-7.87	129.39	185379.85	30314.51	-69793.24
548	3442	300208	青岛中程	11.50	C	-0.35	-4.83	-13.05	0.14	0.18	67.24	-2.43	-41.76	-11.21	16.47	95.04	574680.80	75703.79	-27185.77
549	3443	002176	*ST 江特	11.50	C	-1.19	-25.55	-78.52	0.33	0.61	70.22	-11.75	-14.00	-55.13	-38.23	158.57	562066.96	259452.08	-206770.76
550	3445	002122	*ST 天马	10.90	C	-1.39	-24.34	-69.41	0.19	0.29	63.66	-8.36	-36.98	-50.58	17.92	156.83	462734.06	117922.28	-165582.53
551	3449	002121	*ST 科陆	10.80	C	-1.69	-22.44	-100.75	0.27	0.51	89.37	-6.35	-15.72	-70.59	-6.00	107.39	1011422.54	319532.51	-269244.86
552	3451	000595	*ST 宝实	10.60	C	-0.41	-17.60	-67.00	0.19	0.40	74.98	-11.42	-28.01	-45.53	19.13	106.21	152454.81	31123.39	-32402.69

续表

序号	全部上市公司评价得分排序	股票代码	股票简称	综合得分（100分）	评价等级	每股收益（元）	总资产报酬率（%）	净资产收益率（%）	总资产周转率（次）	流动资产周转率（次）	资产负债率（%）	获利倍数	营业收入增长率（%）	资本扩张率（%）	市场投资回报率（%）	股价波动率（%）	年末资产总额（万元）	营业收入（万元）	净利润（万元）
553	3454	300159	新研股份	10.20	C	-1.33	-22.06	-37.65	0.14	0.38	42.09	-13.60	-33.50	-31.61	-20.33	115.39	772235.07	124999.79	-201759.82
554	3459	300444	双杰电气	9.80	C	-1.07	-27.18	-54.56	0.50	0.74	73.66	-21.80	-10.70	-56.05	-22.76	136.69	286860.04	170125.08	-97357.33
555	3461	002529	*ST 海源	9.60	C	-2.06	-27.50	-48.32	0.13	0.29	43.87	-23.66	-9.53	-40.92	-18.18	114.92	146653.06	21765.75	-53548.75
556	3464	000803	*ST 金宇	9.50	C	-1.51	-28.82	-	0.03	0.05	128.50	-10.38	-95.21	-163.71	17.34	69.17	38577.50	2352.92	-21906.39
557	3466	000806	*ST 银河	9.10	C	-1.05	-52.09	-141.31	0.37	0.56	86.29	-17.04	2.65	-83.10	-44.96	303.19	171906.54	78143.91	-116954.10
558	3469	300222	科大智能	8.40	C	-3.67	-36.15	-82.50	0.33	0.49	68.65	-41.02	-35.63	-56.38	-38.71	154.43	635909.48	231331.90	-263188.55
559	3475	300210	森远股份	7.30	C	-0.66	-15.32	-31.00	0.13	0.24	51.60	-7.11	-31.13	-26.49	-22.26	93.26	182351.26	25710.95	-31956.33
560	3478	000687	*ST 华讯	6.60	C	-2.01	-47.64	-592.32	0.08	0.12	125.91	-11.52	-83.51	-142.55	-8.99	72.91	174648.02	25028.44	-153544.36
561	3488	300278	华昌达	5.40	C	-2.77	-37.30	-154.35	0.42	0.70	90.34	-15.59	-41.91	-82.94	-28.51	185.37	302979.03	158329.57	-154441.09
562	3492	002535	*ST 林重	4.30	C	-2.48	-33.21	-111.92	0.17	0.34	83.32	-19.37	-49.26	-70.53	-16.77	116.32	495892.05	104657.62	-198756.49
563	3493	002366	台海核电	4.10	C	-0.74	-6.67	-24.21	0.07	0.13	62.44	-2.04	-63.05	-22.56	-31.05	167.02	663550.68	50975.84	-68831.72
564	3499	600112	ST 天成	3.00	C	-1.66	-40.87	-107.02	0.13	0.46	78.06	-13.46	-47.74	-69.75	-45.98	247.93	167265.37	26635.54	-84602.00
565	3503	300064	豫金刚石	1.70	C	-4.31	-59.71	-120.05	0.11	0.27	76.47	-47.42	-22.96	-75.03	-29.62	129.38	737884.43	95544.62	-519921.25
566	3508	002509	天茂退	-	C	-1.19	-37.75	-96.70	0.14	0.18	72.95	-28.26	-50.93	-64.31	-40.50	190.61	606863.14	103692.46	-295255.67
567	3514	600290	*ST 华仪	-	C	-3.84	-46.79	-111.98	0.18	0.27	75.23	-63.10	-30.67	-70.86	-37.96	178.03	484217.09	108618.36	-291361.53
568		688033	天宜上佳	66.80	BB	0.64	15.23	15.15	0.30	0.46	8.37	-	4.29	90.49	23.08	121.34	255717.88	58183.72	27056.23
569		300809	华辰装备	71.50	BBB	1.22	12.82	14.75	0.33	0.43	17.10	-	5.84	150.52	23.08	12.78	167409.04	42495.78	14273.29
570		300800	力合科技	75.50	A	3.63	17.70	20.71	0.49	0.57	18.49	30668.43	19.74	206.62	23.08	23.49	205509.72	73447.00	22999.79
571		603489	八方股份	77.10	A	3.50	25.28	26.50	0.80	0.84	13.29	-	27.02	329.80	23.08	24.66	228654.56	119664.55	32384.82
572		688028	沃尔德	65.00	B	0.88	9.87	9.92	0.39	0.61	4.98	1432.03	-2.76	150.25	23.08	151.77	91031.42	25501.40	6002.16
573		603662	柯力传感	72.10	BBB	1.84	12.22	13.18	0.43	0.64	16.11	275.29	4.38	70.25	23.08	45.47	209171.26	74045.61	18327.38
574		603530	神马电力	68.40	BB	0.34	13.16	14.01	0.56	0.93	20.88	12653.89	-3.80	44.97	23.08	59.66	135913.25	62874.47	12724.54
575		601698	中国卫通	62.10	B	0.12	4.31	4.24	0.15	0.63	15.68	169.87	1.49	13.08	23.08	104.22	1815740.54	273419.26	68983.99

续表

序号	全部上市公司评价得分排序	股票代码	股票简称	综合得分（100分）	评价等级	每股收益（元）	总资产报酬率（%）	净资产收益率（%）	总资产周转率（次）	流动资产周转率（次）	资产负债率（%）	获利倍数	营业收入增长率（%）	资本扩张率（%）	市场投资回报率（%）	股价波动率（%）	年末资产总额（万元）	营业收入（万元）	净利润（万元）
576		002972	科安达	70.80	BBB	0.94	15.37	16.40	0.35	0.38	14.91	–	19.36	117.97	23.08	–	121908.25	32082.06	12382.82
577		300775	三角防务	64.10	B	0.40	11.28	12.24	0.31	0.45	21.77	–	31.81	29.42	23.08	135.86	226412.59	61387.64	19218.10
578		603956	威派格	61.60	B	0.29	10.18	12.26	0.68	0.95	23.69	590.96	31.73	32.88	23.08	157.95	147078.42	85858.44	12039.66
579		300802	矩子科技	69.50	BB	1.12	12.30	12.89	0.50	0.63	11.86	154.79	–8.07	129.57	23.08	42.08	111426.38	42324.80	9242.66
580		002957	科瑞技术	69.70	BB	0.68	11.46	13.26	0.66	0.77	20.71	86.43	–2.97	39.70	23.08	59.23	320300.62	187195.16	30165.53
581		603700	宁水集团	72.30	BBB	1.39	19.36	24.19	1.09	1.23	26.73	7943.76	33.21	142.93	23.08	80.45	170051.18	137112.47	21232.93
582		688011	新光光电	54.90	CC	0.71	8.16	7.95	0.22	0.27	6.01	28.60	–8.04	311.09	23.08	126.84	130328.79	19164.65	6049.58
583		300780	德恩精工	62.50	B	0.51	8.63	8.98	0.50	1.00	16.30	18.59	–9.42	83.49	23.08	86.78	116152.48	48516.68	6698.57
584		688012	中微公司	63.40	B	0.37	4.45	6.43	0.47	0.58	21.43	249.76	18.77	77.25	23.08	53.55	477405.43	194694.93	18858.28
585		688128	中国电研	71.90	BBB	0.70	8.89	15.99	0.89	1.16	39.09	113.04	5.95	108.07	23.08	21.39	354147.03	275239.77	25550.71
586		603915	国茂股份	71.70	BBB	0.67	11.56	16.61	0.69	0.94	32.69	–	7.31	92.97	23.08	76.46	334293.74	189572.60	28375.91
587		300810	中科海讯	60.60	B	1.35	10.85	11.16	0.29	0.31	9.11	–	–19.09	110.97	23.08	66.29	109444.52	24136.73	8132.72
588		300786	国林科技	69.40	BB	1.57	10.67	12.31	0.47	0.60	21.12	39.73	11.34	91.85	23.08	51.50	97684.48	37274.77	7243.25
589		300763	锦浪科技	70.70	BBB	1.69	14.18	20.77	1.18	1.49	32.34	225.12	37.01	148.44	23.08	116.67	128446.08	113911.54	12658.38
590		688037	芯源微	57.50	CCC	0.46	4.72	6.01	0.33	0.38	18.93	19556.94	1.51	243.33	23.08	9.48	93111.61	21315.67	2927.59
591		300776	帝尔激光	71.40	BBB	5.15	21.68	34.33	0.45	0.46	34.02	730.49	91.83	356.09	23.08	56.47	220987.90	69994.79	30515.86
592		002953	日丰股份	67.40	BB	0.69	11.88	15.24	1.45	1.83	24.53	8.35	–0.92	95.33	23.08	93.48	124679.83	153953.93	10843.61
593		603279	景津环保	73.00	BBB	1.10	12.31	17.64	0.80	1.08	42.86	–	13.44	32.96	23.08	49.22	467719.21	331086.41	41307.70
594		688310	迈得医疗	62.70	B	0.73	9.64	9.73	0.37	0.43	12.12	50.60	–2.49	178.90	23.08	7.53	80441.64	20954.95	4629.40
595		002965	祥鑫科技	67.50	BB	1.27	9.23	12.59	0.85	1.22	31.06	95.82	8.07	108.17	23.08	22.06	235352.96	159712.16	15124.73
596		688333	铂力特	59.90	CCC	1.09	7.31	10.14	0.28	0.44	27.26	10.87	10.38	167.75	23.08	97.02	147970.47	32174.28	7456.43
597		688006	杭可科技	67.90	BB	0.77	10.26	18.58	0.43	0.51	41.92	909.46	18.36	143.89	23.08	98.32	382767.04	131302.58	29118.76
598		002960	青鸟消防	71.30	BBB	1.81	14.60	17.19	0.78	0.90	23.27	34.49	27.80	86.62	23.08	51.18	360892.80	227109.56	35211.49

续表

序号	全部上市公司评价得分排序	股票代码	股票简称	综合得分（100 分）	评价等级	每股收益（元）	总资产报酬率（%）	净资产收益率（%）	总资产周转率（次）	流动资产周转率（次）	资产负债率（%）	获利倍数	营业收入增长率（%）	资本扩张率（%）	市场投资回报率（%）	股价波动率（%）	年末资产总额（万元）	营业收入（万元）	净利润（万元）
599		688009	中国通号	70.30	BBB	0.38	5.47	10.90	0.47	0.57	56.19	42.38	4.08	41.14	23.08	89.93	9751259.13	4164628.68	417704.84
600		688015	交控科技	66.70	BB	0.93	4.84	17.17	0.58	0.64	69.19	38.33	42.09	170.08	23.08	100.95	355067.83	165177.51	12516.08
601		688003	天准科技	56.40	CCC	0.50	4.99	8.10	0.43	0.48	13.89	–	6.45	290.11	23.08	138.80	189954.34	54106.93	8317.86
602		688022	瀚川智能	60.40	B	0.79	9.65	13.85	0.56	0.69	23.42	57.58	4.93	366.67	23.08	122.63	114085.16	45749.46	6850.35
603		600764	中国海防	71.20	BBB	1.05	17.43	24.75	0.89	1.07	45.89	21.64	1062.14	290.55	18.42	68.63	768480.39	407396.51	67229.92
604		300762	上海瀚讯	59.10	CCC	0.91	9.06	12.57	0.41	0.42	26.82	14.41	28.24	97.70	23.08	122.89	166394.61	54596.99	11236.84
605		688001	华兴源创	59.10	CCC	0.47	11.22	12.56	0.74	0.96	11.19	53.34	25.14	108.23	23.08	105.24	213678.23	125773.73	17645.07
606		300594	朗进科技	60.40	B	1.05	10.61	13.94	0.60	0.68	27.54	29.70	10.99	128.24	23.08	55.19	112569.18	52570.39	8158.41
607		688218	江苏北人	57.80	CCC	0.58	6.18	8.89	0.46	0.52	32.72	13.66	14.66	138.76	23.08	4.91	124423.45	47313.07	5324.63
608		300757	罗博特科	58.20	CCC	0.98	9.79	18.80	0.85	1.00	47.72	28.81	48.96	136.93	23.08	151.67	142963.31	98103.36	9998.46
609		002459	晶澳科技	81.80	AA	1.27	14.43	27.04	1.41	2.71	70.92	3.79	5884.16	552.45	32.14	65.48	2852761.10	2115548.00	128410.13
610		300772	运达股份	56.80	CCC	0.40	1.02	8.60	0.55	0.77	86.80	8.12	51.29	58.63	23.08	84.49	1156287.86	501026.08	10657.75
611		601615	明阳智能	66.50	BB	0.53	3.17	12.76	0.37	0.61	79.56	3.41	52.03	45.08	23.08	82.85	3469561.10	1049315.70	66133.42

第九章　汽车行业上市公司业绩评价

汽车行业是国民经济的支柱产业之一，作为经济产业中重要的中游行业，其上游承载零部件、钢铁、橡胶原料行业及生产设备制造行业，下游衔接矿山开采、公路交通运输、特种用途等国民经济相关产业领域。2019 年受宏观经济增速放缓、中美贸易摩擦等因素影响，全年汽车销量同比下降 8.15%。2019 年申万汽车股票指数从 3364.27 上升至 3913.76，全年涨幅达到 16.33%，但依然低于上证综指全年 23.72% 的涨幅。2020 年受新冠疫情影响，一季度销售同比跌至历史冰点，预计全年销量可能呈现前低后高的走势，但总体形势十分严峻。

一、汽车行业上市公司业绩评价结果

截至 2019 年末，汽车行业包括汽车整车、汽车零部件、汽车服服务、其他交运设备等企业的全部上市公司 174 家，其中 153 家盈利。汽车行业的综合评价分值为 51.20 分，略低于同年全部上市公司的综合评价分值 53.68 分；仅有潍柴动力一家上市公司进入 2019 年上市公司业绩评价综合得分的“中联价值 100”，位列第 47 名。

2019 年末汽车行业上市公司资产总额合计为 3.16 万亿元，占纳入评价的 3654 家上市公司（以下简称：全部上市公司，不包括金融和 B 股，以下如无特指按此口径）资产总额的 4.61%；实现营业收入共 2.66 万亿元，占全部上市公司营业收入的 6.38%；实现净利润 0.08 万亿元，占全部上市公司净利润的 4.20%。

在纳入评价的 169 家汽车行业中（剔除了其中 5 家当年上市或借壳上市的公司），业绩为 AA 的有 1 家；业绩为 A 的有 2 家；业绩为 BBB 的有 14 家；业绩为 BB 的有 10 家；业绩为 B 的有 22 家；业绩为 CCC 的有 31 家；业绩为 CC 的有 24 家；业绩为 C 的有 65 家。2019 年度，汽车行业评价得分前十名的公司见表 9-1。

2019 年汽车行业上市公司整体毛利率和净利润率水平为 14.50% 和 3.74%，均低于全部上市公司的平均水平 19.37% 和 4.73%，说明汽车行业在 2019 年的经营收益水平低于全部上市公司平均水平。

表 9－1　2019 年度汽车行业评价得分前十名的公司

序号	股票代码	股票简称	在全部上市公司中评价得分排序
1	000338	潍柴动力	47
2	000951	中国重汽	168
3	601799	星宇股份	175
4	600742	一汽富维	221
5	002048	宁波华翔	241
6	603040	新坐标	259
7	600741	华域汽车	268
8	601633	长城汽车	291
9	603129	春风动力	368
10	600104	上汽集团	430

下面分别从财务效益、资产质量、偿债风险、发展能力及市场表现等五个方面对汽车行业上市公司进行具体分析。

（一）财务效益

从综合得分来看，2019 年汽车行业上市公司财务效益低于全部上市公司当年平均水平，同时较上年也有所下降。表 9–2 列示了 2019 年汽车行业上市公司财务效益状况评价结果。与 2018 年的情况相比较，2019 年上市公司财务效益指标中盈利现金保障倍数显著增加，但是其综合得分依然较上年有所下降。从财务效益指标分析中可以看到，汽车行业受到宏观经济增速下行、中美贸易摩擦、主要原材料价格升高等影响，汽车行业的各项指标均出现了不同程度的下降，而净利润的下降，也可能是导致盈利现金保障倍数增加的原因之一。

在汽车行业上市公司财务效益状况指标中，排名前五的分别为潍柴动力、福耀玻璃、华域汽车、中国重汽和威孚高科。其中，潍柴动力以 33.07 的得分在汽车行业排名第一。潍柴动力核心产品之一的动力总成、整车整机及关键零部件营业收入同比增长超过 9%，为其利润增长打下了坚实的基础。同时值得注意的是潍柴动力的国外业务收入占比逐年提升，截至 2019 年已经超过总业务收入的 40%，同比增速超过 10%，说明潍柴动力的产品或服务已经受到国际市场的认可，减少了其受单一市场波动的极端影响，保障了其收益率的稳定性。

表 9－2　汽车行业财务效益状况比较表

分析指标		2019 年上市公司平均值	2019 年行业值	2018 年行业值	增长率（%）
基本指标	净资产收益率（%）	6.61	4.03	−4.77	−184.49
	总资产报酬率（%）	5.26	4.02	4.43	−9.26
修正指标	营业利润率（%）	6.34	3.73	4.74	−21.31
	盈利现金保障倍数	1.97	2.19	0.83	163.86
	股本收益率（%）	36.41	35.77	52.66	−32.07
综合得分		22.12	19.94	19.15	21.13

（二）资产质量

从综合得分来看，汽车行业上市公司资产质量略高于全部上市公司平均水平。同比来看，资产质量状况分析指标中除应收账款周转率略低于 2018 年同期，其他指标均有不同程度的提升。表 9－3 列示了汽车行业上市公司资产质量状况评价结果。在汽车行业上市公司资产质量状况指标中，总资产周转率、流动资产周转率、存货周转率均优于上市公司平均水平。但与 2018 年相比各项指标均有不同程度的下滑，显示出汽车行业在 2019 年中受到了严峻的挑战。

在汽车行业上市公司资产质量指标中，排名前五的分别为新日股份、北汽蓝谷、浩物股份、长城汽车和上汽集团，其中新日股份和北汽蓝谷以资产质量得分 15 分满分在汽车行业资产质量排名中并列排行第一。如新日股份的新兴电商业务实现连续增长，保持了良好的发展态势。比如其电商销售收入同比增加 41.82%，在外卖、快递行业团购的销售规模同比增长了 164.77%，从而拉动了收入增长，进一步保持了较高的总资产周转率和流动资产周转率。

表 9－3　行业资产质量状况比较表

分析指标		2019 年上市公司平均值	2019 年行业值	2018 年行业值	增长率（%）
基本指标	总资产周转率（次）	0.64	0.85	0.91	−6.59
	流动资产周转率（次）	1.21	1.48	1.59	−6.92
修正指标	应收账款周转率（次）	8.24	7.71	8.31	−7.22
	存货周转率（次）	2.73	7.63	8.25	−7.52
综合得分		9.22	10.38	10.56	−1.70

（三）偿债风险

从综合得分来看，2019 年汽车行业上市公司偿债风险状况好于全部上市公司平均水平，但低于同行业上年水平。

表 9-4 列示了汽车行业上市公司偿债风险状况评价结果。从指标平均得分来看，汽车行业资产负债比率略有增加，但依然低于全上市公司的平均水平。在已获利息倍数指标上，汽车行业平均水平高于全上市公司平均水平，但由于行业景气度下降，大部分汽车行业公司净利润水平有所下降，也导致其 2019 年平均分值低于 2018 年水平。从速动比率上来看，汽车行业 2019 年和 2018 年的比率基本持平，但略有下降，但依然优于全部上市公司平均水平，说明汽车行业的流动资产中可以立即变现用于偿还流动负债的能力要优于全部上市公司的平均水平。2019 年汽车行业上市公司现金流动负债比率水平保持在 2018 年的基础上有明显提升，显示出其现金净流量覆盖流动负债的比率有所增加，但其表现依然低于全上市公司同期水平。带息负债比率较 2018 年有所下降，同时也低于 2019 年全部上市公司的平均值。

在汽车行业上市公司偿债风险状况指标中，排名前五的分别为南方轴承、浙江仙通、凯众股份和新坐标，其中爱柯迪以资产负债率 12.63%、已获利息倍数 49.88、速动比率 368.53%、现金流动负债比率 72.66%、带息负债比率 0，综合得分 15 分在汽车行业中偿债能力中排名第一。

2019 年南方轴承合并报表显示并无任何带息负债，因此南方轴承主要依赖自身资金和资产状况进行运营，偿债风险较小。

表 9－4 行业偿债风险状况比较表

分析指标		2019 年上市公司平均值	2019 年行业值	2018 年行业值	增长率（%）
基本指标	资产负债率（%）	61.12	59.53	58.97	0.95
	已获利息倍数	4.11	4.94	6.59	−25.04
修正指标	速动比率（%）	77.4	98.59	98.86	−0.27
	现金流动负债比率（%）	13.01	11.91	6.45	84.65
	带息负债比率（%）	41.99	35.32	36.37	−2.89
综合得分		8.61	9.08	9.22	−1.52

（四）发展能力

从综合得分来看，2019 年汽车行业上市公司发展能力状况受行业整体发展下行影响，除累计保留盈余率指标以外全面低于全部上市公司的平均水平，同样也低于 2018 年同期水平。

表 9-5 列示了汽车行业上市公司发展能力状况评价结果。2019 年，受到国内宏观经济增速下行、中美贸易摩擦等因素影响，汽车行业产销量自 2018 年以来首次出现负增长之后继续承压，大量汽车行业上市公司均未能幸免，出现业绩滑坡的现象。

汽车行业发展能力中排名前五的上市公司分别为继峰股份、一汽富维、国机汽车、永安行和宝隆科技，其中继峰股份以营业收入增长率736.74%、资本扩张率157.38%、累计保留盈余率28.27%、三年收入增长率130.73%、总资产增长率593.28%、营业利润增长率36.43%，发展能力17.36分排名第一。

表9－5 行业发展能力状况表

分析指标		2019年上市公司平均值	2019年行业值	2018年行业值	增长率（%）
基本指标	营业收入增长率（%）	8.81	−2.09	2.58	−181.01
	资本扩张率（%）	9.67	3.91	4.64	−15.73
修正指标	累计保留盈余率（%）	41	46.98	46.75	0.49
	三年营业收入增长率（%）	14.54	5.7	12.19	−53.24
	总资产增长率（%）	10.59	5.51	6.00	−8.17
	营业利润率增长率（%）	0.61	−25.1	−22.19	13.11
综合得分		12.23	9.81	10.34	−5.13

（五）市场表现

2019年受汽车行业整体下行的影响，汽车行业上市公司整体表现略低于大盘的表现。从综合得分来看，汽车行业上市公司的平均得分也低于全部上市公司的平均得分。相关情况见表9–6、图9–1。

综合来看，汽车行业上市公司市场表现排名前五的为潍柴动力、长城汽车、中国重汽、星宇股份和爱柯迪，其中潍柴动力以市值增长率109.08%和股价波动率104.48%，得分12.58分，排名第一。

潍柴动力2019年实现净利润83.2亿元，在2018年实现80.1亿元的基础上增加了约3.1亿元，同比增长约4%。2019年基本每股收益为1.15元，较2018年同比增长约6%。同时，国外市场收入的增加为投资者提振了投资信心，潍柴动力因此成为汽车行业中投资者追捧的对象，市场表现优异。

表9－6 行业公司市场表现比较表

分析指标	2019年上市公司平均值	2019年行业值	2018年行业值	增长率（%）
市值增长率（%）	23.04	14.49	−35.86	−140.41
股价波动率（%）	94.27	92.62	131.63	−29.64
得分	9.12	8.47	8.45	0.24

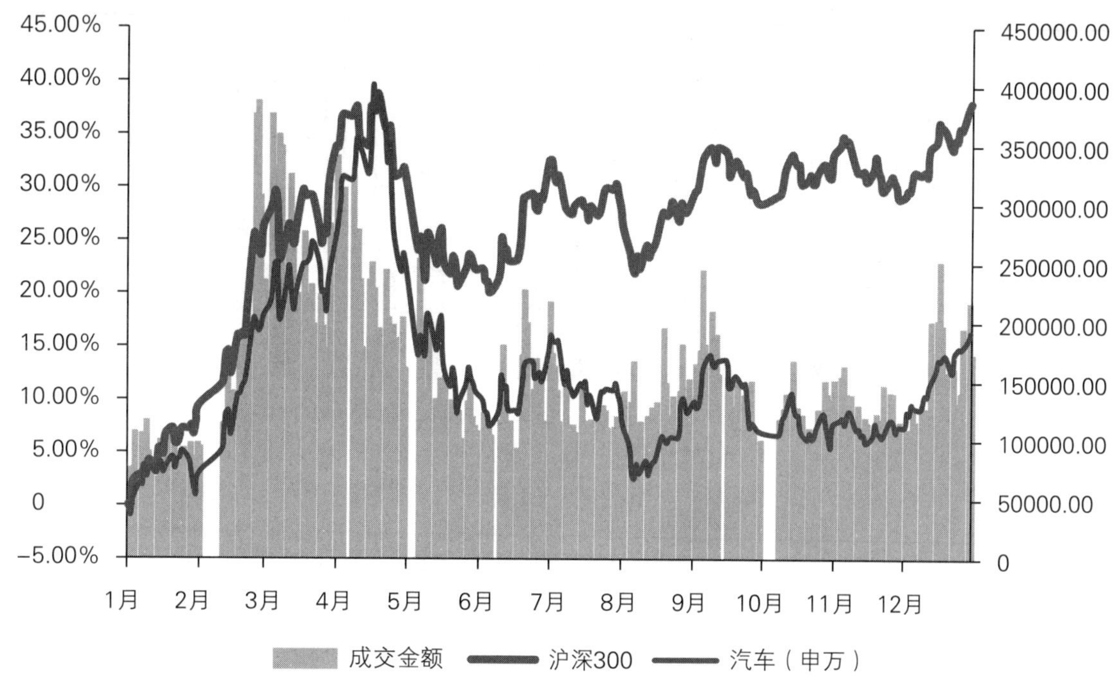

图 9－1　2019 年申万汽车行业指数与沪深 300 指数比较

二、2019 年度汽车行业上市公司业绩影响因素分析

从汽车行业整体来看，收入和利润增速全年依然处于下行区间，且利润下滑幅度大于收入下滑幅度。根据中国汽车工业协会统计，2019 年中国汽车销量为 2575.45 万台，同比下降 8.15%。根据国家统计局数据，汽车制造业 2019 年全年营业总收入全年累计实现 80847 亿元，同比下降 3.03%，利润总额全年实现 5087 亿元，同比下降 16.49%。汽车行业上市公司作为汽车行业领头羊，其 2019 年收入总合计 1743.61 亿元，同比增长 9.48%，净利润实现 119.07 亿元。但汽车上市公司的平均销售利润率为 -0.10%，较 2018 年下降幅度较高，主要影响业绩的因素如下：

（一）行业发展继续承压，下半年逐渐回暖

2019 年我国 GDP 同比增长 6.1%，经济运行仍在合理区间，稳中向好、长期向好的基本趋势并未发生变化。但是，我国汽车行业在经济转型升级，受中美贸易摩擦、环保标准切换、新能源补贴退坡等因素影响，承受压力较大。行至 2019 年年中，汽车生产企业主动调整，积极应对环境、市场变化，下半年呈现出了回暖趋势，体现出了行业较强的自我恢复能力，总体保持在了一个合理区间。

2019 年乘用车产销量分别达到 2136 万辆和 2144.4 万辆，产销量同比下降幅度分别达到 9.2% 和 9.6%。乘用车产销比重分别达到 83% 和 83.2%，低于 2018 年产销量比重，下降幅度分别达到 3.4% 和 1.2%。2005—2019 年国内乘用车销量占比情况如图 9－2 所示。

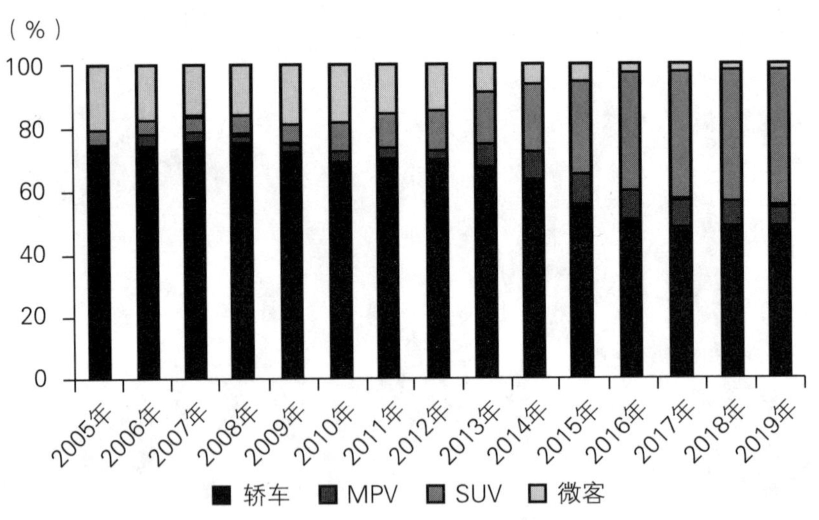

图 9-2 2005—2019 年国内乘用车销量占比

资料来源：中汽协、海通证券、中联研究院。

商用车 2019 年产销表现优于乘用车。受到基建投资回升、国Ⅲ标准汽车的淘汰、新能源物流汽车高速发展、治超加严等利好因素的影响，商用车产销量全年分别达到 436 万辆和 432.4 万辆，产量实现 1.9% 的增长。新能源汽车政策在 2019 年也出现了大幅调整。总体来看新能源汽车 2019 年实现销售 120 万辆，同比降低 4% 左右。

（二）汽车行业整体盈利下行，细分板块分化明显

汽车制造业 2019 年全年营业总收入全年累计实现 80847 亿元，同比下降 3.03%，利润总额全年实现 5087 亿元，同比下降 16.49%。但是分季度来看，2019 年第三季度和第四季度收入和利润增速环比已经呈现回升趋势。

表 9-7 2019 年汽车行业收入及净利润增速

	收入增速					利润增速				
	2019	2019Q1	2019Q2	2019Q3	2019Q4	2019	2019Q1	2019Q2	2019Q3	2019Q4
乘用车	-5%	-14%	-15%	0%	10%	-50%	-57%	-48%	-42%	-48%
客车	-2%	-1%	-3%	23%	-15%	51%	35%	7%	84%	66%
货车	4%	21%	-8%	-2%	7%	-207%	2508%	47%	-171%	-126%
整车	-4%	-10%	-14%	1%	8%	-10%	-53%	-44%	-30%	-25%
零部件	3%	8%	-6%	-1%	13%	-19%	-6%	-28%	-19%	91%
汽车服务	-2%	19%	10%	-11%	10%	-740%	-44%	-66%	-78%	-159%
汽车合计	-2%	-6%	-9%	-1%	10%	-26%	-34%	-37%	-26%	148%

从表 9-7 分析可知，除货车和零部件以外，其余细分行业均在 2019 年继续下滑。2019 年中国重汽积极应对市场需求变化，全年累计实现重卡销售 136955 辆，同比下降 3.45%；

实现销售收入 398.43 亿元，同比下降 1.33%；实现归属于母公司净利润 12.23 亿元，同比增长 35.16%。利润增幅高于收入增幅，企业盈利能力进一步增强。而长安汽车 2019 年净利润由正转负，净亏损规模达到 26.49 亿元。

其中，乘用车 2019 年第四季度收入结束下跌趋势，强势增长约 10% 左右。但其利润在全年中受到国六标准升级和新能源汽车补贴退坡的影响，依然出现大幅下滑，处于历史底部区间。客车整体板块在 2019 年的收入虽然在第三季度有较大幅度的增长，但受到第四季度和前两个季度收入下滑的影响，全年收入依然下跌约 2%，而其利润全年呈现上升趋势，增速约 51%。

（三）汽车经销商转亏为正，盈利能力显著提升

从 A 股中的汽车经销商上市公司来看，2019 年累计实现收入 2542 亿元，同比下滑 2.82%。但是其合计的累计归母净利润达到 35 亿元，相比 2018 年同期亏损 20 亿元，改善明显。其中，2019 年第四季度收入 716 亿元，同比增加 10.69%，相关情况见图 9–3、图 9–4。归母净利润达到 25 亿元，相比 2018 年第四季度同期亏损 57 亿元的水平有着显著提升。

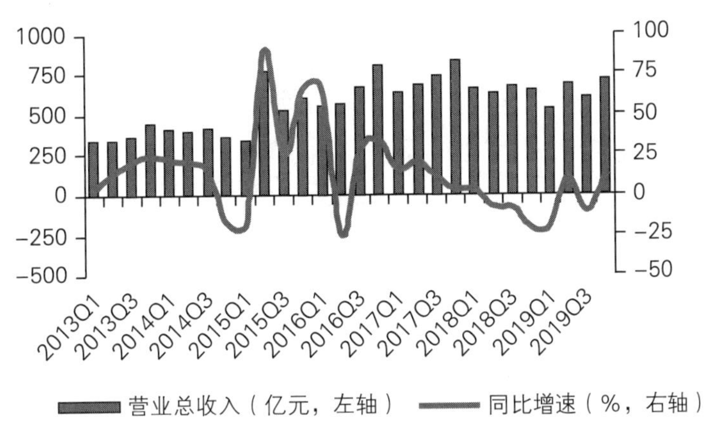

图 9－3　A 股经销商营业收入及同比增速

资料来源：Wind、海通证券、中联研究院。

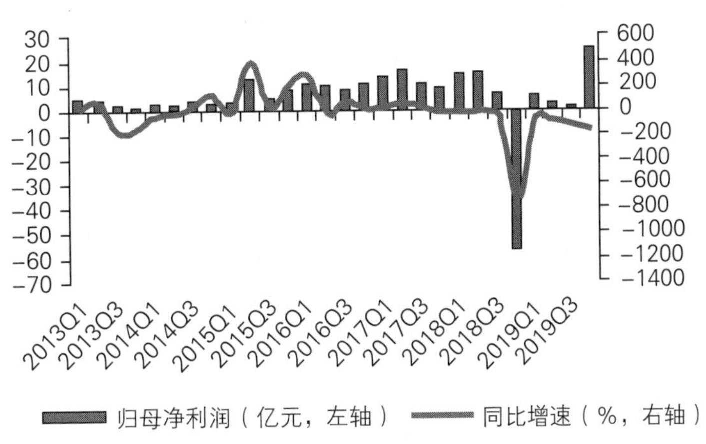

图 9－4　A 股经销商归母净利润及同比增速

资料来源：Wind、海通证券、中联研究院。

A股经销商上市公司2019年毛利率为9.2%，同比增加1.06%，期间费用率为7.06%，同比增加0.39%，净利率1.37%，同比增加2.13%。其中2019年第四季度呈现明显提升，单季毛利率为8.87%，同比增加4.63%，期间费用率7.88%，同比减少0.06%，净利率3.53%，同比增加12.26%。

（四）新能源汽车补贴退坡，产销下降明显

新能源汽车行业2019年下半年以来受到补贴退坡、燃油汽车国五国六切换大幅折扣销售等的影响，行业景气度有所下滑，发展承受较大压力。在生产端方面，第三季度和第四季度新能源各车型产量较2018年同期均有所下降。新能源乘用车、客车与专用车方面，除了乘用车销量与2018年基本持平以外，客车与专用车的销量均出现较大跌幅，超过20%（见图9–5）。

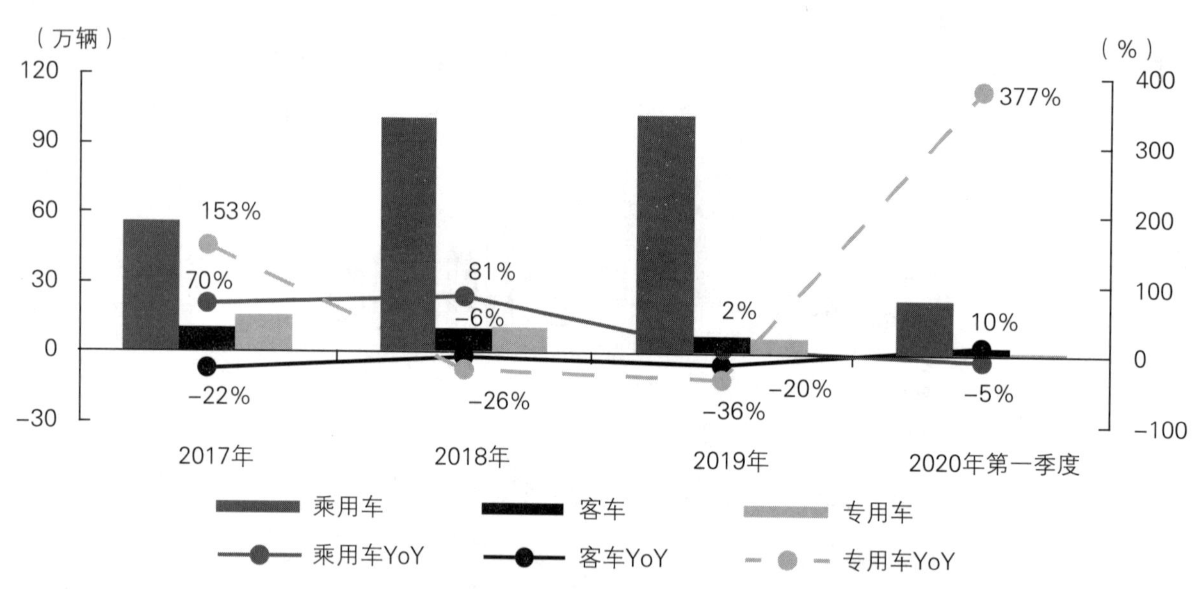

图9－5　2017—2020年第一季度电动车分车型产量和增速

资料来源：GGII、中信证券、中联研究院

由于补贴开始逐渐退坡，国内新能源汽车行业进入后补贴时代。从目前的行业集中度来看，2019年比亚迪市场份额为21%，北汽新能源市场份额为14%、上汽新能源市场份额为11%、吉利汽车为8%，前四大品牌的市场份额超过了50%，集中度明显。随着补贴变化，部分技术较为落后、市场竞争力不强的车企预计将被市场逐渐淘汰，而头部企业有望享受长期行业增长红利。

（五）减税降费刺激效果显现，长期发展依然向好不变

汽车制造业作为制造业典型代表之一，受益于我国2019年减税降费政策影响，效果显著。2019年中国实施近2万亿元规模的减税降费，其主力增值税税率的降低自2019年4月1日起正式施行，适用于16%增值税税率的项目改按13%税率征收，主要涉及的行业就是制造业。若以2018年汽车总体销售收入为基准测算，仅增值税税率的降低，将会使乘用车端税负下降880亿左右。税负压力的减轻不仅仅体现在制造业企业本身，其下游经销

商乃至最终消费者都将获益。如长安汽车曾公开表示增值税的降低，长安汽车北京公司就可以直接减税 2000 多万元；北汽福田汽车股份有限公司也曾表示，增值税的降低可在价格不变的情况下，提升公司毛利率约 2.6 个百分点。上述税负的减轻，都使整车生产企业能够有更大的选择空间，如让利客户，或将资金投入新的产品研发或投资新设备提升工艺等等，使行业能够获得进一步发展。

《2019 年国务院政府工作报告》中也提及了汽车行业的工作要点。如促进新兴产业加快发展，其中包括培育新一代新能源汽车、信息技术、高端装备、新材料等新兴产业集群，深化大数据、人工智能等研发应用，壮大数字经济；推动消费稳定增长，稳定汽车消费，继续执行新能源汽车购置优惠政策等等。因此总体来看，汽车行业作为我国的支柱性产业之一，其长期发展向好的基本局面依然稳定。

三、2020 年汽车行业前景展望

2020 年受到新冠疫情影响，一季度销售同比跌落历史冰点，预计全年销量将呈现前低后高的走势。2020 年 3 月以来国家中央及地方政府均出台了相关刺激政策提振汽车消费，长期来看，汽车产业长期稳定向好的发展态势没有改变，未来市场依然有较大空间。经过调整优化，中国汽车市场将逐步恢复，并保持稳定增长。

（一）至暗时刻已过，行业复苏近在咫尺

自 2018 年中国汽车销量首次出现负增长来，2019 年行业继续承压。在 2020 年初受到疫情冲击之后，产销量继续下探。分季度情况显示，2019 年的汽车销量降幅持续收窄，但 2020 年第一季度受到疫情影响，行业冲击严重。2020 年一季度全行业销量仅为 366.74 万辆，同比下跌 42.42%。但随着国内疫情逐渐受到控制，复工复产已经有序推进，预计疫情对汽车行业的影响将持续减弱，行业复苏可期。

2020 年 4 月国内汽车销售数量达到 207 万辆，同比增长 4.4%，摆脱了连续 21 个月的销量下滑趋势。其中商用车销量同比上升 31.6%，乘用车销量同比下降 2.6%，新能源汽车销量同比下降 26.5%。从市场情况上来看，国内汽车行业已在 4 月份全面复工复产，产能逐渐恢复，加上全国各地利好政策的推出，国内汽车供需情况回升预期明显，整体板块复苏在望。

（二）特斯拉中国工厂落地，国产供应链受益明显

2019 年伊始，特斯拉上海超级工厂正式破土动工，并于 10 月份开放 Model 3 的预定。从单品牌的销量来说，特斯拉 Model 3 于在一线城市于 2020 年 1—4 月累计销量显著领先于奔驰、宝马和奥迪（BBA）的竞品（见图 9–6）。特斯拉 Model 3 累计上牌数为 9947 辆，对比奔驰 C 级、宝马 3 系、奥迪 A4L 上牌数分别为 6150 辆、5224 辆和 4310 辆。

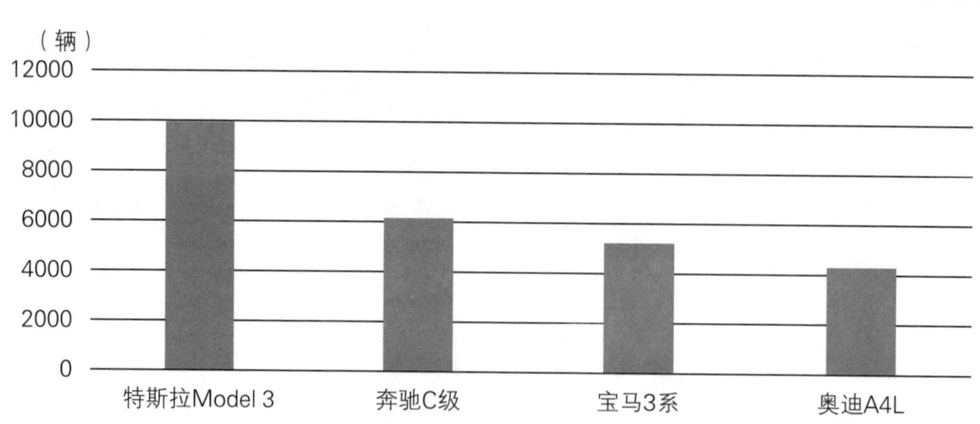

图 9－6　一线城市 2020 年 1—4 月累计上牌数

资料来源：银保监会、华西证券研究所、中联研究院

虽然新能源汽车行业于 2019 年下半年受到补贴退坡，国五国六标准切换等影响，销量出现了下滑，但是单就特斯拉而言，其总销量一直处于稳定的上升趋势。

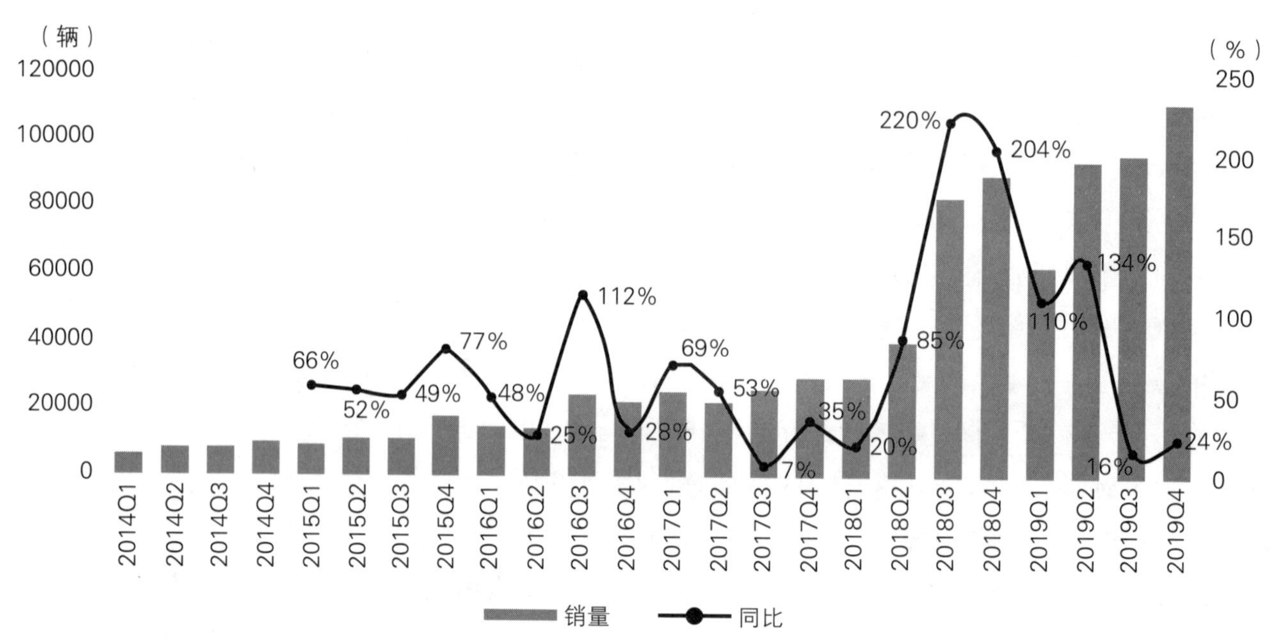

图 9－7　2014—2019 年特斯拉季度销量与同比变化

资料来源：Wind、天风证券研究所、中联研究院。

其中，销量提升幅度在 2018 年第二季度节及第三季度期间最大（见图 9–7），主要是由 Model 3 周产能与交付的提升推动的，自此之后，特斯拉车型销量提升也主要由 Model 3 拉动。受此影响，特斯拉国产供应链受益明显，特别是成为特斯拉供应链企业之后的示范效应所带来的长期成长。比如，特斯拉供应链中的三花智控于 2019 年公告指出其成功进入欧美龙头车企的供应商序列，如大众、奔驰、宝马、沃尔沃、通用等，未来不排除能够进入日系头部车企供应链的可能性，标杆客户效应显著。

（三）消费政策刺激支撑，静待行业回归正轨

2020 年初，汽车经济受到疫情冲击的影响尤为严重。为促进汽车经济稳定运行，国家

和个地方政策陆续推出，包括资金补贴、放宽限购等，刺激市场复苏上行。

资金补贴是此次国家及地方出台的最为“直接”的刺激政策，单车补贴金额在1000—10000元间不等，主要涉及新车购置补贴和“以旧换新”补贴。而国家发改委、科技部等11部门发布的《关于稳定和扩大汽车消费若干措施的通知》中，新能源汽车购置补贴政策将延续至2020年底，给新能源汽车市场释放了总额千亿元左右的利好空间。

从放宽限购的角度来说，目前全国已施行汽车限购的地区包括8个城市和一个省份，即广州、深圳、上海、杭州、贵阳、北京、天津、石家庄和海南省，以上城市或省份均具备高汽车消费能力。在工信部于2020年2月发布的《关于有序推动工业通信企业复工复产的指导意见》中提出“鼓励汽车限购地区适当增加汽车号牌配额，带动汽车及相关产品消费”。随后，上海市新增4万个非营业性小客车拍照额度；深圳面向个人配置1万个混合动力小汽车指标；天津新增小客车个人摇号指标3.5万个；贵阳直接取消所有限购；北京开始针对“无车家庭”摇号新政开始征求社会意见。

（四）低端车型市场发展乏力，豪华车型市场逆势上扬

此前，自主品牌依托于低端车型迅速打开了国内市场，年销售规模不断增加。但是目前来看，低端车型的销售规模已经触及了市场的天花板，12万元以下的车型市场占有率自2016年的68%，逐步下跌至2019年的54%（见图9–8）。同时自主品牌的市场份额也从2016年的41.2%下探至2019年的38%（见图9–9）。而25万以上车型的市场份额则从2016年的6%，上升至2019年的11%。在整体市场低迷的2018年和2019年中，市场份额依然保持着每年2%的逆势增长。同时，豪华车品牌的市场份额也从2016年的6.2%上升至2019年的10.7%。

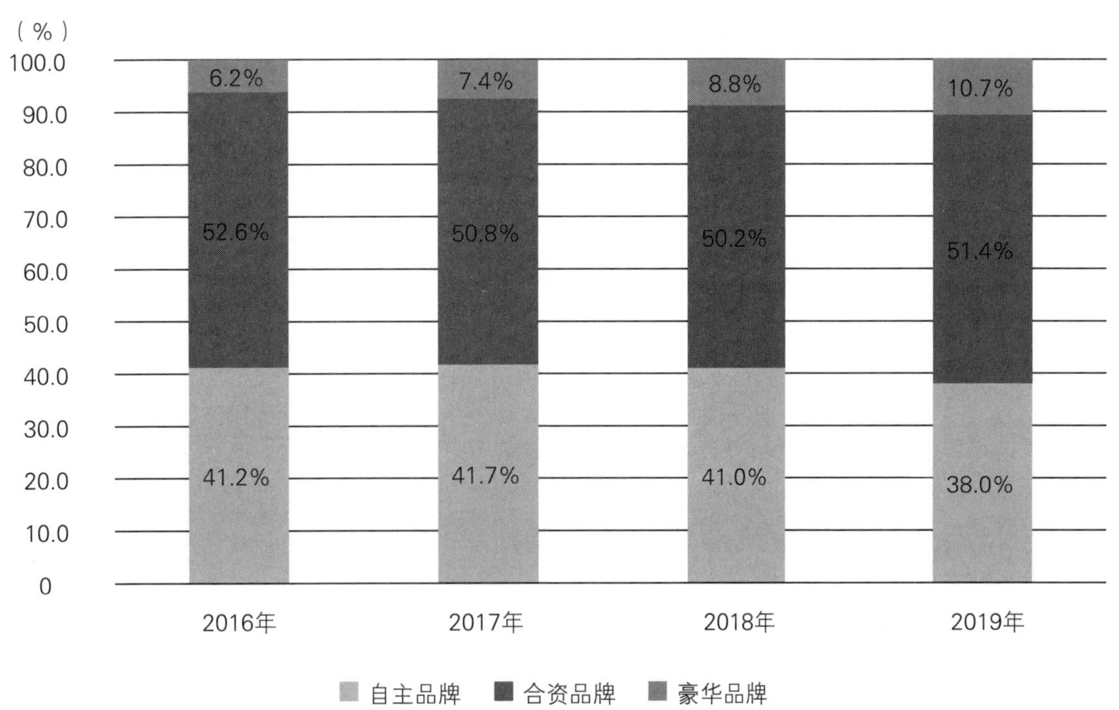

图9－8　各品牌大类市场份额变化

资料来源：乘联会、Mob研究院、中联研究院。

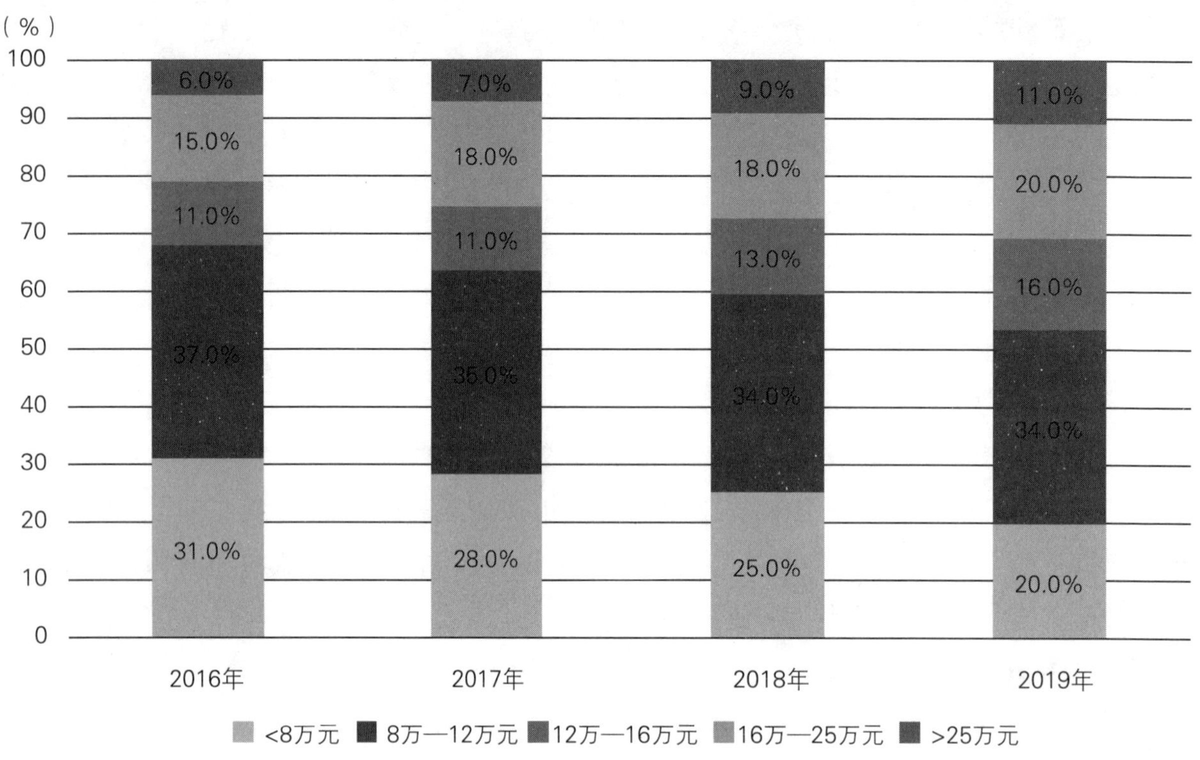

图 9－9　中国市场汽车销售价格结构

资料来源：乘联会、Mob 研究院、中联研究院。

而增值税的下降，也使得汽车售价下调存在了让利空间。豪华车由于其相对较高的售价，在同样的降税比例下，其让利的空间也更大，能够进一步刺激该细分市场拓宽市场份额，继续维持高速增长。

（五）汽车充电桩建设加速，新基建效应凸显

2019 年是《电动汽车充电基础设施发展指南（2015—2020）》（以下简称“充电设施发展指南”）决战之年，充电设施发展指南中最为关键的要点就是 2020 年规划车桩比基本要求达到 1:1。目前来看，截至 2019 年 12 月全国公共充电桩和私人充电桩保有量为 121.9 万台，虽然同比增长速度达到 50.8%，但是车桩比依然仅为 3.4:1，距离 2020 年规划车桩比基本要达到 1:1 的目标依然有一段不小的差距。

2020 年初，国家发改委明确新基建设施范围，其中的融合基础设施中的智能交通基础设施、智慧能源基础设施等就包括充电桩建设。新基建作为国家数字化经济建设的战略方向之一，其重要性不言而喻。国家电网在 2020 年 4 月份正式宣布启动新一轮充电桩建设，就已经做出了表率。国家电网 2020 年计划安排充电桩建设投资共 27 亿元，新增建设充电桩 7.8 万个，占 2019 年保有量的 6.4%。新增充电桩的地域分布主要在北京、天津、河北、上海、江苏、湖南等 24 个省市，将涵盖公共、专用、物流、环卫、社区以及港口岸电等多种类型，其中居住区 5.3 万个、公共部分 1.8 万个、专用充电桩 0.7 万个和岸电设施 150 个。

从地域方面来看，公共充电设施区域建设比较集中，前十地区建设的公共充电基础设施占比高达 73.9%。

附表 1 国家及各地 2020 上半年促汽车消费政策一览表

发布时间	发文单位	政策文件或会议指示	具体内容
2 月 25 日	工信部	《关于有序推动工业通信业企业复工复产的指导意见》	积极稳定汽车等传统大宗消费，鼓励汽车限购地区适当增加汽车号牌配额，带动汽车及相关产品消费。
3 月 13 日	国家发改委、公安部、财政部等 23 个部门	《关于促进消费扩容提质加快形成强大国内市场的实施意见》	对纯电动轻型火车不限行或少限行; 落实好现行中央财政新能源汽车推广应用补贴政策和基础设施建设奖补政策，推动各地区按规定将地方资金支持范围从购置环节向运营环节转变，重点支持用于城市公交; 促进汽车限购向引导使用政策转变，鼓励汽车限购的确适当增加汽车号牌限额。
3 月 17 日	国家发改委和司法部	《关于加快建立绿色生产和消费法规政策体系的意见》	有条件的地方对消费者购置节能新能源汽车给予适当支持; 鼓励公交、环卫、出租、通勤、城市邮政快递作业、城市物流等领域新增和更新车辆采用新能源和清洁能源汽车。
3 月 19 日	商务部、国家发改委、国家卫生健康委	《关于支持商贸流动企业复工营业的通知》	各地商务主管部门要积极推动出台新车购置补贴、汽车“以旧换新”补贴、取消皮卡进城限制、促进二手车便利交易等措施，组织开展汽车促销活动，实施汽车限购措施地区的商务主管部门要积极推动优化汽车限购措施，稳定和扩大汽车消费。
3 月 31 日	国务院	国务院常务会议	将年底到期的新能源汽车购置补贴和免征车辆购置税政策延长 2 年。 中央财政采取以奖代补方式，支持京津冀等重点地区淘汰国三及以下排放标准柴油货车。 对二手经销企业销售旧车，从 5 月 1 日至 2023 年底减按销售额 0.5% 征收增值税。
4 月 22 日	财政部、税务总局、工信部	《关于完善新能源汽车推广应用财政补贴政策的通知》	将新能源汽车推广应用财政补贴实施政策期限延长至 2022 年底。平缓补贴退坡力度和节奏，原则上 2020—2022 年补贴标准分别在上一年基础上退坡 10%、20%、30%； 2020 年，保持动力电池系统能量密度等技术指标不作调整，2021—2022 年，原则上保持技术指标总体稳定。
4 月 24 日	中共中央办公厅、国务院办公厅	《关于统筹推进上午系统消费促进重点工作的指导意见》	抓紧落实延长新能源购置补贴和税收优惠、减征二手车销售增值税、支持老旧柴油货车淘汰等新政策新措施; 配合完善机动车报废、二手车流通政策规章，加强法规标准贯彻实施; 创新借鉴各地优化汽车限购、促进新车消费、加快老旧车淘汰、取消皮卡进城限制、完善汽车消费环境等做法，积极推进汽车限购向引导使用政策转变，进一步释放汽车消费空间。
4 月 29 日	国家发改委，科技部等 11 部门	《关于稳定和扩大汽车消费若干措施的通知》	轻型汽车国六排放标准颗粒物数量限制生产过渡期截止时间，由 2020 年 7 月 1 日前调整为 2021 年 1 月 1 日前; 将新能源汽车购置补贴政策延续至 2022 年底; 自 2020 年 5 月 1 日至 2023 年底，对二手车经销企业销售旧车，减按销售额的 0.5% 征收增值税。 鼓励金融机构积极开展汽车消费信贷等金融业务; 加快淘汰报废老旧柴油货车。

附表 2　2019 年度汽车行业上市公司业绩评价结果排序表

序号	全部上市公司排名	股票代码	单位名称	综合得分	评价等级	每股收益（元）	净资产收益率（%）	总资产报酬率（%）	总资产周转率（次）	流动资产周转率（次）	资产负债率（%）	已获利息倍数	营业收入增长率（%）	资本扩张率（%）	市场投资回报率（%）	股价波动率（%）	年末资产总额（万元）	营业收入（万元）	净利润（万元）
1	47	000338	潍柴动力	81.30	AA	1.15	21.54	6.57	0.79	1.49	70.54	12.64	9.48	12.07	109.08	104.48	1190700.71	1190700.71	1190700.71
2	168	000951	中国重汽	76.30	A	1.82	18.73	9.67	1.73	1.91	67.23	11.84	−1.33	14.52	107.35	116.29	159136.65	159136.65	159136.65
3	175	601799	星宇股份	76.00	A	2.86	17.07	12.02	0.77	1.02	42.89	58.3	20.06	11.81	106.97	118.54	78953.03	78953.03	78953.03
4	221	600742	一汽富维	75.00	BBB	1.06	10.35	5.85	1.39	2.52	57.64	143.34	30.59	23.74	24.76	60.55	70989.82	70989.82	70989.82
5	222	603786	科博达	75.00	BBB	1.3	18.52	18.51	0.87	1.25	14.62	43.27	9.22	70.45	23.08	22.11	53787.97	53787.97	53787.97
6	241	002048	宁波华翔	74.50	BBB	1.57	11.37	9.22	1.02	1.95	38.7	30.43	14.51	12.36	57.89	106.21	127261.77	127261.77	127261.77
7	259	603040	新坐标	74.20	BBB	1.65	17.72	19.01	0.4	0.64	10.48	0	11.57	17.47	43.73	63.97	13453.68	13453.68	13453.68
8	268	600741	华域汽车	74.10	BBB	2.05	13.64	6.8	1.06	1.75	57.81	23.01	−8.36	7.46	51.88	81.93	851629.45	851629.45	851629.45
9	291	601633	长城汽车	73.60	BBB	0.49	8.41	4.38	0.85	1.41	51.9	30.36	−2.75	3.25	60.48	84.89	453073.29	453073.29	453073.29
10	368	603129	春风动力	72.20	BBB	1.37	18.06	7.36	1.4	1.93	57.75	16740	27.37	6.85	157.13	213.54	17396.91	17396.91	17396.91
11	430	600104	上汽集团	71.50	BBB	2.19	10.58	5.02	1.01	1.71	64.58	20.5	−6.88	5.66	1.5	36.75	3528890.69	3528890.69	3528890.69
12	431	600660	福耀玻璃	71.50	BBB	1.16	13.95	9.22	0.58	1.27	44.96	8.01	4.35	5.84	8.2	34.28	289818.22	289818.22	289818.22
13	464	603776	永安行	71.00	BBB	2.69	22.93	20.46	0.29	0.41	31.69	56.09	10.72	62.35	25.55	55.81	49978.46	49978.46	49978.46
14	478	000030	富奥股份	70.90	BBB	0.5	13.67	7.6	0.82	1.58	42.31	58.82	28.16	4.57	26.58	58.28	88323.73	88323.73	88323.73
15	480	600933	爱柯迪	70.80	BBB	0.52	11.14	10.48	0.52	0.87	22.27	78.71	4.75	6.1	76.88	118.47	45208.20	45208.20	45208.20
16	503	603596	伯特利	70.50	BBB	0.98	19.34	12.97	0.8	1.05	43.11	32.8	21.29	19.09	8.79	112.86	45588.65	45588.65	45588.65
17	517	000581	威孚高科	70.40	BBB	2.25	13.79	10.68	0.39	0.7	27.02	107.66	0.72	6.28	13.38	70.05	230273.68	230273.68	230273.68
18	536	603730	岱美股份	70.10	BBB	1.54	17.72	13.96	0.93	1.57	29.03	34.05	12.74	12.63	44.81	76.57	62668.48	62668.48	62668.48
19	559	601965	中国汽研	69.90	BB	0.48	10.2	8.91	0.47	1.04	22.2	4000.04	−0.13	5.24	13.51	53.26	46838.45	46838.45	46838.45
20	612	603997	继峰股份	69.10	BB	0.29	9.31	7.13	1.79	4.01	72	3.45	736.74	157.38	8.27	77.24	36165.23	36165.23	36165.23
21	710	600066	宇通客车	68.00	BB	0.85	11.35	6.05	0.83	1.1	51.76	12.09	−3.99	5.43	20.75	53.43	196072.21	196072.21	196072.21
22	721	601717	郑煤机	67.80	BB	0.6	8.78	5.99	0.9	1.33	55.77	7.32	−1.12	6.93	17.03	42.51	113991.00	113991.00	113991.00
23	734	603197	保隆科技	67.60	BB	1.05	17.22	8.65	0.97	1.51	65.62	6.63	44.09	26.48	57.77	135.22	16002.86	16002.86	16002.86

续表

序号	全部上市公司排名	股票代码	单位名称	综合得分	评价等级	每股收益（元）	净资产收益率（%）	总资产报酬率（%）	总资产周转率（次）	流动资产周转率（次）	资产负债率（%）	已获利息倍数	营业收入增长率（%）	资本扩张率（%）	市场投资回报率（%）	股价波动率（%）	年末资产总额（万元）	营业收入（万元）	净利润（万元）
24	744	300428	四通新材	67.50	BB	0.77	12.97	8.63	0.96	1.57	43.81	6.7	−4.85	31.41	31.03	60.4	43860.28	43860.28	43860.28
25	846	600081	东风科技	66.30	BB	0.47	11	5.56	1.08	1.61	66.51	28.4	−2.14	11.94	65.19	130.89	29261.98	29261.98	29261.98
26	847	603109	神驰机电	66.30	BB	1.01	11.96	8.56	0.81	1.05	31.98	22.16	−5	106.26	0	0	11121.94	11121.94	11121.94
27	849	300580	贝斯特	66.20	BB	0.84	11.56	10.81	0.45	1.02	18.02	794.27	7.67	9.79	15.49	65.65	16781.51	16781.51	16781.51
28	880	603926	铁流股份	65.80	BB	0.77	10.75	7.44	0.79	1.35	44.22	11.44	51.2	2.05	9.98	44.03	12106.22	12106.22	12106.22
29	951	300695	兆丰股份	65.10	BB	3.21	11.91	9.52	0.26	0.32	15.46	182.2	12.43	8.71	10.46	54.28	21419.07	21419.07	21419.07
30	1002	000025	特力 A	64.60	B	0.51	18.93	18.6	0.35	0.82	18.63	44.22	37.86	21.83	10.7	53.25	21880.72	21880.72	21880.72
31	1029	300432	富临精工	64.20	B	1.07	30.27	8.36	0.51	0.91	35.27	22.31	2.24	5.97	88.41	121.76	51019.57	51019.57	51019.57
32	1030	603306	华懋科技	64.20	B	0.76	10.03	10.04	0.37	0.52	10.12	799.49	0.25	3.67	1.25	64.32	23679.35	23679.35	23679.35
33	1035	002406	远东传动	64.20	B	0.49	10.22	8.9	0.51	0.8	28.1	429.45	2.01	18.63	10.61	60.29	27268.10	27268.10	27268.10
34	1036	603121	华培动力	63.90	B	0.46	11.69	10.37	0.59	1.04	21.28	68.4	23.02	96.43	23.08	124.31	9756.38	9756.38	9756.38
35	1037	603390	通达电气	63.80	B	0.53	11.56	9.64	0.46	0.59	18.06	28.85	−17.65	129.74	23.08	15.81	14375.99	14375.99	14375.99
36	1078	300507	苏奥传感	63.70	B	0.31	6.89	8.69	0.58	0.75	15.83	46.64	5.81	9.2	55.86	100.97	9286.86	9286.86	9286.86
37	1094	603013	亚普股份	63.50	B	0.75	12.24	8.07	1.41	2.36	50.93	8.82	16.42	7.16	−11.26	73.21	41810.00	41810.00	41810.00
38	1099	603319	湘油泵	63.40	B	0.9	12	8.04	0.63	1.22	54.97	6.74	10.76	8.27	14.46	34.38	9307.25	9307.25	9307.25
39	1106	603586	金麒麟	63.30	B	1	9.39	9.04	0.57	0.89	22.05	19.68	15.91	2.06	39.58	67.91	20313.60	20313.60	20313.60
40	1170	603305	旭升股份	62.60	B	0.52	13.78	10.23	0.45	1.02	37.82	14.04	0.15	7.44	6.41	93.93	20659.11	20659.11	20659.11
41	1171	603982	泉峰汽车	62.40	B	0.47	7.18	6.08	0.62	1.32	30.86	4.01	4.01	58.09	23.08	81.75	8589.08	8589.08	8589.08
42	1200	000913	钱江摩托	62.30	B	0.5	8.8	4.97	0.83	1.31	43.27	29.17	22.54	6.26	16.56	56.66	17164.11	17164.11	17164.11
43	1214	600699	均胜电子	62.20	B	0.77	7.52	4.31	1.06	2.24	69.95	2.37	9.82	−5.92	13.96	77.17	145223.38	145223.38	145223.38
44	1249	601689	拓普集团	61.70	B	0.43	6.25	4.81	0.48	0.97	34.09	19.55	−10.45	2.19	71.62	121.84	46004.66	46004.66	46004.66
45	1279	603089	正裕工业	61.40	B	0.48	9.3	8.19	0.7	1.44	37.79	14.65	2.42	7.89	25.69	56.86	10272.37	10272.37	10272.37
46	1303	001696	宗申动力	61.20	B	0.37	10.09	7.27	0.67	1.32	43.8	7.07	−3.36	3.78	30.41	104.65	46384.11	46384.11	46384.11

续表

序号	全部上市公司排名	股票代码	单位名称	综合得分	评价等级	每股收益（元）	净资产收益率（%）	总资产报酬率（%）	总资产周转率（次）	流动资产周转率（次）	资产负债率（%）	已获利息倍数	营业收入增长率（%）	资本扩张率（%）	市场投资回报率（%）	股价波动率（%）	年末资产总额（万元）	营业收入（万元）	净利润（万元）
47	1309	603788	宁波高发	61.10	B	0.78	9.48	8.84	0.43	0.48	14.66	245.52	-26.76	-4.26	18.97	53.23	17875.30	17875.30	17875.30
48	1324	601311	骆驼股份	61.00	B	0.69	9.63	7.01	0.82	1.7	39.46	5.38	-2.17	11.48	10.32	123.39	60424.98	60424.98	60424.98
49	1344	603037	凯众股份	60.80	B	0.77	9.66	9.57	0.52	0.72	9.97	0	-10.07	1.43	-5.5	55.6	8116.54	8116.54	8116.54
50	1407	603286	日盈电子	60.20	B	0.3	6.02	4.92	0.69	1.38	41.88	6.08	40.01	7.83	8.29	40.4	2808.65	2808.65	2808.65
51	1410	603701	德宏股份	60.20	B	0.28	8.25	6.78	0.51	0.85	27.73	133.5	3.76	1.35	69.47	137.85	5773.87	5773.87	5773.87
52	1412	002434	万里扬	60.20	B	0.3	6.58	4.8	0.49	1.11	42.81	5.33	16.68	2.55	47.02	101.79	39535.14	39535.14	39535.14
53	1424	603358	华达科技	60.10	B	0.5	5.95	4.21	0.89	1.52	39.99	49.64	3.09	1.51	32.09	71.25	16900.42	16900.42	16900.42
54	1425	300547	川环科技	60.10	B	0.64	13.84	12.61	0.59	0.81	14.09	0	-5.54	6	7.03	106.15	11250.66	11250.66	11250.66
55	1473	300680	隆盛科技	59.50	CCC	0.4	5.61	4.58	0.43	1.1	40.95	4.69	79.44	5.94	29.54	53.4	3032.01	3032.01	3032.01
56	1474	603787	新日股份	59.50	CCC	0.35	7.4	3.12	1.64	2.39	47.01	73.78	0.16	2.23	47.79	212.19	7067.61	7067.61	7067.61
57	1484	603239	浙江仙通	59.40	CCC	0.36	9.85	9.34	0.54	0.84	16.72	148.05	-8.8	1.65	1.26	75.98	9738.84	9738.84	9738.84
58	1487	002085	万丰奥威	59.40	CCC	0.36	12.33	8.63	0.79	1.57	52.39	5.14	-1.97	-2.61	-6.76	39.69	81132.35	81132.35	81132.35
59	1540	002283	天润工业	58.90	CCC	0.31	8.04	6.6	0.55	1.19	32.96	10.61	5.79	8.18	8.82	62.32	35379.30	35379.30	35379.30
60	1567	603377	东方时尚	58.50	CCC	0.42	13.91	9.03	0.26	0.79	51.74	8.74	6.02	4.19	30.25	122.63	25463.31	25463.31	25463.31
61	1588	603035	常熟汽饰	58.30	CCC	0.94	9.79	5.59	0.31	0.96	58.87	4.56	24.62	15.74	8.77	119.6	24246.01	24246.01	24246.01
62	1598	603158	腾龙股份	58.20	CCC	0.57	11.95	7.93	0.51	0.89	48.42	10.4	1.49	18.64	-3.78	67.78	13565.07	13565.07	13565.07
63	1601	002328	新朋股份	58.20	CCC	0.14	4.27	5.3	0.91	2.15	25.01	197.26	-11.73	1.62	19.52	97.88	17383.86	17383.86	17383.86
64	1604	002126	银轮股份	58.20	CCC	0.4	8.66	5.84	0.68	1.21	51.52	6.09	9.99	-0.32	4.34	63.53	34941.65	34941.65	34941.65
65	1628	601238	广汽集团	58.00	CCC	0.65	8.45	4.71	0.44	0.96	39.99	13.62	-17.17	5.82	14.67	54.91	671114.56	671114.56	671114.56
66	1642	603655	朗博科技	57.90	CCC	0.22	4.71	4.89	0.31	0.47	5.51	0	-8.22	2.56	43.01	62.8	2292.35	2292.35	2292.35
67	1654	603766	隆鑫通用	57.80	CCC	0.3	9.35	5.97	0.85	1.72	42.66	38.46	-4.94	6.71	-11.54	104.58	60310.07	60310.07	60310.07
68	1675	300473	德尔股份	57.60	CCC	0.57	2.86	4.56	0.8	2	53.99	2.15	1.05	17.64	33.48	106.79	6102.27	6102.27	6102.27
69	1678	002105	信隆健康	57.60	CCC	0.11	7.93	4.47	1.19	1.99	63.72	2.32	30.81	4.61	29.68	58.49	2383.17	2383.17	2383.17

续表

序号	全部上市公司排名	股票代码	单位名称	综合得分	评价等级	每股收益（元）	净资产收益率（%）	总资产报酬率（%）	总资产周转率（次）	流动资产周转率（次）	资产负债率（%）	已获利息倍数	营业收入增长率（%）	资本扩张率（%）	市场投资回报率（%）	股价波动率（%）	年末资产总额（万元）	营业收入（万元）	净利润（万元）
70	1691	600609	金杯汽车	57.50	CCC	0.06	15.62	7.74	0.96	1.28	84.21	3.45	-8.88	15.17	25.48	75.02	24021.71	24021.71	24021.71
71	1721	300258	精锻科技	57.10	CCC	0.43	8.93	7.8	0.41	1.26	37.71	9.54	-2.86	7.55	-7.4	64.75	17386.08	17386.08	17386.08
72	1732	000757	浩物股份	57.00	CCC	0.23	11.89	9.29	2.06	3.33	46.14	5.46	605.25	136.24	-8.51	71.29	14077.91	14077.91	14077.91
73	1744	000559	万向钱潮	56.90	CCC	0.19	10.29	5.47	0.88	1.49	54.7	7.65	-6.87	-0.26	5.31	71.74	54587.29	54587.29	54587.29
74	1746	603767	中马传动	56.80	CCC	0.25	5.24	4.35	0.51	0.9	24.15	45.47	7.05	2.23	7.92	42.32	7482.69	7482.69	7482.69
75	1749	300304	云意电气	56.80	CCC	0.16	7.23	6.63	0.29	0.42	22.55	15.46	8.41	6.02	27.98	76.91	13355.73	13355.73	13355.73
76	1782	000887	中鼎股份	56.40	CCC	0.49	7.01	5.13	0.68	1.35	50.59	6.21	-5.35	6.4	-11.94	98.53	59186.26	59186.26	59186.26
77	1799	600335	国机汽车	56.20	CCC	0.37	5.95	2.91	1.66	2.17	72.91	3.63	17.87	29.08	-10.24	77.07	54468.07	54468.07	54468.07
78	1803	300375	鹏翎股份	56.10	CCC	0.22	7.08	6.42	0.56	1.18	24.91	16.41	9.79	26.33	8.63	103.53	14519.61	14519.61	14519.61
79	1829	002553	南方轴承	55.80	CCC	0.12	5.99	6.63	0.51	0.96	12.63	49.88	3.66	-4.95	-1.15	68.23	4220.97	4220.97	4220.97
80	1838	600523	贵航股份	55.70	CCC	0.33	5.59	4.61	0.7	1.06	14.65	0	-21.1	9.7	30.56	103.98	14619.08	14619.08	14619.08
81	1842	603166	福达股份	55.60	CCC	0.24	6.67	5.69	0.47	1.22	32.75	5.96	7.83	2.52	5.91	67.96	14224.44	14224.44	14224.44
82	1865	603006	联明股份	55.40	CCC	0.38	6.82	6.78	0.51	0.97	32.16	7.87	1.02	6.38	16.3	108.56	7894.39	7894.39	7894.39
83	1881	002454	松芝股份	55.30	CCC	0.28	5.24	3.44	0.58	0.87	35.78	309.27	-7.64	4.12	14.45	66.5	18716.00	18716.00	18716.00
84	1884	300643	万通智控	55.20	CCC	0.1	4.64	3.05	0.64	1.05	52.63	9.74	46.3	1.58	180.67	258.35	1890.52	1890.52	1890.52
85	1900	603161	科华控股	55.10	CCC	0.62	6.51	4.35	0.48	1	62.03	2.13	17.95	3.28	-10.16	53.21	8242.77	8242.77	8242.77
86	1930	600148	长春一东	54.90	CC	0.14	4.69	4.63	0.87	1.14	50.24	927.18	6.38	6.23	-10.56	85.01	4272.87	4272.87	4272.87
87	1931	603917	合力科技	54.80	CC	0.48	8.07	7.16	0.48	0.82	25.76	26.71	0.23	6.55	-9.9	65.91	7590.13	7590.13	7590.13
88	1941	600679	上海凤凰	54.80	CC	0.07	1.98	3.02	0.54	1.49	20.62	22.59	28.02	3.64	19.81	85.71	4056.75	4056.75	4056.75
89	1947	603809	豪能股份	54.60	CC	0.58	7.8	6.25	0.38	0.79	30.79	15.75	-0.27	3.16	-11.44	72.47	12718.92	12718.92	12718.92
90	1960	300652	雷迪克	54.50	CC	0.71	8.35	6.11	0.32	0.4	47.12	4.8	0.85	6.2	2.94	36.31	6290.36	6290.36	6290.36
91	1963	600327	大东方	54.50	CC	0.25	7.33	6.73	1.75	3.96	40.7	12.61	2.28	27.53	3.74	50.83	23123.94	23123.94	23123.94
92	2062	002516	旷达科技	53.30	CC	0.11	4.53	4.78	0.37	0.68	12.81	0	-10.9	-5.67	-1.18	52.04	16648.78	16648.78	16648.78

续表

序号	全部上市公司排名	股票代码	单位名称	综合得分	评价等级	每股收益（元）	净资产收益率（%）	总资产报酬率（%）	总资产周转率（次）	流动资产周转率（次）	资产负债率（%）	已获利息倍数	营业收入增长率（%）	资本扩张率（%）	市场投资回报率（%）	股价波动率（%）	年末资产总额（万元）	营业收入（万元）	净利润（万元）
93	2064	000903	云内动力	53.30	CC	0.1	3.35	1.95	0.55	0.95	55.44	2.24	4.25	0.32	5.15	57.57	18601.97	18601.97	18601.97
94	2078	000700	模塑科技	53.00	CC	0.12	4.38	3.78	0.72	1.72	69.67	1.81	10.55	2.22	34.54	69.16	10166.32	10166.32	10166.32
95	2081	600877	ST 电能	53.00	CC	0.12	121.82	12.66	0.47	0.96	35.35	389.93	-3.64	0	23.61	92.8	8241.55	8241.55	8241.55
96	2094	600006	东风汽车	52.90	CC	0.22	6.08	1.83	0.7	0.91	59.11	0	-6.24	3.14	26.64	99.94	41358.47	41358.47	41358.47
97	2097	002594	比亚迪	52.80	CC	0.5	2.88	2.85	0.65	1.15	68	1.66	-1.78	3.14	-8.86	56.15	211885.70	211885.70	211885.70
98	2102	002906	华阳集团	52.70	CC	0.16	2.18	0.98	0.73	1.03	26.78	83.14	-2.46	1.17	20.85	58.52	7401.66	7401.66	7401.66
99	2103	603335	迪生力	52.70	CC	0.02	1.62	2.94	0.99	1.4	28.34	3.71	2.65	1.49	0.25	56.73	1254.87	1254.87	1254.87
100	2112	000800	一汽解放	52.70	CC	0.03	0.66	0.16	1.45	2.79	58.71	1.36	8.38	-0.23	48.35	85.8	3828.04	3828.04	3828.04
101	2144	600297	广汇汽车	52.40	CC	0.32	6.93	5.19	1.2	1.98	68.49	2.47	2.58	-3.07	-20.73	106.64	331521.26	331521.26	331521.26
102	2166	603179	新泉股份	52.10	CC	0.8	11.06	5.29	0.7	1.05	63.98	5.48	-10.85	7.43	15.12	99.43	18026.73	18026.73	18026.73
103	2176	000550	江铃汽车	51.90	CC	0.17	1.42	-0.36	1.22	1.95	56.8	37.15	3.27	1.08	5.19	176.66	14781.21	14781.21	14781.21
104	2189	300611	美力科技	51.70	CC	0.1	2.82	3.29	0.57	1.18	43.25	3.04	10.35	-5.67	15.03	44.83	2259.74	2259.74	2259.74
105	2192	002590	万安科技	51.70	CC	0.26	6.92	4.26	0.64	1.05	44.93	6.86	-0.27	7.67	7.99	78.93	12777.58	12777.58	12777.58
106	2245	300585	奥联电子	50.90	CC	0.13	4.49	3.04	0.47	0.95	36.64	4.55	6.03	8.24	81.31	232.69	2111.06	2111.06	2111.06
107	2271	300707	威唐工业	50.60	CC	0.23	5.71	5.32	0.47	0.73	25.35	20.42	-20.77	3.29	26.35	106.54	3675.05	3675.05	3675.05
108	2282	002363	隆基机械	50.50	CC	0.15	2.65	1.98	0.47	0.76	29.41	310.99	-14.08	2.18	20.07	60.25	5891.99	5891.99	5891.99
109	2284	600676	交运股份	50.50	CC	0.12	2.18	2.26	0.95	1.61	31.23	6.22	-10.06	0.16	-0.54	71.54	13852.52	13852.52	13852.52
110	2328	603348	文灿股份	50.00	C	0.32	3.3	3.17	0.45	1.07	42.31	3.19	-5.09	11.17	-5.9	93.96	7103.45	7103.45	7103.45
111	2329	002921	联诚精密	50.00	C	0.58	6.74	5.41	0.6	1.25	44.14	4.4	12.39	4.43	-26.31	84.5	4568.06	4568.06	4568.06
112	2347	000753	漳州发展	49.80	C	0.1	4.47	4.55	0.54	0.86	55.88	4.74	-7.3	1.5	-9.68	65.28	11502.84	11502.84	11502.84
113	2363	600960	渤海汽车	49.60	C	0.08	1.52	2.24	0.54	1.05	42.45	1.83	26.81	-2.03	-9.92	95.09	7344.03	7344.03	7344.03
114	2387	002725	跃岭股份	49.30	C	0.13	3.47	3.34	0.61	1.58	15.24	11.54	-26.09	0.81	19.6	78.93	3325.40	3325.40	3325.40
115	2426	300694	蠡湖股份	48.70	C	0.49	9.05	6.95	0.6	1	39.51	7.15	7.8	8.27	-26.8	127.29	10613.56	10613.56	10613.56

续表

序号	全部上市公司排名	股票代码	单位名称	综合得分	评价等级	每股收益（元）	净资产收益率（%）	总资产报酬率（%）	总资产周转率（次）	流动资产周转率（次）	资产负债率（%）	已获利息倍数	营业收入增长率（%）	资本扩张率（%）	市场投资回报率（%）	股价波动率（%）	年末资产总额（万元）	营业收入（万元）	净利润（万元）
116	2428	603758	秦安股份	48.70	C	0.27	4.91	4.3	0.23	0.42	7.01	0	−11.91	5.37	−1.63	64.56	11797.22	11797.22	11797.22
117	2433	002101	广东鸿图	48.70	C	0.05	0.61	2.37	0.71	1.63	40.85	3.08	−2.54	−2.31	−6.61	78.72	8524.62	8524.62	8524.62
118	2441	600178	东安动力	48.60	C	0.02	0.56	0.75	0.52	1.19	52.51	1.62	49.98	0.62	7.57	75.67	1057.84	1057.84	1057.84
119	2502	600099	林海股份	47.60	C	0.03	1.21	0.43	0.96	1.36	21.19	0	9.88	2.35	13.1	73.72	579.91	579.91	579.91
120	2532	600480	凌云股份	47.20	C	−0.14	−1.63	2.38	0.86	1.52	53.92	2.24	−3.86	13.4	3.33	125.31	15629.39	15629.39	15629.39
121	2538	002448	中原内配	47.10	C	0.15	3.3	3.17	0.36	0.93	35.8	3.56	−6.66	−2.09	−0.81	59.53	8453.32	8453.32	8453.32
122	2551	002213	特尔佳	46.90	C	0.01	0.45	−0.03	0.42	0.52	18.88	24.56	51.7	1.64	14.63	94.31	245.00	245.00	245.00
123	2617	002472	双环传动	45.90	C	0.12	2.18	2.8	0.4	1.07	54.88	1.63	2.7	−0.02	−7.59	89.59	7501.48	7501.48	7501.48
124	2642	002715	登云股份	45.50	C	0.04	0.76	1.9	0.45	0.81	30.89	1.57	−5.3	1.12	14	52.73	373.04	373.04	373.04
125	2648	600686	金龙汽车	45.50	C	0.24	4.41	1.18	0.69	0.82	78.23	2.63	−2.19	13.88	4.38	103.33	23449.44	23449.44	23449.44
126	2649	002684	*ST 猛狮	45.40	C	0.27	0	5.87	0.17	0.41	99.03	1.38	20.23	0	2.29	295.58	11842.20	11842.20	11842.20
127	2696	603768	常青股份	44.50	C	0.12	1.45	2.4	0.56	1.19	53.92	1.8	−2.13	0	1.25	57.24	2451.77	2451.77	2451.77
128	2704	002510	天汽模	44.30	C	0.1	3.39	2.62	0.37	0.77	54	1.63	−2.6	2.57	23.1	75.15	8208.84	8208.84	8208.84
129	2734	002863	今飞凯达	43.70	C	0.15	5.73	4.81	0.69	1.52	76.31	1.54	2.36	9.58	−15.57	74.61	5944.07	5944.07	5944.07
130	2737	600213	亚星客车	43.70	C	0.06	7.7	2.48	0.53	0.56	94.71	1.22	10.19	−4.98	41.9	130.38	1421.25	1421.25	1421.25
131	2746	002708	光洋股份	43.50	C	0.02	0.81	1.19	0.6	1.23	34.44	1.81	−3.35	0.87	−5.34	109.77	1152.98	1152.98	1152.98
132	2757	000957	中通客车	43.30	C	0.06	1.21	1.07	0.55	0.65	77.31	1.36	10.9	1.02	45.86	112.44	3307.19	3307.19	3307.19
133	2772	603023	威帝股份	42.80	C	0.05	3.34	4.68	0.17	0.2	13.21	3.09	−31.63	9.82	24.43	61.95	2285.10	2285.10	2285.10
134	2773	002625	光启技术	42.80	C	0.05	1.5	0.36	0.06	0.07	4.3	11.17	3.78	1.47	−12.86	81.71	11150.04	11150.04	11150.04
135	2787	600626	申达股份	42.40	C	0.08	1.98	2.77	1.35	3.08	62.58	1.8	−10.01	−2.14	13.71	87.14	−7108.31	−7108.31	−7108.31
136	2807	000622	恒立实业	41.70	C	0.03	6.03	2.98	1.05	1.11	32.08	29.67	76.87	5.24	−27.96	124.93	1069.35	1069.35	1069.35
137	2815	002265	西仪股份	41.50	C	0.02	0.76	1.01	0.52	1.12	35.44	2.48	−2.61	3.51	−4.48	119.92	707.85	707.85	707.85
138	2817	000625	长安汽车	41.50	C	−0.55	−5.86	−2.56	0.74	1.52	54.99	−54.91	6.48	−4.81	38.8	78	−264913.19	−264913.19	−264913.19

续表

序号	全部上市公司排名	股票代码	单位名称	综合得分	评价等级	每股收益（元）	净资产收益率（%）	总资产报酬率（%）	总资产周转率（次）	流动资产周转率（次）	资产负债率（%）	已获利息倍数	营业收入增长率（%）	资本扩张率（%）	市场投资回报率（%）	股价波动率（%）	年末资产总额（万元）	营业收入（万元）	净利润（万元）
139	2820	002536	飞龙股份	41.40	C	0.16	3.1	2.21	0.69	1.44	45.98	2.45	-6.46	-4.23	-17.34	118.15	7086.31	7086.31	7086.31
140	2822	600418	江淮汽车	41.40	C	0.06	0.82	0.74	1.04	2.03	68.75	1.21	-5.6	-0.15	1.25	68.13	17177.77	17177.77	17177.77
141	2834	601258	ST 庞大	40.70	C	0.01	1.37	6.14	0.76	1.52	57.53	1.17	-47.46	63.33	2.09	112.45	9653.05	9653.05	9653.05
142	2853	300733	西菱动力	40.30	C	0.13	1.86	1.62	0.35	0.74	25.61	6.01	0.76	0.18	-30.43	84.68	2117.69	2117.69	2117.69
143	2856	600166	福田汽车	40.30	C	0.03	1.26	0.46	0.84	1.59	71.39	1.04	14.4	-0.03	15	93.52	14606.37	14606.37	14606.37
144	2861	600733	北汽蓝谷	40.10	C	0.03	0.55	0.62	0.46	0.6	70.15	0.75	43.5	8.68	-28.21	136.72	388.89	388.89	388.89
145	2895	002355	兴民智通	39.10	C	0.02	0.43	1.67	0.38	0.62	38.85	1.34	-3.05	1.33	-8.13	127.79	3108.47	3108.47	3108.47
146	2897	600698	ST 天雁	39.10	C	0.01	1.88	1.41	0.42	0.56	38.04	2.6	7.27	56.23	-30.61	132.86	1175.13	1175.13	1175.13
147	2971	000868	ST 安凯	36.20	C	0.05	8.28	2.41	0.54	0.73	90.38	1.54	7.28	11.39	35.42	131.47	4783.92	4783.92	4783.92
148	2972	000678	襄阳轴承	36.10	C	0.03	1.03	1.46	0.46	1.18	52.99	1.49	-16.73	0.74	34.96	120.02	1325.36	1325.36	1325.36
149	2993	002865	钧达股份	35.20	C	0.14	1.87	2.82	0.44	0.83	50.04	1.76	-8.39	-0.07	-19.95	84.46	1722.71	1722.71	1722.71
150	3019	601127	小康股份	34.10	C	0.07	1.24	1.7	0.64	1.35	73.76	1.88	-10.41	9.17	-28.29	90.68	8539.70	8539.70	8539.70
151	3035	600653	申华控股	33.50	C	-0.13	-12.55	0.19	0.94	1.55	67.18	0.19	2.98	-8.33	6.81	72.52	-19938.03	-19938.03	-19938.03
152	3039	002488	金固股份	33.20	C	0.02	0.58	1.41	0.3	0.69	40.33	1.2	-21.97	-0.41	10.51	119.65	2009.59	2009.59	2009.59
153	3049	000996	中国中期	32.90	C	0.02	1.1	1.43	0.1	0.47	30.03	2.06	-6.37	-13.45	12.53	133.97	558.59	558.59	558.59
154	3052	600303	曙光股份	32.80	C	0.07	1.61	1.55	0.4	0.94	47.81	2.28	-16.06	1.37	-10.99	112.46	5146.19	5146.19	5146.19
155	3057	002239	奥特佳	32.50	C	0.03	1.95	1.1	0.39	0.86	35.3	3.71	-21.52	2.22	-15.66	123.81	10155.43	10155.43	10155.43
156	3097	000572	ST 海马	31.00	C	0.05	1.74	1.08	0.42	1.47	46.67	6.15	-7.06	-0.95	-11.98	124.41	9761.53	9761.53	9761.53
157	3161	603009	北特科技	28.10	C	-0.37	-8.04	-3.7	0.41	0.93	48.55	-2.98	1.86	-5.57	3.35	89.75	-14162.03	-14162.03	-14162.03
158	3163	002284	亚太股份	28.00	C	-0.13	-3.62	-0.76	0.54	0.95	54.44	-0.53	-18.47	-4.92	19.18	68.78	-9569.15	-9569.15	-9569.15
159	3199	002765	蓝黛传动	25.90	C	-0.33	-10.82	-6.35	0.38	0.9	56.27	-11.91	31.05	22.84	-17.94	131.98	-15993.80	-15993.80	-15993.80
160	3200	603178	圣龙股份	25.80	C	-1.04	-28.63	-8.96	0.61	1.6	67.32	-4.59	-6.87	-29.07	19.17	59.64	-24571.45	-24571.45	-24571.45
161	3209	603922	金鸿顺	25.30	C	-0.7	-8.22	-6.03	0.51	0.76	25.91	-10.18	-28.18	-9.35	-1.79	80.89	-8913.96	-8913.96	-8913.96

续表

序号	全部上市公司排名	股票代码	单位名称	综合得分	评价等级	每股收益（元）	净资产收益率（%）	总资产报酬率（%）	总资产周转率（次）	流动资产周转率（次）	资产负债率（%）	已获利息倍数	营业收入增长率（%）	资本扩张率（%）	市场投资回报率（%）	股价波动率（%）	年末资产总额（万元）	营业收入（万元）	净利润（万元）
162	3211	000017	*ST中华A	25.30	C	-0.01	-67.09	-11.64	1.12	1.23	81.76	0	-36.6	-32.62	-2.32	68.55	-781.39	-781.39	-781.39
163	3220	002703	浙江世宝	24.60	C	-0.22	-12.71	-10.01	0.49	0.93	34.46	-45.32	-13.3	-13.14	9.43	103.43	-19588.39	-19588.39	-19588.39
164	3237	000927	*ST 夏利	24.20	C	-0.93	0	-44.57	0.13	0.24	169.81	-25.42	-61.85	-1230.94	85.2	129.56	-147949.33	-147949.33	-147949.33
165	3250	603085	天成自控	23.50	C	-1.84	-72.69	-24.35	0.66	1.53	76.99	-14.74	52	-52.14	7.4	98.27	-53513.88	-53513.88	-53513.88
166	3280	002592	ST 八菱	22.10	C	-1.53	-24.52	-16.28	0.29	0.8	35.51	-22.64	5.75	-6.11	-38.67	182.84	-40608.42	-40608.42	-40608.42
167	3310	002813	路畅科技	20.70	C	-2.93	-72.2	-20.56	0.56	0.77	72.43	-16.37	1.75	-54.46	-4.57	83.05	-35621.51	-35621.51	-35621.51
168	3332	300681	英搏尔	19.10	C	-1.05	-13.07	-8.59	0.29	0.45	40.37	-14.44	-51.35	-13.36	-7.45	88.81	-7934.25	-7934.25	-7934.25
169	3386	002662	京威股份	15.40	C	-1.39	-50.88	-26.9	0.5	1.25	47.83	-20.54	-32.91	-40.51	-31.1	186.8	-208273.73	-208273.73	-208273.73
170	3441	300100	双林股份	11.60	C	-2.04	-42.28	-12.08	0.64	1.22	71.02	-6.63	-22.62	-36.63	-40.17	168.08	-95986.50	-95986.50	-95986.50
171	3474	601777	力帆股份	7.50	C	-3.58	-91.84	-18.04	0.31	0.74	85.4	-3.4	-32.35	-62.48	-17.65	207.86	-469192.58	-469192.58	-469192.58
172	3487	000760	*ST 斯太	5.60	C	-0.24	-41.44	-23.12	0.01	0.03	47.72	-11.8	-95.53	-36.57	-55.66	303.09	-18172.79	-18172.79	-18172.79
173	3497	000980	*ST 众泰	3.20	C	-5.52	-93.46	-43.66	0.11	0.2	68.74	-44.16	-79.78	-63.66	-29.49	167.09	-1119132.51	-1119132.51	-1119132.51
174	3505	300742	越博动力	0.00	C	-10.71	-118.27	-37.45	0.19	0.25	82.41	-20.01	-21.56	-74.32	-43.77	174.45	-84064.22	-84064.22	-84064.22

第十章　电子和计算机行业上市公司业绩评价

随着电子和计算机领域前沿的不断突破创新和与不同行业的广泛融合应用，具有高技术含量、高附加值特点的电子和计算机产业越来越受到国家和市场的青睐，成为国民经济的基础性、战略性产业。在世界范围内也成为众多发达国家保持经济持续增长的最重要的手段和拉动国民经济发展的强大动力。信息化成为全球经济社会发展的显著特征，数字经济将成为未来的经济社会新形态。电子和计算机行业的创新和发展更关系到我国网络安全、经济安全、国家安全，也是中国由网络大国向网络强国转变的必经之路。

2019 年，受全球经济增速进一步放缓以及国际间竞争加剧等因素的影响，全球商业贸易的不确定性有所增加，对投资和消费的活力产生了一定的负面影响，为电子和计算机行业的平稳发展带来了挑战。同时，5G、工业互联网、智能化升级和数字新型基础设施的快速推进也为行业带来重要发展机遇。整体来看，在国际贸易环境复杂多变、行业新旧动能转换的关键阶段，我国电子和计算机行业保持总体平稳、转型加快的运行态势，正在朝着强创新、高效率、促转型的高质量发展方向转变。2019 年，计算机和电子行业股票指数表现基本持续优于市场平均水平，其中，电子行业股票指数全年总涨幅达到 74.60%，计算机行业股票指数全年总涨幅达到 48.29%。2020 年，随着 5G 进入规模商用阶段、人工智能、工业互联网、物联网等新型基础设施的加快，我国电子和计算机行业将引领与其他各行业的融合创新，持续驱动我国经济的持续发展。

一、电子和计算机行业上市公司业绩评价结果

截至 2019 年年末，电子和计算机行业全部上市公司（全部上市公司是指：不包括金融和 B 股，以下如无特指按此口径）共计 483 家，其中盈利 421 家，亏损 62 家，即有 87.16% 的公司实现盈利，比 2018 年上升了 0.39%；电子和计算机行业上市公司总资产共计 38257.18 亿元，占全部上市公司总资产的 4.96%。

2019 年，全国 3654 家上市公司共计完成营业收入 416790.19 亿元，其中 483 家电子和计算机行业上市公司完成营业收入 29580.74 亿元，占全部上市公司营业收入的 7.10%；

全部上市公司共计实现净利润19733.15亿元，电子和计算机行业上市公司实现净利润1047.96亿元，占全部上市公司实现净利润的5.31%。

2019年电子行业整体评价结果略高于市场平均水平，其行业的综合评价分值为63.8分，比同年全部上市公司的综合评价分值61.3分高4.08%；计算机行业评价结果略低于市场平均水平，其行业的综合评价分值为57.8分，比同年全部上市公司的综合评价分值61.3分低5.71%。483家电子和计算机行业上市公司中有12家进入2019年上市公司业绩评价综合得分的“中联价值100”名单，分别为汇顶科技、恒生电子、立讯精密、视源股份、兆易创新、海康威视、三六零、深信服、大华股份、亿纬锂能、佳发教育、金溢科技，排名分别为第24位、第32位、第38位、第42位、第50位、第51位、第63位、第65位、第73位、第91位、第92位、第99位。在483家电子和计算机行业上市公司中（剔除了其中51家2019和2020年上市或借壳上市的公司），业绩为AA的有8家；业绩为A的有18家；业绩为BBB的有39家；业绩为BB的有54家；业绩为B的有69家；业绩为CCC的有67家；业绩为CC的有51家；业绩为C的有126家。2019年电子和计算机行业评价得分前十名的公司见表10–1。

表10－1　2019年度电子和计算机行业评价得分前十名的公司

序号	股票代码	股票简称	在全部上市公司中评价得分排序
1	603160	汇顶科技	24
2	600570	恒生电子	32
3	002475	立讯精密	38
4	002841	视源股份	42
5	603986	兆易创新	50
6	002415	海康威视	51
7	601360	三六零	63
8	300454	深信服	65
9	002236	大华股份	73
10	300014	亿纬锂能	91

基于对电子和计算机行业上市公司的整体评价，下面分别从财务效益状况、资产质量状况、偿债风险状况、发展能力状况、市场表现状况五个方面对电子和计算机行业上市公司进行具体分析。

（一）财务效益

从综合得分来看，2019年电子和计算机行业上市公司中财务效益状况低于全部上市公司平均水平。

表10–2和表10–3分别列示了2019年电子和计算机行业上市公司财务效益状况评价

结果。从基本指标来看，电子行业上市公司财务效益状况略低于全部上市公司平均水平，平均得分为19.3分，比全部上市公司平均分20.77分低1.47分；计算机行业上市公司财务效益状况低于全部上市公司平均水平，平均得分为15.53分，比全部上市公司平均分20.77分低5.24分。有249家公司超过全国平均水平，其中得分为满分35分的有立讯精密、视源股份、智动力等37家公司。

从修正指标来看，电子行业得分为20.81，略低于上市公司平均得分22.12分。除总资产报酬率和盈利现金保障倍数外，扣除非经常性损益净资产收益率、营业利润率和股本收益率等指标均低于上市公司平均水平。计算机行业得分为17.49，低于上市公司平均得分22.12分。除盈利现金保障倍数外，扣除非经常性损益净资产收益率、总资产报酬率、营业利润率和股本收益率等指标均低于上市公司平均水平。

表10－2　电子行业财务效益状况比较表

分析指标		2019年上市公司平均值	2019年行业值	2018年行业值	增长率（%）
基本指标	扣除非经常性损益净资产收益率（%）	6.61	4.41	4.94	-10.73
	总资产报酬率（%）	5.26	5.05	5.1	-0.98
	得分	20.77	19.3	18.87	2.28
修正指标	营业利润率（%）	6.34	4.43	4.08	8.58
	盈利现金保障倍数	1.97	2.24	2.15	4.19
	股本收益率（%）	36.41	33.21	29.11	14.08
综合得分		22.12	20.81	20.38	2.11

表10－3　计算机行业财务效益状况比较表

分析指标		2019年上市公司平均值	2019年行业值	2018年行业值	增长率（%）
基本指标	扣除非经常性损益净资产收益率（%）	6.61	1.1	1.46	-24.66
	总资产报酬率（%）	5.26	3.58	3.57	0.28
	得分	20.77	15.53	15.29	1.57
修正指标	营业利润率（%）	6.34	4.6	4.14	11.11
	盈利现金保障倍数	1.97	2.36	1.77	33.33
	股本收益率（%）	36.41	12.45	12.58	-1.03
综合得分		22.12	17.49	16.77	4.29

与2018年的情况相比较，2019年电子和计算机行业上市公司扣除非经常性损益净资产收益率有所下降，营业利润率、盈利现金保障倍数与上一年相比有所改善，其中计算机

行业中盈利现金保障倍数涨幅最高，为 33.33%。整体来看，在 5G 进入商用阶段以及自主可控加速等因素的推动下，2019 年电子和计算机行业的财务效益有所提升。以智动力公司为例，随着 5G 通信技术在全球各主要国家和地区加速大规模商用，智能手机市场会出现一轮巨大的升级换代需求。公司顺应 5G 时代发展趋势，提前布局符合 5G 对通讯速率以及材质要求的复合板材后盖板业务，在智能终端设备的中低端机型拥有显著的优势。2019 年，公司实现营业总收入约 17.43 亿元人民币，较上年同期增长 167.7%，实现了财务效益的显著提升。

（二）资产质量

从综合得分来看，电子行业上市公司资产质量状况平均得分为 9.45，略高于上市公司平均得分，计算机行业上市公司资产质量状况平均得分为 8.56，低于上市公司平均得分。

表 10–4 和表 10–5 列示了电子和计算机行业上市公司资产质量状况评价结果。在电子和计算机行业上市公司资产质量状况指标中，航天信息得分为满分 15 分。其总资产周转率 1.52，流动资产周转率 2.02，应收账款周转率 17.3 次，存货周转率 29.27 次，公司在供应链管理方面，通过系统化改造云端业务采购流程，在财务管理方面，在持续强化财务管控的同时，灵活运用金融工具统筹配置资源，有效缓解了资金紧张，资产质量在行业中保持了较高的水平。

表 10 – 4　电子行业资产质量状况比较表

分析指标		2019 年上市公司平均值	2019 年行业值	2018 年行业值	增长率（%）
基本指标	总资产周转率（次）	0.64	0.87	0.92	–5.43
	流动资产周转率（次）	1.21	1.57	1.63	–3.68
	得分	9.53	11.08	11.21	–1.16
修正指标	应收账款周转率（次）	8.24	4.72	4.87	–3.08
	存货周转率（次）	2.73	6.26	6.45	–2.95
综合得分		9.22	9.45	9.44	0.11

表 10 – 5　计算机行业资产质量状况比较表

分析指标		2019 年上市公司平均值	2019 年行业值	2018 年行业值	增长率（%）
基本指标	总资产周转率（次）	0.64	0.67	0.65	3.08
	流动资产周转率（次）	1.21	1.06	1.06	0.00
	得分	9.53	9.39	9.11	3.07
修正指标	应收账款周转率（次）	8.24	3.8	3.82	–0.52
	存货周转率（次）	2.73	4.35	4.42	–1.58
综合得分		9.22	8.56	8.47	1.06

与2018年相比较，2019年电子行业上市公司总体上资产质量略有下降，计算机行业上市公司总体上资产质量略有上升，但整体来看变化不大。与上市公司平均水平相比，行业存货周转率远远高于上市公司平均水平，这主要与电子和计算机行业公司主要经营方式和产品特性有关。

（三）偿债风险

从综合得分来看，2019年电子和计算机行业上市公司偿债风险状况优于全部上市公司平均水平。

表10-6和表10-7列示了电子和计算机行业上市公司偿债风险状况评价结果。在电子和计算机行业上市公司偿债风险状况指标中，同花顺获得了满分15分，惠威科技等25家上市公司取得接近满分的14.99分。基于电子和计算机行业的经营模式，行业在运营中保持了较高的速动比率，其中乐鑫科技和柏楚电子2019年速动比率分别为2050.3和3740.42，大大高于行业平均水平。

表10－6　电子行业偿债风险状况比较表

分析指标		2019年上市公司平均值	2019年行业值	2018年行业值	增长率（%）
基本指标	资产负债率（%）	61.12	53.85	56.60	-4.86
	获利倍数	4.11	4.35	4.28	1.64
	得分	8.94	9.42	9.21	2.28
修正指标	速动比率（%）	77.40	110.69	105.20	5.22
	现金流动负债比率（%）	13.01	17.45	15.14	15.26
	带息负债比率（%）	41.99	45.10	44.43	1.51
综合得分		8.61	9.04	9.43	-4.14

表10－7　计算机行业偿债风险状况比较表

分析指标		2019年上市公司平均值	2019年行业值	2018年行业值	增长率（%）
基本指标	资产负债率（%）	61.12	44.61	43.36	2.88
	获利倍数	4.11	4.01	3.82	4.97
	得分	8.94	9.84	9.61	2.39
修正指标	速动比率（%）	77.40	141.79	139.33	1.77
	现金流动负债比率（%）	13.01	12.50	9.58	30.48
	带息负债比率（%）	41.99	33.17	36.34	-8.72
综合得分		8.61	9.57	9.72	-1.54

与2018年相比较，2019年电子和计算机行业上市公司偿债风险状况平均得分虽然略有下降，但行业的偿债风险状况依然明显优于上市公司平均水平。说明在电子和计算机行业在扩展业务的过程中，各个公司的对于营运资金的需求规模与公司经营业绩情况较为匹配。以同花顺为例，随着2019年我国A股市场活跃度的回升，投资者对证券金融资讯的需求有所增加，公司营业收入、营业利润及归属于上市公司股东的净利润均较上一年明显增加，展现公司良好的偿债能力。

（四）发展能力

从综合得分来看，2019年电子行业上市公司发展能力状况优于全部上市公司的平均水平，计算机行业上市公司发展能力状况略低于全部上市公司的平均水平。

表10-8和10-9列示了电子和计算机行业上市公司发展能力状况评价结果。在电子和计算机行业上市公司发展能力状况指标中，立讯精密蝉联得分第一，得分为20.0，主要原因是公司基于在消费电子产品和客户的完整规划，通信、工业及汽车电子产品和客户的多年提前布局，以及内部经营管理与智能制造水平的不断提升，有效降低了个别市场客户销售波动。同时充分发挥自身平台建设、工艺流程优化、智能自动化制造、垂直整合及数字化管理等相关优势，持续获得了客户的认可与肯定，使公司经营获利能力持续提升。2019年，公司实现销售收入625.16亿元，较上年同期增长74.38%；实现利润总额56.35亿元，较上年同期增长71.70%；实现归属于母公司所有者的净利润47.14亿元，较上年同期增长73.13%。实现了在各业务领域的稳步发展。

与2018年相比，虽然2019年电子行业上市公司的营业收入及总资产的增长情况均有所放缓，但营业利润增长率呈现了较大幅度的提升，整体综合得分较2018年相比略有上升；计算机行业上市公司的各项指标则除资本扩张率、总资产增长率和营业利润率外，累计保留盈余率和营业利润率均呈现上升的趋势，整体综合得分较2018年相比略有上升。主要原因除减税降费的影响外，还包括信息安全、医疗信息化及信息创新领域在2019年国家相关政策的推动下，已逐步形成业绩释放，为公司发展提供动力。

表10－8 电子行业发展能力状况比较表

分析指标		2019年上市公司平均值	2019年行业值	2018年行业值	增长率（%）
基本指标	营业收入增长率（%）	8.81	6.62	14.66	-54.84
	资本扩张率（%）	9.67	14.98	14.54	3.03
	得分	12.05	12.74	13.31	-4.28
修正指标	累计保留盈余率（%）	41.00	29.84	29.17	2.30
	三年营业收入增长率（%）	14.54	22.90	29.91	-23.44
	总资产增长率（%）	10.59	9.34	17.60	-46.93
	营业利润增长率（%）	0.61	16.28	-17.63	-192.34
综合得分		12.23	12.99	12.88	0.85

表 10－9　计算机行业发展能力状况比较表

分析指标		2019 年上市公司平均值	2019 年行业值	2018 年行业值	增长率（%）
基本指标	营业收入增长率（%）	8.81	9.72	17.24	-43.62
	资本扩张率（%）	9.67	8.02	8.98	-10.69
	得分	12.05	11.93	12.71	-6.14
修正指标	累计保留盈余率（%）	41.00	29.20	29.03	0.59
	三年营业收入增长率（%）	14.54	14.07	17.50	-19.60
	总资产增长率（%）	10.59	9.98	12.10	-17.52
	营业利润增长率（%）	0.61	7.14	-43.53	-116.40
综合得分		12.23	11.85	11.46	3.40

（五）市场表现

2019 年，我国经济运行延续总体平稳态势。回顾过去一年，我国证券市场在一季度出现了强劲反弹的趋势，而后呈现为全年持续震荡的过程。计算机和电子行业上市公司表现基本持续优于市场平均水平，值得一提的是，电子行业全年总涨幅达到 74.60%。同期电子和计算机行业市场走势具体情况见图 10－1。

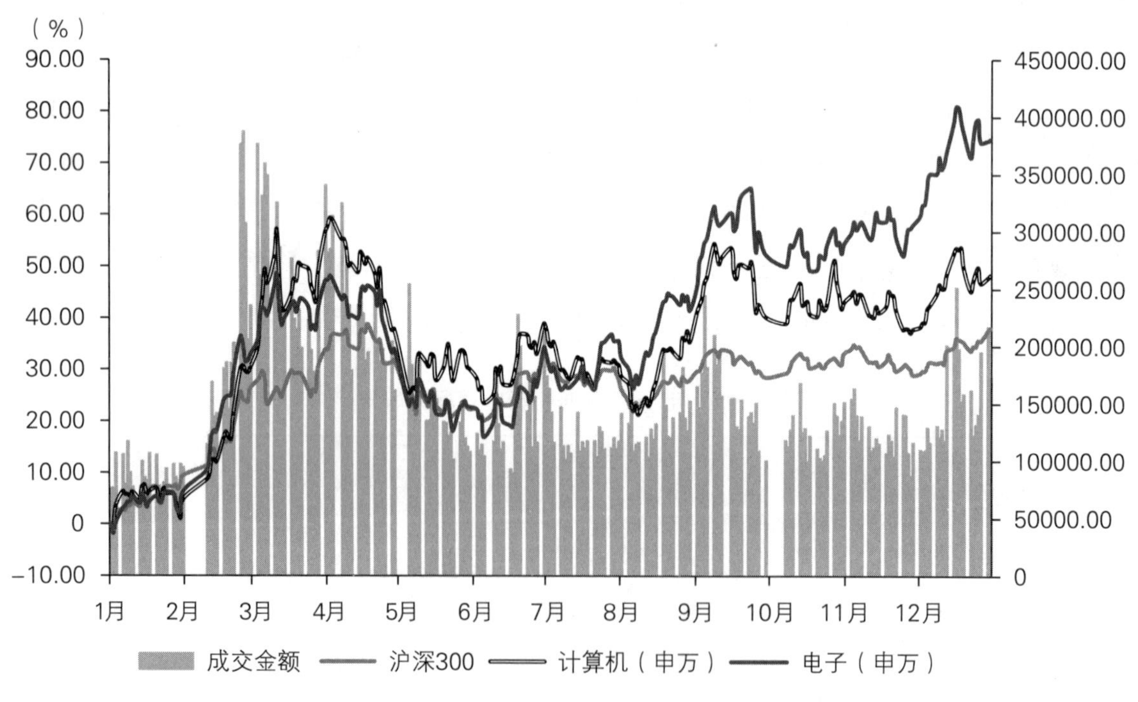

图 10－1　2019 年电子和计算机行业指数与大盘指数波动

从综合得分来看，电子和计算机行业上市公司市场表现状况均优于全部上市公司的平均水平。

表 10－10、表 10－11 分别列示了电子和计算机行业上市公司市场表现状况评价结果。

在电子和计算机行业上市公司市场表现状况指标中森霸传感获得了最高的 13.4 分，并共有 10 家 TCL 科技、德赛西威等 10 家公司获得超过 13 分。以森霸传感为例，该公司是一家集研发、设计、生产、销售及服务于一体的专业传感器供应商，具有较强的自主研发实力，尤其在热释电红外传感器领域，是国内少数掌握热释电红外传感器核心技术并拥有自主知识产权的企业之一，在行业内具有显著的竞争优势。2019 年，公司对外积极做好市场拓展，对内加快进行技术创新、升级，在整个传感器市场竞争愈加激烈的大环境下，呈现了较好的市场表现。公司 2019 年实现营业收入 20450.12 万元，同比上升 11.57%；实现营业利润 9531.77 万元，同比上升 16.59%；实现利润总额 9549.10 万元，同比上升 16.41%；实现归属于上市公司股东的净利润 8215.00 万元，同比上升 16.82%。此外，2020 年一季度受新冠肺炎疫情的影响，市场对热电堆红外传感器及相关组件的需求量剧增，公司根据市场变化适时调整了生产计划，积极安排相关产品的生产和扩产工作，使得热电堆红外传感器及相关组件的收入和利润同比增幅较大，促进了公司的进一步发展。

表 10 - 10　电子行业公司市场表现状况比较表

分析指标	2019 年上市公司平均值	2019 年行业值	2018 年行业值	增长率（%）
市场投资回报率（%）	23.04	60.67	−35.57	−270.57
股价波动率（%）	94.27	117.12	136.05	−13.91
得分	9.12	11.50	8.38	37.23

表 10 - 11　计算机行业公司市场表现状况比较表

分析指标	2019 年上市公司平均值	2019 年行业值	2018 年行业值	增长率（%）
市场投资回报率（%）	23.04	40.41	−26.53	−252.32
股价波动率（%）	94.27	101.15	126.52	−20.05
得分	9.12	10.31	10.04	2.69

2019 年电子和计算机行业上市公司市场投资回报率分别为 60.67% 和 40.41%，均大幅高于全部上市公司 23.04% 的水平，且与 2018 年电子和计算机行业的水平相比均呈现明显上升的趋势。2019 年，电子和计算机行业上市公司有 330 家公司的市场投资回报率高于全部上市公司平均水平，其中最高的为诚迈科技 499.34% 和万集科技的 425.98%。以诚迈科技为例，公司是移动智能终端产业链的软件外包服务提供商，业务涵盖了移动智能终端的整个产业链，在全球范围内提供软件开发和技术服务，与华为开展长期稳定合作。2019 年，公司携手深之度公司设立统信软件，共同打造国产操作系统，未来潜在市场空间巨大。2020 年是信创实际落地的元年，国产替代已成为大势所趋，而操作系统作为基础软件类产品，具有显著规模效应，未来随着业务规模的扩张，使公司具有极佳的发展潜力。

二、2019年度电子和计算机行业上市公司业绩影响因素分析

2019年我国电子和计算机行业面对复杂的国际贸易局势，通过创新提效，正在加快从规模发展向高质量发展的转型升级，行业保持总体平稳的运行态势，在经济社会发展中的支撑引领作用进一步增强。影响电子和计算机行业业绩的主要因素表现在以下几个方面：

（一）受宏观经济增速放缓影响，硬件行业利润总额同比下滑

2019年通过研发创新及加速转型，我国电子信息制造业保持总体平稳的运行态势，但受错综复杂的国内外经济环境、国际贸易竞争以及市场动力不足的影响，导致行业收入增速均较2018年有所下滑。据工信部统计，2019年规模以上电子信息制造业增加值同比增长9.3%，增速比2018年降低3.8个百分点；实现营业收入同比增长4.5%，增速较上一年降低了4.5个百分点。

以消费电子板块为例，作为其最重要的下游领域，智能手机出货量对消费电子企业起决定性作用。全球智能手机市场从2017年下半年开始进入存量创新时代，用户渗透趋于饱和，出货速度逐渐放缓。根据IDC数据，从2017年四季度至2019年二季度，全球智能手机单季出货量连续7个季度同比下滑。2019年三季度和四季度全球智能手机单季度出货量分别为3.58%和3.69%，相比上年同期分别变动0.87%和−1.86%，下滑幅度有所放缓。

（二）产业政策推动软件行业高质量发展，盈利能力稳步提升

2019年，在行业支持政策的推动下，我国软件和信息技术服务业呈现平稳向好发展态势，收入和利润均保持较快增长，从业人数稳步增加；信息技术服务加快云化发展，软件应用服务化、平台化趋势明显。根据工信部统计数据，2019年我国软件业务收入保持较快增长，全国软件和信息技术服务业规模以上企业超4万家，累计完成软件业务收入71768亿元，同比增长15.4%；软件和信息技术服务业实现利润总额9362亿元，同比增长9.9%，盈利能力稳步提升。在行业政策重点支持的细分领域中，信息安全产品和服务实现收入1308亿元，同比增长12.4%，为支撑信息系统安全发展发挥重要作用；2019年，嵌入式系统软件实现收入7820亿元，同比增长7.8%，占全行业收入比重为10.9%。嵌入式系统软件已成为产品和装备数字化改造、各领域智能化增值的关键性带动技术。

链接：电子和计算机行业主要政策

➢ 工信部出台《工业互联网发展行动计划（2018—2020年）》

2018年6月7日，工信部印发《工业互联网发展行动计划（2018—2020年）》，提出到2020年底我国将实现“初步建成工业互联网基础设施和产业体系”的发展目标，具体包括建成5个左右标识解析国家顶级节点、遴选10个左右跨行业跨领域平台、推动30万家以上工业企业上云、培育超过30万个工业APP等内容。

➤ 工信部、发改委出台《扩大和升级信息消费三年行动计划（2018—2020年）》

2018年7月27日，工信部、发改委两部门引发《扩大和升级信息消费三年行动计划（2018—2020年）》，提出目标到2020年我国信息消费规模达到6万亿元，年均增长11%以上。同时要求信息技术在消费领域的带动作用显著增强，拉动相关领域产出达到15万亿元，并以消费电子产品、新型显示产品、智能网联汽车、行业级垂直电商平台、企业上云服务为重点发展领域。

➤ 工信部发布《关于推动工业互联网加快发展的通知》

2020年3月20日，工信部发布《关于推动工业互联网加快发展的通知》，提出加快新型基础设施建设、加快拓展融合创新应用、加大政策支持力度六个方面20项措施，落实推动工业互联网加快发展的决策部署，统筹发展与安全，推动工业互联网在更广范围、更深程度、更高水平上融合创新，培植壮大经济发展新动能，支撑实现高质量发展。

资料来源：工信部、中国政府网。

（三）减税降费初见成效，行业营业利润率稳步提升

2019年3月21日，财政部、国家税务总局、海关总署等三部门发布的《关于深化增值税改革有关政策的公告》进一步明确指出，自4月1日起，增值税一般纳税人发生增值税应税销售行为或者进口货物，原适用16%税率的，税率调整为13%；原适用10%税率的，税率调整为9%。这意味着自该政策实施起，上市公司增值税率全面降低，其对企业财务效益的正面贡献将逐步显现出来，电子和计算机行业也将从中受益。

除减税外，2019年政府工作报告的另一要点是降费，即下调城镇职工基本养老保险单位缴费比例至16%。2019年4月4日，国务院办公厅发布了《降低社保综合费率方案的通知》，通知要求自2019年5月1日起，全国城镇职工养老保险单位缴费费率降为16%。下调前，企业为员工负担的养老保险费率多为20%（如上海等地）或19%（如北京、江苏等地），企业综合社保费率超过32%，在此情况下，下调企业负担的社保费率近4%为企业节约了相当一笔费用支出。

从电子和计算机行业上市公司业绩评价结果里看，2019年电子行业营业利润率较上一年增长8.58%，计算机行业营业利润率较上一年增长11.11%；营业利润增长率方面，电子和计算机行业均扭转了2018年的下降趋势，实现了营业利润增长率的由负转正，上市公司财务效益呈现了明显的提升，我国减税降费政策的成果已经初见成效。

（四）贸易摩擦推动科技创新和研发投入，自主可控战略地位上升

在我国经济发展和综合国力崛起的过程中，国际贸易摩擦加剧且趋于复杂化。2019年

5月特朗普宣布对中国输美商品加征高额关税，此后不断将中国科技企业列入“实体清单”，削弱、剥夺其在美的贸易机会。在此国际形势背景下，国家安全隐患显现，加强科技自主创新成为保障国家安全的不二选择，明确了计算机信息系统的自主、可控、安全需求，大力推进党、政、军及关系国家安全的关键行业的网络安全建设和自主可控信息系统建设，并相应的出台了一系列的政策和要求，进一步催化了自主可控行业加速发展。

长期以来，在计算机关键软硬件领域，国外厂商一直领跑在前，占据了我国市场的主要份额，2019年，我国信息化领域通过积极地研发投入，在PC、CPU、服务器、网络、操作系统、中间件、数据库以及办公软件等领域不断布局发力。目前，国产软硬件性能正从可用向好用变迁，部分国产芯片技术指标向国际同类产品看齐，消费类软件应用体验已经较好，专业类软件水平正逐渐提高，带动了国产产品市场份额的持续增长。

（五）网络安全市场加速增长，行业营业收入高速增长

自我国《网络安全法》正式实施后，网络安全法律法规不断完善，市场规范性逐步提升，市场在网络安全产品和服务的投入稳步增长。根据工信部统计，2019年我国信息安全产品和服务实现收入1308亿元，同比增长12.4%。驱动行业营业收入水平的高速发展的因素包含需求和政策两方面。从需求方面来看，随着通讯以及信息承载架构的转变，政府和企业对信息安全提出了新的要求。特别是对于企业采用新型技术进行技术革新时，IT架构发生改变，信息安全往往是企业考虑是否推进新技术的重要因素。信息安全水平的提升能够减少企业的顾虑，加速推进新型技术的使用。

在政策方面，信息保护加强。2019年5月，《信息安全技术网络安全等级保护基本要求》（等保2.0）正式发布，取代2008年发布的等保1.0。等保2.0增加了对云计算、移动互联、物联网、工业控制和大数据等新技术新应用的全覆盖，并加入了新的安全要求（风险评估、安全监测、通报预警、态势感知等）。此外，2019年6月公安部发布《互联网个人信息安全保护指引（征求意见稿）》，《个人信息保护法》已经纳入立法规划。从长期来看，工信部在《软件和信息技术服务业发展规划（2016—2020年）》中首次明确提出信息安全产品收入目标，即到“十三五”末达到2000亿元，年均增长20%以上。

以中孚信息为例，公司专业从事网络安全产品研发、生产、销售及安全服务。随着国家数字化与信息化建设的持续推进，各项法律法规和政策不断出台，数据安全的需求日益增加。2019年公司主营业务收入6.03亿元，同比增长69.43%；归属于上市公司股东的净利润1.25亿元，增长194.34%，实现了大幅度的增长。其中，信息安全服务实现营业收入1.72亿元，同比增长144.45%，明显的带动了公司盈利能力的提升。

三、2020年电子和计算机行业前景展望

2020年，随着5G（第五代移动通信网络）进入商用元年、工业互联网、医疗信息化、云计算等新兴技术的全面应用，在政策的持续推动下，我国电子和计算机行业将引领着与

医疗、政务等其他各行业的融合创新，成为我国驱动经济持续增长的新引擎。

（一）5G进入规模化商用阶段，推动产业链迭代需求

5G是第五代移动通信网络的简称，是4G的延续与升级，主要特点是波长为毫米级，超宽带，超高速度，超低延时。与4G进行对比，5G拥有更快的速率、更低的功耗、更短的延迟、更强的稳定性、更多的设备支持，将开启物联网时代，推动消费电子、物联网、人工智能、自动驾驶的发展，并渗透进至各个行业。

从发展周期来看，2018年是5G的规划期，2019年是5G商用元年，2020—2022年是5G建设的关键时期。随着5G技术的逐渐成熟，产业链也随之更新迭代，促进行业的需求增长。根据《5G产业经济贡献白皮书》判断，预计2020—2025年期间，我国5G商用直接带动的经济总产出达10.6万亿元，直接创造的经济增加值达3.3万亿元；5G商用间接拉动的经济总产出达24.8万亿元，间接带动的经济增加值达8.4万亿元。

（二）疫情催化教育信息化的需求持续增长

教育信息化是指在教育领域全面深入地运用现代信息技术来促进教育改革与发展的过程。自2020年初开始，由于我国疫情防控及“停课不停学”的要求，教育部门及学校对教育信息化的需求大增。根据CNNIC数据，截至2020年3月，我国在线教育用户规模达4.23亿，较2018年底增长2.22亿，占网民整体的46.8%，在线教育渗透率大幅增长。

此外，根据教育部《教育信息化2.0行动计划》，我国要到2022年基本实现“三全两高一大”的发展目标。其中，“三全”指教学应用覆盖全体教师、学习应用覆盖全体适龄学生、数字校园建设覆盖全体学校；“两高”指信息化应用水平和师生信息素养普遍提高；“一大”指建成“互联网+教育”大平台。教育信息化相关公司已迎来产品进校和发展良机。

（三）政策进一步推动我国医疗信息化的发展

自2009年新医改方案推出以来，我国医疗领域进行了一系列改革。围绕医院信息化构建的医疗IT系统、医保IT系统和医药IT系统，开展各个环节信息化建设，从而提高医疗系统的效率，降低医疗系统的风险和成本。近几年来，我国的大中型医院已逐步转向以临床信息系统和电子病历为重要内容的信息化建设，努力实现诊疗环节的全覆盖，实现各诊疗环节的互联互通。2019年，我国医疗领域再次政策频出，迎来了新一轮的改革期。医疗信息化建设领域，医疗信息化系统、电子病历、互联网医院等成为政策关注的重点之一。信息化建设方面，未来两年继续加强人口健康信息化建设，到2020年，实现全员人口信息、电子健康档案和电子病历三大数据库基本覆盖全国人口并实现信息动态更新。全面建成互联互通的国家、省、市、县四级人口健康信息平台，实现公共卫生、计划生育、医疗服务、医疗保障、药品供应、综合管理等六大业务应用系统的互联互通和业务协同。

此外，由于新冠疫情的出现，将在医疗卫生系统部署、区域卫生数据信息化升级、“互联网+”医疗应用、医疗行业终端产品形态等方面将产生巨大的影响。首先，疫情将加速医疗信息系统的更新，从而带动终端设备的大规模换新；其次，疫情将推动区域卫生数据信息化建设进程，尤其是传染病直报系统将快速升级；此外，疫情催动互联网医院建设，

"互联网 +"医疗模式迎来高速成长期。同时，辅助诊疗与监护系统会带动 5G 终端设备和医疗 AIoT 的需求。

链接：医疗信息化相关政策梳理

➢ **国务院发布《关于促进"互联网 + 医疗健康"发展的意见》**

2018 年 4 月，国务院发布《关于促进"互联网 + 医疗健康"发展的意见》，提出发展"互联网 +"医疗服务，创新"互联网 +"公共卫生服务。完善全员人口、电子健康档案、电子病历等数据库。二级以上医院要健全医院信息平台功能；三级医院要在 2020 年前实现院内医疗服务信息互通共享。

➢ **国家卫健委发布《全国医院信息化建设标准与规范（试行）》**

2018 年 4 月，国家卫健委发布《全国医院信息化建设标准与规范（试行）》，提出了三甲医院、三乙医院和二级医院临床业务、医院管理的信息化建设业务和要求。标准立足互联网 + 医疗健康的"服务便民""资源下沉""信息互通"三大核心优势，从业务应用、信息平台、基础设施、安全防护、新兴技术 5 大方面，对不同等级医院的信息化体系构建的细则侧重做了具体规定。

➢ **卫健委、国家中医药管理局发布《关于深入开展"互联网 + 医疗健康"便民惠民活动的通知》**

2018 年 7 月，卫健委、国家中医药管理局发布《关于深入开展"互联网 + 医疗健康"便民惠民活动的通知》，提出到 2020 年，二级以上医疗机构普遍提供分时段预约诊疗、智能导医分诊、候诊提醒、检验检查结果查询等线上服务。三级医院要进一步增加预约诊疗服务比例；到 2020 年，预约时段精确到 1 小时以内，并优先向医疗联合体内基层医疗卫生机构预留预约诊疗号源；到 2020 年，实现电子健康档案数据库与电子病历数据库互联对接，全方位记录、管理居民健康信息。

➢ **医政医管局发布《进一步推进以电子病历为核心的医疗机构信息化建设工作》**

2018 年 8 月，医政医管局发布《进一步推进以电子病历为核心的医疗机构信息化建设工作》，提出到 2020 年，三级医院要实现电子病历信息化诊疗服务环节全覆盖；到 2020 年，三级医院要实现院内各诊疗环节信息互联互通，达到医院信息互联互通标准化成熟度测评 4 级水平；到 2019 年，辖区内所有三级医院要达到电子病历应用水平分级评价 3 级以上；到 2020 年，要达到分级评价 4 级以上，即医院内实现全院信息共享，并具备医疗决策支持功能。

资料来源：中国政府网。

（四）需求和政策共同驱动，工业互联网和云服务协同发展

工业互联网体系涵盖广阔，包括网络设备、工业软件、工业云、工业互联网平台等。随着科技的发展和信息技术的不断普及，人们在生产和生活中要面对和处理的数据规模与数种类越来庞大，对于运算效率和资源环境的需求也越来高，传统的硬件计算机和服务器模式已经难以满足人们的需求，越来多的企业选择将各种信息和业务上云，企业的应用和管理也逐渐云端化。工业互联网在发展过程中能促进企业对云服务需求增加。同时，企业上云将推动工业互联网平台化发展。

从政策方面，国家重视工业互联网在产业升级转型、提高效率提升效能等方面的重要作用，以企业上云为核心目标方向，积极出台包括《工业互联网发展行动计划（2018—2020）》《推动企业上云实施指南（2018—2020年）》在内的相关政策，提出加快新型基础设施建、工业互联网试点示范推广普及等六方面20项措施，支持促进工业互联网和云服务的发展。

资料链接：

用友网络以云服务为核心 驱动经营效益稳步提升

用友网络作为我国提供企业级软件服务的领先企业之一，已经形成了以用友企业云服务为核心业务，云服务、软件、金融服务融合发展的新战略布局。公司基于移动互联网、云计算、大数据、人工智能、物联网、区块链等新一代企业计算技术，按照商业创新平台（BIP）的理念，充分发挥技术与商业相结合的优势，通过构建和运营全球领先的企业云服务平台，提供覆盖多领域、多行业的企业服务。

2019年，公司实现营业收入85.10亿元，同比增长10.5%，实现了主营业务收入稳定增长。其中，云服务业务（不含金融类云服务业务）实现收入19.70亿元，同比增长131.6%，继续保持高速增长。据赛迪顾问数据显示，公司获得2019年度中国企业SaaS市场占有率第一、2019年度中国企业云服务市场占有率第一、2019年度中国企业级应用软件市场占有率第一、2019年度中国企业财务云市场占有率第一、2019年度中国企业工业云市场占有率第一等。云服务的快速发展已成为公司提升经营效益的巨大驱动力。

资料来源：公司年报。

附表 2019年度电子和计算机行业上市公司业绩评价结果排序表

序号	全部上市公司评价得分排序	股票代码	股票简称	综合得分（100分）	评价等级	每股收益（元）	总资产报酬率（%）	净资产收益率（%）	总资产周转率（次）	流动资产周转率（次）	资产负债率（%）	获利倍数	营业收入增长率（%）	资本扩张率（%）	市场投资回报率（%）	股价波动率（%）	年末资产额（万元）	营业收入（万元）	净利润（万元）
1	24	603160	汇顶科技	83.90	AA	5.17	38.33	41.51	0.98	1.17	17.96	540.34	73.95	56.77	174.05	233.99	784878.25	647325.45	231735.71
2	32	600570	恒生电子	82.70	AA	1.76	21.03	21.41	0.53	1.04	41.46	307.47	18.66	43.32	84.96	103.03	835949.71	387184	141541.25
3	38	002475	立讯精密	82.20	AA	0.88	13.98	24.20	1.46	2.32	55.95	16.46	74.38	30.43	248.91	237.87	4937791.07	6251631.46	492742.49
4	42	002841	视源股份	81.80	AA	2.49	21.64	35.53	2.01	2.64	49.67	36.73	0.41	42.45	53.52	89.76	997338.1	1705270.17	161229.07
5	50	603986	兆易创新	81.10	AA	2.02	14.46	15.83	0.71	1.38	15.35	68.75	42.62	175.46	230.53	248.14	617352.45	320291.71	60527.44
6	51	002415	海康威视	81.10	AA	1.34	20.19	28.98	0.83	0.98	39.66	53.11	15.69	19.78	26.60	70.28	7535800.02	5765811.01	1246518.43
7	63	601360	三六零	80.50	AA	0.88	22.88	13.19	0.41	0.62	15.02	6293.48	−2.19	18.13	16.79	74.93	3375157	1284109.5	594950.9
8	65	300454	深信服	80.20	AA	1.90	13.29	17.56	0.77	1.61	36.20	0.00	42.35	25.70	30.79	87.21	677243.66	458989.89	75889.99
9	73	002236	大华股份	79.90	A	1.10	12.99	20.70	0.94	1.18	45.96	27.18	10.50	23.81	67.74	90.86	2956465.02	2614943.07	316085.85
10	91	300014	亿纬锂能	79.00	A	1.64	13.28	26.60	0.49	1.00	52.67	14.34	47.35	108.31	204.96	213.92	1629454.88	641164.16	154882.36
11	92	300559	佳发教育	78.80	A	0.77	20.56	23.20	0.52	0.66	18.97	0.00	49.30	26.04	57.24	98.47	125619.55	58297.24	21398.19
12	99	002869	金溢科技	78.30	A	7.43	38.28	59.07	1.08	1.27	51.97	0.00	373.49	89.15	273.04	327.37	393672.43	286015.59	87268.23
13	120	601138	工业富联	77.50	A	0.94	10.78	21.01	2.01	2.12	56.55	29.06	−1.61	23.50	51.93	89.98	20561294.5	40869758.1	1860604.8
14	121	300682	朗新科技	77.50	A	1.78	28.11	15.26	0.74	0.95	20.00	0.00	192.31	249.78	37.87	103.82	592567.01	296833.01	107971.78
15	133	300661	圣邦股份	77.20	A	1.7	15.39	15.93	0.65	0.79	19.57	0.00	38.45	27.88	384.25	387.39	139347.13	79249.49	17472.85
16	140	300735	光弘科技	76.90	A	0.93	20.25	18.60	0.91	1.64	18.57	236.87	37.07	19.44	114.13	178.19	266583.06	219044.1	41682.13
17	153	300033	同花顺	76.70	A	1.67	20.35	22.81	0.37	0.42	23.80	0.00	25.61	19.47	153.74	160.41	523596.93	174209.39	89767.54
18	167	002463	沪电股份	76.30	A	0.72	18.45	25.11	0.96	1.71	37.66	90.09	29.68	28.05	199.41	287.67	823621.81	712854.46	120598.05
19	169	002916	深南电路	76.20	A	3.66	14.23	26.41	1.01	2.07	59.06	20.39	38.44	34.35	121.32	182.98	1221936.78	1052419.69	123353.7
20	170	300433	蓝思科技	76.20	A	0.62	7.96	9.98	0.67	1.95	52.29	4.80	9.16	31.31	113.11	202.63	4702854.85	3025776.02	242931.19
21	173	300271	华宇软件	76.10	A	0.74	9.52	10.85	0.53	0.91	17.99	326.73	29.60	38.87	70.92	97.74	730997.63	351014.79	58194.74
22	182	300659	中孚信息	75.70	A	0.95	20.36	22.83	0.90	1.01	22.84	0.00	69.32	27.34	202.81	219.35	74527.11	60281.99	12489.14
23	186	002938	鹏鼎控股	75.60	A	1.27	12.34	14.74	0.95	1.62	31.28	89.49	2.94	10.85	165.21	222.48	2885618.79	2661462.94	292461.44
24	190	300552	万集科技	75.60	A	8.17	47.53	71.64	1.57	1.79	45.36	147.16	384.10	116.60	425.98	415.71	301822.29	335120.77	87117.95

续表

序号	全部上市公司评价得分排序	股票代码	股票简称	综合得分（100分）	评价等级	每股收益（元）	总资产报酬率（%）	净资产收益率（%）	总资产周转率（次）	流动资产周转率（次）	资产负债率（%）	获利倍数	营业收入增长率（%）	资本扩张率（%）	市场投资回报率（%）	股价波动率（%）	年末资产额（万元）	营业收入（万元）	净利润（万元）
25	201	600745	闻泰科技	75.50	A	1.76	4.99	9.79	1.01	1.95	67.11	3.56	139.85	474.17	342.99	368.37	6513175.19	4157816.33	137933.59
26	210	600271	航天信息	75.30	A	0.77	14.03	13.33	1.52	2.02	37.72	21.81	21.35	5.83	-9.63	75.29	2312883.29	3390407.8	241468.12
27	231	002912	中新赛克	74.60	BBB	2.77	14.59	20.64	0.43	0.49	28.29	0.00	30.86	17.45	66.22	80.37	211896.89	90451.15	29509.85
28	233	300623	捷捷微电	74.60	BBB	0.7	11.15	10.15	0.34	0.50	8.48	217.71	25.40	66.40	61.56	95.28	245515.1	67399.71	18963.44
29	238	600183	生益科技	74.60	BBB	0.66	13.74	18.63	0.93	1.62	39.79	13.23	10.52	36.72	119.30	241.23	1553490.79	1324108.52	156339.39
30	240	600845	宝信软件	74.60	BBB	0.78	10.22	12.58	0.69	0.98	29.20	196.75	25.19	7.35	89.00	141.46	1026767.75	684904.34	92487.23
31	243	002925	盈趣科技	74.40	BBB	2.13	22.17	22.62	0.76	0.96	22.88	4601.66	38.71	11.85	3.15	86.87	543694.02	385444.25	98042.45
32	246	603228	景旺电子	74.40	BBB	1.41	11.07	14.15	0.77	1.23	36.18	1588.47	27.01	27.73	29.85	76.01	882003.24	633212.28	77707.37
33	253	300701	森霸传感	74.30	BBB	0.68	17.59	13.62	0.38	0.45	7.00	0.00	11.57	13.48	62.18	64.98	58245.11	20450.12	8215
34	266	300327	中颖电子	74.10	BBB	0.75	17.26	18.49	0.75	0.79	17.30	967.84	10.09	14.10	58.47	100.69	119877.32	83414.72	18137.02
35	278	002439	启明星辰	73.90	BBB	0.77	13.08	14.22	0.52	0.76	36.66	22.88	22.51	20.54	56.95	91.86	689615.5	308949.55	68187.01
36	281	300624	万兴科技	73.80	BBB	1.08	10.47	8.77	0.88	1.43	22.44	1240.39	28.78	18.30	20.98	115.17	90296.01	70347.41	8017.51
37	283	300709	精研科技	73.80	BBB	1.94	10.02	12.28	0.77	1.28	34.73	322.48	66.95	13.15	277.01	260.00	219199.71	147300.2	17125.98
38	326	603920	世运电路	73.00	BBB	0.81	11.72	12.06	0.74	1.08	25.11	62.80	12.53	8.17	71.53	103.03	345556.59	243895.72	32876.64
39	334	300632	光莆股份	72.80	BBB	0.96	16.97	22.64	0.79	1.02	37.09	31.12	26.89	28.49	91.41	144.41	128406.49	98280.17	17705.6
40	357	300602	飞荣达	72.40	BBB	1.16	15.26	19.24	0.95	1.49	50.73	40.41	97.27	54.83	95.77	211.98	364413.03	261527.08	35259.3
41	358	603039	泛微网络	72.40	BBB	0.95	8.13	13.15	0.73	0.96	51.84	151.68	28.14	24.07	9.52	66.00	192633.18	128603.44	13932.78
42	374	603515	欧普照明	72.10	BBB	1.18	13.53	14.37	1.08	1.41	38.12	175.34	4.39	15.65	5.36	77.20	810740.48	835485.86	89076.56
43	379	002373	千方科技	72.10	BBB	0.69	7.99	9.11	0.58	0.96	42.57	32.89	20.28	9.59	59.22	92.33	1622041.29	872218.98	107281.21
44	389	002230	科大讯飞	72.00	BBB	0.4	5.99	6.14	0.57	1.05	41.62	16.35	27.30	42.90	26.79	56.60	2010083.61	1007868.89	94307.05
45	396	300738	奥飞数据	71.90	BBB	0.88	10.59	14.08	0.65	1.73	57.79	5.46	114.79	20.39	58.79	114.96	162976.95	88285.19	10445.34
46	401	603501	韦尔股份	71.80	BBB	0.76	9.69	11.96	1.23	2.02	54.48	3.75	243.93	383.79	404.94	347.13	1747622.34	1363167.06	70527.65
47	402	300543	朗科智能	71.80	BBB	0.86	10.25	13.45	1.23	1.58	37.96	0.00	16.54	14.53	45.16	88.60	122329.76	140067.83	10229.36
48	406	600588	用友网络	71.80	BBB	0.48	9.78	10.23	0.52	0.92	52.71	8.06	10.46	8.39	57.12	113.19	1753838.27	850965.97	132130.9

续表

序号	全部上市公司评价得分排序	股票代码	股票简称	综合得分（100分）	评价等级	每股收益（元）	总资产报酬率（%）	净资产收益率（%）	总资产周转率（次）	流动资产周转率（次）	资产负债率（%）	获利倍数	营业收入增长率（%）	资本扩张率（%）	市场投资回报率（%）	股价波动率（%）	年末资产额（万元）	营业收入（万元）	净利润（万元）
49	432	603659	璞泰来	71.40	BBB	1.5	11.90	18.73	0.65	0.99	55.18	7.92	44.93	16.77	80.80	113.37	813092.45	479852.6	67909.57
50	439	601231	环旭电子	71.40	BBB	0.58	7.20	10.58	1.77	2.06	52.96	18.73	10.89	9.53	125.89	134.46	2191185.13	3720418.84	126010.76
51	440	002600	领益智造	71.40	BBB	0.28	10.10	8.37	0.97	1.64	57.32	8.45	6.29	17.52	334.12	256.24	2731777.8	2391582.31	189096.16
52	444	300686	智动力	71.30	BBB	0.65	13.57	16.77	1.20	2.64	53.66	10.39	167.70	33.72	87.34	140.67	179278.44	174252.48	16188.07
53	446	002241	歌尔股份	71.30	BBB	0.4	5.42	8.60	1.09	2.23	53.46	6.41	47.99	6.18	195.89	270.31	3466030.46	3514780.64	127914.16
54	448	600563	法拉电子	71.30	BBB	2.03	17.40	16.54	0.54	0.71	17.16	1244.38	–2.39	7.04	24.14	40.08	323171.88	168032.19	46647.81
55	477	000034	神州数码	70.90	BBB	1.08	4.94	14.17	3.13	3.98	85.13	3.13	6.04	13.74	53.57	114.85	2942090.24	8680337.64	70165.73
56	497	300136	信维通信	70.60	BBB	1.05	15.81	22.04	0.66	1.28	43.11	20.16	9.07	28.52	126.67	168.62	836932.11	513404.19	102707.16
57	505	002724	海洋王	70.50	BBB	0.36	12.64	11.14	0.65	0.83	14.51	0.00	19.26	9.76	32.02	58.61	243755.53	149458.07	25730.21
58	511	300525	博思软件	70.40	BBB	0.55	10.23	12.46	0.62	0.99	27.39	26.82	60.90	95.48	128.07	206.67	180945.17	89876.82	13154.44
59	524	002049	紫光国微	70.30	BBB	0.67	7.59	9.55	0.55	0.88	38.22	25.72	39.54	10.31	74.41	109.30	678646.53	343041	40054.7
60	529	300726	宏达电子	70.20	BBB	0.73	19.99	15.33	0.46	0.55	8.96	3208.78	32.65	13.60	39.91	114.82	197393.93	84404.17	30906.42
61	531	002815	崇达技术	70.20	BBB	0.63	12.23	14.63	0.72	1.86	27.65	15.14	1.95	33.88	23.79	88.67	537795.62	372745.08	52589.59
62	532	603508	思维列控	70.20	BBB	4.12	21.06	5.88	0.23	0.53	11.18	0.00	66.66	63.84	33.18	114.04	497299.03	90232.72	80418.69
63	533	300462	华铭智能	70.20	BBB	1.9	15.78	23.40	0.71	0.83	49.92	200.88	445.64	153.56	55.87	160.21	317968.41	144018.08	27715.47
64	539	000938	紫光股份	70.10	BBB	0.9	7.47	8.06	1.05	1.87	40.89	15.65	11.99	6.13	36.27	82.31	5473925.72	5409905.77	307463.42
65	543	000049	德赛电池	70.10	BBB	2.44	12.77	25.06	2.10	2.49	67.38	4.17	6.92	26.34	39.65	121.77	877015.54	1844268.76	66983.77
66	547	603380	易德龙	70.00	BB	0.79	13.30	13.44	0.93	1.23	26.97	82.32	8.02	12.07	6.95	48.07	117602.51	102747.53	12772.39
67	551	002409	雅克科技	70.00	BB	0.63	7.85	5.65	0.37	0.98	10.33	68.57	18.42	6.85	71.35	87.11	507049.68	183238.52	31243.69
68	584	600171	上海贝岭	69.50	BB	0.34	8.70	4.56	0.29	0.45	9.37	1260.90	12.02	25.10	62.75	90.83	339241.26	87862.92	24348.24
69	594	300496	中科创达	69.30	BB	0.59	9.68	9.68	0.67	1.22	30.41	15.21	24.74	26.90	92.81	123.58	282959.95	182685.86	23704.89
70	598	002937	兴瑞科技	69.20	BB	0.47	14.25	13.61	0.92	1.22	19.87	0.00	0.55	10.23	16.85	105.03	114922.85	102346.28	13827.11
71	603	002402	和而泰	69.20	BB	0.36	9.49	15.93	0.89	1.55	52.07	11.93	36.62	29.69	98.18	150.63	454263.66	364938.31	32049.63
72	605	600850	华东电脑	69.20	BB	0.76	6.05	12.12	1.17	1.20	60.91	105.03	6.51	9.07	51.10	100.24	699175.75	777884.94	34271.45

续表

序号	全部上市公司评价得分排序	股票代码	股票简称	综合得分（100分）	评价等级	每股收益（元）	总资产报酬率（%）	净资产收益率（%）	总资产周转率（次）	流动资产周转率（次）	资产负债率（%）	获利倍数	营业收入增长率（%）	资本扩张率（%）	市场投资回报率（%）	股价波动率（%）	年末资产额（万元）	营业收入（万元）	净利润（万元）
73	608	300609	汇纳科技	69.10	BB	0.68	10.93	11.89	0.48	0.76	17.55	268.73	30.35	15.38	28.48	90.28	73816.6	32479.83	7296.8
74	610	002777	久远银海	69.10	BB	0.72	9.92	14.02	0.51	0.62	38.93	280.59	17.62	12.08	83.89	133.35	204538.37	101637.88	18133.33
75	611	300476	胜宏科技	69.10	BB	0.6	8.74	14.30	0.63	1.40	52.44	21.94	17.58	11.76	46.40	98.04	699231.95	388461.89	46274.58
76	613	603019	中科曙光	69.10	BB	0.66	6.14	9.91	0.64	1.06	72.44	5.14	5.18	14.09	32.30	94.62	1676928.1	952647.04	63839.48
77	618	000977	浪潮信息	69.10	BB	0.72	4.40	8.44	1.88	2.05	64.95	6.74	10.04	10.73	82.47	113.64	2940908.5	5165328.02	95538.96
78	628	300232	洲明科技	68.90	BB	0.59	9.69	15.15	0.80	1.23	58.84	11.36	23.87	17.97	32.12	89.36	751661.41	560425.88	53792.61
79	644	002063	远光软件	68.70	BB	0.27	8.17	7.30	0.56	0.78	11.14	95.41	22.44	10.26	117.07	115.98	290622.2	156520.86	22140.67
80	649	603516	淳中科技	68.60	BB	0.87	14.38	12.91	0.42	0.61	11.50	0.00	34.73	10.09	63.75	138.49	94102.76	37125.22	11417.83
81	655	002273	水晶光电	68.60	BB	0.44	10.21	8.15	0.50	1.10	24.68	10.67	28.98	20.26	114.55	178.91	639137.46	299983.82	49925.31
82	663	300546	雄帝科技	68.50	BB	0.9	12.36	14.70	0.64	0.73	22.94	0.00	17.61	16.45	13.12	62.29	111274.1	70619.08	12278.83
83	682	002152	广电运通	68.30	BB	0.31	7.51	7.88	0.47	0.68	30.14	276.71	19.00	4.23	67.10	101.85	1418720.94	649626.51	88337.69
84	686	603678	火炬电子	68.20	BB	0.84	12.07	12.00	0.63	0.96	27.98	20.76	26.92	12.43	42.49	79.22	441660.73	256939.34	38672.97
85	696	300303	聚飞光电	68.10	BB	0.25	9.72	12.76	0.68	1.03	46.35	101.06	6.90	13.97	142.69	136.29	412588.18	250685.65	30626.58
86	697	002649	博彦科技	68.10	BB	0.47	8.27	8.25	0.98	1.49	33.40	7.15	27.91	13.01	25.78	60.20	414319.69	368764.6	25057.02
87	698	300188	美亚柏科	68.10	BB	0.36	8.03	9.58	0.54	0.88	28.94	271.73	29.17	15.99	27.11	59.09	420014.83	206741.04	28870.92
88	702	002913	奥士康	68.00	BB	1.84	9.05	10.06	0.68	1.04	31.62	190.95	1.84	11.95	41.74	90.86	355919.03	227598.91	26751.2
89	720	300408	三环集团	67.80	BB	0.5	12.00	10.98	0.32	0.51	12.39	153.08	−27.30	6.94	44.88	59.77	857167.97	272645.17	87407.48
90	749	600667	太极实业	67.50	BB	0.3	5.55	9.85	0.89	1.50	62.25	4.39	8.09	5.81	63.33	76.64	2004878.86	1691742.74	72142.78
91	754	002106	莱宝高科	67.40	BB	0.4	6.27	5.94	0.94	1.35	23.82	0.00	8.74	5.56	45.35	74.16	532618.19	480217.14	28310.29
92	770	002139	拓邦股份	67.20	BB	0.33	9.49	8.50	0.90	1.44	48.55	11.62	20.32	16.27	41.73	75.33	512165.08	409885.54	34063.68
93	785	603232	格尔软件	66.90	BB	0.58	10.03	7.70	0.47	0.58	22.28	0.00	20.08	6.71	94.58	139.64	85516.47	37054.13	6992.29
94	794	300088	长信科技	66.80	BB	0.37	12.12	13.15	0.66	1.59	29.35	12.69	−37.35	29.97	134.11	167.35	901862.12	602377.76	85958.63
95	809	603297	永新光学	66.60	BB	1.27	13.32	10.58	0.47	0.68	10.84	149.23	2.09	9.64	6.96	69.61	126600.14	57304.18	13904.94
96	836	000823	超声电子	66.40	BB	0.56	7.76	8.65	0.87	1.44	30.63	21.34	−2.01	6.52	80.17	88.83	570930.56	484169.12	36161.85

续表

序号	全部上市公司评价得分排序	股票代码	股票简称	综合得分（100分）	评价等级	每股收益（元）	总资产报酬率（%）	净资产收益率（%）	总资产周转率（次）	流动资产周转率（次）	资产负债率（%）	获利倍数	营业收入增长率（%）	资本扩张率（%）	市场投资回报率（%）	股价波动率（%）	年末资产额（万元）	营业收入（万元）	净利润（万元）
97	848	300625	三雄极光	66.20	BB	0.88	10.10	9.13	0.86	1.08	26.80	88.71	2.94	7.43	10.79	50.44	306667.8	250392.16	24523.91
98	851	300455	康拓红外	66.20	BB	0.23	11.27	12.97	0.59	0.75	36.77	18.32	197.02	92.89	60.38	87.15	227846.13	92774.24	14317.79
99	853	300747	锐科激光	66.10	BB	1.69	14.34	11.56	0.75	0.87	20.69	0.00	37.49	15.91	22.34	70.84	300182.06	201015.92	33844.39
100	855	300468	四方精创	66.10	BB	0.5	8.56	8.20	0.43	0.71	7.93	0.00	7.74	4.58	176.41	250.11	119741.19	52555.87	9623.86
101	858	002449	国星光电	66.10	BB	0.66	7.64	9.81	0.64	1.07	45.01	40.23	12.20	5.60	27.82	87.68	663245.21	406910.47	39368.21
102	862	300579	数字认证	66.00	BB	0.55	9.03	13.04	0.65	0.72	48.24	0.00	18.90	11.34	147.03	198.95	131711.36	79389.24	9852.6
103	865	300348	长亮科技	66.00	BB	0.3	8.11	9.54	0.65	0.93	31.73	7.93	20.56	20.79	78.15	116.92	219479.32	131112.52	13950.09
104	867	002212	南洋股份	66.00	BB	0.36	4.74	3.69	0.67	1.85	19.87	18.60	12.55	8.43	62.63	75.86	1111375.88	709106.82	40331.12
105	868	002138	顺络电子	66.00	BB	0.5	8.30	8.53	0.47	1.26	28.48	21.89	14.02	3.48	71.61	116.79	630440.74	269322.74	40575.56
106	869	000062	深圳华强	66.00	BB	0.6	9.53	12.88	1.33	2.11	49.68	7.80	21.66	11.00	21.44	57.91	1135047.34	1435528.37	71725.01
107	872	300657	弘信电子	65.90	BB	0.97	8.93	9.42	0.83	1.28	57.27	7.16	9.40	155.33	113.26	164.54	350587.44	246018.06	17142.75
108	884	002222	福晶科技	65.80	BB	0.31	14.82	12.96	0.48	0.95	7.52	0.00	2.00	11.61	22.56	62.48	108135.45	50114.57	13700.33
109	893	300458	全志科技	65.70	BB	0.41	5.28	3.82	0.58	0.68	14.34	85.95	7.23	1.56	63.61	111.03	256840.48	146336.03	13238.07
110	906	002180	纳思达	65.60	BB	0.7	5.50	8.22	0.63	2.07	74.64	2.32	6.25	11.97	38.19	89.54	3781905.04	2329584.53	86594.98
111	911	002579	中京电子	65.50	BB	0.4	7.51	10.56	0.68	1.42	59.93	4.84	19.16	11.99	54.16	86.84	334530.66	209877.48	16332.98
112	912	300036	超图软件	65.50	BB	0.49	8.30	9.39	0.59	1.02	30.63	56.82	14.31	9.88	11.43	68.29	306199.44	173502.2	21402.7
113	914	002153	石基信息	65.50	BB	0.34	4.70	4.74	0.35	0.54	14.54	159.62	18.24	4.82	50.55	82.44	1090682.09	366254.01	46517.63
114	918	002850	科达利	65.40	BB	1.13	8.59	8.82	0.61	1.33	31.95	7.27	11.48	8.23	133.54	179.52	377380.01	222991.22	23150.68
115	936	603685	晨丰科技	65.20	BB	0.66	10.46	9.98	0.77	1.21	29.85	20.89	27.35	9.14	21.15	45.50	155182.56	111699.59	12428.04
116	939	603936	博敏电子	65.20	BB	0.64	6.41	7.63	0.64	1.58	44.98	7.54	36.95	8.46	68.33	190.18	448227.44	266928.81	20155.71
117	948	300739	明阳电路	65.10	BB	0.48	8.85	7.37	0.65	1.03	26.62	30.80	1.60	5.57	43.07	92.93	180335.43	114954.31	13291.8
118	954	300451	创业慧康	65.10	BB	0.43	11.00	10.65	0.44	1.04	26.86	44.78	14.69	11.34	33.44	92.24	358966.19	147982.47	31871.2
119	958	002079	苏州固锝	65.10	BB	0.13	7.75	6.59	0.92	1.34	15.74	46.26	5.05	8.17	160.94	126.37	224380.1	198055.33	13756.34
120	962	603383	顶点软件	65.00	B	1.07	10.89	9.95	0.26	0.29	14.89	0.00	15.01	9.07	136.59	184.50	133162.94	33989.11	12830.89

续表

序号	全部上市公司评价得分排序	股票代码	股票简称	综合得分（100分）	评价等级	每股收益（元）	总资产报酬率（%）	净资产收益率（%）	总资产周转率（次）	流动资产周转率（次）	资产负债率（%）	获利倍数	营业收入增长率（%）	资本扩张率（%）	市场投资回报率（%）	股价波动率（%）	年末资产额（万元）	营业收入（万元）	净利润（万元）
121	973	603138	海量数据	64.90	B	0.28	10.25	11.45	0.82	0.91	29.33	0.00	2.70	12.47	23.44	61.34	68996.89	55129.31	5692.65
122	976	002410	广联达	64.90	B	0.21	5.93	6.35	0.59	1.21	45.70	5.36	21.06	2.04	55.42	97.12	616731.62	346415.14	25457.88
123	977	002185	华天科技	64.90	B	0.11	3.63	1.94	0.57	1.56	38.18	3.26	13.79	55.59	91.21	100.20	1604496.87	810349.06	29291.41
124	999	000997	新大陆	64.60	B	0.67	6.86	10.76	0.48	0.72	48.45	58.49	−2.23	15.55	12.40	46.91	1224977.31	563102.73	72283.19
125	1005	603989	艾华集团	64.50	B	0.87	11.93	12.82	0.63	0.90	39.33	13.19	4.10	10.71	12.82	40.02	382672.23	225438.97	33653.21
126	1009	300042	朗科科技	64.50	B	0.36	8.50	5.17	1.15	1.48	7.46	0.00	23.50	5.19	73.20	114.84	108557.04	119412.35	7185.21
127	1017	300369	绿盟科技	64.40	B	0.28	6.15	5.66	0.42	0.57	17.15	34.02	24.24	8.82	106.26	148.75	408227.78	167109.1	22628.86
128	1019	600261	阳光照明	64.40	B	0.34	9.36	10.02	0.82	1.20	40.70	70.46	−5.34	0.66	42.25	81.55	633984.46	531619.7	49960.36
129	1022	300207	欣旺达	64.30	B	0.49	5.28	9.20	1.19	1.83	74.59	3.69	24.10	11.13	137.44	142.40	2358910.81	2524065.79	75011.72
130	1027	300598	诚迈科技	64.20	B	2.12	22.95	0.48	0.91	1.42	24.31	35.42	23.62	39.43	499.34	473.60	85007.97	66013.67	16748.32
131	1031	603328	依顿电子	64.20	B	0.52	12.45	12.38	0.61	0.78	18.84	0.00	−9.55	−20.18	43.41	76.09	439414.83	301071.38	51848.73
132	1042	300542	新晨科技	64.10	B	0.24	7.59	10.11	0.95	1.31	36.10	12.15	32.36	3.32	61.82	127.44	106364.01	108424.86	7197.72
133	1043	300130	新国都	64.10	B	0.51	7.21	2.25	0.80	1.27	27.26	8.02	30.55	15.67	47.01	82.09	337269.85	302788.75	24303.41
134	1049	300613	富瀚微	64.00	B	1.84	6.44	4.89	0.42	0.54	11.17	22.02	26.72	9.91	70.38	160.94	128043.18	52208.02	7260.31
135	1053	300253	卫宁健康	64.00	B	0.25	9.01	9.44	0.41	0.82	23.65	47.76	32.61	19.35	21.60	90.92	511890.31	190800.79	39557.18
136	1056	002436	兴森科技	64.00	B	0.2	8.44	10.23	0.77	1.68	42.96	6.44	9.51	11.87	85.53	134.75	520101.31	380372.22	32225.65
137	1057	002401	中远海科	64.00	B	0.32	4.23	9.08	0.44	0.47	70.71	0.00	22.82	9.47	21.43	58.94	331721.04	120371.21	10288.09
138	1061	603890	春秋电子	63.90	B	0.58	7.10	10.38	0.74	1.13	47.35	10.63	13.79	8.19	27.00	59.41	289837.68	201940.74	15573.79
139	1062	300520	科大国创	63.90	B	0.49	5.94	5.99	0.65	1.19	41.19	14.72	59.83	21.83	18.41	62.55	270928.57	156971.78	12577.08
140	1075	000066	中国长城	63.80	B	0.38	7.93	7.07	0.58	0.92	60.08	10.46	8.34	30.08	213.52	218.04	2167071.26	1084378.46	116586.39
141	1077	002861	瀛通通讯	63.70	B	0.59	6.06	6.16	0.79	1.29	24.03	15.62	23.58	5.67	69.18	166.07	138574.51	110780.93	7122.35
142	1082	300674	宇信科技	63.60	B	0.69	8.77	14.47	0.73	1.16	51.99	11.58	23.88	10.70	4.49	80.62	397350.14	265172.68	27325.44
143	1089	300227	光韵达	63.60	B	0.31	7.36	7.55	0.54	1.35	35.14	5.93	36.20	47.50	39.03	66.93	175222.96	79042.86	8277.31
144	1095	300465	高伟达	63.50	B	0.3	6.80	10.24	0.73	1.36	43.84	8.76	10.45	11.28	56.98	107.00	240886.96	175831.84	14106.03

续表

序号	全部上市公司评价得分排序	股票代码	股票简称	综合得分（100分）	评价等级	每股收益（元）	总资产报酬率（%）	净资产收益率（%）	总资产周转率（次）	流动资产周转率（次）	资产负债率（%）	获利倍数	营业收入增长率（%）	资本扩张率（%）	市场投资回报率（%）	股价波动率（%）	年末资产额（万元）	营业收入（万元）	净利润（万元）
145	1112	002161	远望谷	63.30	B	1	38.09	−0.03	0.26	0.46	24.13	48.64	43.61	41.63	73.16	101.50	263402.66	62884.96	73711.74
146	1114	000988	华工科技	63.30	B	0.5	6.64	3.85	0.59	0.80	34.97	25.51	4.35	7.73	67.97	115.82	961153.73	546024.55	49548.27
147	1117	600728	佳都科技	63.30	B	0.42	9.81	1.99	0.58	0.76	49.86	12.76	7.09	34.86	33.60	90.51	980889.15	501185.1	68095.44
148	1130	300380	安硕信息	63.10	B	0.23	5.46	10.48	0.99	1.19	25.63	36.23	18.21	4.27	20.87	95.02	64434.49	64679.65	3192.51
149	1137	300448	浩云科技	63.00	B	0.23	11.48	11.77	0.46	0.66	16.13	120.69	2.50	14.55	23.78	80.31	181046	78443.45	17424.48
150	1139	300373	扬杰科技	63.00	B	0.48	7.60	7.98	0.57	1.13	25.25	37.45	8.39	5.65	23.89	75.49	352872.52	200707.5	22044.24
151	1148	002920	德赛西威	62.90	B	0.53	4.25	5.19	0.89	1.14	33.55	605.52	−1.32	6.18	70.57	84.28	634799.61	533724.25	29221.66
152	1157	002351	漫步者	62.80	B	0.21	7.40	5.06	0.59	0.79	15.36	1357.35	41.13	4.51	402.65	456.63	221677.12	124314.56	12201.45
153	1163	300440	运达科技	62.70	B	0.29	7.44	8.74	0.36	0.42	32.43	258.89	32.76	10.64	33.99	58.97	196866.94	68981.27	12673.53
154	1164	300378	鼎捷软件	62.70	B	0.39	6.27	6.53	0.62	1.13	37.84	32.69	9.33	5.65	41.89	112.28	226979.73	146671.81	10389.35
155	1165	300166	东方国信	62.70	B	0.48	8.86	8.52	0.34	0.65	15.28	24.39	7.73	11.28	22.17	72.85	670250.71	215046.63	50361.45
156	1189	600602	云赛智联	62.50	B	0.18	5.41	4.84	0.84	1.00	29.79	417.54	9.49	3.58	62.60	117.12	612699.88	488912.41	27873.95
157	1195	300229	拓尔思	62.40	B	0.33	6.41	8.14	0.35	0.66	26.61	155.45	14.43	11.46	42.80	86.24	288927.97	96730.6	16156.56
158	1207	603186	华正新材	62.20	B	0.79	6.33	12.43	0.89	1.54	68.78	3.74	20.76	10.45	163.47	193.80	241113.68	202585.65	10253.31
159	1209	300248	新开普	62.20	B	0.33	8.41	7.84	0.44	0.70	24.04	24.72	15.09	19.75	16.08	66.80	230647.92	96402.34	15796.81
160	1217	603679	华体科技	62.10	B	0.93	11.49	14.50	0.68	0.94	44.26	20.29	35.21	17.94	84.61	140.83	123567.5	71186.16	9391.72
161	1229	002045	国光电器	62.00	B	0.75	9.71	8.83	0.98	1.77	54.45	7.22	9.99	12.63	175.22	272.98	423776.85	444554.43	34967.89
162	1232	603303	得邦照明	61.90	B	0.64	8.78	9.59	1.07	1.36	35.27	87.13	6.21	3.36	−0.89	85.14	411661.69	424363.56	31135.35
163	1238	000555	神州信息	61.90	B	0.39	4.85	6.42	0.95	1.31	50.52	6.47	11.77	5.94	42.90	77.74	1075550.2	1014600.82	38155.29
164	1252	002331	皖通科技	61.70	B	0.41	6.88	7.32	0.48	0.70	29.94	98.04	16.83	7.89	8.31	60.18	322860.53	145961.82	17558.4
165	1269	002217	合力泰	61.50	B	0.35	6.01	5.32	0.61	0.92	59.49	2.76	9.44	21.67	17.35	91.32	3364395.84	1849984.3	105940.59
166	1277	002888	惠威科技	61.40	B	0.21	5.97	4.00	0.57	0.78	10.71	0.00	3.07	−5.32	23.72	82.22	47209.99	27481.61	2616.02
167	1282	300184	力源信息	61.40	B	0.16	4.62	3.51	2.02	3.41	27.97	6.56	21.62	2.59	72.93	138.44	651724.6	1313153.75	19239.58
168	1286	300399	京天利	61.30	B	0.1	4.63	3.94	1.10	1.26	10.15	0.00	63.08	3.37	53.81	101.54	51006.9	56529.93	2102.44

续表

序号	全部上市公司评价得分排序	股票代码	股票简称	综合得分（100分）	评价等级	每股收益（元）	总资产报酬率（%）	净资产收益率（%）	总资产周转率（次）	流动资产周转率（次）	资产负债率（%）	获利倍数	营业收入增长率（%）	资本扩张率（%）	市场投资回报率（%）	股价波动率（%）	年末资产额（万元）	营业收入（万元）	净利润（万元）
169	1293	300650	太龙照明	61.20	B	0.48	7.86	8.89	0.70	1.03	34.44	49.13	15.09	4.98	25.05	65.89	83427.5	56037.35	5251.22
170	1305	300656	民德电子	61.10	B	0.37	7.68	6.33	0.48	0.66	21.94	8.57	11.22	8.81	17.37	61.06	64980.57	30537.22	3746.77
171	1317	002036	联创电子	61.10	B	0.37	5.82	5.53	0.77	1.33	71.49	2.89	26.65	12.17	141.26	192.59	900132.9	608193.3	25201.23
172	1319	600703	三安光电	61.10	B	0.32	5.79	3.21	0.25	0.64	26.74	10.99	−10.81	2.34	71.05	140.57	2968060.16	746001.39	129846.67
173	1325	002414	高德红外	61.00	B	0.24	4.98	5.31	0.38	0.63	18.44	20.84	51.16	4.86	35.14	95.24	433233.16	163797.23	22064.26
174	1332	300296	利亚德	60.90	B	0.28	6.73	9.08	0.60	0.88	45.33	7.71	17.49	8.18	6.21	88.14	1537800.11	904746.92	70793.39
175	1334	002371	北方华创	60.90	B	0.67	4.38	2.66	0.34	0.58	55.59	6.48	22.10	62.61	126.67	122.28	1373476.28	405831.29	36965.35
176	1335	002214	大立科技	60.90	B	0.3	10.81	10.75	0.35	0.46	26.47	12.97	25.25	10.74	78.24	119.62	156771.19	53045.08	13651.49
177	1350	002368	太极股份	60.80	B	0.81	4.24	8.30	0.71	0.95	67.88	9.35	17.40	12.69	59.27	99.47	1065602.18	706273.5	33984.15
178	1351	002232	启明信息	60.80	B	0.22	5.56	6.55	0.78	0.97	33.81	0.00	−4.20	5.74	23.81	63.87	193383.35	152138.93	9471.8
179	1355	300545	联得装备	60.70	B	0.56	7.82	11.48	0.53	0.71	50.51	7.06	3.77	21.78	39.86	97.21	145712.48	68863.74	8086.53
180	1371	300687	赛意信息	60.50	B	0.31	5.57	5.95	0.87	1.08	25.83	40.84	18.27	8.76	21.95	74.23	133073.12	107564.65	6686.53
181	1374	002384	东山精密	60.50	B	0.44	4.35	4.92	0.75	1.44	72.54	2.26	18.80	3.10	133.26	149.98	3167027.16	2355282.51	70565.19
182	1381	000050	深天马A	60.50	B	0.4	3.19	0.93	0.48	2.09	59.20	2.04	4.74	2.70	70.80	96.64	6545100.84	3028197.01	82936.5
183	1384	002362	汉王科技	60.40	B	0.17	3.72	0.84	0.90	1.22	26.39	43.63	47.80	8.10	14.68	57.31	130092.23	110450.78	4257.92
184	1394	300679	电连技术	60.30	B	0.64	4.83	3.79	0.54	0.69	16.32	0.00	61.09	2.88	77.33	149.64	420791.08	216069.24	17945.29
185	1398	300379	东方通	60.30	B	0.53	7.79	7.75	0.24	0.61	23.23	16.39	34.38	16.38	238.61	272.87	215622.31	49996.99	14129.19
186	1399	300231	银信科技	60.30	B	0.32	8.76	9.94	0.71	0.97	50.67	5.60	26.43	−10.50	20.30	52.39	251498.33	154217.94	13517.99
187	1416	600536	中国软件	60.20	B	0.13	2.82	4.79	0.94	1.17	59.05	7.79	26.15	6.76	220.19	220.67	674372.21	581959.22	14173.88
188	1417	600363	联创光电	60.20	B	0.44	5.64	6.60	0.80	1.34	48.86	4.30	26.38	6.85	75.49	128.96	575171.6	435461.8	22154.45
189	1431	300209	天泽信息	60.00	CCC	0.13	2.41	−0.07	0.96	1.65	26.35	3.72	331.70	100.61	36.00	62.09	541861.79	386735.63	4880.3
190	1432	002484	江海股份	60.00	CCC	0.3	7.17	6.39	0.50	0.83	20.09	70.13	8.28	4.63	31.70	62.80	450096.14	212303.27	26620.25
191	1437	300438	鹏辉能源	59.90	CCC	0.6	4.40	6.59	0.63	1.06	53.59	8.13	28.80	6.00	59.47	126.35	539824.08	330844.8	18113.83
192	1442	002456	欧菲光	59.90	CCC	0.19	4.00	3.33	1.32	2.37	72.93	1.72	20.75	26.16	75.09	163.80	4055952.5	5197412.95	51600.91

续表

序号	全部上市公司评价得分排序	股票代码	股票简称	综合得分（100分）	评价等级	每股收益（元）	总资产报酬率（%）	净资产收益率（%）	总资产周转率（次）	流动资产周转率（次）	资产负债率（%）	获利倍数	营业收入增长率（%）	资本扩张率（%）	市场投资回报率（%）	股价波动率（%）	年末资产额（万元）	营业收入（万元）	净利润（万元）
193	1447	000541	佛山照明	59.90	CCC	0.22	5.99	6.19	0.57	0.94	20.53	0.00	−12.21	13.04	−4.43	50.64	617520	333757.67	30345.25
194	1455	600855	航天长峰	59.80	CCC	0.11	4.87	1.49	0.88	1.08	44.91	11.32	22.84	40.57	8.70	79.00	344282.44	259227.37	10338.69
195	1458	002380	科远智慧	59.70	CCC	0.53	5.30	4.31	0.29	0.38	17.92	0.00	23.20	8.37	32.85	75.44	275299.55	75014.28	12522.62
196	1463	300516	久之洋	59.60	CCC	0.35	5.03	5.00	0.44	0.57	11.76	0.00	22.64	−10.26	58.39	145.17	122056.35	57270.11	6228.07
197	1466	300212	易华录	59.60	CCC	0.72	6.70	8.78	0.31	0.43	69.79	2.87	26.64	1.93	90.98	143.51	1290634.27	374390.36	41786.33
198	1483	002866	传艺科技	59.40	CCC	0.3	5.31	6.83	0.92	1.43	40.12	7.38	34.20	6.96	26.20	60.43	173386.21	153393.77	7428.88
199	1486	002636	金安国纪	59.40	CCC	0.22	4.27	4.45	0.74	1.01	42.47	46.00	−9.80	7.25	18.86	68.73	475172.1	332221.77	16130.2
200	1492	300582	英飞特	59.30	CCC	0.54	8.24	8.42	0.61	1.75	38.78	12.21	4.50	10.93	14.15	103.70	173530.89	100878.3	10615.3
201	1494	603005	晶方科技	59.30	CCC	0.47	4.91	3.39	0.24	0.50	13.97	0.00	−1.04	5.42	155.10	212.75	230777.68	56036.74	10830.5
202	1498	002008	大族激光	59.30	CCC	0.61	4.68	4.93	0.52	0.80	49.27	5.01	−13.30	5.61	39.11	87.75	1789337.54	956262.73	61578.9
203	1513	002855	捷荣技术	59.10	CCC	0.23	2.27	2.64	1.06	1.67	53.32	3.63	26.15	9.74	49.73	89.28	275189.97	277898.44	3780.86
204	1514	300608	思特奇	59.10	CCC	0.58	7.72	11.20	0.61	0.82	51.62	5.89	9.15	8.43	33.88	84.48	161053.78	85977.99	8830.34
205	1516	002729	好利来	59.10	CCC	0.32	5.31	3.71	0.37	0.76	8.91	29.60	0.69	3.25	120.34	145.31	49141.01	17807.73	2160.89
206	1517	300390	天华超净	59.10	CCC	0.11	6.82	6.94	0.66	1.69	21.73	24.39	−2.60	1.34	29.71	64.94	114662.53	75814.24	6484
207	1518	300331	苏大维格	59.10	CCC	0.45	6.01	6.19	0.57	1.07	37.58	8.29	14.29	5.86	91.39	139.01	244223.88	129716.92	10360.9
208	1528	300155	安居宝	59.00	CCC	0.13	5.46	5.05	0.58	0.80	21.61	184.61	0.57	5.49	20.64	57.06	160808.85	92412.07	7363.24
209	1532	002835	同为股份	58.90	CCC	0.14	3.76	3.20	0.71	1.04	26.42	13.87	4.30	5.39	62.02	133.50	92846.04	63604.4	3123.41
210	1533	603528	多伦科技	58.90	CCC	0.25	8.29	8.42	0.33	0.42	24.22	0.00	26.86	9.14	5.10	64.41	215840.82	69787.53	14951.01
211	1534	603636	南威软件	58.90	CCC	0.4	8.08	10.99	0.41	0.81	44.73	14.02	40.88	19.14	18.04	87.82	381176.16	137925.89	22530.23
212	1552	300223	北京君正	58.70	CCC	0.29	4.73	−0.21	0.27	0.36	5.66	0.00	30.69	8.18	363.53	336.39	130946.86	33935.12	5865.97
213	1559	300523	辰安科技	58.60	CCC	0.53	8.27	10.30	0.65	0.79	37.07	29.36	51.62	21.03	21.85	78.43	266270.56	156494.17	16697.69
214	1566	300541	先进数通	58.50	CCC	0.39	6.39	8.69	1.13	1.31	54.23	5.32	28.93	10.15	72.36	114.33	186712.38	179250.86	7086.92
215	1569	300290	荣科科技	58.50	CCC	0.08	3.63	4.29	0.47	0.82	31.40	5.82	15.49	23.18	71.85	105.76	159797.65	72376.65	4438.24
216	1570	300120	经纬辉开	58.50	CCC	0.33	5.05	5.36	0.71	1.52	31.11	7.77	13.07	26.49	−2.11	81.26	366885.27	233230.78	13044.02

续表

序号	全部上市公司评价得分排序	股票代码	股票简称	综合得分（100分）	评价等级	每股收益（元）	总资产报酬率（%）	净资产收益率（%）	总资产周转率（次）	流动资产周转率（次）	资产负债率（%）	获利倍数	营业收入增长率（%）	资本扩张率（%）	市场投资回报率（%）	股价波动率（%）	年末资产额（万元）	营业收入（万元）	净利润（万元）
217	1583	000636	风华高科	58.40	CCC	0.38	5.63	4.80	0.47	0.97	19.46	86.92	−28.10	2.00	32.91	91.47	700150.56	329317.41	34822.64
218	1620	300672	国科微	58.00	CCC	0.38	4.65	0.69	0.31	0.58	40.48	4.56	35.68	11.29	79.87	122.78	188004.68	54288.52	6745.15
219	1626	300386	飞天诚信	58.00	CCC	0.22	4.88	2.76	0.47	0.53	7.86	0.00	−12.33	4.85	41.24	86.06	200479.51	93962.05	9276.79
220	1645	002587	奥拓电子	57.90	CCC	0.3	9.08	12.54	0.53	0.67	41.90	34.43	−20.86	7.46	57.81	88.05	239266.17	124513.04	18297.24
221	1650	603990	麦迪科技	57.80	CCC	0.42	7.93	8.00	0.45	0.72	33.29	12.65	17.18	7.19	47.73	94.71	76026.51	33311.62	4711.54
222	1668	002296	辉煌科技	57.70	CCC	0.18	4.09	4.41	0.26	0.37	16.69	15.87	−4.60	6.59	50.48	72.95	186727.6	50440.89	6573.98
223	1679	600446	金证股份	57.60	CCC	0.28	7.49	5.27	1.17	1.63	53.47	6.24	−0.31	14.97	92.71	151.73	450988.99	487529	24703.63
224	1690	600552	凯盛科技	57.50	CCC	0.13	3.98	2.38	0.70	1.10	60.68	2.41	48.23	5.05	58.37	82.55	691569.06	451831.11	13926.04
225	1700	600353	旭光电子	57.40	CCC	0.11	4.87	5.39	0.67	0.87	31.87	25.81	13.39	9.09	29.20	52.79	189853.65	120061.9	7207.38
226	1704	600288	大恒科技	57.30	CCC	0.17	4.82	5.38	1.02	1.46	37.83	11.91	−1.09	4.35	63.60	99.39	327405.44	330579.78	11893.53
227	1709	300556	丝路视觉	57.20	CCC	0.25	3.74	4.34	1.01	1.13	49.79	13.35	26.76	9.50	0.71	77.78	102620.66	91641.07	2892.13
228	1728	300566	激智科技	57.00	CCC	0.42	5.49	6.42	0.56	0.98	65.06	3.17	20.67	9.62	92.06	148.93	199148.33	109621.11	6833.87
229	1736	300333	兆日科技	56.90	CCC	0.04	4.79	3.01	0.27	0.45	3.99	0.00	11.04	2.41	49.57	82.68	88766.19	23967.35	3435.23
230	1737	300322	硕贝德	56.90	CCC	0.23	6.88	6.95	0.96	1.63	60.99	4.51	1.58	5.92	97.77	174.98	180400.14	174950.64	9662.81
231	1763	603496	恒为科技	56.60	CCC	0.34	7.00	7.11	0.46	0.58	17.07	69.11	0.63	6.09	31.90	71.40	96341.69	43411.42	6166.06
232	1772	300691	联合光电	56.50	CCC	0.33	5.32	7.08	0.80	1.13	44.74	16.58	4.72	7.27	30.40	85.05	163834.65	122378.83	7329.8
233	1790	002845	同兴达	56.20	CCC	0.55	3.63	0.09	1.13	1.38	76.64	2.63	51.29	30.44	17.89	74.57	640065.09	619595.98	10972.28
234	1792	603189	网达软件	56.20	CCC	0.16	3.80	2.80	0.32	0.45	16.69	12.84	47.71	2.54	45.73	107.78	97778	29809.89	3439.68
235	1795	300346	南大光电	56.20	CCC	0.14	3.91	3.36	0.17	0.29	37.95	23.19	40.85	12.93	200.93	182.19	221214.3	32137.58	6170.13
236	1801	300666	江丰电子	56.10	CCC	0.29	6.01	5.10	0.57	0.96	52.91	3.90	26.98	12.08	7.10	51.37	146564.29	82496.48	6374.61
237	1802	300605	恒锋信息	56.10	CCC	0.37	7.92	11.06	0.66	0.71	37.20	4323.85	7.96	12.02	26.83	70.77	88458.97	56661.16	6124.07
238	1804	002609	捷顺科技	56.10	CCC	0.22	6.17	6.19	0.44	0.65	22.83	25.09	28.84	3.67	53.49	102.79	275500.44	116419.17	14259.02
239	1806	300162	雷曼光电	56.10	CCC	0.12	3.44	3.60	0.70	1.19	32.47	7919.52	31.82	−10.81	68.33	102.73	139533.96	96689.71	4592.42
240	1817	601519	大智慧	56.00	CCC	0	0.75	3.63	0.33	0.49	28.40	0.00	15.11	1.75	122.43	203.82	205080.93	68333.92	596.17

续表

序号	全部上市公司评价得分排序	股票代码	股票简称	综合得分（100分）	评价等级	每股收益（元）	总资产报酬率（%）	净资产收益率（%）	总资产周转率（次）	流动资产周转率（次）	资产负债率（%）	获利倍数	营业收入增长率（%）	资本扩张率（%）	市场投资回报率（%）	股价波动率（%）	年末资产额（万元）	营业收入（万元）	净利润（万元）
241	1823	300493	润欣科技	55.90	CCC	0.06	3.10	3.37	1.33	1.66	23.32	7.37	-14.36	2.13	41.90	77.96	97407.8	145010.9	2954.9
242	1824	300220	金运激光	55.90	CCC	0.12	4.70	5.17	0.59	1.00	28.74	18.99	3.06	5.84	280.16	242.47	38265.24	21930.12	1580.83
243	1825	002065	东华软件	55.90	CCC	0.19	4.52	5.10	0.54	0.62	42.98	7.08	4.47	3.54	47.84	104.41	1683500.24	884901.27	57774.25
244	1835	002782	可立克	55.70	CCC	0.05	4.02	4.44	0.97	1.51	31.76	58.55	1.46	-2.44	-4.77	99.52	118963.78	110947.27	2228.94
245	1841	002922	伊戈尔	55.60	CCC	0.43	4.85	4.76	0.94	1.61	34.52	10.24	19.14	3.53	-10.81	52.41	141817.21	129655.91	5653.98
246	1848	002885	京泉华	55.50	CCC	0.29	4.07	6.53	0.89	1.27	49.33	6.73	14.28	5.71	25.66	85.74	153962.79	133282.16	5020.11
247	1864	300508	维宏股份	55.40	CCC	0.72	13.37	-4.40	0.33	0.48	11.61	29.22	-16.55	14.01	10.73	88.58	60643.4	19134.96	6586.78
248	1867	300277	海联讯	55.40	CCC	0.03	2.28	2.12	0.41	0.44	40.53	169.57	24.04	-1.48	64.16	120.67	81565.84	32763.01	1484.14
249	1869	002253	川大智胜	55.40	CCC	0.23	4.01	3.34	0.21	0.51	15.39	86.24	0.80	3.42	5.33	52.35	171113.51	34250.91	5691.07
250	1872	000100	TCL 科技	55.40	CCC	0.2	3.36	2.04	0.42	1.17	61.25	3.07	-33.90	4.95	80.52	82.25	16484488.5	7493308.6	365773.4
251	1889	300075	数字政通	55.20	CCC	0.31	4.74	5.57	0.41	0.57	23.93	25.37	-2.43	8.46	-0.18	62.85	310981.73	125753.89	12986.79
252	1895	000045	深纺织 A	55.20	CCC	0.04	0.32	-2.17	0.47	0.83	14.94	2.95	69.62	11.42	21.73	57.66	453139.99	215818.49	-1852.67
253	1901	603918	金桥信息	55.10	CCC	0.28	6.02	9.41	0.76	0.94	51.62	18.67	13.41	11.67	20.50	64.14	132243.19	94464.79	6374.28
254	1902	002655	共达电声	55.10	CCC	0.09	4.24	6.29	0.86	1.62	56.18	3.05	22.31	6.50	117.92	185.69	118732.28	98432.59	3081.85
255	1908	000725	京东方 A	55.10	CCC	0.05	1.29	-2.72	0.36	1.14	58.56	1.14	19.51	17.20	77.98	86.27	34041220.33	11605959.02	-47624.14
256	1911	300634	彩讯股份	55.00	CC	0.33	9.04	8.54	0.43	0.70	18.06	27.08	-4.34	9.30	-26.03	121.32	171627.84	73208.29	13947.11
257	1913	002859	洁美科技	55.00	CC	0.46	6.46	6.95	0.45	0.87	24.71	34.18	-27.65	1.82	15.41	71.62	210456.83	94851.95	11795.15
258	1925	300365	恒华科技	54.90	CC	0.49	12.73	13.75	0.42	0.48	23.90	33.36	-5.13	17.83	-8.78	68.29	281879.53	112317.24	29531.77
259	1927	002405	四维图新	54.90	CC	0.18	3.11	-2.48	0.25	0.75	11.75	14.26	8.25	7.95	61.58	87.65	905562.25	230974.26	30647.52
260	1949	603881	数据港	54.60	CC	0.52	5.77	9.57	0.23	1.18	70.51	2.96	-20.12	9.49	49.31	85.92	373961.66	72664.12	11036.19
261	1984	300479	神思电子	54.20	CC	0.12	4.88	3.70	0.53	0.87	27.73	6.24	16.00	12.83	11.79	55.73	93435.5	47038.96	3463.67
262	1993	300150	世纪瑞尔	54.10	CC	0.18	5.16	4.17	0.38	0.59	14.06	35.33	32.79	-0.11	-0.46	79.09	238469.22	89433.37	10669.85
263	1999	603869	新智认知	54.00	CC	0.43	4.73	4.44	0.46	0.77	44.03	3.18	6.48	-0.12	15.08	69.38	714201.96	322797.36	22043.98
264	2001	002388	新亚制程	54.00	CC	0.1	3.15	2.93	0.73	0.93	39.60	136.07	80.86	2.05	47.06	112.80	215832.83	151498.95	3929.78

续表

序号	全部上市公司评价得分排序	股票代码	股票简称	综合得分（100分）	评价等级	每股收益（元）	总资产报酬率（%）	净资产收益率（%）	总资产周转率（次）	流动资产周转率（次）	资产负债率（%）	获利倍数	营业收入增长率（%）	资本扩张率（%）	市场投资回报率（%）	股价波动率（%）	年末资产额（万元）	营业收入（万元）	净利润（万元）
265	2017	002745	木林森	53.80	CC	0.38	3.95	−0.84	0.57	0.95	70.11	2.73	5.69	8.12	17.27	87.03	3479922.48	1897268.62	50186.07
266	2023	002195	二三四五	53.80	CC	0.13	7.59	7.27	0.21	0.34	10.53	13.91	−35.33	9.16	10.08	104.92	1138391.49	244076.14	76987.01
267	2030	002876	三利谱	53.70	CC	0.49	4.86	3.95	0.65	0.98	61.74	2.77	64.30	5.30	116.18	165.74	243733.53	145066.87	5017.37
268	2035	000733	振华科技	53.70	CC	0.58	4.90	2.68	0.39	0.54	38.60	6.96	−31.27	8.31	50.86	76.89	876660.13	366828.18	29531.08
269	2038	300532	今天国际	53.60	CC	0.17	3.18	5.02	0.44	0.54	55.21	32.14	71.19	0.52	3.23	108.52	172490.36	71240.9	4751.48
270	2051	002660	茂硕电源	53.50	CC	0.24	5.43	7.26	0.75	1.21	62.27	3.96	−6.72	10.69	44.89	84.37	163331.07	124784.71	6500.05
271	2055	600360	华微电子	53.40	CC	0.07	2.82	1.99	0.33	0.51	45.96	1.75	−3.09	39.02	33.62	60.59	575163.11	165648.56	6118.14
272	2061	300256	星星科技	53.30	CC	0.18	3.03	0.29	0.70	1.33	66.59	2.26	66.12	102.80	101.27	154.63	1010029.15	634377.94	16231.8
273	2071	300235	方直科技	53.20	CC	0.19	5.67	3.18	0.17	0.24	4.47	382.29	1.65	5.38	56.55	92.79	65599.62	10901.44	3201.47
274	2082	300752	隆利科技	52.90	CC	0.73	5.65	7.33	1.00	1.18	57.31	47.83	9.75	1.64	−14.95	113.49	190069.89	170142.35	8531.39
275	2086	603633	徕木股份	52.90	CC	0.21	5.48	4.88	0.35	0.69	44.89	3.04	7.06	3.99	35.42	63.03	138015.66	46500.47	4230.6
276	2092	002369	卓翼科技	52.90	CC	0.09	1.93	1.63	0.90	1.90	49.71	2.76	6.36	−0.01	15.70	75.10	394052.26	334473.17	4749.37
277	2098	002376	新北洋	52.80	CC	0.48	8.08	8.36	0.46	0.86	35.19	18.61	−7.00	11.18	−22.65	113.56	596761.52	245086.07	38661.95
278	2107	300330	华虹计通	52.70	CC	0.03	0.69	0.32	0.46	0.57	37.79	0.00	25.78	0.95	36.19	93.32	59819.98	26062.44	512.13
279	2118	300167	迪威迅	52.60	CC	0.06	5.46	1.85	0.51	0.78	43.56	3.03	102.49	−1.04	5.63	70.61	104668.41	52526.4	2336.86
280	2128	300389	艾比森	52.50	CC	0.34	5.71	6.84	1.00	1.38	43.02	0.00	9.76	0.37	−24.93	135.72	223989.82	218056.71	10365.3
281	2132	000948	南天信息	52.50	CC	0.18	3.37	4.54	0.93	1.15	54.19	4.29	18.83	4.23	35.88	87.83	403630.4	330336.74	8347.82
282	2138	300324	旋极信息	52.40	CC	0.15	4.37	4.57	0.41	0.69	32.76	11.55	−13.75	7.92	−6.16	118.95	795530.57	332939.38	26312.12
283	2146	600203	福日电子	52.40	CC	0.1	1.35	−1.17	1.50	1.95	61.86	1.40	3.53	35.64	29.59	80.45	749244.5	1137741.64	5000.29
284	2149	000020	深华发A	52.40	CC	0.02	2.99	1.48	1.17	2.27	46.36	1.73	13.27	1.69	−0.21	52.59	61416.39	72155.74	546
285	2150	300245	天玑科技	52.30	CC	0.11	2.38	1.89	0.27	0.37	9.01	0.00	8.95	4.00	11.64	66.40	159792.98	42227.47	3399.33
286	2165	002881	美格智能	52.10	CC	0.13	2.48	4.47	1.11	1.24	30.02	10.44	−5.76	3.73	61.95	185.96	78463.58	93283.5	2445.33
287	2168	002134	天津普林	52.10	CC	0.05	2.27	2.69	0.72	1.37	32.68	21.92	6.60	3.50	56.17	126.38	58167.55	41824.26	1267.13
288	2194	002119	康强电子	51.70	CC	0.25	7.72	9.13	0.81	1.50	50.72	3.78	−4.36	10.24	83.56	176.99	181144.36	141826.96	9246.86

续表

序号	全部上市公司评价得分排序	股票代码	股票简称	综合得分（100分）	评价等级	每股收益（元）	总资产报酬率（%）	净资产收益率（%）	总资产周转率（次）	流动资产周转率（次）	资产负债率（%）	获利倍数	营业收入增长率（%）	资本扩张率（%）	市场投资回报率（%）	股价波动率（%）	年末资产额（万元）	营业收入（万元）	净利润（万元）
289	2213	300096	易联众	51.40	CC	0.02	4.12	4.43	0.52	0.78	49.28	4.48	30.00	4.89	30.21	106.95	172357.15	94871.84	5656.42
290	2226	603738	泰晶科技	51.20	CC	0.07	2.30	0.86	0.49	1.05	29.71	2.46	−5.17	13.65	59.52	136.44	118213.63	57968.95	1041.85
291	2234	300078	思创医惠	51.10	CC	0.18	5.08	4.56	0.41	0.80	30.31	6.62	21.58	31.04	12.66	91.58	422461.68	157399.36	14624.14
292	2240	600756	浪潮软件	51.10	CC	0.09	0.95	0.11	0.43	0.72	31.42	44.80	20.05	−0.04	33.68	118.70	355331.39	145559.03	2707.73
293	2244	600410	华胜天成	51.00	CC	0.15	3.49	0.75	0.45	0.87	44.77	2.64	−12.42	5.01	69.99	130.43	1000165.58	457503.04	18221.47
294	2255	300368	汇金股份	50.80	CC	0.08	5.70	5.96	0.48	0.93	50.89	5.53	2.33	6.89	38.95	105.16	196291.12	84652.12	6767.67
295	2261	300671	富满电子	50.70	CC	0.26	4.86	4.53	0.63	0.87	42.87	5.89	20.44	6.65	28.36	77.31	103381.29	59822.44	3658.62
296	2275	300319	麦捷科技	50.60	CC	0.06	2.89	1.12	0.56	1.03	37.03	3.94	8.74	2.85	119.35	163.79	339344.53	181774.39	5923.48
297	2279	600884	杉杉股份	50.60	CC	0.24	2.73	2.04	0.36	0.86	45.55	2.14	−1.96	8.77	3.52	104.45	2501582.72	867991.1	37513.46
298	2281	300288	朗玛信息	50.50	CC	0.2	4.63	3.57	0.24	0.94	23.73	8.25	−4.89	3.06	−10.42	91.27	185617.76	43570.61	6000.66
299	2302	600797	浙大网新	50.30	CC	0.05	2.48	−3.39	0.57	1.22	29.85	4.82	5.71	−5.51	33.07	82.85	634717.4	376081.53	8919.07
300	2307	603386	广东骏亚	50.20	CC	0.17	2.39	2.32	0.70	1.67	62.63	2.54	31.44	54.67	1.61	58.95	271085.04	147218.1	3454.76
301	2309	300366	创意信息	50.20	CC	0.23	4.28	3.88	0.53	0.81	37.05	4.73	22.82	2.38	29.86	89.49	385540.21	197137.18	10161.86
302	2313	300131	英唐智控	50.20	CC	0.03	6.22	3.15	2.07	2.68	66.42	1.66	−1.35	−0.75	16.19	68.58	567189.42	1195028.7	6973.67
303	2314	300079	数码科技	50.20	CC	0.05	1.71	1.62	0.23	0.35	12.91	10.46	−35.11	4.20	76.30	134.61	441568.41	101637.29	6939.1
304	2317	000021	深科技	50.20	CC	0.24	4.44	3.68	0.78	1.20	61.51	3.63	−17.67	11.20	119.42	150.76	1845336.04	1322381.88	44185.85
305	2322	002808	恒久科技	50.10	CC	0.08	4.32	3.56	0.41	0.60	29.91	9.17	−0.76	4.61	5.62	99.55	84563.01	31637.91	2350.38
306	2326	300047	天源迪科	50.10	CC	0.18	4.62	4.10	0.86	1.29	42.57	3.50	18.69	5.13	10.93	82.30	574043.48	447079.28	15272.24
307	2331	002312	三泰控股	50.00	C	0.06	2.18	−1.78	0.34	0.78	59.15	6.99	166.20	−2.58	26.44	66.22	777992.94	190840.36	8413.28
308	2339	002268	卫士通	49.90	C	0.19	2.51	2.74	0.35	0.50	22.73	338.44	8.95	3.32	37.42	91.69	595662.5	210376	15895.71
309	2345	002528	英飞拓	49.80	C	0.06	2.18	1.23	0.79	1.29	42.09	2.49	11.25	3.15	43.12	89.43	653620.97	475114.65	7314.39
310	2348	600751	海航科技	49.80	C	0.18	3.54	2.54	2.55	3.40	85.22	1.47	−2.77	5.47	5.39	98.71	12771646.6	32715320.2	86933.4
311	2349	300706	阿石创	49.70	C	0.1	3.59	2.59	0.48	0.98	37.86	2.81	23.70	2.46	20.11	67.69	71102.61	31662.79	1464.37
312	2350	300678	中科信息	49.70	C	0.2	4.97	4.59	0.46	0.56	31.01	101.15	5.79	4.75	11.24	72.15	85947.87	36441.33	3588.83

续表

序号	全部上市公司评价得分排序	股票代码	股票简称	综合得分（100分）	评价等级	每股收益（元）	总资产报酬率（%）	净资产收益率（%）	总资产周转率（次）	流动资产周转率（次）	资产负债率（%）	获利倍数	营业收入增长率（%）	资本扩张率（%）	市场投资回报率（%）	股价波动率（%）	年末资产额（万元）	营业收入（万元）	净利润（万元）
313	2353	300250	初灵信息	49.70	C	0.21	3.58	3.16	0.35	0.61	13.99	56.28	15.73	-22.20	13.51	103.31	119924.05	48583.49	4669.3
314	2362	002547	春兴精工	49.60	C	0.02	1.93	-0.61	0.86	1.48	63.93	1.57	47.21	-0.45	51.20	150.94	805420.8	726165.34	3159.38
315	2372	300645	正元智慧	49.50	C	0.36	5.28	6.02	0.66	0.84	47.17	3.83	32.50	6.88	-11.69	80.33	127946.39	75105.45	4383.01
316	2377	300550	和仁科技	49.40	C	0.36	5.19	5.44	0.46	0.60	33.90	9.57	12.66	12.94	-15.92	136.55	95307.76	44095.98	4135.87
317	2392	002387	维信诺	49.30	C	0.05	2.13	-4.91	0.07	0.31	48.29	1.13	51.26	0.33	100.75	126.08	3715108.15	268955.92	6295.5
318	2408	300010	立思辰	49.10	C	0.04	1.62	-0.21	0.26	0.72	53.22	1.51	1.38	3.93	65.86	99.33	765679.49	197933.77	4854.55
319	2409	002156	通富微电	49.10	C	0.02	1.28	-1.72	0.55	1.52	59.76	0.93	14.45	-0.01	127.30	155.91	1615709.81	826657.46	3744.25
320	2418	300344	太空智造	48.80	C	0.03	3.39	2.46	0.44	1.08	39.54	3.69	-15.87	14.09	33.43	79.93	99534.71	45187.33	1542.25
321	2436	300377	赢时胜	48.60	C	0.18	4.08	-0.46	0.21	0.42	9.60	14.78	2.58	1.59	0.90	83.44	318544.85	65558	10219
322	2443	300115	长盈精密	48.50	C	0.09	3.62	-4.26	0.89	1.61	53.62	2.13	0.34	-1.81	132.23	160.10	964668.28	865520.79	11855.75
323	2444	002279	久其软件	48.50	C	0.07	3.58	3.00	0.98	1.59	60.67	2.03	14.02	2.36	-18.25	112.43	303628.02	310165.02	5280.25
324	2465	300663	科蓝软件	48.10	C	0.16	5.52	5.72	0.65	0.77	48.57	2.17	23.98	3.51	172.45	219.03	148384.55	93387.2	4610.25
325	2467	300561	汇金科技	48.10	C	0.08	2.52	0.87	0.25	0.32	14.73	0.00	-19.64	-2.50	73.81	141.15	78349.19	19654.29	1860.62
326	2476	002177	御银股份	48.00	C	0.09	4.27	-1.53	0.12	0.31	6.88	25.18	-45.72	3.34	64.72	132.59	175822.29	21397.2	6727.77
327	2511	002199	东晶电子	47.40	C	0.06	3.08	-4.18	0.44	0.72	17.62	2592.21	18.67	3.88	7.38	114.70	48137.55	21038.35	1479.34
328	2548	603629	利通电子	46.90	C	0.63	4.21	5.87	0.83	1.04	50.84	6.62	1.61	3.74	-15.16	99.02	199792.95	162025.1	6345.29
329	2549	300730	科创信息	46.90	C	0.23	6.32	8.34	0.60	0.80	32.28	39.00	15.13	6.55	-20.97	88.87	65070.26	38292.79	3656.62
330	2555	000532	华金资本	46.90	C	0.21	7.34	7.61	0.17	0.70	59.90	2.57	-18.45	8.17	21.85	86.69	252945.28	43258.81	7924.53
331	2567	300074	华平股份	46.60	C	0.03	1.38	0.69	0.31	0.58	20.17	0.00	6.44	-0.39	18.39	67.35	151584.58	47768.12	1612.32
332	2585	600071	凤凰光学	46.40	C	0.02	0.31	-7.87	0.91	1.45	61.72	1.10	45.02	13.72	47.45	86.38	149862.91	112792.71	-495.88
333	2594	603933	睿能科技	46.20	C	0.15	2.20	1.23	1.00	1.13	26.58	3.71	-20.24	-1.00	28.16	82.08	142411.65	147785.54	2778.87
334	2611	002417	深南股份	46.00	C	0.03	6.59	5.30	0.60	0.79	52.73	6885.54	59.31	-26.85	-20.60	119.70	52759.48	28944.14	1911.8
335	2613	002771	真视通	45.90	C	0.15	2.81	4.14	0.62	0.72	42.11	23.68	-14.76	2.31	27.44	81.45	118699.06	74517.96	3282.48
336	2620	000158	常山北明	45.90	C	0.06	2.77	-4.64	0.67	1.13	58.18	1.46	-2.17	-2.82	27.55	77.35	1415641.59	944662.04	9520.91

续表

序号	全部上市公司评价得分排序	股票代码	股票简称	综合得分（100分）	评价等级	每股收益（元）	总资产报酬率（%）	净资产收益率（%）	总资产周转率（次）	流动资产周转率（次）	资产负债率（%）	获利倍数	营业收入增长率（%）	资本扩张率（%）	市场投资回报率（%）	股价波动率（%）	年末资产额（万元）	营业收入（万元）	净利润（万元）
337	2635	002474	榕基软件	45.60	C	0.08	3.02	0.30	0.28	0.38	43.88	3.35	−10.48	5.77	29.49	86.90	275868.19	72732.28	5370.16
338	2641	300647	超频三	45.50	C	0.05	3.31	2.15	0.42	0.91	50.38	1.82	4.30	9.03	−3.48	71.18	129588.66	53553.41	1832.53
339	2658	300202	聚龙股份	45.30	C	0.07	3.36	−2.30	0.30	0.40	25.03	2.52	7.43	0.67	68.70	191.41	217931.13	66900.74	4338.26
340	2670	603773	沃格光电	45.00	C	0.54	3.54	2.39	0.29	0.49	10.66	0.00	−25.07	−0.82	−23.60	139.37	180930.42	52432.41	5090.45
341	2674	300279	和晶科技	45.00	C	0.01	2.60	−1.88	0.60	1.18	62.46	1.24	14.68	1.87	20.73	86.95	240852.41	145868.54	188.34
342	2681	002289	ST 宇顺	44.80	C	0.05	5.02	−23.23	0.40	0.74	19.88	2.11	−36.95	4.11	37.89	70.83	41161.96	20448.03	1303.3
343	2691	300352	北信源	44.60	C	0.02	0.66	0.35	0.27	0.38	19.61	9.08	26.13	−0.75	108.96	137.87	280010.23	72198.24	2023.69
344	2692	300020	银江股份	44.60	C	0.23	3.94	3.86	0.34	0.50	47.21	3.14	−13.83	1.74	25.45	73.97	631398.74	207950.44	14490.16
345	2701	300302	同有科技	44.40	C	0.03	1.55	0.92	0.28	0.66	24.72	1.71	−8.48	43.31	56.00	92.45	155460.48	34545.32	1122.22
346	2716	300170	汉得信息	44.10	C	0.1	2.10	1.73	0.68	0.93	26.95	4.62	−4.95	4.21	−1.97	143.50	419298.94	272344.06	8646.67
347	2720	600584	长电科技	44.00	C	0.06	2.53	−6.30	0.69	2.30	62.37	1.10	−1.38	2.79	161.87	172.66	3358189.36	2352627.98	9664.77
348	2723	600718	东软集团	43.90	C	0.03	−0.24	−3.19	0.60	1.20	39.13	−0.45	16.67	−1.91	−0.62	88.11	1453230.27	836577.81	−16735.78
349	2729	600571	信雅达	43.80	C	0.14	3.26	−9.54	0.77	0.98	32.95	17.60	−1.89	−11.16	38.64	96.72	150816.54	119973.79	4063.79
350	2740	603660	苏州科达	43.60	C	0.18	2.80	3.13	0.93	1.14	35.87	11.87	3.78	5.13	−10.88	120.64	287942.71	254650.57	8816.3
351	2776	002288	超华科技	42.70	C	0.02	2.15	2.08	0.44	0.88	50.55	1.08	−5.18	1.90	9.84	73.15	320418.71	132130.43	1769.9
352	2792	300287	飞利信	42.20	C	0.02	0.97	0.53	0.27	0.43	23.46	2.57	3.28	1.03	−5.40	98.35	499462.9	147235.18	3174.14
353	2800	002316	亚联发展	42.00	C	−0.38	1.67	−5.49	1.35	2.85	71.05	1.25	7.13	−3.06	7.12	94.26	307176.03	420100.42	−2677.96
354	2802	002141	贤丰控股	41.90	C	0.01	1.61	−0.40	0.54	2.12	18.83	1.30	−1.45	9.18	−15.45	84.26	184465.72	98954.07	636.92
355	2810	002642	荣之联	41.60	C	0.05	1.29	0.26	0.74	1.21	27.53	2.13	19.11	1.24	−9.50	121.29	390408.36	325658.7	3474
356	2823	300085	银之杰	41.10	C	0.01	1.41	−1.15	0.56	0.92	34.39	1.17	−9.10	0.63	95.77	156.48	209490.1	118100.66	740.16
357	2826	002197	证通电子	41.00	C	0.04	1.72	−1.52	0.24	0.51	59.83	1.07	0.54	−0.78	15.42	78.73	598933.72	133961.39	1515.14
358	2854	300708	聚灿光电	40.30	C	0.03	1.60	−8.19	0.42	0.82	72.89	1.23	104.61	−0.07	26.96	101.71	269269.06	114320.55	814.43
359	2874	300083	劲胜智能	39.70	C	0.01	2.09	−7.58	0.69	1.20	62.20	1.45	−1.22	0.25	63.55	92.60	732838.62	543926.92	748.46
360	2878	300419	浩丰科技	39.60	C	−0.08	−2.37	−4.61	0.50	0.63	33.00	0.00	9.23	−2.45	13.65	76.56	122405.61	62104.61	−2973.19

续表

序号	全部上市公司评价得分排序	股票代码	股票简称	综合得分（100分）	评价等级	每股收益（元）	总资产报酬率（%）	净资产收益率（%）	总资产周转率（次）	流动资产周转率（次）	资产负债率（%）	获利倍数	营业收入增长率（%）	资本扩张率（%）	市场投资回报率（%）	股价波动率（%）	年末资产额（万元）	营业收入（万元）	净利润（万元）
361	2914	300032	金龙机电	38.10	C	0.06	1.75	-7.55	0.73	1.68	38.73	3.94	-48.60	2.81	22.14	75.18	235603.89	173178.42	3629.96
362	2918	600707	彩虹股份	38.00	C	0.02	0.80	-10.36	0.14	0.63	50.44	1.17	203.75	0.60	1.69	118.73	4177443.78	586006.14	6358.32
363	2927	300340	科恒股份	37.70	C	0.14	2.21	0.80	0.53	0.86	56.51	1.46	-16.45	1.11	-12.34	136.31	333608.26	183991.36	3004.76
364	2932	600460	士兰微	37.60	C	0.01	-0.19	-5.75	0.37	0.83	52.45	-0.14	2.80	1.07	90.54	108.87	891326.02	311057.38	-10731.12
365	2942	002618	丹邦科技	37.40	C	0.03	2.22	0.64	0.14	0.84	30.38	1.42	1.04	1.13	-10.26	86.11	249263.43	34714.81	1733.5
366	2955	600100	同方股份	36.80	C	0.1	3.40	-5.56	0.37	0.72	66.75	1.60	-7.22	3.55	-13.23	106.81	6194788.74	2304043.62	53803.25
367	2960	002512	达华智能	36.60	C	0.05	5.37	-47.66	0.41	1.05	75.71	1.38	-20.43	6.49	27.42	87.62	546996.91	228266.8	5805.94
368	2978	600110	诺德股份	35.80	C	-0.11	1.99	-4.54	0.30	0.57	66.54	0.68	-7.38	-3.94	14.98	67.89	704964.67	215005.95	-9692.27
369	2988	002577	雷柏科技	35.40	C	-0.61	-13.93	-8.57	0.37	0.51	9.36	0.00	-5.25	-14.03	31.99	89.70	110640.33	44968.01	-17386.61
370	2996	300076	GQY 视讯	35.20	C	0.04	1.01	-1.92	0.08	0.10	6.95	0.00	-56.81	0.65	51.43	87.36	109180.19	8657.36	1519.71
371	3002	300177	中海达	34.80	C	-0.23	-4.24	-10.13	0.54	0.85	35.04	-6.49	25.64	-2.31	19.38	67.85	317485.02	161929.84	-16082.73
372	3003	002005	*ST 德豪	34.80	C	0.15	5.28	-15.30	0.46	1.09	50.52	3.73	-25.51	9.38	-14.90	212.44	539908.76	298035.65	25678.04
373	3006	002635	安洁科技	34.60	C	-0.92	-8.12	-31.45	0.40	0.85	17.97	-160.85	-11.76	-18.21	53.06	78.42	693038.82	313613.6	-65055.35
374	3012	000606	顺利办	34.40	C	-1.33	-27.71	-38.69	0.58	2.82	39.31	-148.53	175.46	-40.47	-7.24	93.99	278386.34	202503.79	-100877.72
375	3037	002681	*ST 奋达	33.30	C	-1.49	-48.17	-83.35	0.56	1.39	55.43	-66.20	5.68	-58.27	64.23	88.62	489604.64	353563.92	-305676.87
376	3038	002657	中科金财	33.20	C	-0.83	-7.81	-17.81	0.48	0.72	28.67	-14.10	12.57	-11.57	38.12	84.49	315036.93	167239.44	-28302.24
377	3069	300128	锦富技术	32.00	C	0.01	0.90	-6.26	0.57	1.11	50.19	0.53	-38.41	0.71	8.36	94.56	254628.91	157941.51	1070.25
378	3088	600152	维科技术	31.30	C	-0.15	-2.15	-5.63	0.63	1.08	51.00	-3.64	2.64	-3.00	14.07	76.30	272094.24	164500.11	-6439.15
379	3095	600654	ST 中安	31.10	C	0.05	3.56	-83.26	0.53	1.02	94.22	1.04	-20.20	45.99	-12.56	141.79	541714.93	289399.83	6685.75
380	3103	002530	金财互联	30.80	C	-0.87	-13.06	-18.30	0.27	0.60	17.14	-61.91	-0.13	-18.10	83.22	133.30	428453.66	126245.1	-65558.33
381	3113	603595	东尼电子	30.30	C	-0.73	-7.62	-16.35	0.40	0.83	43.72	-4.41	-24.26	20.55	11.47	82.87	188501.98	66078.98	-14844.14
382	3124	300053	欧比特	29.90	C	-0.34	-5.49	-8.94	0.21	0.44	25.86	-37.38	-5.99	-8.67	49.98	69.00	394714.38	85170.35	-23373.49
383	3127	600651	*ST 飞乐	29.90	C	-1.68	-13.94	291.33	0.27	0.45	114.98	-6.37	-11.34	-611.29	33.43	136.77	989754.79	292753.21	-173641.38
384	3133	603106	恒银金融	29.30	C	-0.1	-2.17	-6.72	0.41	0.48	40.09	-7606.39	4.32	-3.53	3.93	78.85	266681.85	101636.96	-3894.11

续表

序号	全部上市公司评价得分排序	股票代码	股票简称	综合得分（100分）	评价等级	每股收益（元）	总资产报酬率（%）	净资产收益率（%）	总资产周转率（次）	流动资产周转率（次）	资产负债率（%）	获利倍数	营业收入增长率（%）	资本扩张率（%）	市场投资回报率（%）	股价波动率（%）	年末资产额（万元）	营业收入（万元）	净利润（万元）
385	3135	300588	熙菱信息	29.20	C	0.06	1.34	-7.90	0.28	0.34	55.31	1.87	-56.82	5.98	-13.02	83.71	93523.94	28105.66	543.47
386	3136	300460	惠伦晶体	29.20	C	-0.79	-15.63	-27.54	0.34	0.76	35.06	-124.99	-2.84	-20.26	90.99	106.50	80595.71	30994.27	-13295.2
387	3144	300045	华力创通	29.00	C	-0.24	-6.10	-8.30	0.28	0.42	26.03	-46.68	-5.64	-9.37	10.28	52.57	231012.83	64077.1	-14716.42
388	3146	002308	威创股份	28.90	C	-1.37	-32.28	-41.44	0.30	0.58	18.59	-71.84	-5.79	-34.91	-0.20	89.40	286699.3	110174.22	-121681.43
389	3148	300241	瑞丰光电	28.80	C	-0.24	-5.78	-10.74	0.60	1.14	43.75	-22.93	-12.17	-10.56	42.84	104.07	212746.09	137186.42	-12299.89
390	3160	600701	*ST 工新	28.20	C	-3.69	-60.18	139.40	0.14	0.49	193.34	-6.02	135.79	-17370.43	-23.02	101.10	421707.28	78304.12	-385982.37
391	3180	600478	科力远	26.90	C	-0.23	-4.91	-12.85	0.33	1.01	52.95	-3.02	9.88	-12.71	9.66	122.48	641133.34	207970.02	-40942.86
392	3183	300736	百邦科技	26.70	C	-0.72	-21.88	-28.38	0.86	1.07	21.91	-40702.64	-43.96	-32.76	-15.71	59.18	34704.4	35338.42	-9295
393	3184	600237	铜峰电子	26.70	C	-0.27	-7.68	-14.00	0.45	0.83	35.39	-11.07	-7.15	-11.49	6.19	73.02	175558.99	82205.67	-16228.43
394	3187	300339	润和软件	26.50	C	-2.3	-31.26	-49.06	0.39	0.81	39.10	-20.52	4.10	-39.36	40.81	110.49	462712.43	212117.37	-180165.82
395	3189	300311	任子行	26.40	C	-0.15	-4.33	-20.71	0.50	0.87	41.09	-7.99	-17.17	-33.43	59.32	106.79	161222.91	99625.58	-10116.37
396	3201	300046	台基股份	25.60	C	-1.03	-22.50	-35.80	0.29	0.42	24.14	-469.17	-36.63	-31.67	45.21	109.86	80675.82	26493.78	-22145.66
397	3205	300219	鸿利智汇	25.50	C	-1.23	-21.34	-36.64	0.86	1.70	48.35	-44.73	-10.23	-36.63	-8.60	96.11	360182.7	359357.1	-93883.36
398	3223	300301	长方集团	24.50	C	-0.54	-12.15	-31.31	0.48	1.12	63.40	-6.39	2.71	-26.38	2.20	97.25	325902.67	161702.13	-42940
399	3224	600476	湘邮科技	24.50	C	-0.4	-12.03	-34.53	0.62	0.78	59.23	-8.64	-5.02	-27.73	15.10	90.32	41069.27	29479.72	-6423.84
400	3226	000701	厦门信达	24.50	C	-6.4	-9.52	-62.07	4.64	6.24	84.43	-2.57	29.06	-39.33	-13.28	95.64	1973456.55	8379794.18	-262824.86
401	3229	000727	*ST 东科	24.40	C	-1.25	-33.55	-81.83	0.20	1.15	67.18	-13.33	-7.65	-57.89	42.30	109.94	2146926.91	526654.22	-967982.73
402	3232	300044	赛为智能	24.30	C	-0.6	-8.97	-24.28	0.27	0.52	61.83	-7.48	0.70	-27.34	-0.16	66.08	455716.01	127662.95	-46871
403	3236	600601	方正科技	24.30	C	-0.6	-10.02	-49.07	0.56	1.07	80.97	-4.72	2.26	-41.50	42.53	73.18	997107.75	582965.85	-132772.39
404	3251	300168	万达信息	23.50	C	-1.27	-15.44	-44.65	0.28	0.53	61.75	-5.99	-3.64	-20.32	35.43	111.90	761402.41	212450.1	-140239.89
405	3256	300077	国民技术	23.30	C	0.19	6.71	-60.66	0.16	0.37	46.00	5.23	-34.44	2.90	-19.44	112.95	201373	39473.32	4291.17
406	3257	002072	ST 凯瑞	23.30	C	0.05	4.84	25.03	0.03	0.04	95.36	1.67	-38.78	0.00	0.28	116.08	60276.28	1532.67	854.12
407	3263	300469	信息发展	22.80	C	-0.73	-11.38	-40.56	0.48	0.68	72.33	-7.38	-9.44	-24.69	46.17	96.69	131147.82	64019.83	-14928.5
408	3264	300449	汉邦高科	22.80	C	-1.71	-23.42	-45.71	0.26	0.46	46.76	-35.59	-2.03	-36.69	22.33	101.77	174155.92	51541.42	-51918.13

续表

序号	全部上市公司评价得分排序	股票代码	股票简称	综合得分（100分）	评价等级	每股收益（元）	总资产报酬率（%）	净资产收益率（%）	总资产周转率（次）	流动资产周转率（次）	资产负债率（%）	获利倍数	营业收入增长率（%）	资本扩张率（%）	市场投资回报率（%）	股价波动率（%）	年末资产额（万元）	营业收入（万元）	净利润（万元）
409	3268	002280	*ST 联络	22.70	C	−1.49	−27.77	−79.60	1.09	1.88	72.49	−20.25	−10.87	−58.91	−1.48	98.29	888534.69	1246825.85	−337055.53
410	3270	300002	神州泰岳	22.60	C	−0.75	−23.76	−32.86	0.30	0.81	29.08	−33.17	−11.99	−28.37	−2.66	119.06	528263.54	177724.82	−146947.94
411	3301	002537	海联金汇	21.20	C	−1.99	−30.02	−47.21	0.66	1.04	41.56	−124.12	5.82	−41.09	−32.48	148.90	667712.37	530283.87	−245692.55
412	3305	002055	得润电子	20.90	C	−1.22	−4.34	−23.34	0.73	1.12	75.53	−1.92	0.43	−18.92	4.53	99.98	1022497.89	748621.21	−61981.43
413	3307	000413	东旭光电	20.90	C	−0.27	0.29	−5.78	0.25	0.41	53.49	0.14	−37.87	−5.71	−22.37	100.85	6776045.37	1752875.28	−155812.04
414	3308	002421	达实智能	20.80	C	−0.18	−4.10	−11.90	0.33	0.49	55.16	−4.07	−12.72	−13.16	−9.30	86.14	644243.58	220585.25	−34327.78
415	3315	600666	ST 瑞德	20.50	C	0.05	5.75	−48.52	0.18	0.43	79.30	1.84	−34.82	9.79	−34.74	295.27	368684.05	72980.45	6809.47
416	3317	300264	佳创视讯	20.10	C	−0.38	−23.71	−38.27	0.25	0.39	36.72	−24.37	−48.76	−44.08	0.84	82.01	48842.3	16427.22	−16079.16
417	3326	600198	大唐电信	19.50	C	−1.02	−11.35	−105.14	0.22	0.45	75.30	−3.24	−38.96	137.06	56.07	159.04	576967.76	143064.75	−99455.42
418	3333	300323	华灿光电	19.00	C	−0.96	−8.15	−25.61	0.22	0.54	58.44	−5.98	−0.56	−18.62	−6.05	151.24	1157189.97	271633.05	−104786.24
419	3350	300270	中威电子	17.60	C	−0.29	−6.08	−10.16	0.17	0.27	30.03	−11.40	−23.19	−10.21	23.46	93.88	132196.02	23564.63	−8860.19
420	3362	300297	蓝盾股份	16.70	C	−0.77	−8.36	−21.45	0.21	0.38	53.65	−4.42	−15.89	−12.44	5.93	89.14	864052.42	191943.98	−91017.57
421	3364	300102	乾照光电	16.60	C	−0.4	−4.08	−14.48	0.16	0.38	62.29	−4.63	0.94	−9.91	−16.03	109.17	689890.59	103924.08	−28000.72
422	3379	002077	*ST 大港	15.70	C	−0.82	−5.20	−21.93	0.15	0.25	48.43	−2.05	−44.83	−12.61	65.80	150.27	562391.37	93239.65	−47191.85
423	3415	300139	晓程科技	13.80	C	−0.42	−8.65	−12.66	0.07	0.22	18.65	−8.96	−39.17	−11.73	12.32	136.93	123900.45	10005.64	−13654.02
424	3422	300300	汉鼎宇佑	13.40	C	−1.16	−28.09	−47.47	0.15	0.37	39.44	−56.61	−14.43	−35.99	−17.27	70.79	245925.43	45153.39	−80861.57
425	3428	000536	*ST 华映	12.70	C	−0.94	−12.95	−49.80	0.09	0.28	66.19	−5.40	−67.37	−34.43	45.70	119.56	1462368.34	147412.42	−259268.41
426	3429	002766	*ST 索菱	12.60	C	0.02	3.46	−14.70	0.20	0.26	89.96	0.85	−34.33	−58.52	−35.77	338.92	555674.11	93941.9	630.61
427	3463	600800	天津磁卡	9.60	C	−0.13	−14.35	−90.51	0.19	0.35	84.44	−830.87	−28.42	−31.52	14.69	120.18	51418.32	10400.47	−8002.61
428	3477	002383	合众思壮	6.60	C	−1.44	−9.74	−25.30	0.17	0.29	65.65	−3.37	−32.66	−25.70	−19.83	95.58	855081.54	154891.37	−106299.03
429	3481	002076	*ST 雪莱	6.20	C	−0.77	−49.52	−408.06	0.31	0.52	123.79	−12.91	−37.55	−135.65	−21.53	138.88	66837.98	35352.96	−60762.65
430	3485	000670	*ST 盈方	6.10	C	−0.25	−133.43	−250.02	0.03	0.09	154.54	0.00	−95.97	−116.08	−32.50	289.01	5816.17	412.96	−20736.96
431	3495	000662	*ST 天夏	3.80	C	−4.64	−95.73	−142.18	0.00	0.01	79.15	−39.40	−98.54	−88.14	−11.29	138.27	322038.64	1598.56	−507326.85
432	3507	300367	东方网力	0.00	C	−2.68	−49.50	−114.86	0.06	0.09	81.05	−18.80	−84.27	−80.96	−29.40	157.95	401644.39	35350.22	−319108.41

续表

序号	全部上市公司评价得分排序	股票代码	股票简称	综合得分（100分）	评价等级	每股收益（元）	总资产报酬率（%）	净资产收益率（%）	总资产周转率（次）	流动资产周转率（次）	资产负债率（%）	获利倍数	营业收入增长率（%）	资本扩张率（%）	市场投资回报率（%）	股价波动率（%）	年末资产额（万元）	营业收入（万元）	净利润（万元）
433		688078	龙软科技	70.80	BBB	0.89	13.75	14.19	0.39	0.40	9.16	89.53	23.00	229.54	0.00	0.00	57180.26	15434	4708.17
434		688123	聚辰股份	72.60	BBB	1.05	11.25	11.79	0.56	0.57	6.19	0.00	18.78	299.19	23.08	0.00	141589.77	51337.19	9510.62
435		300807	天迈科技	67.00	BB	1.47	11.39	11.93	0.62	0.79	27.09	22.73	28.33	97.04	23.08	33.07	93400.45	46884.72	7478.97
436		002970	锐明技术	75.10	A	3.01	16.04	20.05	1.07	1.21	31.94	72.57	32.22	214.75	23.08	33.07	205127.34	156366.49	19907.88
437		688039	当虹科技	61.80	B	1.37	9.19	8.62	0.29	0.30	7.67	603.38	39.78	264.65	23.08	17.77	151361.35	28451.8	8467.89
438		688258	卓易信息	64.30	B	0.63	7.11	7.70	0.33	0.39	9.32	20.99	21.14	190.79	23.08	25.30	94368.97	21283.36	4107.49
439		688118	普元信息	60.90	B	0.7	7.21	7.41	0.53	0.54	11.54	0.00	16.40	246.34	23.08	17.61	108845.37	39597.86	5027.46
440		300808	久量股份	61.00	B	0.64	9.24	9.43	0.74	1.22	28.15	10.71	1.39	81.50	23.08	41.48	146058.25	87960.24	7913.61
441		688138	清溢光电	67.00	BB	0.34	8.30	7.65	0.48	1.13	15.43	23.26	17.74	111.67	23.08	10.59	132822.97	47965.09	7028.41
442		688111	金山办公	74.80	BBB	1.09	9.59	8.67	0.37	0.39	11.33	2031861.00	39.82	411.28	23.08	21.81	684399.35	157952.06	40057.92
443		300803	指南针	68.00	BB	0.34	11.01	12.68	0.47	0.66	27.69	144.70	7.84	62.73	23.08	82.74	150639.79	62297.33	12038.46
444		688288	鸿泉物联	72.40	BBB	0.88	11.78	11.32	0.49	0.55	12.10	279.13	26.34	238.16	23.08	19.72	96542.39	31320.2	6968.83
445		688299	长阳科技	71.10	BBB	0.64	10.89	11.58	0.54	0.93	21.57	9.40	31.72	163.35	23.08	26.14	205550.6	91026.11	14307.7
446		688023	安恒信息	69.20	BB	1.62	6.21	7.73	0.62	0.75	28.63	22.99	50.66	205.72	23.08	40.08	217217.27	94403.29	9217.32
447		688058	宝兰德	66.40	BB	1.93	12.08	10.28	0.25	0.26	2.26	0.00	17.11	459.89	23.08	27.10	96181.37	14330.23	5850.18
448		688369	致远互联	72.40	BBB	1.6	8.91	12.57	0.57	0.60	26.98	0.00	21.06	293.88	23.08	25.28	168337.37	69983.6	10194.56
449		688025	杰普特	57.70	CCC	0.88	5.60	4.38	0.43	0.47	13.57	28.93	-14.80	165.72	23.08	23.12	181650.3	56767.99	6465.05
450		300799	左江科技	60.10	B	1.65	20.37	20.88	0.44	0.50	14.15	54.08	62.96	189.12	23.08	87.50	72632.52	21876.5	8870.83
451		300793	佳禾智能	66.90	BB	0.92	9.19	13.76	1.43	1.82	40.71	16.48	67.58	110.69	23.08	89.39	201683.62	225732.35	12074.8
452		688368	晶丰明源	70.90	BBB	1.89	11.11	11.44	0.99	1.03	17.46	0.00	13.97	348.48	23.08	37.35	137236.67	87367.69	9234.39
453		688036	传音控股	85.60	AAA	2.42	15.54	25.54	1.80	2.11	53.42	2081.18	11.92	110.73	23.08	38.79	1774375.34	2534592.96	179660.1
454		688030	山石网科	63.50	B	0.62	8.19	8.25	0.57	0.59	15.14	38.24	19.97	231.21	23.08	41.81	162492.85	67457.07	9104.61
455		300790	宇瞳光学	68.90	BB	1.11	8.05	10.96	0.72	1.35	43.85	6.26	23.39	93.95	23.08	50.24	212176	123106.69	10342.08
456		002962	五方光电	73.30	BBB	0.97	12.34	11.12	0.49	0.71	13.52	214.48	26.01	92.74	23.08	43.75	189271.57	72681.6	15881.25

续表

序号	全部上市公司评价得分排序	股票代码	股票简称	综合得分（100分）	评价等级	每股收益（元）	总资产报酬率（%）	净资产收益率（%）	总资产周转率（次）	流动资产周转率（次）	资产负债率（%）	获利倍数	营业收入增长率（%）	资本扩张率（%）	市场投资回报率（%）	股价波动率（%）	年末资产额（万元）	营业收入（万元）	净利润（万元）
457		603927	中科软	72.80	BBB	0.98	8.44	23.48	1.18	1.23	60.52	0.00	13.38	69.96	23.08	80.98	512833.86	549920.86	38572.57
458		688168	安博通	66.40	BB	1.77	12.08	10.86	0.36	0.39	6.04	104.42	27.33	289.13	23.08	94.09	106499.73	24873.18	7306.87
459		300789	唐源电气	64.40	B	2.18	14.27	16.05	0.48	0.51	18.62	0.00	16.68	164.81	23.08	41.79	85691.54	30875.75	8343.47
460		300787	海能实业	68.30	BB	1.68	10.86	10.96	0.93	1.45	25.93	65.27	−2.36	123.46	23.08	85.15	152355.64	110359.54	11874.34
461		688188	柏楚电子	73.10	BBB	2.96	20.60	18.34	0.29	0.31	3.17	0.00	53.33	641.11	23.08	87.89	222072.22	37607.1	24614.03
462		688099	晶晨股份	63.60	B	0.41	6.81	7.10	0.95	1.15	15.68	0.00	−0.48	148.88	23.08	160.10	332347.49	235773.34	15705.53
463		688018	乐鑫科技	76.20	A	2.32	16.37	12.30	0.72	0.74	6.68	0.00	59.49	417.23	23.08	37.72	172504.74	75742.86	15850.54
464		688008	澜起科技	74.60	BBB	0.88	16.37	15.26	0.29	0.30	5.80	0.00	−1.13	102.72	23.08	38.50	778075.35	173773.47	93285.84
465		688002	睿创微纳	69.80	BB	0.49	11.93	10.50	0.37	0.46	7.93	4863.69	78.25	132.86	23.08	106.38	254426.47	68465.63	20209.82
466		688020	方邦股份	68.90	BB	1.88	15.30	11.23	0.29	0.33	1.98	5376.99	6.18	257.94	23.08	62.15	157115.48	29169.38	13522.56
467		688019	安集科技	68.90	BB	1.45	10.30	6.97	0.40	0.47	10.45	0.00	15.16	155.96	23.08	83.86	99119.89	28541.02	6584.6
468		688007	光峰科技	68.20	BB	0.45	11.92	11.67	0.77	1.31	31.47	10.62	42.82	156.89	23.08	109.83	309950.81	197914.89	22437.64
469		688088	虹软科技	66.60	BB	0.55	12.36	9.43	0.28	0.29	9.07	0.00	23.23	143.05	23.08	95.47	274858.21	56447.7	21036.66
470		688010	福光股份	58.60	CCC	0.7	6.97	5.97	0.39	0.63	12.18	811.37	5.06	130.79	23.08	130.05	202915.51	57990.7	9216.63
471		688066	航天宏图	56.80	CCC	0.59	8.44	8.67	0.52	0.55	21.03	24.72	42.01	151.29	23.08	117.05	152573.17	60117.15	8339.87
472		300782	卓胜微	71.90	BBB	5.68	45.66	44.59	1.23	1.34	11.73	0.00	169.98	259.30	23.08	168.19	192313.1	151239.46	49445.68
473		603327	福蓉科技	71.60	BBB	0.69	23.59	26.08	0.95	1.57	20.70	21.25	32.03	85.93	23.08	75.86	160437.95	129945.52	26303.54
474		002955	鸿合科技	71.20	BBB	2.56	12.55	14.41	1.58	1.75	25.85	39.49	10.34	217.17	23.08	39.53	396414.54	483046.97	31665.39
475		603267	鸿远电子	70.00	BB	1.88	18.12	15.79	0.55	0.64	11.86	31.30	14.19	87.28	23.08	66.37	235963.32	105445.93	27866.88
476		300773	拉卡拉	77.10	A	2.09	11.01	20.22	0.60	0.82	55.15	624.22	−13.73	71.08	23.08	57.74	1118686.52	489942.16	81693.34
477		300771	智莱科技	77.00	A	3.12	24.27	24.30	0.76	0.84	14.97	4189.96	17.68	151.45	23.08	39.73	186459.24	104570.11	28582.27
478		603068	博通集成	68.10	BB	1.98	25.85	28.27	1.10	1.18	21.03	577.10	115.09	190.56	23.08	191.57	159830.08	117462.39	25237.02
479		300768	迪普科技	74.00	BBB	0.65	15.64	17.14	0.46	0.48	20.56	909.87	14.17	64.38	23.08	76.73	213808.54	80383.92	25246.88
480		002952	亚世光电	69.70	BB	0.78	13.51	12.74	0.64	0.74	13.54	0.00	−12.56	131.00	23.08	63.05	91731.63	44713.39	8123.63

续表

序号	全部上市公司评价得分排序	股票代码	股票简称	综合得分（100分）	评价等级	每股收益（元）	总资产报酬率（%）	净资产收益率（%）	总资产周转率（次）	流动资产周转率（次）	资产负债率（%）	获利倍数	营业收入增长率（%）	资本扩张率（%）	市场投资回报率（%）	股价波动率（%）	年末资产额（万元）	营业收入（万元）	净利润（万元）
481		300766	每日互动	56.50	CCC	0.28	6.81	7.58	0.35	0.41	7.01	0.00	-0.18	51.38	23.08	132.02	184552.33	53833.61	11535.37
482		002947	恒铭达	72.00	BBB	1.39	19.25	17.16	0.58	0.69	10.27	0.00	16.83	121.66	23.08	123.04	135595.43	58492.1	16582.18
483		002189	中光学	61.50	B	0.38	3.96	7.74	0.89	1.25	56.14	9.29	-1.21	46.86	54.12	127.14	316772.15	255236.28	9946.18

第十一章　电力行业上市公司业绩评价

电力行业作为传统公共事业，是国民经济发展的支柱产业之一。宏观经济运行状态、国家政策、气候环境等因素很大程度影响着电力行业的产业结构及供需状况。2019 年电力产业运行平稳，电力供需总体平衡，全社会用电总量 7.23 万亿千瓦时，较 2018 年增长 4.5%，增长主要来自第三产业和城乡居民生活用电量。截至 2019 年年底，全国全口径发电装机容量 20.1 亿千瓦，2019 年，主要受太阳能新增装机容量放缓影响，全国新增发电装机容量 1.02 亿千瓦，比上年少投产 0.26 亿千瓦。2019 年末电力（申万）行业股票指数 2,463.07，较 2018 年末上升 11.53%，但表现不及沪深 300 指数。2020 年是“十三五”规划的收关之年，虽然近几年电力行业的深化改革的成效显著，电力消费结构持续优化，但一季度爆发的新冠疫情对经济生产方面的影响已从国内扩大到全球范围内，受疫情影响第二和第三产业电力需求受损较重，长期来看电力总量过剩仍是常态。

一、电力行业上市公司业绩评价结果

截至 2019 年年末，电力行业 A 股上市公司共计 74 家，剔除 2019 年借壳上市的中国广核，最终 73 家企业参与业绩评价，较 2018 年参与业绩评价的电力公司增加 8 家上市公司。其中，盈利 66 家，亏损 8 家，有 89.19% 的公司实现盈利，比 2018 年下降 3.23 个百分点；电力行业上市公司总资产共计 43242.77 亿元，比 2019 年上升 22.27 个百分点，占全部上市公司（不包括金融和 B 股，以下如无特指按此口径）总资产的 6.31%。

2019 年，全部上市公司共计完成营业收入 416790.19 亿元，电力行业 74 家上市公司完成营业收入 12163.21 亿元，较 2018 年同期收入增长 12.88%，占全部上市公司营业收入的 2.92%，占比较 2018 年略有提升；全部上市公司共计实现营业利润 26439.92 亿元，电力行业上市公司实现营业利润 1432.82 亿元，较 2018 年同期利润提升 17.93%，占全部上市公司营业利润的 5.42%，相比 2018 年上升 1.34 个百分点。2019 年电力行业整体评价结果为中等，行业业绩综合得分 63，略高于全市场综合得分（61.3）。73 家电力行业上市公司中仅联美控股一家公司进入 2019 年上市公司业绩评价综合得分的“中联价值 100”名单。电力行业上市公司业绩为A的共4家（其中AA的1家；A的3家），业绩为B的共30家（其中BBB的8家；BB的12家；B的10家）；业绩为C的有39家（其中CCC的15家；CC的7家；C的17家）。2019年度电力行业评价得分前十名的公司见表11–1。

表11－1　2019年度电力行业评价得分前十名的公司

序号	股票代码	单位名称	在全部上市公司中评价得分排序
1	600167	联美控股	49
2	600452	涪陵电力	138
3	600900	长江电力	148
4	600995	文山电力	209
5	600025	华能水电	230
6	600642	申能股份	319
7	000966	长源电力	344
8	600131	国网信通	352
9	600886	国投电力	364
10	600236	桂冠电力	516

基于对电力行业上市公司的整体评价，下面分别从财务效益状况、资产质量状况、偿债风险状况、发展能力状况、市场表现状况五个方面对电力行业上市公司进行具体分析。

（一）财务效益

表11－2列示了电力行业上市公司财务效益状况评价结果。从综合得分来看，2019年电力行业上市公司财务效益略高于全部上市公司平均水平。根据财务效益状况指标具体分析：与全部上市公司平均值比较，除股本收益率外，2019年电力行业上市公司财务效益指标均高于上市公司平均水平；与2018年行业情况相比较，除盈利现金保障倍数及股本收益率外，各指标均出现不同幅度的上升。从总体情况来看，电力行业上市公司财务效益状况较2018年小幅上升。就电力行业具体上市公司的财务效益得分情况而言，有30家上市公司财务效益超过全部上市公司平均水平。其中，联美控股、新能泰山两家电力行业上市公司在基本指标的财务效益方面获得满分35分。联美控股作为东北地区规模前列的热源、能源企业，其清洁能源业务稳步发展，供暖面积稳健增长。扣除非经常性损益净资产收益率、总资产报酬率、营业利润率、盈利现金保障倍数和股本收益率分别达到22.73%、18.26%、61.18%、0.87倍和78.63%，与全体上市公司和电力行业上市公司相比表现较为突出。

表 11－2　电力行业财务效益状况比较表

分析指标		2019 年上市公司平均值	2019 年行业值	2018 年行业值	增长率（%）
基本指标	扣除非经常性损益净资产收益率（%）	6.61	7.16	6.23	14.93
	总资产报酬率（%）	5.26	5.69	5.37	5.96
	得分	20.77	21.42	19.84	7.96
修正指标	营业利润率（%）	6.34	11.78	10.34	13.93
	盈利现金保障倍数	1.97	3.04	3.14	–3.18
	股本收益率（%）	36.41	27.58	28.13	–1.96
综合得分		22.12	23.56	23.19	1.60

（二）资产质量

表 11－3 列示了电力行业上市公司资产质量状况评价结果。从综合得分来看，2019 年电力行业上市公司资产质量状况优于上市公司平均水平。从资产质量状况指标来看，流动资产周转率、应收账款周转率、存货周转率高于上市公司平均值，总资产周转率指标低于上市公司平均水平。由于 2019 年申银公共事业－电力的行业分类中新增的 8 家上市公司资产质量较差，2019 年与 2018 年行业情况相比，除总资产周转率指标外，其他指标均显示电力行业上市公司在资产周转性较上年呈现下降趋势。流动资产周转率、应收账款周转率和存货周转率分别较 2018 年下降了 13.97%、18.45% 和 13.03%。电力行业中仅有 27 家上市公司超过全部上市公司平均水平，其中桂东电力在资产质量方面获得满分 15 分，国网信通、文山电力、长源电力在资产质量方面的得分较为靠前。

表 11－3 电力行业资产质量状况比较表

分析指标		2019 年上市公司平均值	2019 年行业值	2018 年行业值	增长率（%）
基本指标	总资产周转率（次）	0.64	0.29	0.29	–
	流动资产周转率（次）	1.21	1.97	2.29	–13.97
	得分	9.53	9.12	9.55	–4.50
修正指标	存货周转率（次）	2.73	10.34	12.68	–18.45
	应收账款周转率（次）	8.24	7.21	8.29	–13.03
综合得分		9.22	12.02	13.03	–7.75

（三）偿债风险

表 11–4 列示了电力行业上市公司偿债风险状况评价结果。电力行业公司一直是资产负债率较高的行业，从综合得分来看，电力行业得分值低于全部上市公司平均值，因而偿债风险状况仍然高于上市公司平均水平。与 2018 年的情况相比，除资产负债率略有下降，获利倍数、速动比率和现金流动负债比率、带息负债比率分别较 2018 年上升 8.23%、23.84%、12.56% 和 0.36%。从行业内具体公司来看，电力行业上市公司中有 37 家企业大于等于上市公司平均水平，较 2018 年已有所改善。其中该指标得分较高的公司有梅雁吉祥、湖南发展、文山电力等。文山电力兼顾发电售电的企业，负债规模相对有限，加之 2019 年广西市场用电需求增加，售电量同比增长 15.73%，进一步改善企业现金流，其现金流动负债比率为 96.85%，明显高于行业平均水平。

表 11 – 4 电力行业偿债风险状况比较表

分析指标		2019 年上市公司平均值	2019 年行业值	2018 年行业值	增长率（%）
基本指标	资产负债率（%）	61.12	63.74	65.97	–3.38
	获利倍数	4.11	2.50	2.31	8.23
	得分	8.94	7.18	6.09	17.90
修正指标	速动比率（%）	77.40	52.25	42.19	23.84
	现金流动负债比率（%）	13.01	31.28	27.79	12.56
	带息负债比率（%）	41.99	77.77	77.49	0.36
综合得分		8.61	5.54	5.13	7.99

（四）发展能力

表 11 – 5 列示了电力行业上市公司发展能力状况评价结果。从综合得分来看，2019 年电力行业上市公司发展能力高于全部上市公司平均水平。从具体指标来看，除累计保留盈余率和总资产增长率外，其他全部平均指标均高于全部上市公司平均水平。与 2018 年电力行业上市公司发展能力状况相比，资本扩张率较 2018 年有所大幅回升，营业收入增长、累计保留盈余率及营业利润增长率指标均出现不同程度的下降。2019 年在煤价下行及减税效应叠加下，火电企业盈利有所改善，20 家火电板块上市公司 2019 年营业利润较 2018 年有明显增长。电力行业上市公司中，有 25 家企业在发展能力方面得分超过全部上市公司平均水平，宁波热电、东方能源、国网信通、国电电力在发展能力方面获得满分 20 份。2019 年东方能源通过发行股份购买资产的方式对资本控股 100% 股权的收购，对资本控股实现控股，并通过资本控股将经营范围拓展至保险经纪业务、信托业务、期货业务、财险业务、财务公司业务。2019 年对收购资产并表导致，营业利润增长率高达 3113.35%，明显高于行业平均水平。

表 11－5　电力行业发展能力状况比较表

分析指标		2019 年上市公司平均值	2019 年行业值	2018 年行业值	增长率（%）
基本指标	营业收入增长率（%）	8.81	12.88	16.11	−20.05
	资本扩张率（%）	9.67	15.73	8.35	88.38
	得分	12.05	14.02	12.38	13.25
修正指标	累计保留盈余率（%）	41.00	30.52	32.46	−5.98
	三年营业收入增长率（%）	14.54	15.07	11.56	30.36
	总资产增长率（%）	10.59	7.79	6.29	23.85
	营业利润增长率（%）	0.61	17.93	19.70	−8.98
综合得分		12.23	12.73	11.74	8.43

（五）市场表现

2019 年初正式推出科创板，市场提前预热，A 股上证综指一度从 2400 点飙升至 3300 点，但因贸易战持续加剧、经济基本面未见转好，指数年中开始回落，指数在 2800 点上下波动。电力行业作为传统行业，整体表现步入沪深 300 大盘指数（如图 11−1 所示）。表 11–6 列示了电力行业上市公司市场表现状况评价结果。从综合得分来看，电力行业上市公司市场回报率为 18.02%，低于全部上市公司 23.04% 的水平，比 2018 年电力行业−25.27% 的水平上升 43.27%。从公司来看，电力行业有 40 家上市公司在市场表现方面优于全部上市公司平均得分。西昌电力、联美控股、涪陵电力等在市场表现方面得分较高，其市场投资回报率分别为 116.24%、83.71%、57.59%，高于市场及行业内其他公司投资回报率平均水平。联美控股 2019 年公告称拟将其控股子公司兆讯传媒分拆至深交所创业板上市。分拆完成后，公司仍将维持对兆讯传媒的控制权。兆讯主要从事高铁传媒业务，具有较强的垄断性，2019 年实现营收 4.36 亿元，同比增长 16.34%，实现净利润 1.92 亿元，同比增长 20.72%。联美控股业绩稳定增长叠加子公司拆分上市的利好消息使其市场回报率表现突出。

表 11－6　电力行业市场表现状况比较表

分析指标		2019 年上市公司平均值	2019 年行业值	2018 年行业值	增长率（%）
基本指标	市场投资回报率（%）	23.04	18.02	−25.27	−
	股价波动率（%）	94.27	80.10	92.38	−
	得分	9.12	9.18	11.15	−17.67
修正指标	净资产收益率（测算标准值用）（%）	7.75	7.80	7.30	6.85
综合得分		9.12	9.18	11.15	−17.67

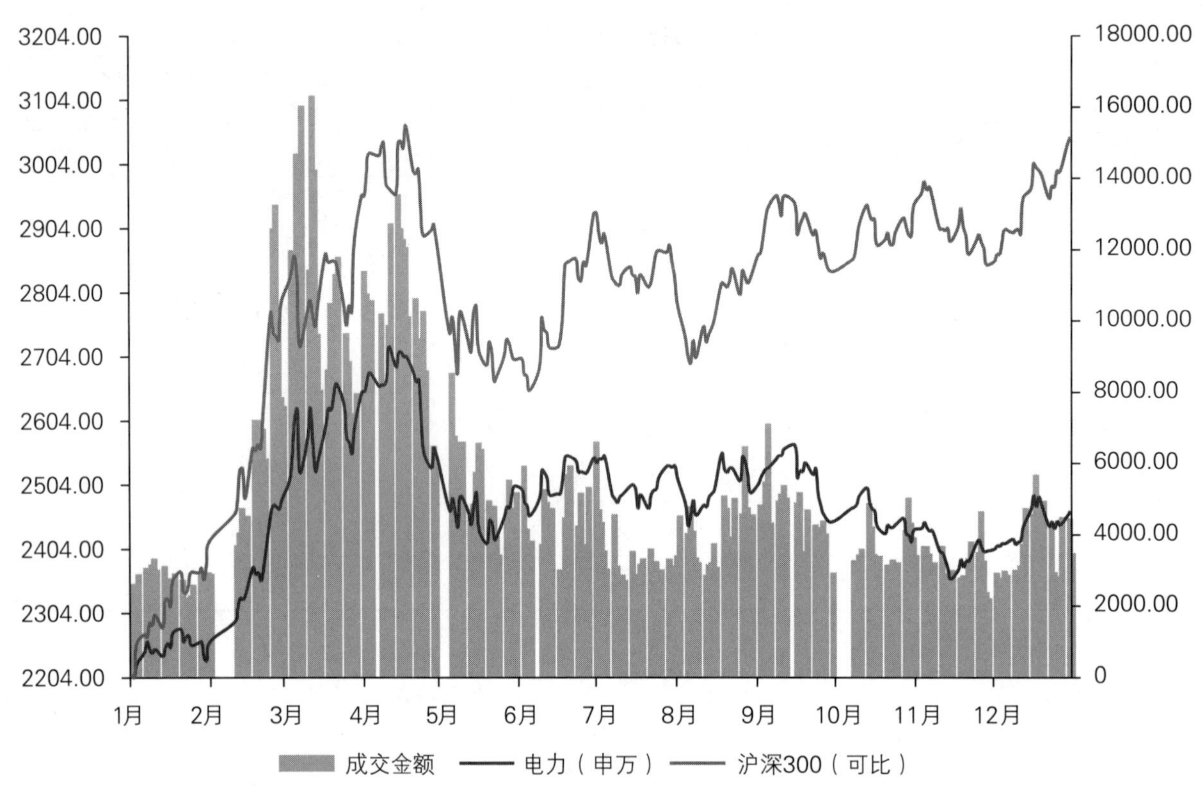

图 11－1　2019 年沪深 300 与电力行业指数走势图

二、2019 年度电力行业上市公司业绩影响因素分析

2019 年，全国电力生产运行平稳，电力供需总体平衡。全社会全口径发电量 7.33 万亿千瓦时，同比增长 4.7%，非化石能源发电量比上年增长 10.4%，占全国发电量的 32.6%，比上年提高 1.7 个百分点，水电和太阳能发电设备利用小时比上年提高。各产业方面，第三产业和城乡居民生活用电量增速较快，带动全社会用电量增长；第二产业用电量保持中低速增长，制造业用电量比上年增长 2.9%，高载能行业中，建材行业用电量增速为 5.3%，黑色行业用电量增速为 4.5%。2019 年煤价下行，电力资产结构持续优化，影响电力行业业绩的因素主要如下：

（一）煤价下行、电价提升叠加减税效应，火电行业盈利能力有所改善

一方面，2019 年火电发电设备利用小时 4293 小时，同比约下降两个百分点。另一方面，2019 年在煤价下行及减税效应叠加下，火电企业盈利有所改善。但部分上市公司受行业内落后产能亏损出清影响，大规模的资产减值损失导致各公司业绩表现不佳。预计近几年，火电企业将继续通过淘汰落后产能，优化资产结构。

具体而言，全国电煤平均价格 494 元 / 吨，较 2018 年同期下跌 7.0%，增值税率下调叠加市场电折价收窄，提升税前电价。以华电国际为例，公司燃煤发电机组实现利用小时 4512 小时，同比减少 337 小时，下降 8%；2019 年公司含税电价为 414.5 厘 / 千瓦时，较 2018 年同期提高 4.8 厘 / 千瓦时，同比增长 1.15%。华电国际新增装机容量带动发电总量

微增，加之增值税税率下降，公司 2019 年收入增长 4.86%。煤价下行缓解了以火电为主的公司业绩，华电国际 2019 年归母净利润为 34.07 亿元，同比增长 97.44%。

（二）水电新增装机放缓，水电行业业绩稳中有升

2019 年，水电新增装机 417 万千瓦，同比下降 51.4%。自 2013 年以来，我国水电新增装机整体呈下降趋势。就总装机容量而言，水电趋于火电位列第二，2019 年水电装机总量 35640 万千瓦，占全部电力装机的 17.73%，风电及光电紧随其后占比均超过 10%。根据《水电发展“十三五”规划》要求，2020 年我国水电总装机容量达到 3.8 亿千瓦，目前还有约 2400 万千瓦的差距。据统计，目前在建大中型水电工程总装机 1 亿千瓦，由于水电建设工期较长，按照项目投产进度，完成“十三五”规划困难较大。

2019 年，水电总发电量为 13,019 亿千瓦时，水电发电设备利用小时 3726 小时，比同期提高 119 小时，水电全年运行平稳。长江电力发电量已连续三年 2100 亿千瓦时。截止 2019 年底，长江电力拥有总装机容量 4549.5 万千瓦，由于长江流域来水整体偏枯，2019 年完成发电量 2104.63 亿千瓦时，比上年同期减少 50.19 亿千瓦时，降低 2.33%；实现利润总额 266.27 亿元，比上年同期减少 3.80 亿元，降低 1.41%。

（三）清洁能源占比持续上升，弃风、弃光状况明显缓解

2019 年，全国新增发电装机容量 10173 万千瓦，新增非化石能源装机容量 6389 万千瓦，占新增发电装机总容量的 62.8%。其中风电新增装机增速分别为 21%，同比下降 2 个百分点，保持高速增长。受光伏补贴推迟，推动市场化影响，2019 年光电新增装机 2681 万千瓦，同比下降 40.8%。但随着储能技术的提升，光电作为清洁的可再生能源仍将是获得持续推广。

2019 年全国风电弃风电量 169 亿千瓦时，同比减少 108 亿千瓦时，全国平均弃风率为 4%，同比下降 3 个百分点，弃风电量和弃风率都得到改善。19 年全国弃光电量 46 亿千瓦时，全国平均弃光率 2%，同比下降 1 个百分点。光伏消纳问题主要出现在青海、西藏、新疆、甘肃等地区。国家能源局发布的《2018 年度全国可再生能源电力发展监测评价报告》显示，截至 2018 年，全国已有 11 个省（区、市）率先达到 2020 年非水电可再生能源电力最低消纳权重。

由于光电非传统能源，以光电为主的公司规模较小，光电上市公司通过自建及收购不断扩张，以中节能太阳能为例。公司是以太阳能发电为主的投资运营商，2019 年其电站板块销售电量 47.12 亿千瓦时，发电销售收入 37.21 亿元，较 2018 年同期增长 19.70%；太阳能组件收入 12.69 亿元。2019 年公司通过收购五家公司股权，增加装机容量 47 万千瓦。

（四）新核电项目陆续开闸，进一步推动能源结构优化

核电具有建设周期长、投资规模大的特点；核电建设既可以发挥稳定投资的作用，又不会增加近 5 年内的供应能力，对于推动未来能源结构优化具有重要作用。2019 年核电装机总量 4874 万千瓦，新增装机 409 万千瓦，较上年同期少投产 475 万千瓦，同比减少 53.8%。2019 年，我国新核电项目陆续开闸，释放核电重启的信号。中国广核 2014 年底

在港交所首次公开发行，并于2019年8月回归A股。作为我国规模最大的核电运营商，截止2019年底，中国广核拥有24台在运核电机组、5台在建核电机组，装机容量分别为2714万千瓦、580万千瓦，占全国在运及在建核电总装机容量的55.7%、44.1%。公司2019年实现收入608.75亿元，同比增长19.8%。收入增长主要来自于阳江核电及台山核电的投产。

链接：行业重大事件

➢ **三峡水利通过重组，成为以配售电为主业的唯一上市平台**

2020年4月15日，三峡水利重大资产重组事项获证监会审核通过。三峡水利通过向新禹投资、涪陵能源等发行股份及支付现金购买其持有的联合能源88.41%股权。同时向三峡电能、两江集团、聚恒能源、中涪南热电发行股份及支付现金购买其持有的长兴电力100%股权。重庆作为首批售电侧改革试点，重庆政府联合三峡集团推动地方电网实现资本与管理的融合，打造独立于国家电网的配售电网络。根据重庆市政府和三峡集团达成的战略协定，随着电力体制改革的推进，三峡水利作为三峡集团以配售电为主业的唯一上市平台，双发将共同推进“三峡电”入渝，降低供电成本、逐步注入优质配售点资产。

资料来源：万得咨讯。

三、2020年电力行业前景展望

2019年，电力生产运行平稳，伴随着我国经济长期向好的趋势，预计电力供需平稳上涨的趋势仍将保持，但受经济下行压力加大，电力行业增速将有所放缓，据中电联发布的《中国电力行业年度发展报告2020》预计，2020年全社会用电量增长率将2%-3%。受新冠疫情的冲击，2020年作为“十三五”规划的最后一年，宏观环境更为复杂，电力行业也将面临诸多机遇与挑战。

（一）煤价下行，“新基建”等利好政策下，火电有望复苏

2020年第一季煤价较2018年同期大幅回落，2020年4月1日的秦皇岛5500大卡动力煤价格525元/吨，同比降低17.5%。煤电企业的长期协议煤价也有所下调，以中国神华为例，公司4月份月度长协环比进一步下调，各类产品价格同比降幅超过10%。

特高压作为“新基建”政策的一部分在新冠疫情下备受关注。目前国家电网已经明确全年建设项目投资规模将达1811亿元。随着特高压项目的推进，配套的稳定大型火电项目建设将有所放量。2020年2月底，国家能源局统一安排配套陕西至湖北地区的5个火电项目，总装机796万千瓦，是近几年火电建设中大型项目。这类火电项目不仅是为了满足用电需求，更是为了能源转型和能源安全的需要，配合新能源调峰，因此随着新能源发电供

给的提升，这类火电也将随之放量。

另一方面，新冠疫情使得国际政治经济环境越发紧张，保障能源供给安全将是“十四五”能源发展的基本要求。考虑到煤炭和火电的稳定及安全性，煤炭产能及火电机组的储备将被合理安排。另外，借助疫情下的宏观调控，火电落后产能出清及大规模机组改扩建项目有望加快。从目前广东、贵州等地公布的2020年省级重点能源项目来看，已经明确了神华、华能、大唐等12个大型煤电项目。

虽然自2016年起火电新增装机连续四年缩量下行，但预计在煤价下行，“新基建”及持续优化火电资产等利好政策的推动下，2020年火电板块有望得到改善。

（二）硅片组件价格下降，光电市场化进程加快

由于2019年国内光伏补贴政策发布较迟，国内竞价项目8—9月才陆续启动，且因土地、接网许可等前置工作，组件招标等顺延，景气度回暖进度晚于预期。2019年光电新增装机同比下降40.8%。2019年结转到2020年的项目规模指标在3664万千瓦以上，保守预期会有1830万千瓦落地。加上新增有补贴的户用项目和即将爆发的无补贴项目，预计2020年国内光伏新增装机有望超过4000万千瓦。

2020年3月31日，国家发改委印发了《关于2020年光伏发电上网电价政策有关事项的通知》公布了光伏上网电价政策。纳入国家财政补贴范围的I—III类资源区新增集中式光伏电站指导价，分别确定为每千瓦时0.35元（含税，下同）、0.4元、0.49元，较2018年每千瓦时降低0.05元—0.06元，光电价格已逼近煤电价格，具有市场化竞争力。

光电价格能够去补贴推行市场化与上游的光伏组件技术革新、成本下行有直接关系。近几年PERC电池转换率不断提升，2019年单晶PERC电池平均转换功率为22.3%，较2018年提升0.5个百分点。HJT作为下一代光伏电池技术的代表，以其技术工序少自动化程度高，具备效率潜力等优势已经开始进入市场。另外，上游硅片扩产及大硅片的推广，都有利于光电降成本。

2019年我国光伏组件累计出口6680万千瓦，同比增长62%。近两年国内光伏设备加快产能扩张，以单晶硅片为例，预计2020年产能将达到15000万千瓦，是2018年产能的2.3倍。然而，2020年3月中下旬，海外疫情蔓延，国外市场需求放缓，导致国内组件出口受阻。扩产叠加境外疫情影响，光伏设备市场议价能力走弱，部分供应商4月份硅片价格降幅超过15%。光伏设备技术革新及成本下行使得部分地区光电价格逼近煤电价格，为光电2021年全面市场化提供了保障。

（三）宏观经济降息，来水改善，水电现金流稳健，资产配置优势显现

2020年上半年我国几大流域来水整体偏枯，加之疫情影响需求下降，1—5月水电累计发电量同比下降11.3%。六月份开始全国整体降水丰沛，汛期提前到来，进入丰水期，多家水电公司的水电机组已提前全开运行，水电业绩在下半年有望得到改善。此外，受疫情影响，宏观经济进入降息周期，水电作为重资产行业，负债率一般在50%—70%，财务费用在总成本中占比较高，利率下降50bp，水电上市公司业绩将改善3%—9%。水电企业现金流良好，历史期分红稳定，主要水电上市公司股息率在3%—5%，降息背景下的高股息带来的投资价值得以体现。最后，2020年下半年开始，大型水电站陆续开始投产，以中国长江三峡集团公司开发运营的乌东德水电站为例，作为中国的第四大水电站，总装机容量1020万千瓦，首批机组已于2020年6月份开始投入运行，日后有望注入长江电力，进一步提升其装机容量。

（四）疫情下的新经济政策也有利于加速核电扩建

受新冠疫情的影响，全球经济放缓，我国第一季度经济受损，2月21日，中共中央政治局召开会议，要求积极扩大有效需求、稳定经济增长，会议强调要加大新投资项目开工力度并加快在建项目建设力度；3月4日，中共中央政治局常委会会议再次强调加快推进国家规划已明确的重大工程和基础设施建设。

核电具有建设周期长、投资规模大、供应稳定安全的特点或成为整个电力行业在当前政治经济形势下大基建政策的关注领域。据统计除了在建的16台机组合计1760万千瓦外（包括已获批待FCD的3台机组），目前还有30台机组待核准或已开展前期工作（包括已与俄罗斯签约的田湾7、8号机组和徐大堡3、4号机组），合计装机容量3497万千瓦。中期假设30台机组全部开建并商运，国内在运核电机组数将达到93台，合计装机容量将超过1亿千瓦。“十四五”规划也强调，把握未来2—3年全球产业链重构的窗口期，加速完成我国能源技术的转型升级，提升包括核电在内的清洁能源开发的优先级。

（五）受疫情影响第一季度第二和第三产业电力需求受损较重，疫情过后的新经济挑战与机遇并存

受新冠疫情影响，我国第一季度国内生产总值同比下降6.8%，其中第二、第三产业分别下降9.6%及5.2%。发电量情况与上述趋势相同，2020年第一季度，全社会用电量，同比下降6.5%，其中第二产业用电量同比下降8.8%，第三产业用电量同比下降8.3%。

第一季度电力企业面临员工复工压力、低负荷供应造成的安全生产压力、资金周转压力和重大能源项目进度推迟等诸多问题。而为支持企业复工复产，国家发改委印发通知，明确直至2020年年底降低除高耗能行业用户外的其他企业用户用电价格5%。电价的下调，主要由电网承压，但在传导效应下电力企业利润仍受影响。另一方面，国内新冠疫情得到良好的控制，各行业已积极复工复产，根据国家能源局发布5月全国社会用电量同比增长4.6%。同时，为缓解光伏企业面临并网压力，国家能源局明确顺延项目并网的截止时间，确认了总计15亿元的光伏补贴预算。

全球经济受新冠疫情共振下行，诸多国家政府将采取宏观调控，清洁能源或加快推行进程。在我国“新基建”再次被提到新高度，“新基建”涉及的各个领域，催生出电能消费潜力巨大的用电新业态，不仅成为未来用电增长的新动能，也给电网企业运营与发展带来新的机遇与挑战，成为推动电网转型和电力管理变革的重要力量。另一方面，新冠引发的危机使很多国家意识到关乎国计民生的相关产业的重要性。这可能会促使制造业本土化，冲击全球化及中国制造业，我国电力需求也将面临挑战。

附表 2019年度电力行业上市公司业绩评价结果排序表

序号	全部上市公司评价得分排序	证券代码	公司简称	评价等级	综合得分	每股收益（元）	净资产收益率（%）	总资产报酬率（%）	总资产周转率（次）	流动资产周转率（次）	资产负债率（%）	已获利息倍数	营业收入增长率（%）	资本扩张率（%）	市场投资回报率（%）	股价波动率（%）	年末资产总额（万元）	营业收入（万元）	净利润（万元）
1	49	600167	联美控股	AA	81.30	0.70	22.73	18.26	0.29	0.55	35.45	143.9	11.83	26.15	83.71	99.55	1210157.24	339616.92	164473.74
2	138	600452	涪陵电力	A	77.00	1.27	23.6	9.83	0.55	5.79	61.68	8.76	7.11	26.47	57.59	90.22	483979.21	262189.81	39672.54
3	148	600900	长江电力	A	76.80	0.98	14.45	10.75	0.17	4.86	49.4	6.12	−2.62	5.14	23.38	51.72	29648288.1	4987408.69	2156744.71
4	209	600995	文山电力	A	75.30	0.69	15.87	14.9	0.84	5.9	20.79	28.9	14.51	12.12	17.09	50.37	276046.05	231922.43	33211.82
5	230	600025	华能水电	BBB	74.60	0.31	12.07	6.41	0.12	2.59	66.11	2.39	34.06	23.97	38.08	83.69	16745951.33	2080094.11	593651.76
6	319	600642	申能股份	BBB	73.20	0.48	6.83	6.17	0.61	2.56	44.27	6.07	7.23	10.46	19.94	42.16	6794407.05	3884130.38	282597.59
7	344	000966	长源电力	BBB	72.70	0.52	15.74	10.77	0.77	5.12	54.65	5.3	12.24	23.95	24.43	95.44	974365.92	736610.74	59126.08
8	352	600131	国网信通	BBB	72.60	0.44	8.92	11.66	1.38	2	69.22	7.54	592.55	123.5	225.99	193.57	889536.8	776510.11	52624.02
9	364	600886	国投电力	BBB	72.40	0.67	11.34	6.82	0.19	2.01	66.89	3.12	3.47	6	16.96	49.14	22472151.32	4243346.03	873106.23
10	516	600236	桂冠电力	BBB	70.40	0.27	14.07	8.96	0.2	2.48	61.04	3.56	−4.95	3.17	22.41	37.81	4395701.46	904344.01	239876.98
11	519	600795	国电电力	BBB	70.40	0.09	2.61	5.24	0.37	4.29	68.03	1.77	78.04	63.64	−8.69	38.71	36484785.31	11659929.22	491913.49
12	544	000543	皖能电力	BBB	70.10	0.39	6.35	5.79	0.52	3.95	44.56	3.55	19.94	26.71	−5.89	50.72	3289928.78	1609224.09	105895.44
13	579	600483	福能股份	BB	69.60	0.80	8.74	7.76	0.36	1.28	47.89	4.28	6.32	10.1	5.46	44.65	2793245.89	994540.81	131962.1
14	596	000883	湖北能源	BB	69.30	0.23	5.53	5.42	0.29	3.3	44.34	6.09	28.67	14.39	16.03	33.7	6036497.76	1581075.69	179953.85
15	646	600098	广州发展	BB	68.70	0.30	4.45	4.45	0.73	2.99	51.56	2.83	13.67	5.07	16.05	35.24	4238542.01	2953421.5	96145.58
16	681	002608	江苏国信	BB	68.30	0.64	7.56	7.59	0.32	1.4	47.61	6.03	−5.19	19.9	−1.15	79.74	7019447.89	1991463.75	311613.06
17	717	000027	深圳能源	BB	67.90	0.43	5.1	4.84	0.23	1.03	65.06	2.1	12.36	22.2	18.22	42.54	9611204.81	2081700.45	182913.95
18	748	600101	明星电力	BB	67.50	0.24	4.35	3.61	0.5	2.14	28.46	537.73	0.49	5.35	33.28	56.33	329243.62	160769.93	10073.37
19	766	600780	通宝能源	BB	67.30	0.24	5.25	4.51	0.65	2.85	35.46	6.27	9.75	5.45	4.53	51.02	829769.47	661481.46	27677.9
20	782	600578	京能电力	BB	67.00	0.20	5.71	4.35	0.25	2.02	62.06	2.2	45.24	5.97	8.85	31.28	7655707.58	1843835.5	166334.65
21	798	000601	韶能股份	BB	66.80	0.37	7.26	6.92	0.41	2.27	54.39	4.07	25.61	6.19	52.12	112.55	1120771.74	430624.62	40490.34
22	812	600023	浙能电力	BB	66.60	0.32	6.84	6.43	0.49	2.17	34.67	5.4	−4	4.84	−12	51.03	11096978.19	5437054.91	490717.59

续表

序号	全部上市公司评价得分排序	证券代码	公司简称	评价等级	综合得分	每股收益（元）	净资产收益率（%）	总资产报酬率（%）	总资产周转率（次）	流动资产周转率（次）	资产负债率（%）	已获利息倍数	营业收入增长率（%）	资本扩张率（%）	市场投资回报率（%）	股价波动率（%）	年末资产总额（万元）	营业收入（万元）	净利润（万元）
23	886	002039	黔源电力	BB	65.80	0.95	8.96	6.4	0.14	2.59	67.66	2.06	-8.97	5.1	14.97	28.05	1549084.92	217438.18	44644.38
24	947	000539	粤电力A	BB	65.20	0.22	5.27	5.32	0.39	2.5	54.7	2.8	7.12	8.48	-9.4	53.09	7547202.71	2936015.52	180717.49
25	1001	600863	内蒙华电	B	64.60	0.17	6.96	5.48	0.33	3.82	60.76	2.75	5.34	6.4	17.53	64.99	4460932.44	1447716.02	119383.65
26	1032	002616	长青集团	B	64.20	0.40	12.63	7.94	0.42	1.86	65.04	6.78	24.46	14.78	8.62	55.27	694465.66	249815.64	29942.75
27	1092	600027	华电国际	B	63.60	0.29	6.14	4.87	0.41	3.58	65.61	2	5.99	18.7	-20.18	59.53	22987559.5	9365443.1	443854.4
28	1098	000958	东方能源	B	63.50	0.25	8.07	7.61	0.19	0.35	61.42	11.7	187.03	751.3	72.41	146.66	7955007.68	849267.64	248602.92
29	1118	000531	穗恒运A	B	63.30	0.60	8.66	6.43	0.29	0.81	60.28	3.81	3.52	8.92	33.32	83.06	1162817.71	322859.38	43402.71
30	1154	600982	宁波热电	B	62.90	0.11	2.37	4.66	0.62	1.22	39.63	4.34	95.96	30.52	-5.76	66.14	614107.19	341165.25	14814.28
31	1187	000690	宝新能源	B	62.50	0.41	7.94	7.63	0.28	1.03	49.96	3.31	46.75	7.24	-13.47	79.74	1898619.1	562682.33	88315.33
32	1245	601985	中国核电	B	61.80	0.30	9.42	5.17	0.14	1.21	74.03	2.48	17.2	8.03	-3.94	45.45	34763893.26	4606715.51	840737.65
33	1365	000600	建投能源	B	60.70	0.36	6.47	5.3	0.43	2.39	57.09	3.01	-0.09	3.18	-6.8	111.19	3235823.09	1396372.28	89504.34
34	1401	600021	上海电力	B	60.30	0.36	5.72	4.85	0.23	1.58	72.92	1.99	4.92	14.22	1.59	41.34	11102271.74	2369003.46	201782.78
35	1445	000791	甘肃电投	CCC	59.90	0.31	7.17	5.73	0.12	1.01	62.41	2.06	-1.66	15.11	1.86	64.12	1898024.67	226760.39	48521.26
36	1469	600979	广安爱众	CCC	59.60	0.26	5.32	4.83	0.26	1.37	53.85	3.96	1.86	4.93	3.54	55.34	881499.45	221893.13	24716.1
37	1479	600644	乐山电力	CCC	59.50	0.17	3.98	4.88	0.62	3.62	54.9	5.16	2.44	8.87	19.38	76.99	378220.95	222319.99	9835.12
38	1509	600505	西昌电力	CCC	59.20	0.10	3.94	2.36	0.29	1.51	60.49	4.14	0.32	5.18	116.24	116.95	351916.39	94837.2	4613.33
39	1564	000899	赣能股份	CCC	58.60	0.25	5.32	5.42	0.36	1.76	34.76	3.89	4	2.98	8.82	50.78	735157.13	267032.79	24321.3
40	1573	600310	桂东电力	CCC	58.50	0.18	0.08	3.88	1.74	4.91	83.94	1.74	121.75	7.55	4.59	86.51	1599537.55	2646170.39	19081.2
41	1585	600674	川投能源	CCC	58.40	0.67	11.18	9.55	0.02	0.25	26.16	11.14	-2.92	9.41	19.83	43.42	3745529.73	83833.16	298771.38
42	1594	600116	三峡水利	CCC	58.30	0.19	2.56	5.19	0.25	1.42	41.89	5.81	0.65	7.1	0.85	69.79	514189.13	130691.08	18517.86
43	1605	601991	大唐发电	CCC	58.20	0.03	5.54	4.48	0.33	2.79	71.02	1.58	2.21	16.5	-20.83	73.52	28212032.8	9545305.5	297726.6
44	1755	000591	太阳能	CCC	56.80	0.30	7.13	5.36	0.14	0.59	64.04	2.1	-0.51	4.6	21.73	69.5	3744985.6	501108.53	90530.69

续表

序号	全部上市公司评价得分排序	证券代码	公司简称	评价等级	综合得分	每股收益（元）	净资产收益率（%）	总资产报酬率（%）	总资产周转率（次）	流动资产周转率（次）	资产负债率（%）	已获利息倍数	营业收入增长率（%）	资本扩张率（%）	市场投资回报率（%）	股价波动率（%）	年末资产总额（万元）	营业收入（万元）	净利润（万元）
45	1756	600868	梅雁吉祥	CCC	56.80	0.03	2.49	2.75	0.12	1.06	1.45	0	29.38	2.3	18.22	84.94	239749.22	28826.17	5971.3
46	1759	600011	华能国际	CCC	56.70	0.06	1.34	3.95	0.42	2.83	71.64	1.42	2.13	15.23	−19.99	44.24	41359654.47	17348480.06	237791.39
47	1794	601016	节能风电	CCC	56.20	0.14	7.92	5.48	0.11	0.58	65.61	2.53	4.68	5.05	3.35	74.03	2350970.83	248737.07	64818.6
48	1812	000720	新能泰山	CCC	56.10	0.39	20.12	14.67	0.73	0.81	43.75	17.32	37.56	14.86	55.8	103.3	462710.15	358038.78	48982.39
49	1892	000875	吉电股份	CCC	55.20	0.07	2.18	4.4	0.21	1.35	74.74	1.39	15.79	3.16	23.51	61.76	4224140.71	845414.8	40192.84
50	1959	002893	华通热力	CC	54.50	0.30	5.64	4.93	0.48	0.84	68.43	2.81	−4.81	−0.27	7.98	73.87	201485.22	91952.77	4603.61
51	1998	601619	嘉泽新能	CC	54.00	0.15	9.73	6.2	0.12	0.65	63.59	2.27	4.34	25.54	−12.73	100.82	912835.15	111552.68	29320.96
52	2025	000155	川能动力	CC	53.80	0.17	7.23	6.58	0.28	0.64	41.73	4.17	−51.99	11.45	14.9	68.95	724617.91	205110.58	32943.88
53	2065	600163	中闽能源	CC	53.30	0.15	7.83	6.51	0.14	0.7	53.3	4.18	10.81	7.76	6.34	92.92	450677.14	58075.13	16121.88
54	2174	600969	郴电国际	CC	51.90	0.15	2.12	1.9	0.23	0.96	71.53	2.27	9.83	0.72	9.37	71.3	1318225.02	301351.81	9813.83
55	2196	001896	豫能控股	CC	51.70	0.09	0.74	3.09	0.39	2	67.4	1.26	0.1	0.73	13.23	74.74	1997959.63	808929.27	8147.98
56	2241	600719	大连热电	CC	51.10	0.03	2.94	1.22	0.35	1.18	67.38	1.9	4.94	1.27	27.95	84.82	226088.35	76692.25	1127.12
57	2515	000767	漳泽电力	C	47.40	0.02	−1.33	3.42	0.24	0.96	84.32	1.06	7.08	−0.93	−4.75	55.29	5093598.27	1202500.26	1628.03
58	2542	603693	江苏新能	C	47.00	0.41	5.8	5.61	0.18	0.57	39.32	3.75	0.79	2.91	−25.3	118.3	834212.55	148440.4	29711.2
59	2593	000037	深南电 A	C	46.30	0.04	0.76	2.43	0.37	0.74	35.93	1.57	−35.14	1.26	163.55	179.55	321926.17	122257.8	2569.29
60	2601	000862	银星能源	C	46.20	0.04	1.87	3.52	0.14	0.69	71.62	1.06	13.53	0.69	65.01	138.64	935275.45	135656.41	2563.97
61	2645	000993	闽东电力	C	45.50	0.23	1.27	4.07	0.16	0.56	46.07	2.86	6.99	6.92	51.61	120.61	381333.16	59685.11	9163.07
62	2687	600744	华银电力	C	44.80	0.01	−3.29	3.4	0.49	2.07	84.9	1.14	−6.22	0.99	−2.67	101.32	1936166.9	899316.31	2159.15
63	2694	000722	湖南发展	C	44.60	0.30	3.12	5.43	0.08	0.2	5.8	24.8	−8.56	1.18	8.69	80.02	319564.34	24387.26	13023.83
64	2866	300125	聆达股份	C	39.90	0.06	0.68	3.1	0.09	0.17	33.94	1.82	−27.14	5.66	82.85	119.46	123315.4	11092.75	1710.06
65	2884	600726	华电能源	C	39.50	0.04	−30.95	4.14	0.44	2.61	91.82	1.14	10.42	4.79	−24.62	112.93	2368561.57	1082801	7927.08
66	2911	600396	金山股份	C	38.30	0.05	−27.13	2.99	0.38	3.54	87.78	0.83	3.7	−5.71	−2.5	88.79	1930519.18	740134.11	−14868.13

续表

序号	全部上市公司评价得分排序	证券代码	公司简称	评价等级	综合得分	每股收益（元）	净资产收益率（%）	总资产报酬率（%）	总资产周转率（次）	流动资产周转率（次）	资产负债率（%）	已获利息倍数	营业收入增长率（%）	资本扩张率（%）	市场投资回报率（%）	股价波动率（%）	年末资产总额（万元）	营业收入（万元）	净利润（万元）
67	3030	600509	天富能源	C	33.70	−0.36	−8.12	0.24	0.23	1.17	66.87	0.11	−1.24	1.98	1.23	112.59	2027293.26	489429.24	−44835.56
68	3155	000692	惠天热电	C	28.60	−0.22	−13.59	−0.01	0.3	0.81	78.12	0	−3.03	−9.62	11.66	64.5	605414.03	185066.06	−10284.5
69	3195	002610	爱康科技	C	26.10	−0.36	−27.08	−9.42	0.4	0.91	64.7	−2.83	5.85	−30.83	−0.6	93.86	1164528.55	512601.03	−166883.19
70	3247	000939	*ST 凯迪	C	23.70	−0.49	−197.68	−5.82	0.08	0.44	99.99	0	9.69	−99.82	0	38.32	3226270.21	263706.6	−191088.27
71	3373	002256	*ST 兆新	C	16.00	−0.15	−15.89	−4.18	0.15	0.76	39.16	−0.83	−28.55	−13.88	−9.22	118.34	274932.25	43128.29	−27741.52
72	3417	000040	东旭蓝天	C	13.80	−0.64	−6.94	−0.52	0.21	0.35	56.37	−0.23	−21.56	−7.21	−38.65	183.72	3098723.22	680576.16	−95713.09
73	3509	002499	*ST 科林	C	–	−0.65	−122.1	−9.51	0.05	0.06	94.33	−4.76	−41.05	−71.01	−34.89	253.13	89880.26	4867.18	−12484.84

第十二章　建筑行业上市公司业绩评价

作为国民经济的支柱产业，改革开放以来，我国建筑业快速发展，建造能力不断增强，产业规模不断扩大，吸纳了大量农村转移劳动力，带动了大量关联产业，对经济社会发展、城乡建设和民生改善做出了重要贡献。“十三五”时期，我国经济发展进入新常态，增速放缓，结构优化升级，驱动力由投资驱动转向创新驱动。随着“一带一路”建设各项工作加快推进，国际合作范围和领域不断扩大，国内推进机制不断完善，重点方向及重点领域建设取得积极进展和显著成效。2019 年全社会建筑业增加值 70904 亿元，占国内生产总值 GDP（990865 亿元）的 7.16%，比上年增长了 5.6%。建筑业行业指数（申万）整体呈平稳趋势，并且时有震荡，全年跌幅 1.44%，建筑业行业指数表现劣于沪深 300 指数。2020 年，新型城镇化、装配式建筑稳步发展和基建新模式发展，形成建筑业未来发展的重要推动力和宝贵机遇。

一、建筑行业上市公司业绩评价结果

截至 2019 年年末，建筑行业（装饰）在 A 股上市公司共 129 家，其中 120 家盈利。

建筑行业（装饰）的综合评价分值为 56.6 分，低于同年全部上市公司（全部上市公司不包括金融和 B 股，以下如无特指按此口径）的综合评价分值 61.3 分。在 129 家建筑行业（装饰）上市公司中，业绩为 B 的 22 家，业绩为 BB 的 14 家，业绩为 BBB 的 10 家，业绩为 C 的 39 家，业绩为 CC 的 12 家，业绩为 CCC 的 32 家。

2019 年全部上市公司为 3654 家，建筑行业（装饰）上市公司资产总额合计 8.75 万亿元，占全部上市公司资产总额的 12.76%，行业同比增长 30.60%；全部上市公司实现营业收入 41.67 万亿元，建筑行业（装饰）129 家上市公司实现营业收入 5.60 万亿元，占全部上市公司营业收入的 13.45%，同比增加 15.23%；全部上市公司共实现利润总额 2.59 万亿元，建筑行业（装饰）上市公司实现利润总额 0.25 万亿元，占全部上市公司营业收入的 9.46%，行业同比增长 6.84%；全部上市公司共计实现净利润 1.97 万亿元，建筑行业（装饰）上市公司实现净利润 0.19 万亿元，占全部上市公司实现净利润的 9.81%，行业同比增长 5.56%；建筑行业（装饰）行业上市公司 2019 年度市场投资回报率 3.35%，低于全部上市公司 23.04% 的市场投资回报率；建筑行业（装饰）上市公司股价波动率为 82.74%，低于全部上市公司 94.24% 的股价波动率。

建筑行业（装饰）扣除非经常性损益净资产收益率的平均值为 8.6%，高于全部上市公司 6.61% 的平均水平；营业利润率平均值 4.41%，低于全部上市公司 6.34% 的平均水平；总资产报酬率 4.17%，低于全部上市公司 5.26%。2019 年，建筑行业（装饰）评价得分前十名的公司见表 12-1。

表 12－1　2019 年度建筑行业评价得分前十名的公司

序号	股票代码	股票简称	在全部上市公司中评价得分排序
1	002081	金螳螂	249
2	601117	中国化学	329
3	603887	城地股份	340
4	600970	中材国际	363
5	600846	同济科技	501
6	002541	鸿路钢构	507
7	601668	中国建筑	562
8	601186	中国铁建	590
9	300384	三联虹普	637
10	603637	镇海股份	672

下面分别从财务效益、资产质量、偿债风险、发展能力、市场表现五个方面对建筑行业上市公司进行具体分析。

（一）财务效益

表 12-2 列示了建筑行业（装饰）上市公司财务效益状况。从结果上看，建筑行业（装饰）上市公司财务效益状况平均得分与全部上市公司的平均水平基本持平。该行业净资产收益率和股本收益率财务指标高于全部上市公司平均值，总资产报酬率、营业利润及盈利现金保障倍数等财务指标低于全部上市公司平均水平。

与上年的财务效益情况相比较，2019 年行业财务效益下降 6.64%。净资产收益率和总股本收益率指标高于 2018 年指标值，总资产报酬率、营业利润率和盈利现金保障倍数低于 2018 年指标值。

建筑行业（装饰）上市公司财务效益指标净资产报酬率和股本收益率较 2018 年有所提高，总资产报酬率、营业利润率和盈利现金保障倍数较 2018 年下降，但整体变化幅度不大。其中金螳螂、同济科技、中国建筑、苏交科和器材国际分别排在前五名。如排名第一的金螳螂，面对复杂多变的市场环境，积极践行高质量发展要求，近年来新签合同额保持较高增速，全年新签合同额2.48万亿元，同比增长6.6%。这得益于作为装饰龙头，拥有优秀的管理能力与产业链整合能力，通过设计引领、轻资产的平台开发、产业链整合打造集约化装配式装修产品，为该业务快速发展提供较强支撑。

表12－2　建筑行业财务效益状况比较表

分析指标		2019年上市公司平均值	2019年行业值	2018年行业值	增长率（%）
基本指标	扣除非经常性损益净资产收益率（%）	6.61	8.60	6.23	38.04
	总资产报酬率（%）	5.26	4.17	5.37	–22.35
	得分	20.77	21.12	198.84	–89.38
修正指标	营业利润率（%）	6.34	4.41	10.34	–57.35
	盈利现金保障倍数	1.97	0.49	3.14	–84.39
	总股本收益率（%）	36.41	65.31	28.13	132.17
综合得分		21.91	21.65	23.19	–6.64

（二）资产质量

从表12–3中可以看出，建筑行业（装饰）上市公司资产质量状况指标综合得分低于全部上市公司的平均水平，2019年，除总资产周转率和存货周转率外，流动资产周转率、应收账款周转率都低于全部上市公司平均值。建筑行业资金占用量较大，且项目周期较长，是流动资产周转速度低于全部上市公司的主要原因。与2018年相比较，建筑行业（装饰）2019年资产质量各项指标除总资产周转率比上年同比上升134.48%外，其他资产质量指标基较上年持平或有所下降，其中存货周转率较2018年同比下降–64.78%。上市公司资产质量最佳排名前五的为名雕股份、高新发展、东易日盛、中国海诚和北方国际，这五家公司在资产质量上得分优良。如排名第一的名雕股份2019年存货周转率为18.17，应收账款周转率高达219.39。主要得益于在消费升级的行业趋势之下，公司不仅以严格的生产标准满足消费者对质量的高要求，同时针对不同消费人群的差异化需求制定“名雕设计”“名雕丹迪”“名雕墅派”和“名雕盛邦”四大子品牌，分别专注于大中户型、豪宅别墅、整装大宅和高端公装领域的装修设计与施工，为客户提供全方位优质服务。得益于一体化业务发展及装饰业务量增加带来的装饰合同款、商品销售款增加，在行业整体去杠杆的背景下，公司现金流状况稳健。

表 12－3　建筑行业资产质量状况比较表

分析指标		2019 年上市公司平均值	2019 年行业值	2018 年行业值	增长率（%）
基本指标	总资产周转率（次）	0.64	0.68	0.29	134.48
	流动资产周转率（次）	1.21	1.03	2.29	-55.02
	得分	9.53	9.37	9.55	-1.88
修正指标	应收账款周转率（次）	8.24	5.7	12.68	-55.05
	存货周转率（次）	2.73	2.92	8.29	-64.78
综合得分		9.22	8.79	13.03	-32.54

（三）偿债风险

从表 12-4 中对建筑行业（装饰）指标的分析可知，2019 年该行业上市公司偿债风险状况平均得分低于全部上市公司的平均水平，该行业的资产负债率 74.83% 高于全部上市公司的 61.12% 的平均值，获利倍数 3.5 低于全部上市公司平均值 4.11，这是行业特性所致。2019 年建筑行业（装饰）的偿债风险能力略低于 2018 年水平，偿债风险指标中资产负债率和已获利息倍数分别增长 13.43% 和 51.52%，其他指标都低于 2018 年，其中现金流动负债比率较 2018 年降低 93.13%。2018 年建筑行业偿债风险最佳排名前 5 名的分别是中公高科、杰恩设计、新城市、镇海股份和豪尔赛。如排名第一的中公高科，2019 年速动比率高达 576.77%。得益于中公高科拥有公路养护科学决策所必需的核心技术，并具有自主创新能力，以及生产与研发一体化、单元产品与成套设备一体化和快速开发大型成套设备及服务的能力，有效地抵御风险，保证业绩持续稳定增长，从而也降低了偿债风险。

表 12－4　建筑行业厂长风险状况比较表

分析指标		2019 年上市公司平均值	2019 年行业值	2018 年行业值	增长率（%）
基本指标	资产负债率（%）	61.12	74.83	65.97	13.43
	已获利息倍数	4.11	3.5	2.31	51.52
	得分	8.94	3.92	6.09	-35.63
修正指标	速动比率（%）	77.4	79.6	42.19	88.67
	现金流动负债比率（%）	13.01	1.91	27.79	-93.13
	带息负债比率（%）	41.99	32.69	77.49	-57.81
综合得分		8.61	4.87	5.13	-5.07

（四）发展能力

从表 12-5 可知，建筑行业（装饰）上市公司发展能力状况指标平均得分高于全部上市公司的平均水平。行业的三年营业收入增长率低于全部上市公司平均值，三年营业收入增长率 12.48% 低于全部上市公司平均值 14.54%。行业的营业收入增长、资本扩张率、累计保留盈余率、总资产增长率和营业利润增长率高于全部上市公司平均值，其中资本扩张率和营业利润增长率分别为 17.79% 和 10.09%，大幅高于全部上市公司平均值 9.77% 和 0.61%。

2019 年行业发展能力指标累计保留盈余率、三年营业收入增长率和总资产增长率均高于上年，其中累计保留盈余率和总资产增长率分别为 42.61% 和 13.04%，较 2018 年有大幅增长，分别增长 31.27% 和 107.31%。营业利润增长率为 10.09%，较 2018 年下降 48.78%。受益于一带一路、国家减税降费等国家政策，行业发展能力呈现良好发展态势；该行业发展能力排名前五名的为山东路桥、中国核建、中国铁建、中国化学和中国交建。如排名第一的山东路桥 2015 年即被确定为国资投运试点企业，2016 年山东高速通过定增引入安邦资管等投资机构，推动混改进度，随着山东省国改的推进，公司进一步向前发展。

表 12－5　建筑行业发展能力状况比较表

分析指标		2019 年上市公司平均值	2019 年行业值	2018 年行业值	增长率（%）
基本指标	营业收入增长率（%）	8.81	15.73	16.11	-2.36
	资本扩张率（%）	9.67	17.79	8.35	113.05
	得分	12.05	14.98	12.38	21.00
修正指标	累计保留盈余率（%）	41.00	42.61	32.46	31.27
	三年营业收入平均增长率（%）	14.54	12.48	11.56	7.96
	总资产增长率（%）	10.59	13.04	6.29	107.31
	营业利润增长率（%）	0.61	10.09	19.70	-48.78
综合得分		12.23	13.42	11.74	14.31

（五）市场表现

从表 12-6 可知，2019 年建筑行业（装饰）市场表现的得分略低于同年全部上市公司平均值。2019 年建筑行业的股价波动率为 82.74%，低于全部上市公司 94.27% 的平均值，低于行业 2018 年的 92.38%；投资回报率为 3.35%，低于全部上市公司 23.04% 的投资回报率，同比低于 2018 年的 -25.27%。行业的市场回报率比 2018 年有较大的涨幅，上涨 113.26%。该行业市场表现排名前五位的是城地股份、鸿路钢构、豪尔赛、筑博设计和新城市。以下排名第一的城地股份为例，其股价波动率为 98.5%。其成功战略布局 IDC 新领域，机柜规模达到1.9万个。子公司香江科技在上海浦东新区建设并运营了上海联通周浦IDC二期项目，共计3649个机柜，目前已全部投入运营；子公司上海启斯云计算公司获得上海经信委3000个机柜指标，要求推进建设确保在2021年6月底前投产运行；以子公司申江通为主体在太仓建设沪太智慧云谷数字科技产业园项目，一期项目机柜规模6000个。

表12－6　建筑行业市场表现状况比较表

分析指标		2019年上市公司平均值	2019年行业值	2018年行业值	增长率（%）
基本指标	市场投资回报率（%）	23.04	3.35	-25.27	-113.26
	股价波动率（%）	94.27	82.74	92.38	-10.44
	得分	9.12	7.88	11.15	-29.33

二、2019年度建筑行业上市公司业绩影响因素分析

2019年度，全国建筑业总产值24.84万亿元，同比增长5.7%。相较于2018年的9.88%和2017年的10.5%，建筑业产值增速连续两年下降。面对国内外的复杂局面，2019年度国家出台了一系列稳增长的措施，保障了建筑行业稳定发展。尽管行业整体呈现下降趋势，聚焦于行业龙头企业的上市公司，仍然保持相对稳定的增长，2019年建筑业行业上市公司业绩的主要影响因素如下：

（一）基础设施和运输建设投资增长是建筑业业绩增长的基石

2019年道路、铁路、公路运输建设投资的增长促进了基建投资的复苏，下半年国家发布《西部陆海新通道总体规划》《交通强国建设纲要》等重大政策，提出到2035年，基本建成交通强国。到21世纪中叶，全面建成人民满意、保障有力、世界前列的交通强国。

2019年固定资产投资额（不含农户）为551478亿元，较2018年增长5.4%，投资增长速度平稳。民间固定资产投资311159亿元，比上年增长4.7%。在基础设施领域，固定资产投资增长3.8%，其中铁路运输业投资下降0.1%，道路运输业投资增长9.0%，水利管理业投资增长1.4%，公共设施管理业投资增长0.3%。

2019年铁路建设投资保持稳定，全年铁路固定资产实际完成额为8029亿元，较2018年增长1亿元，总体投资平稳。公路建设投资小幅度回弹，整体增速较2018年略有回升。城市轨道交通建设稳步推进，2019年国家发改委批复了5个城市的城轨规划建设，总建设长度为885公里，投资额为6268亿元。同时，在投资增长缓慢的背景下，生态环保建设依然保持高速增长，2018年生态保护和环境治理投资额达5468亿元，2019年同比增速高达36.3%，比同期基础设施投资4%的增速高32.3%。

中国铁建（601186）是我国最大的基础设施建设集团，主营业务是铁路、公路等领域的工程承包，2019年实现营业收入8304.52亿元，同比增长13.74%；归母净利润201.97

亿元，同比增长12.61%。中国铁建的高速增长得益于国家的基建投资和铁路固定资产投资。从企业2018年新签订单来看，企业在铁路领域的新签订单额为2120亿元，占总工程订单的16%。同时近几年，随着公司市政工程业务的崛起，公司已由铁路工程巨头转型为综合工程承包商，主要的驱动力来自于公路和市政工程板块。2018年企业在公路和市政领域新签订单2915亿元和2692亿元，占总订单额的22%和20%，企业多项业务领域出现多足鼎立的局面。

（二）陆续出台调控政策保障建筑业持续健康发展

建筑行业是典型的投资驱动行业，受到国内外宏观经济政策影响很大。《国务院办公厅关于促进建筑业持续健康发展的意见》的出台，有助于深化建筑行业简政放权改革，完善工程建设组织模式，加强工程质量安全管理，优化建筑市场环境，推进建筑产业现代化，增强企业核心竞争力，促进建筑业持续健康发展。

住建部办公厅于2018年9月12日发布了《关于建设工程企业资质统一实行电子化申报和审批的通知》（建办市函〔2018〕493号），自2019年1月1日起，建设工程企业资质统一实行电子化申报审批，推动工程建设项目审批流程简化和优化。2019年4月23日，第十三届全国人民代表大会常务委员会第十次会议通过新修正的《中华人民共和国建筑法》。新《建筑法》确保地方政府全部统一执行中央命令，有效提升了建筑行业营商环境。同时新建筑法缩短了施工审批时间，明确了建设资金不用在账上落实，降低了建筑业成本。

2019年8月1日，国务院办公厅印发全国深化“放管服”改革优化营商环境电视电话会议重点任务分工方案的通知，大幅压减企业资质资格认定事项，对保留的事项进行精简资质类别、归并等级设置。大规模的减税降费和“放管服”改革同时推进，不仅激发市场活力和社会创造力，同时也节省了企业的费用和资源。

（三）PPP项目规范高质量发展助力建筑行业持续稳定发展

近年PPP项目累计金额达20万亿元，其中85%的PPP项目落地于基建行业，PPP模式开展的基建项目占全基建市场超过10%。2019年1—11月，财政部PPP项目管理库净入库项目有745个，总投资额达到1.1万亿元。项目管理库净入库项目增量和总投资额都远低于2018年同期水平。2019年1—11月，管理库项目落地率为66.1%，开工率达58.2%，相较于2018年，2019年PPP项目落地率和开工率明显提升。

安徽建工（600502.SH）2019年1—6月实现营业收入190.02亿元，同比增长16.50%；归属于母公司股东的净利润3.89亿元，同比增长34.49%。这得益于企业工程业务结构的优化，PPP业务快速增长，带动公司盈利能力提升。公司2019年1—6月，PPP业务实现营业收入21.95亿元，占总营业收入的11.58%，PPP业务毛利5.87亿元，毛利率26.75%。PPP业务助力公司业绩快速释放。

（四）人民币汇率贬值驱动优质建筑产能输出

人民币汇率贬值对建筑行业的影响主要来自两方面：（1）国内建筑企业的海外工程报价降低，企业海外竞争力相对提高；（2）建筑企业收入提高成本降低，毛利率上升。

建筑行业劳动力、设备等成本多以人民币计算，人民币汇率贬值，项目成本换算为美元也降低。企业海外工程项目报价降低，国内企业海外工程的性价比上升，人民币贬值增强了建筑企业海外的拿单优势。借助“一带一路”沿线国家对外工程业务需求的扩展，国内建筑企业优势进一步提高，优质产能输出。2019年上半年，建筑行业新签海外订单额呈现上升趋势。如：中工国际2019年上半年新签合同约12.22亿美元，海外合同占比70.22%，海外营业收入占比61.10%；中国电建2019年上半年新签合同约3027.03亿美元，海外合同占比28.02%，海外营业收入占比23.33%。

营收方面。海外业务的营业收入多以美元计，因此随着人民币的贬值，美元收入能换算为更多的人民币收入。而海外业务的成本多以人民币计算。设备成本方面，建筑企业设备技术含量要求高，多数以人民币价格来购买国内制造的机械设备；人力成本方面，部分人工由国内劳动力承担，这部分劳动力成本以人民币计算，因此人民币贬值不会大幅提高海外业务的成本。总体上看，人民币贬值有利于提高国内建筑企业海外业务的毛利率。

（五）规范社保和提高建筑标准推高建筑成本

1. 建筑业材料成本提高。2019年建筑材料及非金属类购进价格同比增长4.2%，建筑安装工程的固定资产投资价格同比增长2.8%，其中材料费、人工费、机械使用费分别同比增长2.6%、3.9%、1.7%，建筑材料及非金属类购进价格同比增长4.2%。新版住房和城乡建设部批准《建筑结构可靠性设计统一标准》，新标准增加了普通住宅和地下室钢筋含量和地震设计，将恒荷载分项系数由1.2调整到1.3，活荷载分项系数由1.4调整到1.5。荷载系数的调整，增加了建筑中钢筋含量，建筑成本增加。

2. 建筑业人力成本提高。住建部发布《建筑工人实名制管理办法（征求意见稿）及《全国建筑工人管理服务信息平台数据标准（征求意见稿）》，要求建筑企业通过单位和施工现场对签订劳动合同的建筑工人按真实身份信息对其从业记录、培训情况、职业技能、工作水平和权益保障等进行综合管理，建筑企业的人力成本提升。中国建筑（601668）2019年营业收入高达1.42万亿元，同比增长18.4%，毛利率为11.1%，同比减少0.8%，重要的原因是铁路、轨交领域的人工成本持续上升。

但同时，《政府工作报告》明确指出要深化增值税改革，2019年交通运输业、建筑业等行业税率降至9%。政府在2019年下调城镇职工基本养老保险单位缴费比例，养老保险缴费比例从20%降到16%，为企业下降了4个百分点的负担。并且政府继续清理规范涉企收费和政府性基金，对重大水利工程建设基金征收标准降低50%，对经营服务性涉企收费进行清理规范，最大限度减轻企业负担。增值税税率的下降，减轻了建筑企业的税务负担，使其有更充足的资金用于研发创新，提升企业竞争力。

三、2020年建筑行业前景分析

我国建筑行业既处于临经济保增长、产业结构调整、发展方式转型的关键时期，又处于重要的发展机遇期。党的十九大报告中提出了建设交通强国，同时基建新模式发展和建筑业转型升级也为建筑业带来新的机遇。预计在我国经济持续以不低于6%增长的背景下，建筑业整体表现将小幅趋升。

（一）铁路、公路、城市轨道等运输建设促进建筑业发展

国家2019年下半年发布了《交通强国建设纲要》，未来交通运输投资建设仍将是重点，市政管网、城市停车场、冷链物流等民生建设领域将是未来投资新领域。

1. 铁路建设市场仍有较大空间。至2025年，全国铁路营业里程预计达到17.5万公里，其中高铁3.8万公里，未来每年铁路新增里程将达到0.6万公里，铁路建设仍有较大空间。同时，全国铁路升级改造步伐加快。我国开通运营达70年的铁路有2.18万公里，达60年的有3.23万公里，超过50年的有4.17万公里，老旧铁路升级改造的需求日益增大。新铁路开工和老旧铁路升级改造为铁路建设市场提供较大空间。

2. 中部公路建设投资力度增大。2020年国家将重点推进城际道路、高速公路建设以及既有道路的改扩建，地方政府将加大公路将设投资。如《长江三角洲区域一体化发展规划纲要》提出进一步提升省际公路通达能力，规划将推动公路建设发展。

3. 城轨市场空间广阔，规划建设更趋理性。2019年，天津、济南、徐州、青岛、合肥、无锡等城市上报了新一轮城轨建设规划，同时一大批城市已完成近期建设规划及开工建设准备工作，如遵义、天水、桂林、威海、湖州、嘉兴、邯郸、淮安等。截至2019年底，在国家发改委批复的43个城市中，已开通里程和在建里程合计超过300公里的城市仅有14个，大多数城市尚未形成完善的城轨网络，无法满足城市公共交通的现实需要。

（二）专项债主导下促进基建新模式发展

专项债是地方政府规范化融资的重要渠道之一，也是近年来政策明显倾斜的领域。2019年6月，中办、国办联合发布《关于做好地方政府专项债券发行及项目配套融资工作的通知》，通知宣布允许将专项债作为重大项目资本金，从而加大逆周期调节力度，更好发挥地方政府专项债券的重要作用。2019年9月4日，国务院常务会议确定，一是按规定提前下达2020年部分专项债额度，扩大专项债使用范围（见图12–1），明确重点领域和禁止领域。二是专项债不得用于土地储备、房地产、置换债务及可完全商业化运作的产业项目。三是以省为单位，专项债资金用于项目资本金的规模占该省份专项债规模的比例可为20%左右。这些政策都有助于加快地方政府专项债发行使用。

不同于城投债和PPP，专项债主导下的基建新模式有以下优点：一是发行与偿还主体均为省级政府或省级政府批准的计划单列市，资金使用更具规范性；二是专项债纳入政府性基金预算管理，不受3%的赤字率约束，举债过程更加显性化，偿债资金来源主要是政府性基金收入或专项收入，这将迫使地方政府更为主动地加快项目推进；三是专项债由于发行主体确定，故审查重点主要是项目领域、质量、推进程度及其收益性等。

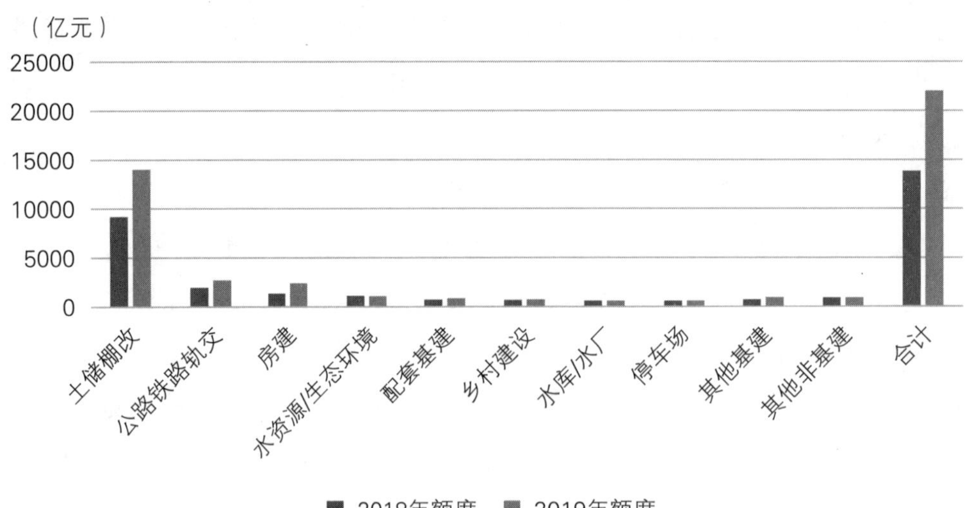

图 12－1　2018 年、2019 年专项债用途统计

资料来源：根据公开资料整理。

（三）新冠肺炎疫情推动建筑业转型升级

2020 年的新冠肺炎疫情对建筑企业造成较大冲击，根据《关于新冠肺炎疫情对建筑业企业影响的调查报告》，在参与调查的 804 家企业中，90% 以上的企业认为疫情会拖延施工进度，影响合同工期，55.85% 的企业认为疫情会影响项目不能按照合同工期正常交付。同时疫情导致的现场停工，造成企业成本维护费用和防疫成本投入上升。根据问卷调查，企业每日产值损失在 1000 万元以上的企业占参与调查企业的 9.45%。新冠肺炎疫情造成了建筑企业资本浪费和成本增加。由于停工，企业原材料等上流供应链出现断裂，劳动人员供给减少，交通物流停缓，这些因素造成了企业原材料、人工费和运输费等成本的上涨。

疫情在给建筑业造成冲击的同时，也给建筑业多点启示。一是疫情推动装配式建筑迅速发展。在武汉火神山和雷神山建设过程中，所有构件在工厂制作完成，通过在现场模块化拼装，使工期大幅缩短，建筑垃圾量大为减少。装配式建筑的优越性在这次疫情期间得到充分的表现，未来随着建筑装配化、工业化，建筑业能降低产品成本，提升建筑品质，产业良性发展。二是疫情彰显了远程项目管理和办公的重要性，未来建筑业须加大数字化系统开发，推动办公数字化进程。

（四）装配式建筑稳步发展优化建筑业造价成本

2019 年 6 月，住房和城乡建设部发布了《装配式钢结构住宅建筑技术标准》，随后山东、湖南、四川等多个省份陆续发布了“钢结构＋住宅”试点方案，完善钢结构产业链、行业监管、质量标准体系建设，明确 2020 年装配式建筑占新建建筑 30%。钢结构现阶段造价依旧高于 PC 结构和现浇混凝土，据住建部《装配式建筑工程消耗量定额》（征求意见稿），PC 结构小高层现阶段造价为 2151 元 / 平方米，现浇混凝土现阶段造价为 2000 元 / 平方米，钢结构造价为 2777 元 / 平方米，较现浇混凝土和 PC 结构风别高 38.85% 和

29.10%。但随着水泥、砂石等不可再生资源价格上升，人工价格稳步提高，现浇混凝土的造价也会不断升高。

2020 年 3 月，发改委联合十五部门和单位联合印发《关于促进砂石行业健康有序发展的指导意见》，明确指出砂石价格上涨会增加基建投资和重大项目的建设成本，并将钢结构装配式建筑作为砂源替代方案中的异中可选路径，并提出“逐步提高钢结构装配式建筑在学校、医院、办公楼、写字楼等公共建筑中的应用比例，稳步推进钢结构装配式建筑在城镇住宅和农房建设中的推广应用”。现阶段钢结构的造价高，主要由于相关供应链不完善，产需合作不紧密以及钢结构的设计还未完全优化等原因。2019 年以来，各地都在鼓励形成钢结构装配产业的配套集群，随着配套产业成熟，在规模效应下钢结构的造价有进一步优化的空间。

附表　2019 年度建筑装饰行业上市公司业绩评价结果排序表

序号	全部上市公司评价得分排序	股票代码	股票简称	综合得分	评价等级	每股收益（元）	总资产报酬率（%）	净资产收益率（%）	总资产周转率（次）	流动资产周转率（次）	资产负债率（%）	已获利息倍数	营业收入增长率（%）	资本扩张率（%）	市场投资回报率（%）	股价波动率（%）	年末资产总额（万元）	营业收入（万元）	净利润（万元）
1	249	002081	金螳螂	74.40	BBB	0.88	7.72	15.59	0.85	0.96	60.99	19.93	22.90	13.19	8.32	89.44	3947339.17	3083465.45	226070.46
2	329	601117	中国化学	73.00	BBB	0.62	3.84	9.05	0.97	1.26	67.56	14.49	27.23	7.35	19.00	41.87	11586539.04	10362183.60	328726.34
3	340	603887	城地股份	72.70	BBB	1.58	10.54	15.86	0.73	1.07	47.73	8.32	132.01	285.50	72.19	98.50	634620.61	292411.18	33127.28
4	363	600970	中材国际	72.40	BBB	0.92	5.30	16.10	0.76	1.13	67.65	7.51	13.36	16.39	24.49	74.30	3290698.45	2437438.99	159305.12
5	501	600846	同济科技	70.60	BBB	0.97	10.41	29.11	0.52	0.61	70.60	14.20	93.41	18.53	27.82	75.34	1215212.03	635103.64	95865.42
6	507	002541	鸿路钢构	70.50	BBB	1.07	6.41	11.95	0.93	1.43	61.28	9.77	36.58	11.63	50.78	75.40	1275250.21	1075491.84	55911.64
7	562	601668	中国建筑	69.90	BB	0.97	4.53	13.58	0.73	1.01	75.33	4.75	18.39	16.91	−1.38	40.14	203445192.90	141983658.80	6320524.30
8	590	601186	中国铁建	69.40	BB	1.40	3.08	9.64	0.83	1.18	75.77	3.52	13.74	26.38	−8.09	51.69	108123921.30	83045215.70	2262369.10
9	637	300384	三联虹普	68.80	BB	0.58	7.80	10.59	0.30	0.51	34.93	62.00	35.76	13.25	41.62	89.74	288182.41	84111.55	18698.62
10	672	603637	镇海股份	68.40	BB	0.33	3.67	7.51	0.88	0.97	42.04	–	62.96	2.75	5.61	60.39	133850.94	103301.38	5750.21
11	780	300668	杰恩设计	67.00	BB	0.79	18.37	18.62	0.74	0.92	14.57	–	14.02	21.12	−7.42	66.12	57887.58	38963.11	8404.90
12	810	603860	中公高科	66.60	BB	0.83	8.74	8.93	0.30	0.49	14.26	–	3.88	7.36	16.03	44.57	75527.88	21678.39	5586.19
13	816	000065	北方国际	66.60	BB	0.92	6.64	14.70	0.84	1.13	63.01	12.08	10.81	18.34	8.20	118.55	1474610.42	1106017.28	73956.63
14	845	600284	浦东建设	66.30	BB	0.42	3.15	6.66	0.47	0.59	56.31	13.99	69.36	4.56	26.11	91.48	1448470.79	621961.06	41236.44
15	896	600039	四川路桥	65.70	BB	0.47	4.36	10.37	0.57	1.17	82.33	2.08	31.75	11.38	−2.79	46.58	9761548.10	5272547.66	169757.57
16	902	603466	风语筑	65.60	BB	0.91	7.92	17.06	0.57	0.63	55.35	–	18.82	19.05	−3.38	72.28	374059.86	202991.52	26218.03
17	920	603018	中设集团	65.40	BB	1.16	8.43	19.52	0.63	0.75	63.69	39.61	11.67	15.95	−11.51	68.00	807436.82	468841.41	53281.35
18	928	600068	葛洲坝	65.40	BB	1.03	5.02	10.82	0.49	0.83	71.75	4.03	9.26	20.24	0.63	55.69	23446337.26	10994569.69	656360.95
19	935	000928	中钢国际	65.30	BB	0.43	4.44	10.98	0.79	0.92	71.53	6.34	60.32	13.94	8.79	94.49	1832644.02	1341407.60	53777.59
20	952	002822	中装建设	65.10	BB	0.41	7.12	9.61	0.90	1.01	52.38	4.22	17.21	33.03	84.53	148.74	606509.85	485910.79	24312.73
21	967	600170	上海建工	65.00	B	0.41	3.06	12.07	0.87	1.07	85.94	3.71	20.49	2.46	15.72	45.40	25728089.65	20549670.78	431224.73
22	978	000779	甘咨询	64.90	B	0.82	9.22	17.36	0.55	0.89	46.44	32.05	1.11	9.84	17.59	78.93	340712.14	213821.59	30262.43
23	988	600820	隧道股份	64.80	B	0.68	4.01	9.72	0.52	0.94	74.20	5.02	17.06	8.38	−5.58	54.68	9041684.73	4362368.02	218103.45

续表

序号	全部上市公司评价得分排序	股票代码	股票简称	综合得分	评价等级	每股收益（元）	总资产报酬率（%）	净资产收益率（%）	总资产周转率（次）	流动资产周转率（次）	资产负债率（%）	已获利息倍数	营业收入增长率（%）	资本扩张率（%）	市场投资回报率（%）	股价波动率（%）	年末资产总额（万元）	营业收入（万元）	净利润（万元）
24	997	600512	腾达建设	64.60	B	0.30	7.98	15.02	0.41	0.59	55.15	5.68	24.33	4.16	24.28	59.72	1024469.73	436795.70	67620.75
25	1048	002883	中设股份	64.00	B	0.76	13.31	13.87	0.56	0.67	17.12	317.75	15.34	11.71	2.47	92.31	59593.51	31188.04	6489.42
26	1072	603081	大丰实业	63.80	B	0.59	7.68	12.49	0.56	0.73	52.74	9.06	19.25	19.21	34.34	117.23	433533.50	214075.34	23534.48
27	1133	601390	中国中铁	63.10	B	0.95	3.58	10.85	0.85	1.25	76.76	3.96	15.01	10.50	−14.77	57.30	105618592.70	84844034.60	2537826.80
28	1171	300649	杭州园林	62.60	B	0.52	9.90	17.42	1.10	1.54	58.02	484.38	58.26	15.14	−13.29	76.99	97637.89	82800.74	6670.59
29	1210	002140	东华科技	62.20	B	0.33	3.09	8.20	0.72	0.97	66.28	26.88	12.00	5.53	44.91	111.74	667356.91	451799.60	17965.86
30	1241	600629	华建集团	61.90	B	0.52	3.95	10.36	0.77	1.09	67.95	10.82	20.34	14.03	−3.04	60.78	1022258.80	717089.12	31851.45
31	1248	002775	文科园林	61.70	B	0.48	8.48	9.59	0.69	0.91	43.30	4.73	1.73	4.55	−0.69	66.63	460939.17	289862.85	24508.00
32	1288	002060	粤水电	61.30	B	0.19	3.29	7.44	0.48	1.08	86.93	1.65	34.12	6.61	9.27	53.43	2604776.41	1114348.50	24559.25
33	1290	000628	高新发展	61.30	B	0.34	2.89	10.77	0.70	0.77	81.21	5.77	247.33	26.72	−1.94	46.20	588149.70	331087.15	10647.20
34	1298	300284	苏交科	61.20	B	0.74	7.57	15.20	0.47	0.61	61.45	7.37	−15.12	13.22	−10.17	54.08	1335113.90	596718.61	73663.63
35	1336	002062	宏润建设	60.90	B	0.32	4.26	12.12	0.79	1.04	78.84	3.16	20.78	8.49	−10.18	68.16	1573160.83	1194335.69	38772.53
36	1343	603359	东珠生态	60.80	B	1.13	8.06	13.28	0.38	0.46	49.71	–	26.53	12.74	−5.67	61.89	596922.70	201668.92	37605.49
37	1345	002830	名雕股份	60.80	B	0.18	1.53	4.16	0.71	1.12	49.70	–	17.57	0.64	−6.32	66.60	130506.03	89814.26	2723.05
38	1359	601800	中国交建	60.70	B	1.16	3.08	8.07	0.53	1.10	73.55	2.69	13.02	23.66	−21.92	82.95	112039949.29	55479236.53	2161982.65
39	1367	002811	郑中设计	60.60	B	0.74	6.30	8.71	0.81	0.97	52.22	4.97	9.17	16.72	−11.76	44.93	342270.17	251141.62	13224.16
40	1378	600496	精工钢构	60.50	B	0.22	3.92	7.86	0.76	0.98	61.62	3.33	18.59	7.81	6.77	71.58	1376530.12	1023544.61	39998.89
41	1379	000498	山东路桥	60.50	B	0.55	4.20	11.21	0.83	1.18	74.26	4.22	57.50	29.74	−15.44	73.90	3206122.65	2326047.69	81931.33
42	1426	603017	中衡设计	60.10	B	0.73	7.35	11.29	0.58	0.98	45.34	103.93	4.08	5.79	−1.95	95.25	353917.79	194233.70	21236.54
43	1429	603458	勘设股份	60.00	CCC	2.38	10.62	17.78	0.52	0.67	55.70	21.55	19.14	18.31	−10.07	70.70	595262.51	256330.84	43251.35
44	1476	601618	中国中冶	59.50	CCC	0.27	2.58	6.90	0.75	0.99	74.50	2.75	16.96	13.87	−9.01	64.78	45850621.30	33863760.90	757681.90
45	1515	603030	全筑股份	59.10	CCC	0.39	4.92	12.50	0.78	0.89	74.37	4.78	6.37	27.96	10.16	92.54	967480.96	693611.62	27602.08
46	1575	601611	中国核建	58.40	CCC	0.40	2.19	8.81	0.58	0.82	84.05	2.57	23.83	59.44	3.76	78.69	12445990.05	6359347.73	142182.04

续表

序号	全部上市公司评价得分排序	股票代码	股票简称	综合得分	评价等级	每股收益（元）	总资产报酬率（%）	净资产收益率（%）	总资产周转率（次）	流动资产周转率（次）	资产负债率（%）	已获利息倍数	营业收入增长率（%）	资本扩张率（%）	市场投资回报率（%）	股价波动率（%）	年末资产总额（万元）	营业收入（万元）	净利润（万元）
47	1586	603357	设计总院	58.30	CCC	0.71	11.44	14.43	0.50	0.56	30.52	–	–1.80	9.20	–24.81	81.05	338498.38	161910.48	32503.96
48	1587	603955	大千生态	58.30	CCC	0.83	5.29	7.46	0.29	0.49	57.98	3.28	14.63	10.06	9.53	51.79	334798.43	91906.74	10014.66
49	1593	600193	ST 创兴	58.30	CCC	0.05	6.03	10.22	0.78	1.15	75.88	8.77	150.89	25.01	16.74	58.58	109423.00	55634.68	2425.99
50	1597	300517	海波重科	58.20	CCC	0.24	2.35	3.70	0.55	0.72	48.63	24.13	44.59	9.48	11.87	43.42	140532.30	72942.27	2555.69
51	1610	300621	维业股份	58.10	CCC	0.42	4.76	9.17	0.96	1.09	63.70	5.29	3.82	10.38	10.48	52.26	271956.76	248645.42	8622.11
52	1637	600248	延长化建	58.00	CCC	0.32	4.10	10.37	0.97	1.12	64.81	77.02	6.55	7.88	12.25	49.03	841073.75	806795.44	29569.14
53	1656	002375	亚厦股份	57.80	CCC	0.32	2.95	5.40	0.51	0.60	61.77	6.45	17.24	1.81	11.97	57.98	2163012.65	1078562.98	44227.00
54	1660	603098	森特股份	57.70	CCC	0.44	6.62	10.80	0.81	0.94	56.07	8.76	14.51	11.45	–18.62	84.62	470880.58	335656.09	21186.96
55	1676	601789	宁波建工	57.60	CCC	0.25	3.65	8.08	1.22	1.46	79.37	2.35	19.39	7.22	17.19	88.38	1576876.27	1855543.28	25382.29
56	1718	300635	中达安	57.10	CCC	0.45	8.27	10.22	0.50	0.65	45.34	12.19	13.87	1.35	–8.14	47.42	124778.45	56437.65	6923.91
57	1722	601886	江河集团	57.10	CCC	0.31	3.12	6.00	0.67	0.84	68.17	3.56	17.26	2.60	2.38	58.84	2863421.25	1880518.12	53981.67
58	1724	002051	中工国际	57.10	CCC	0.85	5.61	10.29	0.53	0.64	49.93	30.47	4.99	18.07	–13.93	116.55	2199948.33	1065680.02	104697.52
59	1729	300500	启迪设计	57.00	CCC	0.98	9.48	12.93	0.53	0.86	39.67	11.53	14.68	13.29	–14.60	83.03	250086.71	125428.61	18370.76
60	1733	300746	汉嘉设计	56.90	CCC	0.43	6.44	8.54	0.66	1.22	48.65	7.38	25.02	34.37	–30.76	125.10	242417.01	118095.83	9269.12
61	1760	600853	龙建股份	56.70	CCC	0.27	3.23	11.29	0.63	0.90	88.86	1.99	5.72	21.62	16.36	55.60	1974379.64	1110637.13	22607.28
62	1766	002135	东南网架	56.60	CCC	0.26	3.40	6.27	0.82	1.09	61.49	4.76	3.24	8.91	7.85	65.96	1144347.26	897637.46	26507.37
63	1774	601669	中国电建	56.50	CCC	0.46	2.75	6.30	0.46	0.98	76.21	2.29	18.00	35.42	–15.73	71.24	81322762.23	34771270.11	1060142.81
64	1776	600491	龙元建设	56.50	CCC	0.67	2.81	9.24	0.39	0.68	80.28	8.97	6.01	10.01	6.29	61.08	5944528.11	2142709.45	103333.01
65	1791	300536	农尚环境	56.20	CCC	0.18	4.31	8.88	0.35	0.37	56.42	31.35	0.55	7.35	46.91	184.57	140493.43	46281.42	5250.32
66	1798	600502	安徽建工	56.20	CCC	0.35	2.55	5.78	0.57	0.76	84.15	1.98	21.73	20.83	12.63	69.82	9043550.36	4726556.00	75660.55
67	1800	300732	设研院	56.10	CCC	1.41	8.40	12.28	0.39	0.50	45.14	12.09	38.70	4.19	–29.05	126.27	413451.68	157882.28	27284.01
68	1851	601226	华电重工	55.50	CCC	0.07	1.06	2.31	0.83	0.97	60.14	4.80	22.97	1.80	9.35	82.80	916774.14	717567.35	8351.73
69	1855	002116	中国海诚	55.50	CCC	0.14	1.69	4.15	1.30	1.42	67.67	–	6.81	–2.91	14.93	111.01	430310.50	558132.98	5860.92

续表

序号	全部上市公司评价得分排序	股票代码	股票简称	综合得分	评价等级	每股收益（元）	总资产报酬率（%）	净资产收益率（%）	总资产周转率（次）	流动资产周转率（次）	资产负债率（%）	已获利息倍数	营业收入增长率（%）	资本扩张率（%）	市场投资回报率（%）	股价波动率（%）	年末资产总额（万元）	营业收入（万元）	净利润（万元）
70	1860	300712	永福股份	55.40	CCC	0.40	5.24	7.68	0.76	0.91	57.67	7.57	109.98	7.39	-0.58	45.38	235950.61	144037.53	7407.33
71	1871	002061	浙江交科	55.40	CCC	0.53	4.08	9.61	0.90	1.18	74.81	5.00	9.56	13.43	-38.05	148.57	3379805.52	2889741.11	76972.54
72	1873	600477	杭萧钢构	55.40	CCC	0.22	7.13	13.60	0.79	1.13	58.21	11.05	7.26	8.19	-7.06	91.04	878270.40	663306.85	48015.13
73	1880	002469	三维工程	55.30	CCC	0.15	5.15	5.98	0.38	0.44	19.08	105.60	20.56	1.75	3.93	54.34	165450.11	63100.78	7932.30
74	1890	002298	中电兴发	55.20	CCC	0.43	5.39	6.40	0.41	0.75	35.60	10.36	12.20	3.89	24.17	55.36	712553.88	275567.64	28832.37
75	1932	603698	航天工程	54.80	CC	0.29	3.32	5.70	0.47	0.70	28.97	–	9.69	4.68	5.15	59.22	392314.85	177649.27	15530.85
76	1952	603909	合诚股份	54.60	CC	0.52	7.52	9.63	0.55	0.76	41.29	8.31	20.98	13.52	-26.52	125.87	143013.06	76242.45	7601.15
77	1961	300492	华图山鼎	54.50	CC	0.26	6.27	6.94	0.55	0.70	21.28	19.59	-1.02	-6.95	157.35	303.84	37227.41	21373.88	2109.40
78	1987	000010	*ST 美丽	54.20	CC	0.06	7.58	18.76	0.50	0.61	82.44	2.76	448.06	27.58	3.33	44.97	429166.00	189307.11	12612.75
79	1990	002620	瑞和股份	54.10	CC	0.43	4.78	7.34	0.69	0.89	55.67	6.05	5.65	6.48	1.18	58.93	586451.02	381799.82	18492.09
80	2032	600939	重庆建工	53.70	CC	0.23	1.84	6.61	0.74	0.92	85.52	2.13	11.77	20.40	-2.07	60.27	7184464.03	5210851.80	62966.77
81	2136	300506	名家汇	52.40	CC	0.23	6.33	8.86	0.33	0.47	47.68	6.38	-4.18	8.60	8.57	77.18	407362.86	125203.19	18131.96
82	2190	002781	奇信股份	51.70	CC	0.38	4.35	3.78	0.83	0.92	57.62	2.48	-19.70	3.07	13.97	40.15	477444.12	401447.62	7534.71
83	2236	002047	宝鹰股份	51.10	CC	0.16	4.40	4.90	0.69	0.71	59.48	2.05	-2.61	3.13	-15.23	90.29	1020893.36	667683.33	19972.86
84	2318	601068	中铝国际	50.10	CC	-0.02	1.66	1.56	0.59	0.72	72.51	1.47	-7.48	16.76	3.70	100.29	5599946.31	3105979.16	22252.48
85	2323	002743	富煌钢构	50.10	CC	0.27	2.85	4.18	0.51	0.69	71.22	1.66	5.89	3.48	10.27	55.53	767899.42	373984.01	9091.03
86	2334	603929	亚翔集成	49.90	C	0.47	5.52	8.85	0.92	0.95	45.12	953.13	-17.12	4.44	2.82	79.98	212709.40	186958.12	10110.14
87	2343	603388	元成股份	49.80	C	0.48	6.45	13.55	0.36	0.53	63.45	5.06	-19.00	14.09	12.68	64.31	293772.06	100789.00	13652.39
88	2427	300675	建科院	48.70	C	0.25	4.90	7.98	0.49	0.84	53.69	5.62	17.87	10.27	-40.48	157.38	105746.05	46797.21	3725.33
89	2472	000055	方大集团	48.10	C	0.31	4.53	6.65	0.27	0.66	53.99	5.22	-1.41	0.69	18.05	123.60	1136996.46	300574.96	34676.16
90	2474	603316	诚邦股份	48.00	C	0.16	2.82	3.66	0.49	0.70	57.41	2.76	17.57	4.27	18.41	65.77	206266.83	90692.25	3152.85
91	2481	002717	岭南股份	47.90	C	0.21	3.55	7.15	0.44	0.67	73.39	2.49	-10.02	12.32	-20.95	76.52	1954577.01	795663.82	35131.49
92	2503	603843	正平股份	47.50	C	0.13	3.65	6.16	0.61	0.81	75.84	2.23	32.58	4.27	-19.53	95.64	658783.41	372862.08	9606.21

续表

序号	全部上市公司评价得分排序	股票代码	股票简称	综合得分	评价等级	每股收益（元）	总资产报酬率（%）	净资产收益率（%）	总资产周转率（次）	流动资产周转率（次）	资产负债率（%）	已获利息倍数	营业收入增长率（%）	资本扩张率（%）	市场投资回报率（%）	股价波动率（%）	年末资产总额（万元）	营业收入（万元）	净利润（万元）
93	2504	002542	中化岩土	47.50	C	0.14	4.69	6.15	0.47	0.68	53.96	3.11	15.05	6.72	-16.00	95.90	900829.07	410027.86	24707.10
94	2529	002593	日上集团	47.20	C	0.11	3.38	4.20	0.67	0.95	51.24	3.06	-9.16	1.65	24.28	80.97	396048.26	263633.24	8048.89
95	2539	002307	北新路桥	47.10	C	0.06	1.52	1.27	0.44	0.95	86.06	1.49	8.52	1.99	2.52	114.94	2757508.75	1112635.54	4826.76
96	2546	002325	洪涛股份	47.00	C	0.03	1.98	2.15	0.34	0.49	68.43	1.42	2.67	-1.38	5.96	61.74	1168973.52	403064.78	7975.30
97	2623	002789	建艺集团	45.80	C	0.16	2.49	1.67	0.70	0.95	74.13	1.51	1.73	-4.94	2.59	39.25	456774.34	301487.33	2026.76
98	2643	002628	成都路桥	45.50	C	0.06	1.85	1.53	0.43	0.74	59.48	2.05	2.55	3.97	-9.36	82.02	694684.42	279524.42	4225.51
99	2655	300592	华凯创意	45.30	C	0.07	1.56	1.57	0.37	0.48	54.33	2.27	-8.19	1.58	25.70	57.82	112339.98	41177.99	798.09
100	2667	600133	东湖高新	45.10	C	0.22	3.08	4.41	0.37	0.55	77.70	1.99	8.41	16.47	-13.54	87.27	2664389.37	942320.76	24341.90
101	2714	300495	美尚生态	44.10	C	0.33	3.78	5.65	0.22	0.37	55.21	2.87	-15.37	34.05	-13.62	53.14	973006.74	194544.50	21487.27
102	2777	603007	花王股份	42.60	C	0.29	5.05	7.62	0.34	0.65	66.37	3.26	-2.35	6.80	-15.70	104.50	372718.18	123467.54	9241.21
103	2809	603828	柯利达	41.60	C	0.07	1.93	3.57	0.57	0.81	70.62	2.06	-4.12	3.41	-12.40	130.29	399320.15	228703.02	4114.38
104	2835	002374	丽鹏股份	40.70	C	0.04	0.66	1.47	0.20	0.48	57.18	1.41	-6.04	1.91	-7.08	69.87	600161.88	117255.31	3736.11
105	2862	002941	新疆交建	40.00	C	0.29	2.62	7.08	0.56	0.78	75.38	3.70	11.21	8.34	-29.93	162.60	1099646.04	595117.64	18415.45
106	2876	600769	祥龙电业	39.70	C	0.01	2.97	5.75	0.16	0.45	60.22	–	-37.91	7.50	40.40	99.35	13978.72	2317.44	308.42
107	2904	002482	广田集团	38.80	C	0.09	1.61	1.87	0.57	0.67	71.13	1.42	-9.39	-1.07	-20.42	95.07	2444419.30	1304625.63	13259.97
108	2916	600610	*ST 毅达	38.10	C	0.02	6.53	-12.42	0.31	1.28	96.45	3.58	–	–	–	115.16	125049.39	19939.00	2598.40
109	2926	603717	天域生态	37.70	C	0.25	3.09	4.34	0.26	0.36	58.03	2.68	-20.08	5.37	-5.93	78.66	345712.69	83730.89	6140.52
110	2928	002178	延华智能	37.70	C	0.03	1.00	1.10	0.45	0.59	48.93	3.54	-19.17	1.07	9.37	95.86	203883.45	91815.31	1141.74
111	2970	603778	乾景园林	36.20	C	0.03	1.23	2.28	0.20	0.25	41.45	22.16	0.95	-3.00	-4.88	55.50	171987.69	35596.06	2335.75
112	3051	300237	美晨生态	32.80	C	0.06	3.31	2.19	0.30	0.37	64.75	1.63	-15.35	1.53	-28.29	140.47	1057337.87	295462.32	8091.26
113	3056	300355	蒙草生态	32.50	C	0.04	2.10	0.56	0.19	0.42	66.96	1.15	-25.36	28.01	-16.85	119.91	1618324.93	285175.70	2673.98
114	3100	002200	ST 云投	30.90	C	0.19	6.91	16.64	0.19	0.27	87.77	1.59	-10.19	27.21	18.15	77.12	361410.78	68222.51	6570.43
115	3123	002856	美芝股份	29.90	C	-0.15	-1.18	-2.73	0.61	0.66	58.25	-1.44	-4.81	-2.65	-10.76	77.10	154298.60	91051.90	-1783.37

续表

序号	全部上市公司评价得分排序	股票代码	股票简称	综合得分	评价等级	每股收益（元）	总资产报酬率（%）	净资产收益率（%）	总资产周转率（次）	流动资产周转率（次）	资产负债率（%）	已获利息倍数	营业收入增长率（%）	资本扩张率（%）	市场投资回报率（%）	股价波动率（%）	年末资产总额（万元）	营业收入（万元）	净利润（万元）
116	3234	002310	东方园林	24.30	C	0.02	1.97	0.34	0.19	0.30	71.04	1.10	-38.82	-1.70	-29.18	134.14	4381150.12	813319.72	4411.23
117	3245	002586	*ST 围海	23.70	C	-1.24	-12.43	-30.05	0.33	0.62	58.18	-8.96	-2.89	-28.66	-26.29	131.98	943788.03	343760.41	-142452.93
118	3266	002713	东易日盛	22.70	C	-0.60	-5.32	-18.22	1.23	2.32	70.76	-40.41	-9.62	-35.07	-26.69	120.78	289432.61	379896.61	-19586.69
119	3287	002663	普邦股份	21.90	C	-0.58	-12.01	-22.10	0.37	0.53	44.37	-10.77	-18.79	-19.92	9.72	74.70	755263.18	309061.10	-104380.65
120	3367	603959	百利科技	16.20	C	-1.42	-23.16	-79.78	0.51	0.72	83.28	-13.95	18.07	-58.58	-15.67	137.37	274171.62	139643.78	-62450.05
121	3408	600209	ST 罗顿	14.10	C	-0.10	-7.23	-9.16	0.17	0.41	23.64	–	-20.75	-25.21	-13.17	157.61	66421.04	12667.72	-5430.83
122	3448	300197	铁汉生态	10.80	C	-0.39	-1.38	-13.45	0.19	0.36	76.48	-0.50	-34.62	1.25	-19.87	103.37	2933546.69	506624.93	-92225.46
123	3494	002431	棕榈股份	3.80	C	-0.66	-5.07	-20.10	0.16	0.23	72.36	-2.06	-49.17	-17.12	-19.35	120.45	1719513.79	270882.52	-105409.03
124	3502	002504	弘高创意	2.40	C	-0.33	-8.20	-42.55	0.19	0.21	83.79	-118.11	-42.56	-34.03	-18.58	108.57	393493.71	82922.19	-34144.82
125		300564	筑博设计	70.60	BBB	1.85	11.76	19.58	0.69	0.86	38.27	332.85	9.81	149.55	23.08	41.73	168501.54	92415.03	14263.96
126		002963	豪尔赛	72.00	BBB	1.81	15.13	19.07	0.69	0.71	28.28	–	25.50	163.01	23.08	14.23	228704.59	115700.05	21581.85
127		603815	交建股份	51.10	CC	0.23	3.53	11.12	0.63	0.80	76.91	4.95	4.76	39.74	23.08	50.90	493940.51	285187.67	10882.77
128		300778	新城市	71.30	BBB	1.50	12.74	17.27	0.50	0.54	24.00	–	-0.73	178.42	23.08	35.72	120573.21	44228.46	10753.93
129		002949	华阳国际	71.30	BBB	0.72	11.03	16.63	0.78	1.23	37.32	171525.10	30.41	94.14	23.08	95.23	187935.69	119464.89	14842.52

第十三章 银行业上市公司业绩评价

银行业是我国现代经济体系的重要组成部分，在促进完善融资和投资体系、促进经济进一步发展等方面，起到了显著的作用。2019 年，我国银行业坚持以服务实体经济为目标、以高质量的发展为导向，进一步推进了金融行业的供给侧结构改革。在经营过程中结合宏观形势，适时地调整了经营策略，借助金融科技力量，进一步推动业务转型升级，促使我国银行业保持稳健发展态势。2019 年，申万银行业指数从 2019 年初的 3056.53 点波动上涨至年末的 3821.03 点，涨幅 25.01%。

展望 2020 年，受到全球金融环境收紧、贸易摩擦以及新冠肺炎疫情的影响，全球经济将进行深度调整，全球经济的增长可能会呈现出不同程度的放缓态势。在宏观政策等因素的不断调整下，我国的总体经济运作有望继续保持稳中有进的发展趋势，主要金融指标运作也将维持在合理的区间。

一、2019 年银行业上市公司业绩评价结果

截至 2019 年 12 月末，我国 A 股市场上市银行共 36 家，其中 2019 年新上市的有 8 家银行，分别是青岛银行、青农商行、苏州银行、西安银行、渝农商行、邮储银行、紫金银行和浙商银行。考虑到当年上市的银行不进行指标评价，因此本次业绩评价的分析对象未包含上述 2019 年新上市的银行，故纳入本次业绩评价的银行业上市公司共 28 家（见表 13–1）。

截至 2019 年年末，28 家银行 A 股上市公司中，沪市上市公司共 23 家，占比 82.14%，深市上市公司共 5 家，占比 17.86%。28 家银行上市公司资产总额 1734615.01 亿元，所有者权益合计 144200.18 亿元，2019 年实现营业收入 46604.38 亿元，实现净利润 16028.04 亿元。

表 13－1　2019 年纳入业绩评价的 A 股上市银行汇总表

证券简称	上市日期	证券简称	上市日期
平安银行	1991-04-03	农业银行	2010-07-15
浦发银行	1999-11-10	光大银行	2010-08-18
民生银行	2000-12-19	江苏银行	2016-08-02
招商银行	2002-04-09	贵阳银行	2016-08-16
华夏银行	2003-09-12	江阴银行	2016-09-02
中国银行	2006-07-05	无锡银行	2016-09-23
工商银行	2006-10-27	常熟银行	2016-09-30
兴业银行	2007-02-05	杭州银行	2016-10-27
中信银行	2007-04-27	上海银行	2016-11-16
交通银行	2007-05-15	苏农银行	2016-11-29
宁波银行	2007-07-19	张家港行	2017-01-24
南京银行	2007-07-19	成都银行	2018-01-31
北京银行	2007-09-19	郑州银行	2018-09-19
建设银行	2007-09-25	长沙银行	2018-09-26

在 28 家银行上市公司中，评价等级为 AA 的有 2 家；评价等级为 A 的有 4 家；评价等级为 BBB 的有 9 家；评价等级为 BB 的有 10 家；评价等级为 B 的有 2 家，评价等级为 CCC 的有 1 家。

根据 2019 年银行业整体评价结果显示，进入到业绩评价综合得分“中联价值 100”名单的有 2 家，分别是宁波银行和招商银行。宁波银行位列全部上市公司第 54 位，居银行业之首，招商银行位列全部上市公司第 61 位。2019 年度银行业评价得分前十名的公司见表 13–2。

表 13－2　2019 年度银行业评价得分前十名的公司

序号	股票代码	股票简称	在全部上市公司中评价得分排序
1	002142.SZ	宁波银行	54
2	600036.SH	招商银行	61
3	601997.SH	贵阳银行	116
4	601939.SH	建设银行	154
5	601398.SH	工商银行	163
6	601838.SH	成都银行	185
7	601988.SH	中国银行	269
8	601577.SH	长沙银行	311
9	601288.SH	农业银行	333
10	601128.SH	常熟银行	367

基于对银行业上市公司的整体评价，下面分别从安全性状况、流动性状况、盈利能力状况、发展能力状况以及市场表现状况五个方面对上市银行公司进行具体分析。

（一）安全性状况

1. 资本充足率

上市银行的资金补充速度有所提升，资本充足率随之提高。2019 年各家银行积极推进资本补充相关工作，在继续保持利润增长的情况下，有效补充了核心资本，各家上市银行的资本充足率均高于监管指标。与 2018 年相比，28 家 A 股上市银行的资本充足率平均增长幅度为 3.18%（见表 13–3）。在上市银行资本充足率排名中名列前三位的是：建设银行（17.52%）、工商银行（16.77%）、农业银行（16.13%）；资本充足率排名后三位的分别为：郑州银行（12.11%）、北京银行（12.28%）、中信银行（12.44%）。28 家 A 股上市银行的资本充足率均值，较银监会《商业银行资本管理办法（试行）》第二章第二十三条和第二十四条规定的资本充足率最低要求 10.50% 高出 36.60%，资本市场对于银行核心资本的保障作用不容小觑。

表 13 – 3　银行业安全性状况表

分析指标	2018 年行业平均值（%）	2019 年行业平均值（%）	增长率幅度（%）
资本充足率	13.90	14.34	3.18
不良贷款率	1.50	1.44	–4.17

各家上市银行资本补充的渠道主要来源于永续债 / 优先股＋可转债，从目前来看永续债发行速度较快，随着《中国银保监会中国证监会关于商业银行发行优先股补充一级资本的指导意见（修订）》（银保监发〔2019〕31 号）的下发，优先股发行不断放开，以发行优先股来进行资本补充也将进一步得到发展。2019 年初至今，中信银行、平安银行、江苏银行等中小型银行能够抓住有利时机，进行了可转债再融资工作，形成中期资本补充来源。另外，已经顺利转股的上市银行有平安银行、宁波银行和常熟银行。目前，转债融资处于推进状态的上市银行有交通银行和上海银行等。

2. 不良贷款率

随着银行业不断加强应对风险的能力，对于不良贷款的认定标准也逐渐严格，资产质量不断得到改善，不良贷款率也持续得到改善。从行业平均不良贷款率来看，28 家上市银行 2019 年末不良贷款率平均值为 1.44% 与 2018 年相比有所降低，下降幅度为 4.17%。上市银行不良率整体稳中向好，不过，受不良认定趋严影响，部分银行不良率出现反弹压力，如贵阳银行、浦发银行、上海银行和苏农银行不良率同比分别上升 7.41%、6.77%、1.75% 和 1.53%。

在 28 家 A 股上市银行中不良贷款率较低的前三位分别为：宁波银行（0.78%）、南京银行（0.89%）、常熟银行（0.96%）；不良贷款率较高的四位分别为：郑州银行（2.37%）、浦发银行（2.05%）、华夏银行（1.83%）、江阴银行（1.83%）。郑州银行虽是所有上市银行中不良贷款率最高的，但郑州银行2019年不良贷款率较2018年相比下降了4.05%，主要是由于核销转出增多。浦发银行2019年不良贷款率较2018年有所增长，但浦发银行仍在进一步夯实资产质量，稳妥有序处置存量风险，总体风险仍保持在可控范围内。

资产质量进一步夯实，不良贷款率进而有所降低。从潜在风险指标看，上市银行资产质量继续夯实，多家银行进一步加强不良贷款的认定标准，目前已将逾期60天以上贷款确认为不良贷款的上市银行有平安银行、中信银行。各家银行持续夯实资产质量，为下一步的风险抵御起到了一定的奠定基础。

（二）流动性状况

1. 流动性比率

与2018年相比，2019年28家A股上市银行的短流动性比率增幅为6.24%（见表13–4）。大部分上市银行的流动性比率较高，还款能力较强。在上市银行流动性比率排名中名列前三位分别为：贵阳银行（97.49%）、无锡银行（94.10%）、江阴银行（89.70%）。排名后三位的分别为：杭州银行（46.24%）、工商银行（43.00%）、常熟银行（40.00%）。

2. 流动性覆盖率

与2018年相比，2019年28家A股上市银行的流动性覆盖率增幅为37.67%。上市银行流动性覆盖率较高的前三家分别为：贵阳银行（356.55%）、长沙银行（343.39%）、郑州银行（300.35%）。流动性覆盖率较低的前七位分别为：南京银行（112.39%）、常熟银行（110.00%）、无锡银行（110.00%）、民生银行（110.00%）、江阴银行（110.00%）、张家港行（110.00%）、苏农银行（110.00%）。

表13－4 银行业流动性状况表

分析指标	2018年行业平均值（%）	2019年行业平均值（%）	增长率幅度（%）
短期资产流动性比率	58.68	62.34	6.24
流动性覆盖率	115.39	158.86	37.67

（三）盈利能力状况

1. 净资产收益率

尽管2019年度上市银行净利润增速上升，但净资产收益率仍持续走低。近年银行业净资产收益率继续下滑，主要受杠杆倍数缩小影响，由于上市银行2019年资产增速较2018年降低。另外，2018年以来银行业上市、定向增资、可转债发行相对比较活跃，银行股本增加降低了杠杆倍数。

与2018年相比，2019年28家A股上市银行的净资产收益率降幅为4.15%（见表13–5），上市银行净资产收益率排名中位居前三位的分别是：成都银行（16.61%）、招商银行（16.09%）、贵阳银行（15.75%）；排名后三位的分别是：江阴银行（8.99%）、郑州银行（8.68%）、苏农银行（8.65%）。

2. 总资产收益率

2019年上市银行总资产收益率呈下降趋势。与2018年相比，2019年28家A股上市银行的总资产收益率降幅为11.97%，上市银行总资产收益率排名中前四位的分别为：招商银行（1.32%）、宁波银行（1.13%）、贵阳银行（1.13%）、建设银行（1.11%）；排名后四位的分别为：江苏银行（0.75%）、苏农银行（0.75%）、郑州银行（0.70%）、杭州银行（0.68%）。

表13－5 银行业盈利能力状况表

分析指标	2018年行业平均值（%）	2019年行业平均值（%）	增长率幅度（%）
净资产收益率	12.32	11.80	−4.15
总资产收益率	0.94	0.92	−1.97

（四）发展能力状况

1. 资本扩张率

2019年，我国上市银行资产规模持续增长，资产质量总体保持稳定。与2018年相比，2019年28家A股上市银行的资本扩张率增幅为32.90%（见表13–6）。其中，平安银行在实现规模快速增长的同时，不断优化资产结构，控制付息成本，负债结构得到显著优化；在成本控制方面，广泛应用云计算、AI等新技术，不断降低成本。其按规模系数调整后资本扩张率（24.31%）在28家上市银行排名中位居第一，其后两位分别为民生银行（20.85%）、农业银行（20.42%）；排名后三位的分别为：无锡银行（3.67%）、张家港行（3.63%）、郑州银行（2.68%）。近几年随着政策的放宽，各中小型银行在资本扩张方面进一步地调整，加快了自身资本扩张速度。

2. 营业收入增长率

在严监管的金融环境下，银行不断对资产配置进行调整，各类银行呈现出不同程度的增长。2019年度，全国性股份制银行和城商行营业收入的增速在保持稳健水平或呈现出进一步上升的趋势；但由于投资收益出现了大幅度的波动，导致部分农商行的营业收入增速出现有所回落的趋势。与2018年相比，2019年28家A股上市银行的营业收入增长率升幅为45.58%。在28家上市银行按规模系数调整后营业收入增长率的排名中，位居前三位的分别为：江苏银行（17.99%）、光大银行（16.38%）、平安银行（14.56%）。排名后三位的分别为：常熟银行（5.34%）、成都银行（3.92%）、江阴银行（3.43%）。

表13－6 银行业发展能力状况表

分析指标	2018年行业平均值（%）	2019年行业平均值（%）	增长率幅度（%）
资本扩张率	9.11	12.11	32.90
营业收入增长率	7.16	10.42	45.58

（五）市场表现状况

2019 年银行业指数和沪深 300 指数保持较大相关性，总体来看，银行指数走势弱于沪深 300 指数（见图 13–1）。

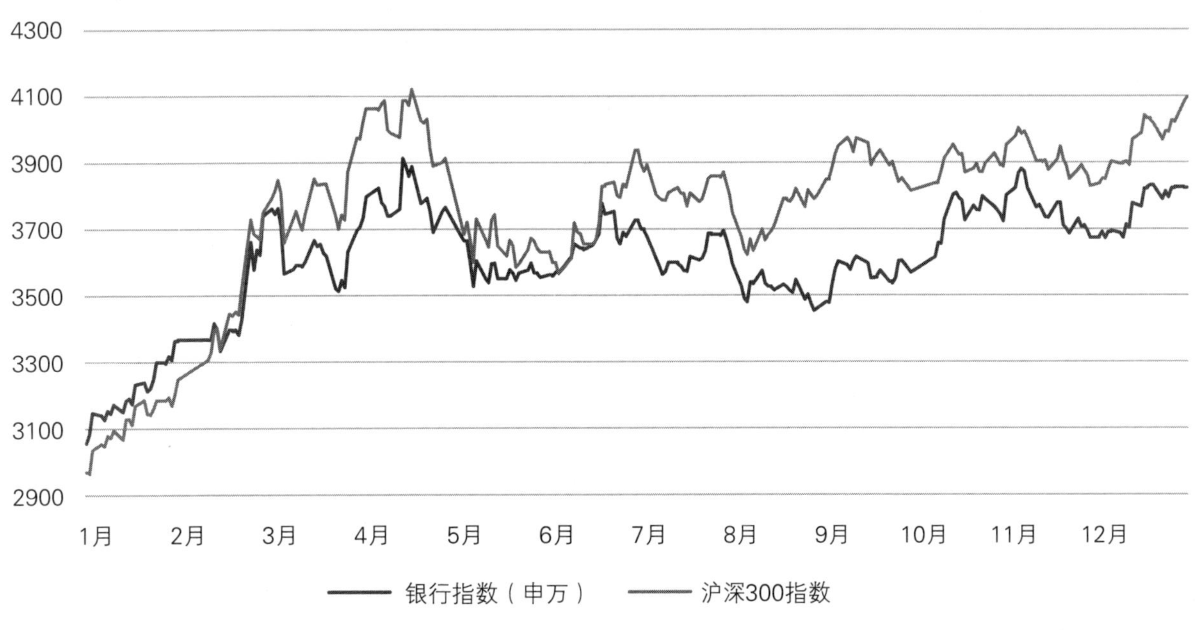

图 13－1　2019 年银行指数和沪深 300 趋势

1. 市场投资回报率

根据数据统计，上市银行市场投资回报率出现了负值的情况，市场投资回报率两极分化较为严重。2019 年，从市场投资回报率来看，银行业整体情况优于上年（见表 13–7）在 28 家上市银行中，位居前三位的分别为：贵阳银行（110.88%）、平安银行（83.57%）、宁波银行（82.91%）；排名后三位的分别为：郑州银行（−6.66%）、苏农银行（−6.38%）、交通银行（1.89%）。其中，市场投资回报率为负的郑州银行和苏农银行分别是 2018 年 9 月、2016 年年末上市的小型商业银行，在上市初期受市场追捧有过较大幅度的上涨，之后一直处于价值回归中。

2. 股价波动率

从波动性指标看，股价波动最大的前三家分别为常熟银行（31.14%）、张家港行（30.19%）、长沙银行（30.17%）；股价波动相对较小的前三家分别为农业银行（12.53%）、中国银行（13.15%）、交通银行（14.20%）。

表 13－7　银行业发展能力状况表

分析指标	2018 年行业平均值（%）	2019 年行业平均值（%）	增长率幅度（%）
市场投资回报率	–27.55	23.08	183.77
股价波动率	38.25	38.70	1.18

二、2019 年银行业上市公司业绩影响因素分析

截至 2019 年年末，我国 A 股纳入业绩评价的上市银行一共有 28 家，包括 5 家大型商业银行，8 家股份制商业银行，10 家城市商业银行，5 家农村商业银行。2019 年末 28 家 A 股上市银行的总资产为 1734615.01 亿元，同比增长 9.06%；所有者权益合计 144200.18 亿元，同比增长 15.44%；2019 年度实现营业收入 46604.38 亿元，同比增长 10.36%；净利润为 16028.04 亿元，同比增长 6.90%。影响上市银行业绩的因素主要有以下几方面：

（一）经营稳健，业绩增速放缓

1. 净利润企稳回升，净资产收益率下降趋势仍未改变，总资产净利率有升有降

截至 2019 年，28 家 A 股上市银行统计口径下，大型国有商业银行实现净利润 10754.60 亿元，比 2018 年增长了 5.07%（见图 13–2），主要是由于生息资产规模扩大引起的利息净收入增长和其他非利息收入、手续费收入的增长；全国性股份制商业银行实现净利润 4113.00 亿元，比 2018 年增长了 10.03%，主要是由于利息净收入和手续费收入的增长；城市商业银行实现净利润 1100.29 亿元，比 2018 年增长了 13.61%，主要是由于地域优势导致其规模扩张较快；农村商业银行实现净利润 60.16 亿元，比 2018 年增长了 18.69%，主要原因是金融供给侧结构性改革不断深化的背景下，农村商业银行在不断扩大资产规模的同时，也对资产进行了优化，资产质量也保持着平稳发展的趋势，同时利用区域优势，重点服务小微企业，盈利能力不断得到提高。大型国有商业银行和全国性股份制商业银行在盈利增速低于净资产增速的情况下，除招商银行外，其他银行净资产收益率同比下降的趋势仍未改变，总资产净利率除了农业银行、工商银行、建设银行、中国银行、浦发银行、华夏银行和中信银行仍在下降之外，其他银行的总资产净利率均有所上升；城市商业银行和农村商业银行净资产收益率与 2018 年相比，仅江苏银行、杭州银行、上海银行、成都银行、江阴银行、张家港行和无锡银行呈上升趋势，但是由于资产规模的扩大，总资产净利率呈上升的趋势。

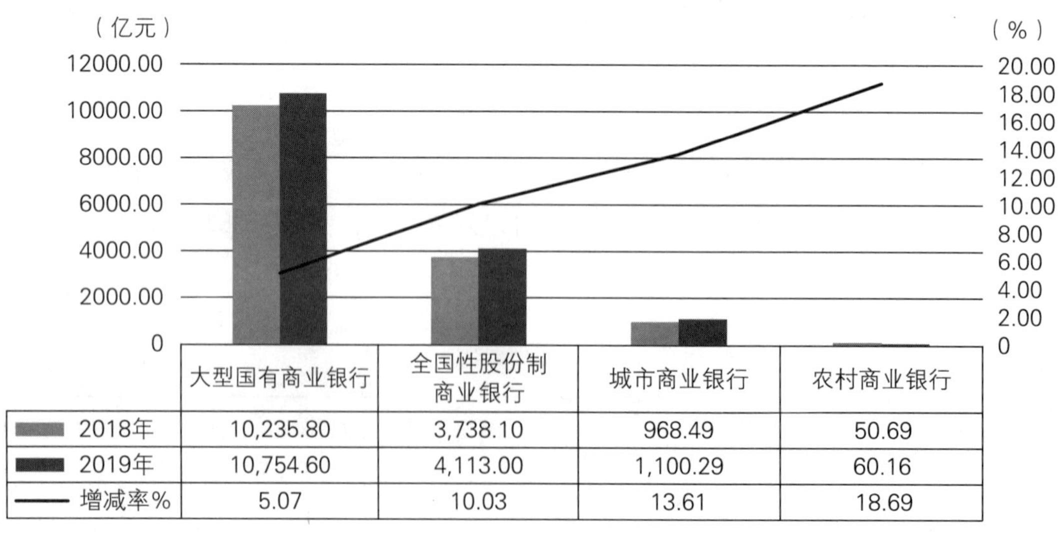

	大型国有商业银行	全国性股份制商业银行	城市商业银行	农村商业银行
2018年	10,235.80	3,738.10	968.49	50.69
2019年	10,754.60	4,113.00	1,100.29	60.16
增减率%	5.07	10.03	13.61	18.69

图 13－2　上市银行净利润增长情况

2. 利息净收入稳步增长，手续费及佣金净收入有所回升

随着2019年大型国有商业银行生息资产规模扩大，使得利息净收入逐渐增长（见图13–3），2019年利息净收入实现总额21228.10亿元，与2018年相比增加了4.72%。全国性股份制商业银行利息净收入实现总额8865.82亿元，与2018年相比增加了20.35%；城市商业银行利息净收入实现总额2056.65亿元，与2018年相比增加了5.71%；农村商业银行利息净收入实现总额172.21亿元，与2018年相比增加了8.76%。2019年大型国有商业银行手续费及佣金净收入实现总额5130.47亿元，与2018年相比增加了8.03%；全国性股份制商业银行手续费及佣金净收入实现总额3382.26亿元，与2018年相比增加了3.21%；城市商业银行手续费及佣金净收入实现总额382.47亿元，与2018年相比增加了7.35%；农村商业银行手续费及佣金净收入实现6.70亿元，与2018年相比增加了7.65%。

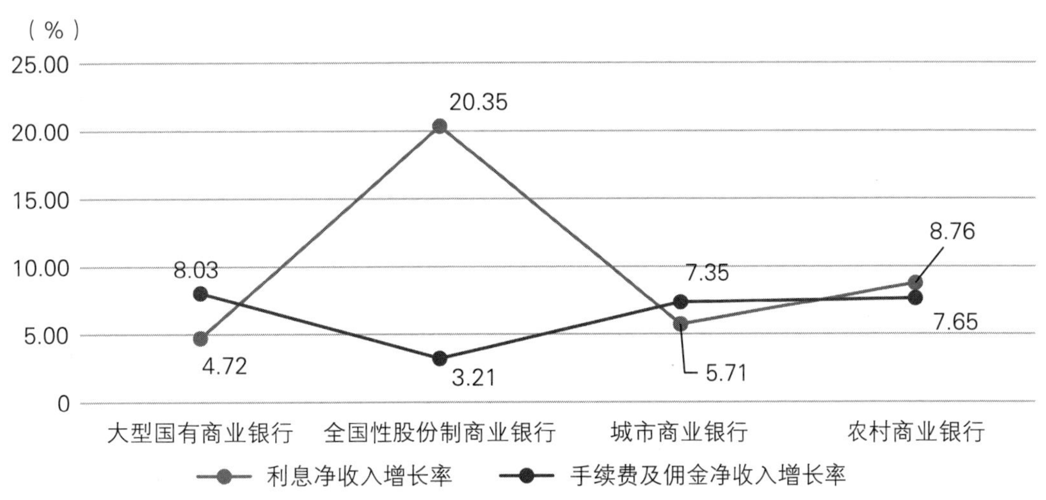

图13–3　2019年上市银行利息净收入和手续费及佣金净收入增长情况

从营业收入结构来看，利息净收入在营业收入中的占比、手续费及佣金净收入在营业收入的占比均有小幅下降。2018年以来，银行不断调整其资产结构，同时在金融市场利率相对较低的环境下，利息收入增速略有减缓。从营业收入来看，在净利息收入保持稳定增长，非利息收入有较大改善的情况下，2019年上市银行营业收入相比2018年增长10.36%，营业支出方面，2019年上市银行营业支出相比2018年增长12.65%。2019年手续费增长动力主要来源于银行信用卡、代理和托管业务的快速增长。国有银行和农村商业银行手续费趋势更为显著，全国性股份制商业银行由于基数比较大的原因增速略微下降。为了应对逐渐加强的金融监管力度和资管新规的落地，很多上市银行相继成立理财子公司发展理财业务。2019年银行行业非保本理财的发行数量较上年度减少约11.80%，减少数量较为明显的是1—3月期限的非保本理财，其他产品类型变化较小。2019年有些上市银行成立了金融科技机构，如工商银行和中国银行等，其他银行也在筹建的过程中。金融科技的投入力度在不断增大，目前金融科技投入所获得的收入占营业收入比重也不断提高，占比已提高至3%—4%，未来随着投入力度的增大，占比将会进一步提高。

3. 减税降费政策带来双赢的局面

以金融服务实体经济是银行业一直所坚持的理念，为了能够提供更优质的服务给企业，持续争取政策支持。近几年央行和银保监会等监管机构不断出台新政策，给银行和小微企业带来了双赢的局面，银行在小微企业放贷业务中，银行在减税政策下获利的同时，小微企业的贷款利率降低有所降低，享受到了优惠。受国家减税降费政策的影响，银行向小型企业、微型企业和个体工商户发放小额贷款所获得的利息收入，将可以免征增值税；同时，银行也将这部分利好让利给小微企业，使得小微企业的贷款利率有所降低。这一减税降费的政策不仅解决了小微企业融资难、融资成本高的困境，也使得银行的净利润水平得到提升。

（二）资产端回归贷款，净息差保持稳定

28 家上市银行 2019 年贷款增速为 11.37%，资产增速为 9.06%，贷款增速整体超过资产增速，资产端进一步向贷款集中（见图 13–4）。截至 2019 年年末，大型国有商业银行贷款占总资产的比重为 54.48%，同比增长 1.26%（见图 13–5）；全国性股份制商业银行贷款占总资产的比重为 54.73%，同比增长 3.06%；城市商业银行贷款占总资产的比重为 43.86%，同比增长 7.66%; 农村商业银行贷款占总资产的比重为 53.97%，同比增长 6.58%；其中农村商业银行仍处于去同业资产的结构调整过程中，发放贷款及垫款增速仍保持较高水平，边际变化较显著。

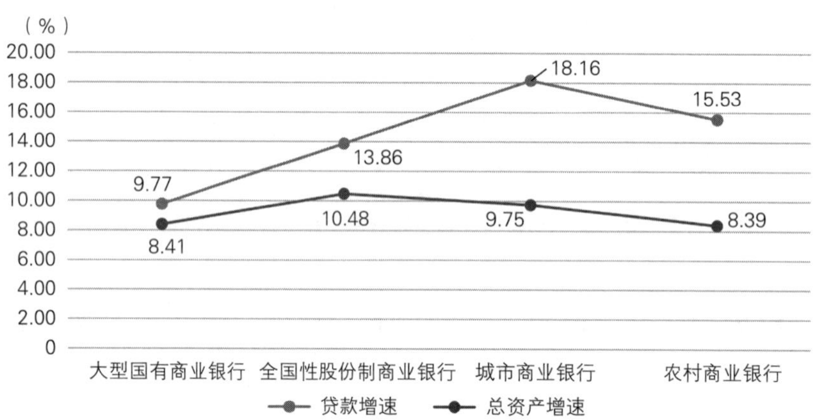

图 13－4　2019 年总资产和贷款增速

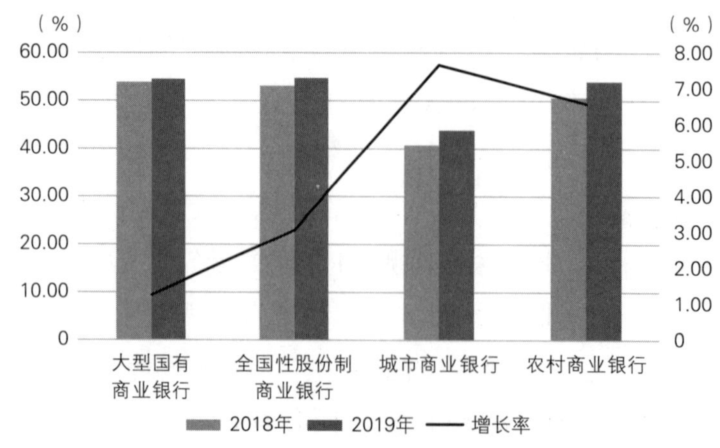

图 13－5　贷款占总资产的比重

注：柱状图参照左列数值；线性图参照右列数值。下同。

从息差表现来看，28 家 2019 年上市银行净息差均值同比上涨 4.90%，整体保持平稳发展趋势。大型国有商业银行 2019 年净息差较 2018 年下降 2.51%，全国性股份制商业银行、城市商业银行和农村商业银行 2019 年净息差较 2018 年分别上涨了 12.21%、4.63% 和 2.18%。受到贷款市场报价利率（Loan Prime Rate，简称“LPR”）的冲击贷款收益率呈现下降趋势；同时在宏观政策的调控下，银行优化结构、控制存款成本，负债成本得到进一步压缩，原因是贷款定价较快下行，但负债端有一定对冲，从而稳定了息差的发展趋势。（2018—2019 年各类银行净息差情况见图 13–6、图 13–7、图 13–8 和图 13–9）

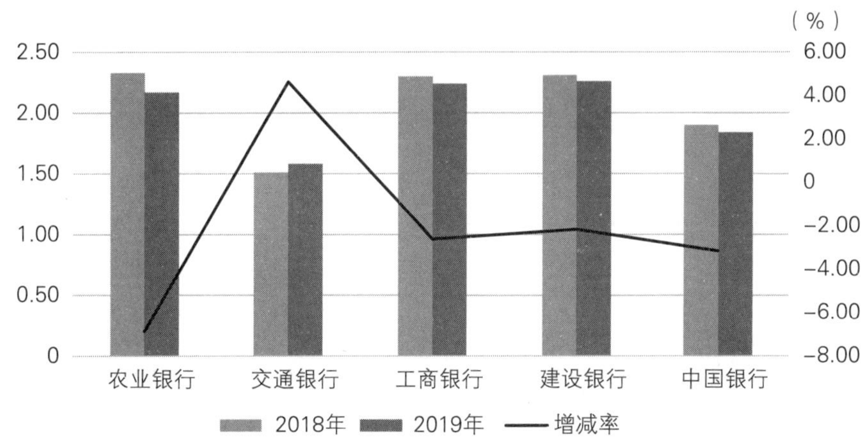

图 13 – 6　大型国有商业银行净息差

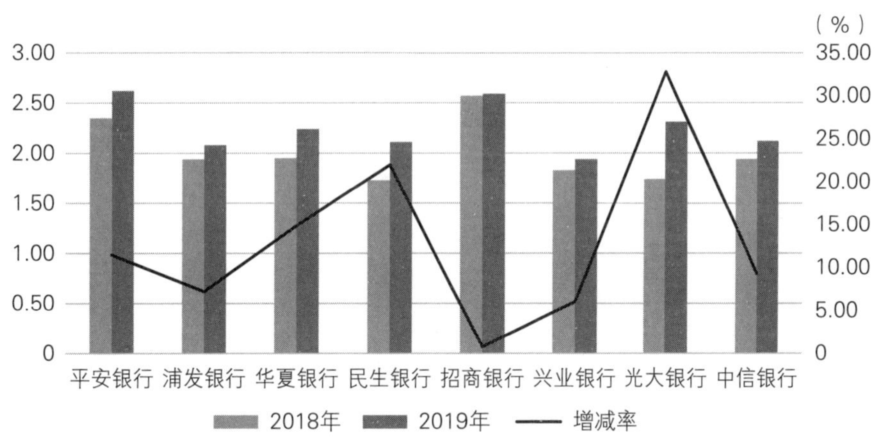

图 13 – 7　全国性股份制商业银行净息差

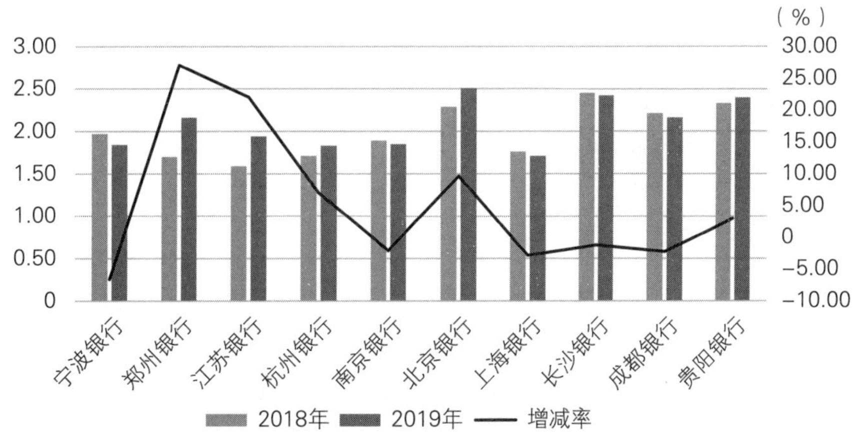

图 13 – 8　城市商业银行净息差

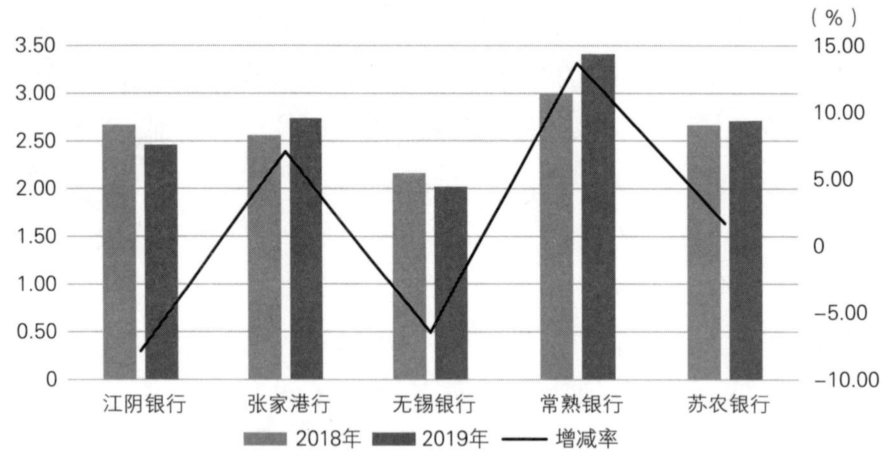

图 13－9　农村商业银行净息差

（三）生息资产增速回升，计息负债增速放缓

2019 年，28 家上市银行整体生息资产规模为 1550841.69 亿元，整体规模有所回升，由 2018 年负增长转变到 2019 年正增长，2019 年 28 家上市银行生息资产规模增速为 8.46%。大型国有商业银行、全国性股份制商业银行 2019 年生息资产规模较 2018 年分别增长了 9.35%、11.49%，城市商业银行和农村商业银行 2019 年生息资产规模较 2018 年分别下降了 8.98% 和 18.25%。在目前所有上市银行中，全年生息资产规模增长最快的三家银行分别是贵阳银行（42.90%）、招商银行（42.29%）和交通银行（41.10%），从资产端来看主要原因是信贷增速环比提升，贷款占比明显提高，低收益同行业资产持续压降，结构有所优化。从信贷的结构角度来分析，零售贷款是各个银行信贷的最主要构成部分，零售贷款占比持续增长。增长动力主要来源于住房贷款、信用卡业务和消费贷款业务的增加。从负债角度来分析，28 家上市银行整体计息负债规模为 1543415.94 亿元，与 2018 年相比增加了 9.52%，受到宏观调控的影响，降低负债成本，从而导致增速有所减缓。2019 年上市银行生息资产和计息负债增长情况见图 13–10。

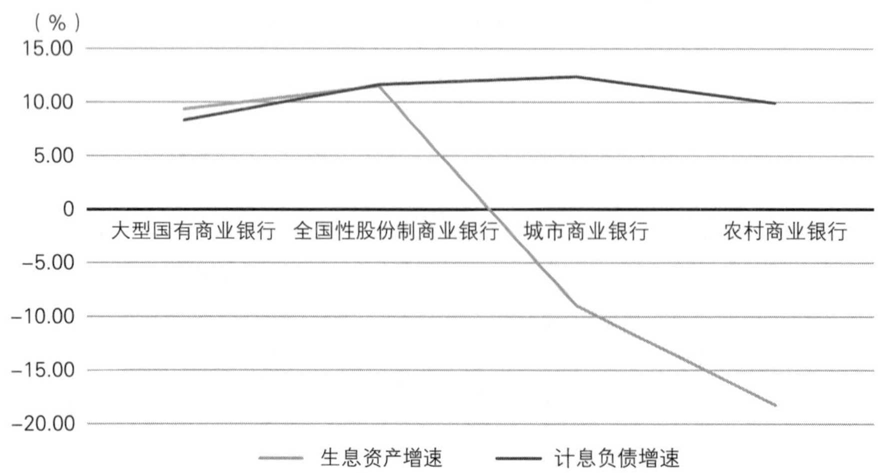

图 13－10　2019 年上市银行生息资产和计息负债增长率

（四）不良贷款额升高，不良贷款率下降

随着银行业不断加强应对风险的能力，对于不良贷款的认定标准也逐渐严格，资产质量不断得到改善，不良贷款率也持续得到改善。对于上市银行的信贷结构而言，整体上保持在较为健康的发展水平。目前上市银行较低的信贷投放风险偏好，对于未来资产质量的表现也是一个更为有利的支撑依据。不良潜在风险指标来看，相关数据呈现出好转的态势，关注类指标、逾期指标均有所下降；银行业也通过不断提高拨备覆盖率，来增强银行风险抵补的能力。

2019 年，28 家上市银行的不良贷款余额为 13980.54 亿元，较 2018 年增加了 5.58%，不良贷款率平均为 1.44%，同比下降 4.17%。大型国有商业银行不良贷款余额为 8961.48 亿元，较 2018 年增加了 3.55%（见图 13–11），不良贷款率平均为 1.42%，同比下降 5.21%（见图 13–12）；全国性股份制商业银行不良贷款余额为 4218.83 亿元，较 2018 年增加了 8.48%，不良贷款率平均为 1.63%，同比下降 4.20%；城市商业银行不良贷款余额为 747.56 亿元，较 2018 年增加了 15.07%，不良贷款率平均为 1.34%，同比下降 2.40%；农村商业银行不良贷款余额为 52.67 亿元，较 2018 年增加了 8.10%，不良贷款率平均为 1.34%，同比下降 6.28%。28 家上市银行 2019 年与 2018 年相比不良贷款金额有所增多，在风险控制能力不断加强的情况下，不良贷款率均有所下降；上市银行资产质量受宏观政策调节和结构性改革影响，资产质量有望持续改善。

上市银行的不良率整体稳中向好。不过，2019 年上市银行在逾期 90 天以上均纳入不良的基础上再度提高不良认定标准，受不良认定趋严影响，部分银行不良率出现反弹压力，如贵阳银行、浦发银行、上海银行和苏农银行不良率同比分别上升 7.41%、6.77%、1.75% 和 1.53%。

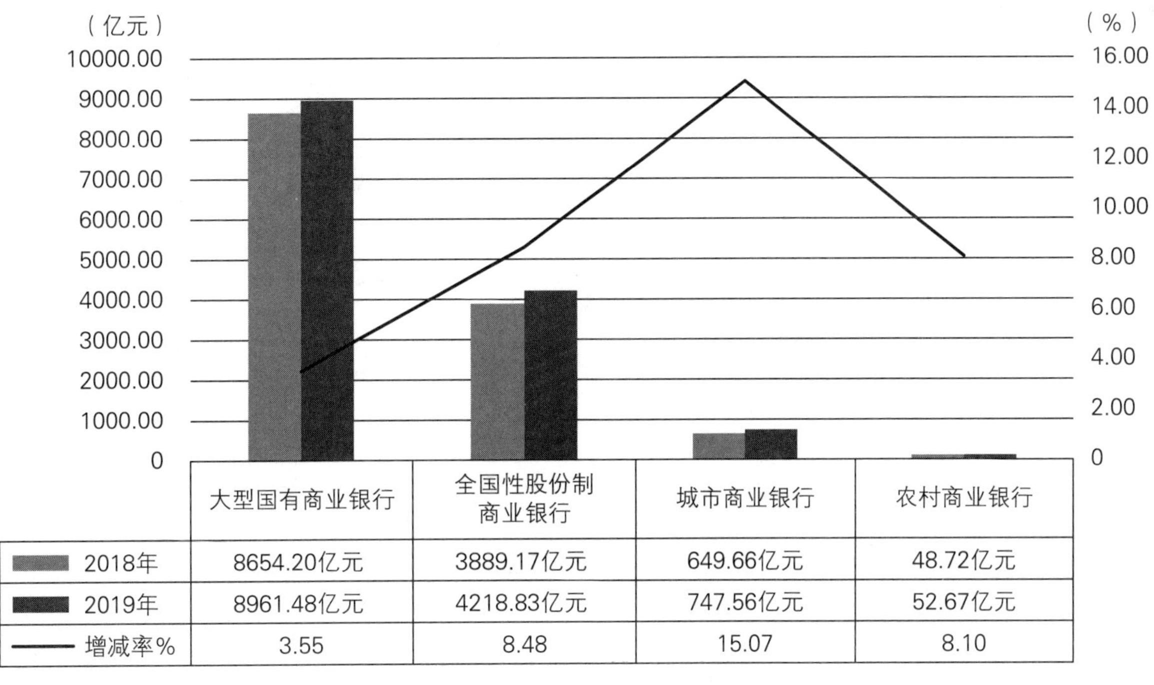

	大型国有商业银行	全国性股份制商业银行	城市商业银行	农村商业银行
2018年	8654.20亿元	3889.17亿元	649.66亿元	48.72亿元
2019年	8961.48亿元	4218.83亿元	747.56亿元	52.67亿元
增减率%	3.55	8.48	15.07	8.10

图 13 – 11　上市银行不良贷款余额

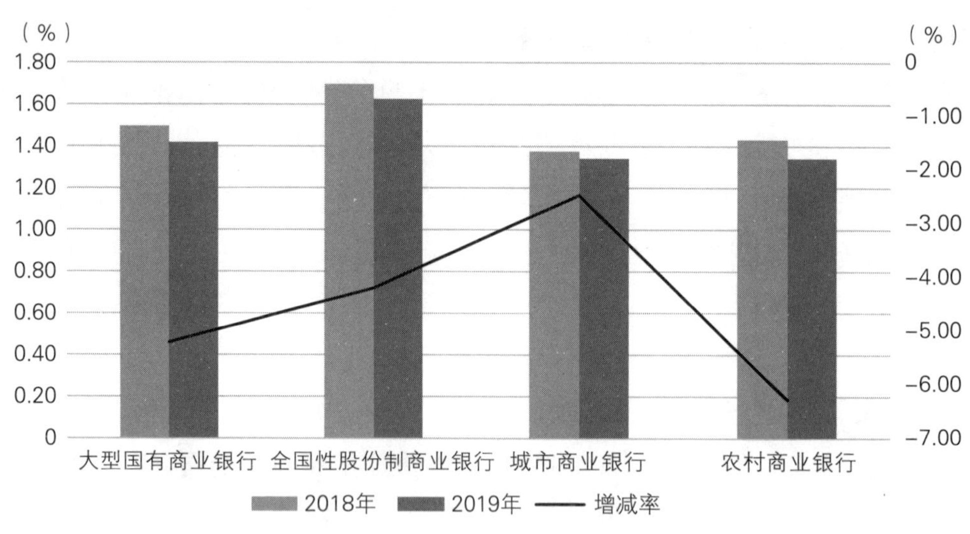

图 13－12　上市银行不良贷款率

（五）拨备覆盖率和拨贷比双升

2019 年，28 家上市商业银行拨备覆盖率均值为 258.44%，同比上升 6.28%；拨贷比为 3.45%，同比提升 2.01%。从拨备计提角度来分析，银行拨备力度有所加强，大型国有商业银行拨备覆盖率提升 7.97%—214.08%，拨贷比提升至 3.03%（见图 13–13）；全国性股份制商业银行拨备覆盖率提升 6.20%—199.65%，拨贷比提升至 3.07%；城市商业银行拨备覆盖率提升 3.78%—303.87%，拨贷比提升至 3.74%；农村商业银行拨备覆盖率提升 10.43%—306.01%，拨贷比提升至 3.93%，其中宁波银行（524.08%）、常熟银行（481.28%）、招商银行（426.78%）和南京银行（417.73%）的拨备水平较好，风险承受能力相对较强。

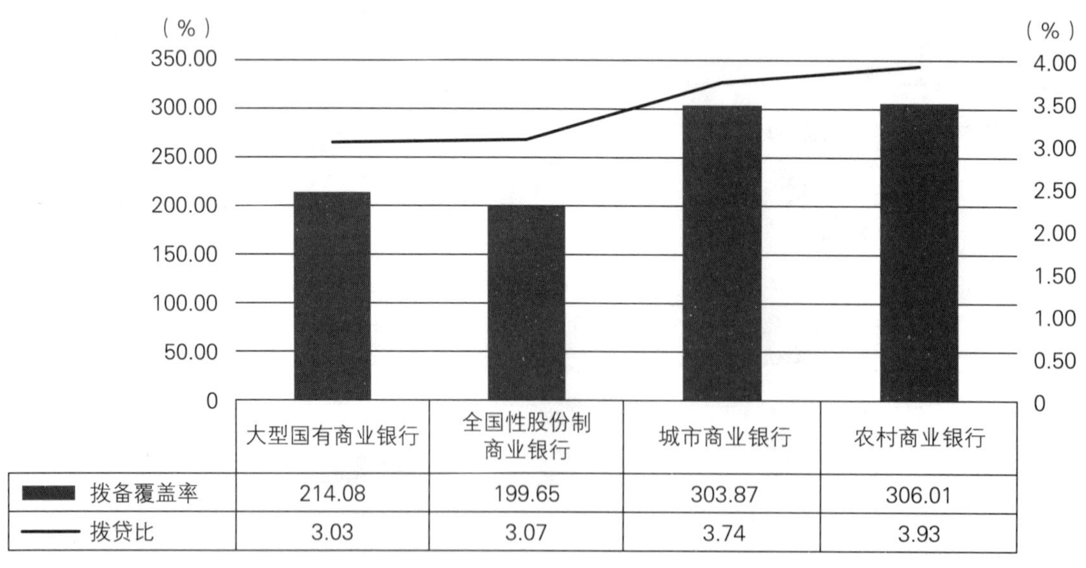

	大型国有商业银行	全国性股份制商业银行	城市商业银行	农村商业银行
拨备覆盖率	214.08	199.65	303.87	306.01
拨贷比	3.03	3.07	3.74	3.93

图 13－13　2019 年上市银行拨备覆盖率和拨贷比

（六）资本充足率不断提升，中小银行加快补充进程

2019 年，28 家上市银行核心一级资本充足率均值为 10.30%，一级资本充足率均值为

11.42%，资本充足率均值为14.34%，与2018年相比，均有所上升。大型国有商业银行的核心一级资本充足率均值为12.17%，一级资本充足率均值为13.42%，资本充足率均值为16.17%（见图13–14）；全国性股份制商业银行核心一级资本充足率均值为9.60%，一级资本充足率均值为11.10%，资本充足率均值为13.62%；城市商业银行核心一级资本充足率均值为9.07%，一级资本充足率均值为10.38%，资本充足率均值为13.58%；农村商业银行核心一级资本充足率均值为12.00%，一级资本充足率均值为12.01%，资本充足率均值为15.20%。

上市银行的资金补充速度有所提升。从资本结构分析，28家上市银行，建设银行的资本充足水平最高；根据年报数据对上市银行资本充足情况进行对比，核心一级资本充足率低于9%的银行包含中信银行、民生银行、郑州银行、南京银行、江苏银行和杭州银行。2019年初至今，中信银行、平安银行、江苏银行等中小型银行能够抓住有利时机，进行了可转债再融资工作，形成中期资本补充来源；另外，已经顺利转股的上市银行有平安银行、宁波银行和常熟银行。目前，转债融资处于推进状态的上市银行有交通银行和上海银行等。

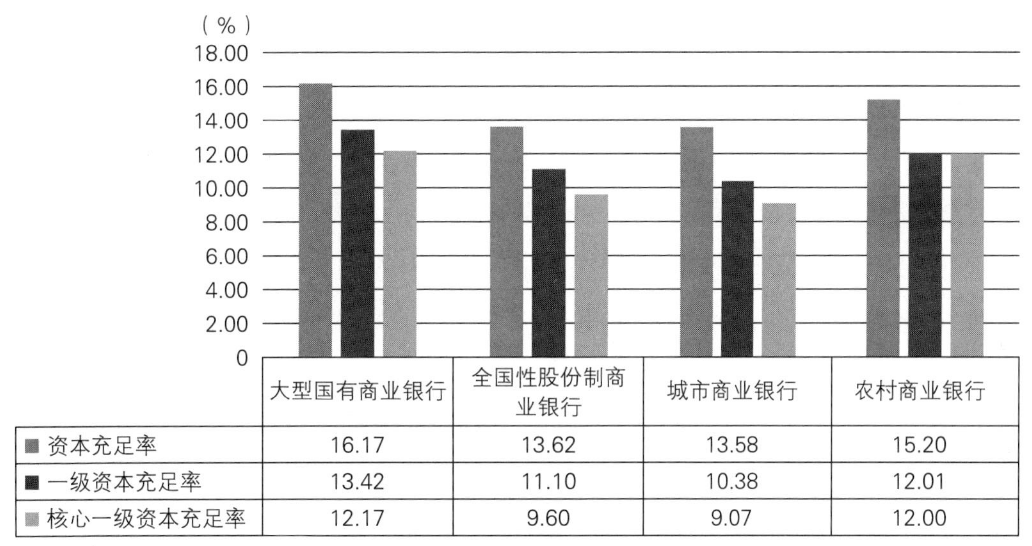

	大型国有商业银行	全国性股份制商业银行	城市商业银行	农村商业银行
资本充足率	16.17	13.62	13.58	15.20
一级资本充足率	13.42	11.10	10.38	12.01
核心一级资本充足率	12.17	9.60	9.07	12.00

图13－14　2019年上市银行生资本充足率

三、2020年银行业前景展望

2020年，基于宏观经济下行大环境下，银行所承受的压力较大，再者，由于受到新冠肺炎疫情的扰动，对于原本已经较为困难的中国经济变得更加复杂，也给中国经济增加了新的外生变量。在新冠肺炎疫情突发的情况下，同时在整个经济大环境的影响下，将有可能给银行业带来负面的影响，银行业收入的占比有可能相对减少。另外，受疫情的影响，企业信贷也有延后的需求。银行业资产端虽然保持平稳增长，但在一定程度上会受到谨慎的风险偏好和信贷需求的影响。负债端2020年在竞争激烈的揽储环境中，存款将保持平稳增长。对于利息收入，受净息差的拖累增速或将下行，而非息收入将有所回暖。2020年，为更好地服务实体经济，银行业将进一步对金融供给侧结构性改革进行深化改革。

（一）资产规模平稳增长，大规模信贷延后需求出现

2019年，银行业资产规模同保持平稳增长，但是由于包商银行事件的发生，打破了同业的刚性兑付，导致同业业务量有所减少，同业利率也逐渐走低。随着同业业务量的减少、同业利率走低，资产的增量也从同业回归到了贷款，贷款在资产中的占比将有所提高；但受到谨慎的风险偏好和信贷需求的影响，在保持目前贷款策略的情况下，银行业资产保持平稳增长的趋势，也更趋近于更为审慎的增长趋势。另外，受疫情的影响，银行将面临企业信贷面延后的需求。

（二）信贷规模增速放缓，结构优化

随着银行业不断深化和推进金融供给侧改革，同时，在监管机构的积极引导下，银行信贷占比保持高位增长。实体经济融资，主要还是通过银行信贷的方式获得，企业复工基本完成，实体经济对信贷的需求也逐步得到恢复，银行将考虑进一步加大信贷投放的力度。2020年继续保持宽松的货币政策，金融监管力度也会继续加大，随着结构性的优化、存款准备金率的调整，信贷占比也将保持平缓上升的趋势。由于零售消费受到疫情的抑制，零售信贷增速会有所放缓。

（三）存款增速放缓，银行间分化加速

针对存款，市场上也出现了较多的替代品，对于居民而言，有了更多的投资渠道和投资选择。在揽储能力方面，大型银行、中型银行的竞争力和存款资源方较小型区域银行更胜一筹。由于银保监会发布了多个抑制加杠杆同业业务的条例，由此同业的业务量有所下降，逐渐向传统业务回归。存款与贷款间有着较强的联动性，二者的变动趋势基本上保持在同一水平，同业业务的减少，也使得存款的占比进一步提高，逐渐减少对同行业的依托性。银行业中通过增加同业负债来优化结构、降低负债成本的银行，由于目前金融市场利率开始下行，从流动性角度来看，虽然扩大了负债的空间、优化了负债结构，但仍无法改善流动性的分层情况，同业链条的持续收缩仍然会对部分低信用等级银行产生影响，银行间的分化程度逐渐扩大。整体来看，存款保持平稳的发展水平，但将有所放缓。

（四）资产质量保持平稳，短期压力较大

预计2020年银行业资产质量仍有较大压力，经济下行压力不减，短时间内未能发现的风险将随着时间的推移一一暴露出来，资产回收难度以及不良资产的核销和处置力度也将有所冲击。同时，受新冠肺炎疫情的影响，短期内对餐饮住宿、交通旅游等行业，尤其是处于疫区中的企业和中微小企业产生了较大的冲击力，甚至出现了企业破产的情况，导致了短时间内不良贷款比率有所提高。但目前商业银行所采取的风险管理措施都较为严格，在风险化解能力方面较强，风险抵补的能力也较为稳定，保证了资产质量整体保持在平稳发展的水平。

（五）让步降低LPR，净息差收窄

2020年银行业净息差进一步收窄，监管逆周期调节不断强调降低负债端成本，但银行信贷收益率较低，而在疫情中，为缓解实体经济受到的影响，银行做出让步降低了LPR。另外，新冠肺炎的发生使得信贷供求关系也发生了变化，信贷需求的减少，降低了银行在信贷中的议价能力。由于信贷收益率降速高于负债成本的降速，由此净息差进一步收窄。

（六）疫情和经济下行双重震慑，营业收入面临压力

2020年受疫情的影响，同时经济下行仍无减弱的迹象，上市银行当年业绩压力进一步增大。短期内银行的业绩压力有所增大，对于大型国有商业银行、全国性股份制商业银行而言，自身的体量较大，受此影响较小；而对于城商行、特别是农村商业银行来说，自身体量较小，因此营业收入等业绩方面将会面临各大的压力。在有关部门对相关政策的调整后，以及在新冠肺炎疫情得到有效控制的情况下，银行的风险偏好将会逐渐回升，实体经济对信贷的需求也将有所回升，这些都有利于银行在此之后实现营业收入增长速度的恢复。另外，受到LPR的冲击，各家银行适当提高了拨备的计提，也适当控制了净利润的增速。

附表　2019 年度银行业上市公司业绩评价结果排序表

序号	全部上市公司评价得分排序	股票代码	股票名称	综合得分	评价等级	资本充足率（%）	不良贷款率（%）	流动性比例（%）	流动性覆盖率（%）	净资产收益率（%）	总资产收益率（%）	资本扩张率（%）	营业收入增长率（%）	收益率（%）	波动性（%）	年末资产总额（亿元）	营业收入（亿元）	净利润（亿元）
1	54	002142.SZ	宁波银行	80.97	AA	15.57	0.78	53.39	169.03	15.16	1.13	24.01	21.26	82.91	25.46	13177.17	350.81	137.91
2	61	600036.SH	招商银行	80.67	AA	15.54	1.16	51.18	171.53	16.09	1.32	13.63	8.51	58.95	22.71	74172.40	2697.03	934.23
3	116	601997.SH	贵阳银行	77.77	A	13.61	1.45	97.49	356.55	15.75	1.13	12.51	16.00	110.88	24.85	5603.99	146.68	59.98
4	154	601939.SH	建设银行	76.68	A	17.52	1.42	51.87	154.83	12.74	1.11	12.23	7.09	21.94	18.99	254362.61	7056.29	2692.22
5	163	601398.SH	工商银行	76.45	A	16.77	1.43	43.00	121.89	12.44	1.08	14.80	10.52	19.03	15.64	301094.36	8551.64	3133.61
6	185	601838.SH	成都银行	75.61	A	15.69	1.43	74.19	221.84	16.61	1.06	13.92	9.79	16.69	20.83	5583.86	127.25	55.56
7	269	601988.SH	中国银行	74.03	BBB	15.59	1.37	54.60	136.36	10.91	0.92	14.56	8.94	15.15	13.15	227697.44	5491.82	2018.91
8	311	601577.SH	长沙银行	73.37	BBB	13.25	1.22	62.06	343.39	14.29	0.93	31.63	22.07	9.91	30.17	6019.98	170.17	52.59
9	333	601288.SH	农业银行	72.90	BBB	16.13	1.40	57.74	125.60	11.72	0.90	17.02	4.79	9.95	12.53	248782.88	6272.68	2129.24
10	367	601128.SH	常熟银行	72.30	BBB	15.10	0.96	40.00	110.00	12.09	1.08	32.24	10.67	51.30	31.14	1848.39	64.45	19.00
11	383	601818.SH	光大银行	72.08	BBB	13.47	1.56	72.63	125.12	10.57	0.82	19.72	20.47	23.99	21.05	47334.31	1328.12	374.41
12	395	601328.SH	交通银行	71.90	BBB	14.83	1.47	72.92	120.69	10.37	0.80	13.55	9.32	1.89	14.20	99056.00	2324.72	780.62
13	487	600908.SH	无锡银行	70.74	BBB	15.85	1.21	94.10	110.00	11.05	0.79	7.33	10.89	4.58	23.52	1619.12	35.40	12.52
14	493	600919.SH	江苏银行	70.69	BBB	12.89	1.38	62.07	212.48	11.47	0.75	9.58	27.68	26.85	17.32	20650.58	449.74	149.60
15	502	000001.SZ	平安银行	70.57	BBB	13.22	1.65	61.46	143.02	10.20	0.77	30.39	18.20	83.57	28.99	39390.70	1379.58	281.95
16	568	601229.SH	上海银行	69.74	BB	13.84	1.16	61.59	129.66	12.00	0.95	9.56	13.47	15.22	16.51	22370.82	498.00	203.33
17	580	601009.SH	南京银行	69.60	BB	13.03	0.89	58.68	112.39	15.08	0.97	11.63	18.38	46.14	23.54	13434.35	324.42	125.67
18	640	600016.SH	民生银行	68.79	BB	13.17	1.56	54.06	110.00	11.42	0.87	23.16	15.10	16.66	16.24	66818.41	1804.41	549.24
19	659	601998.SH	中信银行	68.55	BB	12.44	1.65	63.09	149.27	9.94	0.76	17.53	13.79	27.67	25.41	67504.33	1875.84	489.94
20	660	600000.SH	浦发银行	68.53	BB	13.86	2.05	51.64	123.37	11.45	0.90	17.28	11.16	31.74	21.50	70059.29	1906.88	595.06
21	680	601166.SH	兴业银行	68.31	BB	13.36	1.54	75.07	179.64	13.05	0.96	16.31	14.54	43.75	28.48	71456.81	1813.08	667.02
22	719	002807.SZ	江阴银行	67.87	BB	15.29	1.83	89.70	110.00	8.99	0.84	11.60	6.86	6.22	23.85	1263.43	34.04	10.12

续表

序号	全部上市公司评价得分排序	股票代码	股票名称	综合得分	评价等级	资本充足率（%）	不良贷款率（%）	流动性比例（%）	流动性覆盖率（%）	净资产收益率（%）	总资产收益率（%）	资本扩张率（%）	营业收入增长率（%）	收益率（%）	波动性（%）	年末资产总额（亿元）	营业收入（亿元）	净利润（亿元）
23	733	002839.SZ	张家港行	67.62	BB	15.10	1.38	57.72	110.00	9.04	0.79	7.26	28.48	5.03	30.19	1230.45	38.53	9.37
24	740	603323.SH	苏农银行	67.53	BB	14.67	1.33	66.44	110.00	8.65	0.75	22.09	11.79	-6.38	26.57	1259.55	35.21	9.15
25	757	600015.SH	华夏银行	67.35	BB	13.89	1.83	53.69	113.95	9.06	0.78	23.15	17.32	5.88	17.16	30207.89	847.34	221.15
26	993	601169.SH	北京银行	64.60	B	12.28	1.40	62.50	134.25	10.71	0.81	7.64	13.77	5.43	15.16	27370.40	631.29	215.91
27	1014	600926.SH	杭州银行	64.45	B	13.54	1.34	46.24	142.72	11.03	0.68	9.41	25.53	27.59	20.74	10240.70	214.09	66.02
28	1511	002936.SZ	郑州银行	59.13	CCC	12.11	2.37	56.44	300.37	8.68	0.70	5.36	20.88	-6.66	27.09	5004.78	134.87	33.73

第十四章　证券行业上市公司业绩评价

2019 年度，国际股票市场行情逐渐回暖，同时中美关系日渐缓和，国内证券市场行情趋于好转，交投市场的活跃度显著提高，主营业务整体上呈增长趋势。根据中国证券业协会公布数据，2019 年我国共计 133 家证券公司，营业收入增长 35.37%；净利润率增长 34.1%。申万证券指数从 2019 年初的 4403.06 点上升至 2019 年底的 6439.33 点，涨幅为 46.25%。展望 2020 年，在全球疫情蔓延的影响下，短期宏观经济虽不容乐观，但就长期而言，随着 2019 年资本市场不断深化改革开放以及逆周期政策的调节，我国证券行业相较于其他金融子行业而言，依然具有明显的政策优势，证券行业业绩有望保持增长。

一、证券行业上市公司总体分析

截至 2019 年 12 月 31 日，参与本次评价等级的 A 股上市证券公司共有 34 家（见表 14–1，已剔除 2019 年新上市及综合金融类企业）。其中，评价等级为 A 的有 10 家；评价等级为 BBB 的有 6 家；评价等级为 BB 的有 7 家；评价等级为 B 的有 7 家；评价等级为 CCC 的有 2 家；评价等级为 CC 的有 2 家。截至 2019 年 12 月 31 日，34 家证券公司资产总额达 65521.68 亿元；较 2018 年增长 25.11%，2019 年实现营业收入 3752.19 亿元，同比增长 54.29%；实现净利润 1027.45 亿元，同比增长 84.42%。

表 14 – 1　2019 年 A 股上市证券公司汇总表

证券简称	上市日期	股票名称	上市日期
海通证券	1994-02-24	西部证券	2012-05-03
东北证券	1997-02-27	国信证券	2014-12-29
广发证券	1997-06-11	申万宏源	2015-01-26
国元证券	1997-06-16	东兴证券	2015-02-26
国海证券	1997-07-09	东方证券	2015-03-23

续表

证券简称	上市日期	股票名称	上市日期
长江证券	1997-07-31	国泰君安	2015-06-26
国金证券	1997-08-07	第一创业	2016-05-11
西南证券	2001-01-09	华安证券	2016-12-06
中信证券	2003-01-06	中原证券	2017-01-03
太平洋	2007-12-28	中国银河	2017-01-23
光大证券	2009-08-18	浙商证券	2017-06-26
招商证券	2009-11-17	财通证券	2017-10-24
华泰证券	2010-02-26	华西证券	2018-02-05
兴业证券	2010-10-13	南京证券	2018-06-13
山西证券	2010-11-15	中信建投	2018-06-20
方正证券	2011-08-10	天风证券	2018-10-19
东吴证券	2011-12-12	长城证券	2018-10-26

注：2019 年新上市的证券公司未纳入本次评价范围。

根据综合评价结果，2019 年证券行业上市公司进入业绩评价综合得分“中联价值 100”名单的共有 3 家：中信建投第 72 名；海通证券第 85 名；华泰证券第 89 名。2019 年，证券行业评价得分前十名的公司见表 14-2。

基于对证券行业上市公司的总体评估，下面将分别从盈利能力、稳健性状况、发展能力、市场表现四个方面对证券行业上市公司进行具体分析。

表 14 - 2　2019 年度证券行业评价得分前十名的公司

序号	股票代码	股票简称	在全部上市公司中评价得分排序
1	601066.SH	中信建投	72
2	600837.SH	海通证券	85
3	601688.SH	华泰证券	89
4	601881.SH	中国银河	106
5	600999.SH	招商证券	111
6	000776.SZ	广发证券	115
7	601211.SH	国泰君安	130
8	000166.SZ	申万宏源	135
9	002736.SZ	国信证券	206
10	600030.SH	中信证券	211

（一）盈利能力

表 14-3 为 2019 年证券行业上市公司盈利能力评价结果。从基本指标来看，净资产收益率和总资产收益率均大幅上升，主要原因是 2019 年股票市场逐渐回暖，为证券行业发展提供基础；沪深两市再融资规模上升，促进证券行业上市公司各业务板块业务的发展；纳入评估范围的上市证券公司较 2018 年增加了 5 家，也促使行业整体盈利能力有所提升。

相较于 2018 年，2019 年 A 股 34 家证券公司的净资产收率上涨幅度达 110.14%，净资产收益率排名位居前三位的分别是：中信建投（10.56%）、华安证券（9.17%）、财通证券（9.14%）；后三位分别是：中原证券（0.69%）、光大证券（1.42%）、天风证券（2.34%）。2018 年唯一亏损的上市证券公司太平洋净资产收益率也由负转正，达到 4.5%，主要受 A 股市场行情转好、交投活跃度大幅提升等大环境影响，公司整体盈利情况有大幅改善。

表 14 - 3　证券行业上市公司盈利状况表

分析指标	2019 年行业平均值	2018 年行业平均值	增长率（%）
净资产收益率（%）	6.01	2.86	110.14
总资产收益率（%）	1.60	0.78	105.13

（二）稳健性

从证券行业上市公司稳健性指标分析来看，2019 年 A 股上市的 34 家证券公司资本杠杆率均高于监管标准值，行业平均值为 22.98%（见表 14–4）。其中，资本杠杆率位居前三名的分别是：国金证券（47.18%）、西部证券（42.38%）、南京证券（32.19%）；2019 年 A 股上市的 34 家证券公司流动性覆盖率均高于监管标准值，行业平均值为 305.87%。其中，流动性覆盖率位居前三位名的分别是：东兴证券（916.8%）、华泰证券（460.6%）、南京证券（460.2%）。此外，纳入本次评价指标的上市证券公司的风险覆盖率、净稳定资金率均高于监管标准值，行业均值分别为 262.63%、145%，说明我国证券业上市公司风险控制水平均符合监管规定。

表 14 - 4　证券行业上市公司稳健性状况表

分析指标	行业标准	2019 年行业平均值（%）
资本杠杆率	≥ 8%	22.98
流动性覆盖率	≥ 100%	305.87
风险覆盖率	≥ 100%	262.63
净稳定资金率	≥ 100%	145.00

（三）发展能力

2019 年，表 14–5 列示证券业上市公司平均资本扩张率为 5.24%，较 2018 年有大幅上升。其中，有 31 家证券公司资本呈扩张态势，而 2018 年仅有 14 家；2019 年位居前三名的分别是华泰证券（19.96%）、申万宏源（19.15%）、中信建投（18.87%）；3 家证券公司资本扩张率小于 0，分别是中原证券（−6.89%）、天风证券（−5.32%）、太平洋（−1.51%）。

2019 年，市场行情趋于好转，交投市场的活跃度显著提高，扭转 2018 年全行业大幅下降趋势，上市证券公司营业收入增长率行业平均值高达 53.96%。居前三的分别是太平洋（352.71%）、兴业证券（119.24%）、东方证券（84.91%）；后三名分别是山西证券（−25.53%）、方正证券（15.24%）、国金证券（15.49%）。山西证券是 2019 年唯一营业收入负增长的上市证券公司，主要为子公司大宗商品交易及风险管理业务规模减少所致。

表 14－5　证券行业上市公司发展能力状况表

分析指标	2019 年行业平均值	2018 年行业平均值	增长率（%）
资本扩张率（%）	5.24	0.53	888.68
营业收入增长率（%）	53.96	−12.44	533.76

（四）市场表现

从市场整体表现来看，2019 年度沪深 300 指数全年上涨 36.07%，创业板指数涨幅为 43.79%，申万证券指数全年上涨 46.25%，证券指数跑赢沪深 300 指数。2019 年，市场行情整体呈现上涨趋势，仅第二季度有较大幅度下降。证券板块第一季度涨幅明显，从 2018 年底的 4403 点升至 7118 点，涨幅高达 62%；第二季度开始回调，之后一直在 5500 点到 6500 点之间震荡，并有逐渐上涨的趋势。2019 年申万证券行业指数与沪深 300 指数见图 14−1。

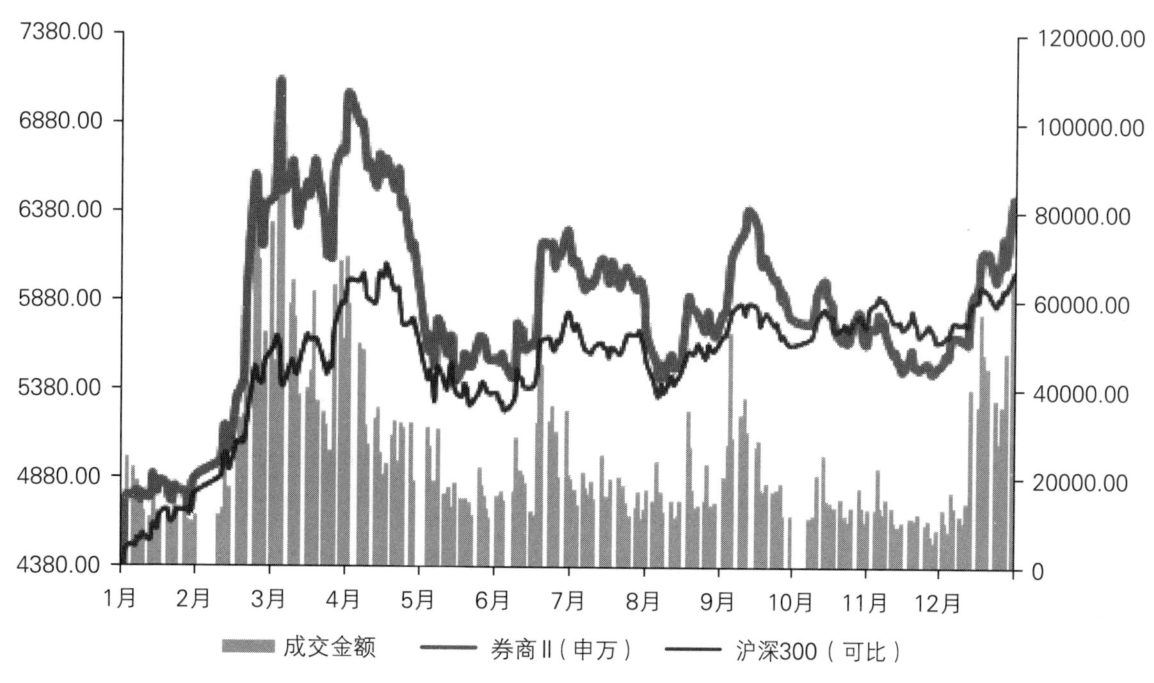

图 14－1　2019 年申万证券行业指数与沪深 300 指数

如上所述，由于2019年A股指数及证券指数整体上涨，证券行业上市公司平均市场回报率增至43.09%，股价波动率38.28%与2018年相当。表14-6列示了证券行业上市公司市场表现状况评价结果。

在34家上市证券公司中，投资回报率前两位的中信建投、南京证券分别为291.01%、89.29%，但同时其股价波动率也最大，分别为72.71%和58.35%。投资回报率最小的国海证券（1.64%）股价波动率仍高达30.53%。

表14－6　证券行业上市公司市场表现状况表

分析指标	2019年行业	2018年行业	增长率幅度（%）
	平均值（%）	平均值（%）	
市场投资回报率	43.09	-23.92	280.14
股价波动率	38.28	40.31	-5.04

二、2019年度证券行业业绩影响因素分析

2019年证券行业的各项主营业务中，自营业务依旧贡献最大，其中经纪业务收入较上一年度有所增加，但佣金率仍然保持持续下降趋势；股权融资规模和债券融资规模也较上一年度有大幅度增长，但仍不及2015—2017年的平均规模；受资管新规影响，资产管理规模有所收缩，但整体边际影响减弱。总体来说，较2018年而言，2019年证券行业业绩有大幅提升。

（一）股票市场交投活跃，行情涨幅喜人，证券经纪业务收入呈整体复苏增长

2019年，沪深两市行情大幅上涨，在全球范围内处于领跑地位。其中，上证指数涨幅22%，深圳成指涨幅44%，中小板及创业板指数涨幅均超40%，股市人均盈利约10万元。随着股市逐步走出2018年低谷，投资者投资信心逐渐增强，2019年沪深两市新增1325万投资者“入场”，年度累计成交额达127.4万亿元，日均成交额为5222亿元，较上一年度同比增长40.7%。市场行情向好、投资者积极情绪上涨，证券行业经纪业务收入显著增长，2019年券商佣金达796.8亿元，同比增长32.8%；但行业平均佣金率仍保持持续下降趋势，从2018年的3.76‰降至3.49‰。基于交易量和交易额的增长，2019年证券行业经纪业务收入787.63亿元，同比增长26.34%，走出了2018年的低谷，然而佣金率的持续下行降低了证券行业经纪业务整体的收入弹性。上市券商公司中，经纪业务收入最高的是中信证券，达74.2亿元；增速最快的是南京证券，较2018年增幅达64.7%。相关情况是图14-2、14-3。

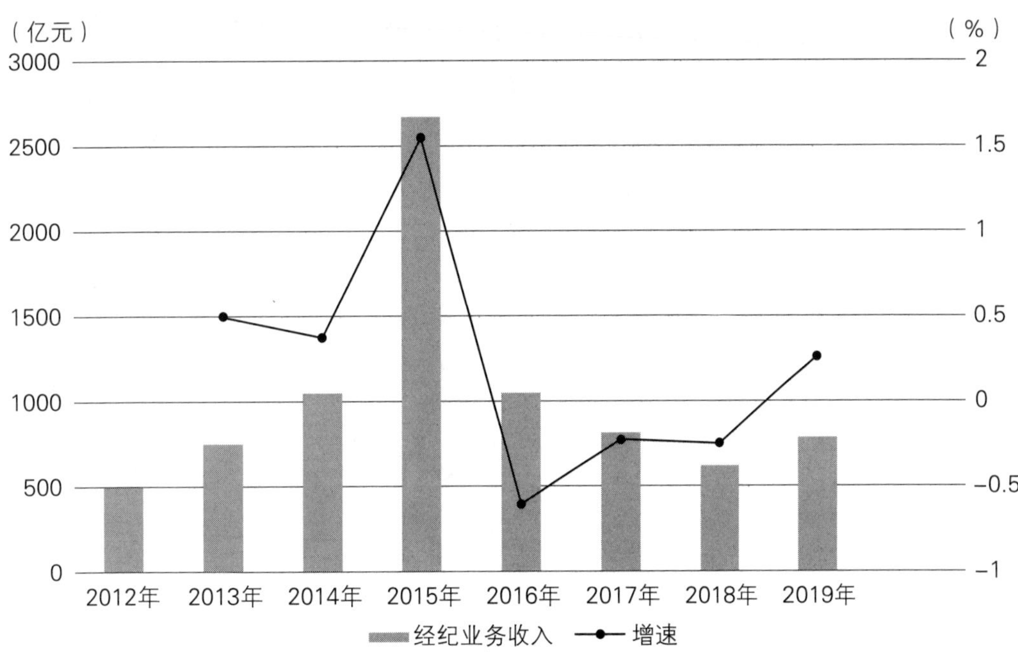

图 14－2　2012—2019 年证券行业经纪业务收入

资料来源：中国证券业协会。

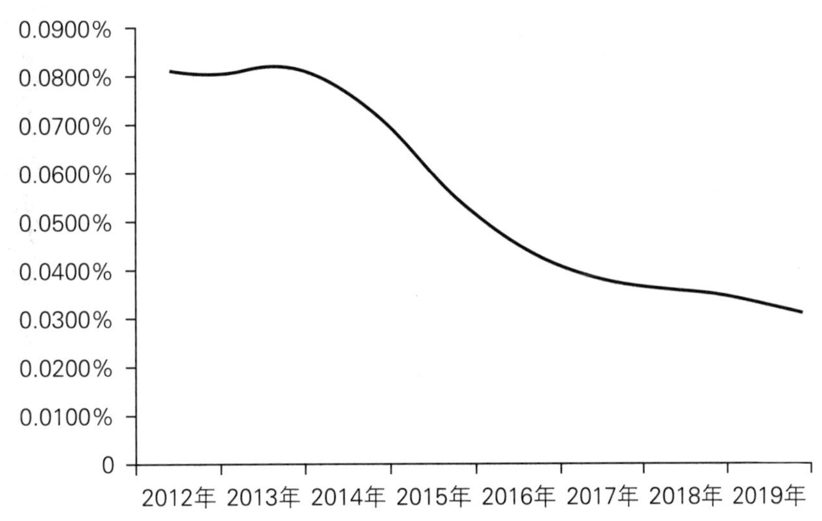

图 14－3　2012—2019 年证券行业经纪业务佣金率（%）

资料来源：Wind。

（二）市场环境改善、注册制试点改革为投资银行业务带来新的机遇

2019 年 12 月 28 日，全国人大常委会审议通过了《中华人民共和国证券法（修订草案）》并于 2020 年 3 月 1 日起施行。新《证券法》实施新股发行注册制，简化债券发行条件，全方位、多角度推动资本市场改革，将正向推动投行业务。2019 年度，证券市场收费融资与再融资规模为 9470.33 亿元，同比增长 6.04%。沪深一级市场股权融资共 625 个，融资金额达 15197.55 亿元，同比上升 25.52%，其中，203 家 IPO 项目合计募集资金 2532.51 亿元，较 18 年大幅增长 83.76%；通过可转债方式募集金额 2469.05 亿元，同

比增长高达 130.51%；增发融资方式仍然处于主导地位，在股权融资中占比达 44%，但较 2018 年小幅下降 10.62%。科创板方面，IPO 募集资金占到一级市场的 32.5%。上市券商公司中，承销股权融资规模最多的是中信证券，合计金额达 1288 亿元，占市场份额为 13.6%；IPO 金额达 543.08 亿元，占市场份额为 17.88%。相关情况见图 14–4。

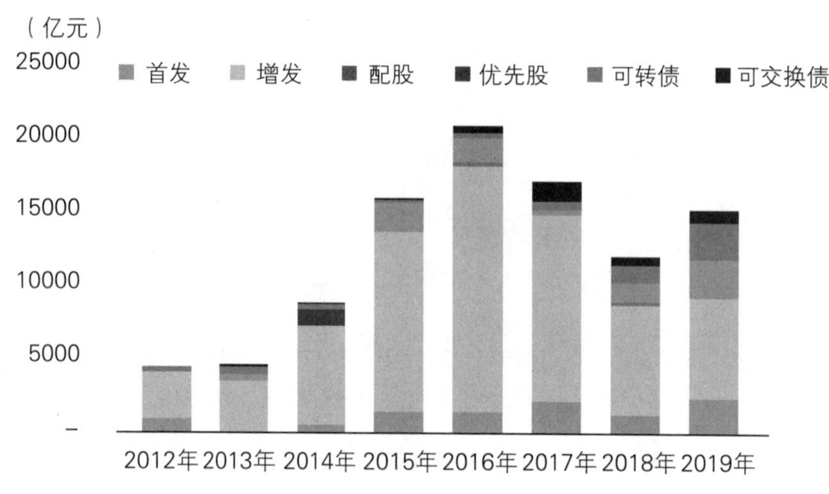

图 14－4　2012—2019 年沪深两市再融资规模统计

资料来源：Wind。

债券融资规模增幅显著。2019 年证券公司承销企业债规模达 3589 亿元，同比增长 51.46%，承销公司债规模达 2.54 万亿元，同比增长 54.28%。上市券商公司中，依旧是中信建投承销债券（包括公司债、企业债、ABS[①]）规模最大，占市场份额 10.77%。

在股权融资和债券融资两方面均增幅显著的前提下，2019 年 133 家券商合计实现投行业务收入 482.65 亿元，同比增长 30.46%。上市公司方面，代表公司中信证券、中信建投、海通证券的投行业务收入分别为 44.7 亿元、36.8 亿元、34.6 亿元，均较 2018 年有所上涨。

（三）资管新规影响资产管理业务，但整体边际影响减弱

自 2018 年 4 月资管新规正式发布，并于 2018 年 7 月发布补充文件以来，证券公司的资产管理业务面临着许多新要求，例如去通道、嵌入限制和净资产管理等要求，行业商业模型正面临着重塑。作为 2019 年行业改革元年，证券行业加大了实施资管新规的力度。通道类资产管理规模不断缩小，主动管理能力不断增强，核心差异化竞争能力不断增强，资产管理业务转型不断推进。

就资产管理业务净收入方面，证券行业 2019 年较上一年度数据基本持平，近几年均基本保持稳定。证券行业受托管理资金本金方面，2019 年总额达 12.29 万亿元，较 2018 年 14.11 万亿元同比下降 12.90%。资管新规和相关政策落实后，吸引大量外资控股证券公司和银行财富管理子公司进入市场。2019 年资产管理业务的竞争形势将继续增强，证券公司

① ABS 是英文“Asset Backed Securitization”的缩写，是以资产为基础，同时以资产未来能够带来的现金流入作为为偿付支持，通过证券发行的方式出售给资本市场上的投资人来进行融资的融资方式。

将积极扩大证券管理规模，加强投资管理能力。证券公司主动管理规模占比超过 50%，说明持续推进资产管理业务转型已初见成效。

上市券商公司中，中信证券的资管规模大和资管业务收入多，分别为 1.39 万亿元和 57.07 亿元；中银证券的资管规模同比增速最大，为 1391.78%；国海证券的资管业务收入增速最大，为 54.66%。

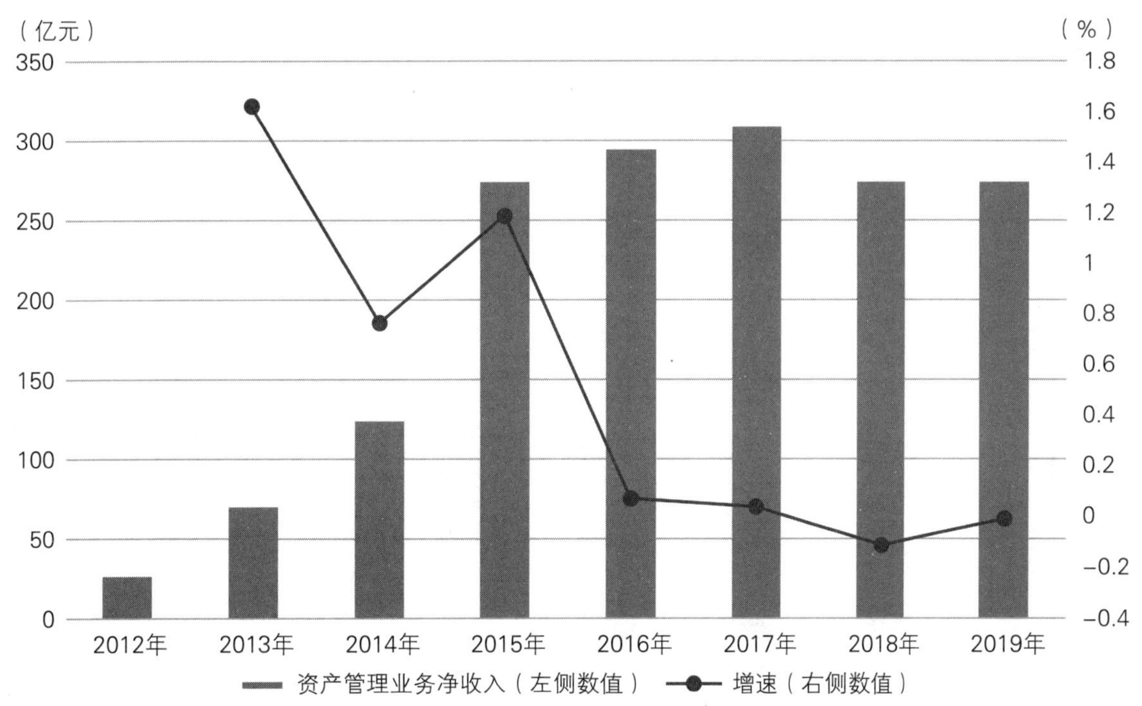

图 14－5　2012—2019 年证券行业资管业务净收入

资料来源：中国证券业协会。

（四）两融标的扩容，资本中介业务结构优化，业务风险下降

2019 年，随着《科创板转融通证券出借和转融券业务实施细则》的发布，各项有效提高科创板转融券业务效率的举措相继推出，转融券业务将不仅限于券商承做，面向其他参与者的开放措施进一步扩大了证券交易规模。得力于政策的大力扶持，证券行业发展呈高增长态势，证券行业利息净收入达 463.66 亿元，较 2018 年增长 115.81%。市场融资融券余额达 10192.85 亿元，同比上升 34.88%。

2019 年，股票质押融出资金余额 4311 亿元，同比 2018 年下降 30.25%。原因是在 2018 年暴露出大量股票质押风险后，随着监管部门和证券公司共同努力，持续优化股票质押业务、压缩整体业务规模，同时保持龙头券商股票质押业务的担保比例，降低整体业务风险。

上市券商公司中，受益于两融业务的提升和政策支持，国泰君安信用业务收入达 52.3 亿元；海通证券信用业务收入 41.5 亿元；中国银行信用业务收入达 34.9 亿元。在信用业务收入增长方面，华安证券的收入增速最高，达 223%。

（五）证券市场回暖，自营业务贡献最大

金融市场逐渐回暖是证券行业2019年度营业收入、净利润大幅增长的主要原因。自2017年证券公司自营业务总收入超过经纪业务总收入、贡献率首次跃居第一之后，2019年证券公司自营业务率进一步提高，占营业收入比重达34%，其次是经纪业务，占比22%（见图14–6）。

上市券商公司中，自营资产规模最大、自营业务收入最高的是中信证券，其自营资产规模达3953.12亿元，自营业务收入为158.9亿元；广发证券的自营业务收入增速最大，达701%。

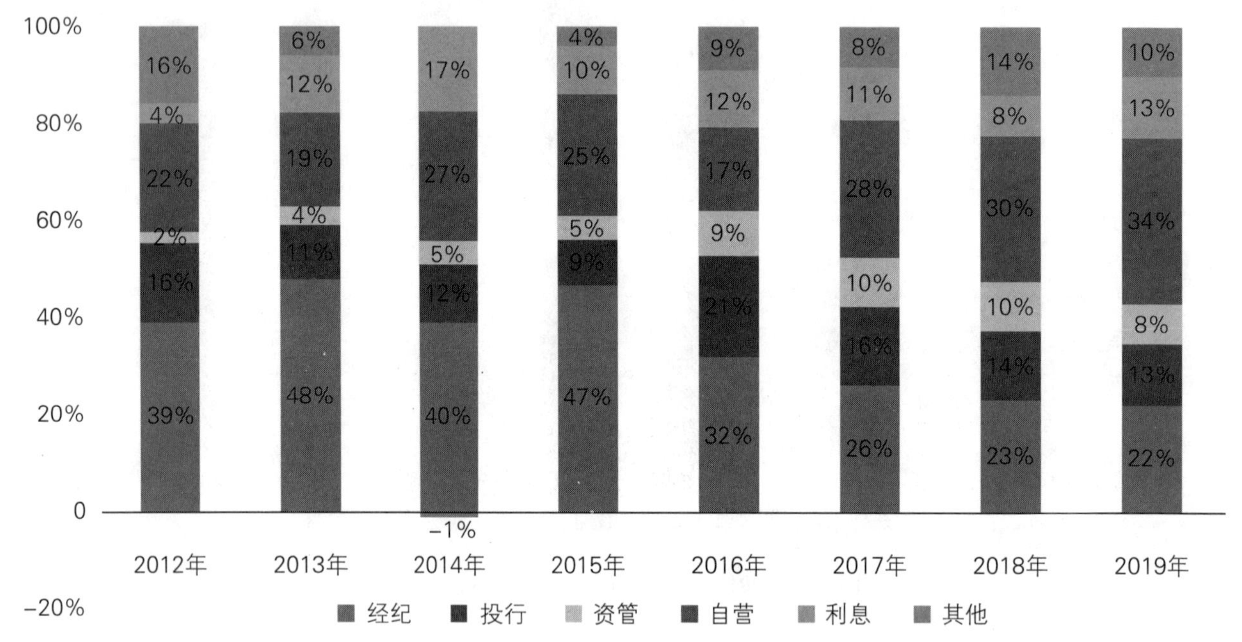

图14－6 2012—2019年证券行业各项业务收入占比

资料来源：Wind。

三、2020年证券行业前景展望

2020年新《证券法》开始实施，使资本市场迎来全面注册制改革；再融资新规落地后放宽限制，助力全面提升投行业务；投资端准入政策解绑，两融业务加速发展提供新的条件。证券行业持续享有政策面利好，随着我国资本市场供给侧改革持续推进，预计2020年证券行业整体发展前景较好。

（一）受新冠肺炎疫情影响，证券行业短期内下行压力较大，而长期来看业绩能够恢复增长

自2019年12月中旬以来，新型冠状病毒感染的肺炎病例数量不断增长，对在全球范围内的经济造成重大影响。预计本次疫情对我国券商行业业绩的影响主要在于股票市场下跌对券商行业经纪业务的影响，以及延迟复工拖累投行业务进度。

自2019年底，新型冠状病毒感染病例在全球范围内不断增长，对全球范围内的经济造成重大打击。本次疫情对国内证券行业主要影响是证券市场整体下跌对券商经纪业务的影响，以及延迟复工致使投行相关业务停滞。但是我国开展了有力、科学的防疫工作，新型冠状病毒在境内逐渐得到控制。因此，短期内，证券行业业务压力较大，但长期来看，政策利好落地将驱动我国证券行业稳定发展。

由于证券行业业绩在2018年处于低谷，在低基数效应下，2019年整个证券行业业绩有大幅提升，接近半数的上市证券公司的归属于母公司净利润同比增速超过100%。2020年初，受新冠疫情与春节假期停工这两大因素影响，证券公司业绩受阻，市场的整体风险偏好下降，股票市场短期下挫，对券商自营业务造成负面影响。年后开盘，沪深两市及创业板集体大幅下挫，之后交易日也有小幅动荡。证券公司普遍采用线上办公模式实现复工，但是由于国内大面积停工，证券公司大部分线下业务均受到较大影响，尤其是对投行业务冲击最大。但随着国内抗击疫情取得较大成果，各行各业逐渐复工复产，政策的调节将成为影响市场走势的主要因素。

此次疫情期间，各券商的线上服务业务能力得到了很大的发展，包括实时疫情查询，丰富移动端功能，在线指导业务办理，智能投资助手和人工专家在线服务等。促进了券商经纪业务线上线下融合业务模式发展，同时人工智能财富管理的发展，券商经纪业务发展也走向了新的道路。

（二）各方面政策支持下，证券行业将稳定发展

2020年2月1日，中国人民银行等五部门联合印发《关于进一步强化金融支持防控新型冠状病毒感染肺炎疫情的通知》，通知强调：疫情期间需保持流动性合理充裕，强化金融支持，共同维护货币市场平稳运行。2月14日，证监会发布上市公司再融资新规，较此前征求意见稿来说，各类限制进一步放开，不仅有利于证券公司投行业务增长，而且会推动股票市场上行。随着更多配套政策落地以及全面复工复产，广大投资者风险偏好恢复，将促进证券公司提高盈利能力。从长期来看，政策红利将驱动证券公司业绩不断攀升。

随着我国资本市场供给侧改革持续推进；新证券法开始实施使资本市场迎来全面注册制改革；再融资新规落地后放宽限制，助力全面提升投行业务；投资端准入政策解绑，两融业务加速发展提供新的条件。在监管方面，央行推出了几大利好政策，逆周期调节的出台，投保基金比例降低、并表监管试点为券商（尤其是大券商）释放流动性，分类评级修订弱化了规模指标，为优质中小券商评级的提升创造了可能。此外，我国证券市场继续强调对外开放：券商外资股比限制预计于4月放开，将推动国内券商竞争发展。可以说，证券行业在2020年将持续享有政策面利好。

（三）基于国际化战略布局，证券行业跨境业务机遇与挑战并存

香港地区是目前国内证券公司境外业务的主要集中地。随着中国金融市场逐渐走向成熟，证券公司扩张其海外业务版图已是必然趋势。目前上市证券公司中，海外业务收入占总收入比较高的有，海通证券、中金公司、中信及华泰证券。其中，海通证券是国内较早

开展国际化业务的证券公司，其2019年海外业务收入占比已超过25%；中金公司的海外业务收入占比历年较为稳定，并保持在一个较高的水平上；华泰证券海外业务收入近年来有明显攀升，其中，2017年的增幅最大。由于国际环境变化更加不可控，证券公司在开展跨境业务的时候要注意控制风险敞口，做好风控和风险对冲，时刻迎接国际政策所带来的冲击。

（四）龙头企业杠杆率提升，马太效应将持续

证监会开展并表监管试点，试点机构均为证券行业龙头公司如华泰证券、国泰君安、中金公司、招商证券、中信证券、中信建投。主要调整因素是风险资本准备计算系数和表内外资产总额计算系数下调，这将会导致试点机构母公司资本杠杆率有望上升。此外，最近证监会发布调整分级评级指标的征集意见稿，有望进一步完善分类评价指标体系。更加强调证券公司合规风控以及谨慎经营，同时推动行业向差异化、特色化方向发展。该评价指标体系有望适用于2020年分类评价，因此处于龙头地位的证券公司将有更大的获益空间。

附表　2019年度证券行业上市公司业绩评价结果排序表

序号	全部上市公司评价得分排序	股票代码	单位名称	综合得分	评价等级	净资产收益率（%）	总资产收益率（%）	资本杠杆率（%）	流动性覆盖率（%）	风险覆盖率（%）	净稳定资金率（%）	资本扩张率（%）	营业收入增长率（%）	投资回报率（%）	波动性（%）	年末资产总额（亿元）	营业收入（亿元）	净利润（亿元）
1	72	601066.SH	中信建投	79.92	A	10.56	2.30	16.84	252.17	275.19	162.06	18.87	25.54	291.01	72.71	2856.70	136.93	55.30
2	85	600837.SH	海通证券	79.37	A	7.77	1.74	24.52	311.25	265.49	146.28	8.40	44.87	69.62	37.23	6367.94	344.29	105.41
3	89	601688.SH	华泰证券	79.16	A	7.86	1.95	18.47	460.55	258.14	138.96	19.96	54.35	20.68	38.31	5621.81	248.63	90.57
4	106	601881.SH	中国银河	78.17	A	7.59	1.85	25.42	307.93	367	125.88	8.42	71.69	66.45	46.25	3156.66	170.41	52.50
5	111	600999.SH	招商证券	77.84	A	8.82	2.13	13.44	222.67	240.52	157.77	5.37	65.24	30.53	28.47	3817.72	187.08	73.13
6	115	000776.SZ	广发证券	77.79	A	8.88	2.07	19.73	322.27	233.36	159.77	6.21	49.37	17.57	31.88	3943.91	228.10	81.10
7	130	601211.SH	国泰君安	77.20	A	6.47	1.82	19.97	258.18	271.23	146.85	9.29	31.83	14.02	27.71	5593.14	299.49	90.51
8	135	000166.SZ	申万宏源	77.13	A	7.44	1.58	19.86	259.18	212.16	137.32	19.15	60.98	17.52	26.46	3885.37	245.93	58.03
9	206	002736.SZ	国信证券	75.39	A	9.03	2.25	21.2	230.16	266.32	127.53	7.10	40.49	44.81	37.81	2246.44	140.93	49.14
10	211	600030.SH	中信证券	75.21	A	7.85	1.75	13.73	151.15	166.9	123.95	5.50	15.90	60.09	35.56	7917.22	431.40	126.48
11	293	600909.SH	华安证券	73.56	BBB	9.17	2.55	27	408.72	323.61	145.2	6.30	83.48	43.62	34.40	509.63	32.32	12.14
12	310	601108.SH	财通证券	73.39	BBB	9.14	3.03	22.97	225.24	369.63	125.34	8.50	56.32	54.16	49.48	649.92	49.52	18.76
13	348	002926.SZ	华西证券	72.65	BBB	7.52	2.50	31.29	247.92	348.77	146.1	7.03	54.70	21.08	32.28	678.27	39.37	14.32
14	353	601990.SH	南京证券	72.60	BBB	6.53	2.35	32.19	460.17	433.97	150.27	4.70	78.44	89.29	58.35	360.59	22.02	7.15
15	443	601377.SH	兴业证券	71.39	BBB	5.29	1.18	19.84	357.18	223.71	172.6	4.92	119.24	50.39	37.95	1705.75	142.50	19.15
16	545	600109.SH	国金证券	70.02	BBB	6.43	2.68	47.18	237.83	353.82	134.95	6.28	15.49	21.51	31.35	501.51	43.50	12.98
17	641	601099.SH	太平洋	68.76	BB	4.50	1.30	31.9	441.91	233.89	161.9	−1.51	352.71	43.10	44.55	307.28	17.77	4.74
18	661	600958.SH	东方证券	68.52	BB	4.66	1.01	13.04	295.21	265.4	134.55	3.33	84.91	28.79	37.30	2629.71	190.52	24.79
19	671	601878.SH	浙商证券	68.42	BB	6.79	1.56	20.77	323.81	289.86	157.51	8.72	53.17	52.61	39.80	674.04	56.59	9.68
20	718	000783.SZ	长江证券	67.90	BB	5.76	1.52	24.75	267.33	222.54	154.05	5.05	60.96	26.80	34.95	1093.43	70.33	15.83
21	725	601198.SH	东兴证券	67.76	BB	6.11	1.60	26.99	916.77	225.53	156.65	3.31	19.88	29.22	37.64	775.44	39.73	12.21
22	839	002673.SZ	西部证券	66.31	BB	3.50	1.22	42.38	396.9	325.77	194.87	1.76	64.51	19.75	31.74	485.98	36.81	6.16
23	930	002939.SZ	长城证券	65.39	BB	5.96	1.89	28.63	330.91	185.63	133.71	4.01	41.62	43.03	50.24	590.96	38.99	10.15

续表

序号	全部上市公司评价得分排序	股票代码	单位名称	综合得分	评价等级	净资产收益率（%）	总资产收益率（%）	资本杠杆率（%）	流动性覆盖率（%）	风险覆盖率（%）	净稳定资金率（%）	资本扩张率（%）	营业收入增长率（%）	投资回报率（%）	波动性（%）	年末资产总额（亿元）	营业收入（亿元）	净利润（亿元）
24	1026	600369.SH	西南证券	64.26	B	5.01	1.49	21.75	238.87	292.29	143.86	3.06	27.14	35.29	33.79	658.51	34.89	9.65
25	1060	000686.SZ	东北证券	63.97	B	6.47	1.57	16.84	249.89	260.92	146.14	0.16	17.53	36.25	34.77	682.18	79.69	10.43
26	1125	002797.SZ	第一创业	63.16	B	6.24	1.69	16.94	290.74	183.29	140.01	3.82	45.96	42.21	36.09	355.74	25.83	5.83
27	1126	000728.SZ	国元证券	63.12	B	3.70	1.13	26.98	234.75	291.35	127.4	0.81	26.04	22.71	29.82	831.69	31.99	9.15
28	1201	601788.SH	光大证券	62.30	B	1.42	0.34	27.82	222.54	288.41	132.15	0.54	30.41	39.78	37.92	2040.90	100.57	6.94
29	1291	601901.SH	方正证券	61.27	B	2.52	0.69	23.49	221.52	259	130.45	2.11	15.24	30.31	33.87	1365.95	65.95	9.83
30	1406	000750.SZ	国海证券	60.26	B	3.81	0.84	20.76	195.96	206.15	139.96	3.34	67.73	1.64	30.53	663.08	35.60	5.44
31	1436	601555.SH	东吴证券	59.97	CCC	4.70	1.09	16.77	264.38	183.9	136.68	4.06	23.27	40.56	42.73	962.35	51.30	9.79
32	1619	002500.SZ	山西证券	58.02	CCC	3.97	0.92	16.6	227.65	219.86	170.1	1.68	−25.53	30.92	32.39	556.96	51.02	5.20
33	1996	601162.SH	天风证券	54.07	CC	2.34	0.74	15.66	372.07	170.72	139.81	−5.32	17.35	14.41	52.66	599.20	38.46	4.21
34	2209	601375.SH	中原证券	51.41	CC	0.69	0.18	15.49	195.7	215.16	129.38	−6.89	43.82	15.28	34.43	435.70	23.73	0.75

第十五章 医药生物行业上市公司业绩评价

随着我国人口老龄化进程的进一步加快、政府卫生投入的加大、居民收入水平的提升以及对健康的日益重视，医药行业市场需求保持强劲，一直维持较高发展速度。医药生物行业受国家政策影响较为明显，根据南方所数据，2019 年，中国药品市场销售额为 17955 亿元，同比增长 4.8%，相较于过去几年，药品市场销售增速继续放缓。2019 年申万医药生物指数上涨 37%。从行业整体看，在一致性评价、带量采购政策持续推进，耗材领域两票制、零加成及带量采购全面扩张的大背景下，2020 年医药生物行业创新市场竞争明显提升，医药生物行业企业面临进一步分化。2020 年新冠肺炎疫情来袭，受到新冠肺炎防护、监测和治疗需求的推动，医药生物行业中医疗设备、器械耗材、体外诊断试剂和仪器、医学检验服务等细分领域需求增长比较明显。在国内外防护疫情措施的背景下，预计 2020 年医药生物业绩将获得显著提升。

一、医药生物行业上市公司业绩评价

2019 年医药生物行业的上市公司共有 316 家，其中盈利 286 家，亏损 30 家。医药生物行业综合评价分值为 63.3，高于同年全部上市公司（全部上市公司是指：不包括金融和 B 股，本文以下如无特指按此口径）的综合评价分值 61.3 分。316 家医药生物行业上市公司中共有恒瑞医药、迈瑞医疗、爱尔眼科、长春高新、通策医疗、云南白药、健帆生物 7 家公司进入 2019 年上市公司业绩评价综合得分的“中联价值 100”名单，排名最高的恒瑞医药位列 2019 年全部上市公司业绩评价综合得分的第 8 位。316 家医药生物行业上市公司中业绩为 AAA 的有恒瑞医药、迈瑞医疗 2 家，业绩为 AA 的有 2 家，业绩为 A 的有 21 家，业绩为 BBB 的有 51 家，业绩为 BB 的有 51 家，业绩为 B 的有 46 家，业绩为 CCC 的有 34 家，业绩为 CC 的有 30 家，业绩为 C 的有 79 家。

2019 年全部上市公司为 3654 家，其资产总额总计为 68.54 万亿元，其中，医药生物行业全部上市公司资产总额合计为 2.38 万亿元，占全部上市公司资产总额的 3.47%；全部上市公司实现营业收入 41.68 万亿元，医药生物行业 316 家上市公司实现营业收入 1.75 万亿元，占全部上市公司营业收入的 4.19%；全部上市公司共计实现利润总额 2.60 万亿元，医药生物行业上市公司实现利润总额达到 0.14 万亿元，占全部上市公司全部实现利润总额的 5.36%；全部上市公司共计实现净利润 1.97 万亿元，医药生物行业上市公司实现净利润 0.11 万亿元，占全部上市公司全部实现净利润的 5.51%；该行业上市公司 2019 年度市场投资回报率为 27.92%，高于全部上市公司的市场投资回报率 23.04%；医药生物行业上市公司股价波动率为 95.36%，高于全部上市公司的股价波动率 94.27%；医药生物行业扣除非经常性损益净资产收益率的平均值为 6.75%，高于全部上市公司的扣除非经常性损益净资产收益率 6.61%。2019 年度医药生物行业评价得分前十名的公司见表 15–1。

表 15 – 1　2019 年度医药生物行业评价得分前十名的公司

序号	股票代码	股票简称	在全部上市公司中评价得分排序
1	600276	恒瑞医药	8
2	300760	迈瑞医疗	12
3	300015	爱尔眼科	56
4	000661	长春高新	62
5	600763	通策医疗	78
6	000538	云南白药	79
7	300529	健帆生物	82
8	002007	华兰生物	104
9	002821	凯莱英	107
10	603259	药明康德	123

基于对医药生物行业上市公司的整体评价，下面分别从财务效益状况、资产质量状况、偿债风险状况、发展能力状况、市场表现状况五个方面对医药生物行业上市公司进行具体分析。

资料链接：行业数据

2019 年医药制造业规模以上工业企业实现营业收入 23908.6 亿元，同比增长 7.4%，高于全国规模以上工业企业同期整体水平 3.6 个百分点。发生营业成本 13505.4 亿元，同比增长 5.7%，高于全国规模以上工业企业同期整体水平 1.6 个百分点。实现利润总额 3119.5 亿元，同比增长 5.9%，高于全国规模以上工业企业同期整体水平 9.2 个百分点。医药制造营业收入利润率约为 13.05%，较上年同期提升 0.3 个百分点，高于全国规模以上工业企业同期整体水平 7.19 个百分点。

资料来源：国家统计局。

资料链接：行业数据

➢ 恒瑞医药：2019 年业绩亮眼净利 53.28 亿增长 31%

恒瑞医药年报显示，报告期内实现营收 232.89 亿元，同比增长 33.7%；归属于上市公司股东的净利润 53.28 亿元，同比增长 31.05%；基本每股收益为 1.20 元，上年同期为 0.92 元。2019 年恒瑞医药的主营业务“医药制造业”整体毛利率增加 0.88 个百分点至 87.48%。其中抗肿瘤产品毛利率增加 0.62 个百分点；麻醉产品毛利率减少 0.72 个百分点；造影剂产品毛利率增加 2.87 个百分点；其他产品毛利率增加 1.99 个百分点。

除营收、净利增长超三成外，恒瑞医药另一亮眼数据即是“研发投入”。业绩数据显示，公司年内累计研发投入 38.96 亿元，比上年增长 45.90%，研发投入占销售收入的比重达 16.73%。

资料来源：投中网。

（一）财务效益

由表 15-2 可以看出，医药生物行业上市公司整体财务效益状况优于全部上市公司平均水平，除盈利现金保障倍数外，扣除非经常性损益净资产收益率、总资产报酬率、营业利润率和股本收益率指标均高于全部上市公司平均水平。

表 15－2　医药生物行业财务效益状况比较表

评价指标		2019 年上市公司平均值	2019 年行业值	2018 年行业值	增长率（%）
基本指标	扣除非经常性损益净资产收益率（%）	6.61	6.75	8.54	-20.96
	总资产报酬率（%）	5.26	7.24	7.83	-7.54
	得分	20.77	22.34	23.32	-4.20
修正指标	营业利润率（%）	6.34	8	8.95	-10.61
	盈利现金保障倍数	1.97	1.41	1.05	34.29
	股本收益率（%）	36.41	42.39	47.99	-11.67
综合得分		22.01	22.12	22.74	-1.98

与 2018 年的情况相比较，2019 年医药生物行业上市公司大部分指标低于 2018 年行业值，仅有盈利现金保障倍数指标高于 2018 年行业值。其他指标均出现较大波动，反映了 2019 年医药生物行业的整体业绩出现一定波动。财务效益综合得分前五家上市公司为迈瑞医疗、恒瑞医药、乐普医疗、新和成和步长制药，盈利较好与政府对医药卫生事业投入加大、全民医保体系的不断完善、人口老龄化及大健康领域消费升级等利好因素的逐步释放

息息相关。

（二）资产质量

由表15-3可以看出，医药生物行业上市公司资产质量状况中应收账款周转率明显低于全部上市公司平均水平，这与医药生物行业特殊的营销模式具有一定的关系，即医药生物行业上市公司对客户应收账款期限过长导致应收账款周转率偏低。医药生物行业上市公司资产质量状况中总资产周转率、流动资产周转率、存货周转率略高于全部上市公司平均水平，这与医药生物行业药品流通两票制、互联网+等有利因素存在一定的关联性。资产质量综合得分前五名的上市公司为通策医疗、ST运盛、爱尔眼科、ST冠福和光正集团，上述公司通过“互联网+”提高资产管理能力，医疗体制改革政策支持下，资产质量表现优异。

表15-3　医药生物行业资产质量状况比较表

评价指标		2019年上市公司平均值	2019年行业值	2018年行业值	增长率（%）
基本指标	总资产周转率（次）	0.64	0.77	0.76	1.32
	流动资产周转率（次）	1.21	1.31	1.29	1.55
	得分	9.53	10.22	9.97	2.51
修正指标	应收账款周转率（次）	8.24	4.43	4.52	-1.99
	存货周转率（次）	2.73	3.8	3.55	7.04
综合得分		9.17	9.22	8.85	0.80

（三）偿债风险

由表15-4可以看出，2019年医药生物行业上市公司资产负债率低于全部上市公司平均水平，获利倍数、速动比率、现金流动负债比率显著好于全部上市公司的平均水平，带息负债比率略高于全部上市公司，显示出医药生物行业上市公司较强的短期偿债能力。

表15-4　医药生物行业偿债风险状况比较表

评价指标		2019年上市公司平均值	2019年行业值	2018年行业值	增长率（%）
基本指标	资产负债率（%）	61.12	44.21	44.63	-0.94
	获利倍数	4.11	6.38	7.42	-14.02
	得分	8.94	10.22	10.2	0.20
修正指标	速动比率（%）	77.4	127.72	126.45	1.00
	现金流动负债比率（%）	13.01	18.16	15.13	20.03
	带息负债比率（%）	41.99	42.99	43.33	-0.78
综合得分		8.79	8.61	9.5	-4.40

与 2018 年相比较，速动比率指标改善明显，现金流动负债比率指标有所改善，资产负债率、获利倍数和带息负债比率指标略有恶化，2019 年医药生物行业上市公司偿债风险状况与 2018 年总体上差异不大，略有下降。偿债风险综合得分前五家上市公司为国新健康、仁和药业、江中药业、理邦仪器和普门科技，上述公司财务政策相对稳健。

（四）发展能力

从表 15-5 可知，医药生物行业上市公司 2019 年度行业营业收入增长率、累计保留盈余率和三年营业收入增长率指标明显高于全部上市公司平均水平，其他发展能力指标均低于全部上市公司平均水平。医药行业作为典型的刚性消费行业，社会人口老龄化以及农村人口城镇化等客观因素继续保证了医药需求的确定性增长。

2019 年医药生物行业上市公司发展能力指标均低于 2018 年度水平，主要是行业内资产资源整合机会减少，且受医药控费、带量采购等政策影响，行业增长率水平及利润水平出现一定下降。发展能力综合得分前五家上市公司为恒瑞医药、长春高新、智飞生物、罗欣药业和云南白药。

表 15 - 5　医药生物行业发展能力状况比较表

评价指标		2019 年上市公司平均值	2019 年行业值	2018 年行业值	增长率（%）
基本指标	营业收入增长率（%）	8.81	12.75	20.45	-37.65
	资本扩张率（%）	9.67	9.59	10.72	-10.54
	得分	12.05	12.79	13.61	-6.02
修正指标	累计保留盈余率（%）	41	44.51	44.56	-0.11
	三年营业收入增长率（%）	14.54	17.75	19.11	-7.12
	总资产增长率（%）	10.59	9.17	15.6	-41.22
	营业利润增长率（%）	0.61	-1.78	-7.76	-77.06
综合得分		12.19	12.23	12.73	-2.60

（五）市场表现

2019 年，全部上市公司市场投资回报率 23.04%，股价波动率有 94.27%，作为重要的稳定增长型防御品种，医药生物上市公司市场表现良好，全年市场回报率仅为 27.92%。具体情况见表 15-6、图 15-1。

表 15 - 6　医药生物行业公司市场表现状况比较表

评价指标	2019 年上市公司平均值	2019 年行业值	2018 年行业值	增长率（%）
市场投资回报率（%）	23.04	27.92	-29.17	195.71
股价波动率（%）	94.27	95.36	122.45	-22.12
得分	9.12	9.48	9.74	-2.67

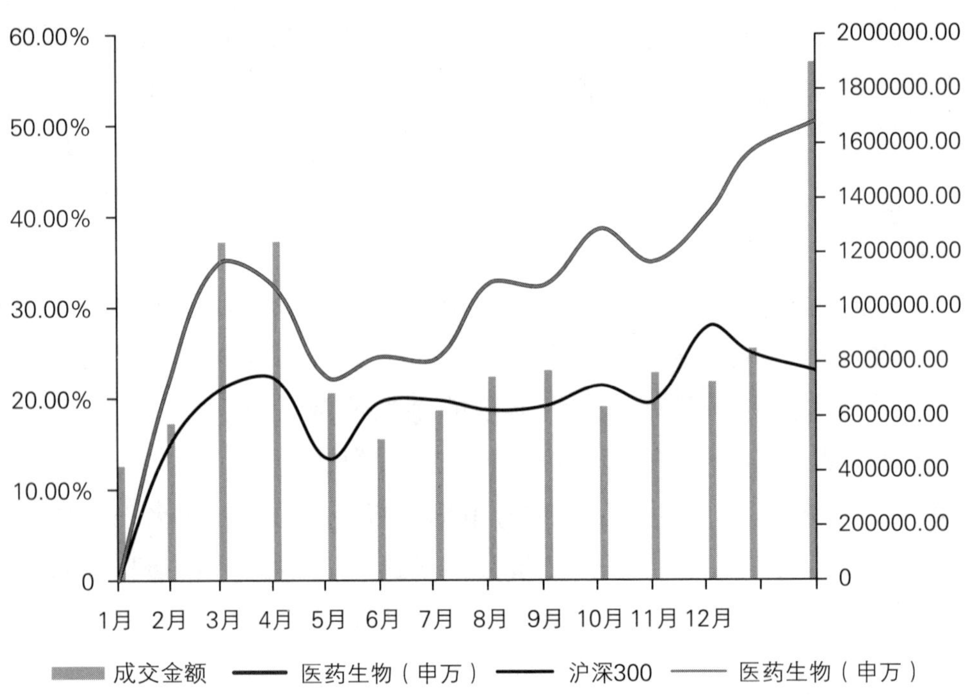

图 15-1 2019 年医药生物指数与大盘指数波动

与 2018 年相比，2019 年医药生物行业上市公司的市场表现情况良好，股价波动率降低，市场投资回报率升高至 27.92%。市场表现综合得分前五名的上市公司为丽珠集团、山大华特、沃森生物、乐普医疗和中关村，上述公司资本管理能力较好，在二级市场股价表现优异。

二、2019 年医药生物行业上市公司业绩的影响因素分析

2019 年医药生物行业上市公司实现营业收入 17481.15 亿元，同比增长 12.75%，增长率较 2018 年低 7.7%。在人口老龄化持续、国内健康消费升级、疾病谱改变以及相关创新医药政策推动等因素驱动下，我国医药市场整体保持向上趋势，但增速有所放缓。2019 年影响行业上市公司业绩的主要因素如下。

（一）医改深入推进，行业收入增速放缓

2019 年医药生物行业上市公司营业收入同比增长 12.75%，增长率较 2018 年下降 7.7%，营业利润同比下降 1.78%。随着我国老龄化程度不断加深，医保支出压力持续加大，为满足人们对健康生活的更高需求，医保资金提高使用效率势在必行，仿制药的带量采购已成为常态。医改在 2018 年后进入攻坚阶段，医保局成立后，加强带量采购、两票制、零加成以及医保谈判等，较大程度影响了药品的价格。在人口老龄化持续、国内健康消费升级、疾病谱改变以及相关创新医药政策推动等因素驱动下，我国医药市场整体保持向上趋势，但增速有所放缓，医药行业进入整体增速放缓的新常态。

（二）新药审批加快、动态纳入医保，驱动行业发展和竞争加剧，

随着2015年以来药政审评审批政策的逐步推进，药品审评积压的状况得到了显著的改善，企业申报数量和创新药品种获批的数量较此前有了显著提升，借助国内近年来药政审评审批的政策红利和资本市场的助力，国内企业的研发类型从单纯的模仿/改进（Me-too/Me-better）到快速跟进（Fast-follow）甚至逐步追求First-in-class。创新药企业预计能够持续享受到政策带来的红利。2019年《国家基本医疗保险、工伤保险和生育保险药品目录》调整，70个新药纳入医保范围。同时，随着审评标准提升并逐步和国际接轨，海外创新药加速进入国内，国内创新药企业在立项、申报、研发、临床等诸多环节也面临更加激烈的竞争。

（三）带量采购推进迅速，药品流通形式重塑

2018年12月，首轮国家级带量采购开标，11个城市参与，采用同品种比价，再跨品种比降幅的方式进行，实行“独家中标”模式。25个品种成功中选，平均降幅达到52%，最高降幅达到96%。

国家组织药品集中采购是对既往药品集中采购制度的重大改革，2019年9月“4+7”带量采购全国扩围结果部分出炉，25个“4+7”试点药品扩围采购全部成功，仿制药品价格均有大幅下降，呈现了断崖式下降的趋势。

基于全国基本医疗保险参保患者医疗服务利用调查数据，公布的25个带量采购品种门诊和住院合计药品费用约450亿元，中选药品价格平均降幅59%，价格下降后药品费用支出将减少约270亿元，按50%的医保报销比例测算，医保基金药品支出将减少超过100亿元。

按照通过一致性评价的仿制药品都加入带量采购，价格平均降幅50%、医保报销比例50%测算，截至2019年10月通过一致性评价及在审328个品种的药品费用，预计954亿元下降为477亿元，为医保基金支出节省约240亿元。

带量采购模式下，医院承诺药品的使用量，不再需要销售人员去医院营销，砍掉了代理商的功能与附加值，进而切断了药品购销中的灰色利益链，节省了大量的营销成本。此次带量采购中选药品价格平均降幅59%，药品价格大幅度下降，挤掉的主要是营销环节费用的水分，对于药品生产企业来说，药品利润影响较小。

药品销售和流通形式的重塑改变了药品的价格体系，斩断了灰色的利益输送链条，解决了常年困扰医疗行业的价值体系的问题，随着政策效应的持续释放，更为健康的价值体系逐步形成。

（四）下游需求和国家政策共同驱动，细分行业医疗器械市场保持高速增长

随着我国人口老龄化程度不断提高，经济的快速发展，民众支付能力不断增强，医疗体系逐步完善，我国医疗器械行业增长迅速，已经成为全球第二大市场。根据中国药品监督管理研究会与社会科学文献出版社联合发布的《医疗器械蓝皮书：中国医疗器械行业发展报告（2019）》，2018年我国医疗器械生产企业主营收入约为6380亿元，2021年至

2022 年医疗器械生产企业主营收入将有望突破万亿元，国内医疗器械市场未来将维持高速增长态势。

我国政府多次出台强有力政策，鼓励创新医疗器械。我国政府为推进医疗器械行业的健康有序发展，行业标准体系进一步健全。2019 年，国家药监局下达 108 项标准制修订项目，其中国家标准 15 项、行业标准 93 项。发布行业标准 72 项。截至 2019 年年底，医疗器械现行有效标准共 1671 项，其中国家标准 220 项，行业标准 1451 项，我国标准与国际标准一致性程度达到 90.4%。国家药监局通过设立特别通道，加快对具有我国知识产权、处于国际领先水平、具有显著临床应用价值的创新医疗器械以及对国家科技重大专项、国家重点研发计划支持、由国家临床医学研究中心开展临床试验并经中心管理部门认可的产品予以优先审评。随着分级诊疗制度的逐渐完善，各地政府对基层医疗机构硬件建设的支持力度也在持续加大，基层医院越来越注重购买国产设备，医疗设备市场的需求持续增长，国产设备市场份额有望不断提升。

资料链接：

➢迈瑞医疗：营业收入和净利润持续增长

报告期内，公司实现营业收入 1655599.13 万元，较上年同期增长 20.38%；利润总额 536825.35 万元，较上年同期增长 26.66%；实现归属于上市公司股东的净利润 468064.68 万元，较上年同期增长 25.85%。

公司主营业务收入持续增长，主要受益于医疗器械市场的持续稳定增长、国家产业政策的大力支持以及公司在研发、生产、营销等方面的竞争优势。

资料来源：wind。

三、2020 年医药生物行业前景分析

2020 年医改深度推进，医药生物行业的热门词仍将是“一致性评价”“带量采购”等，医药企业竞争格局进一步凸显。在社会整体医疗服务需求继续上涨的大背景下，新冠疫情的爆发对医药生物领域带来了新的挑战和要求。2020 年医药生物行业企业盈利情况或将面临进一步分化，部分优质企业或面临新一轮发展机遇。

（一）医改处于深水阶段，政策大方向明确

医保局在 2018 年成立后，政策大方向基本确立，医改继续向深度推进，破除“以药养医”取得一定成效，药占比水平、两票制、零加成已基本实现，带量采购、医保谈判成为常态化，下一步或将转向攻坚“以耗养医”。截至 2019 年 9 月 6 日，全国有 25 省已开始或全面实施耗材两票制，仅剩 6 省市未发布相关政策。2020 年预计成为耗材激烈变动年份。药品集采扩面、蔓延耗材改革已经成为确定性事件，不论是制药企业、耗材企业和器械企

业都必须转型创新，创新成为方向坚定的主题。同时，随着人均消费力升级、人民对美好生活的追求，消费类药品、器械和服务龙头企业业绩夯实，表现出较为强劲的成长属性。

（二）带量采购成为常态，竞争格局凸显

据国新办消息，国务院新闻办公室 2019 年 11 月 27 日举行国务院政策例行吹风会：以药品集中采购和使用为突破口进一步深化医改的政策措施。目前，仿制药一致性评价工作已经进入了常态，国务院医改领导小组秘书处副主任陈时飞表示，截至目前，共审评通过一致性评价 123 个品种，包括 323 个品规。此外，按与原研一致标准批准的仿制药 66 个品种，包括 113 个品规，合计有 184 个品种，包括 436 个品规。前期已开展带量集中采购的 25 个品种全部是已经通过仿制药一致性评价的药品。11 月 20 日召开的国务院常务会议提出“扩大集中采购和使用药品品种范围，优先将原研药与仿制药价差较大的品种，及通过仿制药质量和疗效一致性评价的基本药物等纳入集中采购，以带量采购促进药价实质性降低。”目前，部分地方已经开始探索对未过一致性评价的药品进行带量采购探索，预计到 2020 年有更多品类和地市执行集采，形成常态化操作。

竞争格局成为决定价格降幅的主要因素。国家组织的第二批带量采购 33 个品种于 2020 年 1 月 17 日开标，目前各地正在逐步执行，降价幅度或更大。根据部分省份披露的第二批国家组织药品集中采购和使用的地方中选结果，药品价格降幅明显。而从扩面采购阶段来看，竞争格局的影响更为显著。原研企业和印度企业加入战局，中国成为不可轻视的需求市场，国产企业竞争压力增加。国家医保局针对已过专利期多年、常用药物的可及性提升有着不可比拟的决心，过往在国内专利期通过以后仍然享有“单独定价权”“优先分层”等特权消失，取而代之的将是像欧美成熟市场一样，在专利期过保后进入价格“悬崖”。中国的患者量及随着可及性提高而获得的扩容市场，即使原研企业也很难放弃。跨国辉瑞、诺华已经分别成立普强、山德士，战略性重启在中国的普药运作。原研企业在扩面采购中亦做出一定让步，如阿斯利康 – 吉非替尼、赛诺菲 – 氯吡格雷、礼来 – 奥氮平、默沙东 – 孟鲁司特。印度药企在成本控制、抢仿有着全球知名的实力，在过去高度依赖销售渠道和销售能力的中国市场，他们没能大展身手，而带量采购会成为他们一个重要机会。外资企业及印度企业或将逐步加入战局，本土企业或将面临更加严峻的仿制药挑战。

外部链接：

➢“4+7”带量采购，全国全面铺开

国家组织药品集中采购和使用试点（以下简称“带量采购”）在“4+7”城市落地已有一段时间，其在价格联动、重构医药市场方面的作用逐渐显现。药品降价效应显著，医药市场大浪淘沙模式开启。

2019年9月1日，上海阳光医药采购网正式挂网《联盟地区药品集中采购文件》，明确在国家组织药品集中采购和使用试点城市（以下简称4+7城市）及已跟进落实省份执行集中采购结果的基础上，国家组织相关地区形成联盟，依法合规开展跨区域联盟药品集中带量采购。此次联盟地区包括山西、内蒙古、辽宁、吉林、黑龙江、江苏、浙江、安徽、江西、山东、河南、湖北、湖南、广东、广西、海南、四川、贵州、云南、西藏、陕西、甘肃、青海、宁夏、新疆（含新疆生产建设兵团），联盟地区4+7城市除外。

资料来源：上海阳光医药采购网。

（三）一致性评价深入推进，多地暂停采购未通过一致性评价药品

目前，多个地方公示拟暂停采购国家集采范围内未通过一致性评价药品。2020年4月10日，上海阳光医药采购网发布《关于执行第二批国家组织药品集中采购中选结果的工作提示》，提出针对部分未通过一致性评价药品，停止采购和医保结算，于4月20日执行。此前对于未过一致性评价品种，政策规定是“同一品种过一致性评价企业达3家，不再采购未过一致性评价的品种”，如深圳市4月17日公告通知：同品种药品通过一致性评价的生产企业达到3家以上的，在确保供应的情况下，药品集中采购中不再选用未通过一致性评价的品种。深圳交易平台拟暂停采购正在交易的国家集采范围内未通过一致性评价药品。而本次，上海直接对这些品种停止采购和医保结算，无疑是堵上了该类药品存在的最后道路，该办法可能会受到其他省份效仿，过一致性评价成为仿制药的必走之路。

外部链接：

➢ **注射剂一致性评价正式启动**

2019年10月15日，国家药监局综合司公开征求《化学药品注射剂仿制药质量和疗效一致性评价技术要求（征求意见稿）》《已上市化学药品注射剂仿制药质量和疗效一致性评价申报资料要求（征求意见稿）》意见，宣告业内期待已久的注射剂一致性评价正式启动！

资料来源：搜狐网。

（四）深化医疗保障制度改革，细分领域面临发展机遇

2020年3月5日，中共中央办公厅、国务院办公厅发布《关于深化医疗保障制度改革的意见》，从顶层设计上为我国医疗保障制度的改革明确了方向。此次《关于深化医疗保障制度改革的意见》是在《“健康中国2030”规划纲要》的基础上，结合《深化医药卫生体制改革2019年重点工作任务》成果，对医保制度改革的进一步拓展、完善和深化。此次文件是对此前各项医保制度的肯定、完善和深化，对于医药生物行业细分领域未来发展和变

革方向给出指引。

1. 药品方面。一方面定价将不断向其实际临床价值靠拢，另一方面通过招采促使质量技术过硬的产品加速原研替代。未来腾笼换鸟仍是长期趋势，一致性评价基础上仿制药带量采购将是新常态，同时基于医保目录动态调整机制，持续纳入优质创新药和具备临床价值的药物。因此，在药品领域，创新仍将是未来不变的主题。

2. 医用耗材方面。将逐步迎来集中带量采购，具备质量保证和品牌影响力的龙头企业有望胜出。由于目前高值耗材中较多细分领域仍由外资企业所把控，带量采购将加速国产龙头进口替代的进程。

3. 在器械设备端。此次新冠疫情暴露出基层医疗机构设备存在严重短缺的问题，中长期来看补齐公共卫生短板才是重中之重，部分相关医疗设备领域将迎来加大投入。因此，我们预计未来将有望迎来国产设备繁荣发展的新阶段，预计未来五到十年又将有多个细分领域完成进口替代，国内龙头将享有行业高增速及进口替代的双重驱动，行业集中度提升，市场竞争格局重塑。

4. 在医疗服务端。按病种付费为主的多元复合式医保支付方式将持续推进，预计未来医疗服务项目价格也将逐渐优化及明确化。此外，前述文件中对互联网医疗有多次提及，此次新冠肺炎疫情中互联网医疗体现出其对于实体医疗体系的补充作用，随着政策的支持和医保支付的明确，互联网医疗有望迎来快速发展的新起点。

整体来看，新冠肺炎疫情下我国对公共卫生支出投入相对不足的问题暴露无余，健全体系、补齐公共卫生短板将成为发展方向，因此我们认为长期来看医药或将成为“新基建”的重要一环，相关产业链有望迎来长期投入和建设。

附表 2019年度医药生物行业上市公司业绩评价结果排序表

序号	全部上市公司评价得分排序	股票代码	单位名称	综合得分	评价等级	每股收益（元）	净资产收益率（%）	总资产报酬率（%）	总资产周转率（次）	流动资产周转率（次）	资产负债率（%）	已获利息倍数	营业收入增长率（%）	资本扩张率（%）	市场投资回报率（%）	股价波动率（%）	年末资产总额（万元）	营业收入（万元）	净利润（万元）
1	8	600276	恒瑞医药	87.6	AAA	1.2	22.25	24.29	0.93	1.15	9.5	880.85	33.7	25.96	86.87	132.98	2755647.55	2328857.66	532645.18
2	12	300760	迈瑞医疗	86.8	AAA	3.85	27.34	22.72	0.7	0.98	27.37	0	20.38	22.66	73.93	126.66	2563414.91	1655599.13	468481.68
3	56	300015	爱尔眼科	80.9	AA	0.45	22.8	17.74	0.93	2.75	40.96	27.72	24.74	17.62	96.09	151.89	1189474.88	999010.40	143115.86
4	62	000661	长春高新	80.6	AA	10.27	31.05	25.55	0.67	0.97	30.77	393.38	37.19	39.23	152.85	173.24	1272134.80	737370.13	234918.33
5	78	600763	通策医疗	79.7	A	1.44	29.14	27.39	0.79	3.43	25.95	28.47	22.52	36.05	107.34	163.96	265979.64	189421.83	50777.04
6	79	000538	云南白药	79.7	A	3.28	7.85	12.12	0.74	0.82	23.28	38.63	11.07	91.24	26.8	44.32	4965804.91	2966467.39	417305.20
7	82	300529	健帆生物	79.4	A	1.38	26.71	29.53	0.63	1	12.99	0	40.86	26.05	69.94	127.46	249466.21	143181.94	56869.34
8	104	002007	华兰生物	78.2	A	0.91	19.63	22.98	0.53	0.71	9.22	228.51	15.02	19.25	63.75	105.34	758319.80	369994.20	137887.67
9	107	002821	凯莱英	78.1	A	2.42	17.59	17.98	0.71	1.48	18.98	807.4	34.07	21.31	87.53	132.65	375873.64	245998.55	55386.38
10	123	603259	药明康德	77.4	A	1.14	11.08	9.5	0.5	1.05	40.46	19.25	33.89	-4.16	77.05	142.03	2923913.44	1287220.64	191140.94
11	127	600993	马应龙	77.3	A	0.84	12.6	13.77	0.87	1.1	19.8	83.16	23.11	12.04	30.11	62.63	328544.33	270539.62	35339.52
12	137	300003	乐普医疗	77	A	0.97	16.98	15.37	0.5	1.37	49.74	7.41	22.64	21.51	66.3	107.72	1592629.09	779552.94	172379.17
13	159	300347	泰格医药	76.5	A	1.13	16.17	19.13	0.47	1.13	26.7	27.96	21.85	81.98	129.62	176.7	753265.12	280330.93	97532.24
14	160	300122	智飞生物	76.5	A	1.48	48.11	32.01	1.19	1.66	47.48	37.33	102.5	37.47	31.27	72.87	1094242.24	1058731.83	236643.87
15	165	600750	江中药业	76.4	A	0.88	12.5	13.2	0.57	0.91	17.54	0	39.55	20.62	-6.67	45	475919.38	244940.44	47943.65
16	184	600161	天坛生物	75.7	A	0.58	18.75	18.34	0.58	0.88	18.01	0	11.97	19.11	63.59	124.05	631441.23	328185.96	89425.38
17	188	603127	昭衍新药	75.6	A	1.11	20.91	16.09	0.5	0.96	41.65	4326.42	56.4	26.97	63.12	134.56	141783.78	63937.93	17821.17
18	189	300595	欧普康视	75.6	A	0.77	20.25	23.59	0.46	0.58	10.47	870.95	41.12	32.83	112.03	194.2	160602.13	64690.37	29486.56
19	195	603233	大参林	75.5	A	1.34	18.44	12.51	1.47	2.35	50.05	29.69	25.76	40.33	72.03	154.12	867192.76	1114116.51	69654.28
20	197	002773	康弘药业	75.5	A	0.82	14.76	15.15	0.59	1.01	20.7	0	11.65	13.14	39.75	74.47	582701.68	325743.01	71819.03
21	200	000999	华润三九	75.5	A	2.16	10.22	13.49	0.77	1.56	35.92	583.85	9.49	15.34	25.39	65.6	2010352.57	1470191.88	213908.30
22	205	600062	华润双鹤	75.4	A	1.01	12.12	11.78	0.87	1.68	23.06	133.81	14.05	9.71	10.08	42.46	1127686.48	938098.99	106645.62
23	217	603658	安图生物	75	BBB	1.84	32.73	26.31	0.78	1.71	38.11	38.35	38.85	34.01	106.35	167.61	425686.97	267943.56	78689.99
24	220	000915	山大华特	75	BBB	0.87	14.13	13.73	0.59	1.06	18.57	339.25	17.93	9.67	94.56	96.3	315246.32	179994.78	35901.79
25	226	603811	诚意药业	74.7	BBB	1.1	16.66	17.08	0.76	2.06	21.55	310.48	24.82	14.17	61.28	138.57	98024.74	68122.80	13096.16
26	232	300725	药石科技	74.6	BBB	1.06	20.43	19.62	0.74	1.27	28.01	53.83	38.47	23.53	63.2	107.57	102913.81	66223.09	15207.24
27	237	600332	白云山	74.6	BBB	1.96	12.21	8.28	1.2	1.46	54.32	12.5	53.79	12.3	-0.48	56.22	5689365.91	6495177.76	344128.72

续表

序号	全部上市公司评价得分排序	股票代码	单位名称	综合得分	评价等级	每股收益（元）	净资产收益率（%）	总资产报酬率（%）	总资产周转率（次）	流动资产周转率（次）	资产负债率（%）	已获利息倍数	营业收入增长率（%）	资本扩张率（%）	市场投资回报率（%）	股价波动率（%）	年末资产总额（万元）	营业收入（万元）	净利润（万元）
28	245	300685	艾德生物	74.4	BBB	0.94	14.12	17.3	0.62	0.85	13.82	3208.75	31.73	19.21	57.92	131.93	104677.41	57835.55	13547.42
29	257	600511	国药股份	74.3	BBB	2.11	16.18	10.83	1.95	2.18	49.74	51.08	15.24	14.6	21.23	63.38	2419365.12	4464447.64	188047.69
30	258	002901	大博医疗	74.2	BBB	1.16	27.16	29.15	0.64	0.84	21.68	0	62.77	20.28	102.32	187.61	223877.30	125731.80	47870.53
31	261	300016	北陆药业	74.2	BBB	0.7	12.54	27.25	0.56	1.65	10.67	0	34.71	20.3	27.18	85.67	162381.81	81911.94	34243.83
32	271	300482	万孚生物	74	BBB	1.14	17.81	17.99	0.74	1.18	16.42	132.27	25.59	14.37	106.69	153.74	294400.42	207232.09	42709.67
33	273	000739	普洛药业	74	BBB	0.47	14.9	10.82	1.18	2.05	42.23	22.02	13.08	12.67	77.48	119.29	652258.59	721071.14	55340.08
34	286	300630	普利制药	73.7	BBB	1.1	27.94	23.87	0.67	1.7	33.39	97.75	52.28	29.74	90.41	129.88	172030.69	95009.52	30114.70
35	290	000513	丽珠集团	73.7	BBB	1.39	11.24	9.8	0.53	0.74	31.71	239.12	5.91	4.47	75.27	95.09	1797646.31	938469.58	146157.76
36	299	600529	山东药玻	73.5	BBB	0.77	12.19	11.12	0.61	1	25.19	0	15.77	9.7	111.48	135.95	517027.55	299234.68	45868.73
37	302	603882	金域医学	73.4	BBB	0.88	15.49	12.77	1.26	2.03	47.09	14.17	16.44	18.93	125.02	220.22	439546.73	526926.65	41526.43
38	305	002287	奇正藏药	73.4	BBB	0.69	14.08	15.33	0.53	0.77	24.2	87.01	15.62	10.59	16.88	39.06	298412.24	140267.69	36438.94
39	313	300357	我武生物	73.3	BBB	0.57	24.59	27.81	0.51	0.7	5.34	0	27.68	35.82	127.64	197.01	142821.09	63935.29	29262.02
40	315	300702	天宇股份	73.2	BBB	3.26	33.09	25.46	0.77	1.38	28.28	57.11	43.88	40.84	175.44	167.53	284022.78	211059.57	58572.57
41	325	600673	东阳光	73.1	BBB	0.38	18.98	13.48	0.64	1.34	62.97	4.49	26.43	5.85	25.65	59.59	2640706.75	1476721.06	199947.36
42	355	002262	恩华药业	72.5	BBB	0.66	18.18	19.03	1.01	1.4	14.2	48.98	7.55	21.97	30.41	71.59	420150.19	414931.24	65707.43
43	371	300653	正海生物	72.1	BBB	1.34	18.65	19.03	0.43	0.54	18.33	0	29.81	11.23	49.61	128.08	72044.85	27980.70	10738.64
44	376	603939	益丰药房	72.1	BBB	1.44	13.57	10.09	1.21	2.23	48.68	18.78	48.66	12.93	77.21	139.93	917527.81	1027617.47	60888.40
45	385	603387	基蛋生物	72	BBB	1.31	19.92	22.21	0.54	0.68	16.24	276.48	41.09	21.58	18.89	79.96	200763.94	96820.43	34994.70
46	387	300497	富祥药业	72	BBB	1.14	22.21	16.34	0.57	1.03	41.15	11.82	16.38	33.21	29.88	75.34	259579.96	135404.68	30688.00
47	394	000963	华东医药	72	BBB	1.61	23.07	17.59	1.74	2.65	40.05	33.37	15.6	23.41	13.59	61.69	2146397.41	3544569.82	292540.27
48	417	600436	片仔癀	71.6	BBB	2.28	22.27	21.67	0.74	0.91	20.9	53.83	20.06	31.32	31.48	53.92	881079.64	572227.34	138693.56
49	420	600252	中恒集团	71.6	BBB	0.22	9.94	11.99	0.51	1.02	18.35	0	15.62	7.88	26.45	49.33	783511.19	381405.61	74508.62
50	423	603858	步长制药	71.5	BBB	1.74	13.02	12.38	0.69	2.16	34.92	18.65	4.32	−0.51	9.28	53.43	2118523.42	1425545.50	196322.84
51	454	600211	西藏药业	71.2	BBB	1.75	13.17	13.35	0.47	1.03	11.58	335.12	22.2	8.4	8.87	76.56	276723.14	125602.20	31737.00
52	460	600380	健康元	71.1	BBB	0.46	10.6	8.89	0.48	0.72	31.66	35.52	6.93	6.67	55.63	88.55	2543761.30	1198015.31	185001.80
53	463	300753	爱朋医疗	71	BBB	1.27	13.2	16.3	0.53	0.72	10.92	0	27.38	10.02	9.93	65.66	75764.21	37964.71	10283.77
54	465	002880	卫光生物	71	BBB	1.59	11.84	13.05	0.54	0.85	8.62	497.11	19.41	10.95	27.9	63.65	158539.62	82146.91	17115.18

续表

序号	全部上市公司评价得分排序	股票代码	单位名称	综合得分	评价等级	每股收益（元）	净资产收益率（%）	总资产报酬率（%）	总资产周转率（次）	流动资产周转率（次）	资产负债率（%）	已获利息倍数	营业收入增长率（%）	资本扩张率（%）	市场投资回报率（%）	股价波动率（%）	年末资产总额（万元）	营业收入（万元）	净利润（万元）
55	495	002793	罗欣药业	70.6	BBB	0.59	23.9	17.4	1.71	2.67	46.9	16.47	711.25	335.41	135.6	171.61	746056.03	758879.06	65375.51
56	496	300396	迪瑞医疗	70.6	BBB	0.85	15.87	15.43	0.5	1.09	15.88	107.51	8.07	11.04	44.81	71.88	206232.15	100879.08	27288.56
57	500	600196	复星医药	70.6	BBB	1.3	7.3	7.66	0.39	1.49	48.5	5.14	14.72	16.7	22.04	55.06	7611964.57	2858515.20	374352.13
58	512	300452	山河药辅	70.4	BBB	0.61	13.9	13.6	0.61	1.26	26.36	1225.69	8.29	6.93	11.85	38.58	81016.65	46406.71	9017.20
59	514	002223	鱼跃医疗	70.4	BBB	0.75	12.25	11.73	0.62	1.15	22.71	106.56	10.82	11.04	3.89	50.94	796572.89	463593.47	76157.49
60	526	002019	亿帆医药	70.3	BBB	0.75	10.18	10.93	0.5	1.44	29.32	16.17	11.98	13.56	52.87	97.3	1106579.98	518684.36	87311.60
61	528	600557	康缘药业	70.3	BBB	0.86	12.43	10.49	0.78	1.59	33.11	15.76	19.4	5.02	50.04	102.27	611082.16	456579.80	51651.29
62	530	300642	透景生命	70.2	BBB	1.74	13	15.42	0.38	0.51	6.25	9899.56	21	14.11	7.38	46.5	124649.32	44145.25	15701.83
63	550	002653	海思科	70	BB	0.46	10.78	12.14	0.84	1.94	52.8	23.62	14.9	19.17	105.22	188.27	503526.39	393734.05	47485.04
64	553	000650	仁和药业	70	BB	0.43	14.78	17.16	0.95	1.47	12.69	16380.21	4.04	11.16	12.31	101.91	498442.65	458117.16	61930.21
65	557	300601	康泰生物	69.9	BB	0.91	23.05	18.45	0.53	1.09	30.32	75.28	−3.65	50.28	153.23	211.12	395240.76	194333.18	57450.56
66	565	300639	凯普生物	69.8	BB	0.7	11.04	12.44	0.59	1.06	8.66	11979.5	25.68	9.68	96.88	188.68	129696.82	72939.28	13695.60
67	571	002737	葵花药业	69.7	BB	0.97	16.61	15.32	0.84	1.42	35.4	48.71	−2.24	−0.21	10.42	50.11	530929.03	437141.36	63511.28
68	577	300558	贝达药业	69.6	BB	0.58	8.71	8.28	0.41	2.27	40.26	6.54	26.94	12.15	121.21	166.9	413333.38	155392.43	22584.03
69	592	600521	华海药业	69.4	BB	0.45	9.76	9.34	0.51	1.03	46.14	4.39	5.76	37.37	63.92	105.62	1072934.52	538809.46	60682.50
70	601	300463	迈克生物	69.2	BB	0.95	18.05	15.13	0.64	1	39.46	11.3	20.02	16.15	84.27	123.29	549684.39	322295.60	56568.20
71	607	002923	润都股份	69.1	BB	0.64	9.86	10.91	1.1	1.75	29.12	67.39	30.28	7.92	14.32	76.53	132668.05	135990.83	11889.67
72	614	002727	一心堂	69.1	BB	1.06	13.65	10.22	1.37	1.97	42.28	23.22	14.2	13.5	30.46	83.03	796281.09	1047909.31	60331.84
73	617	002020	京新药业	69.1	BB	0.73	11.6	11.57	0.69	1.12	34.03	57.86	23.88	3.84	24.03	90.38	562508.80	364668.39	52194.85
74	620	000710	贝瑞基因	69.1	BB	1.1	13.54	16.99	0.62	1.01	23.52	5153.24	12.35	20.84	18.35	83.92	306887.69	161764.13	38713.03
75	630	002099	海翔药业	68.9	BB	0.48	13.52	13.47	0.43	0.87	15.16	59.84	8.2	6.19	61.07	127.24	674719.87	294141.28	77078.22
76	635	603590	康辰药业	68.8	BB	1.66	9.01	9.82	0.35	0.53	14.05	0	4.28	9.97	12.57	52.74	317384.28	106592.46	26608.01
77	647	000028	国药一致	68.7	BB	2.97	9.84	6.82	1.67	2.04	54.18	7.83	20.69	10.46	12.07	49.29	3352060.91	5204576.41	148421.87
78	652	002626	金达威	68.6	BB	0.73	13.26	14.26	0.69	1.66	37.11	13.24	11.11	−2.18	70.86	125.33	469854.71	319178.49	45387.15
79	665	002001	新和成	68.5	BB	1.01	11.73	10.94	0.3	0.66	40.7	14.47	−12.23	4.23	57.99	89.43	2850152.27	762098.29	217655.49
80	669	601607	上海医药	68.5	BB	1.44	8.79	5.81	1.41	1.95	63.96	5.46	17.27	6.36	9.53	48.85	13702639.59	18656579.65	483074.20
81	673	603883	老百姓	68.4	BB	1.78	16.13	9.3	1.27	2.48	60.96	9.97	23.15	15	39.2	99.9	992430.64	1166317.62	61498.34

续表

序号	全部上市公司评价得分排序	股票代码	单位名称	综合得分	评价等级	每股收益（元）	净资产收益率（%）	总资产报酬率（%）	总资产周转率（次）	流动资产周转率（次）	资产负债率（%）	已获利息倍数	营业收入增长率（%）	资本扩张率（%）	市场投资回报率（%）	股价波动率（%）	年末资产总额（万元）	营业收入（万元）	净利润（万元）
82	675	002102	ST 冠福	68.4	BB	0.26	11.82	10.06	2.01	6.01	59.55	20.48	11.49	35.77	20.27	76.54	820046.97	1593557.10	66981.92
83	676	600329	中新药业	68.4	BB	0.81	11.47	10.01	0.94	1.41	29.58	152.88	9.99	9.28	10.46	53.15	784317.72	699388.17	63535.90
84	687	603368	柳药股份	68.2	BB	2.66	17.25	9.7	1.37	1.64	61.05	7.06	26.82	15.08	32.57	75.48	1195821.40	1485682.53	76485.32
85	706	002275	桂林三金	68	BB	0.67	13.04	13.87	0.48	0.8	17.57	84.82	3.52	0.31	2.54	30.09	341561.78	164042.37	39214.27
86	707	600479	千金药业	68	BB	0.7	12.53	11.81	0.97	1.27	31.02	1032.93	5.91	8.21	15.62	58.99	381217.27	352523.81	35209.86
87	712	603309	维力医疗	67.9	BB	0.61	10.13	11.24	0.69	2.45	28.81	11.89	33.25	10.25	40.26	135.55	145573.57	99381.26	12449.02
88	715	600085	同仁堂	67.9	BB	0.72	10.28	9.82	0.64	0.83	29.93	30.9	-6.56	0.9	7.19	37.73	2092182.21	1327712.32	156160.13
89	745	300406	九强生物	67.5	BB	0.66	17.08	19.07	0.42	0.72	8.5	308.64	8.61	15.79	60.65	107.84	215403.26	84086.17	33164.87
90	753	002393	力生制药	67.4	BB	1.03	4.7	4.75	0.35	0.69	16.23	160.49	7.43	37.5	22.51	52.42	527270.25	161527.64	18813.74
91	771	600285	羚锐制药	67.2	BB	0.51	13.12	10.93	0.67	1.29	33.03	35.25	5.06	6.01	28.91	71.86	331577.77	215705.20	29314.50
92	773	603896	寿仙谷	67.1	BB	0.88	9.7	9.95	0.43	0.96	12.55	128.68	6.9	19.06	12.51	100.85	134078.42	54675.85	12389.53
93	784	603367	辰欣药业	66.9	BB	1.14	10.91	10.8	0.76	1.11	17.35	2205.96	8	10.08	13.21	57.44	553375.31	411278.55	51479.35
94	786	300584	海辰药业	66.9	BB	0.81	15.4	14.44	1.11	2.95	24.76	20.12	29.87	12.58	20.23	84.97	86917.63	92453.79	9715.84
95	800	603538	美诺华	66.7	BB	1.04	10.33	8.62	0.48	1.07	39.99	9.01	39.02	17.04	34.18	68.5	261396.95	118020.53	16079.99
96	802	300519	新光药业	66.7	BB	0.59	11.6	12.86	0.35	0.43	7.13	0	5.43	6.17	-0.83	45.96	86113.06	29126.21	9390.07
97	804	300298	三诺生物	66.7	BB	0.44	8.55	9.74	0.57	1.37	19.28	67.69	14.69	0.99	43.05	78.2	328150.87	177820.93	25068.34
98	807	000403	双林生物	66.7	BB	0.59	19.61	16.28	0.71	1.2	36.96	9.7	6.49	29.4	21.22	69.67	127164.21	91565.66	15783.76
99	811	603987	康德莱	66.6	BB	0.39	10.83	10.22	0.61	1	28.45	20.66	25.3	65.66	19.86	59.12	376967.96	181690.79	24855.82
100	820	300723	一品红	66.5	BB	0.89	8.93	10.88	0.92	1.37	25.31	36.09	14.54	3.18	45.1	97.57	179480.57	163740.56	14252.88
101	835	600422	昆药集团	66.4	BB	0.6	8.35	8.16	1.13	1.8	41.71	14.47	14.33	9.77	69.54	135.05	743493.06	811996.33	46775.55
102	844	002462	嘉事堂	66.3	BB	1.44	15.1	9.04	1.86	2.07	62.24	5.62	23.53	31.88	11.99	55.92	1303739.19	2218657.29	65980.24
103	882	300244	迪安诊断	65.8	BB	0.56	10.17	9.26	0.79	1.31	52.2	4.51	21.33	9.26	33.27	104.39	1075001.34	845320.70	57556.81
104	883	300206	理邦仪器	65.8	BB	0.23	8.61	8.7	0.77	1.37	13.25	0	14.46	3.25	27.16	62.31	149701.68	113624.30	12736.71
105	887	600420	现代制药	65.8	BB	0.62	9.77	7.4	0.72	1.34	47.82	6.66	7.76	9	-1.74	51.44	1763846.38	1219910.67	92846.71
106	888	600566	济川药业	65.8	BB	1.99	27.09	23.37	0.84	1.5	29.55	62.59	-3.72	11.85	-21.16	92.59	866464.33	693999.38	162297.39
107	925	300009	安科生物	65.4	BB	0.12	3.84	5.81	0.6	1.54	16.31	45.66	17.17	34.26	12.16	47.81	322620.62	171252.97	11039.76
108	940	300453	三鑫医疗	65.2	BB	0.24	8.84	8.38	0.73	1.93	37.33	12.95	35.83	17.65	-0.54	67.25	114570.04	72166.81	6653.71

续表

序号	全部上市公司评价得分排序	股票代码	单位名称	综合得分	评价等级	每股收益（元）	净资产收益率（%）	总资产报酬率（%）	总资产周转率（次）	流动资产周转率（次）	资产负债率（%）	已获利息倍数	营业收入增长率（%）	资本扩张率（%）	市场投资回报率（%）	股价波动率（%）	年末资产总额（万元）	营业收入（万元）	净利润（万元）
109	945	600079	人福医药	65.2	BB	0.58	7.41	7.47	0.62	1.27	60.02	3.09	17.03	−1.93	32.95	78.48	3501325.31	2180660.58	135147.83
110	956	300314	戴维医疗	65.1	BB	0.22	6.08	7.54	0.39	0.56	14.12	0	18.67	4.56	10.9	56.96	96512.76	35635.21	6205.66
111	985	002332	仙琚制药	64.8	B	0.45	14.22	10.42	0.66	1.33	47.49	9.81	2.4	12.85	63.31	120.85	582434.55	370854.55	44247.84
112	990	300677	英科医疗	64.7	B	0.91	12.18	8.54	0.77	1.4	49.81	8.25	10.06	17.96	9.53	63.37	299200.10	208293.54	17826.72
113	994	002603	以岭药业	64.6	B	0.51	7.12	8.09	0.66	1.17	12.31	135.25	20.99	5.14	9.61	49.91	906939.69	582529.45	60304.37
114	1013	600867	通化东宝	64.5	B	0.4	16.58	17.99	0.51	1.32	6.38	48.81	3.13	5.8	1.75	92.86	534990.96	277714.89	80964.48
115	1016	002728	特一药业	64.4	B	0.85	13.86	11.24	0.43	1.05	48.91	5.26	4.08	3.76	32.34	54.02	225680.86	92112.23	17171.04
116	1065	002294	信立泰	63.9	B	0.68	9.01	11.09	0.57	1.37	13.8	54.18	−3.9	−2.98	−1.41	78.92	773329.62	447046.60	68184.08
117	1066	002107	沃华医药	63.9	B	0.27	12.44	11.7	0.89	1.46	23.1	0	11.09	11.41	20.37	60.89	100802.18	86029.05	9724.09
118	1067	002022	科华生物	63.9	B	0.39	9.95	9.87	0.67	1.35	27.38	13.2	21.32	10.72	15.63	57.12	370484.24	241447.13	27339.44
119	1076	002864	盘龙药业	63.7	B	0.83	10.13	9.57	0.7	0.95	27.36	0	24.76	10.32	−12.06	71.44	92887.79	61063.68	7177.89
120	1083	603301	振德医疗	63.6	B	1.12	9.96	9.89	0.83	1.42	47.56	9.22	30.71	24.45	−6.82	67.23	266923.83	186772.79	17658.47
121	1088	300326	凯利泰	63.6	B	0.42	10.79	10.56	0.33	0.65	27	13.43	31.3	9.99	67.62	150.93	377016.86	122228.80	30308.85
122	1101	002365	永安药业	63.4	B	0.31	5.27	6.08	0.71	1.8	13.16	405.56	36.31	3.16	−5.35	100.25	190784.86	137044.31	10690.91
123	1102	300039	上海凯宝	63.4	B	0.24	9.68	10.78	0.51	0.64	9.6	0	−5.44	3.39	17.55	46.12	284249.93	141902.62	25098.65
124	1107	603520	司太立	63.3	B	1.01	18.54	9.3	0.4	1.19	70.48	3.69	46.98	11.46	135.16	237.13	348483.82	130884.16	18292.09
125	1108	300401	花园生物	63.3	B	0.72	19.94	21.74	0.39	0.73	16.18	63.68	8.81	11.61	0.34	101.05	207960.78	71838.45	34370.65
126	1120	002422	科伦药业	63.2	B	0.66	6.5	6.05	0.58	1.32	55.83	3.15	7.86	7.27	17.59	86.1	3148537.37	1763626.70	102154.13
127	1129	603229	奥翔药业	63.1	B	0.35	7.76	7.48	0.36	0.54	27.19	25.06	26.25	7.96	72.99	130.74	88614.48	30791.46	5638.66
128	1135	000950	重药控股	63.1	B	0.46	10.34	6.8	1.48	1.84	65.22	3.59	31.16	9.3	10.21	68.93	2547995.23	3384382.15	94434.75
129	1140	002675	东诚药业	63	B	0.19	7.07	6.2	0.42	1.01	34.49	9.6	28.29	3.65	88.85	119.19	729496.12	299276.10	29364.04
130	1146	000756	新华制药	63	B	0.48	9.54	7.07	0.91	2.35	51.67	7.89	7.65	11.23	27.43	59.46	643602.46	560602.09	32311.58
131	1158	600056	中国医药	62.8	B	0.92	10.93	6.73	1.28	1.63	63.09	11.29	13.8	8.62	6.14	48.61	2983266.18	3528482.43	125513.07
132	1162	603108	润达医疗	62.7	B	0.53	15.23	11.04	0.85	1.42	61.07	4	18.24	12.31	39.63	105.04	903284.89	705195.02	51110.15
133	1169	002907	华森制药	62.6	B	0.42	14.62	15.17	0.62	1.16	34.61	22.52	19.71	29.18	−11.76	83.29	163746.95	84206.40	16974.61
134	1173	002817	黄山胶囊	62.6	B	0.45	4.08	5.36	0.4	0.61	12.68	110.16	10.47	4.27	27.1	46.05	83180.36	32555.73	3639.62
135	1180	600682	南京新百	62.6	B	1.28	11.84	10.86	0.42	1.13	29.62	23.89	−34.66	18.62	10.43	121.98	2305471.82	950184.99	185978.31

续表

序号	全部上市公司评价得分排序	股票代码	单位名称	综合得分	评价等级	每股收益（元）	净资产收益率（%）	总资产报酬率（%）	总资产周转率（次）	流动资产周转率（次）	资产负债率（%）	已获利息倍数	营业收入增长率（%）	资本扩张率（%）	市场投资回报率（%）	股价波动率（%）	年末资产总额（万元）	营业收入（万元）	净利润（万元）
136	1211	600976	健民集团	62.2	B	0.6	7.15	5.5	1.23	1.97	37.37	150.8	3.58	5.49	21.16	52.38	192854.06	223893.71	9263.36
137	1246	300194	福安药业	61.8	B	0.25	6.75	7.29	0.62	1.52	15.76	136.94	4.18	8	63.63	204.59	473596.85	278074.06	29303.37
138	1255	000705	浙江震元	61.7	B	0.63	4.02	10.94	1.38	2.24	33.87	644.2	13.47	18.6	7.31	56.84	258855.41	324314.94	21407.19
139	1262	000919	金陵药业	61.6	B	0.29	2.42	6.16	0.63	1.13	17.64	581.51	−12.56	5.5	16.89	55.83	415834.02	253492.05	18367.59
140	1264	002940	昂利康	61.5	B	1.25	11.89	10.77	0.98	1.36	26.61	1236.45	11.25	4.69	−16.01	86.7	138498.54	139619.39	12645.81
141	1278	300676	华大基因	61.4	B	0.69	5.17	5.98	0.5	0.86	25.52	58.26	10.41	3.5	8.83	70.9	590911.83	280041.19	27851.91
142	1280	300573	兴齐眼药	61.4	B	0.45	4.74	5.16	0.7	2.21	32.55	9.04	25.8	3.67	322.01	333.87	85236.81	54243.42	2951.08
143	1306	300562	乐心医疗	61.1	B	0.16	4.62	4.13	0.95	1.44	42.13	24.46	14.01	6.78	54.45	80.84	98163.36	88366.82	2989.34
144	1310	603456	九洲药业	61.1	B	0.3	8.05	7.45	0.51	1.14	38.8	29.81	8.3	2.89	120.86	180.68	467028.10	201681.59	23696.42
145	1312	300246	宝莱特	61.1	B	0.44	11.58	10.42	0.88	1.68	39.07	11.68	1.55	−5.84	36.29	62.63	96145.89	82596.11	7304.86
146	1313	300026	红日药业	61.1	B	0.14	5.75	6.22	0.63	1.21	16.09	46	18.44	7.52	11.04	32.85	842654.54	500293.85	40843.38
147	1315	002252	上海莱士	61.1	B	0.12	5.33	6.32	0.22	0.61	3.05	434.66	43.27	5.5	−7.72	92.53	1185305.11	258498.40	60592.34
148	1321	603707	健友股份	61	B	0.84	21.7	16.57	0.58	0.69	40.85	31.79	45.25	24.08	184.81	205.06	507841.93	246966.93	60624.19
149	1329	000411	英特集团	61	B	0.66	12.23	6.46	2.49	2.78	72.41	3.71	20.05	42.63	−1.03	42.56	1076945.94	2460092.72	33767.23
150	1330	603669	灵康药业	60.9	B	0.4	10.33	11.88	0.82	1.28	31.34	17.41	−2.06	−4.65	4.86	59.14	191343.57	163500.04	20159.25
151	1373	002550	千红制药	60.5	B	0.21	7.79	10.44	0.55	0.75	20.5	17.05	26.74	−8.1	20.59	54.8	293428.71	167515.31	25691.35
152	1388	000790	华神科技	60.4	B	0.1	7.07	6.82	0.67	0.91	22.64	1501.09	17.67	5.4	17.86	62.8	113849.55	74534.08	6163.23
153	1408	002826	易明医药	60.2	B	0.2	5.29	6.33	0.69	1.28	21.93	18.62	13.19	5.46	−3.12	54.46	83540.58	55325.54	3732.90
154	1423	002900	哈三联	60.1	B	0.57	6.03	9.05	0.81	1.26	30.7	36.15	−3.24	−6	−5.27	49	267212.37	210206.12	17386.04
155	1428	600739	辽宁成大	60.1	B	0.79	5.56	5.58	0.47	2.31	41.5	3.45	−7.94	6.25	36.59	67.23	3926239.16	1774555.55	133145.58
156	1434	002038	双鹭药业	60	CCC	0.47	8.64	10.99	0.4	0.72	7.73	5967.89	−6.36	6.7	−24.5	93.92	522496.62	202970.37	47949.82
157	1440	300294	博雅生物	59.9	CCC	1	10.95	10.66	0.56	0.95	24.12	17.91	18.66	5.78	24.08	61.87	525669.06	290876.93	44212.33
158	1449	002317	众生药业	59.8	CCC	0.39	7.34	7.95	0.47	0.99	24.92	8.86	7.2	4.65	49.15	75.01	550657.64	253151.64	31977.49
159	1454	000623	吉林敖东	59.8	CCC	1.21	5.8	6.31	0.12	0.51	13.01	14.09	−7.09	5.65	7.95	46.68	2580090.49	308837.96	139339.84
160	1478	600216	浙江医药	59.5	CCC	0.36	2.07	4.15	0.69	1.44	20.36	16.46	2.7	2.08	53.44	91.7	1036236.13	704392.76	29195.37
161	1520	600998	九州通	59.1	CCC	0.94	7.46	5.16	1.44	1.72	69.12	2.87	14.19	7.78	−6.44	58.97	7114776.50	9949707.74	178148.31
162	1555	600535	天士力	58.7	CCC	0.66	8.22	7.25	0.77	1.11	50.6	3.95	5.61	5.84	−12.01	101.24	2401237.67	1899831.03	100316.74

续表

序号	全部上市公司评价得分排序	股票代码	单位名称	综合得分	评价等级	每股收益（元）	净资产收益率（%）	总资产报酬率（%）	总资产周转率（次）	流动资产周转率（次）	资产负债率（%）	已获利息倍数	营业收入增长率（%）	资本扩张率（%）	市场投资回报率（%）	股价波动率（%）	年末资产总额（万元）	营业收入（万元）	净利润（万元）
163	1558	603139	康惠制药	58.6	CCC	0.43	3.78	5.01	0.39	0.5	10.07	215.79	14.86	3.83	8.73	36.52	113067.85	43142.13	4606.91
164	1574	600055	万东医疗	58.5	CCC	0.31	6.87	7.67	0.39	0.67	14.91	248.52	2.92	8.23	7.1	80.23	256626.48	98237.20	16502.33
165	1577	300381	溢多利	58.4	CCC	0.31	5.49	5.67	0.44	0.88	39.6	3.66	15.83	13.38	26.69	57.93	451808.32	204813.34	17044.82
166	1595	300705	九典制药	58.2	CCC	0.23	6.27	6.31	0.92	2.01	28.94	13.6	15.31	6.09	4.69	74.81	107209.90	92406.12	5506.59
167	1599	300233	金城医药	58.2	CCC	0.52	1.84	6.14	0.51	1.37	26.96	17.75	-7.09	-0.08	41.42	81.49	559239.06	279481.93	21400.97
168	1600	002412	汉森制药	58.2	CCC	0.32	10.67	10.8	0.48	1.64	18.74	19.91	-3.74	12.22	0.08	105.53	188290.58	88749.10	16237.77
169	1616	002382	蓝帆医疗	58.1	CCC	0.51	6.18	5.32	0.27	1.04	36.17	6.04	31	8.51	-15.13	54.69	1325917.88	347561.42	51945.62
170	1617	600513	联环药业	58.1	CCC	0.28	8.14	6.7	0.78	1.34	42.63	11.82	26.6	14.52	16.48	51.94	188959.82	129033.27	8324.92
171	1629	300267	尔康制药	58	CCC	0.08	2.42	2.93	0.45	0.94	5.71	59.76	16.56	2.73	37.08	146.47	614376.86	274434.10	15500.38
172	1632	002524	光正集团	58	CCC	0.14	5.46	11.12	0.58	1.88	40.4	7.98	9.32	-9.96	118.84	260.94	177618.12	128486.71	15711.12
173	1653	300363	博腾股份	57.8	CCC	0.35	5.25	5.67	0.37	0.66	22.53	5.52	30.93	6.28	48.65	158.5	395548.19	155129.88	17962.10
174	1680	600488	天药股份	57.6	CCC	0.13	5.2	5.75	0.58	1.43	32.1	7.9	20.09	9.26	8.87	46.58	528117.74	291570.08	18321.06
175	1686	603567	珍宝岛	57.5	CCC	0.48	6.62	7.3	0.38	0.6	41.79	6.95	18.37	5.36	-1.02	40.08	901862.21	329185.60	40584.45
176	1702	000590	启迪古汉	57.4	CCC	0.18	3.71	6.62	0.38	0.64	26.52	33.39	69.55	7.32	43.76	156.45	84674.44	31503.45	4244.23
177	1707	600713	南京医药	57.3	CCC	0.33	8.52	4.73	1.79	1.98	79.42	2.5	18.7	10	9.44	44.74	2196556.01	3715574.23	43155.03
178	1717	002873	新天药业	57.1	CCC	0.62	9.95	8.67	0.75	1.27	34.6	13.49	11.39	7.29	2.56	50.31	108364.76	77333.75	7086.60
179	1730	603998	方盛制药	57	CCC	0.19	4.32	5.79	0.6	1.63	39.73	9.74	4.06	8.05	67.91	167.21	199494.06	109375.40	7897.40
180	1773	300636	同和药业	56.5	CCC	0.6	7.12	6.14	0.45	1.23	30.46	13.29	54.63	7.32	51.19	86.9	101571.14	41305.81	4830.93
181	1784	603676	卫信康	56.3	CCC	0.13	3.97	5.19	0.58	0.85	28.71	0	-0.72	3.61	-5.96	57.2	130461.19	74096.32	5567.78
182	1787	002399	海普瑞	56.3	CCC	0.85	6.27	10.89	0.32	0.8	50.98	6.1	-3.95	19.64	-6.33	95.7	1524220.54	462465.36	104355.45
183	1797	300158	振东制药	56.2	CCC	0.14	2.24	3.08	0.62	1.43	21.32	8.33	28.63	1.47	16.86	85.31	691526.17	439875.36	13703.72
184	1839	600833	第一医药	55.7	CCC	0.24	5.35	6	1.08	1.57	39.8	295.55	5.65	9.37	1.48	54.04	121655.16	124316.95	5308.94
185	1850	002788	鹭燕医药	55.5	CCC	0.78	13.69	7.26	2.21	2.66	74.95	3.29	30.5	14.18	6.23	63.37	753799.21	1500887.61	25750.96
186	1853	300149	量子生物	55.5	CCC	0.28	5.14	5.52	0.37	1.73	38.87	3.75	33.19	4.48	-11.94	61.19	376771.66	132782.61	13592.66
187	1858	600829	人民同泰	55.5	CCC	0.46	15.4	7.76	1.68	1.86	66.7	15.29	18.41	16.92	13.96	71.9	554732.39	835388.45	26730.01
188	1874	000931	中关村	55.4	CCC	0.13	5.04	6.14	0.6	0.97	48.16	4.15	20.39	-1.91	43.58	59.2	358204.92	213514.90	12614.46
189	1875	000078	海王生物	55.4	CCC	0.09	4.86	5.21	1.01	1.22	80.93	1.76	8.11	10.26	10.77	91.43	4116828.37	4149270.39	55284.37

续表

序号	全部上市公司评价得分排序	股票代码	单位名称	综合得分	评价等级	每股收益（元）	净资产收益率（%）	总资产报酬率（%）	总资产周转率（次）	流动资产周转率（次）	资产负债率（%）	已获利息倍数	营业收入增长率（%）	资本扩张率（%）	市场投资回报率（%）	股价波动率（%）	年末资产总额（万元）	营业收入（万元）	净利润（万元）
190	1928	600587	新华医疗	54.9	CC	2.12	−0.69	10.78	0.73	1.42	59.57	7.52	−14.75	12.76	7.73	70.39	1160791.06	876676.11	86008.64
191	1942	300434	金石亚药	54.7	CC	0.3	4.24	5.01	0.31	1.11	14.13	169.93	3.59	3.41	−21.06	85.06	323026.42	100560.62	12586.61
192	1946	600812	华北制药	54.7	CC	0.09	1.98	4.22	0.6	1.44	69.67	1.44	18.09	2.03	128.71	217.91	1854119.13	1088076.78	14790.11
193	1951	603716	塞力斯	54.6	CC	0.56	8.65	8.37	0.66	0.88	46.09	4.91	38.96	−0.28	−3.8	86.77	300705.65	183077.16	14244.09
194	1956	000153	丰原药业	54.6	CC	0.26	3.21	4.78	0.99	1.95	62.72	4.23	7.46	2.74	20.88	51.74	355961.45	323806.44	8060.93
195	1965	603079	圣达生物	54.4	CC	0.42	3.44	4.33	0.37	0.8	40.51	5.44	5.37	10.05	139.47	187.05	153258.96	51914.98	3775.92
196	2013	002390	信邦制药	53.9	CC	0.15	5.06	4.67	0.63	1.04	51.55	3.01	1.14	−2.33	32.41	87.77	1041940.15	665506.36	26372.17
197	2026	000989	九芝堂	53.8	CC	0.23	3.57	5.23	0.63	1.18	18.61	0	0.68	−7.4	−13.33	111.85	490474.77	318369.48	18668.80
198	2028	600613	神奇制药	53.8	CC	0.16	3	3.51	0.58	1.07	25.16	12.86	4.03	2.42	35.95	103.64	355612.90	192759.32	8056.84
199	2037	603976	正川股份	53.6	CC	0.4	5.76	6.03	0.44	0.7	16.52	0	−12.54	4.96	4.07	121.07	124095.01	52108.08	6105.67
200	2046	002932	明德生物	53.5	CC	0.62	5.11	7.42	0.29	0.37	3.57	0	2.71	3.89	−19.91	76.48	63842.23	18115.54	4250.69
201	2052	300142	沃森生物	53.5	CC	0.09	3.3	3.65	0.16	0.3	19.26	8.51	27.55	7.8	75.81	108.49	701772.48	112122.03	19413.56
202	2054	603222	济民制药	53.4	CC	0.22	0.05	5.93	0.37	1.19	48.53	3.8	10.53	2.5	293.87	239.74	208449.02	77127.92	7343.51
203	2068	600645	中源协和	53.3	CC	0.11	1.01	2.67	0.3	0.84	29.21	11.41	5.02	15.96	−4.14	70.32	488853.85	138677.88	5395.47
204	2106	300485	赛升药业	52.7	CC	0.31	4.86	6.21	0.43	0.7	3.36	0	−16.59	6.1	−12.12	77.21	280550.27	119090.25	14755.44
205	2113	000597	东北制药	52.7	CC	0.19	3.12	2.95	0.68	1.43	68.76	2.68	10.09	9.05	−1.89	61.33	1253982.90	822010.29	17044.04
206	2143	600272	开开实业	52.4	CC	0.09	1.82	3.21	0.85	1.81	50.02	0	−0.82	3.81	4.27	53.3	104061.36	87039.83	2167.52
207	2154	600789	鲁抗医药	52.3	CC	0.14	2.27	3.01	0.55	1.35	55.26	3.62	12.11	3.26	12.17	58.42	708926.82	373271.89	12878.77
208	2215	300049	福瑞股份	51.4	CC	0.17	5.75	5.91	0.38	0.91	31.05	43.66	−4.07	2.6	−23.51	106.81	225022.61	83173.93	10012.64
209	2219	300404	博济医药	51.3	CC	0.04	1.72	2.1	0.36	0.79	27.96	33.96	30.24	7.64	68.49	210.74	63308.19	22406.47	1233.74
210	2228	002166	莱茵生物	51.2	CC	0.2	6	5.91	0.31	0.51	32.39	8.37	19.67	57.8	36.36	112.79	259969.57	74140.26	10484.88
211	2239	000788	北大医药	51.1	CC	0.08	4.24	3.43	1.09	1.22	49.34	6.08	8.35	3.11	23.05	90.08	246025.93	250908.01	4988.51
212	2242	603880	南卫股份	51	CC	0.17	3.58	4.03	0.57	0.88	34.74	5.28	2.47	1.34	7.78	42.86	86960.20	49168.80	2515.07
213	2243	002566	益盛药业	51	CC	0.23	3.95	4.96	0.4	0.51	17.57	7.36	3.86	4.69	10.03	55.97	249651.37	101274.85	9233.19
214	2254	300683	海特生物	50.8	CC	0.61	1.92	3.36	0.29	0.41	18.85	15450.11	4.96	2.98	10.39	55.82	216950.88	62016.32	6118.73
215	2256	002424	贵州百灵	50.8	CC	0.21	5.75	7.32	0.44	0.66	41.28	4.29	−9.13	5.61	−3.8	79.22	705891.82	285058.53	29318.64
216	2258	000952	广济药业	50.8	CC	0.35	5.12	7.8	0.42	1.49	45.41	3.84	−13.33	9.46	−6.32	57.08	176650.84	73134.05	8318.36

续表

序号	全部上市公司评价得分排序	股票代码	单位名称	综合得分	评价等级	每股收益（元）	净资产收益率（%）	总资产报酬率（%）	总资产周转率（次）	流动资产周转率（次）	资产负债率（%）	已获利息倍数	营业收入增长率（%）	资本扩张率（%）	市场投资回报率（%）	股价波动率（%）	年末资产总额（万元）	营业收入（万元）	净利润（万元）
217	2265	300110	华仁药业	50.7	CC	0.04	2.09	3.06	0.5	0.99	17.04	4.02	5.64	−0.21	29.52	149.99	271026.55	146194.06	4516.06
218	2280	300633	开立医疗	50.5	CC	0.25	5.39	5.83	0.59	0.94	41.84	7.66	2.2	7.11	−15.19	73.61	241437.82	125385.36	10153.69
219	2311	300255	常山药业	50.2	CC	0.24	8.14	7.9	0.53	0.81	30.95	6.61	25.34	7.9	29.03	132.55	394259.20	207147.98	22242.78
220	2336	002758	华通医药	49.9	C	0.12	2.41	3.81	1.09	1.59	57.23	2.04	10.27	4.56	44.26	95.01	156008.96	167907.50	1970.04
221	2352	300534	陇神戎发	49.7	C	0.04	1.1	2.61	0.3	0.86	8.8	28.33	17.64	2.5	−2.04	64.12	81014.64	23900.33	1536.40
222	2360	300239	东宝生物	49.6	C	0.07	2.99	3.3	0.39	1.04	24.54	32.13	8.63	32.09	26.03	62.43	131434.78	49181.94	3560.71
223	2381	300030	阳普医疗	49.4	C	0.08	0.31	4.41	0.38	0.81	44.37	2.26	4.56	2.79	37.09	65.67	150679.67	57506.13	2613.81
224	2420	002411	延安必康	48.8	C	0.26	2.71	5.03	0.43	1.29	54.7	1.94	10.43	7.54	−19.5	66.55	2275138.91	932817.85	42404.98
225	2424	000813	德展健康	48.8	C	0.15	4.66	6.55	0.3	0.36	5.33	0	−46.06	6.25	−31.61	152.96	592779.55	177496.81	33570.30
226	2438	002644	佛慈制药	48.6	C	0.15	−0.08	3.5	0.26	0.64	34.68	75.3	15.47	4.87	−9.56	81.57	231489.21	62881.52	7466.77
227	2451	002433	太安堂	48.4	C	0.13	0.77	3.01	0.46	0.92	38.7	1.89	21.05	1.47	−4.11	77.5	880498.33	401315.52	10182.51
228	2460	300436	广生堂	48.2	C	0.08	−0.3	2.24	0.47	2.05	35.74	2.62	3.1	2.41	34.47	132.24	89587.84	41486.63	1258.49
229	2461	300358	楚天科技	48.2	C	0.1	0.79	1.46	0.44	0.67	46.28	3.75	17.41	1.1	−6.98	81.05	449507.89	191596.62	4730.89
230	2479	600851	海欣股份	48	C	0.09	1.21	2.89	0.23	1.25	21.52	18.85	1.19	11.67	10.94	61.6	515850.06	111174.24	10754.69
231	2492	603963	大理药业	47.7	C	0.08	0.94	2.96	0.51	0.72	16.69	0	−26.69	0.75	21.57	83.52	56132.87	29432.49	1350.55
232	2493	300147	香雪制药	47.7	C	0.12	0.65	3.26	0.33	0.84	48.93	1.8	11.26	2.56	25.42	71.64	805812.28	278619.95	12958.91
233	2518	603168	莎普爱思	47.3	C	0.02	−2.61	1.04	0.32	0.56	6.31	0	−15.06	0.53	24.24	71.29	158932.05	51595.71	785.73
234	2520	300181	佐力药业	47.3	C	0.04	1.07	2.5	0.44	1.15	31.35	2.28	24.77	1.48	−3.91	89.31	205064.57	91116.40	2389.45
235	2526	000518	四环生物	47.3	C	0.01	2.02	3.4	0.45	0.55	27.9	9.12	5.65	2.72	0.58	90.77	91582.60	41787.82	1749.61
236	2528	300583	赛托生物	47.2	C	0.52	2	3.43	0.35	0.61	36.84	3.08	−8.22	1.34	1.12	46.9	298725.91	96580.04	4904.66
237	2557	600080	ST 金花	46.8	C	0.07	0.8	2.26	0.38	0.83	13.34	14.82	1.26	−3.15	−16.07	84.18	197985.16	75454.40	2641.03
238	2563	600267	海正药业	46.7	C	0.1	−30.41	4.77	0.51	1.61	64.21	1.96	8.68	4.12	18.3	72.48	2146556.35	1107178.42	32326.57
239	2584	600222	太龙药业	46.4	C	0.08	2.08	4.14	0.47	0.76	52.11	1.8	9.79	−5.71	23.21	96.46	273942.33	131181.48	4496.45
240	2663	600664	哈药股份	45.2	C	0.02	0.88	2.88	0.97	1.63	52.47	7.94	9.35	−5.38	−3.42	112.26	1250253.08	1182456.17	12186.83
241	2685	600781	*ST 辅仁	44.8	C	0.74	7.71	8.95	0.46	0.83	50.19	2.84	−18.14	6.93	−53.01	284.49	1173598.97	517108.60	46110.62
242	2706	600351	亚宝药业	44.3	C	0.02	−0.5	2.22	0.67	1.38	36.83	1.96	4.24	−9.57	4.6	93.44	431263.77	304191.59	1079.86
243	2708	002551	尚荣医疗	44.2	C	0.08	2.3	1.88	0.35	0.68	40.34	6.86	−6.11	1.39	−4.86	79.35	472001.63	153082.00	7642.42

续表

序号	全部上市公司评价得分排序	股票代码	单位名称	综合得分	评价等级	每股收益（元）	净资产收益率（%）	总资产报酬率（%）	总资产周转率（次）	流动资产周转率（次）	资产负债率（%）	已获利息倍数	营业收入增长率（%）	资本扩张率（%）	市场投资回报率（%）	股价波动率（%）	年末资产总额（万元）	营业收入（万元）	净利润（万元）
244	2728	600594	益佰制药	43.8	C	0.18	2.43	4.3	0.56	1.15	33.73	5.05	-13.44	-5.93	-14.56	99.62	561801.56	336102.57	13241.71
245	2763	300289	利德曼	43.1	C	0.02	1.88	2.06	0.3	0.65	15.41	8.92	-21.33	0.87	-12.78	86.28	171415.71	51514.35	2796.69
246	2766	600796	钱江生化	43.1	C	0.06	-10.08	3.74	0.42	0.93	27.5	10.33	-14.1	3.42	5.34	52.28	87470.01	38028.77	2657.36
247	2793	300273	和佳医疗	42.2	C	0.05	0.47	3.1	0.2	0.41	58.05	1.48	1.86	3.2	4.4	76.85	650093.84	121826.68	4413.51
248	2795	600671	*ST 目药	42.2	C	0.41	-26.13	11.81	0.59	1.31	73.78	9.49	-17.13	53.67	-26.13	143.3	53666.97	29707.24	5146.00
249	2798	002693	双成药业	42.1	C	0.06	-8.69	1.96	0.33	1.16	28.68	2.07	2.79	1.28	13.06	57.08	95098.26	34664.88	902.92
250	2839	600538	国发股份	40.6	C	0.01	-1.67	1.39	0.33	0.51	13.92	107.02	11.86	1.26	20.48	65.81	75004.75	25115.35	577.29
251	2864	300254	仟源医药	40	C	0.03	-7.13	1.21	0.69	1.76	48.25	1.1	-0.41	0.15	19.32	58.55	180202.92	113180.14	-177.74
252	2889	002898	赛隆药业	39.2	C	0.17	2.22	4.23	0.37	0.85	21.17	23.63	-32.73	-0.68	-9.63	55.71	83597.83	29346.70	2748.32
253	2891	300204	舒泰神	39.2	C	0.06	0.67	0.91	0.29	0.51	12.2	20.45	-17.94	-33.47	5.81	100.92	186241.38	66149.04	2729.94
254	2893	600721	ST 百花	39.2	C	0.09	0.71	3.38	0.21	0.43	26.06	49.39	-37.49	3.82	16.13	59.22	129120.57	26201.77	3376.42
255	2898	000504	ST 生物	39.1	C	0.06	-25.92	8.62	0.44	0.93	57.35	2.97	40.66	6.22	-36.37	169.81	26833.09	13416.05	1826.93
256	2899	002044	美年健康	39	C	-0.23	-9.27	-0.42	0.48	1.18	56.9	-0.18	0.79	11.77	26.33	90.13	1891862.05	852502.61	-71373.69
257	2919	000004	国农科技	38	C	0.04	-4.21	0.66	0.12	0.28	6.02	0	-70.49	666.1	35.84	73.36	149449.03	10824.67	-360.40
258	2925	000503	国新健康	37.8	C	0.02	-14.28	1.27	0.1	0.16	5.96	45.97	36.06	0.81	10.33	132.41	130521.06	12991.28	1549.33
259	2931	002432	九安医疗	37.6	C	0.15	-17.99	1.38	0.37	0.72	17.61	3.23	25.25	4.73	-4.35	89.23	194025.36	70627.64	2705.96
260	2939	600129	太极集团	37.5	C	-0.13	-5.92	2.11	0.86	1.49	77.89	1.33	8.92	-4.53	30.54	76.4	1418539.61	1164308.74	-10417.37
261	2950	600771	广誉远	37	C	0.26	4.96	5.81	0.37	0.51	30.97	5.59	-24.81	3.63	-17.51	104.23	353735.69	121709.75	13734.51
262	2992	002589	瑞康医药	35.3	C	-0.62	-5.97	2.49	1.05	1.25	68.42	1.14	3.95	-9.32	10.44	65.61	3246527.36	3525850.95	-43497.99
263	2998	600200	江苏吴中	35.2	C	0.09	-3.14	3.03	0.49	0.89	39.71	2.49	23.99	-1.86	-16.32	124.75	391991.93	210985.07	6176.19
264	3000	300086	康芝药业	35	C	-0.06	-2.62	-0.29	0.46	1.66	27	-0.52	14.24	-3.13	-20.09	100.97	219441.81	100843.15	-2995.71
265	3032	002750	龙津药业	33.5	C	-0.06	-6.16	-2.81	0.35	0.58	17.47	0	-18.06	1.52	117.27	204.3	80689.20	27529.23	-2393.70
266	3040	002435	长江健康	33.2	C	-0.3	-12.01	-3.08	0.64	1.32	31.36	-3.87	8.54	-8.23	9.92	73.97	756132.23	507290.10	-39424.18
267	3041	600530	*ST 交昂	33.2	C	-0.1	-5.09	-5.21	0.23	0.93	44.05	-5.35	33.56	-19.42	8.06	84.61	141580.04	33260.27	-7081.84
268	3042	002581	未名医药	33.1	C	0.1	1.32	3.05	0.15	0.26	30.03	2.88	-14.59	-15.5	1.22	91.57	341395.41	56763.72	7308.44
269	3043	600090	*ST 济堂	33.1	C	0.08	2.12	3.48	0.51	0.74	27.33	3.54	-58.5	1.89	-26.08	119.16	885786.16	449963.06	13215.03
270	3044	300006	莱美药业	33	C	-0.19	-11.48	-2.93	0.56	1.21	52.77	-1.35	18.99	-4.08	59.46	138.58	350143.10	185901.08	-16139.15

续表

序号	全部上市公司评价得分排序	股票代码	单位名称	综合得分	评价等级	每股收益（元）	净资产收益率（%）	总资产报酬率（%）	总资产周转率（次）	流动资产周转率（次）	资产负债率（%）	已获利息倍数	营业收入增长率（%）	资本扩张率（%）	市场投资回报率（%）	股价波动率（%）	年末资产总额（万元）	营业收入（万元）	净利润（万元）
271	3048	300318	博晖创新	32.9	C	0	−1.03	1.96	0.23	0.6	60.95	1.22	1	−15.42	8.23	68.89	269460.43	62834.00	202.62
272	3060	000566	海南海药	32.5	C	−0.12	−14.02	2.05	0.23	0.43	57.03	0.64	−1.07	−4.04	14.43	87.92	1077693.10	244528.93	−19464.87
273	3094	600572	康恩贝	31.1	C	−0.13	−6.81	0.98	0.66	1.42	49.87	0.67	−0.27	−14.67	4.71	123.47	986034.17	676829.29	−27151.84
274	3116	002118	紫鑫药业	30.3	C	0.05	−0.79	3.94	0.08	0.11	58.28	1.27	−35.15	3.17	37.58	222.08	1065863.94	85928.92	7023.51
275	3131	300143	盈康生命	29.6	C	−1.29	−40.68	−27.68	0.25	1.92	30.13	−20.55	13.67	−33.85	2.64	56.73	195710.36	57293.64	−69243.14
276	3141	600767	ST 运盛	29.2	C	−0.21	−32.86	−18.85	0.3	0.61	38.75	−31.11	−36.09	−28.9	−1.46	75.34	37902.08	13249.94	−8224.44
277	3147	002030	达安基因	28.9	C	0.12	−5.95	1.44	0.3	0.57	41.39	1.13	−25.73	−5.14	6.34	66.84	356162.27	109821.72	−4715.92
278	3170	300439	美康生物	27.5	C	−1.63	−32.98	−10.64	0.75	1.39	62.89	−5.45	−0.05	−38.84	−1.46	44.41	374086.00	313344.77	−57662.67
279	3172	300238	冠昊生物	27.3	C	−1.75	−53.77	−33.65	0.31	1.07	38.74	−29.74	−4.49	−39.06	88.54	176.69	114934.78	43788.65	−49075.23
280	3246	002198	嘉应制药	23.7	C	−0.24	−17.12	−12.69	0.57	1.23	22.52	−32.08	−6.79	−15.56	6.62	168.08	85593.82	50050.40	−12218.45
281	3262	000509	*ST 华塑	23	C	−0.16	136.87	−65.46	0.39	0.6	161.84	−763.35	−94.2	−740.1	−18.74	90.52	15686.60	7012.21	−12346.39
282	3286	000423	东阿阿胶	22	C	−0.68	−5.04	−3.48	0.23	0.31	13.99	−7.24	−59.68	−11.53	−9.58	98.81	1165367.45	295862.23	−44538.45
283	3295	000766	通化金马	21.6	C	−2.11	−56.16	−36.73	0.37	1.17	43.25	−40.25	−5.6	−43.85	−7.72	109.27	469804.84	197720.64	−204293.61
284	3302	002173	创新医疗	21.2	C	−2.53	−34.48	−31.25	0.24	0.59	16.78	−56.1	−17.63	−31.7	−16.47	114.96	296803.93	87219.74	−114978.17
285	3321	002349	精华制药	19.9	C	−0.48	−22.72	−14.99	0.37	1	26.98	−18.62	−14.57	−20.29	−27.12	98.34	294133.86	115738.94	−52434.90
286	3340	002437	誉衡药业	18.4	C	−1.21	−86.57	−30.95	0.64	1.68	75.21	−16.84	−7.8	−63.85	4.87	146.23	640757.97	505385.99	−265493.81
287	3361	000516	国际医学	16.8	C	−0.21	−8.86	−3.74	0.11	0.5	50.19	−5.41	−51.41	−13.5	−6.84	76.07	1003108.85	99095.27	−41254.76
288	3366	600227	圣济堂	16.4	C	−1.01	−42.86	−29.23	0.36	1.21	32.47	−37.38	−16.64	−34.65	−15.62	137.79	470528.74	202628.62	−171193.10
289	3377	002219	*ST 恒康	15.8	C	−1.33	−161.96	−30.62	0.54	2.14	95.77	−6.07	−4.01	−92.74	−32.58	128.05	490988.99	368446.77	−249751.03
290	3398	600896	览海医疗	15.1	C	−0.2	−11.3	−7.29	0.01	0.25	28.4	−14.38	−41.34	−10.18	6.9	99.32	227102.10	3111.82	−17811.34
291	3407	002872	*ST 天圣	14.2	C	−0.7	−8.01	−4.2	0.37	0.99	32.73	−5.1	−22.72	−9.32	−38.38	224.78	439146.12	167805.25	−21893.91
292	3424	000908	景峰医药	13.3	C	−1	−42.19	−17.01	0.28	0.61	55.36	−7.76	−48.02	−32.15	−19.42	100.72	435007.29	134402.91	−92155.16
293	3455	300108	吉药控股	10.2	C	−2.66	−119.03	−39.26	0.26	0.69	87.32	−9.98	13.11	−81.74	−23.7	194.02	323785.02	106580.75	−177802.14
294	3470	002370	亚太药业	8.4	C	−3.86	−132.31	−72.3	0.25	0.52	72.09	−34.95	−45.84	−74.92	−61.37	231.57	226834.00	70929.11	−206923.37
295	3476	000150	宜华健康	6.7	C	−1.79	−103.78	−18.52	0.25	0.69	84.68	−8.3	−18.68	−63.83	−55.66	206.23	595187.57	179223.73	−155381.72
296	3486	300199	翰宇药业	5.6	C	−0.96	−32.76	−15.84	0.12	0.25	52.74	−11.94	−51.43	−34.16	−38.07	150.77	472474.85	61419.15	−88479.19
297	3498	600518	ST 康美	3	C	−0.99	−20.78	−3.11	0.17	0.22	68.03	−0.95	−32.93	−20.93	−47.05	363.28	6458622.88	1144554.58	−465520.72

续表

序号	全部上市公司评价得分排序	股票代码	单位名称	综合得分	评价等级	每股收益（元）	净资产收益率（%）	总资产报酬率（%）	总资产周转率（次）	流动资产周转率（次）	资产负债率（%）	已获利息倍数	营业收入增长率（%）	资本扩张率（%）	市场投资回报率（%）	股价波动率（%）	年末资产总额（万元）	营业收入（万元）	净利润（万元）
298	0	688198	佰仁医疗	73.8	BBB	0.88	12.21	14.61	0.29	0.33	2.97	0	31.98	290.18	23.08	12.5	78829.17	14603.33	6288.72
299	0	688399	硕世生物	74.5	BBB	1.85	11.54	12.22	0.37	0.5	11.57	0	25.18	214.96	23.08	10.26	115436.25	28879.47	8375.62
300	0	688358	祥生医疗	72.9	BBB	1.7	14.13	14.62	0.46	0.49	9.28	0	13.09	459.73	23.08	11.71	129050.37	36975.57	10513.24
301	0	688166	博瑞医药	70.6	BBB	0.3	9.81	10.46	0.44	0.62	7.61	534.08	23.47	70.57	23.08	12.04	142129.69	50315.67	11108.33
302	0	688363	华熙生物	76.2	A	1.34	18.08	19.96	0.54	0.74	8.49	430.22	49.28	164.9	23.08	25.3	497165.99	188557.07	58461.49
303	0	688389	普门科技	72	BBB	0.26	9.92	11.35	0.42	0.57	10.97	0	30.68	57.04	23.08	22.98	117896.13	42264.43	10055.97
304	0	688202	美迪西	72	BBB	1.36	8.92	9.65	0.56	0.84	11.32	0	38.3	183.2	23.08	18.15	112831.96	44939.28	6851.84
305	0	688366	昊海生科	69.9	BB	2.27	7.65	8.29	0.3	0.51	8.1	96.72	2.94	47.4	23.08	14.92	615186.94	160433.39	37637.66
306	0	688108	赛诺医疗	68.8	BB	0.24	9.72	10.73	0.43	0.65	8.88	0	14.59	56.64	23.08	23.98	120562.06	43591.34	9003.78
307	0	688139	海尔生物	73	BBB	0.73	9.44	8.03	0.38	0.45	19.11	627.18	20.3	120.78	23.08	18.41	303999.67	101252.04	18335.66
308	0	688068	热景生物	63	B	0.67	6.23	7.84	0.42	0.62	10.52	37.6	12.45	208.55	23.08	63.38	72567.46	21041.23	3374.81
309	0	688321	微芯生物	42	C	0.05	1.43	2.28	0.14	0.27	14.49	4.07	17.68	203.28	23.08	78.39	169142.25	17380.04	1942.19
310	0	688029	南微医学	77	A	2.67	18.32	18.77	0.68	0.87	12.07	174.72	41.79	307.51	23.08	56.04	287525.91	130747.43	31515.26
311	0	688016	心脉医疗	76	A	2.31	18.93	23.07	0.47	0.6	7.76	0	44.39	393.15	23.08	40.41	115570.91	33373.25	14175.59
312	0	300765	新诺威	74.6	BBB	1.46	13.99	15.87	0.59	0.97	15.32	224.81	1.32	141.69	23.08	75.4	285237.31	125650.24	27352.77
313	0	002950	奥美医疗	67.5	BB	0.79	16.23	14.25	0.78	1.52	34.75	11.53	16.03	55.8	23.08	113.6	315571.57	235246.18	32419.80
314	0	603351	威尔药业	70.6	BBB	1.39	13.7	14.03	0.78	1.54	14.88	32.37	9.9	101.95	23.08	75.73	145827.05	88075.61	12810.79
315	0	300759	康龙化成	74.7	BBB	0.83	9.6	9.86	0.52	1.04	21.11	8.43	29.2	234.68	23.08	138.07	993503.83	375716.01	53067.38
316	0	002755	奥赛康	75	BBB	0.84	34.86	26.7	1.36	1.92	31.84	19303.9	14.92	36.7	22.83	90.67	369209.70	451863.17	77990.17

第十六章　农林牧渔行业上市公司业绩评价

农业作为我国工业现代化的重要基础，在我国人均耕地资源较为紧张的背景下，对国民经济的发展起着支柱作用。2019年，面对日益复杂的国际环境、非洲猪瘟等事件的影响，全国各地落实贯彻创新协调发展理念，继续从高层次推动供给侧改革，全面提高我国农业发展质量、优化农林牧渔各行业发展结构。其中粮食再获好收成，畜牧板块发展较好。根据国家统计局相关数据，2019年我国粮食产量为66384.34万吨，相比于上年增产595.12万吨；猪肉、牛羊肉以及禽肉产量共计7649万吨，相比往年下降10.2%。2019年农林牧渔行业指数总体呈上升趋势，由年初的2268.97点，上升到年末的3308.1点，全年上升45.8%，年内最大涨幅为63.8%，高于2019年沪深300指数涨幅。为进一步提高我国农产品供给质量，提升农业供给体系运行效率与效益，农业农村部要求从优化农产品结构与质量、推动农牧与种养结合、协调一二三产业交叉融合发展、创新驱动发展战略等方面，推动农业供给侧结构性改革，全面提高发展质量，发展具有中国特色的现代农业体系。

一、2019年农林牧渔行业上市公司业绩评价结果

截至2019年年末，在我国A股上市的农林牧渔行业企业共计43家，其中盈利企业30家，亏损企业13家，盈利企业占比达69.77%。

2019年，农林牧渔行业43家上市公司总资产共计3097.40亿元，占全部上市公司（不包括金融和B股，以下如无特指按此口径）总资产的0.45%。2019年全国3654家全部上市公司共计完成营业收入416790.20亿元，农林牧渔行业上市公司完成营业收入2367.10亿元，占全部上市公司营业收入的0.57%；3654家全部上市公司共计实现净利润19733.15亿元，农林牧渔行业上市公司实现净利润311.48亿元，占全部上市公司实现净利润的1.58%。

根据 2019 年上市公司业绩综合评价结果显示，有 7 家农林牧渔行业上市企业的综合业绩表现进入全国“中联价值 100”名单，全部得分都大于 80；且最高得分为 89.11，于全部上市企业业绩表现中排名第二。从整体行业上看，农林牧渔行业整体业绩表现综合评分为 78 分，高于全部行业的 60.73 分。在农林牧渔行业上市公司中，业绩表现为 A 的企业有 7 家；其中 AAA 的企业有 3 家，业绩为 B 的企业有 6 家，业绩为 C 的企业有 30 家，其中业绩表现为 CCC 的企业有 4 家，表现为 C 的有 25 家。2019 年度农林牧渔行业评价得分前十名的公司见表 16–1。

表 16 – 1　2019 年度农林牧渔行业评价得分前十名的公司

序号	股票代码	股票简称	在全部上市公司中评价得分排序
1	300498	温氏股份	2
2	002714	牧原股份	3
3	002746	仙坛股份	16
4	002458	益生股份	23
5	002299	圣农发展	36
6	002234	民和股份	48
7	600598	北大荒	359
8	600097	开创国际	703
9	300511	雪榕生物	1011
10	600180	瑞茂通	1326

下面分别从财务效益状况、资产质量状况、偿债风险状况、发展能力状况与市场表现状况五个方面，对 2019 年农林牧渔行业上市公司的具体业绩表现进行分析。

（一）财务效益

从财务效益上看，2019 年农林牧渔行业上市公司财务效益状况平均得分为 28.08 分，高于全部上市公司平均得分 21.91 分。（见表 16–2）

从具体指标上看，除了盈利现金保障倍数以外，2019 年农林牧渔行业上市企业的其他所有指标都呈较大幅度增长，尤其是下表中扣除非经常性损益净资产收益率以及股本收益率这两大指标，涨幅分别为 442.64% 和 489.44%，且其他指标涨幅也都超过 100%。上升的主要原因在于受非洲猪瘟的持续性影响，全年生猪价格大幅度上涨，同时由于替代效益，畜禽价格也呈较大涨幅态势，养殖类企业收益较大，推动整个板块积极向上发展。

表 16－2　2019 年农林牧渔行业财务效益状况比较表

分析指标		2019 年上市公司平均值	2019 年行业值	2018 年行业值	增长率（%）
基本指标	扣除非经常性损益净资产收益率（%）	6.61	17.69	3.26	442.64
	总资产报酬率（%）	5.26	12.23	4.27	186.42
	得分	20.77	34.41	17.03	102.06
修正指标	营业利润率（%）	6.34	13.5	3.76	259.04
	盈利现金保障倍数	1.97	1.7	2.77	−38.63
	股本收益率（%）	36.41	78.16	13.26	489.44
综合得分		22.12	28.08	18.92	48.41

在 2019 年财务效益状况指标中，温氏股份、牧原股份等 10 家公司的财务效益超过了全部上市公司的平均水平，占比 23.26%。以温氏股份为例，公司主营原料采购、种苗生产、饲料生产、肉鸡与肉猪饲养和销售，主要产品是商品肉鸡和商品肉猪。2019 年公司营业收入为 731.20 亿元，比 2018 年增长 27.75%。受非洲猪瘟疫情影响，市场肉猪供给减少，猪肉均价同比上涨 46.57%，公司肉猪类营业收入及毛利同比分别增长 23.83% 和 189.75%。同时猪肉价格拉动了禽肉同步上涨，公司肉鸡（鸭）类产品营业收入及毛利同比分别增长 33.9% 和 50.53%，对公司业绩提升影响较大（见表 16–3）。

表 16－3　2019 年度农林牧渔行业财务效益评价得分前五名的公司

序号	股票代码	股票简称	财务效益得分
1	002714	牧原股份	34.72
2	300498	温氏股份	33.81
3	002299	圣农发展	31.75
4	002746	仙坛股份	27.51
5	600598	北大荒	27.37

（二）资产质量

从综合得分上看，2019 年农林牧渔上市公司的资产质量得分为 15 分，与上年度相比，资产状况平稳；相较于全部上市公司平均得分 9.14 分而言，农林牧渔上市公司整体资产质量更好。表 16–4 列示了农林牧渔行业的资产状况比较情况，从总体上看，各指标都呈现一定程度的负增长。其原因在于，随着农林牧渔行业市场集中化程度的进一步提升，行业内各企业不断扩大经营规模，资产规模不断增加；同时受到非洲猪瘟疫情的影响，各养殖类企业大幅增加防疫投入，各项资产的增长幅度超过了营业收入等指标的增长幅度。

表 16－4　2019 年农林牧渔行业资产质量状况比较表

分析指标		2019 年上市公司平均值	2019 年行业值	2018 年行业值	增长率（%）
基本指标	总资产周转率（次）	0.64	0.82	0.86	-4.65
	流动资产周转率（次）	1.21	1.75	1.97	-11.17
	得分	11.19	11.19	11.6	-3.53
修正指标	应收账款周转率（次）	8.24	18.77	19.26	-2.54
	存货周转率（次）	2.73	3.73	4.47	-16.55
综合得分		9.22	15.00	15.00	0.00

在 2019 年农林牧渔行业上市公司的资产状况指标中，温氏股份等 31 家公司的资产状况高于全部上市公司的平均值，比率占 72.09%。其中温氏股份、立华股份、益生股份、民和股份、圣农发展等 13 家公司的资产状况评分均为 15 分。从农林牧渔行业的特性上分析，该行业各指标均高于我国全部上市公司平均值，其原因在于人们对农产品的流通效率与效益的要求越来越高，因此流通环节相对较少，各周转率相对较高。以益生股份为例，2019 年公司通过增加资产投入，扩大引种范围，引进利丰新品系白羽肉种鸡，有效扩大了市场竞争力（见表 16–5）。

表 16－5　2019 年农林牧渔行业资产质量评价得分前五名的公司

序号	股票代码	股票简称	资产质量得分	综合得分
1	300498	温氏股份	15.00	15.00
2	002458	益生股份	14.28	15.00
3	002234	民和股份	14.28	15.00
4	002299	圣农发展	13.28	15.00
5	600097	开创国际	11.64	15.00

（三）偿债风险

从综合得分上看，2019 年农林牧渔上市公司的偿债风险得分为 10.23 分，高于全部上市公司平均得分 8.33 分（见表 16–6）。

表 16–6 列示了 2019 年农林牧渔行业的偿债风险状况比较情况，从总体上看，除了资产负债率与带息负债率相比于上年分别下降了 17.62% 与 15.82% 以外，其他指标都呈现一定程度的增长，特别是获利倍数，增长幅度达 241.53%。在 2019 年农林牧渔行业上市公司的偿债风险状况指标中，益生股份、北大荒等 17 家公司的偿债风险评分高于全部上市公司的平均值（见表 16–7）。

表 16－6　2019 年农林牧渔行业偿债风险状况比较表

分析指标		2019 年上市公司平均值	2019 年行业值	2018 年行业值	增长率（%）
基本指标	资产负债率（%）	61.12	40.07	48.64	−17.62
	获利倍数	4.11	10.28	3.01	241.53
	得分	8.94	11.03	8.78	25.63
修正指标	速动比率（%）	77.4	90.55	67.38	34.39
	现金流动负债比率（%）	13.01	51.38	15.29	36.04
	带息负债比率（%）	41.99	46.68	55.45	−15.82
综合得分		8.61	10.23	7.74	32.17

表 16－7　2019 年农林牧渔行业偿债风险评价得分前五名的公司

序号	股票代码	股票简称	综合得分
1	002458	益生股份	14.52
2	600598	北大荒	14.18
3	600097	开创国际	13.64
4	000592	平潭发展	13.24
5	002746	仙坛股份	12.69

（四）发展能力

从综合得分上看，2019 年农林牧渔行业上市公司的发展能力得分为 15.72 分，相较于 2018 年而言有较大幅度上升，同时相比于全部上市公司发展能力状况得分 12.23 分更高。

表 16–8 列示了农林牧渔行业的发展能力状况比较情况，与 2018 年相比，所有指标有较大增长幅度。其中资本扩张率与营业利润增长率增幅巨大，分别上涨 316.64% 与 529.91%。其原因与前面分析类似，由于非洲猪瘟导致全年生猪价格大幅度上涨，养殖类企业收益较大。同时农林牧渔行业市场集中化程度的进一步提升，行业内各企业不断扩大经营规模，导致资本扩张率与营业利润增长率增幅较大。

表 16－8　2019 年农林牧渔行业发展能力状况比较表

分析指标		2019 年上市公司平均值	2019 年行业值	2018 年行业值	增长率（%）
基本指标	营业收入增长率（%）	8.81	23.15	11.14	107.81
	资本扩张率（%）	9.67	24.54	5.89	316.64
	得分	12.05	17.84	11.10	60.72

续表

分析指标		2019 年上市公司平均值	2019 年行业值	2018 年行业值	增长率（%）
修正指标	累计保留盈余率（%）	41.00	44.98	30.64	46.80
	三年营业收入增长率（%）	14.54	14.55	11.67	24.68
	总资产增长率（%）	10.59	16.64	12.48	33.33
	营业利润增长率（%）	0.83	150.08	–34.91	529.91
综合得分		12.23	15.72	10.74	46.37

在 2019 年农林牧渔行业上市公司的发展能力指标中，牧原股份等 10 家公司的发展能力高于全部上市公司的平均值，比率占 23.25%。其中牧原股份发展能力状况评分为 20 分，在所有上市公司中的发展能力排名中与其他企业并列第一。以牧原股份为例，公司专注于大规模一体化的养殖模式，通过自建饲料厂、研发营养配方并生产饲料、自主设计猪舍和自动化设备等途径保障收入的增产增收。2019 年公司实现销售收入 202.21 亿元，归属于母公司所有者的净利润 61.14 亿元，分别增长 51.04% 与 1075.37%。2019 年农林牧渔行业发展能力评价得分前五名的公司见表 16–9。

表 16 – 9　2019 年农林牧渔行业发展能力评价得分前五名的公司

序号	股票代码	股票简称	综合得分
1	600097	牧原股份	20.00
2	300498	温氏股份	19.32
3	002458	益生股份	17.82
4	002234	民和股份	17.50
5	002746	仙坛股份	17.36

（五）市场表现

2019 年，受非洲猪瘟持续性影响，农林牧渔板块发展较好。2019 年农林牧渔行业指数总体呈上升趋势，由年初的 2268.97 点，上升到年末的 3308.1 点，全年上升 45.8%，年内最大涨幅为 63.8%。2019 年初沪深 300 指数为 2268.97 点，全年上升 37.95%。从整体上看 2019 年农林牧渔指数变动总体趋势与沪深 300 指数较为一致，2019 年底农林牧渔指数高于沪深 300 指数 177.98 点（见图 16–1）。

从综合得分上看，2019 年农林牧渔行业上市公司的市场表现状况得分为 8.92 分，相较于 2018 年在一定程度上有所下降。同时相比于全部上市公司平均得分 9.12 分，农林牧渔上市公司在市场表现方面有所不足。

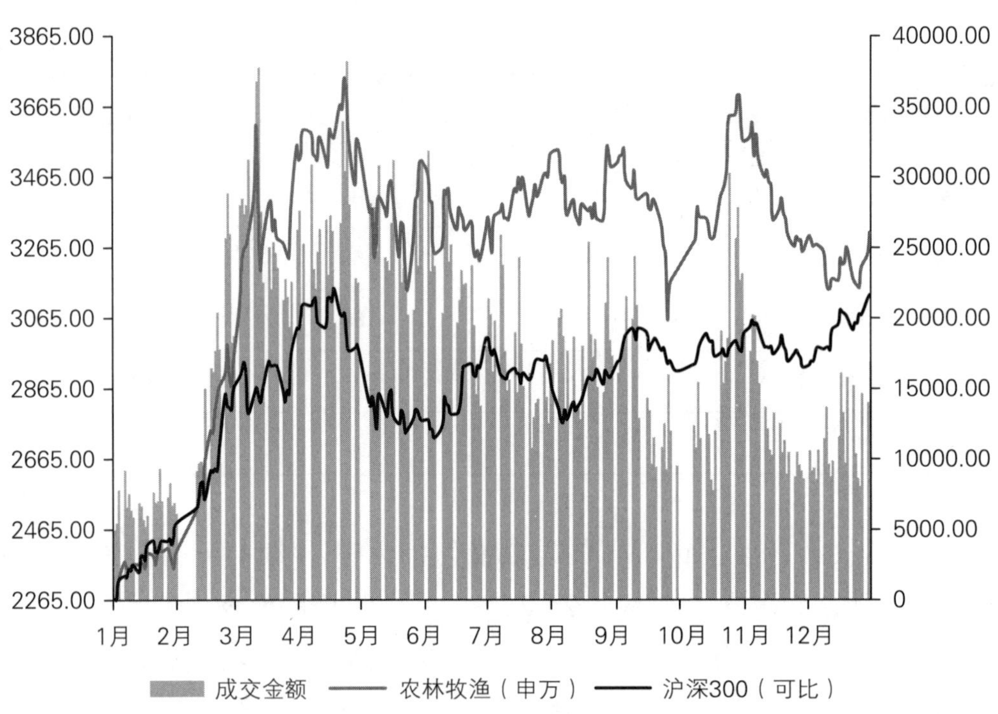

图 16－1　2019 年农林牧渔指数与大盘指数波动

表 16–10 列示了农林牧渔行业的市场表现状况比较情况。除了市场投资回报率增长了 188.60% 以外，其他指标或得分情况皆出现下降趋势，但下降幅度较小。其原因在于受到猪瘟疫情及其他灾害的影响，农业生产相比于其他行业存在较大不确定性，由此在股价上面反映出股价波动较大（见表 16–11）。

表 16－10　2019 年农林牧渔行业市场表现状况比较表

分析指标		2019 年上市公司平均值	2019 年行业值	2018 年行业值	增长率（%）
基本指标	市场投资回报率（%）	23.04	26.58	–30.00	188.60
	股价波动率（%）	94.27	108.54	128.63	–15.62
	得分	9.12	8.92	9.44	–5.51

表 16－11　2019 年农林牧渔行业市场表现评价得分前五名的公司

序号	股票代码	股票简称	综合得分
1	002746	仙坛股份	12.83
2	002299	圣农发展	11.81
3	000798	中水渔业	10.42
4	600097	牧原股份	10.00
5	002458	益生股份	10.00

二、2019年农林牧渔行业上市公司业绩影响因素分析

2019年农林牧渔行业上市公司完成营业收入2367.10亿元，实现净利润311.48亿元。各行业就收入而言，除动保板块收入下滑5%以外，其他行业均呈增长态势；从利润上看，除畜禽养殖、农产品加工、林业与饲料行业出现增长以外，其他行业均有不同幅度下滑。

（一）深入种植业结构性调整，全面提高发展质量

进一步提高我国农产品供给质量，提升农业供给体系运行效率与效益，农业农村部要求从优化农产品结构与质量、推动农牧与种养结合、协调一二三产业交叉融合发展、创新驱动发展战略等方面，推动农业供给侧结构性改革，全面提高发展质量，发展具有中国特色的现代农业体系。

创新驱动为现代农业发展提质增效。坚持以科学管理、创新作物栽培、研发培育农业新技术。以北大荒为例，通过建立完善的农业科技服务体系，不断增加农业机械应用场景、加大农具研发力度，强化农具配备，探索标准化种植模式、科学性灾害防治等创新机制成效凸显，提升农业生产效率。截至2019年年末，北大荒各经营区域内已采用32.86万台农业机械，总动力达360.93万千瓦；同时公司探索科学标准的种植模式，实施精细管理，开展标准成本控制下的标准种植模式，改变传统粗放管理种植方式。这种从培育技术、农业科技、管理模式等多个方面均坚持贯彻创新驱动的经营模式。

种植业结构性优化为我国现代农业发展强基固本。以“两保、三稳、两协调”为重点推动种植业结构性调整，坚持效益与质量的有机统一，提高单位亩产值。2019年稻谷种植面积减少49.95万公顷，同比下降1.65%；产量下降251.9万吨，同比下降1.18%；稻谷单位面积产量上升；另外小麦种植面积减少53.62万公顷，相比上年下降2.21%；产量却上升214.95万吨，增加1.64%；玉米种植面积减少85.05万公顷，相比上年下降2.01%；产量上升359.61万吨，同比增加1.39%。

行业竞争推动市场有序化发展，集中度进一步提高。受国家取消玉米临时收储制度以及实施种植业结构调整政策影响以来，种子行业竞争加剧，集中度进一步加强，且竞争更加有序，优胜劣汰，企业业绩承压较重。以敦煌种业为例，报告期内由于玉米种子行业的市场整体竞争较为激烈，且新品种不断出现，市场竞争压力巨大。2019年种业龙头企业敦煌种业销售各类农作物种子共3949万公斤，相较于上年减少31万公斤。种子产业实现收入33831.70万元，较上年减少了25.39万元，企业业绩承压较大。

（二）非洲猪瘟持续影响，畜禽价格上升，畜牧业板块业绩总体回升

非洲猪瘟导致的生猪供需不平衡是畜牧业板块业绩总体回升的主要因素。2019年我国生猪产能急剧下降，生猪存栏量从2018年的42817万头下跌至2019年的31041万头，下跌幅度高达27.5%。在生猪价格方面，2019年全国活猪平均价格高达33.28元/公斤，同比增长97.0%。随着中央储备猪肉的投放，猪肉价格环比增速有所放缓，但依旧处于较高位，为畜禽养殖企业提供了良好发展机遇。以罗牛山为例，公司在报告期内受到非洲猪瘟

疫情影响，共销售生猪 19.51 万头，同比下降 24.96%；但畜牧养殖收入达 73780.13 万元，同比增长 49.34%。

受猪价升高及替代效应影响，鸡肉、牛羊肉等肉类产品也迎来消费升级。2019 年牛肉产量 667 万吨，增长 3.6%；羊肉产量 488 万吨，增长 2.6%；禽肉产量 2239 万吨，增长 12.3%；禽蛋产量 3309 万吨，增长 5.8%；牛奶产量 3201 万吨，增长 4.1%。总体上畜禽养殖行业需求向好，景气度回暖。以益生股份为例，父母代肉种鸡雏鸡均价较上年度增加 115.05%，商品代肉雏鸡均价较上年度增加 101.94%，实现营业收入 358353.41 万元，同比增长 143.26%；营业利润 218675.28 万元，较上年度增长 499.95%。

资料链接：

2019 年，受“猪周期”下行、非洲猪瘟疫情冲击和一些地方不当禁养限养等因素影响，2019 年全国生猪产能下降较多，猪价涨幅较大。非洲猪瘟是由非洲猪瘟病毒引起的家猪、野猪的一种急性、热性、高度接触性动物传染病。2018 年 8 月 3 日农业农村部新闻办公室通报我国首例非洲猪瘟疫情，随后病毒很快传播到全国大部分地区，已经造成巨大的经济损失。2019 年，中国也已因非洲猪瘟扑杀生猪超百万头。受此影响，全球猪肉供给低迷，猪肉价格疯狂上涨。

人类多食用家畜、家禽肉，以猪、牛、羊、鸡、鸭为主，并以此为原材料生产肉制品。而由于饮食习惯等因素影响，我国肉类消费以猪肉为主。整体看来，我国猪肉产量变动幅度不大，但仍表现出下滑的趋势。2017 年猪肉产量为 5451.8 万吨，2018 年下降至 5403.74 万吨。2019 年受非洲猪瘟的影响，我国猪肉产量出现明显的下降。据统计局数据显示，2019 年猪肉产量为 4255 万吨，比上年下降 21.3%。

资料来源：中商情报网讯。

（三）水产养殖结构性调整与非正常事件交叉影响，水产养殖行业企业总体业绩表现较差

2019 年 2 月农业部印发了相关文件，为加快推进我国水产养殖业绿色高效发展、优化渔业产业布局、促进渔业转型升级提供了制度安排。而随着我国水产品消费升级，水产养殖总产值也呈稳定变化趋势。2019 年，在我国海水水产品养殖面积同比减少 1.44%，淡水水产品养殖面积减少 0.58% 的背景下，我国水产养殖产业总产值达 9391.63 亿元，同比下降 0.68%。由此可见虽然产量与产值有所下降，但渔业生产结构性改革也已初具成效，养殖技术逐年优化，生产效率逐步提高，但同时也会增大养殖、污染防治成本，影响企业业绩表现。

除了因水产养殖结构性调整导致水产养殖企业业绩承压以外，非正常事件如自然灾害、政策性变化也对企业业绩表现产生了不良影响。如獐子岛海底牧场扇贝在报告期内由于遭遇重大自然灾害，导致产量下降并且存货计提跌价准备金额上升，影响金额 2.9 亿元；同时

海域使用金减免未获得相关审批，导致公司业绩整体盈利水平同比下降较大。又如大湖股份子公司因新疆海福县政府整合旅游资源，公司退出布伦托海湖面生产经营，年损失 3000 余万元，导致公司整体业绩下滑。类似的还有中水渔业、百洋股份等公司因非正常事件导致企业业绩下滑，但长期基本面依旧向好。

资料链接：

我国将推行水产生态健康养殖制度，发挥水产养殖业的生态服务功能，大力发展优质、特色、绿色、生态的水产品。到 2022 年，健康养殖示范面积达到 65% 以上，产地水产品抽检合格率保持在 98% 以上。

根据农业农村部等 10 部门日前印发的《关于加快推进水产养殖业绿色发展的若干意见》，(以下简称《意见》) 我国将大力发展生态健康养殖。开展水产健康养殖示范创建，推广疫苗免疫、生态防控措施。推动用水和养水相结合，对不宜继续开展养殖的区域实行阶段性休养。实行养殖小区或养殖品种轮作，降低传统养殖区水域滩涂利用强度。

《意见》明确，加强科学布局，加快落实养殖水域滩涂规划制度，优化养殖生产布局，积极拓展养殖空间；大力推广稻渔综合种养，支持发展深远海绿色养殖，鼓励深远海大型智能化养殖渔场建设；加强盐碱水域资源开发利用。

在改善养殖环境方面，《意见》提出要科学布设网箱网围，推进养殖尾水治理，加强养殖废弃物治理，发挥水产养殖生态修复功能。

资料来源：新华社。

（四）猪料需求下降与禽料需求上升相对立，饲料企业在复杂国际经济环境与需求对立中谋求新突破，饲料行业业绩整体稳重向好

受非洲猪瘟持续性影响，我国猪料需求大幅度下降，由于替代效应，禽类需求量上升，禽饲料迎来重大发展机遇。2019 年饲料总产量中，猪饲料占比从上年的 43.9% 下降到 33.5%，禽饲料占比从上年的 41.4% 上升到 50.6%。猪饲料 7663.2 万吨，同比下降 26.6%；蛋禽饲料 3,116.6 万吨，同比增长 9.6%；肉禽饲料 8464.8 万吨，同比增长 21.0%。禽料需求上升，为饲料企业维持与提升业绩提供发展机会，部分企业业绩亮眼。如禾丰牧业面对猪瘟疫情，加速产品创新，开展高营养免疫饲料的研发，同时通过创新营销模式、加强后方运营等途径，实现猪料销量不减反增的逆势增长，禽料、反刍料等销量也均实现历史性突破。企业饲料业务实现销售收入 77.86 亿元，同比增长 6.68%；营业收入 177.92 亿元，同比增长 12.96%。

2019 年除了猪瘟对饲料行业的影响之外，国际复杂的经济环境与国内的自然灾害对饲料企业经营也产生了较大影响。中美贸易摩擦与国内爆发的草地贪夜蛾入侵灾害，也导致作为饲料主要原材料之一的玉米出现 101.5 万亩的损失，饲料供应由稳趋紧。2019 年中国

大豆进口数量为 8851 万吨，进口均价 3992.42 千美元 / 万吨，累计下降 7.2%。面对国际国内复杂环境，企业通过扩基地深合作，稳定企业生产经营活动。以新希望为例，企业通过加强直供采购能力，增强企业运营稳定性，全年公司共销售各类饲料产品 1872 万吨，同比增长 168 万吨，增幅为 9.9%；2019 年公司实现营业收入 424.31 亿元，同时实现毛利润 34.37 亿元，相比上年增幅为 14.50%。

（五）非洲猪瘟重构动保产业结构，企业动保产品多元化与业绩表现正相关

非洲猪瘟降低生猪产能，猪用疫苗需求也随之走低，猪肉疫苗创收大幅下降。同时由于我国生物安全体系标准不断提升，招采疫苗逐步向市场化主导转变，市场集中度与竞争不断提高，中小动保企业受制于产品结构单一、创新研发不足、集约化程度较低等因素，其落后产能被不断淘汰。以生物股份为例，公司猪用疫苗产品与市场化业务占比较高，产品结构较为单一，受非洲猪瘟影响较大。报告期内，公司实现营业收入共计 112678 万元，相比上年减少 40.59%，其中生物制药板块营业收入为 108388 万元；实现归属于上市公司股东的净利润 22104 万元，相比上年减少 70.70%。

相反，禽用疫苗和药品行业需求不断增加，多元化发展的动保产业企业能利用产品结构、智能化与集约化、研发等优势，寻求总体业绩上的稳定与逆向突破。以普瑞生物为例，公司要涉及动物健康方面的技术研究，从事兽用生物制品、兽用药物制剂等用品研发与销售。报告期内公司兽用原料药及制剂实现销售收入 63442.89 万元，同比增长 10.79%。

三、2020 年农林牧渔行业前景展望

2020 年作为全面建成小康社会、决胜脱贫攻坚战的收官之年，巩固并发展好农林牧渔行业，确保全面建成小康之年农业丰收，有着极为特殊与重要的意义，为农业发展奠定了良好基调。但与此同时新冠疫情的全球性与持续性蔓延却为农林牧渔行业发展产生了不可预期的不良影响。

（一）国家政策与新冠疫情双重影响，种业或迎来发展拐点与机遇

（1）国家宏观政策加码，推动种业发展。首先国家层面的政策要求稳产量，确保三大谷物面积稳定在 14 亿亩以上、口粮面积稳定在 8 亿亩以上，要确保 2020 年粮食产量稳定在 1.3 万亿斤以上。推广绿色生产方式，推动农牧与种养结合、协调一二三产业交叉融合发展、创新驱动发展战略，推动农业供给侧结构性改革。相关板块如苏垦农发、亚盛集团等业绩有望继续提升。

（2）转基因玉米拟获国家安全证书，种业有望实现发展新突破。2019 年 12 月 30 日，农业农村部公告称拟批准颁发 192 个植物品种的转基因安全证书，加之种子价格上涨以及转基因技术壁垒提高等因素，导致国内玉米种业市场进一步扩容，种业集中度进一步提高。拥有相关品种的龙头种子公司有望快速提高市占率，相关板块如隆平高科、大北农、登海种业等业绩或享受红利。

（3）新冠疫情与病虫害灾害加速产能去化，种业拐点或将至。从供给上看受玉米临储政策取消影响，玉米种植面积连年下降，同时受草地贪夜蛾影响，我国玉米或有较大减产风险；另外考虑到沙漠蝗虫等自然灾祸或虫害以及新冠肺炎疫情可能在印度、泰国、巴基斯坦、越南等水稻的主产国泛滥，很可能会造成全球稻谷减产；小麦方面，受新冠肺炎影响，我国小麦生产田间管理不及时导致条锈病爆发面积和危害程度达到近10年来最高，由此导致的减产将加速国内库存去化，同时欧洲的疫情蔓延也加剧了全球小麦减产的预期。但从需求上看，由于猪鸡替代效应下禽链景气，饲料增量需求带动玉米需求上行；同时作为我国第一与第二大主粮作物，水稻与小麦年消费量稳定在2亿吨与1.2亿吨左右，需求稳定增长。在供给小于需求的背景下，种业或迎来向上发展拐点，板块内相关企业如北大荒、海南橡胶、亚盛集团、雪榕生物等或受益。

（二）非洲猪瘟与新冠疫情双重影响，畜禽养殖、饲料行业有望继续获益

受非洲猪瘟与新冠肺炎的持续性影响，畜禽养殖、水产品养殖、饲料行业都会受到一定程度冲击。但根据目前全球防疫趋势以及产品供需情况，大多数企业今年或将继续维持业绩红利。

（1）供需不平衡依旧是生猪养殖板块获利的主要因素。从供给上看，非洲猪瘟疫苗正在申请临床试验阶段，距离商业化全面推广尚需时日，生猪产能不可能大幅增长；同时由于节前大猪消化导致节后库容创新低，猪肉冻品库容率降至2019年1月以来最低位，并有持续走低之势；另外母猪、仔猪价格不断升高，不利于散户补栏，且高补高淘助推持续高猪价，仔猪供应偏紧导致后续生猪出栏量偏少；且由于新冠疫情的影响，进口也将受阻，有关机构预计2020年猪肉进口仅达到300万吨。从需求上看，2019年虽然猪肉消费量大幅度下滑，但依旧是我国第一的肉类消费品，需求巨大。由此看来，2020年猪价仍有可能创新高，板块内如温氏股份、牧原股份、罗牛山等企业均有望继续获益。

（2）白羽鸡供给缩紧，禽养殖板块持续利好。受非洲猪瘟影响，白羽鸡作为猪肉替代品，其需求量在2018年不断上涨。随着猪肉库存的不断缩紧，白羽鸡需求仍有上涨趋势。然而受到新冠疫情的严重影响，作为我国祖代鸡唯一引种国的新西兰进入了紧急状态，引种难度急剧增大。而且目前空运是引种的唯一方式，且通过客机运输、航空管制措施更使得祖代鸡引种雪上加霜，引种的难度将大幅度提升。2020年白羽鸡前两个月引种量仅4.2万套，同比下降71%。由此看来禽养殖板块将持续利好，板块内如圣农发展、益生股份、仙坛股份等有望继续获利。

（3）受生猪养殖与禽养殖产能下降影响，饲料板块或受到重大冲击，业绩承压较重。2019年部分饲料企业虽面临猪用饲料需求下降的影响，但相反也从禽类饲料中谋求出发展新机遇。然而受到新冠疫情的影响，2020年猪肉与鸡肉产能或遭遇双双下降局面，饲料企业很难利用产品多元化来分散自身经营风险，猪料与禽料销售业绩均或出现下滑，但具体还要根据企业战略调整与经营模式进行深一步判断，饲料板块如生物股份、普瑞生物等还需要继续观察。

（三）动保行业受新冠疫情影响较小，疫苗板块有望实现新突破

虽然未来短期内白羽鸡引种量不断缩紧，但目前动保产业主要还是与养殖存栏量挂钩，且动保产品采购一般会提前半年预定，由此目前看来新冠疫情的短期影响较小。而随着国家下达有关保障“菜篮子”产品正常流通秩序的相关通知，各地兽药、动物防疫物资生产企业也都在加紧复工。

另外在疫苗板块，猪用疫苗将引来拐点式增长。禽类疫苗方面，由于禽养殖板块将持续高行业景气度，预计 2020 年禽苗批签发数量也将继续保持稳定增长，需求量将继续扩大；同时由于高致病禽流感疫苗的采招价格进一步提升，禽类疫苗有望实现需求量与价格的同时上升。兽药方面，据国家兽药基础数据库的相关数据显示，反刍类动物疫苗与宠物类疫苗均呈现不同上涨趋势，间接反映出兽类疫苗的持续性发展态势。

附表　2019年度农林牧渔行业上市公司业绩评价结果排序表

序号	全部上市公司评价得分排序	股票代码	股票简称	综合得分（100）	评价等级	每股收益（元）	总资产报酬率（%）	净资产收益率（%）	总资产周转率（次）	流动资产周转率（次）	资产负债率（%）	已获利息倍数	营业收入增长率（%）	资本扩张率（%）	市场投资回报率（%）	股价波动率（%）	年末资产总额（万元）	营业收入（万元）	净利润（万元）
1	2	300498	温氏股份	89.11	AAA	2.66	25.34	35.14	1.22	3.05	28.9	41.89	27.75	31.08	24.76	78.47	6557892.45	7312041.26	1444450.37
2	3	002714	牧原股份	88.94	AAA	2.82	16.63	27.9	0.49	1.38	40.04	12.28	51.04	131.34	178.65	186.13	5288658.61	2022133.25	633645.81
3	16	002746	仙坛股份	85.39	AAA	2.16	29.18	35.82	0.95	1.34	20.15	110.54	37.07	38.65	70.01	97.2	431766.49	353338.71	106275.98
4	23	002458	益生股份	84.4	AA	3.79	67.76	83.6	1.11	3.27	12.89	346.79	143.26	124.77	228.5	187.19	414085.92	358353.41	217875.58
5	36	002299	圣农发展	82.58	AA	3.3	29.13	44.17	0.97	3.54	30.9	26.72	26.08	30.46	50.53	82.22	1527879.85	1455843.68	411911.75
6	48	002234	民和股份	81.51	AA	5.33	56.13	83.25	1.11	2.77	15.83	39.19	80.23	144.83	166.3	165.93	326123	327605.2	160943.27
7	359	600598	北大荒	72.98	BBB	0.48	10.4	13.09	0.39	1.04	18.04	0	-4.7	1.93	17.94	61.72	784532.45	311130.61	83356.85
8	703	600097	开创国际	68.85	BB	0.71	10.07	10.48	0.91	1.8	29.41	17.85	15.82	9.11	-3.79	67.03	257423.53	221209.49	18246.23
9	1011	300511	雪榕生物	65.36	BB	0.51	7.54	12.63	0.51	2.61	54.71	3.49	6.39	10.82	6.78	97.66	384185.02	196457.47	20901.93
10	1326	600180	瑞茂通	62.12	B	0.41	4.34	6.94	1.86	2.34	72.62	1.99	5.67	8.39	-1.37	110.86	2261401.87	4025660.78	41329.03
11	1386	000713	丰乐种业	61.45	B	0.13	3.39	3.77	0.95	1.6	32.82	7.66	24.74	7.77	127.02	238.09	260445.43	240395.59	6356.3
12	1528	600371	万向德农	60.21	B	0.26	8.29	12.39	0.35	0.5	31.59	0	4.35	5.87	86.13	171.86	79759.99	27537.77	6570.11
13	1581	601118	海南橡胶	59.61	CCC	0.03	2.1	1.16	0.87	2.13	40.3	1.86	104.35	0.41	6.78	54.7	1682987.93	1380289.02	11603.28
14	1768	002772	众兴菌业	57.94	CCC	0.19	3.42	2.64	0.25	0.72	48.09	1.79	24.76	-1.16	5.07	72.78	501291.56	115583.25	6902.15
15	1907	603336	宏辉果蔬	56.43	CCC	0.35	8.18	9.24	0.82	1.2	19.24	15.85	11.61	4.57	12.2	100.69	108280.81	85195.81	7902.1
16	1983	600313	农发种业	55.53	CCC	0.02	2.09	2.15	1.66	2.8	31.5	5.78	49.02	0.86	24.16	126.07	308844.59	513572.52	4530.39
17	2087	600975	新五丰	54.59	CC	0.1	4.76	5.68	1.32	2.48	24.7	11.33	4.38	5.84	129.4	209.87	163284.08	213042.53	6787.6
18	2464	600965	福成股份	50.04	C	0.26	8.36	8.65	0.52	0.77	22.03	16.27	-0.47	2.86	-29.97	108.95	273879.58	144684.06	18217.74
19	2552	600467	好当家	48.82	C	0.05	3.08	2.12	0.2	0.63	49.09	1.63	6.64	6.25	-0.82	64.35	638080.42	122612.31	6670.34
20	2591	300087	荃银高科	48.28	C	0.22	4.83	10.2	0.63	0.84	62.75	120.43	26.73	-38.95	-24.98	70.59	172968.89	115366.16	8671.54
21	2805	002321	华英农业	45.14	C	-0.1	1.68	-1.15	0.63	1.09	64.01	0.89	3.16	0.3	10.43	102.24	834471.36	551768.61	-3434.45
22	2815	600108	亚盛集团	44.9	C	0.04	2.77	1.56	0.31	0.68	44.11	1.46	8.93	2.24	7.21	80.27	878565.33	273151.27	7563.32
23	2817	600962	国投中鲁	44.83	C	0.01	2.44	1.57	0.62	1.05	57.96	1.62	38.09	1.01	7.29	81.57	235320.31	133010.15	1540.74

续表

序号	全部上市公司评价得分排序	股票代码	股票简称	综合得分（100）	评价等级	每股收益（元）	总资产报酬率（%）	净资产收益率（%）	总资产周转率（次）	流动资产周转率（次）	资产负债率（%）	已获利息倍数	营业收入增长率（%）	资本扩张率（%）	市场投资回报率（%）	股价波动率（%）	年末资产总额（万元）	营业收入（万元）	净利润（万元）
24	2834	600540	新赛股份	44.48	C	0.04	3.46	3.59	0.78	1.33	60.26	1.53	7.54	37.87	7.08	90.6	161838.87	138022.88	1990.95
25	2849	000798	中水渔业	44.18	C	0.07	2.28	2.54	0.53	1.38	27.78	5.59	-7.59	2.76	13.8	51.96	112472.52	57866.9	2035.15
26	3007	600265	ST 景谷	39.81	C	0.03	4.32	9.88	0.57	0.7	89.71	1.29	70.99	10.39	-9.43	41.26	34910.1	20324.53	338.08
27	3047	000592	平潭发展	38.74	C	0.01	0.82	0.52	0.23	0.28	15.86	3.04	3.31	5.73	-21.12	109.46	425101.57	96639.72	1806.83
28	3057	000735	罗牛山	38	C	0.03	1.04	0.75	0.18	0.79	35.71	1.81	3.84	2.86	-8.91	93.82	654483.02	116425.73	3093.99
29	3068	002041	登海种业	37.65	C	0.05	-0.8	-1.26	0.22	0.29	14.77	-124.64	8.16	-3.72	49.83	136.98	368815.47	82317.7	-4022.97
30	3175	300106	西部牧业	33.43	C	-0.27	-3.74	-7.66	0.59	1.38	39.5	-4.58	-4.25	-9.24	19.81	79.63	104937.1	64901.12	-5112.39
31	3218	000998	隆平高科	31.76	C	-0.23	0.74	-2.57	0.2	0.44	55.34	0.4	-12.58	-7.63	-7.22	60.21	1549539.21	312954.07	-18482.85
32	3250	600257	大湖股份	30.36	C	-0.27	-7.7	-12.31	0.63	1.01	30.28	-10.33	3.96	-12.57	-5.57	79.35	170497.8	111249	-15684.74
33	3259	002696	百洋股份	30.15	C	-0.72	-6.82	-15.25	0.85	1.81	52.7	-4.24	-9.24	-39.21	-30.66	133.3	296519.16	284413.37	-28291.05
34	3260	600359	新农开发	30.13	C	0.02	2.37	1.87	0.28	0.52	75.52	1.22	-12.09	-6.75	25.41	117.98	175478.46	55080.31	831.05
35	3267	600354	*ST 敦种	29.76	C	-0.32	-8.42	-30.84	0.58	0.96	72.09	-4.35	54.24	-35.6	29.08	136.4	196466.55	118371.26	-21586.18
36	3340	600506	香梨股份	25.56	C	-0.05	-3.16	-2.78	0.07	0.15	6.5	0	-48.23	-2.74	-1.01	64.22	29313.2	2202.94	-772.44
37	3351	300094	国联水产	25.15	C	-0.55	-8.68	-22.42	0.95	1.24	53.62	-3.27	-2.12	3.18	-17.04	126.8	487282.42	463716.52	-49893.68
38	3438	002679	福建金森	21.39	C	0.02	2.87	0.57	0.08	0.08	55.05	1.1	-23.7	-1.13	-5.37	148.92	167311.43	12855.22	434.66
39	3443	300189	神农科技	21.02	C	-0.32	-25.73	-27.55	0.09	0.3	6.89	-140437.38	-34.58	-25.83	37.25	106.27	112217.71	11245.84	-33802.11
40	3455	600275	ST 昌鱼	20.21	C	-0.04	-7.94	-12.88	0.17	0.59	39.85	0	2.75	-12.1	-20.23	135.05	22345.28	3893.31	-1850.26
41	3492	002069	獐子岛	17.35	C	-0.55	-7.54	-153.54	0.83	1.45	98.01	-1.86	-2.47	-86.41	-19.98	135.41	300928.21	272886.92	-38489.06
42	3611	002086	*ST 东洋	7.68	C	-1.35	-24.47	-45.5	0.15	0.28	53.36	-15.76	-19.23	-37.05	-14.13	121.09	374801.19	58557.58	-102947.38
		300761	立华股份	84.99	AA	4.95	27.62	35.8	1.24	2.09	20.33	450.93	22.96	64.52	23.08	82.08	856569.92	887046.66	196425.14

第十七章 房地产行业上市公司业绩评价

从国民经济上下游产业链的关系看，房地产行业处于承上启下的位置，在经济建设、社会发展、财政税收、国防建设以及稳定就业等方面发挥着重要作用。2019年，我国国内生产总值（GDP）总额达到99.09万亿元，同比增长6.1%，其中房地产行业占GDP比重约为6.6%。房地产行业指数（申万）上半年上涨迅猛，下半年受到政策影响，逐步回落，整体呈现宽幅震荡，全年最终涨幅为19.17%。全年房地产行业调控经历了从趋紧到逐步稳定的过程，稳步推进去库存的任务，截至2019年12月月末，商品房待售面积为4.98亿平方米，同比下降4.9%；进一步推动建立长效机制，从根本上推动行业的结构调整，为行业未来的健康发展奠定良好的基础。预计2020年房地产行业整体将继续处于调整升级的状态，转型升级将继续成为关键词。

一、房地产行业上市公司业绩评价结构

截至2019年年末，房地产行业A股上市公司共132家，其中116家盈利，占比87.88%。房地产行业综合评价分值为58.32分，低于全部上市公司（全部上市公司不包括金融和B股，以下如无特指按此口径）的综合评价分值61.30分。有6家房地产行业上市公司进入2019年上市公司业绩评价综合得分的“中联价值100”名单。在132家房地产行业上市公司中，业绩为AA的有4家；业绩为A的有12家；业绩为BBB有11家；业绩为BB有13家；业绩为B有11家；业绩为CCC有10家；业绩为CC有14家；业绩为C有57家。2019年度房地产行业评价得分前十名的公司见表17–1。

2019年纳入业绩评价的上市公司共3654家，其资产总额总计为68.54万亿元，其中，房地产行业上市公司资产总额合计为12.00万亿元，占全部上市公司资产总额的17.51%；房地产行业132家上市公司实现主营业务收入2.52万亿元，占全部上市公司营业收入的6.04%；房地产行业上市公司实现利润总额达到0.41万亿元，占全部上市公司全部实现利润总额的15.96%；房地产行业上市公司实现净利润0.29万亿元，占全部上市公司全部实现净利润的14.93%；该行业上市公司2019年度市场投资回报率为13.06%，低于全部上市公司的市场投资回报率23.04%；房地产行业上市公司股价波动率为90.74%，低于全部上市公司的股价波动率94.27%；房地产行业扣除非经常性损益净资产收益率的平均值为

11.71%，高于全部上市公司的扣除非经常性损益净资产收益率6.61%。

表17－1 2019年度房地产行业评价得分前十名的公司

序号	股票代码	股票简称	业绩得分	在全部上市公司中评价得分排序
1	002016	世荣兆业	81.6	44
2	000961	中南建设	81.3	48
3	002146	荣盛发展	80.9	57
4	600048	保利地产	80.7	59
5	600606	绿地控股	79.3	87
6	000031	大悦城	78.8	93
7	600007	中国国贸	78.3	101
8	000002	万科A	77.8	114
9	601155	新城控股	77.6	119
10	600383	金地集团	77.4	125

基于对房地产行业上市公司的整体评价，下面分别从财务效益状况、资产质量状况、偿债风险状况、发展能力状况和市场表现状况五个方面对房地产行业上市公司进行具体分析。

（一）财务效益

从综合得分来看，2019年房地产行业上市公司财务效益平均得分为25.96分，高于全部上市公司平均得分22.12分。

表17–2列示了2019年房地产行业财务效益状况评价结果（满分为35分）。在房地产行业上市公司财务效益状况指标中，有60家得分高于全国上市公司平均水平，有19家公司得分超过30分。

财务效益指标得分第一的是新城控股，该公司的行业综合评价得分亦在前十名之列。新城控股2019年实现营业收入858.47亿元，比2018年增长58.58%；实现营业利润176.48亿元，比上年增长12.81%；扣除非经常性损益净资产收益率18.88%，盈利现金保障倍数3.27。主要受益于新城控股多年来坚持“住宅＋商业”的双轮驱动模式，已稳步实现并将不断加强对房地产开发、投资及商业运营管理等业务领域的覆盖，相比于聚焦商业运营的公司，公司的住宅开发在充分竞争市场中不断成长，具有较高的项目操盘与资金回笼能力；而相比深耕住宅开发的公司，新城控股在商业地产的规模化开发与运营方面具有一定优势，能够持续创造稳定的现金流。

与2018年的情况相比较，2019年房地产行业上市公司总体上财务效益状况虽然有所下降，但呈现稳健发展。房地产行业受到政策影响程度有所缓和，除此之外二三线城市房地产市场逐步降温，导致整体来看房地产上市公司的财务效益有所下降。

表 17－2　房地产行业财务效益状况比较表

分析指标		2019 年全部上市公司平均值	2019 年行业值	2018 年行业值	增长率（%）
基本指标	扣除非经常性损益净资产收益率（%）	6.61	11.71	12.26	−4.49
	总资产报酬率（%）	5.26	4.94	5.13	−3.70
	得分	20.77	24.91	24.49	1.71
修正指标	营业利润率（%）	6.34	16.74	17.43	−3.96
	盈利现金保障倍数	1.97	0.87	0.89	−2.25
	股本收益率（%）	36.41	86.22	80.02	7.75
综合得分		22.12	25.96	26.40	−1.67

（二）资产质量

从综合得分来看，房地产行业上市公司资产质量平均得分为 5.05 分，低于全部上市公司平均得分 9.22 分。

表 17–3 列示了房地产行业资产质量状况评价结果。在房地产行业上市公司资产质量状况指标中，绿地控股等 30 家得分均为满分 15 分，但另有 55 家得分为 0。这说明房地产行业上市公司在资产质量上一方面两极分化较为严重，行业集中度进一步提高；另一方面相对于全国平均水平而言仍有一定的差异，资产质量较低的上市公司占比较大，仍然需要通过转型升级，提升资产质量。以万业企业为例，其总资产周转率为 0.24 次，高于行业平均值，存货周转率为 0.79，同样高于行业平均值，主要受益于该企业在全年经营稳健，因时制策，及时调整经营思路，有效推出契合市场需求的产品，加快产品销售和资金回笼，确保公司平稳运行。

表 17－3　房地产行业资产质量状况表

分析指标		2019 年全部上市公司平均值	2019 年行业值	2018 年行业值	增长率（%）
基本指标	总资产周转率（次）	0.64	0.23	0.22	4.55
	流动资产周转率（次）	1.21	0.27	0.27	0.00
	得分	9.53	2.08	1.92	8.33
修正指标	应收账款周转率（次）	8.24	13.44	15.26	−11.93
	存货周转率（次）	2.73	0.29	0.28	3.57
综合得分		9.22	5.05	4.73	6.77

与2018年比较可知，2019年房地产行业上市公司总体上资产质量有所上升，这主要是受益于房地产行业近几年的转型升级，进一步提升了企业的资产质量水平。

（三）偿债风险

从综合得分来看，2019年房地产行业上市公司偿债风险平均得分为4.36分，低于全部上市公司平均得分8.61分。

表17–4列示了房地产行业偿债风险状况评价结果。在房地产行业上市公司偿债风险状况指标中，排名前5的为深深房A、万业企业、浙江广厦、顺发恒业和*ST经开。其中较为典型的是万业企业，该企业在全年经营稳健，有效推出契合市场需求的产品，加快产品销售和资金回笼，提升现金流量和盈利能力，进而降低偿债风险。

表17－4　房地产行业偿债风险状况比较表

分析指标		2019年全部上市公司平均值	2019年行业值	2018年行业值	增长率（%）
基本指标	资产负债率（%）	61.12	79.02	80.08	–1.32
	获利倍数	4.11	4.04	4.13	–2.18
	得分	8.94	4.22	4.15	1.69
修正指标	速动比率（%）	77.4	47.05	51.16	–8.03
	现金流动负债比率（%）	13.01	3.55	3.88	–8.51
	带息负债比率（%）	41.99	36.37	47.96	–24.17
综合得分		8.61	4.36	4.39	–0.68

与2018年相比较，2019年房地产行业上市公司偿债风险平均得分下降了0.68%，主要由于一方面房地产上市公司发债规模不断增加，另一方面资金成本不断提升，导致其付息债务规模和成本不断提高，相应的偿债风险有所上升。

（四）发展能力

从综合得分来看，2019年房地产行业上市公司发展能力平均得分为14.54分，比2018年略有上升，高于2019年全部上市公司的平均得分12.23分。

表17–5列示了房地产行业发展能力状况评价结果。在房地产行业上市公司发展能力状况指标中排名前五位的公司中有两家的行业综合评价得分亦在“中联价值100”之列，且得分均为满分20分，分别是中南建设、大悦城。以中南建设为例：其资本扩张率36.90%、累计保留盈余率59.02%、三年营业收入平均增长率27.77%，各项指标均比较靠前，规模的稳定扩张和运营能力的不断提高为企业发展提供了强大的动力。这主要是因为企业在2019年主要业务聚焦大众主流住宅，构建“美好就现在”的品牌理念，推出健康住宅标准体系，从根本上转本运营理念，实现自身的转型升级，另一方面积极探索新的发展营销和

发展模式，中南集团与阿里云在房地产方面开启“房地产行业的云时代”，双方将基于此前云计算、数字化领域的良好合作基础，在互联网招采供应链、数字化全域营销、移动智能化办公、智能人居、智慧文旅、产业新城等板块开展全方位深度合作，充分发挥各自优势，共同打造地产行业数智化转型新标杆，开启数智地产时代，不断提升公司的发展能力。

表 17－5 房地产行业发展能力状况比较表

分析指标		2019 年全部上市公司平均值	2019 年行业值	2018 年行业值	增长率（%）
基本指标	营业收入增长率（%）	8.81	19.96	19.78	0.91
	资本扩张率（%）	9.67	21.17	15.70	34.84
	得分	12.05	16.5	14.45	14.19
修正指标	累计保留盈余率（%）	41	48.05	48.54	−1.01
	三年营业收入增长率（%）	14.54	15.44	18.20	−15.16
	总资产增长率（%）	10.59	16.49	22.34	−26.19
	营业利润增长率（%）	0.61	14.09	22.60	−37.65
综合得分		12.23	14.54	14.52	0.14

2019 年房地产行业上市公司三年营业收入增长率从 2018 年的 18.20% 降至 15.44%，资本扩张率由 15.70% 上升至 21.17%，累计保留盈余率由 48.54% 降至 48.05%，营业利润增长率由 22.60% 降至 14.09%。这说明房地产行业上市公司受到宏观调控政策的影响导致销售增速有所减慢，且扩张速度逐步放缓，这进一步体现了房地产行业正在通过高质量的发展和转型升级，改变过去的单一的运营结构，实现多元化经营。房地产行业发展能力状况比较情况见表 17–5。

（五）市场表现

从综合得分来看，2019 年，房地产行业上市公司市场表现平均得分为 8.41 分，低于全国上市公司 9.12 分的平均水平。

表 17–6 列示了房地产行业市场表现状况评价结果（满分 15 分）。在房地产行业上市公司市场表现状况指标中，有 53 家得分高于全国上市公司平均水平。

表 17－6 房地产行业公司市场表现状况比较表

分析指标	2019 年全部上市公司平均值	2019 年行业值	2018 年行业值	增长率（%）
市场投资回报率（%）	23.04	13.06	−35.08	137.23
股价波动率（%）	94.27	90.74	129.43	−29.89
综合得分	9.12	8.41	8.64	−2.66

2019年，宏观调控稳定，房地产上市公司发展也逐步稳定，但房地产行业的市场表现与整体经济周期相关度较高，房地产指数随市场行情同步变化。2019年上市公司市场投资回报率为13.06%，高于2018年的–35.08%。房地产行业上市公司2019年股价波动率为90.74%，也同样远低于2018年的129.43%。房地产行业指数与沪深300指数波动情况如图17–1所示。

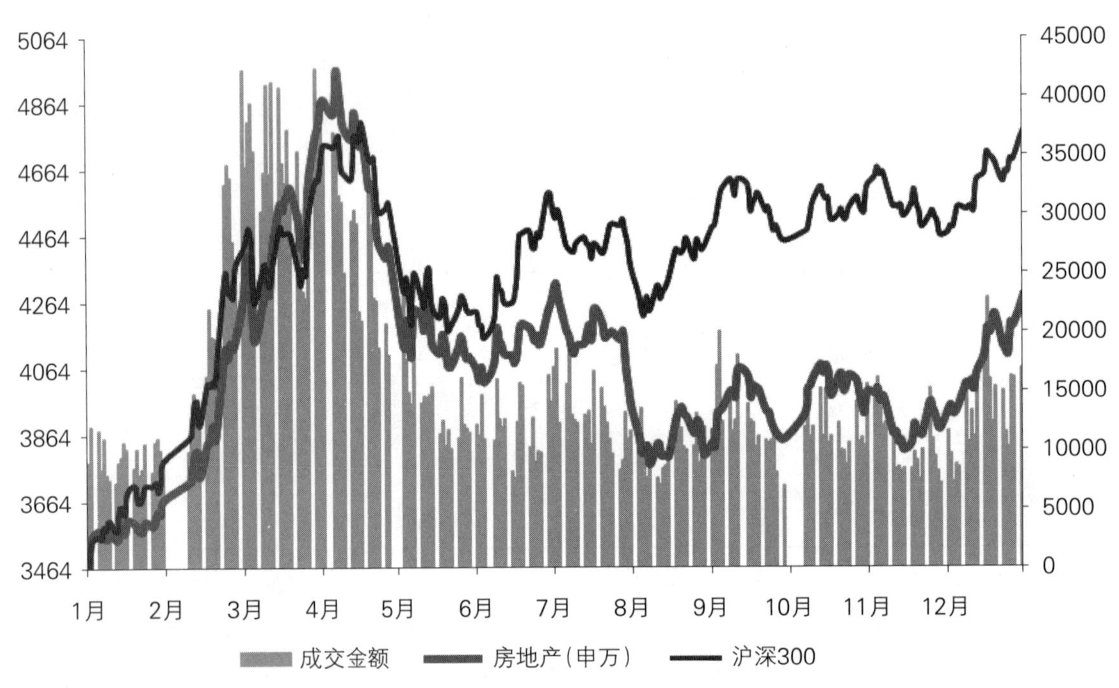

图17－1　2019年房地产行业指数（申万）与沪深300指数波动

资料来源：Wind资讯

二、房地产行业上市公司业绩影响因素分析

总体来看，2019年全年房地产市场仍然延续平稳为主，房地产行业整体的结构转型和市场化的调控进一步完善，房地产行业的整体发展更加健康平稳。房地产行业上市公司作为社会经济发展的重要组成部分和代表力量，也在稳步推进自身的结构调整和转型升级，2019年房地产行业132家上市公司实现主营业务收入2.52万亿元，同比增长21.15%，实现净利润0.29万元，同比增长14.21%。2019年对房地产行业上市公司业绩产生重要影响因素有以下几个方面：

（一）延续的行业调控政策对去库存和销售业绩有较大影响

为了更好地促进房地产行业健康发展，推动和完善房地产行业长效机制的建立，各地政府在2019年全年延续2018年实行了较为多样化的调控政策，从传统的限购和限价等措施，到共有产权、租购同权和集体土地入市等探索性措施，使得各地房地产市场热度逐步回归理性。

从成交量来看，市场表现逐步降温。截至2019年年末，商品房待售面积为4.98亿平方米，同比下降 4.9%，相较 2018 年的去化速度有所下降。根据易居研究院所公布的数据显示，2019 年全年中国 40 个城市新建商品住宅成交面积同比小幅增长 2%，增速比 1—11 月小幅提高 0.3 个百分点，其中一线城市全年成交面积同比增长 20%。二线城市 2019 年内先升温后降温，全年成交面积同比小幅增长 4%。三四线城市全年成交面积同比下降 6%。

从销售角度而言，2019 年房地产行业销售金额和销售面积虽然创下新高，但相较 2018 年而言增速回落明显，呈现更加理性化的发展。根据 CRIC（克而瑞）数据显示，TOP100 房企的累计权益销售金额同比增长 6.5%，但相比 2017 年的 40.5% 和 2018 年的 35.1% 明显放缓，其中中国恒大、碧桂园和万科三家龙头企业仍然领跑，整体来看房地产行业 2019 年仍以稳字贯穿全年。

出现这种现象的主要原因如下：第一，三四线城市棚改货币化安置的继续下降，使得三四线城市市场热度有所下降。据住建部通报数据，截至 11 月底，全国棚改已开工 315 万套，超额完成 289 万套的目标任务，但这一情况与 2018 年的开工量相比近乎拦腰斩，且各个地区货币补贴也基本回到了冰点。第二，部分房地产上市公司逐步开始采用降价销售等促销手段，回笼资金，降低企业负债率，提升企业存货周转率和现金周转速度：从万科的“活下去”的口号开始，各大房企为了去库存，提升资金周转率，从下半年逐步开始更大程度的全面房企促销战打响。

根据 WIND 数据统计，2019 年房地产行业 132 家实现营业利润 0.41 万亿元，同比增长 13.89%；从全年整体来看，行业整体财务状况平稳发展，但行业利润集中度逐步提高。根据 WIND 数据统计，房地产公司强者更强，净利润前十 A 股上市房地产开发企业的平均年度净利润规模达 206.26 亿元，是 132 家上市房地产企业净利润均值的 9.24 倍。

（二）注重质量与结构性调控，推进行业升级转型高质量发展

2019 年房地产行业的宏观调控逐步趋向稳定，更加注重质量和结构性调控。

一方面，全年房地产市场调控趋于紧张，融资环境更加严峻，房地产企业继续全力以赴通过“去库存”提升周转率和现金流量，提升财务质量和企业的生存能力，为结构转型奠定良好的资金基础。以万科为例，2019 年存货周转率为 0.2843，较 2018 年的 0.2752 有所上升；2019 年应收账款周转率为 229.24，较 2018 年的 197.04 提升较大。

另一方面，随着调控政策和顶层设计的不断完善，房地产上市公司逐步从过去“野蛮式”和单一化的发展模式，转变为租购并举产业多元化、运用现代技术开发运营的新型发展模式，除此之外租赁市场尤其是长租市场逐步回归理性，长租公寓企业洗牌现象加剧，优胜劣汰推动行业集中度进一步提升，整体来看房地产行业逐步回归理性趋于稳定发展。

政府层面：第一，2019 年 3 月，中央两会明确表态防止房市大起大落，进一步为房地产行业的发展奠定了基调，坚持房住不炒的定位；第二，2019 年 4 月 8 日，发展和改革委员会印发《2019 年新型城镇化建设重点任务》的通知，通知明确提出允许租赁房屋的常住人口在城市公共户口落户；第三，2019 年 7 月 30 日，中央政治局会议明确提出：坚持房子是用来住的、不是用来炒的定位，落实房地产长效管理机制，不将房地产作为短期刺激经济的手段，从长期来看房地产市场健康稳定发展已经成为基本共识，房地产市场调控从严从紧的环境不会有所改变；第四，2019年9月19日，住房和城乡建设部召开住房租赁中介机构乱象整治工作推进会，提出集中力量在全国范围内深入开展房屋租赁中介机构乱象专项整治活动，规范租赁市场的发展，进一步促进租赁市场的规范化发展；第五，2019年12月12日，中央经济工作会议提出：要加大城市困难群众住房保障工作，加强城市更新和存量住房改造提升，做好城镇老旧小区改造，大力发展租赁住房，从政策住房和租赁住房两方面来稳定房地产行业的发展。

企业层面：第一，加大布局长期租赁市场的力度，加大并购力度，提升租赁行业集聚度。随着调控政策的深入，国家对于租赁市场的支持力度不断加大，租赁市场不断完善。为了改善自身的经营环境，提高租赁物业的运营能力，房地产行业上市公司在加大对于租赁产业运营投入力度的基础上，通过并购扩大租赁产业的版图。例如，万科等龙头房企探索与村集体合作开展“集租房”建设，进一步推进租赁市场的发展；2019年11月5日，长租公寓海外上市，青客公寓成为海外纳斯达克上市第一股，进一步为租赁市场拓宽了融资渠道，为租赁市场的开拓打开了新的方向。第二，多元化发展更加趋于理性，减少盲目扩张，更加注重质量的发展，随着品牌房企多元化发展逐步深入，不少企业逐步向运营商转型。企业业务航道持续扩容，企业战略定位逐步由单一房地产开发业务向多元化经营转型，反映在品牌建设上，企业在品牌定位、品牌形象上不断升级，企业标志换新，企业更名不断，企业品牌升级趋势不减。例如，万科其业务主要集中于万科物业、住宅租赁、商业开发运营、物流仓储服务板块，多点布局，但更加趋于理性；保利地产多元化战略布局。保利地产提出“一主两翼”的发展战略，即以不动产投资开发为主，以综合服务与不动产金融为两翼，构建不动产生态发展平台。第三，地产云时代和数字化的布局不断加码。例如中南集团与阿里云在房地产方面开启“房地产行业的云时代”，双方将基于此前云计算、数字化领域的良好合作基础，在互联网招采供应链、数字化全域营销、移动智能化办公、智能人居、智慧文旅、产业新城等板块开展全方位深度合作，充分发挥各自优势，共同打造地产行业数智化转型新标杆，开启数智地产时代。事实上，阿里云从2018年就已经逐步和地产行业深入合作，推动房地产行业的转型升级，进一步提升行业的数智化，转变行业的运营模式，全面推动“云地产”时代的到来。第四，在传统的房地产开发销售运营层面：一方面通过创新销售和降价促销等方式，加速去库存，提高存货周转率和现金流量；另一方面，通过优化产业结构和产品结构，创新发展模式，淘汰“落后产能和产品”，逐步过渡到轻资产高周转的运营模式，拓宽盈利方式，提升现金流量，改善融资环境，降低企业运营风险。从货币资金角度来看，以万科为例：万科2019年年末金额为1661.90亿元，同比减少了11.80%，2018年年末金额为1884.17亿元，同比仅增长了8.21%；

总而言之，随着房地产开发企业不断推进升级转型和产业布局的调整，房地产上市公司的整体资产质量也将不断提高。

（三）融资环境持续收紧，融资成本不断攀升，推动融资结构多元化

从2016年的“9·30”调控政策之后，2017—2018年房地产行业经历了多轮调控，2019年，为了更好地贯彻“房子是用来住的，不是用来炒的”的理念，调控政策继续趋于紧张，房地产行业的融资环境更是“步步紧逼”。2019年房地产行业融资环境现状整体上呈现以下几大特点。

融资规模有所上升，融资成本不断攀升推动融资结构多元化。根据CRIC（克而瑞）数据统计整理，2019年95家典型房企融资总额为14494亿元，同比增加5.5%，但融资成本逐步走高，2019年房企新增融资成本为7.07%，较2018年的6.53%显著上升了0.54个百分点。主要原因如下：第一，国家对于房地产企业的融资管控力度不断加大，尤其是下半年以来，融资环境更加紧张。例如5月17日，银保监会发布了23号文，明确要求商业银行、信托、租赁等金融机构不得违规进行房地产融资，开启了2019年房地产融资调控。7月12日，发改委发文要求房企发行外债只能用于置换未来一年内到期的中长期境外债务；多家银行于2019年8月29日收到窗口指导，自即日起收紧房地产开发贷额度，原则上开发贷控制在2019年3月底时的水平；第二，创新融资渠道和融资方式。为了更好地缓解资金紧张的局面，各个房地产企业不断寻求新的融资渠道和融资方式，利用境外渠道、股权方式和资产证券化等多种渠道或方式融取资金，以提高自身的现金保有量。

整体来看房地产行业的融资规模变化不大，事实上房地产企业通过加大销售回款和融资结构化和多元化来提升企业的“造血”能力，进一步促进了房地产行业的健康发展。

绿地控股2019年年末金额为889.02亿元，同比增长了9.73%，2018年年末金额为810.20亿元，同比增长了7.49%；保利地产2019年年末金额为1394.19亿元，2018年年末金额为1,134.41，2019年同比增长22.90%，相对于2018年增速有所下降。

（四）主要原材料价格和劳动力成本持续上涨，继续推高房地产营运成本

房地产项目施工涉及多种原材料，如砂、土、石料、砖、水泥、钢筋等。一方面，受输入性通货膨胀和国内成本性通胀的影响，建筑类原材料价格2019年仍然持续上涨；另一方面，由于国家对于政策性保障房的投入力度不断加大，由此提升了对于房地产原材料的需求，进而推高建筑行业所需的成本。以水泥和钢筋两种原材料为例来看：

2019年房地产行业之十大事件

◇2019年2月12日，苏宁易购正式收购万达百货下属全部37家百货门店，构建线上线下到店到手全场景的百货零售业态。

◇2019年4月初，黑龙江鹤岗市现超低房价，成为大众关注的焦点，类似城市如何走出同样的困境成为一大难点。

✧ 2019 年 7 月 30 日，中央政治局召开会议部署下半年经济工作，提出坚持房子是用来住的、不是用来炒的定位，落实房地产长效管理机制，不将房地产作为短期刺激经济的手段。

✧ 2019 年 8 月 26 日，十三届全国人大常委会第十二次会议表决通过关于修改《土地管理法》的决定，该法律自 2020 年 1 月 1 日起施行。新法删去了关于从事非农业建设使用土地的，必须使用国有土地或者征为国有的原集体土地的规定。

✧ 2019 年 8 月 17 日，中国人民银行发布消息称，为深化利率市场化改革，提高利率传导效率，推动降低实体经济融资成本，决定改革完善贷款市场报价利率（LPR）形成机制。

✧ 2019 年以来，公寓租赁机构爆仓。截至 12 月初，全国爆仓的公寓品牌超过 40 家，其中大多数是因为经营不善导致资金链断裂。

✧ 2019 年“双 11”期间，包括中国恒大、融创中国在内的多家头部房企进驻电商平台开出了官方旗舰店，并在“双 11”打出优惠组合拳，打开了房地产行业的“电商销售之路”。

✧ 2018—2019 年，柬埔寨、越南、泰国、菲律宾等东南亚国家的房地产市场出现了继 20 年前亚洲金融危机后的再次火热，不少中国个人投资者及开发商均纷纷涌入购房或置地。

✧ 根据国家统计局数据，2019 年年末商品房待售面积为 49821 万平方米，比上年末减少 2593 万平方米。其中，商品住宅待售面积为 22473 万平方米，减少 2618 万平方米。

资料来源：国家统计局，克而瑞地产研究，戴德梁行，前瞻产业研究院。

第一，从图 17–2 可以看出全年水泥市场指数上半年有所上涨后逐步趋于平稳。事实上，受多重因素影响，水泥全年平均价格达到 434 元 / 吨，高出 2011 年 23 元 / 吨，且延续了 2018 年的涨势，虽然南北方的水泥平均价格有所差距，但 2019 年整体水泥市场价格保持平稳向上。

第二，2019 年钢铁市场上半年市场仍然逐步上涨，虽然下半年有所回落，但是仍然维持在高位。其中以螺纹钢为代表的黑色产业链表现较为活跃。由图 17–3 可以明显看出钢铁市场在 2019 年上半年钢铁市场呈现“牛市”状态，在下半年有所回落。

除此之外，劳动力资源作为房地产经营必不可少的生产要素之一，其成本的上升也必不可少的导致房地产营运成本上涨。根据国家统计局公布数据显示，2019 年，全国居民人均工资性收入为 17186 元，增长 8.6%。

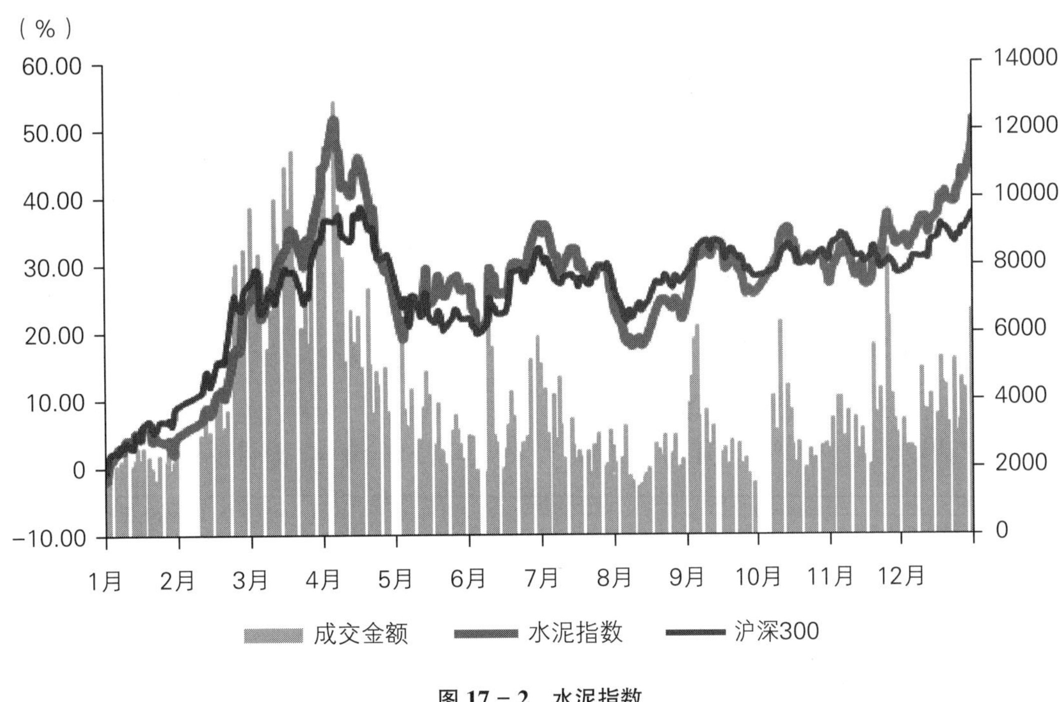

图 17－2　水泥指数

资料来源：Wind 资讯

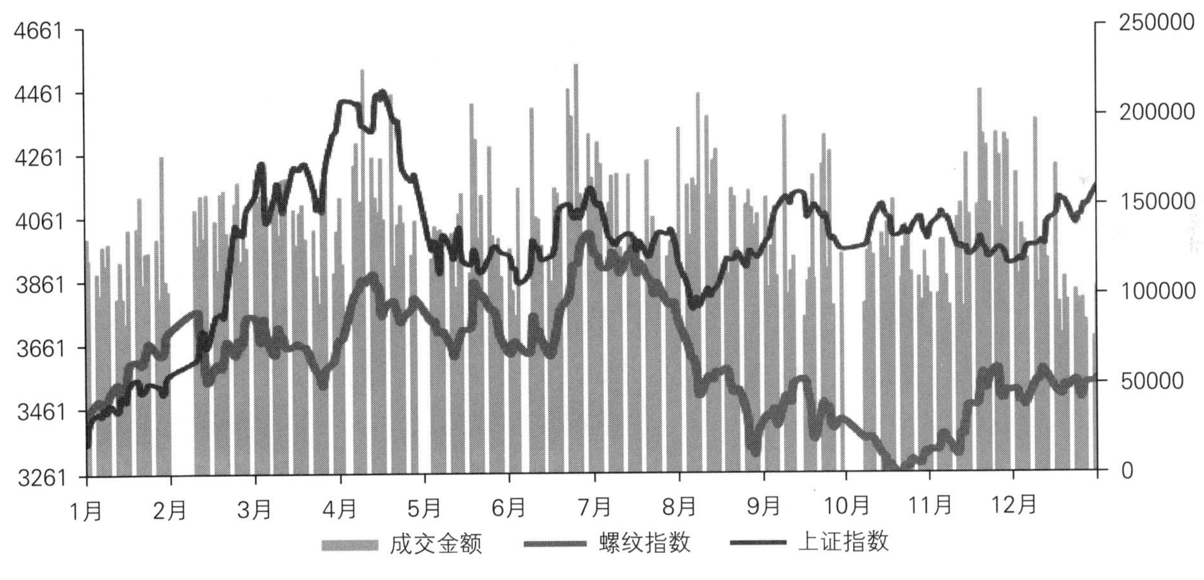

图 17－3　2019 年 Wind 螺纹钢指数

资料来源：Wind 资讯。

三、2020 年房地产行业发展趋势分析

从整体来看，2019 年中国的房地产行业将迎来结构转型的关键期，在延续 2018 年调控政策的基础上，预计 2020 年中央将继续有针对地对房地产行业进行进一步调控。在继续落实去库存任务的前提下，完善和健全租购并举的住房制度，发展和培育健康的长期租赁住房市场，形成以市场为主满足多层次需求，以政府为主提供基本保障的体系。除此之外，

积极应对国际上的保护主义尤其是美国推行的制造业回归政策和要求贸易“平等自由”的态度和降低疫情原因所带来的影响，推动整体经济的转型平稳过渡，改变房地产行业占据经济支柱地位的现状。

（一）中国经济处于改革和平稳发展阶段，房地产投资将趋于更加谨慎和理性

在深化改革、结构化调整的攻坚阶段和落地年的背景下，我国的经济已经步入改革转型的关键期，为了更好地实现转型升级和产业结构的优化调整，转变过去主要依赖房地产行业发展的情况，我国将对房地产行业进行更加合理的调控。2020年，中央继续坚持更好的贯彻“房子是用来住的，而不是用来炒的”的理念，推动建立房地产健康发展的长效机制，预计中央将继续有针对性地对房地产行业进行新一轮的结构性调整。2020年的中国经济将继续维持新常态，经济的转型升级和改革将摆在第一位，并处于攻坚阶段。这一方面佐证了经济的新常态将继续存在，另一方面说明房地产行业的调控仍将继续。2020年，从趋势来看，经济结构转型升级依然会导致部分资金从房地产行业流向其他领域；进一步的调控政策也将会使得房地产行业发展步入稳定的状态。2020年房地产开发投资将更加谨慎。

（二）疫情下的新型房地产行业发展模式

2020年伊始，突如其来的疫情打乱了社会的脚步，各个行业都在寻求新型的发展和运营模式，以求能够在疫情中突出重围，减少和降低疫情所带来的影响，房地产行业也不例外。第一，政府层面：对于房地产行业政府仍然保持谨慎的态度，决策但整体上并没有延续和出现过去通过房地产行业拯救整个市场的情况，依然坚持稳定房地产市场的整体政策；第二，企业层面：疫情来临后，房地产行业出现了断崖式的下跌，各大房企为了挽救颓势，缓解资金流紧张问题，一方面谨慎拿地和投资，另一方面通过各种渠道和手段，销售房产提升资金周转率，例如雅乐居、碧桂园等多家房企开启了线上售楼处，恒大地产更是通过线上和线下全面销售的方式，取得了突出的成绩，其上半年实现合约销售额约为3488.4亿元，同比增长23%。相比之下，“中联价值100”房企前6个月销售额同比下降2.7%。

事实上随着疫情逐步得到控制，各行各业都将回归正轨，房地产行业在下半年也将逐步回暖，但所开发的线上云模式将成为未来的一大重头戏，线上和线下同步进行，房地产的云时代将逐步到来。

（三）行业结构转型升级加快推进，多元化和去杠杆发展成为关键词

经济的新常态发展和结构化调整已然进入了新的阶段，房地产的调控政策还将继续压顶，行业升级、企业整合和洗牌的速度将继续加快，在疫情的催化下，2020年房地产行业将加快推进结构升级转型，多元化和去杠杆发展将成为行业发展的关键词。

第一，多元化发展势在必行。继续推进产业多元化：从2019年开始，为了更好地减少政策调控带来的负面影响，各大房地产行业上市公司，加大转型力度，从以房地产产业为主的运营结构向多元化产业的方向辐射发展，例如保利地产提出“一主两翼”的发展战略，即以不动产投资开发为主，以综合服务与不动产金融为两翼，构建不动产生态发展平台。产业板块布局多元化：从过去的以开发住宅为主的运营方式向商业地产，养老地产等特色地产板

块延伸和拓展。随着老龄化问题的逐步显现，养老问题也逐步凸显，部分房地产上市公司抓住这一细化“产品”领域，积极布局养老地产板块，通过发展养老地产，提供完善的养老服务，以获取稳定的现金流。例如中海地产在制定企业发展战略层面保守谨慎，主要还是围绕地产主业，通过激发住宅开发业务的潜在价值，使得多项业务协同发展。目前已经形成住宅开发产业群、城市运营产业群、创意设计与现代服务产业群的三大产业群战略。

第二，去杠杆将成为房地产行业未来的发展关键词。2020 年房地产行业将迎来偿债的第一个高峰期，根据 CRIC（克而瑞）数据显示，2020 年，95 家房企年内到期债券超过 5000 亿元，同比上涨 45%。3 月份，房企到期债券总量达到 330 亿元以上。各大房企为了更好地优化财务结构，提升企业财务安全性和偿债能力，一方面加大销售回款力度，提升企业的造血能力；另一方面，通过降低杠杆降低企业负债，提高企业财务安全边际，更好地应对即将到来的偿债高峰期。

（四）集建用地入市有法可依，推动房地产行业长期向稳

2019 年 8 月 26 日，十三届全国人大常委会第十二次会议表决通过了关于修改《土地管理法》的决定，该决定自 2020 年 1 月 1 日起施行。此次《土地管理法》的修正进一步加快了集体用地入市的进程，使得集体用地入市有法可依。

第一，推动集体用地入市可以扩大土地供给，缓解土地供需矛盾，促进土地市场的健康发展，也可以加大城乡建设用地供应，推动土地资源向重点区域倾斜，提高土地利用效率；第二，此次修订目前主要集中用于工业和商业项目，不能用于开发商品住宅，所以对于房地产行业住宅市场的影响仍然有限，但是考虑到未来集体用地将可能更大程度的用于租赁市场这一情况，未来租赁市场将会有更大发展，将会进一步推动租售同权的形成，推动房地产市场健康发展。

总而言之，2019 年全年在调控政策不断加码的前提下，房地产市场进入了结构调整期。事实上，在有限的市场容量内，企业之间的激烈竞争才刚刚开始。一方面通过行业内快速整合兼并，可以提升企业的竞争力，形成强强联合；另一方面，多元化和结构化依然是房地产行业的主题，但更加趋于理性，各大房企通过扩大产业布局，优化企业战略方向，发展租赁市场和房地产服务业市场，实现企业的多元化发展，推动企业转型升级。总体上而言，无论是企业间的整合，还是战略调整的多元化，都为未来企业的结构转型奠定了良好的基础。

2020 年，房地产市场调控逐步趋稳，一方面，集体用地入市进一步缓解房地产行业的供需矛盾，有效地推动市场健康发展。另一方面，去杠杆将成为 2020 年房地产行业的关键词，各大房企将通过去杠杆，调结构更好的保证企业的高质量发展，提高房地产企业的资产质量和财务安全性，从整体上进一步推动房地产行业向着更加理性的趋势发展，推动更快的建立房地产健康发展的长效机制。最后随着结构转型的不断推进，新的房地产行业运营模式也会不断催生，线上销售的优势也随之逐步凸显，房地产行业将会迎来新的发展机遇，“云地产时代”将逐步来临。

附表　2019年度房地产行业上市公司业绩评价结果排序表

序号	全部上市公司评价得分排序	股票代码	单位名称	综合得分	评价等级	每股收益（元）	净资产收益率（%）	总资产报酬率（%）	总资产周转率（次）	流动资产周转率（次）	资产负债率（%）	已获利息倍数	营业收入增长率（%）	资本扩张率（%）	市场投资回报率（%）	股价波动率（%）	年末资产总额（万元）	营业收入（万元）	净利润（万元）
1	44	002016	世荣兆业	81.6	AA	1.09	29.39	15.19	0.34	0.38	63.69	43.5	16.97	17.76	1.18	60.35	870885.94	275289.96	88139.30
2	48	000961	中南建设	81.3	AA	1.12	17.1	4.84	0.27	0.31	90.77	1.93	79.08	36.9	82.83	91.12	29057058.78	7183078.61	462256.68
3	57	002146	荣盛发展	80.9	AA	2.10	23.47	5.94	0.29	0.32	82.45	11.17	25.8	22.86	26.95	63.36	25459472.75	7091190.02	958744.93
4	59	600048	保利地产	80.7	AA	2.35	17.67	5.87	0.25	0.28	77.79	11.97	21.29	23.07	35.09	62.19	103320871.96	23593356.46	3755396.62
5	87	600606	绿地控股	79.3	A	1.21	15.73	3.28	0.39	0.44	88.53	6.89	22.79	20.63	15.59	43.11	114570652.99	42782270.61	2095010.96
6	93	000031	大悦城	78.8	A	0.61	9.09	6.24	0.25	0.32	76.78	3.35	139.29	209.17	40.26	79.34	18318256.64	3378662.32	370536.35
7	101	600007	中国国贸	78.3	A	0.97	13.17	12.35	0.31	2.64	35.83	12.54	11.33	9.4	36.15	75.95	1180242.39	353014.88	97308.26
8	114	000002	万科A	77.8	A	3.47	21.56	5.62	0.23	0.27	84.36	6.12	23.59	14.84	29.35	42.73	172992945.04	36789387.75	5513161.46
9	119	601155	新城控股	77.6	A	5.62	18.88	8.2	0.22	0.27	86.6	2.21	58.58	21.54	55.42	125.01	46211008.06	8584704.14	1332990.26
10	125	600383	金地集团	77.4	A	2.23	19.39	7.95	0.21	0.25	75.4	5.01	25.39	23.91	48.83	61.94	33481596.51	6308421.02	1546501.85
11	126	600173	卧龙地产	77.4	A	0.73	20.07	9.69	0.28	0.33	64.07	47.19	−32.13	19.14	39.02	75.57	769209.11	192077.54	51060.60
12	129	000011	深物业A	77.3	A	1.37	18.77	14.46	0.48	0.56	69.68	6.17	42.14	−2.23	−0.12	54.88	1077249.17	396166.99	74213.01
13	157	600565	迪马股份	76.6	A	0.6	15.64	4.6	0.3	0.34	79.24	12.62	48.71	30.73	36.7	101.88	7251174.66	1969730.55	218486.74
14	171	000029	深深房A	76.2	A	0.55	15.25	15.29	0.53	0.64	28.2	18964.3	17.17	10.13	0	0	490966.95	254874.03	54119.70
15	187	603506	南都物业	75.6	A	0.85	12.87	11.85	0.84	1.07	54.45	0	17.55	13.5	22.68	61.67	161045.10	124446.85	12028.50
16	228	000036	华联控股	74.7	BBB	0.55	15.55	10.88	0.28	0.34	53.5	38.93	−4.98	3.79	8.69	83.86	1214199.79	316862.46	89103.35
17	242	600510	黑牡丹	74.5	BBB	0.76	12.65	6.42	0.27	0.32	69.08	13.42	15.07	10.09	13.07	38.48	3075131.77	777696.12	128212.58
18	300	000656	金科股份	73.5	BBB	1.05	14.27	3.37	0.25	0.27	83.78	9.63	64.36	38.09	27.57	68.31	32160501.67	6777337.45	635699.79
19	314	600663	陆家嘴	73.3	BBB	0.91	18.25	9.42	0.17	0.4	68.22	4.86	16.89	27.5	26.5	68.99	9144017.53	1477293.88	496808.34
20	380	002244	滨江集团	72.1	BBB	0.52	18.91	5.85	0.23	0.25	82.71	6.67	18.18	16.04	30.69	70.44	12962535.25	2495450.33	397303.54
21	382	000736	中交地产	72.1	BBB	1.01	15.98	6.59	0.32	0.34	86.82	2.63	57.17	48	13.41	91.22	4749238.47	1406326.83	112193.78
22	410	000517	荣安地产	71.7	BBB	0.59	28.83	7.33	0.21	0.22	83.13	10.66	67.92	41.53	12.1	75.58	4001266.90	666257.92	175592.41
23	429	600466	蓝光发展	71.5	BBB	1.05	12.25	3.52	0.22	0.25	80.62	10.08	27.17	44.39	35.61	67.5	20189031.54	3919367.90	415883.82

续表

序号	全部上市公司评价得分排序	股票代码	单位名称	综合得分	评价等级	每股收益（元）	净资产收益率（%）	总资产报酬率（%）	总资产周转率（次）	流动资产周转率（次）	资产负债率（%）	已获利息倍数	营业收入增长率（%）	资本扩张率（%）	市场投资回报率（%）	股价波动率（%）	年末资产总额（万元）	营业收入（万元）	净利润（万元）
24	455	000006	深振业 A	71.2	BBB	0.59	12.12	8.69	0.25	0.33	54.46	7.5	48.55	12.28	3.7	60.03	1574532.09	373133.01	84306.49
25	459	600340	华夏幸福	71.1	BBB	4.75	22.61	5.88	0.24	0.27	83.9	7.82	25.55	34.67	12	43.28	45781194.65	10520953.62	1468495.08
26	619	600177	雅戈尔	69.1	BB	0.81	12.66	7.44	0.16	0.34	65.28	4.42	28.91	−1.32	39.29	58.89	8066132.30	1242117.14	395162.03
27	624	600641	万业企业	69	BB	0.75	7.07	10.21	0.24	0.31	13.86	2786.71	−30.25	1.54	112.76	121.29	728603.93	186882.87	57394.13
28	668	600724	宁波富达	68.5	BB	0.34	14.85	14.34	0.5	0.73	28.89	13.02	−39.1	17.2	7.62	55.09	480200.44	314459.74	66660.04
29	677	000090	天健集团	68.4	BB	0.6	12.82	5.52	0.41	0.46	76.04	10.59	43.64	10.56	50.43	85.4	4031337.18	1466528.86	123364.03
30	678	000671	阳光城	68.4	BB	0.91	9.18	2.72	0.21	0.24	83.45	7.79	8.11	24.05	58.35	88.1	30755188.39	6104937.13	432136.07
31	690	600639	浦东金桥	68.2	BB	0.97	10.99	6.84	0.15	0.51	58.73	15.25	21.4	11.94	16.75	62.48	2460497.03	335238.28	108063.66
32	777	000537	广宇发展	67.1	BB	1.69	25.58	7.3	0.32	0.36	80.53	4.51	−15.04	27.39	2.7	88.92	6991486.27	2298676.52	314212.15
33	783	600094	大名城	67	BB	0.3	7.27	4.57	0.29	0.33	65.98	2.79	−2.54	7.7	55.81	145.9	4195259.10	1304316.65	99808.70
34	818	000560	我爱我家	66.6	BB	0.36	7.69	7.2	0.59	1.27	46.9	7.88	4.86	9.02	−5.32	121.34	1949162.09	1121145.44	85522.81
35	877	002133	广宇集团	65.9	BB	0.3	11.35	4.95	0.31	0.34	70.95	11.43	21.29	7.19	−5.45	70.65	1307600.98	383497.61	42157.16
36	898	001914	招商积余	65.7	BB	0.41	4.24	4.39	0.41	1.09	51.51	2.67	−8.68	63.8	155.3	252.13	1650169.21	607790.37	26972.36
37	916	000069	华侨城 A	65.5	BB	1.5	13.95	6.65	0.18	0.23	74.98	7.05	24.68	23.11	29.24	55.31	37961996.94	6002502.72	1434234.67
38	933	002208	合肥城建	65.3	BB	0.63	23.76	6.64	0.2	0.2	84.31	7.73	42.27	24.36	8.05	89.62	1583113.96	280484.98	51842.37
39	974	001979	招商蛇口	64.9	B	1.99	9.1	6.78	0.19	0.23	63.19	3.85	10.64	108.86	17.95	46.56	61768808.83	9767218.12	1885688.22
40	1040	600675	中华企业	64.2	B	0.38	16.1	8.35	0.24	0.32	68.67	6.96	−31.13	7.93	0.72	50.83	5385505.84	1328172.98	287985.36
41	1080	600648	外高桥	63.7	B	0.77	8.67	5.34	0.27	0.54	68.78	3.46	15.95	1.63	24.09	101.17	3480790.60	894085.07	92102.89
42	1236	002377	国创高新	61.9	B	0.33	5.33	5.37	0.76	2.07	18.98	13.27	12.41	2.98	−6.52	136.43	665113.79	511654.61	30108.54
43	1239	600823	世茂股份	61.9	B	0.65	6.99	4.83	0.18	0.3	62.21	16.46	3.75	7.61	24.84	69.73	12756390.62	2144912.56	384141.34
44	1240	600665	天地源	61.9	B	0.49	10.83	3	0.22	0.23	86.12	16.09	6.16	17.49	1.09	56.93	2895165.19	559134.56	41170.18
45	1261	600325	华发股份	61.6	B	1.22	8.79	2.64	0.16	0.17	81.51	4.97	39.87	34.52	29.99	74.36	23411056.85	3314868.31	331627.61
46	1328	601588	北辰实业	61	B	0.46	9.86	5.4	0.22	0.24	78.61	2.23	12.64	19.14	16.77	68.33	9381167.90	2012236.37	184384.05

续表

序号	全部上市公司评价得分排序	股票代码	单位名称	综合得分	评价等级	每股收益（元）	净资产收益率（%）	总资产报酬率（%）	总资产周转率（次）	流动资产周转率（次）	资产负债率（%）	已获利息倍数	营业收入增长率（%）	资本扩张率（%）	市场投资回报率（%）	股价波动率（%）	年末资产总额（万元）	营业收入（万元）	净利润（万元）
47	1380	000718	苏宁环球	60.5	B	0.41	14.6	9.66	0.21	0.25	52.66	15.11	20.98	−4.24	26.12	56.57	1797808.17	392428.41	120859.07
48	1421	600064	南京高科	60.2	B	1.49	13.09	8.15	0.11	0.19	56.68	11.89	−14.41	24.96	22.02	88.93	2908115.53	290877.53	187535.99
49	1500	000620	新华联	59.3	CCC	0.43	5.95	4.63	0.22	0.37	81.68	2.28	−14.37	−2.62	5.88	70.04	5306228.49	1198845.75	88335.39
50	1542	600322	天房发展	58.9	CCC	0.13	3.38	2.15	0.33	0.36	78.72	9.23	181.19	3.44	−8.38	78.21	2557710.13	956447.09	18507.23
51	1584	000402	金融街	58.4	CCC	1.15	9.3	6.73	0.17	0.25	75.94	2.21	18.41	4.79	28.85	49.33	16198987.58	2618401.60	412065.29
52	1670	600162	香江控股	57.7	CCC	0.13	6.78	5.86	0.22	0.28	75.59	2.51	19.15	4.88	4.41	63.67	2324306.79	492745.55	46914.71
53	1682	600890	中房股份	57.6	CCC	0.05	8.78	15.42	0.42	0.63	11.87	0	939.41	11.25	−22.9	117.43	31992.36	12707.21	2848.63
54	1789	600223	鲁商发展	56.3	CCC	0.34	9.79	1.24	0.2	0.2	91.62	8.08	16.64	62.54	129.06	187.96	5601944.49	1028920.69	39411.42
55	1813	600848	上海临港	56.1	CCC	0.71	3.22	8.21	0.15	0.23	56.89	5.72	104.71	102.39	16.11	114.9	3778045.45	394977.30	148125.28
56	1834	600807	济南高新	55.8	CCC	0.07	5.74	5.96	0.26	0.42	69.03	2.01	7.04	5.79	−4.63	110.64	423839.50	152230.33	6603.31
57	1840	000534	万泽股份	55.7	CCC	0.14	−1.31	4.54	0.24	0.5	54.04	3.45	112.32	−38.32	−13.07	65.38	206208.28	54873.51	5196.17
58	1907	600376	首开股份	55.1	CCC	0.94	9.86	5.42	0.16	0.18	80.92	2.09	19.9	7.87	13.92	63.47	30336780.41	4764539.84	563616.75
59	1921	600657	信达地产	55	CC	0.81	10.02	7.6	0.19	0.22	76.92	1.91	3.86	9.03	0.88	85.17	9860462.74	1947839.31	255609.35
60	1929	600503	华丽家族	54.9	CC	0.12	2.78	5.02	0.34	0.67	39.57	6.14	506.3	2.65	0.31	113.69	656820.12	234568.04	12391.23
61	2123	600159	大龙地产	52.6	CC	0.12	3.66	3.55	0.22	0.23	46.35	6.95	3.44	2.26	5.83	64.91	446945.58	91273.19	9460.23
62	2145	600185	格力地产	52.4	CC	0.27	6.38	6.48	0.13	0.16	75.92	1.54	36.19	−4.16	21.25	58.2	3266315.48	419274.64	52644.94
63	2147	600095	哈高科	52.4	CC	0.03	0.24	3.36	0.43	1.11	20.13	6.89	53.47	14.79	127.08	210.26	111398.08	45949.38	1803.62
64	2153	000838	财信发展	52.3	CC	0.1	2.41	0.93	0.23	0.23	84.09	5.07	11.36	42.32	6.24	85.28	1769069.70	339414.32	8451.51
65	2162	600748	上实发展	52.2	CC	0.42	7.44	4.1	0.23	0.27	69.84	6.54	2.33	6.17	9.32	166.89	3994082.73	886555.59	91447.67
66	2197	600736	苏州高新	51.7	CC	0.17	1.63	3.1	0.22	0.26	67.78	3.23	25.49	13.15	6.86	124.66	4728411.14	913775.41	53636.77
67	2198	000573	粤宏远 A	51.7	CC	0.1	3.73	3.49	0.29	0.45	41	3.57	0.1	1.39	−0.8	58.16	293276.58	91262.02	5548.40
68	2206	600393	粤泰股份	51.5	CC	0.07	1.34	3.87	0.25	0.27	61.76	1.57	39.95	−1.09	31.66	176.34	1662834.98	458401.69	9580.25
69	2230	600266	城建发展	51.2	CC	0.98	5.72	3	0.14	0.16	77.17	4.55	22.8	7.75	18.95	58.25	12251895.40	1643188.48	222246.26

续表

序号	全部上市公司评价得分排序	股票代码	单位名称	综合得分	评价等级	每股收益（元）	净资产收益率（%）	总资产报酬率（%）	总资产周转率（次）	流动资产周转率（次）	资产负债率（%）	已获利息倍数	营业收入增长率（%）	资本扩张率（%）	市场投资回报率（%）	股价波动率（%）	年末资产总额（万元）	营业收入（万元）	净利润（万元）
70	2278	600052	浙江广厦	50.6	CC	1.41	-5.58	25.64	0.02	0.02	12.69	875.99	-87.46	47.07	53.68	177.43	412930.50	10141.81	122518.54
71	2296	000514	渝开发	50.4	CC	0.31	6	6.16	0.13	0.17	42.55	7.5	60.3	7.82	7.35	106.92	650163.83	86567.66	27174.40
72	2301	600067	冠城大通	50.3	CC	0.29	5.78	4.75	0.31	0.41	64.46	4.47	-3.96	-0.54	9.14	70.14	2534274.65	778732.70	53508.79
73	2346	000797	中国武夷	49.8	C	0.21	6.3	3.69	0.29	0.32	70.72	12.28	7.35	1.79	-19.75	98.12	2027301.25	522553.30	38598.25
74	2399	002285	世联行	49.2	C	0.04	0.96	3.31	0.53	0.69	53.52	2.93	-11.73	0.11	-22.33	142.97	1166678.68	664985.20	9674.19
75	2415	000014	沙河股份	49	C	0.1	2.37	2.39	0.23	0.24	51.53	13.52	22.41	0.6	-3.41	67.89	197236.56	43813.97	3213.17
76	2425	000631	顺发恒业	48.8	C	0.25	9.25	8.48	0.16	0.18	21.59	11.07	-39.29	1.07	-2.74	58.42	835063.57	164882.96	64562.31
77	2458	000863	三湘印象	48.3	C	0.21	1.69	3.55	0.15	0.18	55.56	4.05	21.71	2.26	16.07	66.99	1282717.33	198758.16	21097.65
78	2484	000926	福星股份	47.9	C	0.62	5.87	5.69	0.19	0.25	75.78	1.6	-10.89	2.4	5.04	50.15	5107766.72	956615.84	67270.83
79	2523	000897	津滨发展	47.3	C	0.11	13.03	4.03	0.19	0.19	81.23	24.86	728.5	8.12	-11	84.19	690556.38	128228.27	16338.26
80	2573	600077	宋都股份	46.6	C	0.44	10.42	3.29	0.13	0.15	85.34	5.68	-9.26	19.13	6.31	87.25	3769060.11	416698.61	58552.33
81	2586	000056	皇庭国际	46.4	C	0.04	1.2	3.4	0.07	0.42	55.41	1.42	-0.02	-4.33	-16.44	113.03	1245695.97	94896.39	7627.45
82	2631	000668	荣丰控股	45.7	C	0.25	4.28	4.09	0.15	0.18	59.46	5.97	68.58	14.76	34.57	109.81	271353.73	41886.44	4218.79
83	2638	600895	张江高科	45.6	C	0.38	4.83	4.83	0.07	0.13	48.86	3.76	28.6	46.6	-7.35	116.73	2561713.44	147668.47	53143.64
84	2662	600246	万通地产	45.2	C	0.29	2.44	6.47	0.09	0.15	34.85	5.25	-69.74	6.78	52.91	60.93	1258805.14	110276.71	61714.03
85	2686	000615	京汉股份	44.8	C	0.02	-0.31	3.52	0.28	0.34	73.95	2.65	9.07	-10.91	-16.1	94.7	1020820.57	315040.44	12392.01
86	2712	600692	亚通股份	44.2	C	0.1	4.7	4.02	0.38	0.49	65.97	3.35	17.18	6.08	-4.55	79.12	257444.54	86001.88	4458.15
87	2745	600622	光大嘉宝	43.6	C	0.3	4	4.73	0.18	0.35	66.65	2.17	1.32	16.33	-10.02	140.62	2841677.66	482058.74	43871.65
88	2751	600208	新湖中宝	43.5	C	0.25	6.11	3.85	0.1	0.16	75.59	2.02	-14.03	2.26	29.16	99.3	14403202.08	1481029.51	211162.69
89	2755	600743	华远地产	43.4	C	0.32	6.12	2.09	0.14	0.15	84.19	8.77	8.64	7.88	5.53	61.67	5847922.10	742175.03	70968.82
90	2778	002314	南山控股	42.6	C	0.15	3.85	4.02	0.19	0.31	73.42	2.09	2.64	5.91	4.68	70.88	4301550.50	723798.15	47694.08
91	2779	600533	栖霞建设	42.6	C	0.28	5.9	3.19	0.12	0.15	80.4	3.8	-1.78	10.04	9.9	48.27	2059562.53	228912.61	30072.78
92	2824	600215	*ST 经开	41.1	C	0.17	2.75	3.82	0.07	0.07	9.59	0	-68.3	1.83	-8.29	73.31	284547.29	18666.66	7699.81

续表

序号	全部上市公司评价得分排序	股票代码	单位名称	综合得分	评价等级	每股收益（元）	净资产收益率（%）	总资产报酬率（%）	总资产周转率（次）	流动资产周转率（次）	资产负债率（%）	已获利息倍数	营业收入增长率（%）	资本扩张率（%）	市场投资回报率（%）	股价波动率（%）	年末资产总额（万元）	营业收入（万元）	净利润（万元）
93	2828	600082	海泰发展	41	C	0.02	0.96	3.32	0.21	0.22	41.34	1.3	-13.28	0.88	-12.58	81.58	291638.19	67764.40	1497.70
94	2845	600604	市北高新	40.5	C	0.11	2.94	3.65	0.06	0.1	58.55	2.51	114.7	2.96	19.8	188.81	1821293.14	109038.24	26798.67
95	2850	000909	数源科技	40.4	C	0.09	-1.43	4.43	0.34	0.48	60.58	1.73	-28.12	1.84	15.43	59.12	323950.88	110512.84	3887.00
96	2858	000540	中天金融	40.2	C	0.16	5.05	3	0.11	0.2	82.68	1.66	-11	5.32	-11.21	105.09	11983361.04	1257778.67	115107.02
97	2865	600791	京能置业	40	C	0.04	0.43	1.58	0.12	0.13	69.56	2.22	16.53	29.15	1.74	79.36	1325161.48	118346.56	3323.21
98	2877	000042	中洲控股	39.7	C	1.18	-0.31	5.71	0.16	0.18	82.25	1.97	-9.18	4.52	1.65	80.45	4514152.70	721316.58	67355.91
99	2880	000609	中迪投资	39.6	C	0.1	1.62	1.93	0.15	0.17	63.33	3.92	1757.78	1.69	-4.35	89.96	420221.01	54790.83	2577.70
100	2883	600773	西藏城投	39.5	C	0.13	3.11	1.76	0.1	0.12	75.01	3.94	14.18	5.43	-7.1	91.46	1392982.21	134382.00	10652.52
101	2933	000046	泛海控股	37.6	C	0.21	2.68	2.77	0.02	0.02	81.39	1.8	-39.58	16.45	-5.81	141.63	17787227.25	302543.94	142649.64
102	2946	600716	凤凰股份	37.3	C	0.09	0.81	1.4	0.14	0.21	30.16	270.58	24.33	18.88	27.91	86.86	870319.50	130169.82	8652.68
103	2949	600647	同达创业	37.1	C	0.14	1.42	3.83	0.03	0.04	36.08	0	-21.88	6.3	11.95	95.48	49296.29	1593.30	1863.77
104	2963	600463	空港股份	36.5	C	-0.08	-2.53	0.4	0.38	0.67	53.66	0.29	-13.48	-10.8	-9.54	89.03	281296.87	109501.35	-2927.94
105	2969	600649	城投控股	36.3	C	0.24	2.44	3.78	0.1	0.13	48.54	2.38	-47.21	2.46	1.96	104.7	3982741.55	364358.87	63783.76
106	3024	600708	光明地产	34	C	0.19	5.35	2.78	0.17	0.17	82.3	2.73	-33.59	15.83	3.19	158.69	8583242.61	1361073.57	85639.56
107	3026	600658	电子城	33.9	C	0.31	2.49	4.92	0.13	0.16	51.89	3.35	-18.33	-0.61	-8.56	106.45	1420926.27	182487.37	33815.68
108	3029	600684	珠江实业	33.8	C	0.26	-3.01	3.87	0.15	0.19	81.91	2.05	-13.41	6.35	-3.04	91.44	2371022.40	294784.63	26690.54
109	3059	000667	美好置业	32.5	C	0.03	-2.85	0.1	0.14	0.19	73.68	0.25	45.19	-7.07	7.97	29.39	2752126.57	365948.41	-20785.25
110	3061	002305	南国置业	32.4	C	-0.21	-3.59	0.07	0.25	0.26	81.54	0.13	57.99	-3.4	-23.45	121.43	2679830.82	636867.72	-17869.79
111	3089	000616	海航投资	31.3	C	0.02	-0.58	2.03	0.03	0.06	28	1.31	-20.9	-9.03	-2.82	99.04	606164.84	21348.41	2999.20
112	3104	000506	中润资源	30.8	C	-0.02	-17.32	1.52	0.2	0.43	58.28	0.56	3.81	-1.85	0.36	94.07	262188.45	51538.81	-3214.18
113	3132	600683	京投发展	29.5	C	0.1	9.67	2.8	0.11	0.14	91.05	2.62	-45.73	-10.39	-1.87	76.25	4619272.06	432769.27	46025.23
114	3140	000965	天保基建	29.2	C	0.17	3.58	3.49	0.13	0.16	41.68	5.85	-46.89	1.88	-17.97	93.44	911720.03	121611.10	18986.12
115	3142	000918	嘉凯城	29.1	C	0.06	-24.3	4.78	0.09	0.12	80.84	1.16	-2.49	3.48	-17.81	59.16	1902500.41	165198.00	4384.53

续表

序号	全部上市公司评价得分排序	股票代码	单位名称	综合得分	评价等级	每股收益（元）	净资产收益率（%）	总资产报酬率（%）	总资产周转率（次）	流动资产周转率（次）	资产负债率（%）	已获利息倍数	营业收入增长率（%）	资本扩张率（%）	市场投资回报率（%）	股价波动率（%）	年末资产总额（万元）	营业收入（万元）	净利润（万元）
116	3171	000732	泰禾集团	27.4	C	0.19	-0.43	0.46	0.1	0.12	84.95	1.05	-23.77	5.85	-13.33	126.8	22430856.50	2362061.53	72811.45
117	3235	000608	阳光股份	24.3	C	-0.11	-2.22	1.39	0.04	0.22	39.22	0.71	-15.95	-5.83	-5.79	89.3	578221.60	24277.40	-6545.10
118	3242	600515	海航基础	23.9	C	-0.31	-4.06	1.06	0.13	0.24	65.61	0.45	-1.11	-23.76	-9.84	115.03	8152330.00	1152643.57	-148514.03
119	3244	000809	铁岭新城	23.8	C	-0.1	-2.97	-0.3	0.03	0.04	44.73	-0.25	-88.14	-2.66	-3.41	71.75	563887.06	18413.49	-8520.78
120	3261	000558	莱茵体育	23	C	0.02	-9.67	2.51	0.05	0.15	46.89	1.82	-80.38	-4.8	9.01	81.08	242003.15	13784.79	2445.47
121	3296	000502	绿景控股	21.6	C	-0.05	-7.45	-2.97	0.05	0.07	15	0	-6.29	-4.48	-4.18	76.08	24687.16	1631.87	-985.02
122	3346	600568	*ST 中珠	18	C	-0.19	-13.7	-7.09	0.13	0.22	18.58	-45.23	21.53	-8.57	-28.22	159.28	478055.22	69617.24	-36433.43
123	3385	600638	新黄浦	15.5	C	-0.82	-13.28	-2.73	0.09	0.12	71.78	-3.17	19.67	-9.52	-19.11	101.03	1512598.87	127610.52	-54230.89
124	3446	600225	*ST 松江	10.9	C	-0.98	-86.55	0.71	0.09	0.13	94.72	0.11	-62.94	-54.96	-11.15	106.43	1293598.82	118348.62	-94506.50
125	3465	000691	亚太实业	9.3	C	-0.03	-11.48	-3.81	0.06	0.08	63.38	-4.31	-63.12	-10.85	-12.11	89.6	24039.12	1391.19	-1071.45
126	3480	000679	*ST 友谊	6.3	C	-0.92	-43.52	-1.56	0.15	0.19	85.02	-0.3	-28.67	-34.63	-8.89	79.75	450694.32	77576.18	-34534.64
127	3482	600239	云南城投	6.2	C	-1.75	-39.7	-1.15	0.07	0.11	93.75	-0.45	-34.52	-38.41	-1.63	119.99	8888068.57	624827.62	-348204.64
128	3490	000981	*ST 银亿	5.3	C	-1.78	-65.05	-20.98	0.23	0.48	72.99	-7.66	-21.42	-54.05	-33.8	337.18	2563255.11	704844.73	-715028.62
129	3513	002147	*ST 新光	0	C	-2.78	-18.73	-31.24	0.12	0.21	78.31	-7.76	-21.78	-63.07	-29.15	162.04	1373883.26	169298.28	-509504.68
130		601512	中新集团	63.8	B	0.8	9.69	9.03	0.23	0.39	40.47	12.85	53.54	27.35	23.08	2.5	2312989.27	531078.45	154442.00
131		002968	新大正	74.6	BBB	1.89	16.62	16.62	1.41	1.78	24.15	67.02	19.05	180.3	23.08	26.96	99535.33	105460.35	10509.88
132		600732	爱旭股份	79.7	A	0.37	32.08	17.46	1.39	4.69	68.58	6.88	3772.72	425.74	57.99	96.37	816605.00	606923.72	58504.50

第十八章　环保行业上市公司业绩评价

2019年，全球环保产业开始进入快速发展阶段，逐渐成为支撑产业经济效益增长的重要力量，并正在成为许多国家革新和调整产业结构的重要目标和关键。随着我国经济的持续快速发展，工业化和城市化进程的不断增加，环境污染逐步加重，国家对环保的重视程度也越来越高。2019年国家对环保基础设施的建设投资力度加大，有力拉动了环保行业的市场需求，环保产业总体规模迅速扩大，产业领域不断拓展，产业结构逐步调整，产业水平明显提升。2019年环保行业板块在扣除部分公司因抵押担保产生的损益影响后，营收略有下降，净利润呈现小幅度上升，环保行业股票指数（申万）全年下跌6.07%。

在政策支持和转型升级的驱动下，随着融资环境的改善、业务模式的调整以及相关环保政策的进一步趋严，预计环保板块业绩在2020年增长趋势不变，细分板块分化明显。固废处理板块受到垃圾分类、焚烧发电等相关政策影响，增长幅度稳定；水务与水处理板块受到融资环境的影响，增长幅度较小；国家节能政策导向明朗，节能与能源板块将会受益。

一、环保行业上市公司业绩评价结果

截至2019年年末，环保工程及服务行业A股上市公司共48家，其中盈利41家。环保行业的综合评价得分值为50.02分，低于全部上市公司的61.30分。有1家环保行业上市公司进入2019年上市公司业绩评价综合得分的“中联价值100”名单。在48家环保上市公司中，业绩为A级的有2家；业绩为BBB级的有2家；业绩为BB级的有5家；业绩为B级的有5家；业绩为CCC级的有10家；业绩为CC级的有4家；业绩为C级的有20家。

2019年全部上市公司（不包括金融和B股，没有特指本文以下按此口径）为3654家，全部上市公司资产总额为68.54万亿元，环保行业上市公司资产总额为0.46万亿元，占全部上市公司资产总额的0.68%，同比下降0.09%；全部上市公司实现营业收入为41.68万亿元，环保行业上市公司实现营业收入为0.14万亿元，占全部上市公司营业收入的0.32%，同比下降10.19%；全部上市公司实现利润总额为2.60万亿元，环保行业上市公司实现利润总额约为 0.01 万亿元，占全部上市公司利润总额的 0.27%，同比下降 35.16%；全部上市公司实现净利润 1.97 万亿元，环保行业上市公司实现净利润 0.004 万亿元，占全部上市公司净利润的 0.22%，同比下降 37.65%；环保行业上市公司的市场投资回报率低于全部上市公司市场投资回报率；环保行业上市公司的股价波动率为 98.16%，略高于全部上市公司 94.27% 的股价波动率。

2019 年，环保行业排名前十的上市公司见表 18–1：

表 18 – 1　2019 年度环保行业评价得分前十名的公司

序号	股票代码	股票简称	在全部上市公司中评价得分排序
1	603568	伟明环保	88
2	600323	瀚蓝环境	199
3	000035	中国天楹	346
4	603588	高能环境	438
5	601200	上海环境	625
6	002479	富春环保	737
7	002034	旺能环境	790
8	002887	绿茵生态	792
9	000967	盈峰环境	966
10	300137	先河环保	1100

基于对环保行业上市公司的整体评价，下面分别从财务效益状况、资产质量状况、偿债风险状况、发展能力状况、市场表现状况五个方面对环保行业上市公司进行具体分析。

（一）财务效益

从综合得分来看，2019 年环保行业上市公司财务效益低于全部上市公司平均水平，部分指标高于同行业上年水平。表 18–2 列示了 2019 年环保行业上市公司财务效益状况评价结果。

与 2018 年的情况相比较，2019 年环保行业上市公司财务效益略有上升，但是幅度不大。从表 18–2 可以看出，在财务效益中，环保行业扣除非经常性损益净资产收益率以及盈利现金保障倍数均高于于全部上市公司整体水平。

在环保行业上市公司财务效益状况指标中，瀚蓝环境的综合得分为 28.69，在环保行业排名第一。瀚蓝环境各项业务的生产经营稳定，已形成生态生活全链接的完整生态环境服务产业链，同时通过信息化手段建立了规范高效的运营管理平台和工程建设管理平台，提升自身管理运营实力，因此瀚蓝环境在 2019 年财务效益指标较好。

表 18－2 环保行业财务效益状况比较表

评价指标		2019 年上市公司平均值	2019 年行业值	2018 年行业值	增长率（%）
基本指标	扣除非经常性损益净资产收益率（%）	6.61	8.03	-2.8	386.79
	总资产报酬率（%）	5.26	-1.80	3.05	-159.01
	得分	20.77	19.07	18.24	4.56
修正指标	营业利润率（%）	6.34	-214.50	6.86	-3,228.90
	盈利现金保障倍数	1.97	2.40	0.45	433.82
综合得分		22.12	17.75	16.62	6.80

（二）资产质量

从综合得分来看，环保行业上市公司资产质量低于全部上市公司平均水平，略低于同行业上年水平。

表 18–3 列示了环保行业上市公司资产质量状况评价结果。在环保行业上市公司资产质量状况指标中，总资产周转率、流动资产周转率及应收账款周转率均低于全部上市公司平均水平。与 2018 年相比，2019 年各项周转率指标均有下降，行业的资产质量整体有所滑坡。

该项指标中，第一名为富春环保，得分为 14.24。2019 年富春环保实现营收 41.16 亿元，同比增长 36.37%，实现归母净利润 3.00 亿元，同比增长 216.88%。富春环保总资产周转率 0.55 次，流动资产周转率 1.96 次，应收账款周转率 10.83 次，存货周转率 24.22 次，均高于行业值。

表 18－3 环保行业资产质量状况比较表

分析指标		2019 年上市公司平均值	2019 年行业值	2018 年行业值	增长率（%）
基本指标	总资产周转率（次）	0.64	0.34	0.36	-5.39
	流动资产周转率（次）	1.21	0.81	0.83	-2.36
	得分	9.53	6.11	6.28	-2.70
修正指标	应收账款周转率（次）	8.24	2.98	3.54	-15.83
	存货周转率（次）	2.73	5.97	6.03	-1.04
综合得分		9.14	6.67	6.85	-2.58

（三）偿债风险

从综合得分来看，2019 年环保行业上市公司偿债风险低于全部上市公司平均水平，部分指标略高于同行业上年水平。

表 18–4 列示了环保行业上市公司偿债风险状况评价结果。在环保行业上市公司偿债风险状况指标中，已获利息倍数和速动比率均高于全部上市公司平均水平，这与其产品优势、经营状况有很大关系。

在环保行业上市公司偿债风险状况指标中先河环保得分第一，资产负债率、获利倍数、速动比率、现金流动负债比率和带息负债比率等指标均高于行业平均水平。先河环保已形成环境监测、治理、服务的全产业链业务模式，并创建环保应用新模式，经营状况良好。

表 18 － 4　环保行业偿债风险状况比较表

评价指标		2019 年上市公司平均值	2019 年行业值	2018 年行业值	增长率（%）
基本指标	资产负债率（%）	61.12	115.91	54.37	113.18
	已获利息倍数	4.11	11.02	28.56	–61.41
	得分	8.94	8.22	8.04	2.25
修正指标	速动比率（%）	77.4	125.05	117.20	6.70
	现金流动负债比率（%）	13.01	18.59	8.32	123.53
	带息负债比率（%）	41.99	42.66	43.86	–2.73
综合得分		8.61	7.68	7.19	6.78

环保行业现金流量状况略有退步。环保行业公司在宏观环境改善以及利好政策不断推出的情况下，业绩水平逐步提高，但由于其扩张比例较大，因此相应偿债风险也随之有所降低。

（四）发展能力

从综合得分来看，2019 年环保行业上市公司发展能力低于全部上市公司的平均水平，略高于同行业上年水平。

表 18–5 列示了环保行业上市公司发展能力状况评价结果。在环保行业上市公司发展能力状况指标中，中国天楹得分 19.68，排名第一。2019 年中国天楹实现营业收入 185.87 亿元，同比增长 906.4%，归母净利润 7.13 亿元，同比增长 229.3%。中国天楹通过收购间接实现了对境外环保企业西班牙 Urbaser 100% 股权的控制。通过 Urbaser 优质资产的注入，公司整体核心竞争力得到了提升，业务范围扩展至全球 30 多个国家和地区，通过业务扩展等相互协同效应，收入快速增长，毛利率达到了 15.24%。

表 18－4 环保行业发展能力状况比较表

分析指标		2019 年上市公司平均值	2019 年行业值	2018 年行业值	增长率（%）
基本指标	营业收入增长率（%）	8.81	29.29	11.62	152.17
	资本扩张率（%）	9.67	–74.62	8.05	–1026.56
	得分	12.05	11.86	11.09	6.90
修正指标	累计保留盈余率（%）	41	25.84	23.84	8.37
	三年营业收入平均增长率（%）	14.54	16.22	25.48	–36.35
	总资产增长率（%）	10.59	19.27	18.55	3.89
	营业利润增长率（%）	0.61	–119.15	–109.83	8.49
综合得分		12.23	10.77	10.45	3.10

（五）市场表现

2019 年行业表现劣于大盘的表现，且整体走势延续总体平稳态势，弱于 2018 年的市场表现（见图 18–1）。

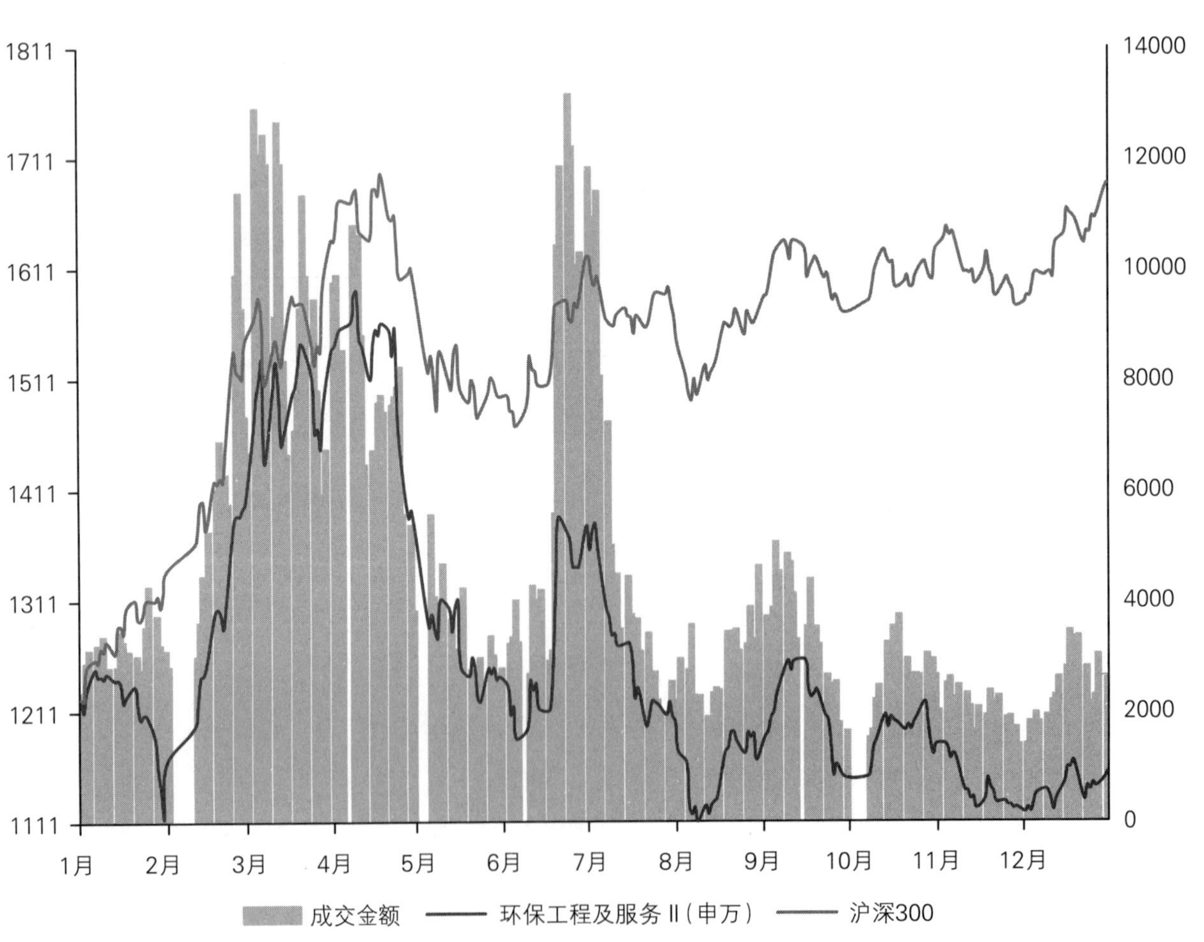

图 18－1 2019 年环保指数与大盘指数波动

从综合得分来看，环保行业上市公司市场表现劣于全部上市公司的平均水平。下表18–6列示了环保行业上市公司市场表现状况评价结果。在环保行业上市公司市场表现状况指标中，伟明环保名列第一，伟明环保已形成涵盖城市生活垃圾焚烧发电行业全产业链业务，实现一体化运作，在长三角等东部沿海发达地区拥有较高市场份额。伟明环保通过增加生活垃圾焚烧发电运营项目规模和设备销售规模，提升了收益水平。伟明环保行业竞争力提升，得到了市场投资者追捧，进而投资回报率较高。

表 18 – 6 环保行业公司市场表现状况比较表

分析指标	2019 年上市公司平均值	2019 年行业值	2018 年行业值	增长率（%）
投资回报率（%）	23.04	3.39	–44.23	–107.67
股价波动率（%）	94.27	98.16	154.89	–36.63
得分	9.12	7.15	6.39	11.84

二、2019 年环保行业业绩的影响因素分析

2019 年，环保行业全年实现净利润 44.28 亿元，同比下降 37.65%。环保行业相对于本次评价的其他行业规模和体量较小，投资回报周期长，业绩受个股的影响相对较大。扣除部分公司因抵押担保产生的损益影响后，全年实现净利润为 75.48 亿元，同比增长6.27%。2019 年环保行业各板块发展结构分化，其中，固废处理板块受到垃圾治理政策影响仍然保持稳健增长；节能、大气治理及环境监测受益国家出台相应政策以及有关部门积极推动，板块增长趋势显现；PPP 政策与金融去杠杆政策仍然对水务与水处理板块业务有一定影响。

（一）环保监管趋严，固废处理需求释放迅速

随着我国城镇化进程和城市人口的增加，城镇生活垃圾产生量和清运量呈逐年上升的趋势。国家颁布了《中国国民经济和社会发展“十三五”规划纲要》《“十三五”全国城镇生活垃圾无害化处理设施建设规划》《“十三五”生态环境保护规划》等有关政策这些政策的逐渐出台与落实，受益环保监管治理力度不断加强，垃圾渗滤液处理量剧增导致固废处理需求不断增加。在国家政策的扶持和市场需求的影响下，已形成了上游环卫、中游回收转运、下游处理的纵向一体化全产业链，固废处理板块增速明显，例如上市公司伟明环保2019 年完成生活垃圾入库量和完成上网电量的年度运营新高。

资料链接：行业重大事件

中共中央办公厅、国务院办公厅印发《关于构建现代环境治理体系的指导的意见》

中共中央办公厅、国务院办公厅印发了《关于构建现代环境治理体系的指导意见》（以下简称《意见》），提出到2025年，建立健全环境治理的领导责任体系、企业责任体系、全民行动体系、监管体系、市场体系、信用体系、法律法规政策体系，落实各类主体责任，提高市场主体和公众参与的积极性，形成导向清晰、决策科学、执行有力、激励有效、多元参与、良性互动的环境治理体系。《意见》要求实现污染源企业的监测全覆盖，市场空间将进一步扩大；要求创新环境治理模式，积极推行环境污染第三方治理，开展园区污染防治第三方治理示范。对工业污染地块，鼓励采用“环境修复＋开发建设”模式；环境治理重视力度加大，2020年地方专项债中环保投入占比从2018年的0.5%提升至12.4%，其中环境修复占比达70%；要求加强关键环保技术产品自主创新，推动环保首台（套）重大技术装备示范应用，加快提高环保产业技术装备水平。

资料来源：证券时报网。

（二）产业创新升级，环保监测板块发展提速

在环境监测板块方面，根据国家颁布的《蓝天保卫战三年行动计划》要求，2019年仍需对国控环境空气质量监测站点进行优化、调整和扩展，同时加强各区县空气质量自动监测的网络化建设和升级。市场对大气成分分析设备的需求正在逐渐递增，监测的标准不断向组分监测、前体物监测方向倾斜，并对清污染物来源、成因与形成机理等有更高的要求。随着环境保护意识的提高和相关政策的完善，环境监测发展增速，国家环境监测总站耗资数十亿元用于环境监测站的相应运维和后期建设，这意味着环境监测板块已经进入了快速释放期。

2019年，国内检测设备市场持续下沉，不断延伸至各地方区县及乡镇，同时《中共中央国务院关于实施乡村振兴战略的意见》提出，将实施农村人居环境整治三年行动计划，以农村垃圾、污水治理和村容村貌作为主要提升方向。各地方层面，加快农村环境监测的步伐，多省份相继出台相关村镇环境检测治理政策，推动着村镇环境监测治理的加速释放。2019年中央环保督察全面启动，提高村镇环境检测治理仍是重中之重，激发了环境监测设备市场的巨大需求，推动环境监测板块逐步回暖。上市公司聚光科技结合农村水污染整治大政策，为政府农污治理推出更系列化解决方案和相应设备，如智慧生活污水处理装置和工业废水处理装置成为公司的发展增长点。

（三）深化产业结构调整，绿色节能板块转型创新发展见成效

2019年，节能板块不断调整自身产业结构，持续聚焦国家节能环保战略方针，积极响

应国家绿色发展和节能减排的政策号召，在生态优先、绿色发展的大战略方向下，紧密围绕在循环经济和洁能环保两大业务开展经营和创新，加快生态环保产业布局进程。十三五期间，国家全面推进北方采暖、交通运输、电力供应、生产制造等四个领域的电能替代。通过改变能源终端消费，带动电能消费以替代传统的散烧煤、燃油的消耗。电能替代主要来源为清洁能源发电以及部分低排放煤炭机组，推进电能替代将促进清洁能源的消纳，可以有效缓解我国部分地区将面临的能源问题。在北方采暖、生产制造等领域，电能替代措施可以拓展为建筑施工节能、家庭改造节能、工业用电节能等细分行业的市场。因电能替代的实施与国家电改深化相辅相成，随着国家电能替代实施的进展和国家电改深化相关政策的不断完善和出台，以水电为代表的清洁能源和节能公司将会长期受益。得益于政策的支持，上市公司中材节能 2019 年各类工程项目及装备、产品销售合同额创历史新高。

（四）加强大气治理，大气治理板块回暖趋势显现

2015 年以来我国电源建设的固定资产投资额持续收缩，其中火电投资收缩尤其明显。据中电联发布的《中国电力行业年度发展报告》，2019 年全国电力烟尘、二氧化硫、氮氧化物三大排放物的排放量分别约为 21 万吨、99 万吨、96 万吨，同比下降 19.2%、17.5%、15.8%。

2019 年 10 月 29 日，生态环境部举行新闻发布会，2019 年大气治理力度将加强，并积极推进大气污染综合治理的相关政策完善。随着北方各地区关于大气污染治理的方案陆续出台，叠加非电行业超低排放改造和工业炉窑大气治理的持续推进，大气污染治理的需求在大幅度提升，促使大气治理板块回暖趋势显现。得益于国家相关政策的推出，在固有优势的大气治理业务上继续保持行业领先，上市公司龙净环保在 2019 年实现营收和净利润的增长。

（五）融资能力制约 PPP 项目发展

水务行业方面，近几年中都在向 PPP 模式为主的业务方向发展。继财政部印发《关于规范政府和社会资本合作（PPP）综合信息平台项目库管理的通知》（“92 号文”）和国资委下发《关于加强中央企业 PPP 业务风险管控的通知》（“192 号文”）及财政部下发的《关于推进政府和社会资本合作规范发展的实施意见》（“10 号文”）等相关文件，PPP 迎来了强监管周期。PPP 业务的发展趋势具有一定不确定性，特别是 PPP 的入库风险及地方政府的履约能力，以及 PPP 项目是否具备融资能力等都是 PPP 项目执行中的风险。

在金融降杠杆稳杠杆的政策环境下，环保 PPP 项目中标企业财务经营状况受到了相应影响。金融机构对于 PPP 项目贷款融资谨慎评估，政府付费类、可行性缺口补助等 PPP 项目融资难度加大，许多进入建设期和运营期的项目呈现难以为继的态势。虽然公司经营业绩持续提升，进入运营期项目逐年递增，但由于承接的 PPP 模式业务增加，占用资金大，需要进行大量项目融资，融资能力成为制约发展的主要原因。

链接：行业重大事件

环保行业迎来投资增长期，长江、黄河治理释放亿元级市场空间

日前，国家发改委、自然资源部发布《全国重要生态系统保护和修复重大工程总体规划（2021—2035年）》（以下简称《规划》），分别对工程布局、治理思路、治理措施、保障政策作出了系统部署，涵盖9项重大工程、47项具体任务。其中黄河流域将打造8个重点项目，长江经济带则着力5个重点工程，通过系统性制度设计，加强山水林田湖草系统治理，推动陆海统筹、河湖联动的综合协调治理模式。为确保相关工程实施，《规划》提出要切实加大资金投入力度，鼓励各地统筹多层级、多领域资金，集中开展重大工程建设。2020年作为‘十三五’的收官之年，政策支持力度更大。环卫行业市场需求持续释放，各地垃圾分类持续推进也为产业带来投资机会。”除此之外，国家发改委等六部门此前印发的《关于营造更好发展环境支持民营节能环保企业健康发展的实施意见》也指出，积极支持民营企业参与大气、水、土壤污染防治攻坚战，引导民营企业参与污水垃圾等环境基础设施建设、危险废物收集处理处置、城乡黑臭水体整治、产业园区绿色循环化改造、重点行业清洁生产示范等工程。

资料来源：中国能源报。

三、2020年环保行业前景展望

2020年环保行业整体预计保持持续增长，从细分板块来看，固废处理板块受到疫情冲击较小，同时固废处理具有较强的运营属性、一体化的业务模式以及不断增长的处理需求，并且随着垃圾分类等相关政策推进，未来需求增长可能进一步加速。水务与水处理板块有明显的工程建设类属性，融资成本上升导致近年来有较大压力，面对疫情冲击的抗性较弱，但作为“水十年”考核年的2020年，水务与水处理的趋势将会回暖。大气治理板块与工业企业的关系较为密切，工业企业受到疫情影响，未来可能会导致大气治理板块增速放缓。疫情叠加对节能与能源板块形成一定冲击，但因国家在节能减排与清洁能源方面的政策导向明朗，节能与能源板块将会受益。环境检测板块侧重于自身生产制造，目前受到疫情影响，未来增速可能放缓。

（一）疫情整体影响较小，利好部分环保行业细分板块

因疫情对于实体产业的冲击影响，与之关联的环保板块业绩也受到一定影响。我国各地方政府采购在第一季度进入短暂停滞期，但这并不是环保行业单独存在的状况，并且伴随全国复工加速和相关政策扶持，环保行业业绩将逐步进行恢复。并且伴随各地方政府开始恢复项目招标，环保板块将会表现出增长的趋势。

在固废板块方面，我国医疗废物处理废物能力显著提升。截至2020年3月底，我国医

疗废物处理能力提升明显，数量同比增加比例较大，但全国医废处置相对增速较低，全国产能缺口依旧存在。

疫情期间，大气环境形势仍然十分严峻，2020 年为《打赢蓝天保卫战三年行动计划》的收尾阶段，各区域仍需加强大气污染物监测与防治。新增空气质量监测网点主要解决城市新增建成区缺少点位、现有建成区点位密度不均衡等问题，进而实现空气质量监测地级及以上城市和国家级新区的全覆盖。“十四五”末期，国家大气颗粒物组分监测网要覆盖全国所有 PM2.5 超标的城市，而目前组分监测网仅在京津冀及周边多个城市运行，未来将进一步扩大。但大气治理板块与工业企业的关系较为密切，工业企业受到疫情影响，未来可能会导致大气治理板块增速放缓。环境检测板块侧重于自身生产制造，目前受到疫情影响，未来增速可能放缓。

节能板块为进一步加快焦化行业转型升级，促进焦化行业技术进步，提升资源综合利用率和节能环保水平，推动焦化行业高质量发展，近日，工信部制定并发布了《焦化行业规范条件》（以下简称《规范条件》），已于 2020 年 6 月 11 日正式实施。《规范条件》共计九章二十三条，对工艺与装备、环境保护、能源消耗和资源综合利用、安全生产和职业卫生、产品质量、社会责任、申报及公告等内容进行了详细阐述。《规范条件》提出，焦化生产企业自愿提出规范公告申请。符合本规范条件的企业核查通过后予以公告，相关政策可优先予以支持。疫情叠加对节能与能源板块形成一定冲击，但因国家在节能减排与清洁能源方面的政策导向明朗，节能与能源板块将会受益。

（二）土地详查进入末期，环境修复市场静待需求释放

“土十条”要求开展土壤污染状况详查，2018 年底前查明农用地土壤污染的面积、分布及其对农产品质量的影响，2020 年底前掌握重点行业企业用地中的污染地块分布及其环境风险情况。2019 年 11 月，在生态环境部例行新闻发布会上，土壤生态环境司司长苏克敬表示，农用地土壤污染状况详查的主体工作已经完成，重点行业企业用地土壤污染状况调查工作正在稳步推进中。根据各省的重点行业企业用地土壤污染状况详查进展，除重庆、上海、吉林、河北、青海等地区，其他省市均规划在 2020 年底前完成重点行业企业用地土壤污染状况详查工作。由于耕地修复尚未找到较好的盈利模式，目前市场尚未打开；矿山修复需求较少；城市工业用地修复是当前土壤修复市场的主要需求来源。土壤污染详查完成后，城市重点行业企业污染地块修复需求将更加平稳有序地释放，带动环境修复市场需求提升。

（三）长江大保护市场空间巨大

根据 E20 水网固废网，依据试点城市推算，长江经济带水生态环境保护资金需求在 2 万亿元以上。2020 年，国家五部委联合印发《关于完善长江经济带污水处理收费机制有关政策的指导意见》（以下简称《意见》），完善长江经济带污水处理成分分担机制、激励约束机制和收费标准动态调整机制，推动长江经济带水污染防治和绿色发展。《意见》指出，要开展长江经济带污水处理成本监审调查，加快完善污水处理收费机制，合理制定和调整收

费标准，推行差异化收费与付费机制，更好地发挥价格杠杆作用，引导资源优化配置，实现生态环境成本内部化。开展收费模式改革试点，吸引社会资本进入，加快补齐污水收集管网短板，提高污水搜集管网效率，降低污水处理企业负担。

同时，长江保护法草案也首次提请审议，随着针对性和指示性更强的长江保护法出台，对长江流域治理的政策执行力度、环保投入都将再次上台阶。

（四）融资环境持续改善，项目投资进度加快

2020年以来，专项债下发规模和投向环保领域比例双增长，全国各地发行新增专项债券比例上升，发行进度完成情况较好，发行进度快，北京等多个省份已完成全部提前下达新增专项债券额度发行工作。债券资金全部用于重大基础设施项目建设，优先保障在建项目、避免半拉子工程。按照国务院常务会议部署，各地发行的新增专项债券，全部用于铁路、轨道交通等交通基础设施，农林水利，市政和产业园区基础设施等领域重大基础设施项目建设。积极推进在建项目建设，加大新投资项目开工力度。这波举措体现了积极财政政策更加积极有为的政策取向。财政投入加大刺激行业需求，融资环境持续改善，叠加2020年是多项规划的考核时间节点，环保行业的需求持续释放，资金面有望回暖带来业绩一定程度上的增幅，环保行业2020年走向看好。

（五）政策大考来临，环保需求集中释放

2020年作为多项环保考核年需求将集中释放，专项债向环保倾斜提升地方政府支付能力。2020年为环保“十三五规划”末年，也是“土十条”“水十条”“蓝天、碧水、净土三大保卫战”的考核年。因此，包括垃圾发电、土壤修复、污水处理、水环境治理在内的多个环保子行业的需求释放确定性强。且2020年提前下发的专项债明显向生态环保类倾斜，目前已达831亿元，预计全年额度较2019年全年的531亿元将大幅提升，提升地方政府付费能力。经过此轮行业洗牌后，行业更朝头部集中，准备充分的优质公司将享受需求释放带来的红利，真正跨过行业低谷。

附表 **2019 年度环保行业上市公司业绩评价结果排序表**

序号	全部上市公司评价得分排序	股票代码	股票简称	综合得分	评价等级	每股收益（元）	总资产报酬率（%）	净资产收益率（%）	总资产周转率（次）	流动资产周转率（次）	资产负债率（%）	已获利息倍数	营业收入增长率（%）	资本扩张率（%）	市场投资回报率（%）	股价波动率（%）	年末资产总额（万元）	营业收入（万元）	净利润（万元）
1	88	603568	伟明环保	79.20	A	1.04	18.14	25.94	0.32	1.13	38.76	25.62	31.73	37.21	39.99	73.27	691452.93	203810.62	97188.66
2	199	600323	瀚蓝环境	75.50	A	1.19	7.23	12.67	0.33	2.18	66.16	5.6	27.05	11	23.87	56.66	2107090.9	616003.11	90363.67
3	346	000035	中国天楹	72.70	BBB	0.3	5.48	9.14	0.66	2.69	75.26	3.21	906.4	255.24	4.13	76.65	4729691.11	1858709.44	76955.3
4	438	603588	高能环境	71.40	BBB	0.62	7.13	13.84	0.51	1.27	68.04	4.79	34.9	20.02	18.08	61.95	1145516.79	507538.69	48384.97
5	625	601200	上海环境	68.90	BB	0.67	5.93	7.53	0.2	1.08	58.91	4.39	41.19	17.06	9.42	53.93	2088519.54	364674.88	71504.68
6	737	002479	富春环保	67.60	BB	0.34	7.21	7.12	0.55	1.96	49.16	5.74	36.72	15.41	54.57	142.38	910311.31	411569.64	33981.09
7	790	002034	旺能环境	66.90	BB	0.99	7.21	10.59	0.15	0.86	54.39	7.23	35.69	12.93	27.84	79.08	905355.21	113504.45	41603.68
8	792	002887	绿茵生态	66.80	BB	1	9.29	9.6	0.28	0.32	34.04	0	39.59	10.18	23.1	53.78	296522.18	71321.51	20694.18
9	966	000967	盈峰环境	65.00	B	0.43	7.11	8.44	0.51	1.09	36.56	15.12	−2.67	7.76	8.07	52.64	2485466.77	1269585.87	139156.62
10	1100	300137	先河环保	63.40	B	0.48	12.37	12.81	0.55	0.72	17.07	131.26	0.02	12.82	−6.27	95.04	253237.86	137432.61	26276.56
11	1250	300422	博世科	61.70	B	0.79	6.28	13.73	0.41	0.97	78.24	2.81	19.07	16.21	0.95	51	918231.14	324360.41	27833.81
12	1349	300190	维尔利	60.80	B	0.4	5.78	7.85	0.36	0.67	50.53	6	32.24	7.66	39.68	112.67	810468.41	273064.81	32130.46
13	1546	300263	隆华科技	58.80	CCC	0.19	5.72	6.58	0.41	0.79	35.64	15	16.28	6.81	35.5	98.8	468345.21	187354.26	20678.55
14	1592	000920	南方汇通	58.30	CCC	0.22	7.49	2.74	0.54	1.38	42.3	5.15	2.85	28.37	26.27	77.71	218308.24	113656.75	10804.06
15	1631	300172	中电环保	58.00	CCC	0.28	7.14	7.17	0.38	0.64	38.97	22.61	13.59	11.53	−3.69	52.19	250849.58	90688.10	14514.91
16	1673	601330	绿色动力	57.60	CCC	0.36	6.92	12.11	0.14	1.2	74.42	2.3	66.1	19.38	−13.03	75.32	1367078.74	175244.91	41685.46
17	1684	300631	久吾高科	57.50	CCC	0.54	7.24	8.24	0.44	0.6	45.9	11.3	4.56	10.95	11.06	68.9	129042.1	49394.84	6259.24
18	1720	002672	东江环保	57.10	CCC	0.48	6.75	8.32	0.34	1.13	51.57	4.37	5.31	7.44	−22.53	77.16	1039543.21	345859.11	46671.79
19	1788	300070	碧水源	56.30	CCC	0.45	4.15	6.35	0.2	0.61	65.7	3.02	6.4	5.79	−6.37	89.91	6738735.79	1225532.05	143895.48
20	1810	600217	中再资环	56.10	CCC	0.29	12.55	24.41	0.63	0.75	68.13	4.31	4.32	27.41	22.14	102.07	572693.43	327158.62	40600.37

续表

序号	全部上市公司评价得分排序	股票代码	股票简称	综合得分	评价等级	每股收益（元）	总资产报酬率（%）	净资产收益率（%）	总资产周转率（次）	流动资产周转率（次）	资产负债率（%）	已获利息倍数	营业收入增长率（%）	资本扩张率（%）	市场投资回报率（%）	股价波动率（%）	年末资产总额（万元）	营业收入（万元）	净利润（万元）
21	1843	603126	中材节能	55.60	CCC	0.2	4.8	3.99	0.63	0.92	47.93	110.95	21.32	5.14	-5.41	99.48	385200.75	227311.88	14167.9
22	1866	002658	雪迪龙	55.40	CCC	0.23	6.44	6.39	0.42	0.49	29.74	6.85	-3.53	0.63	10.06	65.31	305307.44	124328.63	13892.46
23	1968	603200	上海洗霸	54.40	CC	0.4	5.01	8.1	0.58	0.68	24.86	13.83	41.1	7.08	-24.55	85.82	107447.86	58360.73	4029.52
24	2005	600292	远达环保	54.00	CC	0.14	2.58	2.2	0.45	1.1	40.53	3.35	10.64	2.92	12.41	68.43	916208.22	406754.37	12512.32
25	2089	300335	迪森股份	52.90	CC	0.23	5.92	6.48	0.43	1.02	46.52	3.34	-17.72	11.36	-6.8	76.6	338889.93	146095.54	12925.65
26	2116	300425	中建环能	52.60	CC	0.23	6.7	8.14	0.37	0.67	44.54	6.97	3.88	9.23	-3.37	76.2	335224.89	123177.89	16569.33
27	2338	002573	清新环境	49.90	C	0.35	5.45	7.54	0.33	0.65	48.63	3.73	-17.43	5.85	-12.64	97.71	992663.5	337529.89	37735.25
28	2508	000005	世纪星源	47.50	C	0.17	7.74	3.29	0.18	0.33	42.53	6.48	13.66	10.32	12.36	71.08	303184.1	55260.91	17849.86
29	2636	300056	中创环保	45.60	C	-0.05	0.37	1.33	0.65	1.05	43.1	0.33	87.64	10.98	19.38	65.79	190321.56	147573.91	-1007.62
30	2731	000826	启迪环境	43.80	C	0.21	3.05	1.33	0.24	0.84	62.2	1.96	-7.43	9.28	-14.01	120.64	4453385.44	1017644.96	42756.48
31	2735	300332	天壕环境	43.70	C	0.05	2.61	-0.58	0.23	0.93	55.02	1.3	-8.46	-1.7	13.2	99.77	786116.96	180711.13	1061.37
32	2761	603177	德创环保	43.10	C	0.03	1.27	0.15	0.57	0.69	60.61	1.29	4.12	1.59	7.5	78.61	136357.93	77713.98	399.45
33	2764	300203	聚光科技	43.10	C	0.09	3.86	1.33	0.47	0.82	53.84	2.75	1.85	0.55	-28.55	139.23	851769.26	389552.05	11323.99
34	2775	300140	中环装备	42.70	C	-0.08	1.18	-1.65	0.42	0.55	62.72	0.88	38.29	19.1	17.57	53.92	644829.4	252473.47	-2289.01
35	2905	002205	国统股份	38.80	C	0.04	2.66	-0.69	0.25	0.75	71.45	1.33	6.38	-5.4	20.49	119.23	355732.79	83953.89	1373.52
36	2964	300187	永清环保	36.40	C	0.09	3.01	-1.1	0.22	0.44	41.4	3.01	-29.39	4.87	-17.64	81.72	275010.72	67161.18	5287.22
37	3008	300152	科融环境	34.50	C	0.01	1.45	-11.05	0.27	0.59	51.07	2.18	-2.47	21.87	31.34	171.36	178480.08	51340.83	1270.25
38	3033	300262	巴安水务	33.50	C	0.12	4.27	1.49	0.17	0.43	59.8	1.95	-13.16	2.66	-12.8	142.88	591976.52	95897.08	7920.15
39	3076	300055	万邦达	31.80	C	0.09	0.95	1.2	0.12	0.31	18.84	1.38	-36.56	1.6	-15.36	90.86	716115.1	84012.58	7100.65
40	3099	300266	兴源环境	30.90	C	0.02	2.15	-0.87	0.21	0.27	73.53	1.44	-10.47	1.55	-4.87	119.69	1063578.61	207358.21	3449.91

续表

序号	全部上市公司评价得分排序	股票代码	股票简称	综合得分	评价等级	每股收益（元）	总资产报酬率（%）	净资产收益率（%）	总资产周转率（次）	流动资产周转率（次）	资产负债率（%）	已获利息倍数	营业收入增长率（%）	资本扩张率（%）	市场投资回报率（%）	股价波动率（%）	年末资产总额（万元）	营业收入（万元）	净利润（万元）
41	3274	000068	华控赛格	22.50	C	0.01	1.82	-10.91	0.06	0.2	74.71	1.13	9.32	2.25	-0.22	133.73	378629.14	22508.57	720.92
42	3298	300090	盛运环保	21.50	C	-2.72	-34.42	69.83	0.07	0.14	141.15	-6.58	23.32	-1779.84	-40.16	153.45	839529.29	63566.96	-358878.6
43	3342	000820	*ST 节能	18.10	C	-3.21	-221.29	179.61	0.02	0.02	3067.5	-17.13	25.84	-2624.22	-71.47	441.15	6620.83	1622.73	-204256.61
44	3360	000711	京蓝科技	16.80	C	-1.03	-5.93	-22.62	0.16	0.26	56.48	-1.85	-23.66	17.47	-9.83	113.99	1211820.57	190140.87	-107690.76
45	3382	30033	津膜科技	15.60	C	-2.75	-31.17	-62.06	0.21	0.41	55.02	-16.74	-24.77	-48.3	-8.05	80.48	202056.82	51634.17	-83326.23
46	3484	603603	博天环境	6.10	C	-1.75	-4.88	-36.97	0.24	0.68	86.14	-2.53	-33.37	-27.85	-44.92	175.13	1242656.78	288920.3	-75385.55

第三部分
中国上市公司税收分析报告

第十九章　2019 年我国税收政策及环境变化对企业发展的影响研究

律回春晖渐，万象始更新。2019 年对中国税收来说注定是不平凡且收获满满的一年。这一年，是我国实施有史以来力度最大、规模空前的减税降费政策落实的第一年，如此力度的普惠性、结构性减税使众多企业和广大民众减负的同时也给市场增添了强大信心；这一年，居民个人可以通过个人所得税汇算清缴计算应退或者应补税额；这一年，众多企业忙碌着完善财务管理、统筹抵扣退税、决策研发加计扣除，以便能惠及减税降费政策红利最大化。回望 2019 年，在新中国成立 70 周年之际，我国税收环境发生了巨大变化，在改革步入深水区之时，减税降费与税收工作围绕党中央、国务院全面深化改革的总体思路，在历史的长河中标注了新的刻度。

一、2019 年度我国税收环境及其变化

2019 年度我国开征税种共 18 个，包括（1）增值税（2）消费税（3）企业所得税（4）个人所得税（5）资源税（6）城镇土地使用税（7）土地增值税（8）房产税（9）城市维护建设税（10）车辆购置税（11）车船税（12）印花税（13）契税（14）耕地占用税（15）烟叶税（16）关税（17）船舶吨税（18）环境保护税。

2019 年我国税收环境的主要变化有：（1）减费降税，成效显著；（2）深化改革，措施并行；（3）新法立法，亮点突出；（4）优化营商，服务贴心；（5）国际税收，合作共赢。2019 年度税收体系建设有以下几个方面的变化：

（一）减税降费，成效显著

2019 年，实施的普惠性减税与结构性减税并举的更大规模减税降费政策，其重点是降低了制造业和小微企业税收负担，大力支持了实体经济的发展。共涵盖增值税、企业所得税、个人所得税、车辆购置税、资源税等 12 个税种，教育费附加、地方教育费附加、水利建设基金、残保金等 19 个费种。根据税务部门调查数据显示，有 92.2% 的纳税人认为，减税降费对企业生产经营产生了积极影响。

1. 2019 年减税降费总体情况

根据《国务院关于 2019 年中央决算的报告》显示，2019 年全年减税降费 2.36 万亿元，其中新增减税 1.93 万亿元。民营企业合计减税 1.26 万亿元，占全部减税数额的 65.5%；小微企业减税 2832 亿元；享受企业所得税减免的纳税人达到 626 万户，享受增值税免税的小规模纳税人新增 456 万户。2019 年减税降费政策主要由三个部分组成：

一是 2019 年新出台的政策。可概括为“一大三辅”：“一大”是指深化增值税改革新政，其新增减税政策文件 13 个，约占全部新增减税政策 30%；“三辅”是指个人所得税六项专项附加扣除政策、小微企业普惠性税收减免和社保费降率等政策落地，这三项新政虽然减收规模不及增值税改革那么大，但分量不轻、影响不小；除以上四项减税新政外，还包括针对若干重点领域和薄弱环节出台的专项减税降费政策，主要涉及创业创新、脱贫攻坚、改善民生、促进环保等方面。

二是 2018 年实施后对 2019 年形成翘尾影响的政策。主要包括：2018 年 5 月 1 日起增值税由原来的 17%、11% 税率分别下调为 16%、10%，2018 年 10 月 1 日起实施的个人所得税第一步改革等政策。这些政策的减收效果既体现在 2018 年后几个月，也对 2019 年前几个月形成了翘尾影响。

三是 2018 年到期后在 2019 年又延续实施的政策。主要有 18 项，具体涉及支持文化企业发展、公共租赁住房建设运营、农村饮水安全工程建设等文化社会事业和民生领域。

2. 2019 年减税降费主要特点

与 2018 年相比，今年减税降费主要体现了三个突出特点：一是减税降费力度规模大。今年新增减税降费规模相当于 2018 年的近两倍，规模之大在我国历史上从未有过；二是惠及范围广。深化增值税改革、社保降费均惠及到了几乎所有行业，个人所得税减税使工薪阶层民众全部受益，普惠性特征凸显；三是优惠方式多。现行征收的 18 个税种中有 12 个税种存在不同程度的减税，既有政策性调整的减税又有制度性改革的减税。同时，还创新了一些减税方式，如增值税留抵退税从临时性措施上升为制度性安排，并实施了加计抵减政策。

3. 振兴实体经济重视中小微企业

根据《国务院关于 2019 年中央决算的报告》显示，2019 年全年减税降费 2.36 万亿元，其中新增减税 1.93 万亿元。制造业及其相关环节增值税减税达 5928 亿元，减税幅度为 24.1%；建筑业和交通运输业增值税分别减税 257 亿元和 44 亿元，减税幅度为 5.2% 和 6.7%；现代服务业和生活服务业等其他行业增值税负担也实现不同程度降低。由此可见，2019 年减税降费更加聚焦实体经济，特别是加大了对制造业的支持力度。这对于提高制造业发展质量，提升我国经济国际竞争力具有重大战略意义。

以长安汽车股份有限公司为例，根据公司 2019 年年报数据显示，2019 年应交税费为 15.1 亿元，较 2018 年的 25.5 亿元、2017 年的 23 亿元，分别减少约 10.4 亿元和 8 亿元，降幅近 40%，这得益于 2019 年增值税方面大力减税降费的红利。同时，2019 年度，公司研发支出总额为42.48亿元，同比增长7.31%。实施更大规模减税降费，税负降下来，资金多起来，带来的真金白银有效增加了企业的研发投入，根据国家统计局开展的专题调研显示，在减税红利中，70%以上是用于企业研发、技改和扩大再生产再投资，明显带动企业加大研发投入。据国家税务总局统计，2019年前三季度，约10万户重点税源企业研发费用同比增长19.3%，增幅较2018年全年提高3.4%。

在此次实施减税降费过程中，各种减税政策层出不穷。既有覆盖所有行业的普惠性减税政策，也有针对不同成长阶段企业的税收新政，中小企业尤其是小微企业，占据了中国企业数量的绝大部分。2019年，小微企业减税达2832亿元，占全部减税数额的12%。2019年对小微企业最显著的减税降费政策就是对小微企业实施普惠性税收减免，其中，既包括提高增值税小规模纳税人起征点、放宽享受企业所得税优惠的小型微利企业标准，还包括增值税小规模纳税人“六税两费”减半征收。小微企业是我国国民经济和社会发展的重要组成部分，在稳定增长、吸收就业、激励创新等方面发挥着重要作用，作为经济发展中重要力量，小微企业拥有其独特的特点，既具有鲜明的市场活力，也面临着自有资金少、资产规模较小、抗风险能力弱、生产周期短、市场淘汰率高等发展障碍，因此，财税政策的扶持对于小微企业成长具有重要的激励作用。

4. 社保费降率远超预期

2019年5月1日起，企业职工基本养老保险单位缴费比例高于16%的29个省份和新疆生产建设兵团，以及机关事业单位基本养老保险单位缴费比例全部降至16%。各省份延续阶段性降低失业保险费率政策，符合降费条件的26个省份延续阶段性降低工伤保险费率。

2015年职工五项社会保险总费率是41%，经过六次下调，2019年是下调幅度最大的一次，目前五项社会保险费率总水平降至33.95%，其中单位费率降至23.45%，六次降费共降低7.05%。值得一提的是，2019年社保费减费额超额完成全年目标。全年企业职工基本养老保险、失业保险、工伤保险三个险种减费4252亿元，超额完成年初预计3100亿元的目标。前面五次降费共减费5500亿元，加上2018年的减费总额，2015年以来社会保险减费近万亿元，减费规模超过预期。

（二）深化改革，措施并行

2019年，我国税收制度改革把握时代的脉搏持续深化，一个又一个重量级改革给企业和个人带来了减负的实惠和红利，让企业的生产经营更加健康，让个人的钱袋更加充盈。

1. 深化增值税改革点面结合

2019年4月1日，增值税改革吹响冲锋号。作为2019年实施更大规模减税降费中的最大税种，增值税改革在降低税率的基础上进一步调整了税基，直接减轻了增值税整体税负，具有减税力度大、受益面广、企业获得感强的特点，确保主要行业税负明显降低、所有行业税负只减不增。2019年深化增值税改革新增减税8609亿元，平均减税率16.13%。主要从降税率、扩抵扣和留抵退税三大方面展开。

首先是降“三率”：①降税率，4月1日起，占增值税总量近60%的制造业由16%增值税率降至13%，交通运输、建筑业、农产品等行业由10%增值税率降至9%；②降扣除率，购进农产品扣除率10%降为9%，购进用于生产或者委托加工13%税率货物的农产品，按10%扣除率计算进项税额；③同步调整离境退税物品退税率，适用13%税率的离境退税物品，退税率降为11%；适用9%税率的离境退税物品，退税率降为8%。其次是扩抵扣：①扩大进项税抵扣范围，将国内旅客运输服务纳入抵扣范围；②允许不动产进项一次抵扣；③实施加计递减，生产、生活性服务业按当期可抵扣进项税额的10%计提加计抵减额，用于递减应纳税额，生活性服务业更是享受15%的加计抵减。再次是留抵退税，只要企业符合条件，便可向主管税务部门申请退还增量留抵税额，同时，对部分先进制造业纳税人给予了更大利好政策释放，部分先进制造业纳税人当期允许退还的增量留抵税额可实现增量100%全额退税，新政策对"部分先进制造业"纳税人多退还了40%，此政策可以进一步增加企业资金流，缓解企业资金压力，从而激发企业活力。

全面推进增值税改革，对于减轻企业负担、激发市场活力、助力供给侧改革、推动经济高质量发展具有重要意义，同时也有助于完善现代税制体系、提升税收治理能力。特别是增值税留抵退税、进项税额加计抵减等政策的出台，作用直接、效应明显，纳税人的获得感得到实实在在提升，受到社会各界的高度关注和普遍好评。

2. 个人所得税第二步改革稳步落地

2018年8月31日，第十三届全国人大常委会第五次会议通过了新修改的《中华人民共和国个人所得税法》，新《个人所得税法》第六条对子女教育、继续教育、大病医疗、住房贷款利息、住房租金、赡养老人六项专项附加扣除政策作出了明确规定。在此基础上，国务院印发了《个人所得税专项附加扣除暂行办法》，自2019年1月1日起正式实施六项专项附加扣除政策，至此个人所得税征收增加了多项税前扣除项。这也是个人所得税改革的第二步，标志着我国综合与分类相结合的个税改革取得了重要进展。

浙江省某电器股份有限公司是一家空气能热泵生产销售企业。该公司一名科研人员将自己2018年和2019年同月份工资进行了对比：2018年9月工资收入9562元，按照改革前的个税政策，实际缴纳个税431.3元；2019年9月工资收入9661.6元，实际缴纳个税45.2元，同比减少了89.5%。个税改革后一年下来，该科研人员已经累计少缴个税5500余元。

新《个人所得税法》初步建立起了综合与分类相结合的税制模式，引入了差别化的专项附加扣除制度。根据《国务院关于2019年中央决算的报告》显示，实施个人所得税专项附加扣除政策后，加上2018年10月1日提高个人所得税基本减除费用标准和优化税率结构翘尾因素，合计减税4604亿元，使2.5亿纳税人直接受益，人均减税约1842元。

在《个人所得税专项附加扣除暂行办法》实施的同一天，个人所得税APP全面上线，此外，个税改革配套的综合所得汇算清缴事项在2019年12月14日向社会公开征求意见，最大限度便利纳税人完成2020年首次个人所得税年度汇算清缴事项。

（三）新法立法，亮点突出

2019年，又有两个税种法律开始施行，国家税收治理体系和治理能力的现代化继续稳步推进。与此同时，还将有新的税种开启立法程序，不久的将来会有更多新法“亮相”。

1. 新法实施

（1）车辆购置税法。2019 年 7 月 1 日，《中华人民共和国车辆购置税法》正式实施，车辆购置税法实施后，主要有以下几方面变化：一是征税范围缩小。农用运输车不再纳入征税范围，电车的征税范围具体化为有轨电车，明确了摩托车征税范围具体为排气量超过 150 毫升；二是计税价格降低。直接变为实际交易价，取消价外费用，虽然税率没有变化，但计价基础变小，相应也节省了不少钱；三是取消最低计税价格；四是税收优惠法定。新增悬挂应急救援专用号牌的国家综合性消防救援车辆免税规定，将原城市公交企业购置的公共汽电车辆免税由单行规定上升至法律层级并进行固化；五是新增了退税条款，如果车主需要退回车辆，也可申请退还部分车辆购置税。车辆购置税法一系列新政，为汽车行业带来了阵阵暖意。

（2）耕地占用税法。2019 年 9 月 1 日，《中华人民共和国耕地占用税法》正式实施。我国人均耕地少、农业后备资源严重不足，《中华人民共和国耕地占用税法》的出台，将从更高层级，以更大力度贯彻落实国家最严格的耕地保护制度，限制非农业建设无序、低效占用农业生产用地，以经济手段保护有限的土地资源，尤其是耕地资源，促进土地资源的合理配置。耕地占用税法实施后，主要有以下几方面变化：一是征税范围变化。新法新增了“占用园地”，明确了临时占地征税的规定，同时将“占用耕地建设农田水利设施”，列入不缴纳耕地占用税范围；二是减免政策优化。新法将水利工程占用耕地列入优惠范围，将享受税收优惠的范围扩大到符合农村最低生活保障条件的农村居民，并且适当扩大了享受免税优惠的公益单位范围；三是各地适用税额细化。将具体适用税额决定权由省级人民政府调整至省级人大常委会。各省可根据人均耕地面积和经济发展等情况，确定各地区适用税额；四是纳税申报简化。此前，耕地占用税需要按照地块填写纳税申报表，一个地块需要填写一张表格。一个耕地占用项目往往涉及多个地块，纳税人也需要填报多张申报表，新法实施后纳税人可以将一个批次项目涉及的多个地块汇总申报，也可以按地块或者征收品目分别开票。耕地占用税法的实施在运用经济手段处理土地使用问题的同时，也在为国家治理现代化和经济高质量发展助力。

2. 立法提速

2019 年 8 月 26 日，十三届全国人大常委会第十二次会议表决通过了《中华人民共和国资源税法》，资源税法将于 2020 年 9 月 1 日起正式施行。这是中国税收法定进程加速的重要信号。资源税立法统一了税目，调整了具体税率确定权限，规范了减免税政策，条目更加清晰。资源税法正式实施后，将和 2018 年开始实施的环保税法，成为推动绿色发展、保护绿水青山的“法宝”。

同时，2019 年末，又有四个税种正在履行立法程序，《增值税法（征求意见稿）》和《消费税法（征求意见稿）》已分别于 11 月底和 12 月初公开发布。12 月 13 日，《城市维护建设税法》和《契税法》草案也已提请全国人大常委会进行审议，税收法律体系又将迎来

“新成员”，向着2020年全面落实税收法定原则的目标又进一步。

（四）优化营商，服务贴心

2019年，深化“放管服”改革继续推进，优化营商环境工作全面铺开，纳税服务更便利高效，为纳税人提供优质纳税环境。主要成果包括：

1. 国家税务总局出台20条便民办税缴费新举措

20条新举措从便利申报纳税、优化办税服务、便捷发票使用、完善信用建设、加强智能咨询及宣传辅导五个方面，推出硬招、实招：

（1）便利申报纳税方面。一是推行税收优惠清单式管理。不定期公布税收优惠事项清单，除依法须税务机关核准和向税务机关备案的特定情形外，一律由纳税人、缴费人“自行判别、申报享受、有关资料留存备查”；二是扩大出口退税无纸化申报范围。在企业自愿的基础上，进一步在一类、二类、三类出口企业中扩大无纸化退税申报的范围；三是推行城镇土地使用税和房产税合并申报。合并城镇土地使用税和房产税纳税申报表，统一城镇土地使用税和房产税纳税期限，减少纳税人申报次数；四是大力推动房地产交易事项一窗办理。税务部门会同自然资源、住房城乡建设等部门通过在政务服务大厅设置综合办理窗口等方式，一次性收取房地产交易业务全部资料，实现“一窗受理、并行办理”；五是提供纳税申报提示提醒服务。在电子税务局中增加对临近申报期限还未申报纳税人的提示功能，帮助纳税人及时履行纳税义务。

（2）优化办税服务方面。一是推动办税事项容缺办理。明确“容缺办理”事项、适用对象及其标准，纳税人、缴费人办税资料不齐全时，只要基本条件具备、主要申请材料齐全且不影响实质性审核的，可“先办理、后补缺”，纳税人、缴费人作出资料补正书面承诺，可按正常程序办理；二是规范统一自助办税事项。规范统一自助办税终端（机）的服务功能、应用界面、运行管理等，拓展纳税人、缴费人自助办理事项，逐步实现90%的常办涉税事项可在自助办税终端（机）办理。有条件地区可探索与金融机构场地共用等合作模式，增加自助办税终端（机）布局及数量；三是探索证明事项告知承诺试点。选择部分地区开展证明事项告知承诺制试点，对纳税人需提供的有关涉税证明，以书面形式将证明义务和证明内容一次性告知纳税人，纳税人书面承诺符合告知的条件、标准、要求，并愿意承担不实承诺的法律责任，可免于提供相关证明材料；四是加大部门间信息共享力度。各省税务机关加强与同级市场监督管理部门沟通，市场主体在市场监督管理部门办理注册登记时，同步采集法定代表人实名信息，税务机关通过部门间信息共享，无需再次进行实名信息采集；五是网上办理跨区域涉税事项。有条件的省税务机关试点通过电子税务局，为纳税人提供网上办理跨区域涉税事项报告、报验、反馈以及增值税预缴申报等服务，让纳税人办理跨区域涉税业务更轻松；六是推动一般退抵税全程网上办。各省税务机关通过电子税务局为纳税人提供网上办理误收多缴、入库减免、汇算清缴结算多缴等一般退抵税服务，纳税人网上提出申请，税务机关全程在线审核办结后，完成后续退税。

（3）便捷发票使用方面。一是优化增值税发票查验平台功能。纳税人可查询5年内增值税专用发票、增值税普通发票、机动车销售统一发票和二手车销售统一发票的信息。集成各省税务机关发票查验平台登录界面，纳税人可通过统一入口查询各省税务机关自印发票信息；二是提供应抵扣发票信息提醒服务。优化增值税发票选择确认平台，增加当期应抵扣发票信息提醒功能，避免当期应抵扣发票超过抵扣期限造成纳税人损失；三是推行纳税人网上解锁报税盘。优化增值税发票管理新系统，增加纳税人端异常清卡解锁功能，纳税人报税盘异常锁死时，可网上申请解锁，税务机关根据规定流程核实处理，排除风险后及时解锁；四是全面推行小规模纳税人自行开具增值税专用发票，扩大小规模纳税人自行开具增值税专用发票范围，小规模纳税人（其他个人除外）发生增值税应税行为、需要开具增值税专用发票的，可以自愿使用增值税发票管理系统自行开具；五是推行电子发票公共服务平台。建设全国统一的电子发票公共服务平台，为纳税人提供电子发票开具等基本公共服务；六是实现《开具红字增值税专用发票信息表》网上撤销，优化增值税发票管理系统，《开具红字增值税专用发票信息表》填报错误的，纳税人可以网上办理撤销业务。

（4）完善信用建设方面。完善纳税信用修复管理机制，明确纳税信用修复条件、统一修复标准、规范修复流程、畅通修复渠道，积极引导纳税人主动纠正失信行为，消除不良影响，修复自身纳税信用。

（5）加强智能咨询及宣传辅导方面。一是大力推广智能咨询。加快推出智能咨询系统，推广智能咨询平台网页端、APP端和小程序端，提供“7×24小时”智能咨询服务，各省税务机关积极探索开发语音智能咨询，为纳税人提供便捷咨询服务；二是提升税收政策宣传推送精准度。根据税收政策的适用对象，为纳税人、缴费人提供宣传辅导精准推送服务。纳税人可减少自主查找、筛选适用税收政策的学习负担和时间。

20条新举措全面推行后，全年为纳税人、缴费人减少申报次数12次，减少往返办税服务厅7次，减少纳税人、缴费人办税服务厅排队等候时间145分钟，压缩缴费时间45分钟，房产交易资料缩减50%等。在2019年10月，世界银行发布的《2020年营商环境报告》中，中国的全球营商便利度排名继2018年大幅提升32位后，2019年又跃升15位，升至全球第31位，中国大力推进税收改革议程，大大增强了我国税收营商环境的世界竞争力。

2. 推出八条针对便利小微企业办税缴费新举措

为持续深化“放管服”改革，进一步支持和服务小微企业发展，2019年11月，国家税务总局推出八条便利小微企业办税缴费新举措，主要内容包括以下几方面：

（1）搭建线上诉求和意见直联互通渠道。在原有直联方式基础上，运用信息化技术搭建与小微企业的线上直联互通渠道，促进税企沟通，更加广泛采集、精准分析并及时反馈小微企业实际诉求，进一步提升小微企业诉求和意见的快速响应效率。

（2）制发小微企业办税辅导产品。税务机关依据《全国税务机关纳税服务规范（3.0版）》，修订《纳税人办税指南》；针对小微企业日常办税事项，编制《小微企业办税一本通》，指引小微企业明白办税、便利办税。

（3）优化跨区迁移服务。为属于正常户且不存在未办结事项的小微企业提供省内跨区迁移注销的线上办理服务，并在风险可控的前提下快速办结，让符合条件的小微企业办理省内跨区迁移更便捷。

（4）扩围批量零申报服务。将批量零申报服务范围从申请注销的非正常户扩大至全部非正常户，减少补充零申报重复操作。纳税人补充申报以前年度非正常状态期间的企业所得税，其月（季）度申报均为零申报（且不存在弥补前期亏损情况）的，可以进行批量处理，便利小微企业解除非正常状态后恢复经营。

（5）优化涉税违法违规信息查询服务。依托电子税务局，为小微企业提供涉税违法违规记录线上查询服务，便利小微企业及时了解掌握本企业相关情况。

（6）推行企业开办事项集成办理。利用政府政务服务平台，协同相关部门实现新办企业登记、刻章备案、申领发票等企业开办事项的信息“一次填报、一网提交”。

（7）制发税收优惠事项清单。第一批清单包含小微企业相关的18类491项优惠事项。结合实际细化分行业清单，有针对性地开展宣传辅导，方便小微企业及时享受。

（8）提升“银税互动”普惠效能。税务机关与银保监部门沟通，将申请“银税互动”贷款的受惠企业范围由纳税信用A级和B级企业扩大至M级企业。在风险可控的前提下，为纳税信用A级和B级的小微企业创新流动资金贷款服务模式，如“无还本续贷”等，切实缓解小微企业融资难、融资贵问题。

3. 发布实施新的《税收征管操作规范》和《纳税服务规范》

党的十九届四中全会强调，深入推进简政放权、放管结合、优化服务，深化行政审批制度改革，改善营商环境，激发各类市场主体活力。按照深入推进“放管服”改革要求，2019年11月1日起，国家税务总局发布的《全国税务机关纳税服务规范》（3.0版）和《税收征管操作规范》在全国范围内施行。2019年，税务总局分两批共取消40项税务证明事项，74%的事项实现纳税人只需“最多跑一次”，66%的事项可通过电子税务局网上办理。

（1）推动税收规范优化升级。“两个规范”聚焦纳税人、缴费人新需求新期盼，在之前纳服规范和征管规范的基础上优化升级，全面推进纳税服务方式由面对面为主向线上远程为主转变，全面规范税务机关税费业务操作流程，最大限度便利纳税人，最大限度规范税务人。“两个规范”通过清单列举的方式优化办税流程，增进办税透明度，有效降低了纳税人、缴费人制度性交易成本，用税收改革的红利激发了市场主体的活力。

（2）惠企惠民优化营商环境。“两个规范”对办税缴费事项进行了全面优化，业务事项和纳税人报送资料精简近50%，有130余个事项明确可以通过线上办理，纸质表证单书精简幅度约为25%。“两个规范”实施后，除少量核准类和备案事项以外，大部分税收优惠均采取纳税人自行申报享受的方式，优惠享受更便利，受到纳税人广泛欢迎。“两个规范”的落地实施，进一步推进税收工作规范化、标准化建设，切实推动了税收营商环境持续优化，为纳税人、缴费人带来了更加便利高效的办税体验。

（五）银税互动，助力民企

银税互动是税务、银保监部门和银行业金融机构合作，帮助企业将纳税信用转化为融资信用，缓解企业融资难题的活动。2019 年 11 月，国家税务总局和中国银行保险监督管理委员会发布了《国家税务总局 中国银行保险监督管理委员会关于深化和规范“银税互动”工作的通知》（税总发〔2019〕113 号），按照《国务院办公厅关于聚焦企业关切进一步推动优化营商环境政策落实的通知》（国办发〔2018〕104 号）要求，旨在充分发挥纳税信用信息在普惠金融体系建设中的重要作用，破解民营和小微企业融资难题。

近年来，各地银税互动创新提速，开发出不少受企业欢迎的信贷产品。全国的“银税互动”贷款笔数超过了前四年的总和，越来越解企业资金之“渴”。受 2019 年整体经济下行影响，小微企业融资难、融资贵问题更加凸显，在这种情况下，加大资金支持力度、创新融资方式显得尤为重要。2019 年，中共中央办公厅、国务院办公厅印发《关于促进中小企业健康发展的指导意见》，提出依托全国公共信用信息共享平台建设全国中小企业融资综合信用服务平台，开发“信易贷”，与商业银行共享纳税、社保等信息，改善银企信息不对称，提高信用状况良好中小企业的信用评分和贷款可得性。同年，中共中央、国务院《关于营造更好发展环境支持民营企业改革发展的意见》提出，“积极探索建立为优质民营企业增信的新机制”、“强化考核激励，合理增加信用贷款”等任务。这些政策为银税互动向纵深发展开拓了更大空间。

（六）国际税收，合作共赢

2013 年，习近平总书记提出了共建“一带一路”倡议，中国及“一带一路”沿线国家，都通过这个平台加强了贸易往来，享受到实实在在的发展红利。中国与其他国家之间的合作产生了共赢，经济贸易需要合作，税收征管更需要携手同行。2019 年 4 月中旬，第一届“一带一路”税收征管合作论坛在浙江乌镇召开，34 个国家（地区）税务部门共同签署了《“一带一路”税收征管合作机制谅解备忘录》，建立了“一带一路”税收征管合作机制，成立了“一带一路”税收征管能力促进同盟。论坛参与方共同发布了《乌镇声明》和《乌镇行动计划（2019—2021）》。

2018 年，中国与“一带一路”沿线国家进出口贸易额达 8.4 万亿元。2019 年，中国与“一带一路”沿线国家进出口贸易额达 9.27 万亿元，增长了 10.4%。广泛的经贸往来催生了大量国际税收征管问题，需要“一带一路”各国共同打造有效机制。在建立合作的基础上，各国协调争端，营造增长友好型税收环境。各国税务部门、企业机构借助合作机制，分享实践理论经验，增进合作机遇。

框架形成后，合作逐步展开。2019 年，“一带一路”税收征管能力促进联盟首期培训班在扬州成功举办；“一带一路”税收征管合作机制多边磋商在北京举行；第六届中国—东盟财税合作论坛在广西南宁成功举办，各国税务部门、企业机构积极参与，为开拓国际税收视野打开了窗口，为各国企业营造了良好的税收环境和合作氛围。

二、2019 年度新增税收政策对上市公司的影响

2019 年，按照全部 A 股上市公司已经公布的 2019 年度财务报表统计，支付的各项税费总额为 3.55 万亿元、营业收入总额 50.17 万亿元、利润总额 5.44 万亿元，年度增加值 13.56 万亿元。2019 年，随着政府继续落实减税降费政策，上市公司的税费成本降低，公司营利能力有了进一步提升，一定程度上改善了上市公司的现金流，利润空间得到拓展，推动上市公司加快了提质增效的步伐。以浪潮信息为例，2019 年公司实现营业收入 516.53 亿元，较上年同期增长 10.04%；归属于上市公司股东的净利润 9287.47 万元，较上年同期增长 41.02%。同时，作为技术密集型产业公司，2019 年度，浪潮研发投入总额 22.39 亿元，同比增长 18.24%。由此可见，利用减税降费政策释放的红利，企业可以加大科技研发投入，更坚定地走创新驱动发展之路。可以说，2019 年减税降费新政为上市公司业绩注入了一剂强行针，从而推动企业高质量发展的深层效果正在逐步显现。2019 年新发布的税收法规对上市公司的积极影响主要集中在以下几个方面：

（一）增值税降率直接降低税费成本，企业营收增长显著

根据闽发铝业发布的年度审计报告显示，2019 年公司实现营业总收入为 14.63 亿元，较上年同期增长 2.60%；归属于上市公司股东的净利润为 4973.76 万元，较上年同期增长 38.91%。永高股份年度审计报告显示，2019 年公司实现营业总收入为 62.9 亿元，同比增长 17.49%；净利润达 5.12 亿元，同比增长 109.24%，公司盈利能力突破瓶颈，显著提升。两家上市公司经营业绩增长显著的主要原因是增值税率下调 3%，叠加社保费税率下降与部分减免，公司的税费成本降低。2019 年新发布的相关税收政策如下：

1. 增值税方面

（1）增值税税率下降、生产生活性服务业纳税人加计抵减、增值税期末留抵税额退税条件、国内旅客运输服务纳入抵扣范围等政策——《财政部 税务总局 海关总署关于深化增值税改革有关政策的公告》（财政部 税务总局 海关总署公告 2019 年第 39 号）、《国家税务总局关于国内旅客运输服务进项税抵扣等增值税征管问题的公告》（国家税务总局公告 2019 年第 31 号）；

（2）企业集团内单位之间资金无偿借贷增值税优惠政策——《财政部 税务总局关于明确养老机构免征增值税等政策的通知》（财税〔2019〕20 号）；

（3）部分先进制造业纳税人期末留抵退税政策——《财政部 税务总局关于明确部分先进制造业增值税期末留抵退税政策的公告》（财政部 税务总局公告 2019 年第 84 号）；

（4）生活性服务业专项加计抵减政策——《财政部 税务总局关于明确生活性服务业增值税加计抵减政策的公告》（财政部 税务总局公告 2019 年第 87 号）。

2. 企业所得税方面

（1）明确永续债企业所得税税前扣除政策——《财政部 税务总局关于永续债企业所得税政策问题的公告》（财政部 税务总局公告 2019 年第 64 号）；

（2）固定资产加速折旧优惠政策适用范围扩大——《财政部 税务总局关于扩大固定资产加速折旧优惠政策适用范围的公告》（财政部 税务总局公告 2019 年第 66 号）。

（二）研发费用加计扣除比例提高，促进企业转型升级

2018 年 9 月，财政部、税务总局、科技部联合印发《关于企业委托境外研究开发费用税前加计扣除有关政策问题的通知》（财税〔2018〕64 号）、《关于提高研究开发费用税前加计扣除比例的通知》（财税〔2018〕99 号）两个文件，落实研发费用等税前扣除政策。文件规定：“企业开展研发活动中实际发生的研发费用，未形成无形资产计入当期损益的，在按规定据实扣除的基础上，在 2018 年 1 月 1 日至 2020 年 12 月 31 日期间，再按照实际发生额的 75% 在税前加计扣除；形成无形资产的，在上述期间按照无形资产成本的 175% 在税前摊销。”在对上市公司 2019 年报研究分析的过程中发现，减税降费除了直接降低上市公司税负外，还通过提高企业研发费用税前加计扣除比例的方式，促进了上市公司加大研发投入、转型升级，从而进一步支持企业开展科技创新。

2019 年中联重科实现营业总收入 433.07 亿元，较上年同期增长 50.92%；归属于上市公司股东的净利润 43.71 亿元，较上年同期增长 116.42%；研发投入总额 20.92 亿元，同比增长 93.63%。公司在 2019 年自主创新成果丰硕：① ZCC9800W 型履带起重机荣获“应用贡献金奖”；② 2019 中国国际农机展的参展样机 AC90 甘蔗收获机产品填补了国内大型甘蔗机的空白；③ 2019 年，公司入选国家工业和信息化部首批工业产品绿色设计示范企业；④研发出国六排放标准的新品包括泵车、搅拌车以及车载泵 3 类产品及 12 款中小吨位汽车起重机；⑤研发出“新一代搅拌车搭载的动力与工况自适应技术，整车综合油耗降低 5%—7%，全球首款混合动力搅拌布料泵车 MK28E 发布并实现销售，在产品智能化、收获效率、含杂率、适应性等方面达到国际先进水平；⑥全年新增授权专利 233 件，其中授权发明专利 101 件，工业互联网专利实现零突破。这些都受益于减税降费对企业加大研发投入的激励作用，是对企业转型升级、结构性调整重要的扶持红利，帮助企业研发出更加先进的科学技术和新型产品，为企业注入了持续的发展动力。

锐科激光 2019 年报显示，公司全年研发投入 1.18 亿元，同比增长 35.6%。全年应交税费 603.18 万元，同比下降 74.07%。通过减税降费减少了企业的税收负担，同时，在研发和产能投入方面力度加大，有效提高了公司的持续发展能力。2019 年新发布相关税收政策如下：

（1）集成电路设计和软件产业企业所得税优惠政策——《财政部 国家税务总局关于集成电路设计和软件产业企业所得税政策的公告》（财政部 税务总局公告 2019 年第 68 号）；

（2）研发机构采购设备增值税政策——《财政部 商务部 税务总局关于继续执行研发机构采购设备增值税政策的公告》（财政部公告 2019 年第 91 号）。

（三）保险企业所得税税前扣除比例提高，上市险企净利润大增

值得注意的是，通过 2019 年上市公司披露的年报数据显示，减税降费对保险公司的全年净利润产生的明显影响。以中国平安为例，2019 年公司业绩保持快速增长，实现营业收入11688.67亿元，较上年同期增长19.7%，归属于母公司股东的净利润1494.07亿元，较上年同期增长39.1%。2019年，平安产险实现原保险保费收入2709.30亿元，同比增长9.5%。另外，中国人保2019年实现营业收入5555.15亿元，较上年同期增长10.3%，归属于母公司股东的净利润224.01亿元，较上年同期增长66.6%。

促使上市险企净利润大增的原因之一，是受益于2019年出台的保险企业所得税减税新政。2019年5月28日，财政部、税务总局发布了《关于保险企业手续费及佣金支出税前扣除政策的公告》（财政部 税务总局公告2019年第72号）（以下简称《公告》），《公告》称大幅提高保险企业所得税税前扣除比例，从原来财险15%、寿险10%统一调整为18%，并允许超过部分结转以后年度扣除。大幅提高保险企业所得税税前扣除比例，可以直接减少保险公司的所得税费用，降低保险公司成本，增强抗风险能力，为保险企业转型营造良好的税收环境。2019年新发布了保险企业手续费及佣金支出税前扣除政策——《财政部 税务总局关于保险企业手续费及佣金支出税前扣除政策的公告》（财政部 税务总局公告2019年第72号）。

（四）专项减税降费新政助力上市公司业绩增长

2019年发布的减税降费新政中，除了增值税降率、研发费用加计扣除、小型微利企业普惠性减税政策、增值税期末留抵税额退税等关注度较高的税收政策外，还有很多针对若干重点领域和薄弱环节出台的专项减税降费政策也对部分上市公司的生产经营、转型升级和结构性调整起到重要引导作用，主要涉及创业创新、脱贫攻坚、改善民生、文化支持等方面。2019年新发布相关政策如下：

1. 增值税方面

（1）脱贫攻坚相关政策——《财政部 税务总局 国务院扶贫办关于扶贫货物捐赠免征增值税政策的公告》（财政部 税务总局 国务院扶贫办公告2019年第55号）；

（2）就业扶持相关政策——《财政部 税务总局 退役军人部关于进一步扶持自主就业退役士兵创业就业有关税收政策的通知》（财税〔2019〕21号）；

（3）改善民生相关政策——《财政部 税务总局 发展改革委 民政部 商务部 卫生健康委关于养老、托育、家政等社区家庭服务业税费优惠政策的公告》（财政部 税务总局 发展改革委 民政部 商务部 卫生健康委公告2019年第76号）、《财政部 国家税务总局关于延续供热企业增值税 房产税 城镇土地使用税优惠政策的通知》（财税〔2019〕38号）、《财政部 税务总局关于继续执行边销茶增值税政策的公告》（财政部 税务总局公告2019年第83号）；

（4）支持文化企业发展相关政策——《财政部 国家税务总局关于继续实施支持文化企业发展增值税政策的通知》（财税〔2019〕17号）。

2. 企业所得税方面

（1）文化转制企业免征政策——《财政部 国家税务总局 中央宣传部关于继续实施文化体制改革中经营性文化事业单位转制为企业若干税收政策的通知》（财税〔2019〕16号）；

（2）扶贫捐赠据实税前扣除政策——《财政部 税务总局 国务院扶贫办关于企业扶贫捐

赠所得税税前扣除政策的公告》（财政部 税务总局 国务院扶贫办公告 2019 年第 49 号）；

（3）铁路债券利息收入减半征收政策——《财政部 税务总局关于铁路债券利息收入所得税政策的公告》（财政部 税务总局公告 2019 年第 57 号）；

（4）金融企业贷款及损失准备金税前扣除政策——《财政部 税务总局关于金融企业涉农贷款和中小企业贷款损失准备金税前扣除有关政策的公告》（财政部 税务总局公告 2019 年第 85 号）、《财政部 税务总局关于金融企业贷款损失准备金企业所得税税前扣除有关政策的公告》（财政部 税务总局公告 2019 年第 86 号）。

3. 个人所得税方面

（1）创业投资相关政策——《财政部 税务总局 发展改革委 证监会关于创业投资企业个人合伙人所得税政策问题的通知》（财税〔2019〕8 号）、《财政部 税务总局 证监会关于继续实施全国中小企业股份转让系统挂牌公司股息红利差别化个人所得税政策的公告》（财政部公告 2019 年第 78 号）；

（2）非居民和无住所个人相关政策——《财政部 税务总局关于在中国境内无住所的个人居住时间判定标准的公告》（财政部 税务总局公告 2019 年第 34 号）、《财政部 国家税务总局关于非居民个人和无住所居民个人有关个人所得税政策的公告》（财政部 税务总局公告 2019 年第 35 号）；

（3）粤港澳大湾区个人所得税优惠政策——《财政部 税务总局关于粤港澳大湾区个人所得税优惠政策的通知》（财税〔2019〕31 号）。

4. 其他税收政策方面

（1）车辆购置税相关政策——《财政部 税务总局关于车辆购置税有关具体政策的公告》（财政部 税务总局公告 2019 年第 71 号）；

（2）房产税、城镇土地使用税及印花税优惠政策——《财政部 税务总局关于公共租赁住房税收优惠政策的公告》（财政部 税务总局公告 2019 年第 61 号）、《财政部 税务总局关于继续实行农产品批发市场 农贸市场房产税 城镇土地使用税优惠政策的通知》（财税〔2019〕12 号）、《财政部 税务总局关于继续实行农村饮水安全工程税收优惠政策的公告》（财政部 税务总局公告 2019 年第 67 号）。

三、对减税降费税改政策的工作建议

（一）存在的问题

2019 年的减税降费是我国税收改革浓墨重彩的一项惠民惠企的重要举措，减税降费不仅仅体现在数据上，还给市场主体带来实在成效，进一步促进了实体经济发展，提高了企业研发的主观能动性，有助于推动企业提升核心竞争力；同时，还促进了民营企业和小微企业生产经营，有助于稳定就业；促进了居民收入增加和消费需求增长，有利于缓解出口压力，在中美经贸摩擦加剧、出口企业面临市场不确定性加大的背景下，减税降费红利为企业注入了信心和活力。自2016年开始实施减税降费政策以来，数据带来的显性成效显而易见，但仍然隐藏着一些需要进一步改进的实际问题：

1. 税制结构平衡问题

"减税降费"给广大企业和民众带来的红利是明显且实在的，但另一方面需要共同深入思考如何能更好地发挥税收的调节功能，如何逐步提高直接税的比重。我国一直是以实行间接税为主的税制结构，虽然对财政收入稳定和政府调控宏观经济的能力给予了稳定保证，但随着我国经济的不断发展，间接税比重过大的问题，影响了税负的公平分配。

2. 企业仍有成本负担

以前对企业来说，负担来自于过重的税负及行政收费，现在通过实施减税降费政策，企业税负和行政收费或降低或取消，但仍普遍存在部分成本负担，如融资成本、用能和用地成本、物流成本等。需要进一步研究如何帮助企业有效减少隐形成本负担。

3. 增值税制度方面仍存的问题

如多档税率并存，纳税人区分不同业务判断适用税率的难度较大；贷款利息缴纳的增值税尚未纳入进项税抵扣范围；不同地区预缴率较高，企业资金被大量占压等。

（二）工作建议

针对以上问题，提出以下相关工作建议：一是进一步提高直接税比重达到税制平衡。《关于深化增值税改革有关事项的公告》正式实施以后，间接税的比重有所下降。但仍需配套直接税的改良与建设，加速房地产税的立法，直接增加直接税比重，进一步提升改革实效；二是通过税收政策助力企业减少成本负担。在"减税降费"的过程中，适时增加帮助企业减少成本负担的税收政策，如扩大税前扣除项范围，尤其是增加扶持中小金融企业、物流企业等对应业务经营范围企业的税收减免和税收优惠政策，从源头减少企业相关成本负担。三是进一步推进增值税制度改革。加大税率改革，适时简并税率；进一步扩大抵扣范围；放宽增量留抵退税条件；合理确定预缴基数和预征率，规范征收管理；加强政策信息渠道畅通，推动上下游企业之间平等协商传导降税红利。

第二十章　A股上市公司并购重组及相关税收政策简析

一、并购重组的概念及分类

企业重组在我国经济活动和税法文件规定中使用较多，但本身并不是一个法律术语。从经济概念上说，重组通常是指企业通过兼并、合并、收购、出售等方式，实现资产主体的重组选择和组合，优化企业资产结构，更具竞争力。

并购是兼并与收购的简称，是市场经济资产重组的主要形式（如图20–1所示）。我国法律中对“并购重组”没有清晰明确的定义。一般来说，兼并（Merge），又称为合并，是指两家以上的公司结合成为一家公司，原公司的权利与义务由存续（或新设）的公司承担；收购（Acquisition）指并购企业购买目标企业的资产、营业部门或股票。严格区分的话，兼并意味着企业产权的彻底转让，收购行为不代表企业产权的彻底转让，然而二者本质是一样的，都是企业整体或部分资产和控制权的转移。

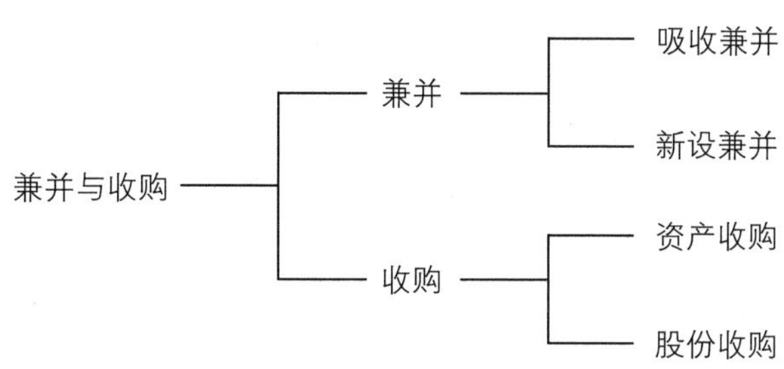

图 20–1

《中华人民共和国公司法》规定的产权变动行为有股权/份转让、合并、分立、增资、减资，并对吸收合并和新设合作简单定义，对其他交易行为没有定义。《中华人民共和国证券法》中对上市公司收购行为有具体规定。《上市公司重大资产重组管理办法》对资产交易的比例进行规定从而界定上市公司重大资产重组标准和相关规定，其中规定的资产交易方式包括买卖（含发行股份购买资产）、新设企业、增资或减资、受托或委托经营资产、租赁、附义务资产赠与、对外捐赠。

在我国现行税法文件中，企业所得税对重组交易行为的规定较为完善和完整。《财政部、国家税务总局关于企业重组业务企业所得税处理若干问题的通知》（财税〔2009〕59号）将企业重组定义为“企业在日常经营活动以外发生的法律结构或经济结构重大改变的交易，包括企业法律形式改变、债务重组、股权收购、资产收购、合并、分立等”;《财政部 国家税务总局关于促进企业重组有关企业所得税处理问题的通知》（财税〔2014〕109号）中增加了划转行为;《财政部 国家税务总局关于非货币资产投资企业所得税处理问题的通知》（财税〔2014〕116）中增加了非货币性资产对外投资。

我国相关法律法中规定的并购重组具体行为汇总如表20-1所示。

表20－1　相关法律中关于并购重组行为规定

法规	并购重组具体行为方式
公司法	股权/份转让、合并、分立、增资、减资
证券法	上市公司收购
上市公司重大资产管理办法	买卖（含发行股份购买资产）、新设企业、增资或减资、受托或委托经营资产、租赁、附义务资产赠与、对外捐赠
企业所得税	企业在日常经营活动以外发生的法律结构或经济结构重大改变的交易；包括企业法律形式改变/整体改制、债务重组、股权收购、资产收购、合并、分立、划转、非货币性资产对外投资等
增值税	合并、分立、出售、置换等
印花税	合并、分立、公司制改造
土地增值税	整体改制、合并、分立、投资
契税	企业改制、事业单位改制、合并、分立、破产、划转、债转股、出资入股、股权/股份转让

我国目前税法中对并购重组具体行为的定义有：

企业法律形式改变，指企业注册名称、住所以及企业组织形式等的简单改变;

债务重组，指在债务人发生财务困难的情况下，债权人按照其与债务人达成的书面协议或者法院裁定书，就其债务人的债务作出让步的事项;

股权收购，指一家企业（收购企业）购买另一家企业（被收购企业）的股权，以实现对被收购企业控制的交易;

资产收购，指一家企业（受让企业）购买另一家企业（转让企业）实质经营性资产的交易;

合并，指一家或多家企业（被合并企业）将其全部资产和负债转让给另一家现存或新设企业（合并企业），被合并企业股东换取合并企业的股权或非股权支付，实现两个或两个以上企业的依法合并;

分立，是指一家企业（被分立企业）将部分或全部资产分离转让给现存或新设的企业

（分立企业），被分立企业股东换取分立企业的股权或非股权支付，实现企业的依法分立；

公司制改造，包括国有企业整体改制为国有独资有限责任公司、增资扩股或转让部分产权改造成有限责任公司或股份有限公司、以部分财产和相应债务与他人组建新公司、将债务留在原企业以其优质财产与他人组建新公司；

非货币性资产投资，限于以非货币性资产出资设立新的居民企业，或将非货币性资产注入现存的居民企业。

二、2019 年度 A 股上市公司并购重组情况

2019 年度 A 股上市公司共发生并购重组 11004 次，涉及交易金额 27536.98 亿元。其中：境内并购 9926 次，占比为 90.20%。

并购方式上，吸收合并发生 32 次，交易次数占比 0.29%、交易金额占比 1.88%；协议收购 5361 次，交易次数占比 48.72%、交易金额占比 49.49%；二级市场收购 3504 次（含产权交易所），交易次数占比 31.84%、交易金额占比 4.23%；要约收购 62 次，交易次数占比 0.56%、交易金额占比 2.72%；增资 1277 次，交易次数占比 11.60%、交易金额占比 19.91%；发行股份购买资产 250 次，交易次数占比 2.27%、交易金额占比 16.46%；国有股权行政划转或变更 97 次，交易次数占比 0.88%、交易金额占比 0。

交易支付方式上，共 7000 次交易采用现金支付，数量占比 63.61%、金额占比 71.93%；137 次股权支付，数量占比 1.25%、金额占比 11.06%；41 次资产支付，数量占比 0.37%、金额占比 0.61%；债券支付 20 次，数量占比 0.18%、金额占比 0.20%；股权与现金、债权、实物资产、负债分别组合支付 108 次，数量占比 0,98%、金额占比 9.59%；无偿交易 143 次，数量占比 1.30%；上市公司股份与资产、现金组合支付 37 次，数量占比 0.34%，金额占比 5.03%。具体情况如表 20–2 所示。

表 20 – 2　相关法律中关于并购重组行为规定

类别	项目	数量	金额（亿元）	同比增长率（%）
全部		11004	27536.9864	–20.14
跨境并购	境内并购	9926	22123.7909	–10.74
	出境并购	243	1563.1434	–52.12
	境外并购	627	2731.7782	–34
	入境并购	186	1054.9723	–52.02
并购方式	协议收购	5361	13627.0255	–20.81
	增资	1277	5483.7049	6.15
	二级市场收购（含产权交易所）	3504	1165.6937	–53.9
	国有股权行政划转或变更	97	0	0
	取得公众公司发行的新股	203	99.666	–45.69
	间接收购	42	787.4875	161.5
	发行股份购买资产	250	4533.799	–32.34

续表

类别	项目	数量	金额（亿元）	同比增长率（%）
并购方式	要约收购	62	748.7624	2.55
	其他	9	20.5579	-54.28
	资产置换	20	336.542	154.68
	回购	4	4.9833	-70.94
	吸收合并	32	518.3328	-61.87
	司法裁定	137	210.4313	96.62
	继承	0	0	0
	赠与	4	0	0
	股权划拨	0	0	-100
支付方式	现金	7000	19808.5008	-17.11
	现金债权	17	124.6611	-62.21
	股权现金	102	2579.3157	-17.59
	无偿	143	0	0
	股权	137	3046.9521	-33.64
	资产	41	168.8264	5.25
	现金资产	46	267.2435	-46.35
	上市公司股份资产	10	568.3363	-18.49
	债权	20	54.0083	-57.15
	分次支付	0	0	-100
	股权债权	2	32.3574	-38.71
	实物资产股权	2	25.5966	-91.38
	现金其他资产	0	0	-100
	银行转账	0	0	-100
	其他	2	6.8733	-87.35
	上市公司股份现金资产	27	815.8517	1337
	定期结算	0	0	-100
	现金或承兑汇票	0	0	-100
	实物资产	0	0	0
	逐笔结算	0	0	-100
	抵账	2	30.3619	8.57
	正常结算	0	0	-100
	一次性付款	0	0	-100
	三个月结算	0	0	-100
	股权负债	2	3.6374	0

资料来源：Wind

三、并购重组税收政策框架及案例分析

上市公司并购重组采用的交易模式不尽相同，但都无法避免资产产权变更，因此必然会涉及企业所得税、增值税、印花税，若涉及不动产或固定资产等特定资产时还会涉及土地增值税、契税等税种。我国目前的税收体系分税种构建，在并购重组业务上形成了以企业所得税为主体、增值税和个人所得税等税种相配合的企业重组税收政策体系。现行有效的并购重组涉税处理规范性文件汇总如表 20–3 所示：

表 20 – 3 相关法律中关于并购重组行为规定

税种	序号	时间	文件名称
企业所得税	1	2009 年 1 月	《国家税务总局关于债务重组所得企业所得税处理问题的批复》（国税函〔2009〕1 号）
	2	2009 年 5 月	《财政部、国家税务总局关于企业重组业务企业所得税处理若干问题的通知》（财税〔2009〕59 号）
	3	2010 年 7 月	《国家税务总局关于发布《企业重组业务企业所得税管理办法》的公告》（国家税务总局公告 2010 年第 4 号）
	4	2013 年 12 月	《国家税务总局关于非居民企业股权转让适用特殊性税务处理有关问题的公告》（国家税务总局公告 2013 年第 72 号）
	5	2014 年 12 月	《财政部、国家税务总局关于非货币性资产投资企业所得税政策问题的通知》（财税〔2014〕]116 号）
	6	2015 年 1 月	《财政部、国家税务总局关于促进企业重组有关企业所得税处理问题的通知》（财税〔2014〕109 号）
	7	2015 年 2 月	《国家税务总局关于非居民企业间接转让财产企业所得税若干问题的公告》（国家税务总局公告 2015 年第 7 号）
	8	2015 年 5 月	《国家税务总局关于非货币性资产投资企业所得税有关征管问题的公告》（国家税务总局公告 2015 年第 33 号）
	9	2015 年 5 月	《国家税务总局关于资产（股权）划转企业所得税征管问题的公告》（国家税务总局公告 2015 年第 40 号）
	10	2015 年 6 月	《国家税务总局关于企业重组业务企业所得税征收管理若干问题的公告》（国家税务总局公告 2015 年第 48 号）
	11	2017 年 10 月	《国家税务总局关于非居民企业所得税源泉扣缴有关问题的公告》（国家税务总局公告 2017 年第 37 号）
增值税	1	2011 年 2 月	《国家税务总局关于纳税人资产重组有关增值税问题的公告》（国家税务总局公告 2011 年第 13 号）
	2	2013 年 11 月	《国家税务总局关于纳税人资产重组有关增值税问题的公告》（国家税务总局公告 2013 年第 66 号）
	3	2016 年 3 月	《财政部国家税务总局关于全面推开营业税改征增值税试点的通知》（财税〔2016〕36 号）

续表

税种	序号	时间	文件名称
土地增值税	1	2018 年 5 月	《财政部税务总局关于继续实施企业改制重组有关土地增值税政策的通知》(财税〔2018〕57 号)
契税	1	2018 年 3 月	《财政部税务总局关于继续支持企业事业单位改制重组有关契税政策的通知》(财税〔2018〕17 号)
印花税	1	2003 年 12 月	《财政部国家税务总局关于企业改制过程中有关印花税政策的通知》(财税〔2003〕]183 号)

基于我国当前所处的发展阶段和企业重组的重要作用，我国对企业重组采取的仍是积极支持引导的税收政策导向，针对重组具体情况综合运用了分期课税（如税款分期和所得分期)、减免税、不予征收多种税收优惠方式。各重组形式下主要的税收规定及税收优惠如表 20-4 所示。

表 20 - 4 重组征税情况

重组形式	增值税	土地增值税	契税	印花税	企业所得税
整体改制	关联债权、负债和劳动力一并转让时不征	投资主体不变且为非房地产企业时不征	原投资主体存续比例超过 75%时免税	原已贴花部分不征; 新启用资金账簿贴花	其他法律形式简单改变的不征; 法人转为非法人或登记注册地转移境外的征收
债务重组	征税	征税	征税	征税	一般性税务处理:确认所得 特殊性税务处理:5 年递延纳税
非货币资产对外投资	征税	非房地产企业的不征	征税	征税	
合并	关联债权、负债和劳动力一并转让时不征	投资主体存续且非房地产企业的不征	投资主体存续免税	原已贴花部分不征; 新启用资金账簿贴花	一般性税务处理:确认所得 特殊性税务处理:递延纳税
分立	关联债权、负债和劳动力一并转让时不征	投资主体相同且非房地产企业的不征	投资主体相同的免税	原已贴花部分不征; 新启用资金账簿贴花	
资产收购	关联债权、负债和劳动力一并转让时不征	征税	征税	征税	
股权转让	非上市公司股权:不征 上市公司股权:征	不征	不征	征税	
资产划转	关联债权、负债和劳动力一并转让时不征	适用一般规定	同一投资主体内部免税	适用一般规定	

（一）并购重组各税种税务处理

我国税收法规分税种对重组涉税处理进行了详细规定，这与我国税收征管模式是相适应的，因此我们仍将从重组涉及的各税种的税务处理进行介绍。

1. 企业所得税

并购重组企业所得税的税务处理是一般性税务处理和特殊性税务处理二选一。符合特定条件的重组行为，从经济实质和税收公平等原则考虑，可以选择采用分期确认所得或递延纳税等税收优惠；不符合条件的，发生的产权变动则按照市场行为本身和税收原则确认资产所得或损失。

企业所得税可否用特殊性税务处理实现重组免税主要有三大规则：合理商业目的、股东权益连续、经营连续。再结合纳税需要的必要资金，进一步对符合条件的股权支付和非货币性资产对外投资分期纳税待遇等税务处理。

因此，特殊性税务处理的适用在符合文件经济行为重组性质定义前提下，还需满足：

（1）具有合理的商业目的，且不以减少、免除或者推迟缴纳税款为主要目的；

（2）被收购、合并或分立部分的资产或股权比例不低于转让企业全部资产或股权的50%；

（3）企业重组后的连续12个月内不改变重组资产原来的实质性经营活动；

（4）重组交易对价中涉及股权支付金额不低于其交易支付总额的85%；

（5）企业重组中取得股权支付的原主要股东，在重组后连续12个月内，不得转让所取得的股权。

满足以上条件的股权收购、资产收购、合并、分立涉及的股权、资产转移前后计税基础不变，因此不产生股权或转让所得；合并、分立相关企业、资产可承继之前相关的企业所得税事项；满足条件的债务重组可分5年均匀计入所得纳税。

2. 增值税

增值税的征收范围为商品或服务的流转过程。我国现行增值税文件中不具体规定重组行为，重组行为中凡是相关资产与相关债权、债务及劳动力一并转让的，属于业务转让，不属于增值税征收范围，不征收增值税。

3. 土地增值税

我国在1995年对以土地（房地产）作价入股进行投资或作为联营条件的给予免税待遇，2006年明确以上规定排除房地产开发企业。2005—2013年，财政部、国家税务总局分别对中国建银、大秦铁路、中国联通、中国邮政、中信集团等公司重组改制中涉及的不动产转让行为给予土地增值税免征处理、涉及无偿转移房地产不征土地增值税。

2015年财政部、国家税务总局发布《关于企业改制重组有关土地增值税政策的通知》（财税〔2015〕5号），废除1995年和2006年文件以上条款并统一对并购重组土地增值税政策规定。2018年度发布《关于继续实施企业改制重组有关土地增值税政策的通知》（财税〔2018〕57号），延续改制重组土地增值税税收优惠。

4. 契税

财政部、国家税务总局2003年发布《关于企业改制重组若干契税政策的通知》（财税〔2003〕184号），对企业公司制改造免征、股权重组免征、合并免征、分立不征、债转股，企业关闭、破产等行为契税明确。相关税收优惠政策执行期3年，财政部、国家税务总局陆续在2006年、2009年、2012年、2015年、2018年延续契税政策，现行政策为《关于继续支持企业、事业单位改制重组有关契税政策的通知》（财税〔2018〕17号）。

5. 印花税

2003年财政部、国家税务总局发布《关于企业改制过程中有关印花税政策的通知》（财税〔2003〕183号）规定对公司制改造、合并、分立、改制等行为签订的产权转移数据免征，应纳税合同不仅因改制主体变更、合并或分立事项本身再次贴花。

（二）2019年度并购重组涉税案例分析——双汇发展吸收合并双汇集团

上市公司在资本市场的并购重组交易涉及金额大，属于社会各界关注的热点问题之一。我们选取2019年度双汇发展（000895.SZ）吸收合并重组事项简要分析其涉税处理。

1. 交易背景

双汇发展向控股股东双汇集团股东罗特克斯发行股份对双汇集团实施吸收合并。双汇发展为吸收合并方，双汇集团为被吸收合并方。本次吸收合并完成后，双汇发展为存续方，将承继及承接双汇集团的全部资产、负债、人员、业务、合同及其他一切权利与义务，双汇集团将注销法人资格，双汇集团持有的上市公司股份将被注销，罗特克斯将成为上市公司的控股股东。

2018年12月31日为基准日，评估和审计后交易标的—双汇集团财务情况如表20-5所示：

表20－5 双汇集团资产评估情况表

名称	净资产账面价值	评估值	增值额	增值率
双汇集团	592417.3	4016674.37	3424256.84	578.01%

本次吸收合并的交易对价是根据双汇集团评估值扣除双汇集团对罗特克斯利润分配（107556.60万元）后确定，为3909117.77万元。双汇发展向交易对方即罗特克斯新发行共计1975299530股A股股份支付本次吸收合并全部对价，不涉及现金支付。

2. 交易分析

双汇发展吸收合并双汇集团的行为属于公司法规定的合并行为，构成上市公司重大资产重组——发行股份购买资产，满足税法文件中对合并的定义。

3. 涉税分析

（1）企业所得税。根据财税〔2009〕59号和《企业重组业务企业所得税管理办法》的公告（国家税务总局2010年第4号公告）等文件，本次交易：

A. 当事各方为合并企业——双汇发展、被合并企业——双汇集团及双方股东；

B. 双汇发展是本次交易主导方；

C. 重组日为双汇发展取得双汇集团资产所有权并完成工商登记变更日；

D. 本次合并源于进一步聚焦主业、优化治理结构的发展战略，不以减少、免除或者推迟缴纳税款为主要目的；

E. 股份支付比例 100%，由于上市公司监管相关要求新取得股份的罗特克斯在重组完成后 36 个月不得转让，满足股东权益连续性要求。

若双汇发展取得双汇集团资产后在连续 12 个月不改变相关资产的实质性经营活动的，本次交易即满足企业所得税重组特殊性税务处理条件，可适用特殊性税务处理。特殊性处理及与一般性税务处理对比如表 20–6 所示：

表 20 – 6 重组特殊性税务处理

主体	特殊性税务处理	一般性税务处理
双汇集团	注销时不经税务清算	按照清算注销计算损益及股东分配
双汇发展	取得资产负债计税基础 = 双汇集团原计税基础，可继承双汇集团所得税事项（含可弥补亏损额）	按公允价确认计税基础，不可承继双汇集团所得税事项
罗特克斯	取得双汇发展股权计税基础 = 原持有双汇集团的计税基础	按照双汇集团清算分配利息确认所得或损失
税额	0	假设计税基础 = 账面价值，不考虑其他所得税事项，增值额 =3909117.77–592417.53=3316700.24 万元，税额 =3316700.24×25%=829175.06 万元

（2）增值税。双汇发展承继及承接双汇集团的全部资产、负债、人员、业务、合同及其他一切权利与义务，根据国家税务总局公告 2011 年第 13 号、国家税务总局公告 2013 年第 66 号及财税〔2016〕36 号，不属于增值税征税范围，不征收增值税。

（3）印花税。根据财税〔2003〕183 号文件，双汇发展发行股票吸收合并双汇集团由此新增加的股本和资本公积总额应按照资金账簿贴花，贴花时可适用财税〔2018〕50 号按照万分之五税率减半征收。

（4）土地增值税及契税。根据财税〔2018〕] 17 号和财税〔2018〕57 号，双汇集团的原投资主体取得双汇发展的股权继续存在在双汇发展，双汇发展受让双汇集团房地产暂免征契税、不征土地增值税。

四、关于完善我国企业重组税收政策的建议

我国经过多年的经济实践和制度建设，已初步建立了企业并购重组相关的税收政策体

系，顺应国家经济发展需要为企业重组的顺利开展提供了税法遵循和政策支持。然而随着我国经济的不断发展、转型升级和企业对重组的实际诉求，我国现行的重组税收体系系统性、严密性和税种政策的适度性、完备性、权威性等方面仍需得到进一步的改进和提升。

由于披露信息全面、准确性与企业实际发生情况有差异，本次研究分析供您参考之用。

第二十一章　科创板上市公司业绩与税负分析

科创板是专为科技型和创新型中小企业服务的板块，是我国建设多层次资本市场和支持创新型科技型企业的重要举措之一。2019 年是科创板上市元年，70 家上市企业在 2020 年 4 月 30 日之前按时提交了年度报告。70 家上市公司 2019 年末占有的资产合计为 26291214.08 万元，全年创造收入 12075157.55 万元，实现利润总额为 1844192.20 万元，户均资产 375588.77 万元，户均收入 172502.25 万元，户均实现利润 26345.60 万元，户均值与深沪两地全部 A 股上市公司相比，资产量占比为 20%，收入占比为 15.12%，但是利润占比却达到 37.06%。业绩亮点瞬间呈现，追星逐月日千里，创发研转生产力，科创板获利能力超强，科技促进人类进步，在华丽业绩实现的同时，科创板企业也为国家上交了可观的税收。

一、科创板企业的业绩表现

2019 年科创板企业业绩斐然，首份“成绩单”符合市场预期，也展现出科创板上市公司群体鲜明的科技创新风貌。

一是业绩稳中有升。2019 年年报显示，科创板公司上市首年保持良好发展态势。共实现营业收入 12075157.55 万元，同比增长 14%；归母净利润 1559939.65 亿元，同比增长 25%；盈利质量稳步提升，经营活动现金流净额 1606866.78 亿元，同比增长 75%。其中，七成公司收入和净利润均实现两位数增长，八成公司收入和净利润均实现增长，九成公司扣非后实现盈利。

二是主要行业均衡发展。科创板主要行业均实现不同程度增长。新一代信息技术以及人工智能、云计算等为代表的“新基建”类公司，表现出较强增长势头，营业收入和净利润分别增长 15%、42%；受益于医疗需求持续增加，生物医药行业营业收入和净利润分别增长 28%、14%；节能环保、新材料、高端装备制造也保持了较快增长，营收增速分别为 30%、17%、6%，净利润增速分别为 25%、23%、10%。

三是创新经济特征明显。科创板聚集了一大批高新技术产业和战略新兴产业公司，年报财务指标呈现出明显的“新经济”特征。其一是轻资产。2019 年末固定资产占总资产比例平均值仅为 11%，公司核心竞争力更多体现于未反映在财务报表中的智力资本、客户关系、数据资源等新经济要素。其二是毛利率和净利率高。2019 年度毛利率平均为 54%，净利率平均为 22%，显著区别于其他板块，显示出较强的市场竞争力。其三是净资产收益率高。2019 年平均接近 20%，投入产出比更加经济，资本利用效率更高。

四是研发投入持续加大。2019 年合计投入研发金额 117 亿元，增幅 23%；研发投入占营业收入的比例平均为 12%，持续保持力度。其中，微芯生物、赛诺医疗研发投入占比接近 50%；中微公司等 11 家公司研发投入占比超过 20%。虹软科技等 5 家公司连续三年研发投入占比超过 30%；金山办公等 22 家公司连续两年超过 15%。同时，科创板公司已经形成一支稳定的科研队伍，研发人员占员工总数的比例超过三成，平均每家超过 200 人，同比增长 10%。19 家公司在上市后实施股权激励计划，涉及员工人数超过 3000 人，科研人员有了分享科技成果的“稳定锚”。

五是科技创新成果喜人。高研发投入带来更多科技创新成果。2019 年，科创板公司合计新增专利 2500 余项，其中发明专利 1100 余项。平均每家公司累计拥有发明专利 75 项、软件著作权 62 项，13 家公司获得国家科技进步奖。其中，华润微参与的“高性能 MEMS 器件设计与制造关键技术及应用”获得国家科学技术进步二等奖；安集科技的钨抛光液技术已应用于 3DNAND 先进制程，产品线从逻辑芯片拓展到存储芯片；长阳科技已成长为全球光学反射膜细分行业龙头企业，完成了反射膜的全面进口替代。

二、科创板上市公司的整体税收负担

70 家科创板上市公司 2019 年实现利润 1844192.20 万元，2019 年全年支付的各项税费合计为 722097.74 万元，占全部经营活动现金流出金额的 6.75%；支付的各项税费相当于全年营业总收入的 5.97%。从税负角度来看，科创板的税负水平低于上市公司的平均标准，税负较低。

（一）收入税负率

表 21-1 列示了科创板与全部 A 股在 2020 年 6 月 30 日公布年报的企业相比情况。

表 21 - 1　近三年收入税负比较表

单位：%

序号	类别	2017 年	2018 年	2019 年
1	创业板	5.59	5.25	4.83
2	科创板	6.73	6.07	5.97
3	中小企业板	5.00	4.83	4.54
4	主板	7.10	6.99	6.66
5	全市场平均	6.80	6.67	6.34

从表21–1可以直观地看出，科创板上市公司的税负低于上市公司的平均水平。年度支付的各项税费是企业在一个年度内现金支付的全部税费，是实实在在的现金流出，该指标与收入的比值，科创板为5.97%，上市公司的平均水平为6.34%。

从板块属性来看，科创板的税负率高于创业板和中小企业板。原因主要是收入产生能力。

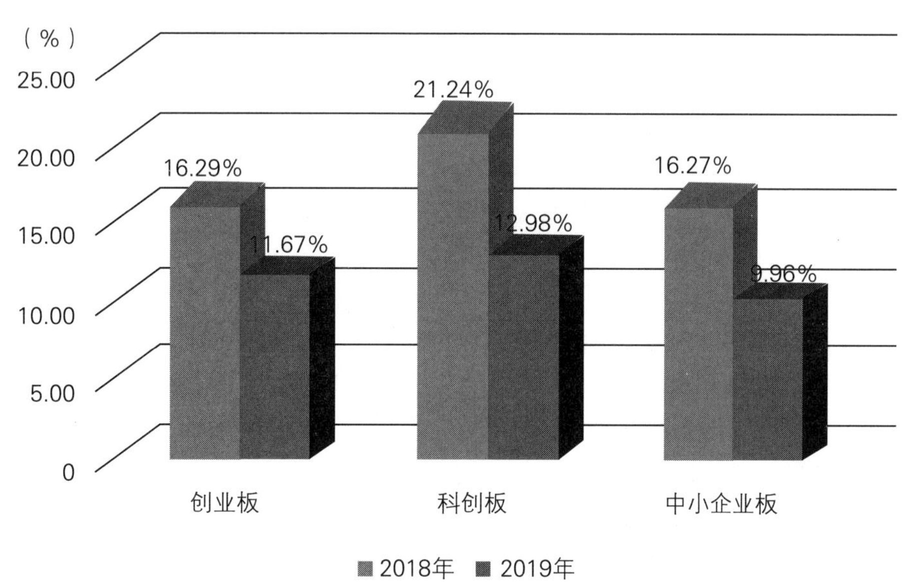

图21－1 近两年收入同比增长率比较图

市场是龙头，收入是税负产生的起点，也是企业利润和现金流的起点，收入高企是企业经营的主要目标之一。按照我国目前的税制结构来看，流转税和所得税为主，收入直接产生流转税，间接产生企业所得税。在现代企业会计准则逐步与国际财务报告准则趋同过程中，税收也在向会计准则趋同。在企业所得税年度纳税申报表（A类）A100000表中利润总额计算的内容中基本与会计准则下的利润总额计算是保持一致的。在税收领域存在“视同销售”情形，企业所得税和增值税都规定了各自的视同销售情形，由此可能形成税会差异。税会差异对税收金额有影响，但是就收入税负率指标来说，不影响该指标的评价效果。近两年收入同比增长率比较情况见图21–1。

2019年年报显示，科创板上市公司共实现营业收入1471亿元，同比增长14%，全部A股的营业收入同比增长8.81%，科创板的税负是收入增加引起的。

从近三年情况，科创板的数据呈现下降趋势，收入税负率从2017年的6.73%下降到2019年的5.97%。变化趋势与全市场的趋势相同，2019年税负明显低于前两个年度，主要是2019年全国范围内开展的减税降费政策高度相关。2019年3月财政部 税务总局 海关总署公告联合发布《关于深化增值税改革有关事项的公告》（财政部 税务总局 海关总署公告2019年第39号）从4月1日起“增值税一般纳税人发生增值税应税销售行为或者进口货物，原适用16%税率的，税率调整为13%；原适用10%税率的，税率调整为9%”，公告中同时公布了“加计抵减政策”，“自2019年4月1日至2021年12月31日，允许生产、生活性服务业纳税人按照当期可抵扣进项税额加计10%。”收入税负率降低正是政策红利的体现。

（二）利润税负率

支付的税费与利润的比值，可以称为利润税负率。利润是企业年度的总产生。科创板上市公司的利润税负率是39.16%，全部上市公司的利润负担率是101.90%，科创板与其他板块的上市公司差异率将近2倍。在各板块中，科创板的利润负担率也是最低的。近三年利润税负比较情况见表21–2。

表21－2　近三年利润税负比较表

单位：%

序号	类别	2017年	2018年	2019年
1	创业板	55.60	121.46	105.15
2	科创板	53.86	43.62	39.10
3	中小企业板	56.77	82.68	89.88
4	主板	98.89	100.04	103.67
5	全市场平均	90.83	98.42	101.90

该指标的差异产生的主要原因是利润总额大。结合收入税负率指标来看，科创板利润税负率低的原因是营业利润率高。

从表21–3来看，科创板的营业利润率远高于其他板块，是其他板块上市公司营业利润率的3倍左右，和利润税负率的方向刚好相反。

表21－3　2019年户均收入、利润和营业利润率比较表

金额单位：人民币亿元

序号	类别	数量	2019年户均收入	2019年户均利润	利润总额/营业收入
1	创业板	788.00	19.72	0.91	4.59%
2	科创板	70.00	17.25	2.63	15.27%
3	中小企业板	926.00	54.53	2.75	5.05%
4	主板	1,870.00	187.41	12.04	6.43%
5	全市场平均	3,654.00	114.31	7.11	6.22%

盈利能力强，如果说是科创板企业的特点，不如说是使命。尽管科创板企业上市时并

未对营利能力作出特殊约定，上市标准有五类（见表 21–4）：

表 21 － 4　科创板上市标准

金额单位：人民币亿元

序号	标准	预计市值	最近一年净利润及营业收入	近两年净利润	累计净利润	最近三年研发投入 / 最近三年累计营业收入	最近一年营业收入	最近三年经营活动产生的现金流量净额累计	定性条件
1	标准一	>=10		正	>=0.5				
		>=10	>=1						
2	标准二	>=15				>=15%	>=2		
3	标准三	>=20					>=3	>=1	
4	标准四	>=30					>=3		
5	标准五	>=40							主要业务或产品需经国家有关部门批准，市场空间大，目前已取得阶段性成果。医药行业企业需至少有一项核心产品获准开展二期临床试验，其他符合科创板定位的企业需具备明显的技术优势并满足相应条件。

2019 年上市的科创板企业中，有 63 家科创板企业选择了标准一，即预计市值不低于人民币 10 亿元，最近两年净利润均为正且累计净利润不低于人民币 5000 万元，或者预计市值不低于人民币 10 亿元，最近一年净利润为正且营业收入不低于人民币 1 亿元，占 70 家科创板上市企业的 90%，有 5 家企业选择了标准四，1 家企业选择二，1 家企业选择标准三，没有企业选择标准五。

科创板的设立及其交易规则是科技创新型企业发展的资本后盾，企业本身实力较为雄厚，具有良好的盈利前景。

（三）经营活动现金支出税负率

在现金流量表中，支付的各项税费是经营活动现金支出的构成内容。该指标为结构指标，反映在企业年度经营活动的现金支出中，税费支出所占的比重。近三年支付的税费在经营活动支付现金支出中的结构比见表 21–5。

表 21 - 5　近三年支付的税费在经营活动支付的现金支出中的结构比

单位：%

序号	类别	2017 年	2018 年	2019 年
1	创业板	5.93	5.50	5.09
2	科创板	7.58	6.96	6.74
3	中小企业板	4.90	4.73	4.54
4	主板	6.91	6.77	6.56
5	全市场平均	6.64	6.49	6.27

在上一个指标分析中，得出了科创板上市公司营利能力强的结论，盈利多必然会支出高税负，在这个结构分析中就看到了这个趋势。科创板上市公司支付的各项税费在经营活动各项现金支付的结构占比尽管从 2017—2019 年呈现下降，但是科创板仍然是各板块中税负占比重最大的。

在企业经营要素中，资本和人力是两个能够产生增值的要素，因此这两个要素不能在增值税链条中进行抵扣，其他生产要素，如材料、动力、能源、设备、土地等要素均可以抵扣。科创板的营利能力强，创造的增值大，必然会引起较大的增值税税负。

在本次分析中，比对了增值税与收入的关系。考虑到财务报表中列示的“应交税费”科目中的主要是当期未缴纳的税额，以纳税期限来考察的话，主要是月度未缴纳的税金，我们将年度的营业收入简单处理为月度收入，来看下科创板企业的增值税税负情况。

70 家科创板企业 2017 年的未交增值税与月度收入的比值均值（以下称为增值税税负率）为 16.90%，2018 年为 12.98%，2019 年为 8.38%，逐年下降，最小值为 0。

从表 21-6 来看，科创板企业增值税负，低于法定税率，这是正常现象；低于法定税率的程度很有限，和我国传统企业的增值税税负 2%—3% 相比，依然较高，说明本环节创造的增值较大。

表 21 - 6　近三年科创板上市公司增值税税负率

单位：%

序号	项目	2017 年	2018 年	2019 年
1	均值	16.90	12.98	8.38
2	最大	249.95	66.95	76.75
3	最小	0.00	0.00	0.00
4	中位值	11.14	6.09	4.22
5	标准差	32.59	15.32	12.57

在科创板企业中有些企业可能享受增值税即征即退政策，从我国目前的税收政策来看，软件产品和资源行业都存在即征即退的优惠政策。而从科创板的所属行业来看，主要行业

是计算机应用，其次是医疗器械，再次是半导体，享受增值税即征即退政策空间不大。

另一种能够降低增值税税负的情形就是留抵税额，即当期的进项税额或者历史经营期形成的进项税额很大，一直不能够抵扣完，留抵税额大。2019 年是上市元年，因此募集资金应该还没有来得及投放，所以对于科创板来说，将近 40% 的资产为货币资金。科创企业大部分是高新技术企业，因此并不是资产驱动型企业，固定资产配比不高，2019 年固定资产的占比只有 8.84%。留抵税额的说法成立的可能性较小。

这样分析来看，科创板上市企业的盈利能力强，增值大，是税费占比大的原因。

三、科创企业的研发费用支出

科创企业自带光环，似乎就预示着研发费用在业绩中的贡献值得期待。从 2019 年年报来看，70 家上市公司研发费用 840,232 万元，占营业收入的比重达到 6.96%，远远高于其他上市公司。

表 21–7 中列示的科创板上市标准中标准二就对研发费用做了规定，即预计市值不低于人民币 15 亿元，最近一年营业收入不低于人民币 2 亿元，且最近三年累计研发投入占最近三年累计营业收入的比例不低于 15%。

表 21 – 7　各板块上市公司研发费用与收入占比表

单位：%

序号	属性	2017 年研发费用 / 营业收入	2018 年研发费用 / 营业收入	2019 年研发费用 / 营业收入
1	创业板	0.19	4.41	4.73
2	科创板	5.91	6.16	6.96
3	中小企业板	0.07	2.65	2.86
4	主板	0.06	1.27	1.43
5	平均	0.08	1.56	1.74

医疗器械行业的赛诺医疗就是该标准条件下上市的。2019 年 10 月 30 日，赛诺医疗在上海证券交易所科创板挂牌上市，发行价 6.99 元 / 股，发行市盈率 28.76 倍。赛诺医疗上市募集的资金主要用于投资：高端介入治疗器械扩能升级项目、研发中心建设项目和补充流动资金项目等。公司专注于高端介入医疗器械研发、生产、销售，产品管线涵盖心血管、脑血管、结构性心脏病等介入治疗重点领域。

该公司主要产品为冠脉药物支架及球囊扩张导管两大类产品。冠脉支架是经皮冠状动脉介入治疗（PCI）中主要的医疗器械产品，通过支架扩张后改善狭窄血管的血流灌注。PCI 术因创伤小、效果好，成为目前治疗心血管狭窄的主要手段之一。心血管介入性医疗器械行业中除该公外，同行业还有波士顿科学、雅培、美敦力以及乐普医疗、微创医疗以及吉威医疗（蓝帆医疗子公司）等，行业竞争程度相对较高。2019 年，国产药物支架产品在市场上的占有率超过 70%。国内企业中，微创医疗、乐普医疗、吉威医疗的支架产品获批较早，在进口替代的过程中取得了较大的市场份额。赛诺医疗的 BuMA 冠脉药物支架产品自 2011 年上市后，市场占有率从 2015 年的 8.99% 上升至 2017 年的 11.62%，产品市场份额不断扩大，在国产支架企业中排名第四。该公司自主研发的 BuMA 药物洗脱支架、球囊导管、颅内快速交换球囊产品累计使用量超过 80 万个 / 套（其中支架累计植入量超过 60 万个），同时，赛诺医疗已先后获得 21 个海外产品注册证，覆盖 7 个不同国家或地区，产品销量逐年增加。新一代冠脉药物洗脱支架于 2019 年 12 月 19 日获得国际认证机构 DEKRA Certification B.V. 颁发的 CE 认证证书。2019 年该公司费用化的研发费用为 8959.28 万元，资本性研发费用为 10290.34 万元，2019 年实现收入 43591.34 万元，合计的研发费用占营业收入的比重为 44.16%。

研发费用与科研能力具有较强的相关性，科研能力与转化为生产力的能力具有正相关性。我国提出科创板注册上市的意义旨在于科技兴国战略。实际上，落后就要挨打，这是真理。中国现在必须自主发研发自己的核心科技，扶植自己的高新企业。但中国的科技创新型企业，不是规模较小，就是轻资产运行，或者是刚成立不久，很难从国内金融机构那边融到所需资金。在这种情况下，设立科创板就是要解决科技创新企业融资难、融资贵问题，给他们创造良好的发展环境。让这些科技创新企业为发展中国的核心科技做出应有的贡献。图 21-2 为 70 家企业研发费用在经营活动现金流出中所占的比重图。

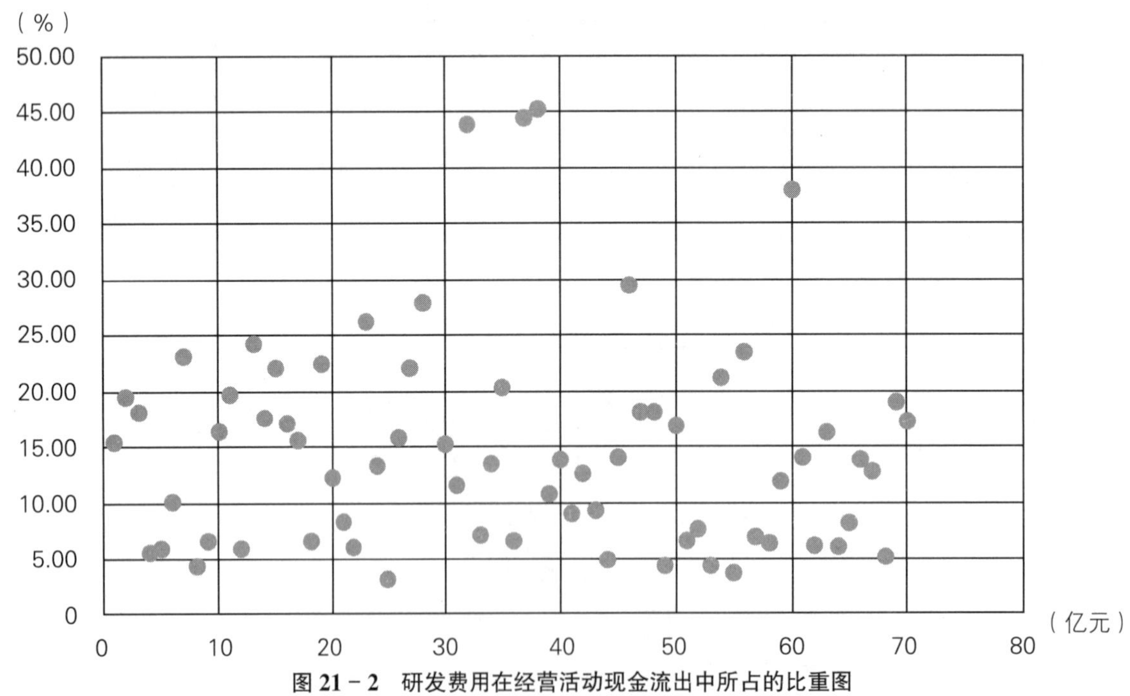

图 21-2　研发费用在经营活动现金流出中所占的比重图

70 家企业的经营活动现金流出中，研发费用占比的中位值为 13.48%，最大值是金山办公，研发费用占比为 45.38%，其次是赛诺医疗，占比为 44.48%，最小的是传音控股，研发费用占比为 1.87%，传音控股不是高新技术企业。另外一家不是高新技术企业的科创板企业是中国通号，中国通号2019年费用化的研发费是158345.58万元，占经营活动现金流出的比重为8.68%。

从税法来看，高新技术和研发费用是分不开的。为鼓励企业开展研发活动、支持企业加大研发投入，促进企业研究开发，我国税法中给出了很多优惠政策。

（一）享受主体

从《关于提高研究开发费用税前加计扣除比例的通知》（财税〔2018〕99号）来看，研发费用在正常税前列支的同时，增加了加计扣除的优惠，该优惠条件的适用范围为“企业”，该企业的概念外延很广泛，但是并非所有企业都适用，文件同时规定企业享受研发费用税前加计扣除政策的其他政策口径和管理要求按照《财政部 国家税务总局 科技部关于完善研究开发费用税前加计扣除政策的通知》（财税〔2015〕119号）、《财政部 税务总局 科技部关于企业委托境外研究开发费用税前加计扣除有关政策问题的通知》（财税〔2018〕64号）、《国家税务总局关于企业研究开发费用税前加计扣除政策有关问题的公告》（国家税务总局公告2015年第97号）等文件规定执行。

《财政部 国家税务总局 科技部关于完善研究开发费用税前加计扣除政策的通知》（财税〔2015〕119号）要求研究费用加计扣除的企业必须是会计核算健全、实行查账征收并能够准确归集研发费用的居民企业，且不包括烟草制造业、住宿和餐饮业、批发和零售业、房地产业、租赁和商务服务业、娱乐业以及财政部和国家税务总局规定的其他行业。显然，科创板的企业均不在上述禁止之列，这就意味着，科创板企业的研发费用能够享受优惠政策。

（二）优惠内容

1. 企业为开发新技术、新产品、新工艺发生的研究开发费用，未形成无形资产计入当期损益的，在按照规定据实扣除的基础上，按照研究开发费用的50%加计扣除；形成无形资产的，按照无形资产成本的150%摊销。按照《财政部 税务总局 科技部关于提高研究开发费用税前加计扣除比例的通知》（财税〔2018〕99号）规定，企业开展研发活动中实际发生的研发费用，未形成无形资产计入当期损益的，在按规定据实扣除的基础上，在2018年1月1日至2020年12月31日期间，再按照实际发生额的75%在税前加计扣除；形成无形资产的，在上述期间按照无形资产成本的175%在税前摊销。

2. 企业为获得创新性、创意性、突破性的产品进行创意设计活动而发生的相关费用，可按照规定进行税前加计扣除。创意设计活动是指多媒体软件、动漫游戏软件开发，数字动漫、游戏设计制作；房屋建筑工程设计（绿色建筑评价标准为三星）、风景园林工程专项设计；工业设计、多媒体设计、动漫及衍生产品设计、模型设计等。

对科创板企业来说，首先费用化的研发费用，据实税前扣除，然后费用化的75%可以作为额外的费用再次从税前扣除；最后形成无形资产的资本化部分，企业所得税汇算清缴时的无形资产摊销额，可以按照无形资产原值的1.75倍作为摊销基础进行摊销，抵销利润，达到少缴企业所得税的效果，体现国家利益向社会利益的倾斜。

从科创板企业的资产构成和利润构成来看，70家科创企业费用化的研发费用，户均为11966.86万元，户均资本化的研发费用为479.04万元。费用化的研发费用大于资本化的研发费。

高昂的研发支出是科创板企业盈利能力的核心、价值创造的源泉。

四、科创板的资产规模与运营能力

上面的分析中建构了业绩与税负的基本面分析，且看到了研发费用对上市公司盈利能力的支撑作用。在这种运转中，还有一种能力来解释盈利能力强的原因，那就是资产配置与运营能力。

在70家科创板企业中，资产规模过100亿元的企业只有两家中国通号和传音控股，大于50亿元小于100亿元的企业有4家，分别是：容百科技、澜起科技、金山办公和昊海生科。

中国通号是国资委直接管辖下的"中央企业"，报告期内以高质量发展为核心，聚焦主责主业，坚持科技创新驱动，加快业务结构调整，经营质量稳中向好。中国通号为科创板中少见的中央企业。该公司有央企的优势，2019年度累计新签合同总额706.1亿元，较上年同期增加3.4%。2019年公司实现营业收入416.46亿元，较上年增加4.08%，实现净利润41.77亿元，较上年同期增长12.38%。

中国通号对科创板企业的资产量均值拉动作用高度突出，不考虑中国通号的话，科创板企业的资产量均值从户均374979.01万元下降到235675.31万元，下降比例将近60%。所以，科创板企业的资产规模相对较小。技术驱动的企业里，技术研发、创新需要"厚积薄发"，因此科创板企业的总资产周转率为0.57次/年，与创业板的总资产周转率一致，这大概是科技含量的特性决定的；低于我国A股上市公司的总资产周转率的平均水平0.64次/年，说明科创板企业的资产运营还存在较大的空间。

（一）企业战略决定资产运营能力

企业资产营运能力是指企业对资产营运管理的能力。营运能力的大小表现在营运资产的效率和效果两个方面。资产营运效率通常指资产的周转状况；资产营运效果是指资产的投入与产出之比。

运营能力表明管理人员经营管理、运用资金的能力；表明企业对内部资源配置组合能力。企业财务资源配置先进合理、资金周转越快，表明企业利用资金的效果越好，效率越高，企业经营管理人员的运营能力越强。营运能力的大小对企业获利能力的持续增长和偿债能力的不断提高有着决定性的影响。因此，资产营运能力分析有着重大意义，不仅有利于企业所有者考察其投入企业资金的运用效率，有利于债权人评价企业的偿债能力，有利于企业加强财务资源的管理，而且有利于国家制定资源配置的政策。

科创板对于中国的战略意义是不言而喻的，我国企业重研发也是无需多说的，但是转化能力不够，《中华人民共和国促进科技成果转化法》自1996年10月1日起施行，2015年8月29日修正，全国各省、市、自治区也因地制宜制订了促进科技成果转化的行动方案。但即便如此，科技成果转化仍然面临着一些问题。所以，推出了科创板，让科技插上资本的翅膀，促进科技成果的转化。科创板企业肩负重任，承载着民族的希望。

从2017—2019年的资产配置来看，货币资金、应收票据和应收账款两项资产是资产构成前两大类项目，2019年末无形资产占总资产的比重中位值为2.18%，均值为2.93%，无形资产比重最大的企业是：三达膜，无形资产占比为31.78%。企业研发投入费用化的操作远远高于资本化投入。应收票据及应收账款在资产中的结构比是20%左右，同理，应付账款在负债中的占比超过33%，这说明科创板企业在融资方面能力较弱，经营过程中通过商业信用融资，成本低，速度快，比起银行信贷来说效率高得高，并且最关键的是易于实现。开启股权直接融资之后，希望能够改善这种局面，只有加大投入，才能有更大的产出。

（二）资产运营能力决定盈利能力

企业经营是个资金—资产—资金的循环往复过程，企业依靠股东投入和债权人投入获取经营所需资金，然后通过资产配置，将资金转化给资产，如：购买固定资产、生产存货、长期投资等，固定资产通过折旧的形式将价值逐步转移到产品中，存货通过销售以盈利，长期投资通过持有期间的分红和处置收益来获取投资收益，每个经营年度内的产出与成本的记录过程形成了企业的利润表。

科创板企业的制造业企业在证监会的行业分类中占绝大部分，如图21-3所示：

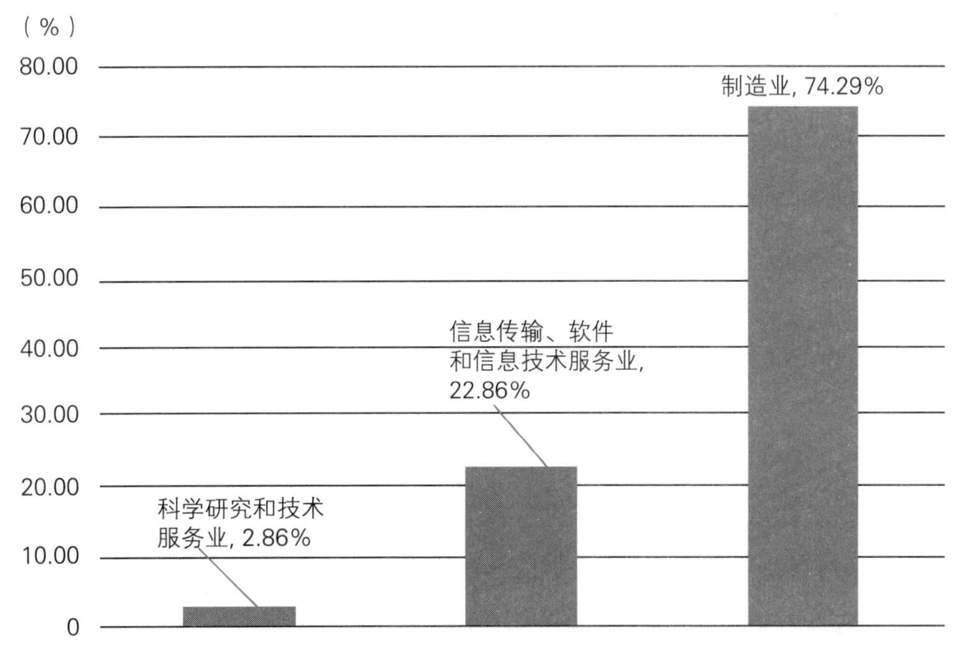

图21－3 科创板上市公司行业分布图

制造业为主的企业，资产中固定资产占比理应较大。70家科创板上市公司的固定资产占比的中位值是7.05%，平均值为8.84%，从2017—2019年呈现固定资产占比的下降趋势，一方面说明固定资产投入较少，另一方面是由于每年计提折旧导致固定资产净值越来越小。科创板企业的重心是研发，强调科技创新、科技转化能力，保持适当的固定资产占比就可以。整体来说科创板企业都属于轻资产企业。

制造业企业的另一个特点是要求保持一定的存货保有量。70 家企业的存货占比也均值为 6.54%，远低于其他板块的上市公司。

科创板的存货占比明显低于其他上市公司。这与科创板企业的业务模式可能有很大关系，订单生产占比高、项目式服务占比高（见表 21–8）。

表 21 – 8　各板块上市公司存货占比比较表

金额单位：人民币万元

序号	属性	2019 年年初资产总额	2019 年末资产总额	2019 年年初存货总额	2019 年末存货总额	期初存货占比（%）	期末存货占比（%）
1	全部上市公司	6197832396.45	6854476191.66	1157669174.26	1302578160.33	18.68	19.00
2	深市普通板	1232226831.72	1367872055.99	307998658.82	351636024.82	25.00	25.71
3	中小企业板	670350291.90	751082927.41	100292229.18	116348757.11	14.96	15.49
4	创业板	261409238.94	287327960.39	30134940.57	33299829.52	11.53	11.59
5	沪市普通板	4017403211.79	4421902033.79	717554508.07	799572929.96	17.86	18.08
6	科创板	16442822.10	26291214.08	1688837.62	1720618.92	10.27	6.54

举例来讲，三家公司都是软件企业，甲公司是生产硬件设备的，属于设备供应商，在出售设备的时候赠送软件服务；乙公司只做软件，没有设备销售，但是根据客户需要可以提供“采购与软件相配套的设备”并出售服务；丙公司是前店后厂模式，能够集成软硬件一期销售。现在假设这 3 笔业务的合同额都是 100 万元，其中硬件 80 万元，软件服务 20 万元。甲、乙、丙三家公司都能够开出 100 万元的发票，但是三家公司的收入模式和财务影响都不同。

甲公司仅对硬件负责，不承担软件实施，仅能确认 80 万元硬件收入和代销软件的佣金。

乙公司不承担硬件的存货风险和后续义务，对硬件也无定价权，仅能确认 15 万软件收入以及代购硬件的差价作为佣金收入。

丙公司承担了整体存货风险并对集成负责，可确认全额 100 万元的收入。

三家企业的收入相同，但是对存货的要求却不同。“集成式销售”“搭载式销售”等销售模式是科创板企业的常见现象，存货不一定要自己生产。这与传统的企业有很大不同。存货占比小，意味着占用的资金少。这与上述分析中提到的科创板企业的应收应付科目的比重较大的情形恰好是吻合的。

同时我们也能看到，在科创板上市公司监管中，信息披露要求比其他上市公司更加严苛，因此，科创板企业应该更加重视业务线条的逻辑。以高端制造业为例，企业要保留与收入确认相关的所有经审核的原始单据及端到端的系统痕迹，包括但不限于内部出库单、第三方物流单据、发票、客户验收单等，形成证据链以证明每笔销售业务真实存在。

（三）盈利能力决定税负比重

我国税收遵循中性原则，即强调税收对经济不发生额外的影响，经济体系仅仅承受税收负担，不再给纳税人和社会造成其他额外损失或额外收益。其实质是，国家征税不应对市场机制产生影响，课税时，市场机制仍然是影响资源配置和纳税人决策的主要力量，税收不应成为影响资源配置和纳税人经济决策的主要因素。实际上，税收中性只是一种理论上的设想，在现实中是根本不可能的。

通常来说收入越大，税负越高，营业利润率越大，税负越大。上文部分已经分析了收入和利润的税负率情况。科创板的盈利能力强是报表展现出来的，70 家企业扣除非经营性损益的净资产收益率为 11.03%，比上市公司平均水平 6.61% 高出 67%，企业财务管理的终极目的是股东收益最大化，科创板在这一点上无疑没有让股东失望，交上了非常华丽的成绩单，股本收益率为 65.45%，远远高于上市公司平均水平。

从税费支出来看，科创板的负担能力较强，在税政方面，我国没有单独针对上市公司的政策，但是科创板企业除了中国通号和传音控股外，其他均为高新技术企业，在法定企业所得税率方面已经比正常企业的所得税率低了 10 个百分点。考虑到税会差异，很多企业在出具审计报告确定利润表的“所得税”科目的时候，会聘请专业的税务师进行鉴证，这样看来，利润表中的所得税与利润总额的比较和法定税率具有强相关关系。2017 年到 2019 年科创板企业利润表显示的所得税与利润总额的比值情况见表 21–9。

表 21 – 9　近三年所得税与利润总额的比值

单位：%

序号	属性	2017 年所得税 / 利润总额	2018 年所得税 / 利润总额	2019 年所得税 / 利润总额
1	全部上市公司	20.24	23.34	24.02
2	创业板	17.38	34.33	27.49
3	科创板	15.11	14.36	13.12
4	中小企业板	16.18	23.02	26.42

从表 21–9 可以看出，从上市公司的平均水平来看，所得税与利润总额的比值是 24.02%，该数字接近于法定税率 25%；科创板所得税与利润总额的比值是 13.12%，也接近于 15% 的优惠税率。

2019 年我国资本市场业绩一般，企业经营状况也一般，主要业绩是由于金融企业，特别是依靠银行业绩撑起来的，银行的法定税率是 25%，我国已经上市的国有商业银行、城市商业银行和股份制商业银行基本上都不是高新技术企业，因此所得税与利润总额的比值接近于法定税率25%。而科创板企业的比值显著低于法定税率，如果剔除中国通号和传音控股，2017—2019年科创板企业68家所得税与利润总额的比值分别为12.67%、11.83%和10.55%。这个数据更好地说明了科创板企业的企业所得税税负率不高。

五、其他需要说明的事项

科创板上市企业第一年的业绩与税负，基本是符合预期的，收入税负率低于上市公司平均水平，利润税负率也远低于上市公司平均水平，年度支付的各项税费占经营活动的现金流出量较大。2019年科创板企业的人工创利为269991.86元，其他上市公司是望尘莫及的。不附着于固定资产和自身生产，使得科创企业创造的增值高，增值税税负高于普通的工商企业，但是由于15%的企业所得税率，整体上降低了科创板企业的综合税负率。

另外我们也应看到，上市公司财务信息的披露详细程度远远高于税收数据，而且我国是法人税制为主的税制体系，税收中没有“合并税收报表”的概念，因此导致外界对于企业税收的监督相对较弱。其实在科创板上市审核过程中，很多企业都因为税收问题而被否定，如某企业未能通过科创板上市审核的税收问题是“2016—2019年上半年报告期内，涉及未开票收入累计达5.48亿元”，这说明证监会是注重税收质量的。尽管税收有与财务趋同的趋势，但是税收具有的强制性、固定性和无偿性三性是财务不能比拟的，因此在审核环节应该更加注重税收质量，尤其是在国家治理现代化、税收治理现代化的要求下，必须加强在上市环节的税收监管。申报材料中可以适当增加要求专业涉税服务人员出具的“纳税审核报告”作为辅助材料，以此提高审核质量，扩大信息披露面。同时，在年度信息披露的时候，建议将纳税申报数据细节披露，如在现金流量表中增加支付的各项税费的详细数据，税金及附加科目增加附注说明等。

每一个合法的企业都有规范意识，都需要税收遵从度，而且税收形成公共产品，应该接受公众的监督。

第二十二章　2019 年度 A 股上市公司税收负担率分析

一、上市公司年度税负研究指标

（一）税负率评价指标

有效税率是企业实际税收负担的一个重要测度，即企业实际缴纳的税收占企业税前收益 / 利润总额的比例。许多学者尝试基于财务报告建立科学的计量企业有效税率的指标，这些指标主要包括两类：平均有效税率和边际有效税率，平均有效税率侧重于对税收负担的测量，边际有效税率侧重于税收对新增投资和劳动供应的刺激的分析。根据研究对象的不同进一步可以分为四类：宏观的平均有效税率、宏观的边际有效税率、微观的平均有效税率以及微观的边际有效税率。

建立企业税负率评价指标时，除考虑资产负债表和利润表中的相关数据建立指标外，选取现金流量表中的对象建立指标也具有相当的实际意义。现金流量表是基于收付实现制基础编制而成的，它提供了会计期间企业实际支付的各项税费金额，是构建、计量税收负担指标最可靠的信息来源。本次对上市公司的税收负担分析指标体系即是主要依靠现金流量表的中“支付的各项税费”作为企业的税费来源，与上市公司的营业收入、利润总额、年度增加值和现金净流出额共同考察上市公司 2019 年度的税收负担情况。

（二）分析指标介绍

本次上市公司税收负担率综合以上税负评价指标的研究内容，基于税收中性原则，以公开的财务数据为基础，依据企业经营逻辑，特选择上市公司在一个会计年度内实际支付的各项税费为核心，考核税收成本在营业收入、利润总额、年度增加值以及经营活动现金流中所占比重来判断上市公司的税收负担程度。指标体系涵盖收入、利润、增加值和现金流四大方面，建立了营业收入税收负担率、利润总额税收负担率、年度增加值税收负担率、经营活动现金流出税收负担率四个税收负担衡量指标。

1. 营业收入税收负担率

收入税收负担率反映上市公司支付的各项税费在每一个经营年度内的财务账面收入中所占比例，即企业利润表中每获得 100 元营业收入中需支付的税费金额。

营业收入税收负担率＝现金流量表中支付的各项税费 ÷ 利润表中的营业收入 ×100%

2. 利润总额税收负担率

利润税收负担率反映上市公司支付的各项税费在每一个经营年度内的财务账面利润总额中所占比例，即企业利润表中每获得 100 元利润总额需支付的税费。

利润税收负担率＝现金流量表中支付的各项税费 ÷ 利润表中的利润总额 ×100%

3. 年度增加值税收负担率

年度增加值税收负担率反映上市公司支付的各项税费在每一年度创造的增加值中所占的比例，即企业每获得 100 元增加值付出的税收成本。

年度增加值税收负担率＝现金流量表中支付的各项税费 ÷ 年度增加值 ×100%，其中：

（1）年度增加值＝利润＋人工成本＋折旧＋摊销＋税金

（2）利润＝利润表中的归属于母公司的净利润

（3）人工成本＝现金流量表中支付给职工以及为职工支付的现金

（4）税金＝现金流量表中支付的各项税费

（5）折旧＝现金流量表附表中的固定资产折旧、油气资产折耗、生产性生物资产折旧摊销、无形资产摊销。

4. 经营活动现金流出税收负担率

经营活动现金流出税收负担率反映上市公司支付的各项税费在该年度经营活动现金流出总量中所占的比例，即企业在主营业务过程中支付的每 100 元付现成本中的税收金额。

经营活动现金流出税收负担率＝现金流量表中支付的各项税费 ÷ 年度经营活动现金流出 ×100%

（三）研究指标体系的特点介绍

指标具有考核的一致性和全面性。一致性体现在考核的核心指标是上市公司在一个会计年度和不同的会计年度中均采用了实际支付的各项税费为基础，该指标为上市公司现金流量表中的现金流出额；全面性体现在考核边界以年度为限，包括年度的流量指标和存量指标。年度的流量指标主要采信利润表中的营业收入、现金流量中的经营活动产生的现金流量和统计口径下的年度经济增加值；存量指标采信了资产负债表中资产总额、归属于母公司的所有者权益以及股本。

（四）税收负担率各指标间的逻辑关系

从现代公司制企业来看，资本作为企业经营的第一要素，是股东投入的。资本的属性是增值，资本要求回报。股东具有投资偏好，同时也有风险偏好，根据金融学原理，资本回报与风险呈现出正相关关系，风险越大，资本要求的回报越高。但是现实是不以资本意志为转移的，投资在同一领域或者同一个行业内的资本具有相似的回报率。

资本在年度经营内得以积累的部分是留存收益，留存收益是企业年度经营成果分配后的结果，是企业能够再生产的投入资源。归属于母公司的所有者权益是股本与各年度留存收益之和（暂且把资本公积作为资本的溢价不予以考虑）。自有资金与外来资金之和共同构成企业的资金来源，是企业生产的起点，企业开始使用资金，资金于是转化为资产，体现为各种生产要素，物体性的生产要素即产权能够转移的要素构成企业的资产负债表左侧的资产。作为生产中能够创造价值的要素——生产力，即人力资源，不构成企业的资产，其价值表现在运用资产创造效益中的“成本”。生产力驾驭生产要素在年度内形成企业的营业收入，购买生产要素的成本构成利润表中的成本，其中以现金支付的部分构成现金流量中经营活动产生的现金流量。上市公司税收负担率指标体系的关系见图22-1。

税收以资产的获取、保有和交易等各个环节征收流转税、所得税、财产税、行为税和特殊目的税，是生产经营的额外支出。

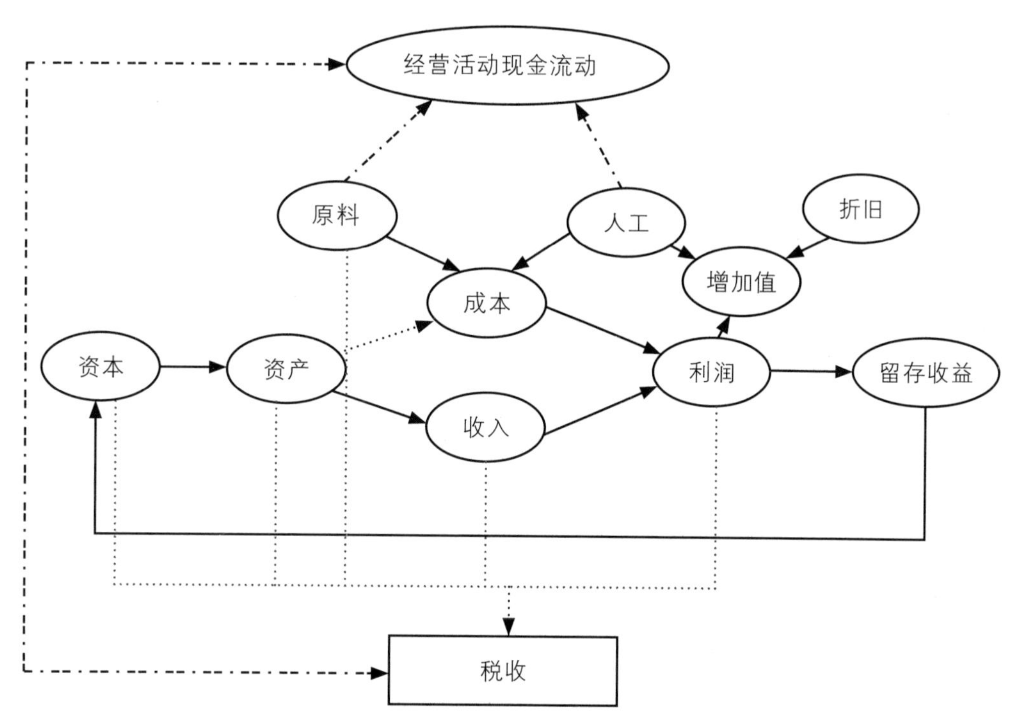

图22－1　上市公司税收负担率指标体系关系图

构建恰当的衡量指标，是使用数据对企业税收负担水平进行实证分析的基础，由于本书主要采用上市公司的面板数据，因此，所能构建的指标受到企业财务报表内容的影响。目前我国上市公司分别在利润表中报告“所得税费用”和“税金及附加”，在现金流量表中报告“支付的各项税费”三个与企业税费负担相关的会计科目，根据数据对企业实际税收成本的涵盖程度和本文的分析目的，选取现金流量表中报告的“支付的各项税费”作为企业实际税收支出成本进行税收负担的测算。

二、A股上市公司税收负担率分析

（一）研究范围介绍

本书研究选取A股上市公司的合并报表数据，主要针对2019年度情况进行分析，并对 2015—2019 年度的变化进行比较。A 股上市公司选取我国沪深两市 2015—2019 年度所有公布财报数据企业。

（二）研究方法介绍

对 A 股上市公司的税负分析主要利用上市公司 2015—2019 年度的面板数据分析，从宏观层面上把握我国上市公司整体税收负担水平和各行业的差异之处，因此本书分析从以下两个方面进行研究：

全行业的整体税收负担分析；

收入增加值、利润增加值、年度增加值、经营活动现金净流出增加值对支出税费增幅的影响。

本章对上市公司的行业分类以申万的行业分类为准，将全部 A 股上市公司分为 30 个一类行业，104 个二类行业，227 个三类行业（见表 22-1）。

表 22－1　上市公司行业分类表

序号	一级	二级	三级	序号	一级	二级	三级
1	采掘	采掘服务	其他采掘服务	3	电气设备	电源设备	光伏设备
			油气钻采服务				火电设备
		煤炭开采	焦炭加工				其它电源设备
			煤炭开采				综合电力设备商
		其他采掘	其他采掘			高低压设备	低压设备
		石油开采	石油开采				高压设备
2	传媒	互联网传媒	互联网信息服务				线缆部件及其他
			其他互联网服务				中压设备
			移动互联网服务	4	电子	半导体	半导体材料
		文化传媒	平面媒体				分立器件
			其他文化传媒				集成电路
			影视动漫			电子制造	电子零部件制造
			有线电视网络				电子系统组装
		营销传播	营销服务			光学光电子	LED
3	电气设备	电机	电机				光学元件
		电气自动化设备	电网自动化				显示器件
			工控自动化			其他电子	其他电子
			计量仪表			元件	被动元件
		电源设备	储能设备				印制电路板
			风电设备	5	房地产	房地产开发	房地产开发

续表

序号	一级	二级	三级	序号	一级	二级	三级
5	房地产	园区开发	园区开发	11	化工	化学纤维	维纶
6	纺织服装	纺织制造	辅料				粘胶
			毛纺			化学原料	纯碱
			棉纺				氯碱
			其他纺织				其他化学原料
			丝绸				无机盐
			印染			化学制品	玻纤
		服装家纺	家纺				氮肥
			男装				纺织化学用品
			女装				氟化工及制冷剂
			其他服装				复合肥
			鞋帽				钾肥
			休闲服装				聚氨酯
7	非银金融	保险	保险				磷肥
		多元金融	多元金融				磷化工及磷酸盐
		证券	证券				民爆用品
8	钢铁	钢铁	普钢				农药
			特钢				其他化学制品
9	公用事业	电力	火电				日用化学产品
			燃机发电				涂料油漆油墨制造
			热电			石油化工	石油加工
			水电				石油贸易
			新能源发电			塑料	改性塑料
		环保工程及服务	环保工程及服务				合成革
		燃气	燃气				其他塑料制品
		水务	水务			橡胶	轮胎
10	国防军工	船舶制造	船舶制造				其他橡胶制品
		地面兵装	地面兵装				炭黑
		航空装备	航空装备	12	机械设备	金属制品	金属制品
		航天装备	航天装备			通用机械	机床工具
11	化工	化学纤维	氨纶				机械基础件
			涤纶				磨具磨料
			其他纤维				内燃机

续表

序号	一级	二级	三级
12	机械设备	通用机械	其他通用机械
			制冷空调设备
		仪器仪表	仪器仪表
		运输设备	铁路设备
		专用设备	纺织服装设备
			工程机械
			环保设备
			楼宇设备
			农用机械
			其他专用机械
			冶金矿采化工设备
			印刷包装机械
			重型机械
13	计算机	计算机设备	计算机设备
		计算机应用	IT 服务
			软件开发
14	家用电器	白色家电	冰箱
			家电零部件
			空调
			洗衣机
			小家电
		视听器材	彩电
			其他视听器材
15	建筑材料	玻璃制造	玻璃制造
		其他建材	管材
			耐火材料
			其他建材
		水泥制造	水泥制造
16	建筑装饰	房屋建设	房屋建设
		基础建设	城轨建设
			路桥施工
			其他基础建设
			水利工程

序号	一级	二级	三级
16	建筑装饰	基础建设	铁路建设
		园林工程	园林工程
		专业工程	钢结构
			国际工程承包
			化学工程
			其他专业工程
		装修装饰	装修装饰
17	交通运输	港口	港口
		高速公路	高速公路
		公交	公交
		航空运输	航空运输
		航运	航运
		机场	机场
		铁路运输	铁路运输
		物流	物流
18	农林牧渔	畜禽养殖	畜禽养殖
		动物保健	动物保健
		林业	林业
		农产品加工	果蔬加工
			粮油加工
			其他农产品加工
		农业综合	农业综合
			其它视听器材
		渔业	海洋捕捞
			水产养殖
		种植业	粮食种植
			其他种植业
			种子生产
19	汽车	其他交运设备	其他交运设备
		汽车服务	汽车服务
		汽车零部件	汽车零部件
		汽车整车	乘用车
			商用载货车

续表

序号	一级	二级	三级	序号	一级	二级	三级
19	汽车	汽车整车	商用载货车	24	休闲服务	餐饮	餐饮
20	轻工制造	包装印刷	包装印刷			景点	人工景点
		家用轻工	家具				自然景点
			其他家用轻工			酒店	酒店
			文娱用品			旅游综合	旅游综合
			珠宝首饰			其他休闲服务	其他休闲服务
		其他轻工制造	其他轻工制造	25	医药生物	化学制药	化学原料药
		造纸	造纸				化学制剂
21	商业贸易	贸易	贸易			生物制品	生物制品
		商业物业经营	一般物业经营			医疗服务	医疗服务
			专业市场			医疗器械	医疗器械
		一般零售	百货			医药商业	医药商业
			超市			中药	中药
			多业态零售	26	银行	银行	银行
		专业零售	专业连锁	27	有色金属	工业金属	铝
22	食品饮料	食品加工	肉制品				铅锌
			乳品				铜
			食品综合			黄金	黄金
			调味发酵品			金属非金属新材料	磁性材料
		饮料制造	白酒				非金属新材料
			黄酒				金属新材料
			啤酒			稀有金属	锂
			葡萄酒				其他稀有小金属
			其他酒类				钨
			软饮料				稀土
23	通信	通信设备	通信传输设备	28	综合	综合	综合
			通信配套服务				
			终端设备				
		通信运营	通信运营				

（三）研究资料来源

税收负担率的具体指标的分析、计算以A股上市公司年报中披露的合并资产负债表、合并利润表和合并现金流量表为基础。2015—2019 年度 A 股上市公司的审计报告大部分为标准无保留意见，审计报告类型情况统计见表 22-2。

表 22 - 2 审计报告类型统计表

单位：%

类型	2015 年	2016 年	2017 年	2018 年	2019 年
标准无保留意见	95.2	96.7	97.6	95.9	96.2
带强调事项段的无保留意见	4	2.4	1.3	2.1	2
保留意见	0.3	0.6	0.8	1.6	1.5
无法表示意见	0.5	0.3	0.3	0.4	0.3
合计	100	100	100	100	100

本书研究分析是建立在外部独立审计机构的审计的基础上，财务数据的质量是能够得以保证的。本书分析过程中对于保留意见的审计报告进行了分析，保留事项对于税收成本不构成重大影响，因此不影响本书研究的财务数据安全。

（四）税收负担率分析

1. 2019 年度国家总体税收情况

根据国家统计局发布的《中华人民共和国 2019 年国民经济和社会发展统计公报》，2019 年全年国内生产总值为 990685.00 亿元，比上年增长 6.1%。2020 年 1 月国家税务总局公布了 2019 年全国税务部门组织税收收入的情况，2019 年，全年组织税收收入（已扣除出口退税）14 万亿元，同比增长 1.8%。

根据 wind 资讯的面板数据统计，2019 年度 A 股上市公司 3654 家，累计实现营业收入 50.23 万亿元，同比增长率 12.43%；累计实现利润总额约 5.44 万亿元，同比增长率 11.66%，累计支付的各项税费额为 3.55 万亿元，同比增值率 7.33%，经营活动现金流出总额累计 66.70 万亿元，同比增长率 12.69%，支付的各项税费增值率的增长率低于营业收入、经营活动流出增长率，利润总额增长率。近 5 年 A 股上市公司的营业收入、利润总额、年度经济增加值、支付的各项税费情况见表 22-3。

表 22 - 3 2015—2019 年度总体数据情况表

金额单位：万亿元

项目金额\年度	2015 年	2016 年	2017 年	2018 年	2019 年
支付的各项税费	2.68	2.72	2.95	3.31	3.55
营业收入总额	28.74	30.72	38.21	44.62	50.17
利润总额	3.45	3.64	4.53	4.88	5.44
年度增加值总额	8.80	9.34	11.02	12.27	13.56
经营活动现金流出总额	37.87	44.01	51.54	59.19	66.70

各项目在2015年—2019年度的增长率见表22-4。

表22－4　2015—2019年度总体指标增值率表

单位：%

增长率	2016年	2017年	2018年	2019年
支付的各项税费增长率	1.19	8.58	12.14	7.33
营业收入增长率	6.86	24.39	16.78	12.43
利润总额增长率	5.43	24.49	7.56	11.66
年度增加值总额增长率	6.16	17.93	11.39	10.48
经营活动现金流出总额增长率	16.21	17.13	14.84	12.69

资料来源：wind资讯。

根据财政部2020年2月10日发布的《2019年财政收支情况》，2019年度，全国一般公共预算收入190382亿元，比上年增长3.8%，增值速度比往年有所放缓。全国税收收入157992亿元，同比增长1%；非税收入32390亿元，同比增长20.2%。税收收入国内增值税62346亿元，同比增长1.3%；消费税收入12562亿元，同比增长18.2%；流转税占总税收收入的比例47.41%，比2018年略高，企业所得税收入37300亿元，同比增长5.6%；个人所得税收入10388亿元，同比下降25.1%；所得税占总税收收入的比例30.18%，比2018年有所下降，流转税与所得税占税收收入比重合计77.59%，与2018年持平。

2. 2019年度A股上市公司总体税负分析

2019年度全部A股上市公司，按照其已经公布的2019年度财务报表（合并口径）统计，支付的各项税费总额为35504.18亿元、营业收入总额501672.60亿元、利润总额54436.83亿元，年度增加值135569.47亿元。具体情况见表22-5。

表22－5　2015—2019年度上市公司相关财务数据

金额单位：人民币亿元

年度	支付的各项税费	营业收入总额	利润总额	年度增加值总额	经营活动现金流出总额
2015	26849.17	287448.69	34535.47	88002.12	378698.75
2016	27167.83	307175.66	36409.20	93418.76	440069.59
2017	29497.91	382099.84	45324.96	110165.31	515433.31
2018	33078.90	446215.42	48751.38	122710.83	591921.10
2019	35504.18	501672.60	54436.83	135569.47	667046.00

资料来源：wind资讯。

根据前述本次税收负担率指标的计算方法计算得出，2019年全行业的税收负担率见表22-6。

表 22－6　2015—2019 年度上市公司税收负担率总览

单位：%

年度	收入税收负担率	利润税收负担率	年度增加值税收负担率	经营活动现金流出税收负担率
2015	9.34	65.08	30.51	7.09
2016	8.84	67.85	29.08	6.17
2017	7.72	65.22	26.78	5.72
2018	7.41	77.74	26.96	5.59
2019	7.07	74.62	26.19	5.32
5 年平均	8.33	70.1	27.9	5.98

资料来源：wind 资讯。

2015—2019 年，A 股上市公司的收入、利润、年度增加值和经营活动现金流出四个税负率指标呈现如下结果：利润税负率＞年度增加值税负率＞收入税负率＞经营活动现金流出税负率。2019 年度从四个税负率指标来看，表现出两低两高的情况，收入税负率与经营活动现金流量税收负担率较低，利润税收负担率与年度增加值税收负担率比较高。与近 5 年的平均值相比较，收入、年度增加值、经营活动现金流出税负率均低于平均值，利润税收负担率高于近 5 年的平均值。

3. A 股上市公司税收收入和全国税收收入的对比分析

A 股上市公司是我国经济发展的主要动力，对 A 股上市公司税收负担率的分析，旨在考量我国的整体税负水平，同时督导上市公司税法遵从度的提升，降低资本市场的涉税风险，实现国家与企业的双赢，促进我国经济进一步繁荣昌盛。

2015—2019 年，上市公司支付的税费与全国税收收入的比值稳定在 23.5% 左右，离散程度比较低，表明上市公司对我国税收收入的贡献率比较稳定（见表 22–7）。

表 22－7　2015—2019 年度上市公司支付税费情况表

金额单位：人民币亿元

年度	上市公司支付的各项税费	上市公司户均支付税费	全国税收收入	上市公司支付税费在税收收入中占比（%）
2015	26849.17	7.49	110604.00	24.28
2016	27167.83	10.82	115878.00	23.45
2017	29497.91	9.09	126000.00	23.41
2018	33078.90	9.84	137967.00	23.98
2019	35504.18	9.81	157992.00	22.47

资料来源：wind 资讯。

本次分析范围内的上市公司支付的各项税费在全国税收收入中的比重如下图 22-2 所示。

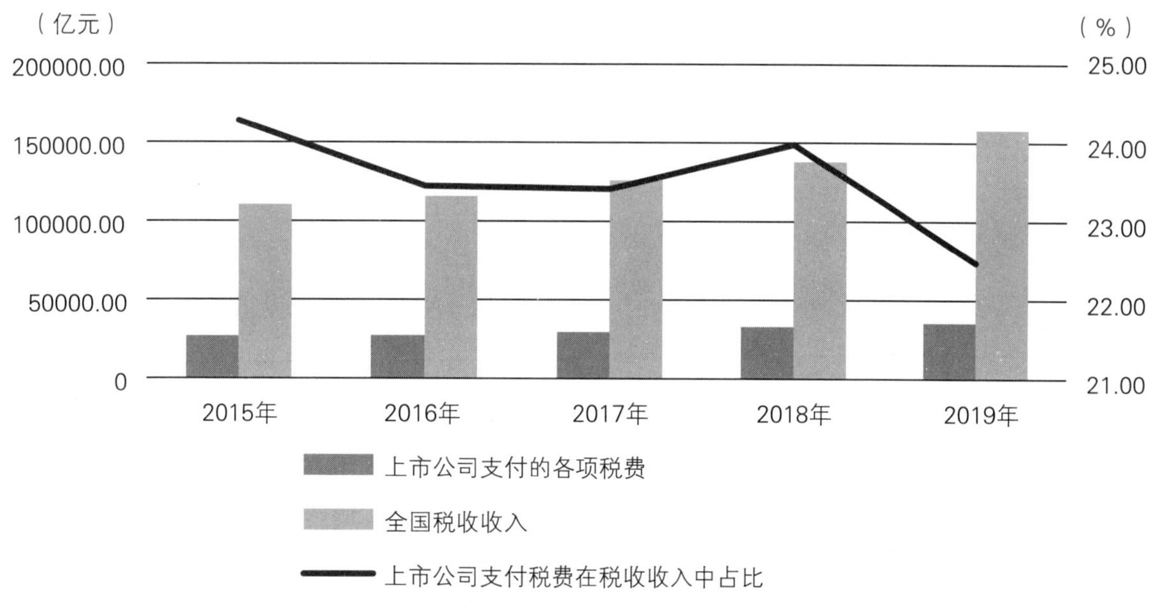

图 22－2　支付的各项税费与税收收入的比值图

上市公司创造的年度经济增加值、营业收入与我国 GDP 的比值 5 年来增长明显，主要得益于上市公司数量和质量的提升，2019 年营业收入占 GDP 的比重为 50.64%，略高于近 5 年平均值，年度增加值占 GDP 的比重为 13.68%。见表 22-8。

表 22－8　营业收入及年度增加值对 GDP 的贡献程度

单位：人民币亿元

年度	营业收入	年度增加值	我国 GDP	营业收入在 GDP 中占比（%）	年度增加值在 GDP 中占比（%）
2015	287448.69	88002.12	636463.00	45.16	13.83
2016	307175.66	93418.76	676708.00	45.39	13.80
2017	382099.84	110165.31	744127.00	51.35	14.80
2018	446215.42	122710.83	827122.00	53.95	14.84
2019	501672.60	135569.47	990685.00	50.64	13.68
5 年平均	384922.44	109973.30	756945.80	50.32	14.47

资料来源：wind 资讯。

2015—2019 年度增长率见图 22-3。

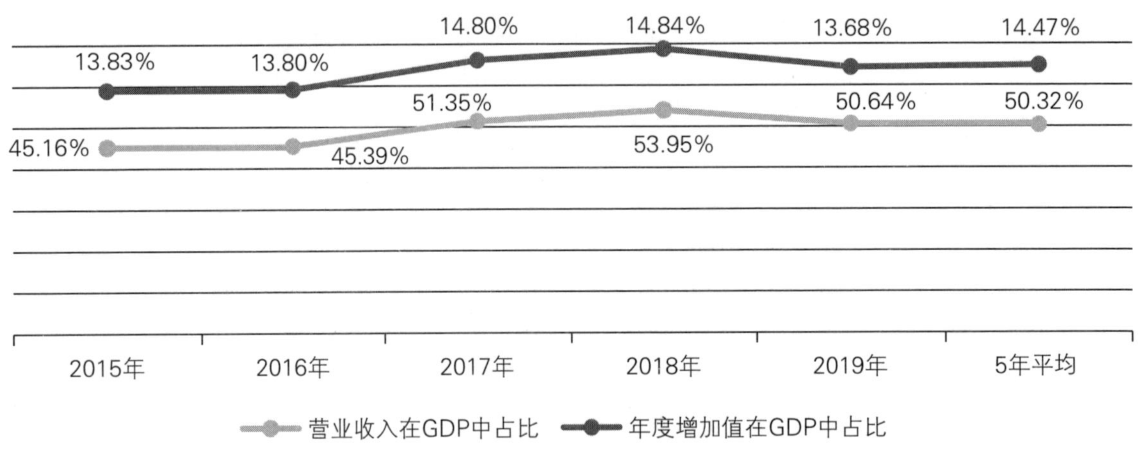

图 22－3　收入及年度增加值对 GDP 的贡献程度

经济增长是税收增长的基础，但影响税收增长的最主要因素是各税种对应税基的增长。由于 GDP 与各税种的税基增长速度不一致，GDP 的增长并非在任何条件下都与税收增长呈正相关关系。具体来讲，以销售额或销售量为税基的税种与 GDP 一般呈明显的正相关关系，如增值税、消费税、城建税、资源税。当经济处于上升期时，GDP 增长较快，这些税种的税基一般较快增长；当经济处于下行期时，GDP 增速减缓，这些税种的税基的增速一般也会减缓。另外，一些税种与 GDP 有一定的相关关系，但相关度比较小，如企业所得税，其税基是企业的利润，与经济发展的质量密切相关，但其增速与 GDP 增速的关联度很小；还有一些税种与 GDP 没有明显的相关关系，如财产税、行为税等税种，与财产的存量和行为发生的数量等密切相关，与 GDP 没有直接的数量对比关系。

一般而言，在经济恢复增长或快速增长时期，反映税基的经济指标会快于 GDP 的增长。相应地，税收的增长速度也会高于 GDP 的增长速度。在分析范围内支付的各项税费增长率与 GDP 增长率的关系如上图所示，一般来说，上市公司支出的各项税费、我国税收收入的增长速度与我国 GDP 的增长幅度保持一致。2015—2019 年度收入税负率见图 22-4。

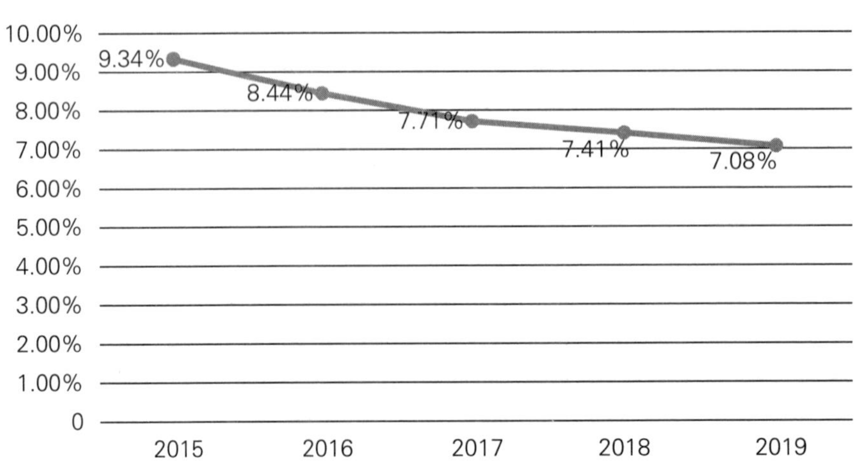

图 22－4　2015—2019 年度收入税负率

4. 税收负担指标分析

（1）收入税收负担率分析。

近年来随着大规模减税降费政策落地，2015—2019 年上市公司整体税负呈逐年下降趋势，各年税负降幅达 4% 以上。2019 年度税负进一步降低，比 2015 年度下降近四分之一，充分证明减税降费政策措施取得明显成效。

就具体行业而言，2015—2019 年度收入税收负担率见表 22–9。

表 22 – 9 2015—2019 年度各行业营业收入税收负担率表

单位：%

序号	行业	收入税收负担率					均值
		2015 年	2016 年	2017 年	2018 年	2019 年	
全行业		9.34	8.84	7.72	7.41	7.08	8.08
1	银行	18.00	18.11	15.39	14.91	14.28	16.14
2	房地产	14.15	13.49	15.10	15.54	15.54	14.76
3	医药生物	7.12	7.04	7.12	7.28	6.22	6.95
4	公用事业	13.33	12.77	8.89	8.19	7.97	10.23
5	商业贸易	3.08	2.90	2.59	2.59	2.74	2.78
6	机械设备	5.87	6.31	5.87	5.39	5.25	5.74
7	综合	5.31	4.73	4.76	4.65	4.79	4.85
8	建筑装饰	4.62	4.69	4.04	4.06	3.63	4.21
9	建筑材料	9.35	9.35	9.03	9.60	9.73	9.41
10	家用电器	6.93	5.74	5.02	5.01	4.79	5.50
11	汽车	4.63	4.80	4.73	4.43	3.88	4.49
12	电子	3.93	3.14	2.81	2.66	2.67	3.04
13	轻工制造	5.92	6.22	6.15	6.03	5.63	5.99
14	通信	4.93	4.86	4.05	3.70	3.40	4.19
15	计算机	4.83	5.14	4.99	4.69	4.46	4.82
16	传媒	5.03	4.35	3.91	3.57	3.21	4.01
17	农林牧渔	1.59	1.58	1.72	1.63	1.40	1.58
18	化工	12.88	12.63	10.50	8.84	8.25	10.62
19	有色金属	3.10	2.85	3.39	3.60	2.95	3.18
20	交通运输	4.78	4.36	3.62	3.75	3.69	4.04
21	非银金融	7.35	7.13	5.80	5.70	5.28	6.25
22	电气设备	5.87	5.85	5.60	4.97	4.43	5.34

续表

序号	行业	收入税收负担率					均值
		2015年	2016年	2017年	2018年	2019年	
23	休闲服务	6.14	6.31	5.32	5.45	5.41	5.72
24	国防军工	2.69	2.77	2.98	2.95	2.53	2.78
25	采掘	17.55	15.20	13.95	13.11	12.47	14.46
26	食品饮料	16.92	17.43	17.21	18.19	17.91	17.53
27	纺织服装	7.59	7.07	6.97	6.35	5.12	6.62
28	钢铁	2.81	3.12	3.59	4.35	3.77	3.53

资料来源：wind资讯。

从行业税负变化看，减税降费措施持续激发微观主体活力，进一步深化供给侧结构性改革。餐饮业、营销服务、互联网信息服务上市公司的整体税负降幅居于前列，税负水平分别从2015年度的9.41%、7.91%、3.33%下降至2019年度的5.25%、2.73%、1.51%。近年来减税政策中增值税减税力度最大，税负降幅较大的企业主要集中在增值税原税率为17%的制造业等行业，其中，其他轻工制造、棉纺业降幅明显，从2015年度的8.54%、6.16%下降至2019年度的4.55%、2.84%，充分体现税收政策在经济结构优化、推进高质量发展方面的引导作用。

从公司性质看，非国有上市公司税负下降明显更快，民营经济的活力进一步得到释放。截至2019年12月底，沪深上市公司中，中央、地方国有企业占比约30%，非国有企业（公众企业、民营企业、外资企业、集体企业、其他企业）占比约70%。中央、地方国有企业平均税负从2015年度的8.3%，下降至2019年度的6.7%，非国有上市企业平均税负从2015年度的8.26%，下降至2019年度的6.3%。伴随着供给侧改革，民营企业逐渐成长为我国经济持续健康发展和税收增长的重要力量，民营企业主要从事生产生活服务、建筑、批发和零售等行业，在非国有企业中占比达60%，2015—2019年度，税负平均降幅达5%，这也反映出财税政策在激发我国经济活力、促进民营经济发展过程中发挥了积极作用。

受地理位置、经济建设条件和现实的经济技术水平影响，不同地区减税效果上的差异也较为明显。东部沿海地带、中部地带从事制造业、服务业等行业的上市公司更多，民营企业更加发达。提高企业研发费用税前加计扣除等减税政策效果体现得更加集中，2015年以来东部沿海地区企业税负降幅较大，从2015年度的7.47%下降至2019年度的5.92%，其中福建、广西5年来均值下降达10%；北京、天津、山东5年来均值下降达8%；同期中部地区企业税负下降了0.5个百分点，其中吉林、黑龙江5年来均值下降达5%。

表22－9中数据显示，营业收入税收负担率近5年均值排名靠前的行业有：食品饮料（17.53%）、银行（16.14%）、房地产业（14.76%）、采掘（14.46%）；排名靠后的行业有：农、林、牧、渔业（1.58%）、商业贸易（2.78%）、电子（3.04%）、国防军工（2.78%）。

可以看出，食品饮料是营业收入税收负担率最高的行业，其中饮料制造、食品加工税收负担率分别为29.3%、6.92%，饮料制造中税收负担由高到低依次为白酒（34.15%）、其他酒类（24.47%）、葡萄酒（21.64%）、啤酒（19.25%）、黄酒（14.57%）。酒类企业税负中消费税负担占比较大，某些酒企消费税税负占其全部税费支出高达50%，因此酒企的税负远远高于一般不缴纳消费税的企业。以税收负担较重的白酒行业为例，2015—2019年度消费税占税费支出比重见表22-10。

表22－10 2015年—2019年度各酒企消费税占总税费支出比重

单位：%

公司	2015年	2016年	2017年	2018年	2019年	均值
五粮液（000858）	18.95	18.41	29.04	34.95	35.65	27.40
贵州茅台（600519）	17.75	29.10	27.66	26.85	25.00	25.27
泸州老窖（000568）	33.07	31.57	41.24	35.39	32.73	34.80
水井坊（600779）	35.95	31.40	38.66	44.34	41.19	38.31
洋河股份（002304）	29.82	27.69	26.69	35.81	27.02	29.41
沱牌舍得（600702）	44.76	43.15	45.91	45.93	42.83	44.52
酒鬼酒（000799）	42.49	43.64	40.73	36.76	38.39	40.40
老白干酒（600559）	43.83	41.04	43.58	48.37	47.23	44.81
古井贡酒（000596）	34.77	37.37	34.94	32.91	39.82	35.96
金种子酒（600199）	40.53	48.78	49.54	49.51	30.11	43.69
青青稞酒（002646）	36.76	37.01	40.18	47.74	44.78	41.29
伊力特（600197）	43.03	42.83	42.07	45.24	45.17	43.67
山西汾酒（600809）	41.25	42.03	41.18	52.35	40.36	43.43
顺鑫农业（000860）	49.92	56.49	52.52	55.66	46.63	52.24
今世缘（603369）	24.98	22.30	31.74	37.67	43.04	31.95
迎驾贡酒（603198）	41.15	45.94	41.76	46.19	44.47	43.90
口子窖（603589）	36.02	34.86	47.25	32.68	34.05	36.97
金徽酒（603919）	0.00%	41.22	44.34	45.80	57.15	37.70
均值						38.65

2015—2019年度中，各白酒公司消费税占总税费支出比重为25.27%—52.24%，均值近40%。究其原因，国家从宏观上对酒行业采用的是限制性政策，其中重要的手段就是对其课征较重的税。

现行粮食白酒、薯类白酒的比例税率统一20%，定额税率为0.5元/斤（500克）或0.5元/500毫升。一些白酒企业长期以来通过设立关联销售单位，以大大低于市场价的价格将白酒出售给销售单位，销售单位再加价出售，从而少缴消费税。为保证税基，2009 年 7 月，国税函〔2009〕380 号规定，对设立销售公司的白酒生产企业将白酒出售给销售单位，其价格如果低于销售单位对外售价的 70%，税务机关核定消费税最低计税价格。2017 年 5 月，税总函〔2017〕144 号规定，白酒消费税最低计税价格核定比例由 50%—70% 统一调整为 60%。

可以看出在严厉和限制性的消费税税收政策下，酒企的消费税税负水平相对较高，但数据显示，各酒企消费税税负均低于 20% 的名义税率。各酒企消费税占营业收入比重见表 22-11。

表 22 - 11　2015—2019 年度各酒企消费税占营业收入比重

单位：%

公司		2016 年	2017 年	2018 年	2019	均值
五粮液（000858）	6.20	5.90	9.41	12.32	12.04	9.17
贵州茅台（600519）	7.61	13.12	10.97	11.69	11.67	11.01
泸州老窖（000568）	6.21	8.17	10.37	9.76	10.34	8.97
水井坊（600779）	10.60	10.08	11.54	12.35	12.98	11.51
洋河股份（002304）	10.10	9.50	8.96	13.32	11.86	10.75
沱牌舍得（600702）	11.52	10.02	12.14	13.77	12.39	11.97
酒鬼酒（000799）	12.46	11.24	12.11	12.28	12.58	12.14
老白干酒（600559）	13.20	14.65	14.13	13.33	13.29	13.72
古井贡酒（000596）	12.72	12.98	13.26	11.96	12.90	12.76
金种子酒（600199）	13.69	13.82	14.14	14.08	14.03	13.95
青青稞酒（002646）	11.75	12.08	13.09	14.38	13.98	13.06
伊力特（600197）	14.30	14.50	13.59	12.65	12.57	13.52
山西汾酒（600809）	14.02	16.41	16.94	15.96	15.96	15.86
顺鑫农业（000860）	18.75	20.33	16.90	14.42	13.95	16.87
今世缘（603369）	8.49	7.40	11.21	14.31	15.52	11.39
迎驾贡酒（603198）	14.64	13.95	13.82	13.96	13.86	14.04
口子窖（603589）	13.20	13.17	13.70	13.02	12.57	13.13
金徽酒（603919）	0.00	12.53	12.19	12.69	12.39	9.96

我国对白酒征收消费税是设在生产或委托加工或进口环节，在之后的批发、零售等流通环节不再征税。虽然 2009 年国家出台的规定使白酒的消费税计税价格被限制在一定的水平之上，限制了白酒企业借助关联销售单位任意压低出厂价格进而避税的行为。但一般企业都可以争取到 60% 的核价幅度。理论上，从价的消费税税负值（即剔除从量的部分后）

最低不应低于12%（20%法定税率，按照60%比例征收）。数据显示，五粮液、贵州茅台等8家公司平均消费税税负值（未剔除从量的部分）均低于12%。水井坊、洋河股份酒等8家公司平均消费税税负值（未剔除从量的部分）虽然在12%—14%，实际剔除从量的部分后，其从价消费税税负值也低于12%。因此，绝大部分酒企的消费税税负仍然偏低。

（2）利润税收负担率分析。

利润税收负担率指标的立脚点是从股东回报的角度来看，在股东获取100元利润总额的时候，企业为此支付的税收成本。从图22-5中的数据可以看到2017年度、2019年度利润税负率是近5年来最低值，2018年度利润税负率略有增加。

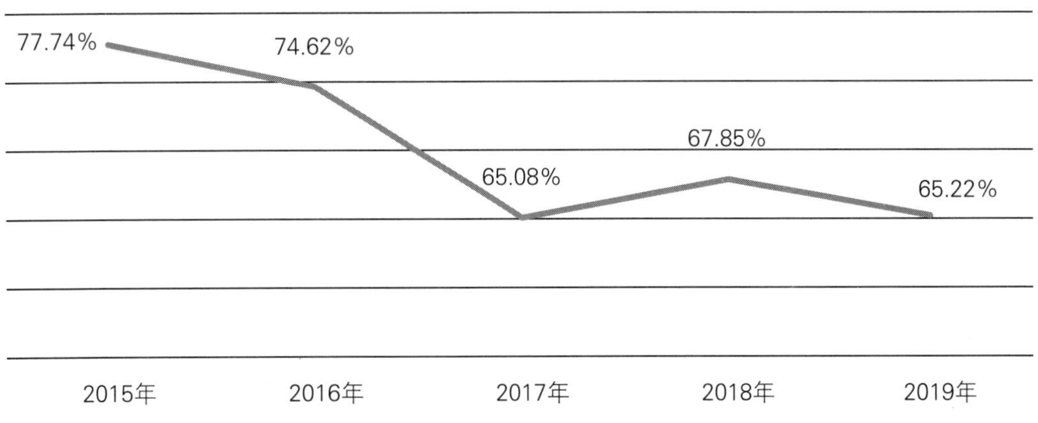

图22-5 2015—2019年利润税收负担率

不同行业2015—2019年度利润税收负担率表现见表22-12。

表22-12 2015—2019年度各行业利润税收负担率表

单位：%

序号	行业	利润税收负担率					均值
		2015年	2016年	2017年	2018年	2019年	
全行业		77.74	74.62	65.08	67.85	65.22	70.10
1	银行	39.45	39.96	34.30	34.75	35.16	36.72
2	房地产	101.94	93.43	89.29	87.16	91.68	92.70
3	医药生物	72.89	69.35	61.47	76.10	71.98	70.36
4	公用事业	68.64	75.92	80.64	74.56	69.49	73.85
5	商业贸易	187.60	111.59	74.76	61.67	69.09	100.94
6	机械设备	101.98	111.38	73.98	99.87	73.77	92.19
7	综合	96.52	62.97	78.86	61.32	72.02	74.34
8	建筑装饰	112.51	108.08	86.63	87.17	82.38	95.36
9	建筑材料	146.55	93.09	70.43	60.26	58.62	85.79

续表

序号	行业	利润税收负担率					均值
		2015 年	2016 年	2017 年	2018 年	2019 年	
10	家用电器	85.76	61.50	54.48	65.61	56.47	64.76
11	汽车	66.05	69.49	71.23	77.28	89.42	74.69
12	电子	56.99	49.29	42.29	53.41	49.74	50.34
13	轻工制造	79.85	78.16	60.12	67.73	61.79	69.53
14	通信	87.60	191.70	90.07	97.73	87.58	110.94
15	计算机	59.31	53.33	60.57	77.84	74.84	65.18
16	传媒	37.98	34.09	44.62	217.27	286.97	124.18
17	农林牧渔	32.39	16.38	24.73	30.13	14.54	23.64
18	化工	362.38	260.52	189.29	164.38	173.75	230.07
19	有色金属	492.19	119.75	72.08	94.30	101.56	175.98
20	交通运输	54.88	57.27	41.32	50.97	47.21	50.33
21	非银金融	36.12	51.56	38.86	48.98	38.64	42.83
22	电气设备	72.97	72.27	71.00	94.12	62.88	74.65
23	休闲服务	55.21	61.44	47.22	50.04	51.62	53.11
24	国防军工	104.69	73.64	59.44	76.07	53.27	73.42
25	采掘	539.38	444.48	214.43	167.13	178.27	308.74
26	食品饮料	92.41	92.62	79.84	77.20	79.15	84.24
27	纺织服装	69.70	64.83	70.24	68.96	74.28	69.60
28	钢铁	-48.09	115.70	50.45	51.54	81.42	50.20

资料来源：wind 资讯。

表 22-12 中数据显示，利润税负率近 5 年均值排名靠前的行业有：采掘（308.74%），化工（230.07%），有色金属（175.98%），传媒（124.18%）；利润税负率均值靠后的行业有:农、林、牧、渔业（23.64%），银行（36.72%），非银金融（42.83%），钢铁（50.20%）。

（3）年度增加值税收负担率分析。

2015—2019 年年度增加值税负率，大体处于整体下降趋势，其中降幅最大的为 2017 年度。其余年度中 2019 年度的数值最低，年度增加值取值为支付的相关税费、支付给员工的现金、净利润、折旧、摊销，因此如果相关因素在年度内变动较大时，则该数据的波动则较大。总体来看，2019 年度的年度增加值税负率处于中等偏下的水平（见图 22-6）。

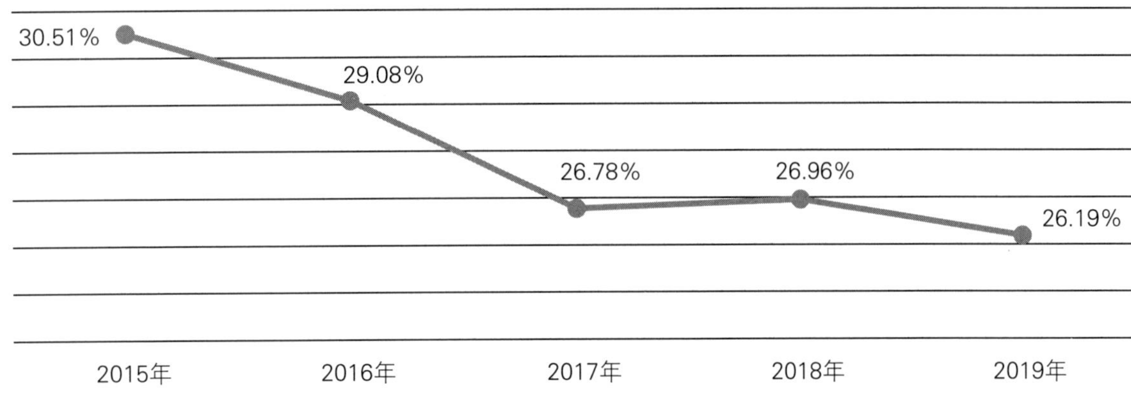

图 22－6　2015—2019 年度增加值税负率图

在行业分布上，各个行业年度增加值税收负担率见表 22-13。

表 22－13　2015—2019 年度各行业经济增加值税收负担率表

单位：%

序号	行业	经济增加值税负率					均值
		2015 年	2016 年	2017 年	2018 年	2019 年	
全行业		30.51	29.08	26.78	26.96	26.19	26.13
1	银行	25.51	25.26	22.01	21.92	22.34	23.41
2	房地产	51.03	48.57	47.96	47.29	48.36	48.64
3	医药生物	27.52	27.09	26.07	28.02	25.60	26.86
4	公用事业	28.81	27.47	23.73	22.82	22.02	24.97
5	商业贸易	32.80	29.31	26.20	23.96	25.21	27.50
6	机械设备	23.29	23.57	21.43	22.00	20.32	22.12
7	综合	25.74	22.28	25.07	22.70	21.97	23.55
8	建筑装饰	29.57	28.89	25.38	25.24	24.14	26.64
9	建筑材料	29.95	28.35	27.82	28.91	30.22	29.05
10	家用电器	30.50	25.16	22.69	24.41	22.38	25.03
11	汽车	24.53	24.72	24.25	22.70	20.57	23.35
12	电子	14.35	12.67	12.86	13.55	13.07	13.30
13	轻工制造	24.74	25.47	23.12	23.51	21.42	23.65
14	通信	13.43	13.97	11.88	11.36	10.76	12.28
15	计算机	17.27	16.61	16.05	16.76	15.21	16.38
16	传媒	16.04	14.79	14.79	18.54	17.61	16.35
17	农林牧渔	9.49	7.43	8.81	9.07	6.59	8.28
18	化工	53.98	49.67	45.80	43.51	42.46	47.08
19	有色金属	28.02	24.04	24.37	26.70	24.40	25.50

续表

序号	行业	经济增加值税负率					均值
		2015 年	2016 年	2017 年	2018 年	2019 年	
20	交通运输	17.06	16.65	14.54	16.05	16.59	16.18
21	非银金融	24.15	26.28	22.53	24.21	20.82	23.60
22	电气设备	25.40	24.75	23.45	23.08	19.43	23.22
23	休闲服务	20.97	20.70	17.79	19.27	18.94	19.53
24	国防军工	11.71	11.33	10.98	11.33	9.74	11.02
25	采掘	45.48	41.46	39.75	39.13	38.94	40.95
26	食品饮料	37.70	38.70	37.41	37.51	38.05	37.87
27	纺织服装	23.43	22.58	23.35	22.03	18.26	21.93
28	钢铁	28.96	18.31	19.00	21.42	22.50	22.04

资料来源：wind 资讯。

表 22-13 中数据显示，年度经济增加值税负率近 5 年均值排名靠前的行业有：房地产（48.64%），化工（47.08%），采掘（40.95%），食品饮料（37.87%）；排名靠后的行业有：农、林、牧、渔业（8.28%），国防军工（11.02%），通信（12.28%），电子（13.30%）。

（4）现金流量税负率分析。

现金流量税负率反映企业经营活动发生的付现成本中税收所占的比重。这个指标与其他指标相比有其独特性，因为只有该指标是从付现角度来衡量，其他指标都是以权责发生制为前提。经营活动的现金流出代表的是企业在主营业务过程中支付的购买原料、支付员工薪酬等成本，税收成本也是其中的一个因素。该指标能够说明企业付现成本中税收成本的压力。相比以往年度，从下图可以看出，整体上经营活动现金流出税负率是下降趋势，且 2019 年度该数据已经下降至 5.32%。该指标各年变化见图 22-7。

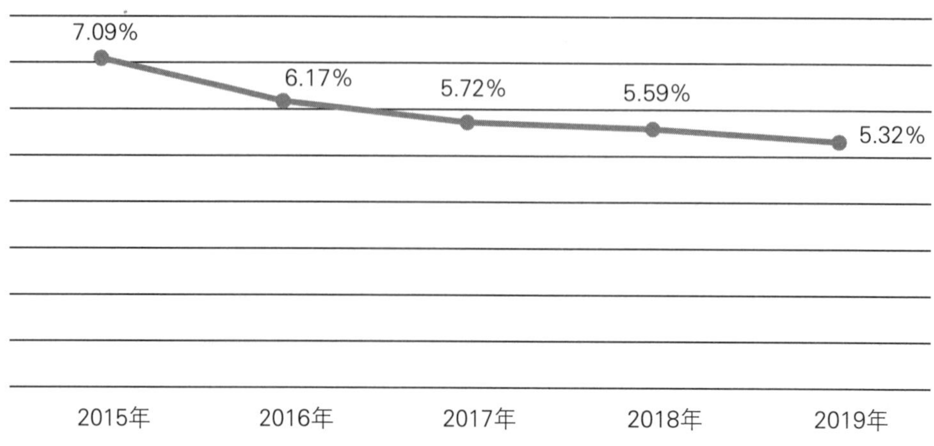

图 22－7 2015—2019 年度经营活动现金流出税负率比较图

该指标在各行业比较中也表现出较强的行业特征，2015—2019 年度各行业经营活动现金流量税负率计算见表 22–14。

表 22 － 14　2015—2019 年度各行业经营活动现金流出税收负担率表

单位：%

序号	行业	经营活动现金流出税收负担率					均值
		2015 年	2016 年	2017 年	2018 年	2019 年	
全行业		7.09	6.17	5.72	5.59	5.32	5.98
1	银行	5.40	4.23	3.84	3.77	3.46	4.14
2	房地产	10.71	10.04	9.55	10.33	11.13	10.35
3	医药生物	7.07	7.04	7.11	7.29	6.32	6.97
4	公用事业	16.78	15.66	10.30	9.41	9.41	12.31
5	商业贸易	2.70	2.54	2.29	2.29	2.46	2.46
6	机械设备	5.80	6.38	6.20	5.51	5.63	5.90
7	综合	4.25	4.07	4.37	4.46	4.39	4.31
8	建筑装饰	5.12	5.04	4.06	3.95	3.55	4.34
9	建筑材料	9.77	10.07	9.52	10.61	11.12	10.22
10	家用电器	7.65	6.56	5.78	5.96	5.45	6.28
11	汽车	4.55	4.65	4.63	4.26	4.29	4.47
12	电子	4.07	3.29	2.94	2.70	2.70	3.14
13	轻工制造	5.69	6.21	6.19	6.05	5.70	5.97
14	通信	4.87	4.77	4.22	3.88	3.85	4.32
15	计算机	4.57	4.81	4.63	4.37	4.21	4.52
16	传媒	5.15	4.41	3.76	3.48	3.16	3.99
17	农林牧渔	1.64	1.65	1.73	1.64	1.49	1.63
18	化工	12.18	12.35	10.41	8.69	8.24	10.37
19	有色金属	2.88	2.76	3.37	3.63	2.92	3.11
20	交通运输	4.66	4.05	3.34	3.54	3.56	3.83
21	非银金融	6.12	4.71	4.17	4.19	4.57	4.75
22	电气设备	6.37	6.21	5.78	5.10	4.77	5.64
23	休闲服务	6.02	6.26	5.28	5.31	5.42	5.66
24	国防军工	2.80	2.98	2.99	3.00	2.53	2.86
25	采掘	17.64	15.58	14.75	13.59	12.93	14.90
26	食品饮料	17.30	18.05	17.70	19.14	18.79	18.20
27	纺织服装	7.45	6.80	6.49	6.03	5.06	6.37
28	钢铁	2.90	3.50	4.40	5.33	4.11	4.05

资料来源于 wind 资讯

表 22-14 中数据显示，经营活动现金流出税负率近 5 年均值排名靠前的行业有：食品饮料（18.20%），采掘（14.90%），公用事业（12.31%），化工（10.37%）；排名靠后的行业有：农、林、牧、渔业（1.63%），商业贸易（2.46%），国防军工，有色金属（3.11%）。

五、结论小结

从分析结果来看，呈现出如下特点：

（一）减税降费政策持续发力，上市公司税负降幅明显

作为积极财政政策的重要着力点，减税政策不仅在促进经济平稳运行等方面发挥了关键作用，而且为深化供给侧结构性改革、推动我国经济高质量发展、进一步激发经济活力做出了重要贡献。纵观近年来上市公司税负变化，减税政策持续发力，极大减轻了企业税负，激发了经济内生动力和活力。2019 年税收政策进一步加大对制造业的支持力度，将制造业增值税税率由 16% 大幅下调至 13%。4 月 1 日起，允许生产、生活性服务业纳税人按照当期可抵扣进项税额加计 10%，抵减应纳税额；10 月 1 日起，生活性服务业加计抵减的比例由 10% 提高至 15%。减税政策效应下，制造业、服务业等实体经济获益较多，民营经济受益较大。

（二）税收政策调整经济结构，增强国家宏观调控力度

税收是国家实行宏观经济调控的重要杠杆之一。税收对经济的调节作用主要是两个方面：一方面对需要重点发展的高科技产业、朝阳产业、服务业等实行鼓励性措施。另一方面对高污染、高耗能、高消费产业实行限制性措施。在本书分析中，从上市公司 2019 年度收入税负率来看，税收贡献排名靠前的行业有：食品饮料、房地产、银行；从 2019 年度利润总额税负率来看，税收贡献排名靠前的行业有：传媒、掘采、化工；从 2019 年度增加值税负率来看，税收贡献排名靠前的行业有：房地产、化工、掘采；从 2019 年度现金流出税负率来看，税收贡献排名靠前的行业有：食品饮料、掘采、房地产。

（三）消费税改革引导消费行为，推动上市公司产业转型

消费税是调节税种，主要对高耗能、高污染产品，部分高档消费品及不鼓励消费的商品进行征收，对生产和消费行为具有重要调节职能。2019 年 10 月，国务院印发《实施更大规模减税降费后调整中央与地方收入划分改革推进方案》，其中第三大项改革措施为“后移消费税征收环节并稳步下划地方”。按照健全地方税体系改革要求，在征管可控的前提下，将部分在生产（进口）环节征收的现行消费税品目逐步后移至批发或零售环节征收，拓展地方收入来源，引导地方改善消费环境。12 月，财政部、国家税务总局就《中华人民共和国消费税法（征求意见稿）》，向社会公开征求意见。消费税改革方案一出，市场多关注于其对 A 股市场的影响，尤其是对白酒板块的影响。我国经济正处于转型升级的关键时期，《方案》的逐步落实以及消费税改革有助于通过引导消费行为推动产业产品转型发展，达到激发消费、带动消费、保护消费的目的。

税务部分相关附表：

附表 1：各税负指标行业分类汇总数据（申银万国行业标准）

申万一级行业分类		企业数量	营业收入税收贡献			年度增加值税收贡献	经营活动现金流出税负
			百元收入所得税贡献率［2019］	百元利润税收贡献率［2019］	百元利润税收贡献率［2019］	年度增加值税收贡献率［2019］	经营活动现金流出税负率［2019］
序号	全行业	3654	7.08	2.07	65.22	26.19	5.32
1	采掘	62	12.47	1.94	178.27	38.94	12.93
2	传媒	153	3.21	1.06	286.97	17.61	3.16
3	电气设备	186	4.43	1.07	62.88	19.43	4.77
4	电子	256	2.67	0.80	49.74	13.07	2.70
5	房地产	126	15.54	4.74	91.68	48.36	11.13
6	纺织服装	77	5.12	1.55	74.28	18.26	5.06
7	非银金融	77	5.28	1.62	38.64	20.82	4.57
8	钢铁	32	3.77	0.71	81.42	22.50	4.11
9	公用事业	161	7.97	2.29	69.49	22.02	9.41
10	国防军工	69	2.53	0.71	53.27	9.74	2.53
11	化工	370	8.25	0.87	173.75	42.46	8.24
12	机械设备	351	5.25	1.51	73.77	20.32	5.63
13	计算机	225	4.46	0.99	74.84	15.21	4.21
14	家用电器	54	4.79	1.32	56.47	22.38	5.45
15	建筑材料	65	9.73	3.79	58.62	30.22	11.12
16	建筑装饰	125	3.63	0.93	82.38	24.14	3.55
17	交通运输	113	3.69	1.66	47.21	16.59	3.56
18	农林牧渔	81	1.40	0.51	14.54	6.59	1.49
19	汽车	165	3.88	0.62	89.42	20.57	4.29
20	商业贸易	84	2.74	1.18	69.09	25.21	2.46
21	轻工制造	121	5.63	1.57	61.79	21.42	5.70
22	食品饮料	90	17.91	5.35	79.15	38.05	18.79
23	通信	95	3.40	0.85	87.58	10.76	3.85
24	休闲服务	31	5.41	2.96	51.62	18.94	5.42
25	医药生物	308	6.22	1.77	71.98	25.60	6.32
26	银行	36	14.28	6.97	35.16	22.34	3.46
27	有色金属	113	2.95	0.75	101.56	24.40	2.92
28	综合	28	4.79	1.88	72.02	21.97	4.39

资料来源于 wind 资讯

附表 2：各税负指标行业分类明细数据（申银万国行业标准）

序号	行业分类			企业数量	营业收入税收贡献			年度增加值税收贡献	经营活动现金流出税负
	一级	二级	三级		百元收入税收贡献率［2019］	百元收入所得税贡献率［2019］	百元利润税收贡献率［2019］	年度增加值税收贡献率［2019］	经营活动现金流出税负率［2019］
1	采掘	采掘服务	其他采掘服务	2	7.32	2.99	57.70	17.39	9.07
			油气钻采服务	13	3.91	1.28	114.42	13.30	3.94
		煤炭开采	焦炭加工	7	6.88	2.04	53.92	24.53	10.68
			煤炭开采	27	12.39	3.30	86.89	31.61	13.73
		其他采掘	其他采掘	10	7.09	1.85	68.78	24.12	9.30
		石油开采	石油开采	3	13.54	1.45	326.25	45.89	13.54
2	传媒	互联网传媒	互联网信息服务	23	1.51	0.67	–190.64	21.76	1.40
			其他互联网服务	1	9.75	3.48	–4.12	–4.56	11.09
			移动互联网服务	28	4.88	0.90	151.37	17.42	5.13
		文化传媒	平面媒体	23	2.04	0.53	18.83	7.32	2.15
			其他文化传媒	12	6.64	2.97	56.77	12.40	7.39
			影视动漫	23	8.57	2.51	–39.97	128.83	7.75
			有线电视网络	11	3.35	1.28	29.98	6.49	3.88
		营销传播	营销服务	32	2.73	1.12	477.39	25.02	2.64
3	电气设备	电机	电机	15	3.80	1.37	43.49	12.25	4.56
		电气自动化设备	电网自动化	15	6.49	1.43	70.40	22.21	6.89
			工控自动化	18	6.11	0.75	94.71	19.49	6.87
			计量仪表	11	6.55	2.10	43.44	16.27	7.27
		电源设备	储能设备	19	6.24	1.11	64.98	19.52	6.41
			风电设备	11	3.67	1.02	46.36	16.89	4.00
			光伏设备	26	3.16	1.23	38.85	14.28	3.92
			火电设备	4	4.47	–0.31	169.98	21.41	4.75
			其他电源设备	5	4.63	1.29	45.09	17.88	5.39
			综合电力设备商	2	4.44	0.92	82.21	24.86	4.45
		高低压设备	低压设备	9	5.48	1.60	45.38	18.13	6.35
			高压设备	7	5.20	0.97	85.39	21.10	5.05
			线缆部件及其他	26	2.70	0.60	88.11	25.14	2.71
			中压设备	18	4.72	0.79	–518.44	25.65	5.19

续表

序号	行业分类			企业数量	营业收入税收贡献			年度增加值税收贡献	经营活动现金流出税负
	一级	二级	三级		百元收入税收贡献率［2019］	百元收入所得税贡献率［2019］	百元利润税收贡献率［2019］	年度增加值税收贡献率［2019］	经营活动现金流出税负率［2019］
4	电子	半导体	半导体材料	7	4.25	1.67	35.40	12.25	4.43
			分立器件	6	4.19	1.74	50.24	13.57	5.88
			集成电路	28	2.63	0.74	34.56	8.52	2.99
		电子制造	电子零部件制造	49	2.15	0.80	35.48	9.08	2.35
			电子系统组装	16	2.32	0.86	31.51	13.08	2.29
		光学光电子	LED	29	5.15	1.39	86.03	16.18	5.58
			光学元件	10	1.31	0.47	38.73	7.62	1.45
			显示器件	25	3.25	0.79	100.06	12.39	3.19
		其他电子	其他电子	31	2.61	0.40	106.13	24.86	2.49
		元件	被动元件	17	2.49	0.91	119.51	22.69	2.28
			印制电路板	24	3.01	1.35	31.88	9.79	3.45
5	房地产	房地产开发	房地产开发	115	15.42	4.69	92.88	48.70	11.05
		园区开发	园区开发	11	22.33	7.60	61.72	38.20	15.64
6	纺织服装	纺织制造	辅料	4	6.88	1.10	84.96	17.22	7.31
			毛纺	4	3.25	1.34	61.71	12.41	3.46
			棉纺	8	2.84	1.19	38.70	10.48	2.94
			其他纺织	8	3.23	1.23	40.62	11.92	3.34
			丝绸	2	3.82	1.15	68.20	18.95	3.77
			印染	3	4.77	1.61	46.36	17.43	5.27
		服装家纺	家纺	5	3.21	0.69	95.22	11.47	3.22
			男装	8	9.37	3.72	60.91	27.14	9.38
			女装	6	10.66	3.32	76.64	24.29	10.42
			其他服装	17	4.34	1.06	97.89	18.06	4.14
			鞋帽	7	7.97	1.31	121.26	23.09	7.49
			休闲服装	5	6.37	1.84	119.93	31.19	5.74
7	非银金融	保险	保险	7	3.96	0.60	38.69	20.53	4.73
		多元金融	多元金融	25	10.33	5.14	42.83	28.60	3.97
		证券	证券	45	12.84	7.59	37.25	19.59	4.47

续表

序号	行业分类 一级	行业分类 二级	行业分类 三级	企业数量	营业收入税收贡献 百元收入税收贡献率［2019］	营业收入税收贡献 百元收入所得税贡献率［2019］	营业收入税收贡献 百元利润税收贡献率［2019］	年度增加值税收贡献 年度增加值税收贡献率［2019］	经营活动现金流出税负 经营活动现金流出税负率［2019］
8	钢铁	钢铁	普钢	22	3.73	0.63	87.33	22.65	4.01
			特钢	10	4.01	1.19	57.90	21.64	4.81
9	公用事业	电力	火电	27	6.52	1.69	96.96	22.11	7.20
			燃机发电	1	3.28	0.25	139.59	12.65	3.32
			热电	6	5.15	3.18	43.99	14.48	5.77
			水电	22	15.13	4.48	53.64	25.48	22.96
			新能源发电	16	9.84	2.97	50.55	20.75	14.97
		环保工程及服务	环保工程及服务	50	7.06	1.88	118.23	20.14	7.95
		燃气	燃气	19	4.10	2.03	40.57	17.53	4.30
		水务	水务	19	9.50	3.13	50.15	18.64	11.49
10	国防军工	船舶制造	船舶制造	11	2.52	0.43	84.15	13.06	2.20
		地面兵装	地面兵装	13	2.81	0.95	31.37	10.08	2.95
		航空装备	航空装备	29	2.30	0.85	51.14	8.13	2.48
		航天装备	航天装备	15	3.25	0.72	50.76	9.42	3.46
11	化工	化学纤维	氨纶	2	3.76	1.66	26.42	14.22	5.67
			涤纶	12	3.10	1.55	39.31	21.09	2.92
			其他纤维	5	2.04	0.98	28.05	13.87	2.75
			维纶	1	4.75	0.75	69.75	18.73	5.86
			粘胶	4	2.30	0.23	-57.63	11.34	3.58
		化学原料	纯碱	4	6.45	1.44	88.11	21.88	10.82
			氯碱	13	3.62	0.80	76.26	23.02	3.59
			其他化学原料	8	5.56	1.28	58.32	23.77	6.89
			无机盐	7	9.23	2.44	64.33	23.52	16.25
		化学制品	玻纤	6	5.81	2.53	34.83	13.79	9.49
			氮肥	6	4.10	1.16	64.34	17.70	4.64
			纺织化学用品	9	9.30	3.87	37.17	22.15	17.59
			氟化工及制冷剂	5	5.91	1.61	90.81	25.26	6.48

续表

序号	行业分类			企业数量	营业收入税收贡献			年度增加值税收贡献	经营活动现金流出税负
	一级	二级	三级		百元收入税收贡献率［2019］	百元收入所得税贡献率［2019］	百元利润税收贡献率［2019］	年度增加值税收贡献率［2019］	经营活动现金流出税负率［2019］
11	化工	化学制品	复合肥	6	2.42	0.93	47.77	12.94	3.29
			钾肥	2	7.91	3.56	54.90	22.84	7.60
			聚氨酯	9	5.41	1.65	43.07	20.65	5.51
			磷肥	2	2.78	0.49	223.13	27.01	2.62
			磷化工及磷酸盐	4	3.07	0.63	79.63	17.97	4.40
			民爆用品	12	5.75	1.54	71.11	18.45	7.21
			农药	23	3.45	1.40	42.32	13.48	4.18
			其他化学制品	133	4.70	1.37	58.95	20.14	5.11
			日用化学产品	45	4.73	1.44	77.69	25.86	4.42
			涂料油漆油墨制造	48	6.29	1.43	60.73	21.01	7.62
		石油化工	石油加工	14	10.56	0.61	346.17	56.90	10.06
			石油贸易	5	2.92	0.81	60.51	25.96	2.45
		塑料	改性塑料	9	2.33	0.50	47.04	16.67	2.71
			合成革	3	2.71	0.56	48.55	8.89	4.50
			其他塑料制品	18	4.21	0.74	221.37	19.40	4.63
		橡胶	轮胎	8	2.54	0.59	36.54	11.05	3.17
			其他橡胶制品	8	6.98	2.75	45.07	20.90	9.32
			炭黑	3	2.82	0.21	−188.97	28.46	4.67
12	机械设备	金属制品	金属制品	16	3.17	2.90	55.98	18.21	3.22
		通用机械	机床工具	10	3.33	0.93	56.55	18.02	3.34
			机械基础件	36	5.49	1.43	52.74	15.82	6.45
			磨具磨料	12	7.26	2.33	−27.34	−234.21	8.52
			内燃机	5	3.15	−0.11	−114.89	19.32	3.58
			其他通用机械	32	6.05	1.66	230.05	22.68	6.47
			制冷空调设备	8	5.24	1.56	42.66	15.46	6.04

续表

序号	行业分类			企业数量	营业收入税收贡献			年度增加值税收贡献	经营活动现金流出税负
	一级	二级	三级		百元收入税收贡献率［2019］	百元收入所得税贡献率［2019］	百元利润税收贡献率［2019］	年度增加值税收贡献率［2019］	经营活动现金流出税负率［2019］
12	机械设备	仪器仪表	仪器仪表	34	6.66	1.96	62.63	18.13	6.79
		运输设备	铁路设备	13	6.33	1.39	75.14	21.68	6.29
		专用设备	纺织服装设备	6	5.27	1.31	296.72	20.03	5.53
			工程机械	12	4.63	1.58	42.37	19.61	5.30
			环保设备	9	6.15	1.39	293.50	31.13	7.69
			楼宇设备	13	3.91	1.00	247.18	29.92	3.80
			农用机械	3	2.14	1.01	66.93	8.55	2.28
			其他专用机械	87	6.36	1.36	77.82	18.55	7.10
			冶金矿采化工设备	25	5.41	1.16	80.04	20.10	6.24
			印刷包装机械	9	5.40	1.22	92.48	22.20	6.92
			重型机械	7	2.98	0.47	366.78	14.57	3.01
13	计算机	计算机设备	计算机设备	46	3.58	0.82	86.11	15.39	3.27
		计算机应用	IT 服务	93	3.69	0.80	105.08	16.74	3.44
			软件开发	72	7.65	1.72	51.29	13.48	7.85
14	家用电器	白色家电	冰箱	5	4.21	1.00	65.60	20.04	4.51
			家电零部件	17	3.33	0.83	55.46	13.87	4.30
			空调	4	6.25	1.91	50.75	25.48	8.31
			洗衣机	1	2.96	0.60	–53.72	18.62	2.41
			小家电	19	5.59	1.93	48.27	19.50	5.80
		视听器材	彩电	4	2.13	0.25	130.25	21.69	1.96
			其他视听器材	4	3.96	0.57	61.48	15.48	3.57
15	建筑材料	玻璃制造	玻璃制造	8	6.01	1.39	67.94	18.53	8.39
		其他建材	管材	9	6.26	2.55	47.73	20.50	6.45
			耐火材料	5	5.96	1.12	65.83	23.07	8.68
			其他建材	25	5.17	1.27	87.94	26.33	5.87
		水泥制造	水泥制造	18	11.77	4.94	56.01	32.46	13.23
16	建筑装饰	房屋建设	房屋建设	19	4.02	1.20	75.37	30.43	3.73

续表

序号	行业分类			企业数量	营业收入税收贡献			年度增加值税收贡献	经营活动现金流出税负
	一级	二级	三级		百元收入税收贡献率［2019］	百元收入所得税贡献率［2019］	百元利润税收贡献率［2019］	年度增加值税收贡献率［2019］	经营活动现金流出税负率［2019］
16	建筑装饰	基础建设	城轨建设	2	3.25	1.34	54.60	17.20	3.35
			路桥施工	20	3.27	0.96	65.62	19.51	3.50
			其他基础建设	4	3.02	0.75	100.94	17.91	3.27
			水利工程	5	4.56	1.15	96.93	26.14	4.26
			铁路建设	2	3.35	0.68	94.98	21.62	3.25
		园林工程	园林工程	19	3.89	0.40	−206.59	28.23	4.38
		专业工程	钢结构	8	2.73	0.62	53.49	16.14	2.79
			国际工程承包	4	2.93	1.07	38.34	15.91	3.15
			化学工程	8	2.94	0.59	82.95	21.34	3.28
			其他专业工程	10	3.13	0.65	105.51	24.69	3.22
		装修装饰	装修装饰	24	3.66	0.90	73.82	19.74	4.16
17	交通运输	港口	港口	19	7.41	5.13	29.54	15.22	8.35
		高速公路	高速公路	21	13.21	8.04	32.41	18.32	17.81
		公交	公交	9	8.84	3.94	68.71	16.36	7.57
		航空运输	航空运输	8	4.68	0.97	105.18	14.62	5.10
		航运	航运	10	1.99	1.24	22.14	8.40	2.29
		机场	机场	4	12.02	8.31	30.93	15.08	17.13
		铁路运输	铁路运输	5	9.89	6.00	39.97	18.11	17.89
		物流	物流	37	1.83	0.64	66.19	21.65	1.55
18	农林牧渔	畜禽养殖	畜禽养殖	13	0.50	0.31	2.14	1.35	0.68
		动物保健	动物保健	8	5.71	2.01	42.51	14.55	6.09
		林业	林业	2	6.03	0.51	236.38	24.01	5.82
		农产品加工	果蔬加工	3	2.25	0.67	45.38	15.84	2.50
			粮油加工	3	1.92	0.81	68.35	23.29	1.67
			其他农产品加工	11	3.49	0.87	201.88	21.94	3.41
		农业综合	农业综合	1	9.71	3.03	105.51	37.59	8.28
		饲料	饲料	15	1.06	0.49	16.02	7.22	1.05
		渔业	海洋捕捞	2	0.82	1.77	9.11	3.18	0.82

续表

序号	行业分类			企业数量	营业收入税收贡献			年度增加值税收贡献	经营活动现金流出税负
	一级	二级	三级		百元收入税收贡献率［2019］	百元收入所得税贡献率［2019］	百元利润税收贡献率［2019］	年度增加值税收贡献率［2019］	经营活动现金流出税负率［2019］
18	农林牧渔	渔业	水产养殖	5	1.92	-0.28	-18.68	25.84	1.91
		种植业	粮食种植	4	0.78	0.22	6.33	2.17	0.79
			其他种植业	6	0.65	0.20	37.90	3.89	0.59
			种子生产	7	1.16	0.33	-58.22	11.19	1.13
19	汽车	其他交运设备	其他交运设备	8	4.56	1.61	57.56	18.68	4.98
		汽车服务	汽车服务	10	2.62	0.77	92.88	27.62	2.34
		汽车零部件	汽车零部件	128	4.35	0.95	68.53	15.90	4.98
		汽车整车	乘用车	10	3.92	0.43	109.49	24.66	4.45
			商用载货车	4	3.48	0.23	173.56	24.99	4.11
			商用载客车	5	2.44	0.28	59.66	13.63	2.31
20	轻工制造	包装印刷	包装印刷	37	5.66	1.74	57.09	19.22	6.17
		家用轻工	家具	27	6.76	1.94	55.17	18.51	6.81
			其他家用轻工	17	6.26	2.06	43.85	16.62	6.80
			文娱用品	11	5.59	1.54	61.51	22.58	5.12
			珠宝首饰	8	3.64	1.60	69.25	34.36	2.98
		其他轻工制造	其他轻工制造	1	4.55	0.36	59.43	21.63	5.52
		造纸	造纸	20	5.79	1.03	80.70	25.14	6.44
21	商业贸易	贸易	贸易	17	1.20	0.43	70.88	30.65	1.09
		商业物业经营	一般物业经营	4	10.36	4.80	77.08	31.94	11.12
			专业市场	9	16.42	8.81	46.61	24.59	18.84
		一般零售	百货	21	5.22	1.99	86.47	30.24	4.79
			超市	9	2.39	0.44	139.06	17.70	2.12
			多业态零售	14	4.08	1.30	107.61	26.76	3.80
		专业零售	专业连锁	10	2.60	1.64	50.19	22.32	2.23

续表

序号	行业分类			企业数量	营业收入税收贡献			年度增加值税收贡献	经营活动现金流出税负
	一级	二级	三级		百元收入税收贡献率［2019］	百元收入所得税贡献率［2019］	百元利润税收贡献率［2019］	年度增加值税收贡献率［2019］	经营活动现金流出税负率［2019］
22	食品饮料	食品加工	肉制品	7	4.68	1.27	62.97	25.38	4.39
22	食品饮料	食品加工	乳品	10	4.79	1.32	64.53	19.71	4.58
			食品综合	26	7.23	1.63	91.82	26.32	6.99
			调味发酵品	10	11.27	4.12	43.07	25.82	12.48
		饮料制造	白酒	17	36.80	11.72	78.63	45.01	45.70
			黄酒	3	12.66	3.76	88.94	27.35	13.79
			啤酒	6	18.32	2.38	192.22	37.87	17.00
			葡萄酒	3	19.61	6.81	77.68	35.86	22.37
			其他酒类	2	22.03	4.21	137.36	37.57	19.58
			软饮料	5	12.64	4.92	83.29	37.80	13.80
23	通信	通信设备	通信传输设备	38	5.31	0.88	108.73	21.24	5.13
			通信配套服务	26	4.19	0.44	-69.61	23.03	4.28
			终端设备	27	3.15	0.67	45.72	14.50	3.27
		通信运营	通信运营	4	1.68	0.96	37.69	3.91	2.35
24	休闲服务	餐饮	餐饮	2	5.25	1.52	480.08	10.65	4.93
		景点	人工景点	2	15.59	9.70	27.09	18.74	25.19
			自然景点	8	12.96	6.21	53.47	18.74	15.37
		酒店	酒店	6	7.52	3.32	63.08	14.80	8.29
		旅游综合	旅游综合	10	4.02	2.56	49.44	24.34	3.87
		其他休闲服务	其他休闲服务	3	6.96	2.03	70.66	12.07	6.71
25	医药生物	化学制药	化学原料药	28	6.38	2.78	39.03	16.75	7.45
			化学制剂	72	9.16	1.93	110.95	30.85	9.76
		生物制品	生物制品	33	8.04	3.45	37.43	19.60	9.64
		医疗服务	医疗服务	18	4.54	3.14	67.87	10.65	5.14
		医疗器械	医疗器械	54	8.42	2.99	43.42	18.16	9.20
		医药商业	医药商业	23	2.89	0.87	84.42	30.79	2.71

续表

<table>
<tr><th rowspan="2">序号</th><th colspan="3">行业分类</th><th rowspan="2">企业数量</th><th colspan="3">营业收入税收贡献</th><th>年度增加值税收贡献</th><th>经营活动现金流出税负</th></tr>
<tr><th>一级</th><th>二级</th><th>三级</th><th>百元收入税收贡献率［2019］</th><th>百元收入所得税贡献率［2019］</th><th>百元利润税收贡献率［2019］</th><th>年度增加值税收贡献率［2019］</th><th>经营活动现金流出税负率［2019］</th></tr>
<tr><td>25</td><td>医药生物</td><td>中药</td><td>中药</td><td>66</td><td>9.44</td><td>2.00</td><td>91.50</td><td>30.97</td><td>9.65</td></tr>
<tr><td>26</td><td>银行</td><td>银行</td><td>银行</td><td>36</td><td>14.28</td><td>6.97</td><td>35.16</td><td>22.34</td><td>3.46</td></tr>
<tr><td rowspan="12">27</td><td rowspan="12">有色金属</td><td rowspan="3">工业金属</td><td>铝</td><td>21</td><td>3.30</td><td>0.62</td><td>111.86</td><td>20.80</td><td>4.25</td></tr>
<tr><td>铅锌</td><td>14</td><td>4.72</td><td>1.00</td><td>117.24</td><td>28.80</td><td>4.89</td></tr>
<tr><td>铜</td><td>13</td><td>1.35</td><td>0.37</td><td>81.32</td><td>22.68</td><td>1.21</td></tr>
<tr><td>黄金</td><td>黄金</td><td>9</td><td>3.01</td><td>1.13</td><td>73.04</td><td>22.75</td><td>2.73</td></tr>
<tr><td rowspan="3">金属非金属新材料</td><td>磁性材料</td><td>12</td><td>3.98</td><td>1.28</td><td>41.79</td><td>11.96</td><td>4.20</td></tr>
<tr><td>非金属新材料</td><td>7</td><td>8.97</td><td>2.17</td><td>61.64</td><td>25.33</td><td>10.83</td></tr>
<tr><td>金属新材料</td><td>10</td><td>3.75</td><td>1.11</td><td>42.48</td><td>15.29</td><td>3.90</td></tr>
<tr><td rowspan="4">稀有金属</td><td>锂</td><td>2</td><td>15.87</td><td>11.03</td><td>-40.33</td><td>-62.87</td><td>20.30</td></tr>
<tr><td>其他稀有小金属</td><td>13</td><td>3.73</td><td>0.52</td><td>147.53</td><td>30.53</td><td>3.52</td></tr>
<tr><td>钨</td><td>4</td><td>4.84</td><td>0.16</td><td>242.09</td><td>22.51</td><td>6.89</td></tr>
<tr><td>稀土</td><td>4</td><td>3.07</td><td>0.98</td><td>80.52</td><td>25.31</td><td>3.17</td></tr>
<tr><td>28</td><td>综合</td><td>综合</td><td>综合</td><td>28</td><td>4.79</td><td>1.88</td><td>72.02</td><td>21.97</td><td>4.39</td></tr>
</table>

资料来源：wind资讯。

附　录

附录一　中国上市公司业绩评价体系说明

为准确、科学评价上市公司的经营业绩，提高上市公司监管效率，更好地服务于广大投资者和促进提高上市公司经营管理水平。2001年中联财务顾问有限公司和中联资产评估有限公司组织评价领域有关专家成立“中国上市公司业绩评价课题组”，借鉴国内外企业绩效评价的体系与方法，结合上市公司的特点，研究制定了中国上市公司业绩评价指标体系。该评价体系从多角度反映上市公司的业绩，在衡量公司盈利能力的同时，兼顾公司的成长、风险、资产质量和市场表现，做到财务效益和债务风险、资产质量与公司成长的平衡。该评价体系旨在为广大投资者、政府监管机构、债权人、公司职工以及其他利益相关者提供上市公司真实业绩的相关资料及信息，并提供一个有效的分析工具。现将该评价体系的基本内容说明如下：

一、中国上市公司评价体系的主要特点

在研究上市公司业绩评价体系过程中，我们充分借鉴了财政部、原国家经贸委、原中央企业工委、劳动保障部和原国家计委联合颁布《企业效效评价实施细则》和国务院国有资产监督管理委员会颁布的《中央企业绩效评价管理暂行办法》（国资委令第14号）的有关规定，根据公开披露的上市公司数据，紧密结合中国上市公司的特点，突出反映上市公司的市场表现，研究建立了中国上市公司业绩评价指标体系。归纳起来，主要有以下特点。

（一）充分体现了投入回报特性

企业的根本属性是以盈利为目的，不仅是短期盈利，更重要的是可持续的长期盈利。本评价体现以投入产出为核心，充分反映企业的盈利能力。在评价的五个方面中，有两个方面主要反映盈利能力，一个是从企业的角度反映企业的盈利水平，即盈利能力，占35%的权重；另一个是从市场角度反映股票的增值水平，即市场表现，占15%的权重。盈利能力主要从投资人和社会两个角度来反映，体现在净资产收益率和总资产报酬率上，增值水平主要体现在市场投资回报率上。因此，本评价体系的核心是体现投入产出特性。

（二）构建了多层次的立体评价体系

本评价体系的评价指标包括基本评价指标和修正评价指标两个层次，两层次之间不是简单的并列关系，而是递进的修正和验证关系，首先，通过10项基本评价指标计算出上市公司的业绩评价的得分，然后，通过13项评价指标对基本指标评价分数进行验证和修正，从而得出更加客观的评价结果。评价指标之间相互牵制，通过作假财务数据，一方面指标得分高了，另一指标可能得分低了，不会获得高分的，要想获得评价高分只有提高上市公司的竞争力和发展质量。

（三）首创了线性评价标准

对某一个评价指标而言，传统的评价标准只是一个数值，最多也只有满意值和不允许值等两个评价标准。而在本评价体系中，创立了线性评价标准，具体而言，每一评价指标分为优秀、良好、平均、较低、较差等五档标准，这五档标准反映在坐标轴上就是一条曲线，即评价标准线。线标准不仅能为评价计分提供准确地计算依据，而且能描述不同评价指标的经济特性，不同的评价指标有不同类型的评价标准曲线，只有线标准才能实现更加科学的计分。

（四）具有较强的可操作性

在设计本评价体系时，我们将可操作性作为一项重要的目标，首先，要求所有的评价指标能够从公开的市场上能够获取；其次，评价标准要做到符合实际，既考虑到中国企业的普遍情况，又考虑到上市公司的实际特点；最后，还要设计一套上市公司业绩评价软件，通过软件自动评价中国上市公司的评价得分。

二、中国上市公司业绩评价指标体系

由于我国上市公司法人治理不完善、股权割裂、法制不健全等原因，上市公司出于市场融资、配合二级市场炒作、避免亏损、管理层骗取激励基金及政治追求等特别目的，人为进行盈余操纵，甚至财务欺诈的行为时有发生。因此，不能仅仅从实现利润情况评价上市公司的业绩，我们认为，上市公司的业绩应包括财务效益、资产质量、偿债风险、发展能力及市场表现等五个方面，对于每一方面，我们设置了若干财务指标反映其真实状况，具体分为基本指标和修正指标两个层次。只有五方面的有机结合，才能客观反映企业的真实业绩。

（一）中国上市公司业绩评价指标体系的设置原则

上市公司业绩评价指标体系的设置遵循以下几项原则：一是选定的指标应具有较强的横向、纵向可比性，尽可能排除偶然或异常事项的影响，如果不能完全剔除这些因素的干扰，则通过调整相关指标的权数以降低其对评价结果的影响程度；二是各项指标的设立在整体均衡的基础上应突出相互的制衡性，整个指标体系要具备“此消彼长”的内在机制，提高操控整个指标体系的困难程度；三是指标体系的确定要充分考虑上市公司特点，而且所有财务指标的计算、取值只局限在上市公司公告的数据资料内，不尝试获得每家上市公司进一步的内部信息资料，即在现行法规框架下，通过对部分必要信息的分析判断取得尽可能公平合理的评价结果。

（二）中国上市公司业绩评价指标体系的主要特点

第一，突出股东回报，企业的根本属性就是实现股东价值最大化，本评价体系以投入产出为核心，从股东价值和企业价值两个角度来反映企业的盈利能力，主要采用扣除非经常性损益后的净资产收益率和总资产报酬率两个财务指标来体现，占35%的权重，核心是突出股东回报，体现股东价值最大化。扣除非经常性损益后的净资产收益率剔除了企业盈利的偶然因素，反映企业持续盈利能力，总资产报酬率反映企业占用总资产创造的总价值，包括对股东的回报和对债权人的回报。当然，反映企业盈利能力的财务指标还有很多，我们重点从经营活动创造的利润、盈利是否有现金保障、投入资本获得的收益等多角度对企业的盈利能力进行修正，目的是更加全面、完整、真实地反映企业的盈利能力。

第二，关注公司成长。上市公司的发展不仅需要短期盈利，更需要长期持久的健康发展，本体系从规模增长的角度反映企业的成长性，采用的主要指标是销售增长率和资本扩张率，权重占20%。销售增长反映企业的市场占有和业务发展状况，资本扩张反映企业的盈利中用于扩大再生产的状况。同时，还采用三年营业收入增长、总资产增长、营业利润增长和盈余保留等项指标对成长性进行修正。

第三、体现资产质量。企业资产是创造财富的源泉，资产质量的高低间接反映企业盈利能力。本体系从资产效率的角度反映资产运营水平，采用的主要指标是总资产周转率和流动资产周转率，权重占15%。总资产周转率反映总资产创造产品和服务的能力，体现总资产的运营效率，流动资产周转率反映企业流动资产的运营效率。同时，还采用应收账款周转速度和存货周转速度进行修正。

第四，反映债务风险。企业在发展的同时要防范债务风险，防止出现债务危机，要做到收益和风险的平衡。本体系从负债和流动性角度反映企业的偿债能力，采用的主要指标是资产负债率和已获利息倍数，权重占15%。资产负债率是国际通行反映企业债务水平的指标，已获利息倍数反映企业的盈利中偿还债务利息的能力。同时，还采用带息负债、现金流和速动资产比率进行修正。

第五，重视市场表现。尽管目前我国资本市场的股票价与上市公司业绩的相关性不强，仅股价不能完全反映上市公司的真实业绩，但从我们多年的研究结果看，上市公司的市场表现与业绩的相关性逐年提高，本课题很重视企业在资本市场上的表现，将市场表现作为企业业绩的重要内容，采用的主要指标是市场投资回报率和股价波动率，占15%的权重。市场投资回报率反映股票投资人在资本市场上获得的收益，包括股价上涨、分红、送股等，股价波动率反映股价的稳定性，对股价大起大落的公司适当减分。

（三）中国上市公司业绩评价指标体系的基本框架

中国上市公司业绩评价指标体系由财务效益状况、资产质量状况、偿债风险状况、发展能力状况以及市场表现等五部分指标构成，包括基本指标和修正指标两个层次，共23项评价指标。

中国上市公司业绩评价指标体系与指标权数表

评价指标		基本指标		修正指标	
评价内容	权数 100	指标	权数 100	指标	权数 100
一、财务效益状况	35	净资产收益率（%） 总资产报酬率（%）	20 15	营业利润率（%） 盈利现金保障倍数 股本收益率（%） 资产规模系数	7 8 8 12
二、资产质量状况	15	总资产周转率（次） 流动资产周转率（次）	8 7	应收账款周转率（次） 存货周转率（次）	9 6
三、偿债风险状况	15	资产负债率（%） 获利倍数	8 7	速动比率（%） 现金流动负债比率（%） 带息负债比率（%）	5 5 5
四、发展能力状况	20	营业收入增长率（%） 资本扩张率（%）	10 10	累计保留盈余率（%） 三年营业收入增长率（%） 总资产增长率（%） 营业利润增长率（%） 资产规模系数	3 3 4 4 6
五、市场表现状况	15	市场投资回报率（%） 股价波动率（%）	10 5		

（四）基本指标的内涵

基本指标是评价上市公司业绩的主要计量指标，是整个评价指标体系的核心。基本指标由净资产收益率、总资产报酬率、总资产周转率、流动资产周转率、资产负债率、已获利息倍数、营业收入增长率、资本扩张率、市场投资回报率以及股价波动率共10项计量指标构成。

1. 净资产收益率

（1）基本概念。

净资产收益率是指企业一定时期内的净利润同平均净资产的比率。净平均净资产收益率充分体现了投资者投入企业的自有资本获取净收益的能力，突出反映了投资与报酬的关系，是评价企业资本经营效益的核心指标。

（2）计算公式：

净资产收益率 =（净利润 – 非经常性损益）/ 平均净资产 × 100%

（3）内容解释：

①净利润是指企业未作任何分配前的税后利润，为更好的评价企业业绩，反映上市公司的可持续盈利能力，本指标的净利润是指扣除非经常性损益后的净利润。

②平均净资产是企业年初所有者权益同本年所有者权益变动的平均数。净资产包括实

收资本、资本公积、盈余公积和未分配利润等。

2. 总资产报酬率

（1）基本概念。

总资产报酬率是企业在报告期内获得的可供投资者和债权人分配的经营收益占总资产的百分比，反映资产利用的综合效果，本指标剔除了财务杠杆对收益率的影响。

（2）计算公式：

总资产报酬率 = 息税前利润 / 年度平均资产总额 × 100%

（3）内容解释：

①息税前利润是指企业利润总额 + 利息支出。数据取值于《利润及利润分配表》和会计报表附注。

②年度平均资产总额指企业年平均占用的资产额，年度平均资产总额 =（资产总额年初数＋资产总额年末数）/ 2，数据取值于“资产负债表”。

3. 总资产周转率

（1）基本概念。

总资产周转率是指企业一定时期主营业务收入净额同平均资产总额的比值。总资产周转率是综合评价企业全部资产经营质量和利用效率的重要指标。

（2）计算公式：

$$总资产周转率（次）= \frac{主营业务收入净额}{平均资产总额}$$

（3）内容解释：

①主营业务收入净额同上。

②平均资产总额是指企业资产总额年初数与年末数的平均值，平均资产总额 =（资产总额年初数＋资产总额年末数）/ 2。数据取值于“资产负债表”。

4. 流动资产周转率

（1）基本概念。

流动资产周转率是指企业一定时期主营业务收入净额同平均流动资产总额的比值。流动资产周转率是评价企业资产利用效率的另一主要指标。

（2）计算公式：

$$流动资产周转率（次）= \frac{主营业务收入净额}{平均流动资产总额}$$

（3）内容解释：

①主营业务收入净额同上。

②平均流动资产总额是指企业流动资产总额的年初数与年末数的平均值，平均流动资产总额 =（流动资产年初数 + 流动资产年末数）/2。数值取值于“资产负债表”。

5. 资产负债率

（1）基本概念。

资产负债率是指企业一定时期负债总额同资产总额的比率。资产负债率表示企业总资产中有多少是通过负债筹集的，该指标是评价企业负债水平和偿债能力的综合指标。该指标为逆向指标，实际值越低，得分越高。

（2）计算公式：

$$资产负债率 = \frac{负债总额}{资产总额} \times 100\%$$

（3）内容解释：

①负债总额是指企业流动负债、长期负债和递延税款贷项的总和。少数股东权益不在负债总额中体现。数值取值于“资产负债表”。

②资产总额是指企业拥有各项资产价值的总和。数值取值于“资产负债表”。

6. 获利倍数

（1）基本概念。

获利倍数是指企业一定时期的盈利偿还利息的能力。从偿还利息的角度来反映企业当期偿付债务的能力，也叫利息保障倍数。

（2）计算公式：

获利倍数 =（利润总额 + 利息费用）/ 利息支出

（3）内容解释：

由于 WIND 系统数据不断丰富，利息支出取自 WIND 衍生报表中财务费用项下的“利息支出”。

7. 营业收入增长率

（1）基本概念。

营业收入增长率是指企业本年营业收入增长额同上年营业收入的比率。营业收入增长率表示与上年相比，企业营业收入的增减变动情况，是评价企业成长状况和发展能力的重要指标。

（2）计算公式：

营业收入增长率 = 本年营业收入增长额 / 上年营业收入 ×100%

（3）内容解释：

①本年营业收入增长额是企业本年营业收入与上年营业收入的差额，本年营业收入增长额 = 本年营业收入 – 上年营业收入。如本年营业收入低于上年，本年营业收入增长额用“–”表示。有关数据取值于“利润及利润分配表”。

②上年营业收入指企业上年全年的主要经营活动所取得的收入减去折扣与折让后的数额。数据取值于“利润及利润分配表”。

8. 资本扩张率

（1）基本概念。

资本扩张率是指上市公司本年股东权益增长额同年初股东权益的比率。资本扩张率表示企业当年资本的积累能力，是评价企业发展潜力的重要指标。

（2）计算公式：

$$资本扩张率 = \frac{本年股东权益增长额}{年初股东权益} \times 100\%$$

（3）内容解释：

①本年股东权益增长额是指企业本年股东权益与上年股东权益的差额，本年股东权益增长额 = 股东权益年末数 – 股东权益年初数。数值取值于“资产负债表”。

②年初股东权益指股东权益的年初数。数值取值于“资产负债表”。

9. 市场投资回报率

（1）基本概念。

市场投资回报率是指上市公司本年在资本市场上投资股票所获的的收益同同年初股票投资成本的比率，反应上市公司股权在一年内的增值幅度。市场投资回报包括股票价格变动、企业分红派息、送配股等因素。市场投资回报率表示上市公司资本市场的增值能力，是评价上市公司市场表现的的重要指标。

（2）计算公式：

$$市场投资回报率 = \frac{本年股票投资收益}{股票投资成本} \times 100\%$$

（3）内容解释：

①本年股票投资收益是指在资本市场投资股票所获的收益，本年股票投资收益 = 股票年末复权价格 – 股票年初复权价格

②股票投资成本是指年初投资股票时的复权价格。

10. 股价波动率

（1）基本概念。

股价波动率是指上市公司每周股价同平均股价的标准平均方差，反映上市公司本年股票价格在股票市场上的波动情况。股价波动率主要体现上市公司的经营风险，以及稳定持续发展情况。该指标为逆向指标，实际值越低，得分越高。

（2）计算公式：

$$股价波动率 = \sqrt{\sum_{i=1}^{n}\left(\frac{x_i}{x}-1\right)^2} \times 100\%$$

其中：x_i 表示每周股票的复权开盘价

$\overline{x}$ 表示一年股票的平均复权价

n 表示一年的股票开盘周数

（3）有关说明：

①为避免送配股、分红等对股价的影响，股价波动率采用股票的复权价格计算。

②考虑到股价对波动率的影响，在计算股价波动率时，对每周复权价和平均股价都除以平均股价。

（五）修正指标的内涵

修正指标是从多方面调整完善基本指标评价结果的计量因素，是整个评价指标体系的重要辅助部分。通过修正指标的分析评价，实现对基本指标评价结果的全面调整和修正，形成定量指标评价结果。修正指标由营业利润率、盈利现金保障倍数、股本收益率、资产规模系数、应收账款周转率、存货周转率、速动比率、现金流动负债比率、带息负债比率、累计保留盈余率、三年营业收入增长率、总资产增长率以及营业利润增长率共13项计量指标构成。

1. 营业利润率

（1）基本概念。

营业利润率是指企业一定时期营业利润同营业收入的比率。它表明企业每单位营业收入能带来多少营业利润，反映了企业日常经营性业务的获利能力。

（2）计算公式：

$$营业利润率 = 本年营业利润 / 本年营业收入 \times 100\%$$

（3）内容解释：

①营业利润是指日常经营业务获得的利润，不包括投资收益、营业外收支等因素。数据取值于“利润及利润分配表”。

②营业收入额是指企业当期销售产品、商品、提供劳务等主要经营活动所取得的收入减去折扣与折让后的数额。数据取值于“利润及利润分配表”。

2. 盈利现金保障倍数

（1）基本概念。

盈利现金保障倍数是企业一定时期经营现金净流量同净利润的比值。盈利现金保障倍数指标反映了企业当期净利润中现金收益的保障程度，真实地反映了企业盈余的质量。

（2）计算公式：

$$盈余现金保障倍数 = \frac{经营现金净流量}{净利润}$$

（3）内容解释：

①经营现金净流量指一定时期内，由企业经营活动所产生的现金及其等价物的流入量

与流出量的差额。数据取值于“现金流量表”。

②净利润同上。数据取值于“利润及利润分配表”。

3. 股本收益率

（1）基本概念。

股本收益率是指企业一定时期内获得的净利润与平均股本净额的比率。股本收益揭示了上市公司净资产中的股本获取净收益的能力。突出反映了股本与报酬的关系。

（2）计算公式：

$$股本收益率 = \frac{净利润}{平均股本净额} \times 100\%$$

（3）内容解释：

① 净利润采用归属母公司的净利润。

② 平均股本净额是指企业股本净额年初数与年末数的平均值，平均股本净额 =（股本净额年初数＋股本净额年末数）/ 2。数据取值于“资产负债表”。

4. 资产规模系数

为准确反映不同规模企业的业绩增长难度，合理评价公司业绩，我们设置了资产规模系数。对于资产总额较大的企业，其盈利增长和发展能力增长空间较小，获得高速增长的难度较大，对于资产总额较小的企业，其盈利增长和发展能力增长空间较大，获得高速增幅相对容易。因此，我们用资产规模系数来修正盈利能力和发展能力状况的评价得分，以上市公司的平均资产总额为基准，依据上市公司的实际资产规模适当修正评价得分。原则上，上市公司的总资产规模越大，则其对基本得分的正方向修正力度就越大。

5. 应收账款周转率

（1）基本概念。

应收账款周转率是企业一定时期内主营业务收入净额同应收账款平均余额的比率。应收账款周转率是对流动资产周转率的补充说明。

（2）计算公式：

$$应收账款周转率 = \frac{主营业务收入净额}{应收账款平均余额}$$

（3）内容解释：

①主营业务收入净额同上。

②应收账款是指企业因赊销产品、材料、物资和提供劳务而应向购买方收取的各种款项。应收账款是应收账款账面价值减坏账准备之后的净值。应收账款平均余额 =（应收账款余额年初数 + 应收账款余额年末数）/ 2。数据取值于“资产负债表”。

6. 存货周转率

（1）基本概念。

存货周转率是企业一定时期主营业务成本与存货平均余额的比率。存货周转率是对流动资产周转率的补充说明。

（2）计算公式：

$$存货周转率 = \frac{主营业务成本}{存货平均余额}$$

（3）内容解释：

① 营业成本是指企业销售产品、商品或提供劳务等经营业务的实际成本。数据取值于“利润及利润分配表”。

② 存货余额是指企业存货账面价值与存货跌价准备之和，存货余额是存货账面价值减存货跌价准备之后的净值。存货账面价值指企业期末各种存货的历史成本。存货跌价准备指存货可变现净值低于存货成本的部分。存货平均余额是存货余额年初数与年末数的平均值，即存货平均余额 =（存货余额年初数 + 存货余额年末数）/2。数据取值于“资产负债表”。

7. 速动比率

（1）概念。

速动比率是企业一定时期的速动资产同流动负债的比率。速动比率衡量企业的短期偿债能力，评价企业流动资产变现能力的强弱。

（2）计算公式：

$$速动比率 = \frac{速动资产}{流动负债} \times 100\%$$

（3）解释：

① 速动资产是指扣除存货后流动资产的数额，速动资产 = 流动资产 – 存货。数据取值于“资产负债表”。

② 流动负债同上。

8. 现金流动负债比率

（1）基本概念。

现金流动负债比率是企业一定时期的经营现金净流量同流动负债的比率。现金流动负债比率是从现金流动角度来反映企业当期偿付短期负债的能力。

（2）计算公式：

$$现金流动负债比率 = \frac{年经营现金净流量}{年末流动负债} \times 100\%$$

（3）内容解释：

（1）年现金净流量指一定时期内，由企业经营活动所产生的现金及其等价物的流入量与流出量的差额。数据取值于“现金流量表”。

（2）流动负债指企业所有偿还期在一年或一个经营周期以内债务。数据取值于“资产负债表”。

9. 带息负债比率

（1）基本概念。

带息负债比率是指带息负债与企业负债总额。带息负债包括短期借款 + 一年内到期的非流动负债 + 长期借款 + 应付债券 + 应付利息。该指标反映企业负债中承担利息负债的比率。该指标为逆向指标，实际值越低，得分越高。

（2）计算公式：

$$带息负债比率 = 带息负债 / 负债总额 \times 100\%$$

其中：带息负债 = 短期借款 + 一年内到期的非流动负债 + 长期借款 + 应付债券 + 应付利息

（3）内容解释：

① 带息负债表示企业负债中需要承担利息的负债额度。数值取值于“资产负债表”。

② 负债总额同上。数值取值于“资产负债表”。

10. 累计保留盈余率

（1）基本概念。

累计保留盈余率是指企业盈余公积与未分配利润之和同平均股东权益的比率。累计保留盈余率反映了企业靠自身经营积累的发展能力大小。

（2）计算公式：

$$累计保留盈余率 = \frac{盈余公积 + 未分配利润}{平均股东权益} \times 100\%$$

（3）内容解释：

① 盈余公积是企业按照有关规定及程序从净利润中提取的。数据取值于“资产负债表”。

② 未分配利润是企业净利润经过一系列利润分配程序之后的剩余额。数据取值于“资产负债表”。

③ 平均股东权益是指企业股东权益年初数与年末数的平均值，平均股东权益 =（股东权益年初数＋股东权益年末数）/ 2。数据取值于“资产负债表”。

11. 三年营业收入平均增长率

（1）基本概念。

三年营业收入平均增长率表明企业营业收入连续三年的增长情况，体现企业的持续发展态势和市场扩张能力。

（2）计算公式：

$$三年主营业务平均增长率=\left(\sqrt[3]{\frac{当年主营业务收入净额}{三年前主营业务收入净额}}-1\right)\times 100\%$$

（3）内容解释：

① 当年营业收入同上。

② 三年前营业收入指企业三年前的营业收入数。数据取值于三年前“利润及利润分配表”。

12. 总资产增长率

（1）基本概念。

总资产增长率是指企业资产规模的增长，反映企业的成长性。

（2）计算公式：

总资产增长率 = 本年资产总额增长额 / 上年资产总额 × 100%

（3）内容解释：

本年资产总额增长额 = 本年资产总额 – 上年资产总额。如本年资产总额低于上年，本年资产总额增长额用“–”表示。数据取值于“资产负债表”。

13. 营业利润增长率

（1）基本概念。

营业利润增长率是指企业本年营业利润增加额同上年营业利润的比率。

（2）计算公式：

营业利润增长率 =（本年营业利润 – 上年营业利润）/ 上年营业利润 × 100%

（3）内容解释：

① 本年营业利润增长额 = 本年营业利润 – 上年营业利润。如本年营业利润低于上年，本年营业利润增长额用“–”表示。数据取值于“利润及利润分配表”。

② 上年营业利润数据取值于上年的“利润及利润分配表”。

（六）评价指标权数的确定方法

在一个指标集合中，指标权数是其中每项指标占有的比重。每项指标对上市公司业绩的影响程度不同，其占有的权重应有所差别。不同的评价目的，评价指标权数的设置也有所区别。上市公司的财务效益状况是整个业绩评价指标体系的重点，该部分的指标权重就应相应加大。在权数设置上进行了分层处理，根据不同层次指标评价的需要，同时采用了德尔菲法（专家意见法）和相关性权重法来确定每个指标的权数。

1. 总权数与分层次权数的设置

按照权重设计的习惯做法，将评价指标体系的总权数设定为 100，即所有指标都是最好的企业可得满分 100 分。同时，为便于不同层次指标的评价计分，先将基本指标和修正指标的权重均设定为 100，修正指标是对基本指标的评价结果的修正，再将不同层次的计分结果返回百分制。

2. 具体指标的权数设置

对具体指标的权数设置综合运用了相关性权重法与德尔菲法。首先，根据测算的各评价指标之间的相关系数，确定指标之间的关联度，根据关联度赋予每个指标的权数。然后，运用德尔菲法将测算初定的权数分配表，分别发送有关部门、专家，征求他们的意见，在此基础上进行意见综合，形成具体指标的权数分配。

三、中国上市公司业绩评价标准

评价标准是评价三要素之一，是上市公司业绩评价体系中重要组成部分，如果没有合适的评价对比标准，就无法进行具体评价。为取得客观、公正、准确的业绩评价结果，需要根据评价目的和上市公司的特点制定评价标准。为了客观、准确地评价上市公司经营业绩，我们利用全部上市公司的数据，结合全社会平均水平测算制定出一个统一的标准值，以适应所有上市公司跨行业评价的需要，其中上市公司的行业特性和规模大小分别通过所属行业的行业系数和企业规模系数进行修正。

本次业绩评价在考虑行业、规模影响因素的基础上，进一步将评价标准分类细化，分为优秀、良好、平均、较低、较差五个档次。下表是根据上述原则制定的2019年度上市公司评价标准值：

2019年度中国上市公司业绩评价标准值

项目	优秀值	良好值	平均值	较低值	较差值
一、财务效益状况					
净资产收益率（%）	15.9	12	7.7	1	–5.5
总资产报酬率（%）	13.1	8.7	4.7	2.5	–0.3
营业利润率（%）	24.7	17.6	6.8	3.2	–0.5
盈余现金保障倍数	4.6	2.7	1.5	0.6	–0.2
总股本收益率（%）	67.6	46.7	26.7	5.1	–6
二、资产质量状况					
总资产周转率（次）	1.2	1	0.6	0.3	0.2
流动资产周转率（次）	2.3	1.8	1	0.5	0.3
存货周转率（次）	12.4	8.4	2.8	0.9	0.5
应收账款周转率（次）	27.2	12.8	7.8	2.7	1.8

续表

项目	优秀值	良好值	平均值	较低值	较差值
三、偿债风险状况					
资产负债率（%）[逆向指标]	19.6	29.1	60.8	66.4	72.9
已获利息倍数	53.1	13	3.9	1.9	-0.2
速动比率（%）	328.8	184	78.2	65.6	52.9
现金流动负债比率（%）	57.7	36.6	13	4	-0.6
带息负债比率[逆向指标]	0.4	13.5	32.3	52.1	66.7
四、发展能力状况					
营业收入增长率（%）	33.4	19	8.5	-3.5	-14.7
资本扩张率（%）	27.3	19.8	9.7	-1.4	-10.3
累计保留盈余率（%）	62	55.2	40.4	15.9	-2.5
三年营业收入平均增长率（%）	37.1	22.1	14.3	3.6	-3.6
总资产增长率（%）	30.4	15.8	9.7	-2.1	-9.3
营业利润增长率（%）	74	30.2	-2.2	-31.9	-83.1
五、市场表现状况					
市场投资回报率（%）	68.3	45	20.8	-3.5	-13.4
股价波动率（%）[逆向指标]	52.3	62.9	92.2	121.5	148.8

需要特别说明的是：在本评价体系中，所有上市公司采用上述相同的评价标准。有些人建议不同行业采用不同的行业标准，我们考虑，一是上市公司的具有行业选择的自主权；二是上市公司评价是更侧重与对投资人角度评价的，投资人关注的是上市公司的质量，而不是行业；三是国有资企业的评价侧重于企业经营者的业绩，国有企业的主业范围被限定，经营者只能在限定的范围经营，对企业经营者的评价更要考虑行业因素，在实践中通常不同行业采用不同的行业评价标准，以更加准确衡量企业经营着的业绩。

四、中国上市公司的行业分类

本次业绩评价参照中国证监会颁布的《上市公司行业分类指引》，对被评价的上市公司进行行业分类，并针对不同行业确定了不同的行业系数。

上市公司业绩评价的行业分类情况表

序号	行业名称	行业代码	序号	行业名称	行业代码
1	全国所有企业		13	医药、生物制品	C8
2	农林牧渔业	A	14	其他制造业	C9
3	采掘业	B	15	电力煤气及水的生产和供应业	D
4	其中：煤炭	B01	16	建筑业	E
5	制造业	C	17	交通运输、仓储业	F
6	食品、饮料	C0	18	信息技术业	G
7	纺织、服装、毛皮	C1	19	批发和零售贸易业	H
8	造纸、印刷	C3	20	房地产业	J
9	石油、化学、塑胶、塑料	C4	21	社会服务业	K
10	电子	C5	22	传播与文化产业	L
11	金属、非金属	C6	23	综合类	M
12	机械、设备、仪表	C7			

在实践中，一些上市公司的上述行业分类填写不太准确，我们同时运用申银万国的行业分类标准进行行业分类，在一些行业分析中，我们使用的申银万国的行业分类标准进行统计汇总，并撰写分析报告。

此外，我们根据上市公司的特点，分别依据上市地点、上市时间以及上市公司规模进行了分组。在本评价体系中，将各项分组汇总数据视同一户上市公司进行了业绩评价，目的是为了广大投资者在分析各上市公司业绩的同时，也能分辨不同行业的发展状况，从而更好地评判上市公司业绩状况。

五、中国上市公司业绩评价计分方法

上市公司业绩评价计分方法主要为功效系数法，分为基本指标计分方法、修正指标计分方法两种。

（一）基本指标计分方法

基本指标计分方法是指运用业绩评价的基本指标，将指标实际值对照相应的评价标准值，计算各项指标实际得分的方法。计算公式为：

基本指标总得分 $=\sum$ 单项基本指标得分

单项基本指标得分＝本档基础分＋调整分

本档基础分＝指标权数 × 本档标准系数

调整分＝［（实际值－本档标准值）/（上档标准值－本档标准值）］×（上档基础分－本档基础分）

上档基础分＝指标权数 × 上档标准系数

对有关指标的分母为零或为负数时，作了相应的具体处理。

在每一部分指标评价分数计算出来后，要计算该部分指标的分析系数。分析系数是指企业财务效益、资产营运、偿债能力、发展能力四部分评价内容各自的评价分数与该部分权数的比率。基本指标分析系数的计算公式为：某部分基本指标分析系数＝该部分指标得分 / 该部分权数

（二）修正指标计分方法

修正指标计分方法是在基本指标计分结果的基础上，运用修正指标对企业效绩基本指标计分结果作进一步调整。修正指标的计分方法仍运用功效系数法原理，以各部分基本指标的评价得分为基础，计算各部分的综合修正系数，再据此计算出修正指标分数。计算公式为：

修正后总得分＝∑四部分修正后得分

各部分修正后得分＝该部分基本指标分数 × 该部分综合修正系数

综合修正系数＝∑该部分各指标加权修正系数

某指标加权修正系数＝（修正指标权数 / 该部分权数）× 该指标单项修正系数

某指标单项修正系数＝1.0+（本档标准系数＋功效系数 ×0.2 －该部分基本指标分析系数）/ 2

功效系数＝（指标实际值－本档标准值）/（上档标准值－本档标准值）

该部分基本指标分析系数＝该部分基本指标得分 / 该部分权数

在计算修正指标的修正系数时，对有关指标的单项修正系数作如下特殊规定。

（三）特殊修正指标计分方法

1. 资产规模系数

由于上市公司的总资产规模差异较大，不同规模公司的盈利增长难度是不同的，大企业可以获得规模效益，但利润或资产的增长速度很难与小企业相比，为了客观、公正地评价上市公司业绩，因而在评价体系的财务效益状况部分设置资产规模系数修正指标，并制定相应的评价标准值。上市公司的总资产规模越大，则其修正系数也越大，具体方法如下：

（1）当平均资产总额除以户均资产小于 0.1，该指标修正系数为 0.6；

（2）当平均资产总额除以户均资产在 0.1（含）—0.5 之间，该指标的基本修正系数为 0.6—0.8；

（3）当平均资产总额除以户均资产 0.5（含）—1.0 之间，该指标的基本修正系数为

0.8—1.0；

（4）当平均资产总额除以户均资产在1（含）—5之间，该指标的基本修正系数为1.0—1.2；

（5）当平均资产总额除以户均资产在5（含）—10之间，该指标的基本修正系数为1.2—1.4；

（6）当平均资产总额除以户均资产在10（含）—100之间，该指标的基本修正系数为1.4—1.6；

（7）当平均资产总额除以户均资产大于100，该指标修正系数为1.6。

2. 行业系数

本次评价采用了所有企业统一的标准值，由于上市公司有本行业的资产营运特点，为客观、公正地评价上市公司业绩，就需要通过设置行业系数来修正上市公司的行业差异。

取得行业系数的具体办法是：首先，根据企业绩效评价方法，采用统一的评价标准计算出全国所有企业资产营运状况得分；其次，分行业对资产营运状况得分进行汇总统计，计算出各行业的资产营运状况的平均得分；最后，根据各行业的平均得分测算出各行业相应的行业修正系数。

六、金融行业上市公司业绩评价方法

金融行业上市公司是中国证券市场的重要组成部分，金融行业上市公司的表现直接影响A股上市公司的总体表现，如何对金融行业上市公司业绩进行评价是一个重要课题。与其他行业企业不同，金融行业企业是经营特殊业务的企业，这种特殊性决定了不能采用一般行业企业的评价方法对之进行评价，主要表现在某些衡量指标差异较大，如金融行业企业资产负债率一般远高于其他企业，而总资产收益率则较低，无法与其他企业相比较，金融企业的安全性和资产质量方面有其独特的衡量指标。因此，不能将金融企业与其他企业合并起来一起进行评价，而必须单独对之进行评价。我们参考前面上市公司的评价方法同时考虑到金融企业的特殊性，建立了一套上市银行、证券公司的评价体系。

（一）金融行业上市公司绩效评价体系

结合目前金融行业上市公司的特点和我国上市公司的现状，我们对银行业、证券行业评价方法作了进一步完善，并初步建立了保险行业评价体系，以更能反映行业的整体财务状况。其他金融企业（主要是信托行业公司）由于经营特点与银行、保险、证券行业有差距，不能简单套用这些评价体系，同时由于这类上市公司数量较少，市值规模影响有限，我们准备在后期进行深入研究的基础上加以探讨。

参考上市公司的评价方法，考虑到上市银行、保险、证券公司经营效绩在盈利能力、资产质量、偿债风险、发展能力及股票市场表现上的要求，其评价体系的设计仍然围绕这五个方面来选择指标（考虑到金融行业的资产质量和偿债风险的相应指标均涉及公司的稳健性，部分指标难以准确划分其性质，因此设置了稳健性指标用以反映）。在比较了各个指标，同时参考了相应行业监管指标后，我们分别选取了相应指标用以衡量上述几个方面，同时考虑到指标的影响力，决定了其权重大小。下图分别是上市银行、证券公司、保险公司简易的评价体系。

上市银行简易评价体系

评价内容	基本指标	指标权重（%）
安全性	资本充足率	8
	不良资产比率	7
流动性	流动性比例	8
	流动性覆盖率	7
盈利能力	净资产收益率	20
	总资产收益率	15
发展能力	资本扩张率	8
	营业收入增长率	12
市场表现	投资回报率	10
	股价波动率	5

上市证券公司简易评价体系

评价内容	基本指标	指标权重（%）
稳健性指标	资本杠杆率	8
	流动性覆盖率	7
	风险覆盖率	8
	净稳定资金率	7
盈利能力	净资产收益率	20
	总资产收益率	15
发展能力	资本扩张率	8
	营业收入增长率	12
市场表现	投资回报率	10
	股价波动率	5

上市保险公司简易评价体系

评价内容	基本指标	指标权重（%）
稳健性指标	偿付能力充足率	15
	资产负债率	15
盈利能力	净资产收益率	20
	总投资收益率	15
发展能力	内含价值增长率	8
	一年新业务价值增长率	12
市场表现	投资回报率	10
	股价波动率	5

注：银行业资本充足率、不良资产比率、流动性比例、流动性覆盖率等指标，证券行业资本杠杆率、流动性覆盖率、风险覆盖率、净稳定资金率等指标，保险业偿付能力充足率总投资收益率内含价值增长率一年新业务价值增长率等指标均为行业监管指标，其计算方法均按照监管部门有关规定计算，公司年报也会按照规定披露。

此外，考虑到金融类上市公司规模差异较大，不同规模公司的营 利能力和发展能力指标不能用统一标准衡量，因此，参考一般企业的评价方法，设置了规模系数对盈利能力和发展能力指标进行调整，使行业内不同规模的企业标准能够相符。考虑到金融行业公司的资产规模普遍较大，不能简单地运用一般上市企业的规模系数，因此，分别针对银行、证券公司具体情况单独设置了规模系数。

（二）金融行业上市公司业绩评价标准

本次业绩评价考虑到行业特殊性、行业监管要求及上市公司整体情况三个因素，将评价标准分为优秀值和平均值两个档次，但是对应不同的指标，标准值的选取有所不同。

对于类似银行业的资本充足率、证券行业净资本指标、保险行业偿付能力充足率等监管指标，其评价标准值综合考虑监管标准及各公司实际指标情况，选取标准值，这些标准值既考虑到监管要求，同时也具有一定的区分度，能够衡量各公司间的相对水平。

对于净资产收益率、主营业务收入增长率、投资回报率、股价波动率等指标，由于在这些指标上金融行业公司与其他企业具有可比性，因此，选择所有上市公司对应指标的优秀值、平均值为标准计算。

其他指标则选取相应金融类上市公司对应指标的优秀值和平均值为标准计算。

（三）金融行业上市公司业绩评价计分方法

业绩评价计分方法仍然采用功效系数法。

指标计分方法是指运用业绩评价的指标，将指标实际值对照相应的评价标准值，计算各项指标实际得分的方法。计算公式为：

指标总得分 = ∑单项基本指标得分

单项指标得分 = ［0.6+（实际值 − 平均值）/（优秀值 − 平均值）× 0.4］× 权重

（注：对于部分行业监管部门规定了相应监管值的指标，由于各上市公司相关指标均较好地满足了监管标准，反映了金融类上市公司的稳健性较好，为了体现这种情况同时也考虑到增加公司区分度的需要，我们在计算单项指标得分过程中对计算系数进行了微调：单项指标得分 = ［0.8+（实际值 − 平均值）/（优秀值 − 平均值）× 0.2］× 权重）

对有关指标的分母为零或为负数时，做了相应的具体处理。

附录二 2019年度中国上市公司业绩评价得分情况

序号	股票代码	股票简称	评价得分	评价等级	序号	股票代码	股票简称	评价得分	评价等级
1	600585	海螺水泥	94.7	AAA	27	600519	贵州茅台	83.5	AA
2	300498	温氏股份	89.1	AAA	28	000568	泸州老窖	83.5	AA
3	002714	牧原股份	88.9	AAA	29	601006	大秦铁路	83.4	AA
4	600801	华新水泥	88.8	AAA	30	601233	桐昆股份	83.2	AA
5	603288	海天味业	88.6	AAA	31	600426	华鲁恒升	83.2	AA
6	002120	韵达股份	88.3	AAA	32	600570	恒生电子	82.7	AA
7	601318	中国平安	87.78	AAA	33	600690	海尔智家	82.7	AA
8	600276	恒瑞医药	87.6	AAA	34	002299	圣农发展	82.6	AA
9	000858	五粮液	87.5	AAA	35	600438	通威股份	82.5	AA
10	601012	隆基股份	87.2	AAA	36	600809	山西汾酒	82.5	AA
11	601225	陕西煤业	87.1	AAA	37	600346	恒力石化	82.4	AA
12	300760	迈瑞医疗	86.8	AAA	38	002475	立讯精密	82.2	AA
13	600009	上海机场	86.2	AAA	39	000877	天山股份	82.2	AA
14	603833	欧派家居	86.1	AAA	40	600233	圆通速递	82	AA
15	002746	仙坛股份	85.4	AAA	41	002128	露天煤业	81.9	AA
16	600031	三一重工	85.4	AAA	42	002841	视源股份	81.8	AA
17	000708	中信特钢	85.4	AAA	43	600720	祁连山	81.7	AA
18	601888	中国中免	85.1	AAA	44	002016	世荣兆业	81.6	AA
19	002555	三七互娱	85	AA	45	601628	中国人寿	81.54	AA
20	000333	美的集团	84.9	AA	46	002234	民和股份	81.5	AA
21	000651	格力电器	84.5	AA	47	000338	潍柴动力	81.3	AA
22	002458	益生股份	84.4	AA	48	000961	中南建设	81.3	AA
23	000672	上峰水泥	84	AA	49	600167	联美控股	81.3	AA
24	603160	汇顶科技	83.9	AA	50	603986	兆易创新	81.1	AA
25	600309	万华化学	83.9	AA	51	002415	海康威视	81.1	AA
26	000789	万年青	83.8	AA	52	002233	塔牌集团	81.1	AA

续表

序号	股票代码	股票简称	评价得分	评价等级	序号	股票代码	股票简称	评价得分	评价等级
53	603517	绝味食品	81	AA	89	601688	华泰证券	79.16	A
54	002142	宁波银行	80.97	AA	90	600887	伊利股份	79.1	A
55	002352	顺丰控股	80.9	AA	91	300014	亿纬锂能	79	A
56	300015	爱尔眼科	80.9	AA	92	300559	佳发教育	78.8	A
57	002146	荣盛发展	80.9	AA	93	000031	大悦城	78.8	A
58	000401	冀东水泥	80.9	AA	94	300417	南华仪器	78.7	A
59	600048	保利地产	80.7	AA	95	600328	中盐化工	78.7	A
60	000895	双汇发展	80.7	AA	96	603060	国检集团	78.6	A
61	600036	招商银行	80.67	AA	97	603609	禾丰牧业	78.6	A
62	000661	长春高新	80.6	AA	98	000932	华菱钢铁	78.5	A
63	601360	三六零	80.5	AA	99	002869	金溢科技	78.3	A
64	002271	东方雨虹	80.3	AA	100	600486	扬农化工	78.3	A
65	300454	深信服	80.2	AA	101	600007	中国国贸	78.3	A
66	603899	晨光文具	80.2	AA	102	002078	太阳纸业	78.2	A
67	300750	宁德时代	80.1	AA	103	002032	苏泊尔	78.2	A
68	603369	今世缘	80.1	AA	104	002007	华兰生物	78.2	A
69	002064	华峰氨纶	80.1	AA	105	000596	古井贡酒	78.2	A
70	002468	申通快递	80	A	106	601881	中国银河	78.17	A
71	600188	兖州煤业	80	A	107	002821	凯莱英	78.1	A
72	601066	中信建投	79.92	A	108	601100	恒立液压	78	A
73	002236	大华股份	79.9	A	109	000425	徐工机械	78	A
74	000921	海信家电	79.8	A	110	000048	京基智农	77.9	A
75	603816	顾家家居	79.7	A	111	600999	招商证券	77.84	A
76	002311	海大集团	79.7	A	112	300699	光威复材	77.8	A
77	002110	三钢闽光	79.7	A	113	002602	世纪华通	77.8	A
78	600763	通策医疗	79.7	A	114	000002	万科A	77.8	A
79	000538	云南白药	79.7	A	115	000776	广发证券	77.79	A
80	002508	老板电器	79.5	A	116	601997	贵阳银行	77.77	A
81	000876	新希望	79.5	A	117	603338	浙江鼎力	77.7	A
82	300529	健帆生物	79.4	A	118	002860	星帅尔	77.6	A
83	601021	春秋航空	79.4	A	119	601155	新城控股	77.6	A
84	002677	浙江美大	79.4	A	120	601138	工业富联	77.5	A
85	600837	海通证券	79.37	A	121	300682	朗新科技	77.5	A
86	300628	亿联网络	79.3	A	122	601088	中国神华	77.5	A
87	600606	绿地控股	79.3	A	123	603259	药明康德	77.4	A
88	603568	伟明环保	79.2	A	124	002127	南极电商	77.4	A

续表

序号	股票代码	股票简称	评价得分	评价等级	序号	股票代码	股票简称	评价得分	评价等级
125	600383	金地集团	77.4	A	161	002242	九阳股份	76.5	A
126	600173	卧龙地产	77.4	A	162	600132	重庆啤酒	76.5	A
127	600993	马应龙	77.3	A	163	601398	工商银行	76.45	A
128	600782	新钢股份	77.3	A	164	603360	百傲化学	76.4	A
129	000011	深物业 A	77.3	A	165	600750	江中药业	76.4	A
130	601211	国泰君安	77.20	A	166	603806	福斯特	76.3	A
131	603871	嘉友国际	77.2	A	167	002463	沪电股份	76.3	A
132	603711	香飘飘	77.2	A	168	000951	中国重汽	76.3	A
133	300661	圣邦股份	77.2	A	169	002916	深南电路	76.2	A
134	601899	紫金矿业	77.2	A	170	300433	蓝思科技	76.2	A
135	000166	申万宏源	77.13	A	171	000029	深深房 A	76.2	A
136	603444	吉比特	77.1	A	172	002648	卫星石化	76.1	A
137	300003	乐普医疗	77	A	173	300271	华宇软件	76.1	A
138	600452	涪陵电力	77	A	174	600395	盘江股份	76.1	A
139	000301	东方盛虹	77	A	175	601799	星宇股份	76	A
140	300735	光弘科技	76.9	A	176	002304	洋河股份	76	A
141	603218	日月股份	76.9	A	177	600398	海澜之家	76	A
142	603589	口子窖	76.9	A	178	000885	城发环境	76	A
143	600449	宁夏建材	76.9	A	179	603960	克来机电	75.9	A
144	600779	水井坊	76.9	A	180	603199	九华旅游	75.9	A
145	002832	比音勒芬	76.8	A	181	002572	索菲亚	75.8	A
146	002749	国光股份	76.8	A	182	300659	中孚信息	75.7	A
147	600985	淮北矿业	76.8	A	183	002597	金禾实业	75.7	A
148	600900	长江电力	76.8	A	184	600161	天坛生物	75.7	A
149	000786	北新建材	76.8	A	185	601838	成都银行	75.61	A
150	000603	盛达资源	76.8	A	186	002938	鹏鼎控股	75.6	A
151	603043	广州酒家	76.7	A	187	603506	南都物业	75.6	A
152	300572	安车检测	76.7	A	188	603127	昭衍新药	75.6	A
153	300033	同花顺	76.7	A	189	300595	欧普康视	75.6	A
154	601939	建设银行	76.68	A	190	300552	万集科技	75.6	A
155	603393	新天然气	76.6	A	191	603866	桃李面包	75.6	A
156	002157	正邦科技	76.6	A	192	601919	中远海控	75.6	A
157	600565	迪马股份	76.6	A	193	600727	鲁北化工	75.6	A
158	601319	中国人保	76.51	A	194	600600	青岛啤酒	75.6	A
159	300347	泰格医药	76.5	A	195	603233	大参林	75.5	A
160	300122	智飞生物	76.5	A	196	603505	金石资源	75.5	A

续表

序号	股票代码	股票简称	评价得分	评价等级	序号	股票代码	股票简称	评价得分	评价等级
197	002773	康弘药业	75.5	A	233	300623	捷捷微电	74.6	BBB
198	603885	吉祥航空	75.5	A	234	603258	电魂网络	74.6	BBB
199	600323	瀚蓝环境	75.5	A	235	600971	恒源煤电	74.6	BBB
200	000999	华润三九	75.5	A	236	600352	浙江龙盛	74.6	BBB
201	600745	闻泰科技	75.5	A	237	600332	白云山	74.6	BBB
202	603345	安井食品	75.4	A	238	600183	生益科技	74.6	BBB
203	601877	正泰电器	75.4	A	239	600872	中炬高新	74.6	BBB
204	600282	南钢股份	75.4	A	240	600845	宝信软件	74.6	BBB
205	600062	华润双鹤	75.4	A	241	002048	宁波华翔	74.5	BBB
206	002736	国信证券	75.39	A	242	600510	黑牡丹	74.5	BBB
207	603583	捷昌驱动	75.3	A	243	002925	盈趣科技	74.4	BBB
208	002801	微光股份	75.3	A	244	603181	皇马科技	74.4	BBB
209	600995	文山电力	75.3	A	245	300685	艾德生物	74.4	BBB
210	600271	航天信息	75.3	A	246	603228	景旺电子	74.4	BBB
211	600030	中信证券	75.21	A	247	002507	涪陵榨菜	74.4	BBB
212	603429	集友股份	75.2	A	248	300124	汇川技术	74.4	BBB
213	601966	玲珑轮胎	75.2	A	249	002081	金螳螂	74.4	BBB
214	601636	旗滨集团	75.1	A	250	600406	国电南瑞	74.4	BBB
215	601139	深圳燃气	75.1	A	251	600618	氯碱化工	74.4	BBB
216	002911	佛燃能源	75	BBB	252	603136	天目湖	74.3	BBB
217	603658	安图生物	75	BBB	253	300701	森霸传感	74.3	BBB
218	002601	龙蟒佰利	75	BBB	254	601858	中国科传	74.3	BBB
219	300118	东方日升	75	BBB	255	300371	汇中股份	74.3	BBB
220	000915	山大华特	75	BBB	256	002398	垒知集团	74.3	BBB
221	600742	一汽富维	75	BBB	257	600511	国药股份	74.3	BBB
222	002818	富森美	74.8	BBB	258	002901	大博医疗	74.2	BBB
223	002803	吉宏股份	74.8	BBB	259	603040	新坐标	74.2	BBB
224	002353	杰瑞股份	74.8	BBB	260	603638	艾迪精密	74.2	BBB
225	600461	洪城水业	74.8	BBB	261	300016	北陆药业	74.2	BBB
226	603811	诚意药业	74.7	BBB	262	002080	中材科技	74.2	BBB
227	002511	中顺洁柔	74.7	BBB	263	300638	广和通	74.1	BBB
228	000036	华联控股	74.7	BBB	264	002851	麦格米特	74.1	BBB
229	603587	地素时尚	74.6	BBB	265	002833	弘亚数控	74.1	BBB
230	600025	华能水电	74.6	BBB	266	300327	中颖电子	74.1	BBB
231	002912	中新赛克	74.6	BBB	267	002191	劲嘉股份	74.1	BBB
232	300725	药石科技	74.6	BBB	268	600741	华域汽车	74.1	BBB

续表

序号	股票代码	股票简称	评价得分	评价等级	序号	股票代码	股票简称	评价得分	评价等级
269	601988	中国银行	74.03	BBB	305	002287	奇正藏药	73.4	BBB
270	603180	金牌厨柜	74	BBB	306	000935	四川双马	73.4	BBB
271	300482	万孚生物	74	BBB	307	000703	恒逸石化	73.4	BBB
272	002705	新宝股份	74	BBB	308	600897	厦门空港	73.4	BBB
273	000739	普洛药业	74	BBB	309	600885	宏发股份	73.4	BBB
274	600668	尖峰集团	74	BBB	310	601108	财通证券	73.39	BBB
275	603713	密尔克卫	73.9	BBB	311	601577	长沙银行	73.37	BBB
276	300395	菲利华	73.9	BBB	312	603606	东方电缆	73.3	BBB
277	002690	美亚光电	73.9	BBB	313	300357	我武生物	73.3	BBB
278	002439	启明星辰	73.9	BBB	314	600663	陆家嘴	73.3	BBB
279	002050	三花智控	73.9	BBB	315	300702	天宇股份	73.2	BBB
280	002043	兔宝宝	73.9	BBB	316	300316	晶盛机电	73.2	BBB
281	300624	万兴科技	73.8	BBB	317	601058	赛轮轮胎	73.2	BBB
282	002918	蒙娜丽莎	73.8	BBB	318	002568	百润股份	73.2	BBB
283	300709	精研科技	73.8	BBB	319	600642	申能股份	73.2	BBB
284	002179	中航光电	73.8	BBB	320	603916	苏博特	73.1	BBB
285	600258	首旅酒店	73.8	BBB	321	603103	横店影视	73.1	BBB
286	300630	普利制药	73.7	BBB	322	603208	江山欧派	73.1	BBB
287	300616	尚品宅配	73.7	BBB	323	603919	金徽酒	73.1	BBB
288	300590	移为通信	73.7	BBB	324	603198	迎驾贡酒	73.1	BBB
289	603298	杭叉集团	73.7	BBB	325	600673	东阳光	73.1	BBB
290	000513	丽珠集团	73.7	BBB	326	603920	世运电路	73	BBB
291	601633	长城汽车	73.6	BBB	327	603225	新凤鸣	73	BBB
292	601000	唐山港	73.6	BBB	328	002810	山东赫达	73	BBB
293	600909	华安证券	73.56	BBB	329	601117	中国化学	73	BBB
294	002812	恩捷股份	73.5	BBB	330	600598	北大荒	73	BBB
295	601811	新华文轩	73.5	BBB	331	601019	山东出版	72.9	BBB
296	002791	坚朗五金	73.5	BBB	332	300394	天孚通信	72.9	BBB
297	300450	先导智能	73.5	BBB	333	601288	农业银行	72.90	BBB
298	002664	长鹰信质	73.5	BBB	334	300632	光莆股份	72.8	BBB
299	600529	山东药玻	73.5	BBB	335	300413	芒果超媒	72.8	BBB
300	000656	金科股份	73.5	BBB	336	601216	君正集团	72.8	BBB
301	002928	华夏航空	73.4	BBB	337	000655	金岭矿业	72.8	BBB
302	603882	金域医学	73.4	BBB	338	001872	招商港口	72.8	BBB
303	300481	濮阳惠成	73.4	BBB	339	603801	志邦家居	72.7	BBB
304	300012	华测检测	73.4	BBB	340	603887	城地股份	72.7	BBB

续表

序号	股票代码	股票简称	评价得分	评价等级	序号	股票代码	股票简称	评价得分	评价等级
341	300200	高盟新材	72.7	BBB	377	002641	永高股份	72.1	BBB
342	300144	宋城演艺	72.7	BBB	378	601098	中南传媒	72.1	BBB
343	002440	闰土股份	72.7	BBB	379	002373	千方科技	72.1	BBB
344	000966	长源电力	72.7	BBB	380	002244	滨江集团	72.1	BBB
345	600702	舍得酒业	72.7	BBB	381	000799	酒鬼酒	72.1	BBB
346	000035	中国天楹	72.7	BBB	382	000736	中交地产	72.1	BBB
347	000529	广弘控股	72.7	BBB	383	601818	光大银行	72.08	BBB
348	002926	华西证券	72.65	BBB	384	603156	养元饮品	72	BBB
349	603416	信捷电气	72.6	BBB	385	603387	基蛋生物	72	BBB
350	002557	洽洽食品	72.6	BBB	386	601900	南方传媒	72	BBB
351	600373	中文传媒	72.6	BBB	387	300497	富祥药业	72	BBB
352	600131	国网信通	72.6	BBB	388	601928	凤凰传媒	72	BBB
353	601990	南京证券	72.60	BBB	389	002230	科大讯飞	72	BBB
354	300502	新易盛	72.5	BBB	390	002035	华帝股份	72	BBB
355	002262	恩华药业	72.5	BBB	391	600362	江西铜业	72	BBB
356	600197	伊力特	72.5	BBB	392	600298	安琪酵母	72	BBB
357	300602	飞荣达	72.4	BBB	393	000985	大庆华科	72	BBB
358	603039	泛微网络	72.4	BBB	394	000963	华东医药	72	BBB
359	002831	裕同科技	72.4	BBB	395	601328	交通银行	71.90	BBB
360	300383	光环新网	72.4	BBB	396	300738	奥飞数据	71.9	BBB
361	300259	新天科技	72.4	BBB	397	603326	我乐家居	71.9	BBB
362	002372	伟星新材	72.4	BBB	398	300578	会畅通讯	71.9	BBB
363	600970	中材国际	72.4	BBB	399	002302	西部建设	71.9	BBB
364	600886	国投电力	72.4	BBB	400	601898	中煤能源	71.9	BBB
365	603737	三棵树	72.3	BBB	401	603501	韦尔股份	71.8	BBB
366	002624	完美世界	72.3	BBB	402	300543	朗科智能	71.8	BBB
367	601128	常熟银行	72.30	BBB	403	603355	莱克电气	71.8	BBB
368	603129	春风动力	72.2	BBB	404	601872	招商轮船	71.8	BBB
369	300662	科锐国际	72.2	BBB	405	600273	嘉化能源	71.8	BBB
370	603000	人民网	72.2	BBB	406	600588	用友网络	71.8	BBB
371	300653	正海生物	72.1	BBB	407	000900	现代投资	71.8	BBB
372	603585	苏利股份	72.1	BBB	408	002884	凌霄泵业	71.7	BBB
373	603203	快克股份	72.1	BBB	409	600377	宁沪高速	71.7	BBB
374	603515	欧普照明	72.1	BBB	410	000517	荣安地产	71.7	BBB
375	600977	中国电影	72.1	BBB	411	603605	珀莱雅	71.6	BBB
376	603939	益丰药房	72.1	BBB	412	300669	沪宁股份	71.6	BBB

续表

序号	股票代码	股票简称	评价得分	评价等级	序号	股票代码	股票简称	评价得分	评价等级
413	601952	苏垦农发	71.6	BBB	449	600153	建发股份	71.3	BBB
414	603689	皖天然气	71.6	BBB	450	000717	韶钢松山	71.3	BBB
415	603886	元祖股份	71.6	BBB	451	300577	开润股份	71.2	BBB
416	300286	安科瑞	71.6	BBB	452	002799	环球印务	71.2	BBB
417	600436	片仔癀	71.6	BBB	453	002732	燕塘乳业	71.2	BBB
418	600028	中国石化	71.6	BBB	454	600211	西藏药业	71.2	BBB
419	600378	昊华科技	71.6	BBB	455	000006	深振业 A	71.2	BBB
420	600252	中恒集团	71.6	BBB	456	002878	元隆雅图	71.1	BBB
421	600754	锦江酒店	71.6	BBB	457	300470	中密控股	71.1	BBB
422	002942	新农股份	71.5	BBB	458	601677	明泰铝业	71.1	BBB
423	603858	步长制药	71.5	BBB	459	600340	华夏幸福	71.1	BBB
424	300443	金雷股份	71.5	BBB	460	600380	健康元	71.1	BBB
425	002396	星网锐捷	71.5	BBB	461	000923	河钢资源	71.1	BBB
426	002194	武汉凡谷	71.5	BBB	462	600113	浙江东日	71.1	BBB
427	002150	通润装备	71.5	BBB	463	300753	爱朋医疗	71	BBB
428	601003	柳钢股份	71.5	BBB	464	603776	永安行	71	BBB
429	600466	蓝光发展	71.5	BBB	465	002880	卫光生物	71	BBB
430	600104	上汽集团	71.5	BBB	466	603579	荣泰健康	71	BBB
431	600660	福耀玻璃	71.5	BBB	467	002798	帝欧家居	71	BBB
432	603659	璞泰来	71.4	BBB	468	300274	阳光电源	71	BBB
433	300690	双一科技	71.4	BBB	469	600987	航民股份	71	BBB
434	300599	雄塑科技	71.4	BBB	470	002010	传化智联	71	BBB
435	603968	醋化股份	71.4	BBB	471	600580	卧龙电驱	71	BBB
436	300445	康斯特	71.4	BBB	472	002706	良信电器	70.9	BBB
437	603898	好莱客	71.4	BBB	473	601158	重庆水务	70.9	BBB
438	603588	高能环境	71.4	BBB	474	300058	蓝色光标	70.9	BBB
439	601231	环旭电子	71.4	BBB	475	000157	中联重科	70.9	BBB
440	002600	领益智造	71.4	BBB	476	600761	安徽合力	70.9	BBB
441	601001	大同煤业	71.4	BBB	477	000034	神州数码	70.9	BBB
442	600093	易见股份	71.4	BBB	478	000030	富奥股份	70.9	BBB
443	601377	兴业证券	71.39	BBB	479	300684	中石科技	70.8	BBB
444	300686	智动力	71.3	BBB	480	600933	爱柯迪	70.8	BBB
445	002293	罗莱生活	71.3	BBB	481	300446	乐凯新材	70.8	BBB
446	002241	歌尔股份	71.3	BBB	482	002605	姚记科技	70.8	BBB
447	002028	思源电气	71.3	BBB	483	002563	森马服饰	70.8	BBB
448	600563	法拉电子	71.3	BBB	484	300179	四方达	70.8	BBB

续表

序号	股票代码	股票简称	评价得分	评价等级	序号	股票代码	股票简称	评价得分	评价等级
485	300019	硅宝科技	70.8	BBB	521	603299	苏盐井神	70.3	BBB
486	002100	天康生物	70.8	BBB	522	002643	万润股份	70.3	BBB
487	600908	无锡银行	70.74	BBB	523	002129	中环股份	70.3	BBB
488	603825	华扬联众	70.7	BBB	524	002049	紫光国微	70.3	BBB
489	300607	拓斯达	70.7	BBB	525	002025	航天电器	70.3	BBB
490	603599	广信股份	70.7	BBB	526	000000	亿帆医药	70.3	BBB
491	002695	煌上煌	70.7	BBB	527	002014	永新股份	70.3	BBB
492	000848	承德露露	70.7	BBB	528	600557	康缘药业	70.3	BBB
493	600919	江苏银行	70.69	BBB	529	300726	宏达电子	70.2	BBB
494	002846	英联股份	70.6	BBB	530	300642	透景生命	70.2	BBB
495	002793	罗欣药业	70.6	BBB	531	002815	崇达技术	70.2	BBB
496	300396	迪瑞医疗	70.6	BBB	532	603508	思维列控	70.2	BBB
497	300136	信维通信	70.6	BBB	533	300462	华铭智能	70.2	BBB
498	601111	中国国航	70.6	BBB	534	600305	恒顺醋业	70.2	BBB
499	002056	横店东磁	70.6	BBB	535	603277	银都股份	70.1	BBB
500	600196	复星医药	70.6	BBB	536	603730	岱美股份	70.1	BBB
501	600846	同济科技	70.6	BBB	537	002796	世嘉科技	70.1	BBB
502	000001	平安银行	70.57	BBB	538	600507	方大特钢	70.1	BBB
503	603596	伯特利	70.5	BBB	539	000938	紫光股份	70.1	BBB
504	603757	大元泵业	70.5	BBB	540	000860	顺鑫农业	70.1	BBB
505	002724	海洋王	70.5	BBB	541	000810	创维数字	70.1	BBB
506	002698	博实股份	70.5	BBB	542	000629	攀钢钒钛	70.1	BBB
507	002541	鸿路钢构	70.5	BBB	543	000049	德赛电池	70.1	BBB
508	600326	西藏天路	70.5	BBB	544	000543	皖能电力	70.1	BBB
509	600057	厦门象屿	70.5	BBB	545	600109	国金证券	70.02	BBB
510	603666	亿嘉和	70.4	BBB	546	002892	科力尔	70	BB
511	300525	博思软件	70.4	BBB	547	603380	易德龙	70	BB
512	300452	山河药辅	70.4	BBB	548	002847	盐津铺子	70	BB
513	002478	常宝股份	70.4	BBB	549	603165	荣晟环保	70	BB
514	002223	鱼跃医疗	70.4	BBB	550	002653	海思科	70	BB
515	601808	中海油服	70.4	BBB	551	002409	雅克科技	70	BB
516	600236	桂冠电力	70.4	BBB	552	600522	中天科技	70	BB
517	000581	威孚高科	70.4	BBB	553	000650	仁和药业	70	BB
518	000888	峨眉山 A	70.4	BBB	554	000582	北部湾港	70	BB
519	600795	国电电力	70.4	BBB	555	600802	福建水泥	70	BB
520	600777	新潮能源	70.4	BBB	556	002867	周大生	69.9	BB

续表

序号	股票代码	股票简称	评价得分	评价等级	序号	股票代码	股票简称	评价得分	评价等级
557	300601	康泰生物	69.9	BB	593	600597	光明乳业	69.4	BB
558	002756	永兴材料	69.9	BB	594	300496	中科创达	69.3	BB
559	601965	中国汽研	69.9	BB	595	002518	科士达	69.3	BB
560	300196	长海股份	69.9	BB	596	000883	湖北能源	69.3	BB
561	002318	久立特材	69.9	BB	597	000719	中原传媒	69.3	BB
562	601668	中国建筑	69.9	BB	598	002937	兴瑞科技	69.2	BB
563	600160	巨化股份	69.9	BB	599	300586	美联新材	69.2	BB
564	603607	京华激光	69.8	BB	600	300570	太辰光	69.2	BB
565	300639	凯普生物	69.8	BB	601	300463	迈克生物	69.2	BB
566	002444	巨星科技	69.8	BB	602	601567	三星医疗	69.2	BB
567	000975	银泰黄金	69.8	BB	603	002402	和而泰	69.2	BB
568	601229	上海银行	69.74	BB	604	600143	金发科技	69.2	BB
569	603661	恒林股份	69.7	BB	605	600850	华东电脑	69.2	BB
570	601949	中国出版	69.7	BB	606	603059	倍加洁	69.1	BB
571	002737	葵花药业	69.7	BB	607	002923	润都股份	69.1	BB
572	300285	国瓷材料	69.7	BB	608	300609	汇纳科技	69.1	BB
573	601137	博威合金	69.7	BB	609	300596	利安隆	69.1	BB
574	300132	青松股份	69.7	BB	610	002777	久远银海	69.1	BB
575	601958	金钼股份	69.7	BB	611	300476	胜宏科技	69.1	BB
576	603113	金能科技	69.6	BB	612	603997	继峰股份	69.1	BB
577	300558	贝达药业	69.6	BB	613	603019	中科曙光	69.1	BB
578	002171	楚江新材	69.6	BB	614	002727	一心堂	69.1	BB
579	600483	福能股份	69.6	BB	615	002088	鲁阳节能	69.1	BB
580	601009	南京银行	69.60	BB	616	002027	分众传媒	69.1	BB
581	603365	水星家纺	69.5	BB	617	002020	京新药业	69.1	BB
582	600516	方大炭素	69.5	BB	618	000977	浪潮信息	69.1	BB
583	000910	大亚圣象	69.5	BB	619	600177	雅戈尔	69.1	BB
584	600171	上海贝岭	69.5	BB	620	000710	贝瑞基因	69.1	BB
585	600704	物产中大	69.5	BB	621	300606	金太阳	69	BB
586	603848	好太太	69.4	BB	622	002430	杭氧股份	69	BB
587	601163	三角轮胎	69.4	BB	623	000598	兴蓉环境	69	BB
588	002734	利民股份	69.4	BB	624	600641	万业企业	69	BB
589	300251	光线传媒	69.4	BB	625	601200	上海环境	68.9	BB
590	601186	中国铁建	69.4	BB	626	601228	广州港	68.9	BB
591	002203	海亮股份	69.4	BB	627	603167	渤海轮渡	68.9	BB
592	600521	华海药业	69.4	BB	628	300232	洲明科技	68.9	BB

续表

序号	股票代码	股票简称	评价得分	评价等级	序号	股票代码	股票简称	评价得分	评价等级
629	601168	西部矿业	68.9	BB	665	002001	新和成	68.5	BB
630	002099	海翔药业	68.9	BB	666	600997	开滦股份	68.5	BB
631	600368	五洲交通	68.9	BB	667	600004	白云机场	68.5	BB
632	600097	开创国际	68.9	BB	668	600724	宁波富达	68.5	BB
633	000501	鄂武商 A	68.9	BB	669	601607	上海医药	68.5	BB
634	600603	广汇物流	68.9	BB	670	601601	中国太保	68.49	BB
635	603590	康辰药业	68.8	BB	671	601878	浙商证券	68.42	BB
636	603027	千禾味业	68.8	BB	672	603637	镇海股份	68.4	BB
637	300384	三联虹普	68.8	BB	673	603883	老百姓	68.4	BB
638	002033	丽江股份	68.8	BB	674	002117	东港股份	68.4	BB
639	000936	华西股份	68.8	BB	675	002102	ST 冠福	68.4	BB
640	600016	民生银行	68.79	BB	676	600329	中新药业	68.4	BB
641	601099	太平洋	68.76	BB	677	000090	天健集团	68.4	BB
642	603938	三孚股份	68.7	BB	678	000671	阳光城	68.4	BB
643	002381	双箭股份	68.7	BB	679	600873	梅花生物	68.4	BB
644	002063	远光软件	68.7	BB	680	601166	兴业银行	68.31	BB
645	600348	阳泉煤业	68.7	BB	681	002608	江苏国信	68.3	BB
646	600098	广州发展	68.7	BB	682	002152	广电运通	68.3	BB
647	000028	国药一致	68.7	BB	683	600389	江山股份	68.3	BB
648	600655	豫园股份	68.7	BB	684	300640	德艺文创	68.2	BB
649	603516	淳中科技	68.6	BB	685	002802	洪汇新材	68.2	BB
650	002853	皮阿诺	68.6	BB	686	603678	火炬电子	68.2	BB
651	603519	立霸股份	68.6	BB	687	603368	柳药股份	68.2	BB
652	002626	金达威	68.6	BB	688	002243	通产丽星	68.2	BB
653	002611	东方精工	68.6	BB	689	000089	深圳机场	68.2	BB
654	002531	天顺风能	68.6	BB	690	600639	浦东金桥	68.2	BB
655	002273	水晶光电	68.6	BB	691	300627	华测导航	68.1	BB
656	002182	云海金属	68.6	BB	692	300610	晨化股份	68.1	BB
657	600547	山东黄金	68.6	BB	693	603033	三维股份	68.1	BB
658	600054	黄山旅游	68.6	BB	694	300487	蓝晓科技	68.1	BB
659	601998	中信银行	68.55	BB	695	603600	永艺股份	68.1	BB
660	600000	浦发银行	68.53	BB	696	300303	聚飞光电	68.1	BB
661	600958	东方证券	68.52	BB	697	002649	博彦科技	68.1	BB
662	603226	菲林格尔	68.5	BB	698	300188	美亚柏科	68.1	BB
663	300546	雄帝科技	68.5	BB	699	600012	皖通高速	68.1	BB
664	300483	沃施股份	68.5	BB	700	600317	营口港	68.1	BB

续表

序号	股票代码	股票简称	评价得分	评价等级	序号	股票代码	股票简称	评价得分	评价等级
701	603283	赛腾股份	68	BB	737	002479	富春环保	67.6	BB
702	002913	奥士康	68	BB	738	002320	海峡股份	67.6	BB
703	603708	家家悦	68	BB	739	600984	建设机械	67.6	BB
704	300114	中航电测	68	BB	740	603323	苏农银行	67.53	BB
705	300037	新宙邦	68	BB	741	300737	科顺股份	67.5	BB
706	002275	桂林三金	68	BB	742	603038	华立股份	67.5	BB
707	600479	千金药业	68	BB	743	002760	凤形股份	67.5	BB
708	600508	上海能源	68	BB	744	300428	四通新材	67.5	BB
709	600260	凯乐科技	68	BB	745	300406	九强生物	67.5	BB
710	600066	宇通客车	68	BB	746	300226	上海钢联	67.5	BB
711	600729	重庆百货	68	BB	747	600350	山东高速	67.5	BB
712	603309	维力医疗	67.9	BB	748	600101	明星电力	67.5	BB
713	002091	江苏国泰	67.9	BB	749	600667	太极实业	67.5	BB
714	600176	中国巨石	67.9	BB	750	603187	海容冷链	67.4	BB
715	600085	同仁堂	67.9	BB	751	601828	美凯龙	67.4	BB
716	000524	岭南控股	67.9	BB	752	603008	喜临门	67.4	BB
717	000027	深圳能源	67.9	BB	753	002393	力生制药	67.4	BB
718	000783	长江证券	67.90	BB	754	002106	莱宝高科	67.4	BB
719	002807	江阴银行	67.87	BB	755	000869	张裕 A	67.4	BB
720	300408	三环集团	67.8	BB	756	600070	浙江富润	67.4	BB
721	601717	郑煤机	67.8	BB	757	600015	华夏银行	67.35	BB
722	601188	龙江交通	67.8	BB	758	300718	长盛轴承	67.3	BB
723	000983	西山煤电	67.8	BB	759	300703	创源文化	67.3	BB
724	000828	东莞控股	67.8	BB	760	603385	惠达卫浴	67.3	BB
725	601198	东兴证券	67.76	BB	761	300522	世名科技	67.3	BB
726	603813	原尚股份	67.7	BB	762	603868	飞科电器	67.3	BB
727	603041	美思德	67.7	BB	763	601666	平煤股份	67.3	BB
728	603823	百合花	67.7	BB	764	600548	深高速	67.3	BB
729	002768	国恩股份	67.7	BB	765	000878	云南铜业	67.3	BB
730	300214	日科化学	67.7	BB	766	600780	通宝能源	67.3	BB
731	000429	粤高速 A	67.7	BB	767	603378	亚士创能	67.2	BB
732	600865	百大集团	67.7	BB	768	002895	川恒股份	67.2	BB
733	002839	张家港行	67.62	BB	769	300505	川金诺	67.2	BB
734	603197	保隆科技	67.6	BB	770	002139	拓邦股份	67.2	BB
735	300622	博士眼镜	67.6	BB	771	600285	羚锐制药	67.2	BB
736	600917	重庆燃气	67.6	BB	772	600063	皖维高新	67.2	BB

续表

序号	股票代码	股票简称	评价得分	评价等级	序号	股票代码	股票简称	评价得分	评价等级
773	603896	寿仙谷	67.1	BB	809	603297	永新光学	66.6	BB
774	002790	瑞尔特	67.1	BB	810	603860	中公高科	66.6	BB
775	601699	潞安环能	67.1	BB	811	603987	康德莱	66.6	BB
776	000060	中金岭南	67.1	BB	812	600023	浙能电力	66.6	BB
777	000537	广宇发展	67.1	BB	813	300080	易成新能	66.6	BB
778	600650	锦江投资	67.1	BB	814	600559	老白干酒	66.6	BB
779	601336	新华保险	67.08	BB	815	600528	中铁工业	66.6	BB
780	300668	杰恩设计	67	BB	816	000065	北方国际	66.6	BB
781	603313	梦百合	67	BB	817	600835	上海机电	66.6	BB
782	600578	京能电力	67	BB	818	000560	我爱我家	66.6	BB
783	600094	大名城	67	BB	819	600803	新奥股份	66.6	BB
784	603367	辰欣药业	66.9	BB	820	300723	一品红	66.5	BB
785	603232	格尔软件	66.9	BB	821	300308	中际旭创	66.5	BB
786	300584	海辰药业	66.9	BB	822	002392	北京利尔	66.5	BB
787	603859	能科股份	66.9	BB	823	002301	齐心集团	66.5	BB
788	603686	龙马环卫	66.9	BB	824	600229	城市传媒	66.5	BB
789	603111	康尼机电	66.9	BB	825	600731	湖南海利	66.5	BB
790	002034	旺能环境	66.9	BB	826	600633	浙数文化	66.5	BB
791	001965	招商公路	66.8	BB	827	603722	阿科力	66.4	BB
792	002887	绿茵生态	66.8	BB	828	603086	先达股份	66.4	BB
793	300603	立昂技术	66.8	BB	829	603797	联泰环保	66.4	BB
794	300088	长信科技	66.8	BB	830	603238	诺邦股份	66.4	BB
795	002315	焦点科技	66.8	BB	831	603067	振华股份	66.4	BB
796	002267	陕天然气	66.8	BB	832	603798	康普顿	66.4	BB
797	600419	天润乳业	66.8	BB	833	002391	长青股份	66.4	BB
798	000601	韶能股份	66.8	BB	834	002202	金风科技	66.4	BB
799	603096	新经典	66.7	BB	835	600422	昆药集团	66.4	BB
800	603538	美诺华	66.7	BB	836	000823	超声电子	66.4	BB
801	603639	海利尔	66.7	BB	837	000676	智度股份	66.4	BB
802	300519	新光药业	66.7	BB	838	600828	茂业商业	66.4	BB
803	002735	王子新材	66.7	BB	839	002673	西部证券	66.31	BB
804	300298	三诺生物	66.7	BB	840	603578	三星新材	66.3	BB
805	002595	豪迈科技	66.7	BB	841	300563	神宇股份	66.3	BB
806	600475	华光环能	66.7	BB	842	601969	海南矿业	66.3	BB
807	000403	双林生物	66.7	BB	843	300393	中来股份	66.3	BB
808	000528	柳工	66.7	BB	844	002462	嘉事堂	66.3	BB

续表

序号	股票代码	股票简称	评价得分	评价等级	序号	股票代码	股票简称	评价得分	评价等级
845	600284	浦东建设	66.3	BB	881	300464	星徽精密	65.8	BB
846	600081	东风科技	66.3	BB	882	300244	迪安诊断	65.8	BB
847	000546	金圆股份	66.3	BB	883	300206	理邦仪器	65.8	BB
848	300625	三雄极光	66.2	BB	884	002222	福晶科技	65.8	BB
849	300580	贝斯特	66.2	BB	885	600018	上港集团	65.8	BB
850	300571	平治信息	66.2	BB	886	002039	黔源电力	65.8	BB
851	300455	康拓红外	66.2	BB	887	600420	现代制药	65.8	BB
852	000723	美锦能源	66.2	BB	888	600566	济川药业	65.8	BB
853	300747	锐科激光	66.1	BB	889	600073	上海梅林	65.8	BB
854	002931	锋龙股份	66.1	BB	890	603906	龙蟠科技	65.7	BB
855	300468	四方精创	66.1	BB	891	603556	海兴电力	65.7	BB
856	300397	天和防务	66.1	BB	892	002763	汇洁股份	65.7	BB
857	002683	宏大爆破	66.1	BB	893	300458	全志科技	65.7	BB
858	002449	国星光电	66.1	BB	894	300360	炬华科技	65.7	BB
859	002419	天虹股份	66.1	BB	895	002498	汉缆股份	65.7	BB
860	002327	富安娜	66.1	BB	896	600039	四川路桥	65.7	BB
861	600019	宝钢股份	66.1	BB	897	600126	杭钢股份	65.7	BB
862	300579	数字认证	66	BB	898	001914	招商积余	65.7	BB
863	603878	武进不锈	66	BB	899	600814	杭州解百	65.7	BB
864	002761	多喜爱	66	BB	900	000547	航天发展	65.7	BB
865	300348	长亮科技	66	BB	901	600681	百川能源	65.7	BB
866	300034	钢研高纳	66	BB	902	603466	风语筑	65.6	BB
867	002212	南洋股份	66	BB	903	300660	江苏雷利	65.6	BB
868	002138	顺络电子	66	BB	904	603488	展鹏科技	65.6	BB
869	000062	深圳华强	66	BB	905	002394	联发股份	65.6	BB
870	603214	爱婴室	65.9	BB	906	002180	纳思达	65.6	BB
871	603855	华荣股份	65.9	BB	907	600088	中视传媒	65.6	BB
872	300657	弘信电子	65.9	BB	908	000715	中兴商业	65.6	BB
873	603903	中持股份	65.9	BB	909	000059	华锦股份	65.6	BB
874	300494	盛天网络	65.9	BB	910	300697	电工合金	65.5	BB
875	002534	杭锅股份	65.9	BB	911	002579	中京电子	65.5	BB
876	300031	宝通科技	65.9	BB	912	300036	超图软件	65.5	BB
877	002133	广宇集团	65.9	BB	913	002238	天威视讯	65.5	BB
878	600315	上海家化	65.9	BB	914	002153	石基信息	65.5	BB
879	600299	安迪苏	65.9	BB	915	002111	威海广泰	65.5	BB
880	603926	铁流股份	65.8	BB	916	000069	华侨城 A	65.5	BB

续表

序号	股票代码	股票简称	评价得分	评价等级	序号	股票代码	股票简称	评价得分	评价等级
917	600694	大商股份	65.5	BB	953	300569	天能重工	65.1	BB
918	002850	科达利	65.4	BB	954	300451	创业慧康	65.1	BB
919	300511	雪榕生物	65.4	BB	955	300415	伊之密	65.1	BB
920	603018	中设集团	65.4	BB	956	300314	戴维医疗	65.1	BB
921	002697	红旗连锁	65.4	BB	957	002487	大金重工	65.1	BB
922	300341	麦克奥迪	65.4	BB	958	002079	苏州固锝	65.1	BB
923	002543	万和电气	65.4	BB	959	600295	鄂尔多斯	65.1	BB
924	002360	同德化工	65.4	BB	960	000156	华数传媒	65.1	BB
925	300009	安科生物	65.4	BB	961	600710	苏美达	65.1	BB
926	000902	新洋丰	65.4	BB	962	603383	顶点软件	65	B
927	600138	中青旅	65.4	BB	963	300192	科斯伍德	65	B
928	600068	葛洲坝	65.4	BB	964	300127	银河磁体	65	B
929	600757	长江传媒	65.4	BB	965	002281	光迅科技	65	B
930	002939	长城证券	65.39	BB	966	000967	盈峰环境	65	B
931	300717	华信新材	65.3	BB	967	600170	上海建工	65	B
932	300129	泰胜风能	65.3	BB	968	000811	冰轮环境	65	B
933	002208	合肥城建	65.3	BB	969	600612	老凤祥	65	B
934	600206	有研新材	65.3	BB	970	603657	春光科技	64.9	B
935	000928	中钢国际	65.3	BB	971	603937	丽岛新材	64.9	B
936	603685	晨丰科技	65.2	BB	972	002882	金龙羽	64.9	B
937	603535	嘉诚国际	65.2	BB	973	603138	海量数据	64.9	B
938	002837	英维克	65.2	BB	974	001979	招商蛇口	64.9	B
939	603936	博敏电子	65.2	BB	975	300418	昆仑万维	64.9	B
940	300453	三鑫医疗	65.2	BB	976	002410	广联达	64.9	B
941	300388	国祯环保	65.2	BB	977	002185	华天科技	64.9	B
942	300321	同大股份	65.2	BB	978	000779	甘咨询	64.9	B
943	600050	中国联通	65.2	BB	979	600711	盛屯矿业	64.9	B
944	000063	中兴通讯	65.2	BB	980	600817	ST 宏盛	64.9	B
945	600079	人福医药	65.2	BB	981	603733	仙鹤股份	64.8	B
946	600810	神马股份	65.2	BB	982	603080	新疆火炬	64.8	B
947	000539	粤电力 A	65.2	BB	983	002838	道恩股份	64.8	B
948	300739	明阳电路	65.1	BB	984	603611	诺力股份	64.8	B
949	603110	东方材料	65.1	BB	985	002332	仙琚制药	64.8	B
950	603533	掌阅科技	65.1	BB	986	601857	中国石油	64.8	B
951	300695	兆丰股份	65.1	BB	987	600859	王府井	64.8	B
952	002822	中装建设	65.1	BB	988	600820	隧道股份	64.8	B

续表

序号	股票代码	股票简称	评价得分	评价等级	序号	股票代码	股票简称	评价得分	评价等级
989	002891	中宠股份	64.7	B	1025	600120	浙江东方	64.3	B
990	300677	英科医疗	64.7	B	1026	600369	西南证券	64.26	B
991	603839	安正时尚	64.7	B	1027	300598	诚迈科技	64.2	B
992	002300	太阳电缆	64.7	B	1028	300488	恒锋工具	64.2	B
993	601169	北京银行	64.60	B	1029	300432	富临精工	64.2	B
994	002603	以岭药业	64.6	B	1030	603306	华懋科技	64.2	B
995	002429	兆驰股份	64.6	B	1031	603328	依顿电子	64.2	B
996	300066	三川智慧	64.6	B	1032	002616	长青集团	64.2	B
997	600512	腾达建设	64.6	B	1033	300236	上海新阳	64.2	B
998	000726	鲁泰 A	64.6	B	1034	002561	徐家汇	64.2	B
999	000997	新大陆	64.6	B	1035	002406	远东传动	64.2	B
1000	000807	云铝股份	64.6	B	1036	601369	陕鼓动力	64.2	B
1001	600863	内蒙华电	64.6	B	1037	300059	东方财富	64.2	B
1002	000025	特力 A	64.6	B	1038	600033	福建高速	64.2	B
1003	002909	集泰股份	64.5	B	1039	600115	东方航空	64.2	B
1004	002840	华统股份	64.5	B	1040	600675	中华企业	64.2	B
1005	603989	艾华集团	64.5	B	1041	300567	精测电子	64.1	B
1006	603099	长白山	64.5	B	1042	300542	新晨科技	64.1	B
1007	300354	东华测试	64.5	B	1043	300130	新国都	64.1	B
1008	002408	齐翔腾达	64.5	B	1044	002115	三维通信	64.1	B
1009	300042	朗科科技	64.5	B	1045	600308	华泰股份	64.1	B
1010	002216	三全食品	64.5	B	1046	600723	首商股份	64.1	B
1011	000905	厦门港务	64.5	B	1047	600866	星湖科技	64.1	B
1012	000685	中山公用	64.5	B	1048	002883	中设股份	64	B
1013	600867	通化东宝	64.5	B	1049	300613	富瀚微	64	B
1014	600926	杭州银行	64.45	B	1050	300551	古鳌科技	64	B
1015	603966	法兰泰克	64.4	B	1051	603663	三祥新材	64	B
1016	002728	特一药业	64.4	B	1052	603988	中电电机	64	B
1017	300369	绿盟科技	64.4	B	1053	300253	卫宁健康	64	B
1018	600988	赤峰黄金	64.4	B	1054	300193	佳士科技	64	B
1019	600261	阳光照明	64.4	B	1055	002461	珠江啤酒	64	B
1020	002879	长缆科技	64.3	B	1056	002436	兴森科技	64	B
1021	002757	南兴股份	64.3	B	1057	002401	中远海科	64	B
1022	300207	欣旺达	64.3	B	1058	002131	利欧股份	64	B
1023	002254	泰和新材	64.3	B	1059	600967	内蒙一机	64	B
1024	000922	佳电股份	64.3	B	1060	000686	东北证券	63.97	B

续表

序号	股票代码	股票简称	评价得分	评价等级	序号	股票代码	股票简称	评价得分	评价等级
1061	603890	春秋电子	63.9	B	1097	601727	上海电气	63.5	B
1062	300520	科大国创	63.9	B	1098	000958	东方能源	63.5	B
1063	603696	安记食品	63.9	B	1099	603319	湘油泵	63.4	B
1064	601968	宝钢包装	63.9	B	1100	300137	先河环保	63.4	B
1065	002294	信立泰	63.9	B	1101	002365	永安药业	63.4	B
1066	002107	沃华医药	63.9	B	1102	300039	上海凯宝	63.4	B
1067	002022	科华生物	63.9	B	1103	002276	万马股份	63.4	B
1068	600020	中原高速	63.9	B	1104	600794	保税科技	63.4	B
1069	600051	宁波联合	63.9	B	1105	603790	雅运股份	63.3	B
1070	600827	百联股份	63.9	B	1106	603586	金麒麟	63.3	B
1071	300689	澄天伟业	63.8	B	1107	603520	司太立	63.3	B
1072	603081	大丰实业	63.8	B	1108	300401	花园生物	63.3	B
1073	300349	金卡智能	63.8	B	1109	601199	江南水务	63.3	B
1074	002637	赞宇科技	63.8	B	1110	300112	万讯自控	63.3	B
1075	000066	中国长城	63.8	B	1111	002226	江南化工	63.3	B
1076	002864	盘龙药业	63.7	B	1112	002161	远望谷	63.3	B
1077	002861	瀛通通讯	63.7	B	1113	600382	广东明珠	63.3	B
1078	300507	苏奥传感	63.7	B	1114	000988	华工科技	63.3	B
1079	603601	再升科技	63.7	B	1115	000818	航锦科技	63.3	B
1080	600648	外高桥	63.7	B	1116	600735	新华锦	63.3	B
1081	000012	南玻 A	63.7	B	1117	600728	佳都科技	63.3	B
1082	300674	宇信科技	63.6	B	1118	000531	穗恒运 A	63.3	B
1083	603301	振德医疗	63.6	B	1119	002820	桂发祥	63.2	B
1084	601326	秦港股份	63.6	B	1120	002422	科伦药业	63.2	B
1085	603977	国泰集团	63.6	B	1121	002145	中核钛白	63.2	B
1086	603020	爱普股份	63.6	B	1122	600575	淮河能源	63.2	B
1087	300423	鲁亿通	63.6	B	1123	000960	锡业股份	63.2	B
1088	300326	凯利泰	63.6	B	1124	000630	铜陵有色	63.2	B
1089	300227	光韵达	63.6	B	1125	002797	第一创业	63.16	B
1090	002443	金洲管道	63.6	B	1126	000728	国元证券	63.12	B
1091	002082	万邦德	63.6	B	1127	300724	捷佳伟创	63.1	B
1092	600027	华电国际	63.6	B	1128	300664	鹏鹞环保	63.1	B
1093	000906	浙商中拓	63.6	B	1129	603229	奥翔药业	63.1	B
1094	603013	亚普股份	63.5	B	1130	300380	安硕信息	63.1	B
1095	300465	高伟达	63.5	B	1131	601018	宁波港	63.1	B
1096	002701	奥瑞金	63.5	B	1132	002457	青龙管业	63.1	B

续表

序号	股票代码	股票简称	评价得分	评价等级	序号	股票代码	股票简称	评价得分	评价等级
1133	601390	中国中铁	63.1	B	1169	002907	华森制药	62.6	B
1134	600459	贵研铂业	63.1	B	1170	603305	旭升股份	62.6	B
1135	000950	重药控股	63.1	B	1171	300649	杭州园林	62.6	B
1136	603980	吉华集团	63	B	1172	603668	天马科技	62.6	B
1137	300448	浩云科技	63	B	1173	002817	黄山胶囊	62.6	B
1138	002738	中矿资源	63	B	1174	603800	道森股份	62.6	B
1139	300373	扬杰科技	63	B	1175	600455	博通股份	62.6	B
1140	002675	东诚药业	63	B	1176	600546	山煤国际	62.6	B
1141	002669	康达新材	63	B	1177	000096	广聚能源	62.6	B
1142	300215	电科院	63	B	1178	600717	天津港	62.6	B
1143	300035	中科电气	63	B	1179	600862	中航高科	62.6	B
1144	601333	广深铁路	63	B	1180	600682	南京新百	62.6	B
1145	000937	冀中能源	63	B	1181	603398	邦宝益智	62.5	B
1146	000756	新华制药	63	B	1182	002685	华东重机	62.5	B
1147	600894	广日股份	63	B	1183	002489	浙江永强	62.5	B
1148	002920	德赛西威	62.9	B	1184	002467	二六三	62.5	B
1149	300731	科创新源	62.9	B	1185	300103	达刚控股	62.5	B
1150	002809	红墙股份	62.9	B	1186	002303	美盈森	62.5	B
1151	300305	裕兴股份	62.9	B	1187	000690	宝新能源	62.5	B
1152	002645	华宏科技	62.9	B	1188	000544	中原环保	62.5	B
1153	300082	奥克股份	62.9	B	1189	600602	云赛智联	62.5	B
1154	600982	宁波热电	62.9	B	1190	002929	润建股份	62.4	B
1155	603912	佳力图	62.8	B	1191	603822	嘉澳环保	62.4	B
1156	300119	瑞普生物	62.8	B	1192	300474	景嘉微	62.4	B
1157	002351	漫步者	62.8	B	1193	603688	石英股份	62.4	B
1158	600056	中国医药	62.8	B	1194	300403	汉宇集团	62.4	B
1159	300720	海川智能	62.7	B	1195	300229	拓尔思	62.4	B
1160	002908	德生科技	62.7	B	1196	603648	畅联股份	62.3	B
1161	603888	新华网	62.7	B	1197	002858	力盛赛车	62.3	B
1162	603108	润达医疗	62.7	B	1198	002687	乔治白	62.3	B
1163	300440	运达科技	62.7	B	1199	002526	山东矿机	62.3	B
1164	300378	鼎捷软件	62.7	B	1200	000913	钱江摩托	62.3	B
1165	300166	东方国信	62.7	B	1201	601788	光大证券	62.30	B
1166	600026	中远海能	62.7	B	1202	603500	祥和实业	62.2	B
1167	600060	海信视像	62.7	B	1203	603617	君禾股份	62.2	B
1168	300715	凯伦股份	62.6	B	1204	300658	延江股份	62.2	B

续表

序号	股票代码	股票简称	评价得分	评价等级	序号	股票代码	股票简称	评价得分	评价等级
1205	002871	伟隆股份	62.2	B	1241	600629	华建集团	61.9	B
1206	300620	光库科技	62.2	B	1242	603712	七一二	61.8	B
1207	603186	华正新材	62.2	B	1243	300538	同益股份	61.8	B
1208	300416	苏试试验	62.2	B	1244	300533	冰川网络	61.8	B
1209	300248	新开普	62.2	B	1245	601985	中国核电	61.8	B
1210	002140	东华科技	62.2	B	1246	300194	福安药业	61.8	B
1211	600976	健民集团	62.2	B	1247	601918	新集能源	61.8	B
1212	600498	烽火通信	62.2	B	1248	002775	文科园林	61.7	B
1213	600231	凌钢股份	62.2	B	1249	601689	拓普集团	61.7	B
1214	600699	均胜电子	62.2	B	1250	300422	博世科	61.7	B
1215	600637	东方明珠	62.2	B	1251	002726	龙大肉食	61.7	B
1216	603192	汇得科技	62.1	B	1252	002331	皖通科技	61.7	B
1217	603679	华体科技	62.1	B	1253	002237	恒邦股份	61.7	B
1218	300587	天铁股份	62.1	B	1254	600386	北巴传媒	61.7	B
1219	300575	中旗股份	62.1	B	1255	000705	浙江震元	61.7	B
1220	300092	科新机电	62.1	B	1256	600765	中航重机	61.7	B
1221	002367	康力电梯	62.1	B	1257	002533	金杯电工	61.6	B
1222	600307	酒钢宏兴	62.1	B	1258	002485	希努尔	61.6	B
1223	600008	首创股份	62.1	B	1259	601999	出版传媒	61.6	B
1224	600180	瑞茂通	62.1	B	1260	600035	楚天高速	61.6	B
1225	000819	岳阳兴长	62.1	B	1261	600325	华发股份	61.6	B
1226	603706	东方环宇	62	B	1262	000919	金陵药业	61.6	B
1227	002825	纳尔股份	62	B	1263	600608	ST 沪科	61.6	B
1228	002532	新界泵业	62	B	1264	002940	昂利康	61.5	B
1229	002045	国光电器	62	B	1265	300515	三德科技	61.5	B
1230	600760	中航沈飞	62	B	1266	603979	金诚信	61.5	B
1231	600737	中粮糖业	62	B	1267	300151	昌红科技	61.5	B
1232	603303	得邦照明	61.9	B	1268	002379	宏创控股	61.5	B
1233	002849	威星智能	61.9	B	1269	002217	合力泰	61.5	B
1234	601595	上海电影	61.9	B	1270	600487	亨通光电	61.5	B
1235	603799	华友钴业	61.9	B	1271	600038	中直股份	61.5	B
1236	002377	国创高新	61.9	B	1272	000778	新兴铸管	61.5	B
1237	600287	江苏舜天	61.9	B	1273	000713	丰乐种业	61.5	B
1238	000555	神州信息	61.9	B	1274	000520	长航凤凰	61.5	B
1239	600823	世茂股份	61.9	B	1275	300741	华宝股份	61.4	B
1240	600665	天地源	61.9	B	1276	603856	东宏股份	61.4	B

续表

序号	股票代码	股票简称	评价得分	评价等级	序号	股票代码	股票简称	评价得分	评价等级
1277	002888	惠威科技	61.4	B	1313	300026	红日药业	61.1	B
1278	300676	华大基因	61.4	B	1314	601107	四川成渝	61.1	B
1279	603089	正裕工业	61.4	B	1315	002252	上海莱士	61.1	B
1280	300573	兴齐眼药	61.4	B	1316	002083	孚日股份	61.1	B
1281	300429	强力新材	61.4	B	1317	002036	联创电子	61.1	B
1282	300184	力源信息	61.4	B	1318	000682	东方电子	61.1	B
1283	002158	汉钟精机	61.4	B	1319	600703	三安光电	61.1	B
1284	000099	中信海直	61.4	B	1320	002905	金逸影视	61	B
1285	603615	茶花股份	61.3	B	1321	603707	健友股份	61	B
1286	300399	京天利	61.3	B	1322	603026	石大胜华	61	B
1287	300280	紫天科技	61.3	B	1323	603088	宁波精达	61	B
1288	002060	粤水电	61.3	B	1324	601311	骆驼股份	61	B
1289	600336	澳柯玛	61.3	B	1325	002414	高德红外	61	B
1290	000628	高新发展	61.3	B	1326	300043	星辉娱乐	61	B
1291	601901	方正证券	61.27	B	1327	002322	理工环科	61	B
1292	300748	金力永磁	61.2	B	1328	601588	北辰实业	61	B
1293	300650	太龙照明	61.2	B	1329	000411	英特集团	61	B
1294	002836	新宏泽	61.2	B	1330	603669	灵康药业	60.9	B
1295	300553	集智股份	61.2	B	1331	603100	川仪股份	60.9	B
1296	300501	海顺新材	61.2	B	1332	300296	利亚德	60.9	B
1297	603300	华铁应急	61.2	B	1333	002441	众业达	60.9	B
1298	300284	苏交科	61.2	B	1334	002371	北方华创	60.9	B
1299	002465	海格通信	61.2	B	1335	002214	大立科技	60.9	B
1300	002258	利尔化学	61.2	B	1336	002062	宏润建设	60.9	B
1301	002250	联化科技	61.2	B	1337	002057	中钢天源	60.9	B
1302	600567	山鹰纸业	61.2	B	1338	000830	鲁西化工	60.9	B
1303	001696	宗申动力	61.2	B	1339	600111	北方稀土	60.9	B
1304	300729	乐歌股份	61.1	B	1340	600688	上海石化	60.9	B
1305	300656	民德电子	61.1	B	1341	000507	珠海港	60.9	B
1306	300562	乐心医疗	61.1	B	1342	603183	建研院	60.8	B
1307	603069	海汽集团	61.1	B	1343	603359	东珠生态	60.8	B
1308	300480	光力科技	61.1	B	1344	603037	凯众股份	60.8	B
1309	603788	宁波高发	61.1	B	1345	002830	名雕股份	60.8	B
1310	603456	九洲药业	61.1	B	1346	603699	纽威股份	60.8	B
1311	002651	利君股份	61.1	B	1347	300342	天银机电	60.8	B
1312	300246	宝莱特	61.1	B	1348	603128	华贸物流	60.8	B

续表

序号	股票代码	股票简称	评价得分	评价等级	序号	股票代码	股票简称	评价得分	评价等级
1349	300190	维尔利	60.8	B	1385	002224	三力士	60.4	B
1350	002368	太极股份	60.8	B	1386	600017	日照港	60.4	B
1351	002232	启明信息	60.8	B	1387	002003	伟星股份	60.4	B
1352	002124	天邦股份	60.8	B	1388	000790	华神科技	60.4	B
1353	000407	胜利股份	60.8	B	1389	600135	乐凯胶片	60.4	B
1354	300576	容大感光	60.7	B	1390	000795	英洛华	60.4	B
1355	300545	联得装备	60.7	B	1391	000751	锌业股份	60.4	B
1356	603311	金海环境	60.7	B	1392	600059	古越龙山	60.4	B
1357	603808	歌力思	60.7	B	1393	603289	泰瑞机器	60.3	B
1358	300320	海达股份	60.7	B	1394	300679	电连技术	60.3	B
1359	601800	中国交建	60.7	B	1395	002889	东方嘉盛	60.3	B
1360	002221	东华能源	60.7	B	1396	601368	绿城水务	60.3	B
1361	600425	青松建化	60.7	B	1397	603010	万盛股份	60.3	B
1362	600219	南山铝业	60.7	B	1398	300379	东方通	60.3	B
1363	000822	山东海化	60.7	B	1399	300231	银信科技	60.3	B
1364	000738	航发控制	60.7	B	1400	002274	华昌化工	60.3	B
1365	000600	建投能源	60.7	B	1401	600021	上海电力	60.3	B
1366	603826	坤彩科技	60.6	B	1402	600029	南方航空	60.3	B
1367	002811	郑中设计	60.6	B	1403	600409	三友化工	60.3	B
1368	603993	洛阳钼业	60.6	B	1404	600456	宝钛股份	60.3	B
1369	002335	科华恒盛	60.6	B	1405	600787	中储股份	60.3	B
1370	600798	宁波海运	60.6	B	1406	000750	国海证券	60.26	B
1371	300687	赛意信息	60.5	B	1407	603286	日盈电子	60.2	B
1372	300315	掌趣科技	60.5	B	1408	002826	易明医药	60.2	B
1373	002550	千红制药	60.5	B	1409	603131	上海沪工	60.2	B
1374	002384	东山精密	60.5	B	1410	603701	德宏股份	60.2	B
1375	601678	滨化股份	60.5	B	1411	300398	飞凯材料	60.2	B
1376	002130	沃尔核材	60.5	B	1412	002434	万里扬	60.2	B
1377	002097	山河智能	60.5	B	1413	300041	回天新材	60.2	B
1378	600496	精工钢构	60.5	B	1414	002206	海利得	60.2	B
1379	000498	山东路桥	60.5	B	1415	600371	万向德农	60.2	B
1380	000718	苏宁环球	60.5	B	1416	600536	中国软件	60.2	B
1381	000050	深天马 A	60.5	B	1417	600363	联创光电	60.2	B
1382	603527	众源新材	60.4	B	1418	600388	龙净环保	60.2	B
1383	300696	爱乐达	60.4	B	1419	600256	广汇能源	60.2	B
1384	002362	汉王科技	60.4	B	1420	600210	紫江企业	60.2	B

续表

序号	股票代码	股票简称	评价得分	评价等级	序号	股票代码	股票简称	评价得分	评价等级
1421	600064	南京高科	60.2	B	1457	603803	瑞斯康达	59.7	CCC
1422	603260	合盛硅业	60.1	B	1458	002380	科远智慧	59.7	CCC
1423	002900	哈三联	60.1	B	1459	600577	精达股份	59.7	CCC
1424	603358	华达科技	60.1	B	1460	600190	锦州港	59.7	CCC
1425	300547	川环科技	60.1	B	1461	600893	航发动力	59.7	CCC
1426	603017	中衡设计	60.1	B	1462	000026	飞亚达	59.7	CCC
1427	002460	赣锋锂业	60.1	B	1463	300516	久之洋	59.6	CCC
1428	600739	辽宁成大	60.1	B	1464	300513	恒实科技	59.6	CCC
1429	603458	勘设股份	60	CCC	1465	603333	尚纬股份	59.6	CCC
1430	002886	沃特股份	60	CCC	1466	300212	易华录	59.6	CCC
1431	300209	天泽信息	60	CCC	1467	601118	海南橡胶	59.6	CCC
1432	002484	江海股份	60	CCC	1468	002084	海鸥住工	59.6	CCC
1433	002438	江苏神通	60	CCC	1469	600979	广安爱众	59.6	CCC
1434	002038	双鹭药业	60	CCC	1470	000970	中科三环	59.6	CCC
1435	000009	中国宝安	60	CCC	1471	600857	宁波中百	59.6	CCC
1436	601555	东吴证券	59.97	CCC	1472	000552	靖远煤电	59.6	CCC
1437	300438	鹏辉能源	59.9	CCC	1473	300680	隆盛科技	59.5	CCC
1438	603558	健盛集团	59.9	CCC	1474	603787	新日股份	59.5	CCC
1439	300306	远方信息	59.9	CCC	1475	603877	太平鸟	59.5	CCC
1440	300294	博雅生物	59.9	CCC	1476	601618	中国中冶	59.5	CCC
1441	002650	ST 加加	59.9	CCC	1477	600980	北矿科技	59.5	CCC
1442	002456	欧菲光	59.9	CCC	1478	600216	浙江医药	59.5	CCC
1443	600251	冠农股份	59.9	CCC	1479	600644	乐山电力	59.5	CCC
1444	600582	天地科技	59.9	CCC	1480	603897	长城科技	59.4	CCC
1445	000791	甘肃电投	59.9	CCC	1481	603580	艾艾精工	59.4	CCC
1446	000551	创元科技	59.9	CCC	1482	300514	友讯达	59.4	CCC
1447	000541	佛山照明	59.9	CCC	1483	002866	传艺科技	59.4	CCC
1448	300692	中环环保	59.8	CCC	1484	603239	浙江仙通	59.4	CCC
1449	002317	众生药业	59.8	CCC	1485	603118	共进股份	59.4	CCC
1450	600114	东睦股份	59.8	CCC	1486	002636	金安国纪	59.4	CCC
1451	600338	西藏珠峰	59.8	CCC	1487	002085	万丰奥威	59.4	CCC
1452	000930	中粮科技	59.8	CCC	1488	600490	鹏欣资源	59.4	CCC
1453	000825	太钢不锈	59.8	CCC	1489	600269	赣粤高速	59.4	CCC
1454	000623	吉林敖东	59.8	CCC	1490	000729	燕京啤酒	59.4	CCC
1455	600855	航天长峰	59.8	CCC	1491	300593	新雷能	59.3	CCC
1456	300751	迈为股份	59.7	CCC	1492	300582	英飞特	59.3	CCC

续表

序号	股票代码	股票简称	评价得分	评价等级	序号	股票代码	股票简称	评价得分	评价等级
1493	603818	曲美家居	59.3	CCC	1529	002017	东信和平	59	CCC
1494	603005	晶方科技	59.3	CCC	1530	300722	新余国科	58.9	CCC
1495	002621	美吉姆	59.3	CCC	1531	600903	贵州燃气	58.9	CCC
1496	002539	云图控股	59.3	CCC	1532	002835	同为股份	58.9	CCC
1497	002357	富临运业	59.3	CCC	1533	603528	多伦科技	58.9	CCC
1498	002008	大族激光	59.3	CCC	1534	603636	南威软件	58.9	CCC
1499	600768	宁波富邦	59.3	CCC	1535	601515	东风股份	58.9	CCC
1500	000620	新华联	59.3	CCC	1536	002582	好想你	58.9	CCC
1501	600819	耀皮玻璃	59.3	CCC	1537	300205	天喻信息	58.9	CCC
1502	600808	马钢股份	59.3	CCC	1538	002326	永太科技	58.9	CCC
1503	603901	永创智能	59.2	CCC	1539	002291	星期六	58.9	CCC
1504	002627	宜昌交运	59.2	CCC	1540	002283	天润工业	58.9	CCC
1505	002416	爱施德	59.2	CCC	1541	002263	大东南	58.9	CCC
1506	002404	嘉欣丝绸	59.2	CCC	1542	600322	天房发展	58.9	CCC
1507	601007	金陵饭店	59.2	CCC	1543	600596	新安股份	58.9	CCC
1508	002075	沙钢股份	59.2	CCC	1544	600123	兰花科创	58.9	CCC
1509	600505	西昌电力	59.2	CCC	1545	600635	大众公用	58.9	CCC
1510	600125	铁龙物流	59.2	CCC	1546	300263	隆华科技	58.8	CCC
1511	002936	郑州银行	59.13	CCC	1547	300154	瑞凌股份	58.8	CCC
1512	603331	百达精工	59.1	CCC	1548	002324	普利特	58.8	CCC
1513	002855	捷荣技术	59.1	CCC	1549	601766	中国中车	58.8	CCC
1514	300608	思特奇	59.1	CCC	1550	600871	石化油服	58.8	CCC
1515	603030	全筑股份	59.1	CCC	1551	603650	彤程新材	58.7	CCC
1516	002729	好利来	59.1	CCC	1552	300223	北京君正	58.7	CCC
1517	300390	天华超净	59.1	CCC	1553	300109	新开源	58.7	CCC
1518	300331	苏大维格	59.1	CCC	1554	002013	中航机电	58.7	CCC
1519	300218	安利股份	59.1	CCC	1555	600535	天士力	58.7	CCC
1520	600998	九州通	59.1	CCC	1556	002935	天奥电子	58.6	CCC
1521	002136	安纳达	59.1	CCC	1557	603970	中农立华	58.6	CCC
1522	000519	中兵红箭	59.1	CCC	1558	603139	康惠制药	58.6	CCC
1523	002927	泰永长征	59	CCC	1559	300523	辰安科技	58.6	CCC
1524	002917	金奥博	59	CCC	1560	300435	中泰股份	58.6	CCC
1525	603058	永吉股份	59	CCC	1561	300427	红相股份	58.6	CCC
1526	603928	兴业股份	59	CCC	1562	002591	恒大高新	58.6	CCC
1527	603566	普莱柯	59	CCC	1563	002340	格林美	58.6	CCC
1528	300155	安居宝	59	CCC	1564	000899	赣能股份	58.6	CCC

续表

序号	股票代码	股票简称	评价得分	评价等级	序号	股票代码	股票简称	评价得分	评价等级
1565	000032	深桑达 A	58.6	CCC	1601	002328	新朋股份	58.2	CCC
1566	300541	先进数通	58.5	CCC	1602	002246	北化股份	58.2	CCC
1567	603377	东方时尚	58.5	CCC	1603	002187	广百股份	58.2	CCC
1568	603315	福鞍股份	58.5	CCC	1604	002126	银轮股份	58.2	CCC
1569	300290	荣科科技	58.5	CCC	1605	601991	大唐发电	58.2	CCC
1570	300120	经纬辉开	58.5	CCC	1606	600387	海越能源	58.2	CCC
1571	002225	濮耐股份	58.5	CCC	1607	600234	ST 山水	58.2	CCC
1572	002004	华邦健康	58.5	CCC	1608	000039	中集集团	58.2	CCC
1573	600310	桂东电力	58.5	CCC	1609	600678	四川金顶	58.2	CCC
1574	600055	万东医疗	58.5	CCC	1610	300621	维业股份	58.1	CCC
1575	601611	中国核建	58.4	CCC	1611	603690	至纯科技	58.1	CCC
1576	603012	创力集团	58.4	CCC	1612	300527	中船应急	58.1	CCC
1577	300381	溢多利	58.4	CCC	1613	603726	朗迪集团	58.1	CCC
1578	300243	瑞丰高材	58.4	CCC	1614	603999	读者传媒	58.1	CCC
1579	002423	中粮资本	58.4	CCC	1615	601992	金隅集团	58.1	CCC
1580	002092	中泰化学	58.4	CCC	1616	002382	蓝帆医疗	58.1	CCC
1581	600551	时代出版	58.4	CCC	1617	600513	联环药业	58.1	CCC
1582	000677	恒天海龙	58.4	CCC	1618	000912	泸天化	58.1	CCC
1583	000636	风华高科	58.4	CCC	1619	002500	山西证券	58.02	CCC
1584	000402	金融街	58.4	CCC	1620	300672	国科微	58	CCC
1585	600674	川投能源	58.4	CCC	1621	603320	迪贝电气	58	CCC
1586	603357	设计总院	58.3	CCC	1622	603078	江化微	58	CCC
1587	603955	大千生态	58.3	CCC	1623	002857	三晖电气	58	CCC
1588	603035	常熟汽饰	58.3	CCC	1624	300535	达威股份	58	CCC
1589	300407	凯发电气	58.3	CCC	1625	002783	凯龙股份	58	CCC
1590	002666	德联集团	58.3	CCC	1626	300386	飞天诚信	58	CCC
1591	002567	唐人神	58.3	CCC	1627	002678	珠江钢琴	58	CCC
1592	000920	南方汇通	58.3	CCC	1628	601238	广汽集团	58	CCC
1593	600193	ST 创兴	58.3	CCC	1629	300267	尔康制药	58	CCC
1594	600116	三峡水利	58.3	CCC	1630	002549	凯美特气	58	CCC
1595	300705	九典制药	58.2	CCC	1631	300172	中电环保	58	CCC
1596	603908	牧高笛	58.2	CCC	1632	002524	光正集团	58	CCC
1597	300517	海波重科	58.2	CCC	1633	601933	永辉超市	58	CCC
1598	603158	腾龙股份	58.2	CCC	1634	002493	荣盛石化	58	CCC
1599	300233	金城医药	58.2	CCC	1635	300107	建新股份	58	CCC
1600	002412	汉森制药	58.2	CCC	1636	600489	中金黄金	58	CCC

续表

序号	股票代码	股票简称	评价得分	评价等级	序号	股票代码	股票简称	评价得分	评价等级
1637	600248	延长化建	58	CCC	1673	601330	绿色动力	57.6	CCC
1638	600141	兴发集团	58	CCC	1674	603363	傲农生物	57.6	CCC
1639	000400	许继电气	58	CCC	1675	300473	德尔股份	57.6	CCC
1640	000637	茂化实华	58	CCC	1676	601789	宁波建工	57.6	CCC
1641	600697	欧亚集团	58	CCC	1677	601880	大连港	57.6	CCC
1642	603655	朗博科技	57.9	CCC	1678	002105	信隆健康	57.6	CCC
1643	002772	众兴菌业	57.9	CCC	1679	600446	金证股份	57.6	CCC
1644	300385	雪浪环境	57.9	CCC	1680	600488	天药股份	57.6	CCC
1645	002587	奥拓电子	57.9	CCC	1681	000968	蓝焰控股	57.6	CCC
1646	002552	宝鼎科技	57.9	CCC	1682	600890	中房股份	57.6	CCC
1647	300160	秀强股份	57.9	CCC	1683	600693	东百集团	57.6	CCC
1648	002184	海得控制	57.9	CCC	1684	300631	久吾高科	57.5	CCC
1649	603266	天龙股份	57.8	CCC	1685	300456	赛微电子	57.5	CCC
1650	603990	麦迪科技	57.8	CCC	1686	603567	珍宝岛	57.5	CCC
1651	300486	东杰智能	57.8	CCC	1687	601069	西部黄金	57.5	CCC
1652	300424	航新科技	57.8	CCC	1688	002154	报喜鸟	57.5	CCC
1653	300363	博腾股份	57.8	CCC	1689	601600	中国铝业	57.5	CCC
1654	603766	隆鑫通用	57.8	CCC	1690	600552	凯盛科技	57.5	CCC
1655	601566	九牧王	57.8	CCC	1691	600609	金杯汽车	57.5	CCC
1656	002375	亚厦股份	57.8	CCC	1692	603667	五洲新春	57.4	CCC
1657	002155	湖南黄金	57.8	CCC	1693	603339	四方科技	57.4	CCC
1658	600022	山东钢铁	57.8	CCC	1694	002795	永和智控	57.4	CCC
1659	600379	宝光股份	57.8	CCC	1695	601010	文峰股份	57.4	CCC
1660	603098	森特股份	57.7	CCC	1696	002559	亚威股份	57.4	CCC
1661	603036	如通股份	57.7	CCC	1697	002538	司尔特	57.4	CCC
1662	603090	宏盛股份	57.7	CCC	1698	002385	大北农	57.4	CCC
1663	603227	雪峰科技	57.7	CCC	1699	002002	鸿达兴业	57.4	CCC
1664	002661	克明面业	57.7	CCC	1700	600353	旭光电子	57.4	CCC
1665	002540	亚太科技	57.7	CCC	1701	600755	厦门国贸	57.4	CCC
1666	601801	皖新传媒	57.7	CCC	1702	000590	启迪古汉	57.4	CCC
1667	002338	奥普光电	57.7	CCC	1703	600370	三房巷	57.3	CCC
1668	002296	辉煌科技	57.7	CCC	1704	600288	大恒科技	57.3	CCC
1669	600356	恒丰纸业	57.7	CCC	1705	600279	重庆港九	57.3	CCC
1670	600162	香江控股	57.7	CCC	1706	600089	特变电工	57.3	CCC
1671	000761	本钢板材	57.7	CCC	1707	600713	南京医药	57.3	CCC
1672	000731	四川美丰	57.7	CCC	1708	603278	大业股份	57.2	CCC

续表

序号	股票代码	股票简称	评价得分	评价等级	序号	股票代码	股票简称	评价得分	评价等级
1709	300556	丝路视觉	57.2	CCC	1745	603829	洛凯股份	56.8	CCC
1710	002762	金发拉比	57.2	CCC	1746	603767	中马传动	56.8	CCC
1711	002733	雄韬股份	57.2	CCC	1747	300637	扬帆新材	56.8	CCC
1712	002688	金河生物	57.2	CCC	1748	300414	中光防雷	56.8	CCC
1713	300183	东软载波	57.2	CCC	1749	300304	云意电气	56.8	CCC
1714	002207	准油股份	57.2	CCC	1750	002634	棒杰股份	56.8	CCC
1715	000880	潍柴重机	57.2	CCC	1751	002397	梦洁股份	56.8	CCC
1716	002933	新兴装备	57.1	CCC	1752	300067	安诺其	56.8	CCC
1717	002873	新天药业	57.1	CCC	1753	002114	罗平锌电	56.8	CCC
1718	300635	中达安	57.1	CCC	1754	000589	贵州轮胎	56.8	CCC
1719	603022	新通联	57.1	CCC	1755	000591	太阳能	56.8	CCC
1720	002672	东江环保	57.1	CCC	1756	600868	梅雁吉祥	56.8	CCC
1721	300258	精锻科技	57.1	CCC	1757	600611	大众交通	56.8	CCC
1722	601886	江河集团	57.1	CCC	1758	603028	赛福天	56.7	CCC
1723	002556	辉隆股份	57.1	CCC	1759	600011	华能国际	56.7	CCC
1724	002051	中工国际	57.1	CCC	1760	600853	龙建股份	56.7	CCC
1725	600408	ST 安泰	57.1	CCC	1761	600619	海立股份	56.7	CCC
1726	000088	盐田港	57.1	CCC	1762	300727	润禾材料	56.6	CCC
1727	000510	新金路	57.1	CCC	1763	603496	恒为科技	56.6	CCC
1728	300566	激智科技	57	CCC	1764	300531	优博讯	56.6	CCC
1729	300500	启迪设计	57	CCC	1765	601126	四方股份	56.6	CCC
1730	603998	方盛制药	57	CCC	1766	002135	东南网架	56.6	CCC
1731	300260	新莱应材	57	CCC	1767	600399	ST 抚钢	56.6	CCC
1732	000757	浩物股份	57	CCC	1768	000829	天音控股	56.6	CCC
1733	300746	汉嘉设计	56.9	CCC	1769	000683	远兴能源	56.6	CCC
1734	603817	海峡环保	56.9	CCC	1770	600826	兰生股份	56.6	CCC
1735	300420	五洋停车	56.9	CCC	1771	000505	京粮控股	56.6	CCC
1736	300333	兆日科技	56.9	CCC	1772	300691	联合光电	56.5	CCC
1737	300322	硕贝德	56.9	CCC	1773	300636	同和药业	56.5	CCC
1738	300121	阳谷华泰	56.9	CCC	1774	601669	中国电建	56.5	CCC
1739	002042	华孚时尚	56.9	CCC	1775	002400	省广集团	56.5	CCC
1740	600497	驰宏锌锗	56.9	CCC	1776	600491	龙元建设	56.5	CCC
1741	600150	中国船舶	56.9	CCC	1777	603336	宏辉果蔬	56.4	CCC
1742	000688	国城矿业	56.9	CCC	1778	002631	德尔未来	56.4	CCC
1743	600822	上海物贸	56.9	CCC	1779	300171	东富龙	56.4	CCC
1744	000559	万向钱潮	56.9	CCC	1780	002483	润邦股份	56.4	CCC

续表

序号	股票代码	股票简称	评价得分	评价等级	序号	股票代码	股票简称	评价得分	评价等级
1781	000959	首钢股份	56.4	CCC	1817	601519	大智慧	56	CCC
1782	000887	中鼎股份	56.4	CCC	1818	600531	豫光金铅	56	CCC
1783	300749	顶固集创	56.3	CCC	1819	600182	S 佳通	56	CCC
1784	603676	卫信康	56.3	CCC	1820	000657	中钨高新	56	CCC
1785	300387	富邦股份	56.3	CCC	1821	600874	创业环保	56	CCC
1786	300234	开尔新材	56.3	CCC	1822	601020	华钰矿业	55.9	CCC
1787	002399	海普瑞	56.3	CCC	1823	300493	润欣科技	55.9	CCC
1788	300070	碧水源	56.3	CCC	1824	300220	金运激光	55.9	CCC
1789	600223	鲁商发展	56.3	CCC	1825	002065	东华软件	55.9	CCC
1790	002845	同兴达	56.2	CCC	1826	002012	凯恩股份	55.9	CCC
1791	300536	农尚环境	56.2	CCC	1827	002877	智能自控	55.8	CCC
1792	603189	网达软件	56.2	CCC	1828	603002	宏昌电子	55.8	CCC
1793	300499	高澜股份	56.2	CCC	1829	002553	南方轴承	55.8	CCC
1794	601016	节能风电	56.2	CCC	1830	601005	重庆钢铁	55.8	CCC
1795	300346	南大光电	56.2	CCC	1831	600429	三元股份	55.8	CCC
1796	300276	三丰智能	56.2	CCC	1832	600428	中远海特	55.8	CCC
1797	300158	振东制药	56.2	CCC	1833	000626	远大控股	55.8	CCC
1798	600502	安徽建工	56.2	CCC	1834	600807	济南高新	55.8	CCC
1799	600335	国机汽车	56.2	CCC	1835	002782	可立克	55.7	CCC
1800	300732	设研院	56.1	CCC	1836	002707	众信旅游	55.7	CCC
1801	300666	江丰电子	56.1	CCC	1837	600966	博汇纸业	55.7	CCC
1802	300605	恒锋信息	56.1	CCC	1838	600523	贵航股份	55.7	CCC
1803	300375	鹏翎股份	56.1	CCC	1839	600833	第一医药	55.7	CCC
1804	002609	捷顺科技	56.1	CCC	1840	000534	万泽股份	55.7	CCC
1805	002578	闽发铝业	56.1	CCC	1841	002922	伊戈尔	55.6	CCC
1806	300162	雷曼光电	56.1	CCC	1842	603166	福达股份	55.6	CCC
1807	300057	万顺新材	56.1	CCC	1843	603126	中材节能	55.6	CCC
1808	600532	宏达矿业	56.1	CCC	1844	000859	国风塑业	55.6	CCC
1809	600278	东方创业	56.1	CCC	1845	600792	云煤能源	55.6	CCC
1810	600217	中再资环	56.1	CCC	1846	600753	东方银星	55.6	CCC
1811	000898	鞍钢股份	56.1	CCC	1847	002919	名臣健康	55.5	CCC
1812	000720	新能泰山	56.1	CCC	1848	002885	京泉华	55.5	CCC
1813	600848	上海临港	56.1	CCC	1849	300651	金陵体育	55.5	CCC
1814	300667	必创科技	56	CCC	1850	002788	鹭燕医药	55.5	CCC
1815	002868	绿康生化	56	CCC	1851	601226	华电重工	55.5	CCC
1816	603123	翠微股份	56	CCC	1852	601996	丰林集团	55.5	CCC

续表

序号	股票代码	股票简称	评价得分	评价等级	序号	股票代码	股票简称	评价得分	评价等级
1853	300149	量子生物	55.5	CCC	1889	300075	数字政通	55.2	CCC
1854	002386	天原集团	55.5	CCC	1890	002298	中电兴发	55.2	CCC
1855	002116	中国海诚	55.5	CCC	1891	002087	新野纺织	55.2	CCC
1856	600313	农发种业	55.5	CCC	1892	000875	吉电股份	55.2	CCC
1857	600722	金牛化工	55.5	CCC	1893	600500	中化国际	55.2	CCC
1858	600829	人民同泰	55.5	CCC	1894	600218	全柴动力	55.2	CCC
1859	603056	德邦股份	55.4	CCC	1895	000045	深纺织 A	55.2	CCC
1860	300712	永福股份	55.4	CCC	1896	600841	上柴股份	55.2	CCC
1861	603656	泰禾光电	55.4	CCC	1897	000023	深天地 A	55.2	CCC
1862	002843	泰嘉股份	55.4	CCC	1898	000019	深粮控股	55.2	CCC
1863	002800	天顺股份	55.4	CCC	1899	603220	中贝通信	55.1	CCC
1864	300508	维宏股份	55.4	CCC	1900	603161	科华控股	55.1	CCC
1865	603006	联明股份	55.4	CCC	1901	603918	金桥信息	55.1	CCC
1866	002658	雪迪龙	55.4	CCC	1902	002655	共达电声	55.1	CCC
1867	300277	海联讯	55.4	CCC	1903	601208	东材科技	55.1	CCC
1868	300225	金力泰	55.4	CCC	1904	300138	晨光生物	55.1	CCC
1869	002253	川大智胜	55.4	CCC	1905	002067	景兴纸业	55.1	CCC
1870	002144	宏达高科	55.4	CCC	1906	600549	厦门钨业	55.1	CCC
1871	002061	浙江交科	55.4	CCC	1907	600376	首开股份	55.1	CCC
1872	000100	TCL 科技	55.4	CCC	1908	000725	京东方 A	55.1	CCC
1873	600477	杭萧钢构	55.4	CCC	1909	600195	中牧股份	55.1	CCC
1874	000931	中关村	55.4	CCC	1910	600078	澄星股份	55.1	CCC
1875	000078	海王生物	55.4	CCC	1911	300634	彩讯股份	55	CC
1876	603709	中源家居	55.3	CCC	1912	002899	英派斯	55	CC
1877	603728	鸣志电器	55.3	CCC	1913	002859	洁美科技	55	CC
1878	002730	电光科技	55.3	CCC	1914	002852	道道全	55	CC
1879	002599	盛通股份	55.3	CCC	1915	002792	通宇通讯	55	CC
1880	002469	三维工程	55.3	CCC	1916	002778	高科石化	55	CC
1881	002454	松芝股份	55.3	CCC	1917	603025	大豪科技	55	CC
1882	002040	南京港	55.3	CCC	1918	300272	开能健康	55	CC
1883	000593	大通燃气	55.3	CCC	1919	002330	得利斯	55	CC
1884	300643	万通智控	55.2	CCC	1920	000061	农产品	55	CC
1885	002819	东方中科	55.2	CCC	1921	600657	信达地产	55	CC
1886	002554	惠博普	55.2	CCC	1922	603321	梅轮电梯	54.9	CC
1887	300180	华峰超纤	55.2	CCC	1923	300693	盛弘股份	54.9	CC
1888	300123	亚光科技	55.2	CCC	1924	603819	神力股份	54.9	CC

续表

序号	股票代码	股票简称	评价得分	评价等级	序号	股票代码	股票简称	评价得分	评价等级
1925	300365	恒华科技	54.9	CC	1961	300492	华图山鼎	54.5	CC
1926	002521	齐峰新材	54.9	CC	1962	002261	拓维信息	54.5	CC
1927	002405	四维图新	54.9	CC	1963	600327	大东方	54.5	CC
1928	600587	新华医疗	54.9	CC	1964	600776	东方通信	54.5	CC
1929	600503	华丽家族	54.9	CC	1965	603079	圣达生物	54.4	CC
1930	600148	长春一东	54.9	CC	1966	002890	弘宇股份	54.4	CC
1931	603917	合力科技	54.8	CC	1967	300665	飞鹿股份	54.4	CC
1932	603698	航天工程	54.8	CC	1968	603200	上海洗霸	54.4	CC
1933	002588	史丹利	54.8	CC	1969	002718	友邦吊顶	54.4	CC
1934	601116	三江购物	54.8	CC	1970	002481	双塔食品	54.4	CC
1935	002165	红宝丽	54.8	CC	1971	601866	中远海发	54.4	CC
1936	002109	兴化股份	54.8	CC	1972	600184	光电股份	54.4	CC
1937	002029	七匹狼	54.8	CC	1973	600367	红星发展	54.4	CC
1938	000990	诚志股份	54.8	CC	1974	000949	新乡化纤	54.4	CC
1939	000709	河钢股份	54.8	CC	1975	002545	东方铁塔	54.3	CC
1940	600882	妙可蓝多	54.8	CC	1976	002452	长高集团	54.3	CC
1941	600679	上海凤凰	54.8	CC	1977	300052	中青宝	54.3	CC
1942	300434	金石亚药	54.7	CC	1978	600586	金晶科技	54.3	CC
1943	300412	迦南科技	54.7	CC	1979	600337	美克家居	54.3	CC
1944	002585	双星新材	54.7	CC	1980	000976	华铁股份	54.3	CC
1945	300038	数知科技	54.7	CC	1981	603677	奇精机械	54.2	CC
1946	600812	华北制药	54.7	CC	1982	603337	杰克股份	54.2	CC
1947	603809	豪能股份	54.6	CC	1983	603029	天鹅股份	54.2	CC
1948	603985	恒润股份	54.6	CC	1984	300479	神思电子	54.2	CC
1949	603881	数据港	54.6	CC	1985	600372	中航电子	54.2	CC
1950	601882	海天精工	54.6	CC	1986	000702	正虹科技	54.2	CC
1951	603716	塞力斯	54.6	CC	1987	000010	*ST 美丽	54.2	CC
1952	603909	合诚股份	54.6	CC	1988	600662	强生控股	54.2	CC
1953	600975	新五丰	54.6	CC	1989	300612	宣亚国际	54.1	CC
1954	600469	风神股份	54.6	CC	1990	002620	瑞和股份	54.1	CC
1955	600593	大连圣亚	54.6	CC	1991	002598	山东章鼓	54.1	CC
1956	000153	丰原药业	54.6	CC	1992	601890	亚星锚链	54.1	CC
1957	600262	北方股份	54.6	CC	1993	300150	世纪瑞尔	54.1	CC
1958	601086	国芳集团	54.5	CC	1994	002361	神剑股份	54.1	CC
1959	002893	华通热力	54.5	CC	1995	600482	中国动力	54.1	CC
1960	300652	雷迪克	54.5	CC	1996	601162	天风证券	54.07	CC

续表

序号	股票代码	股票简称	评价得分	评价等级	序号	股票代码	股票简称	评价得分	评价等级
1997	002930	宏川智慧	54	CC	2033	002615	哈尔斯	53.7	CC
1998	601619	嘉泽新能	54	CC	2034	600583	海油工程	53.7	CC
1999	603869	新智认知	54	CC	2035	000733	振华科技	53.7	CC
2000	300213	佳讯飞鸿	54	CC	2036	000612	焦作万方	53.7	CC
2001	002388	新亚制程	54	CC	2037	603976	正川股份	53.6	CC
2002	002164	宁波东力	54	CC	2038	300532	今天国际	53.6	CC
2003	002054	德美化工	54	CC	2039	000925	众合科技	53.6	CC
2004	600481	双良节能	54	CC	2040	600168	武汉控股	53.6	CC
2005	600292	远达环保	54	CC	2041	600076	康欣新材	53.6	CC
2006	603557	起步股份	53.9	CC	2042	000652	泰达股份	53.6	CC
2007	603050	科林电气	53.9	CC	2043	000632	三木集团	53.6	CC
2008	300617	安靠智电	53.9	CC	2044	600875	东方电气	53.6	CC
2009	603016	新宏泰	53.9	CC	2045	000561	烽火电子	53.6	CC
2010	300328	宜安科技	53.9	CC	2046	002932	明德生物	53.5	CC
2011	300224	正海磁材	53.9	CC	2047	300560	中富通	53.5	CC
2012	300185	通裕重工	53.9	CC	2048	300526	中潜股份	53.5	CC
2013	002390	信邦制药	53.9	CC	2049	603889	新澳股份	53.5	CC
2014	002186	全聚德	53.9	CC	2050	603308	应流股份	53.5	CC
2015	600558	大西洋	53.9	CC	2051	002660	茂硕电源	53.5	CC
2016	600785	新华百货	53.9	CC	2052	300142	沃森生物	53.5	CC
2017	002745	木林森	53.8	CC	2053	603838	四通股份	53.4	CC
2018	002682	龙洲股份	53.8	CC	2054	603222	济民制药	53.4	CC
2019	603366	日出东方	53.8	CC	2055	600360	华微电子	53.4	CC
2020	300230	永利股份	53.8	CC	2056	000415	渤海租赁	53.4	CC
2021	300099	精准信息	53.8	CC	2057	603063	禾望电气	53.3	CC
2022	002270	华明装备	53.8	CC	2058	002787	华源控股	53.3	CC
2023	002195	二三四五	53.8	CC	2059	603066	音飞储存	53.3	CC
2024	600444	国机通用	53.8	CC	2060	601579	会稽山	53.3	CC
2025	000155	川能动力	53.8	CC	2061	300256	星星科技	53.3	CC
2026	000989	九芝堂	53.8	CC	2062	002516	旷达科技	53.3	CC
2027	000901	航天科技	53.8	CC	2063	002149	西部材料	53.3	CC
2028	600613	神奇制药	53.8	CC	2064	000903	云内动力	53.3	CC
2029	603356	华菱精工	53.7	CC	2065	600163	中闽能源	53.3	CC
2030	002876	三利谱	53.7	CC	2066	600888	新疆众和	53.3	CC
2031	300655	晶瑞股份	53.7	CC	2067	000526	紫光学大	53.3	CC
2032	600939	重庆建工	53.7	CC	2068	600645	中源协和	53.3	CC

续表

序号	股票代码	股票简称	评价得分	评价等级	序号	股票代码	股票简称	评价得分	评价等级
2069	300710	万隆光电	53.2	CC	2105	603330	上海天洋	52.7	CC
2070	603969	银龙股份	53.2	CC	2106	300485	赛升药业	52.7	CC
2071	300235	方直科技	53.2	CC	2107	300330	华虹计通	52.7	CC
2072	300113	顺网科技	53.2	CC	2108	300198	纳川股份	52.7	CC
2073	603680	今创集团	53.1	CC	2109	002395	双象股份	52.7	CC
2074	603608	天创时尚	53.1	CC	2110	002282	博深股份	52.7	CC
2075	600149	ST 坊展	53.1	CC	2111	000893	东凌国际	52.7	CC
2076	002228	合兴包装	53	CC	2112	000800	一汽解放	52.7	CC
2077	002096	南岭民爆	53	CC	2113	000597	东北制药	52.7	CC
2078	000700	模塑科技	53	CC	2114	000576	广东甘化	52.7	CC
2079	000619	海螺型材	53	CC	2115	000553	安道麦 A	52.7	CC
2080	000607	华媒控股	53	CC	2116	300425	中建环能	52.6	CC
2081	600877	ST 电能	53	CC	2117	002558	巨人网络	52.6	CC
2082	300752	隆利科技	52.9	CC	2118	300167	迪威迅	52.6	CC
2083	300711	广哈通信	52.9	CC	2119	002514	宝馨科技	52.6	CC
2084	002910	庄园牧场	52.9	CC	2120	002492	恒基达鑫	52.6	CC
2085	603602	纵横通信	52.9	CC	2121	000488	晨鸣纸业	52.6	CC
2086	603633	徕木股份	52.9	CC	2122	600301	ST 南化	52.6	CC
2087	300537	广信材料	52.9	CC	2123	600159	大龙地产	52.6	CC
2088	002751	易尚展示	52.9	CC	2124	600740	山西焦化	52.6	CC
2089	300335	迪森股份	52.9	CC	2125	300654	世纪天鸿	52.5	CC
2090	002389	航天彩虹	52.9	CC	2126	300530	达志科技	52.5	CC
2091	601518	吉林高速	52.9	CC	2127	300374	恒通科技	52.5	CC
2092	002369	卓翼科技	52.9	CC	2128	300389	艾比森	52.5	CC
2093	600527	江南高纤	52.9	CC	2129	300069	金利华电	52.5	CC
2094	600006	东风汽车	52.9	CC	2130	002272	川润股份	52.5	CC
2095	601212	白银有色	52.8	CC	2131	600037	歌华有线	52.5	CC
2096	603116	红蜻蜓	52.8	CC	2132	000948	南天信息	52.5	CC
2097	002594	比亚迪	52.8	CC	2133	600879	航天电子	52.5	CC
2098	002376	新北洋	52.8	CC	2134	000008	神州高铁	52.5	CC
2099	300018	中元股份	52.8	CC	2135	300557	理工光科	52.4	CC
2100	300756	中山金马	52.7	CC	2136	300506	名家汇	52.4	CC
2101	601869	长飞光纤	52.7	CC	2137	603703	盛洋科技	52.4	CC
2102	002906	华阳集团	52.7	CC	2138	300324	旋极信息	52.4	CC
2103	603335	迪生力	52.7	CC	2139	002520	日发精机	52.4	CC
2104	603630	拉芳家化	52.7	CC	2140	002286	保龄宝	52.4	CC

续表

序号	股票代码	股票简称	评价得分	评价等级	序号	股票代码	股票简称	评价得分	评价等级
2141	002090	金智科技	52.4	CC	2177	603879	永悦科技	51.8	CC
2142	600592	龙溪股份	52.4	CC	2178	603577	汇金通	51.8	CC
2143	600272	开开实业	52.4	CC	2179	603159	上海亚虹	51.8	CC
2144	600297	广汇汽车	52.4	CC	2180	300509	新美星	51.8	CC
2145	600185	格力地产	52.4	CC	2181	002753	永东股份	51.8	CC
2146	600203	福日电子	52.4	CC	2182	002723	金莱特	51.8	CC
2147	600095	哈高科	52.4	CC	2183	002700	ST 浩源	51.8	CC
2148	600705	中航资本	52.4	CC	2184	603077	和邦生物	51.8	CC
2149	000020	深华发 A	52.4	CC	2185	002497	雅化集团	51.8	CC
2150	300245	天玑科技	52.3	CC	2186	601002	晋亿实业	51.8	CC
2151	300095	华伍股份	52.3	CC	2187	000417	合肥百货	51.8	CC
2152	600973	宝胜股份	52.3	CC	2188	600725	ST 云维	51.8	CC
2153	000838	财信发展	52.3	CC	2189	300611	美力科技	51.7	CC
2154	600789	鲁抗医药	52.3	CC	2190	002781	奇信股份	51.7	CC
2155	000419	通程控股	52.3	CC	2191	002612	朗姿股份	51.7	CC
2156	600640	号百控股	52.3	CC	2192	002590	万安科技	51.7	CC
2157	002548	金新农	52.2	CC	2193	601218	吉鑫科技	51.7	CC
2158	002251	步步高	52.2	CC	2194	002119	康强电子	51.7	CC
2159	600392	盛和资源	52.2	CC	2195	600433	冠豪高新	51.7	CC
2160	600573	惠泉啤酒	52.2	CC	2196	001896	豫能控股	51.7	CC
2161	600058	五矿发展	52.2	CC	2197	600736	苏州高新	51.7	CC
2162	600748	上实发展	52.2	CC	2198	000573	粤宏远 A	51.7	CC
2163	600929	湖南盐业	52.1	CC	2199	002674	兴业科技	51.6	CC
2164	002896	中大力德	52.1	CC	2200	000969	安泰科技	51.6	CC
2165	002881	美格智能	52.1	CC	2201	000070	特发信息	51.6	CC
2166	603179	新泉股份	52.1	CC	2202	603876	鼎胜新材	51.5	CC
2167	002632	道明光学	52.1	CC	2203	300716	国立科技	51.5	CC
2168	002134	天津普林	52.1	CC	2204	002476	宝莫股份	51.5	CC
2169	002024	苏宁易购	52.1	CC	2205	300021	大禹节水	51.5	CC
2170	000404	长虹华意	52.1	CC	2206	600393	粤泰股份	51.5	CC
2171	603055	台华新材	52	CC	2207	000635	英力特	51.5	CC
2172	300475	聚隆科技	51.9	CC	2208	600685	中船防务	51.5	CC
2173	002215	诺普信	51.9	CC	2209	601375	中原证券	51.41	CC
2174	600969	郴电国际	51.9	CC	2210	002823	凯中精密	51.4	CC
2175	000557	西部创业	51.9	CC	2211	300392	腾信股份	51.4	CC
2176	000550	江铃汽车	51.9	CC	2212	002722	金轮股份	51.4	CC

续表

序号	股票代码	股票简称	评价得分	评价等级	序号	股票代码	股票简称	评价得分	评价等级
2213	300096	易联众	51.4	CC	2249	300283	温州宏丰	50.9	CC
2214	002343	慈文传媒	51.4	CC	2250	300242	佳云科技	50.9	CC
2215	300049	福瑞股份	51.4	CC	2251	002403	爱仕达	50.9	CC
2216	002162	悦心健康	51.4	CC	2252	600137	浪莎股份	50.9	CC
2217	002104	恒宝股份	51.4	CC	2253	000521	长虹美菱	50.9	CC
2218	600996	贵广网络	51.3	CC	2254	300683	海特生物	50.8	CC
2219	300404	博济医药	51.3	CC	2255	300368	汇金股份	50.8	CC
2220	300437	清水源	51.3	CC	2256	002424	贵州百灵	50.8	CC
2221	002546	新联电子	51.3	CC	2257	002278	神开股份	50.8	CC
2222	002339	积成电子	51.3	CC	2258	000952	广济药业	50.8	CC
2223	002103	广博股份	51.3	CC	2259	600207	安彩高科	50.8	CC
2224	600499	科达洁能	51.3	CC	2260	000016	深康佳 A	50.8	CC
2225	300698	万马科技	51.2	CC	2261	300671	富满电子	50.7	CC
2226	603738	泰晶科技	51.2	CC	2262	603665	康隆达	50.7	CC
2227	300174	元力股份	51.2	CC	2263	002576	通达动力	50.7	CC
2228	002166	莱茵生物	51.2	CC	2264	002495	佳隆股份	50.7	CC
2229	600415	小商品城	51.2	CC	2265	300110	华仁药业	50.7	CC
2230	600266	城建发展	51.2	CC	2266	002231	奥维通信	50.7	CC
2231	000796	凯撒旅业	51.2	CC	2267	600495	晋西车轴	50.7	CC
2232	600839	四川长虹	51.2	CC	2268	600439	瑞贝卡	50.7	CC
2233	300382	斯莱克	51.1	CC	2269	600468	百利电气	50.7	CC
2234	300078	思创医惠	51.1	CC	2270	600400	红豆股份	50.7	CC
2235	300063	天龙集团	51.1	CC	2271	300707	威唐工业	50.6	CC
2236	002047	宝鹰股份	51.1	CC	2272	002824	和胜股份	50.6	CC
2237	600259	广晟有色	51.1	CC	2273	603031	安德利	50.6	CC
2238	000833	粤桂股份	51.1	CC	2274	300402	宝色股份	50.6	CC
2239	000788	北大医药	51.1	CC	2275	300319	麦捷科技	50.6	CC
2240	600756	浪潮软件	51.1	CC	2276	601388	怡球资源	50.6	CC
2241	600719	大连热电	51.1	CC	2277	000777	中核科技	50.6	CC
2242	603880	南卫股份	51	CC	2278	600052	浙江广厦	50.6	CC
2243	002566	益盛药业	51	CC	2279	600884	杉杉股份	50.6	CC
2244	600410	华胜天成	51	CC	2280	300633	开立医疗	50.5	CC
2245	300585	奥联电子	50.9	CC	2281	300288	朗玛信息	50.5	CC
2246	300568	星源材质	50.9	CC	2282	002363	隆基机械	50.5	CC
2247	603569	长久物流	50.9	CC	2283	000831	五矿稀土	50.5	CC
2248	600959	江苏有线	50.9	CC	2284	600676	交运股份	50.5	CC

续表

序号	股票代码	股票简称	评价得分	评价等级	序号	股票代码	股票简称	评价得分	评价等级
2285	300719	安达维尔	50.4	CC	2321	300615	欣天科技	50.1	CC
2286	002897	意华股份	50.4	CC	2322	002808	恒久科技	50.1	CC
2287	601366	利群股份	50.4	CC	2323	002743	富煌钢构	50.1	CC
2288	300345	红宇新材	50.4	CC	2324	300240	飞力达	50.1	CC
2289	002639	雪人股份	50.4	CC	2325	002580	圣阳股份	50.1	CC
2290	300135	宝利国际	50.4	CC	2326	300047	天源迪科	50.1	CC
2291	002137	麦达数字	50.4	CC	2327	600963	岳阳林纸	50.1	CC
2292	002132	恒星科技	50.4	CC	2328	603348	文灿股份	50	C
2293	600992	贵绳股份	50.4	CC	2329	002921	联诚精密	50	C
2294	600202	哈空调	50.4	CC	2330	002875	安奈儿	50	C
2295	600847	万里股份	50.4	CC	2331	002312	三泰控股	50	C
2296	000514	渝开发	50.4	CC	2332	600965	福成股份	50	C
2297	603185	上机数控	50.3	CC	2333	600118	中国卫星	50	C
2298	002613	北玻股份	50.3	CC	2334	603929	亚翔集成	49.9	C
2299	600283	钱江水利	50.3	CC	2335	300548	博创科技	49.9	C
2300	600103	青山纸业	50.3	CC	2336	002758	华通医药	49.9	C
2301	600067	冠城大通	50.3	CC	2337	300457	赢合科技	49.9	C
2302	600797	浙大网新	50.3	CC	2338	002573	清新环境	49.9	C
2303	600778	友好集团	50.3	CC	2339	002268	卫士通	49.9	C
2304	600616	金枫酒业	50.3	CC	2340	002023	海特高新	49.9	C
2305	300504	天邑股份	50.2	CC	2341	600706	曲江文旅	49.9	C
2306	603396	金辰股份	50.2	CC	2342	600624	复旦复华	49.9	C
2307	603386	广东骏亚	50.2	CC	2343	603388	元成股份	49.8	C
2308	300589	江龙船艇	50.2	CC	2344	603618	杭电股份	49.8	C
2309	300366	创意信息	50.2	CC	2345	002528	英飞拓	49.8	C
2310	002654	万润科技	50.2	CC	2346	000797	中国武夷	49.8	C
2311	300255	常山药业	50.2	CC	2347	000753	漳州发展	49.8	C
2312	002560	通达股份	50.2	CC	2348	600751	海航科技	49.8	C
2313	300131	英唐智控	50.2	CC	2349	300706	阿石创	49.7	C
2314	300079	数码科技	50.2	CC	2350	300678	中科信息	49.7	C
2315	300054	鼎龙股份	50.2	CC	2351	002828	贝肯能源	49.7	C
2316	000759	中百集团	50.2	CC	2352	300534	陇神戎发	49.7	C
2317	000021	深科技	50.2	CC	2353	300250	初灵信息	49.7	C
2318	601068	中铝国际	50.1	CC	2354	600105	永鼎股份	49.7	C
2319	300644	南京聚隆	50.1	CC	2355	000665	湖北广电	49.7	C
2320	603083	剑桥科技	50.1	CC	2356	600843	上工申贝	49.7	C

续表

序号	股票代码	股票简称	评价得分	评价等级	序号	股票代码	股票简称	评价得分	评价等级
2357	603536	惠发食品	49.6	C	2393	002295	精艺股份	49.3	C
2358	300581	晨曦航空	49.6	C	2394	600333	长春燃气	49.3	C
2359	002827	高争民爆	49.6	C	2395	600130	波导股份	49.3	C
2360	300239	东宝生物	49.6	C	2396	600221	海航控股	49.3	C
2361	002571	德力股份	49.6	C	2397	002767	先锋电子	49.2	C
2362	002547	春兴精工	49.6	C	2398	300292	吴通控股	49.2	C
2363	600960	渤海汽车	49.6	C	2399	002285	世联行	49.2	C
2364	600545	卓郎智能	49.6	C	2400	002125	湘潭电化	49.2	C
2365	600330	天通股份	49.6	C	2401	600289	*ST 信通	49.2	C
2366	600191	华资实业	49.6	C	2402	600869	智慧能源	49.2	C
2367	000793	华闻集团	49.6	C	2403	002902	铭普光磁	49.1	C
2368	000430	张家界	49.6	C	2404	603612	索通发展	49.1	C
2369	600834	申通地铁	49.6	C	2405	300295	三六五网	49.1	C
2370	600689	上海三毛	49.6	C	2406	002425	凯撒文化	49.1	C
2371	603978	深圳新星	49.5	C	2407	002413	雷科防务	49.1	C
2372	300645	正元智慧	49.5	C	2408	300010	立思辰	49.1	C
2373	002712	思美传媒	49.5	C	2409	002156	通富微电	49.1	C
2374	601616	广电电气	49.5	C	2410	603727	博迈科	49	C
2375	601101	昊华能源	49.5	C	2411	002364	中恒电气	49	C
2376	000768	中航飞机	49.5	C	2412	002169	智光电气	49	C
2377	300550	和仁科技	49.4	C	2413	600361	华联综超	49	C
2378	603268	松发股份	49.4	C	2414	600824	益民集团	49	C
2379	300329	海伦钢琴	49.4	C	2415	000014	沙河股份	49	C
2380	300275	梅安森	49.4	C	2416	002170	芭田股份	48.9	C
2381	300030	阳普医疗	49.4	C	2417	300626	华瑞股份	48.8	C
2382	002292	奥飞娱乐	49.4	C	2418	300344	太空智造	48.8	C
2383	600320	振华重工	49.4	C	2419	300291	华录百纳	48.8	C
2384	600876	洛阳玻璃	49.4	C	2420	002411	延安必康	48.8	C
2385	300670	大烨智能	49.3	C	2421	300001	特锐德	48.8	C
2386	002747	埃斯顿	49.3	C	2422	600467	好当家	48.8	C
2387	002725	跃岭股份	49.3	C	2423	000881	中广核技	48.8	C
2388	002614	奥佳华	49.3	C	2424	000813	德展健康	48.8	C
2389	002606	大连电瓷	49.3	C	2425	000631	顺发恒业	48.8	C
2390	300148	天舟文化	49.3	C	2426	300694	蠡湖股份	48.7	C
2391	002455	百川股份	49.3	C	2427	300675	建科院	48.7	C
2392	002387	维信诺	49.3	C	2428	603758	秦安股份	48.7	C

续表

序号	股票代码	股票简称	评价得分	评价等级	序号	股票代码	股票简称	评价得分	评价等级
2429	300619	金银河	48.7	C	2465	300663	科蓝软件	48.1	C
2430	300549	优德精密	48.7	C	2466	300597	吉大通信	48.1	C
2431	601222	林洋能源	48.7	C	2467	300561	汇金科技	48.1	C
2432	002519	银河电子	48.7	C	2468	002347	泰尔股份	48.1	C
2433	002101	广东鸿图	48.7	C	2469	002108	沧州明珠	48.1	C
2434	000850	华茂股份	48.7	C	2470	000917	电广传媒	48.1	C
2435	600811	东方集团	48.7	C	2471	600201	生物股份	48.1	C
2436	300377	赢时胜	48.6	C	2472	000055	方大集团	48.1	C
2437	002668	奥马电器	48.6	C	2473	600858	银座股份	48.1	C
2438	002644	佛慈制药	48.6	C	2474	603316	诚邦股份	48	C
2439	601179	中国西电	48.6	C	2475	603223	恒通股份	48	C
2440	002066	瑞泰科技	48.6	C	2476	002177	御银股份	48	C
2441	600178	东安动力	48.6	C	2477	000666	经纬纺机	48	C
2442	300512	中亚股份	48.5	C	2478	000421	南京公用	48	C
2443	300115	长盈精密	48.5	C	2479	600851	海欣股份	48	C
2444	002279	久其软件	48.5	C	2480	603619	中曼石油	47.9	C
2445	002201	九鼎新材	48.5	C	2481	002717	岭南股份	47.9	C
2446	600331	宏达股份	48.5	C	2482	002583	海能达	47.9	C
2447	600391	航发科技	48.5	C	2483	002190	成飞集成	47.9	C
2448	000978	桂林旅游	48.5	C	2484	000926	福星股份	47.9	C
2449	600157	永泰能源	48.5	C	2485	600096	云天化	47.9	C
2450	300743	天地数码	48.4	C	2486	600696	ST 岩石	47.9	C
2451	002433	太安堂	48.4	C	2487	600623	华谊集团	47.9	C
2452	600117	西宁特钢	48.4	C	2488	601038	一拖股份	47.8	C
2453	000420	吉林化纤	48.4	C	2489	002329	皇氏集团	47.8	C
2454	000523	广州浪奇	48.4	C	2490	600560	金自天正	47.8	C
2455	603777	来伊份	48.3	C	2491	600158	中体产业	47.8	C
2456	002742	三圣股份	48.3	C	2492	603963	大理药业	47.7	C
2457	300087	荃银高科	48.3	C	2493	300147	香雪制药	47.7	C
2458	000863	三湘印象	48.3	C	2494	300065	海兰信	47.7	C
2459	603421	鼎信通讯	48.2	C	2495	002204	大连重工	47.7	C
2460	300436	广生堂	48.2	C	2496	600636	国新文化	47.7	C
2461	300358	楚天科技	48.2	C	2497	002805	丰元股份	47.6	C
2462	601106	中国一重	48.2	C	2498	300257	开山股份	47.6	C
2463	600569	安阳钢铁	48.2	C	2499	002564	天沃科技	47.6	C
2464	600268	国电南自	48.2	C	2500	600493	凤竹纺织	47.6	C

续表

序号	股票代码	股票简称	评价得分	评价等级	序号	股票代码	股票简称	评价得分	评价等级
2501	600155	华创阳安	47.6	C	2537	300421	力星股份	47.1	C
2502	600099	林海股份	47.6	C	2538	002448	中原内配	47.1	C
2503	603843	正平股份	47.5	C	2539	002307	北新路桥	47.1	C
2504	002542	中化岩土	47.5	C	2540	002159	三特索道	47.1	C
2505	600010	包钢股份	47.5	C	2541	000933	神火股份	47.1	C
2506	600072	中船科技	47.5	C	2542	603693	江苏新能	47	C
2507	600838	上海九百	47.5	C	2543	603477	振静股份	47	C
2508	000005	世纪星源	47.5	C	2544	300430	诚益通	47	C
2509	002709	天赐材料	47.4	C	2545	002522	浙江众成	47	C
2510	300175	朗源股份	47.4	C	2546	002325	洪涛股份	47	C
2511	002199	东晶电子	47.4	C	2547	300005	探路者	47	C
2512	600581	八一钢铁	47.4	C	2548	603629	利通电子	46.9	C
2513	600397	安源煤业	47.4	C	2549	300730	科创信息	46.9	C
2514	600339	中油工程	47.4	C	2550	300600	瑞特股份	46.9	C
2515	000767	漳泽电力	47.4	C	2551	002213	特尔佳	46.9	C
2516	600790	轻纺城	47.4	C	2552	000762	西藏矿业	46.9	C
2517	603269	海鸥股份	47.3	C	2553	000755	山西路桥	46.9	C
2518	603168	莎普爱思	47.3	C	2554	000565	渝三峡 A	46.9	C
2519	002667	鞍重股份	47.3	C	2555	000532	华金资本	46.9	C
2520	300181	佐力药业	47.3	C	2556	600220	江苏阳光	46.8	C
2521	002174	游族网络	47.3	C	2557	600080	ST 金花	46.8	C
2522	600435	北方导航	47.3	C	2558	300491	通合科技	46.7	C
2523	000897	津滨发展	47.3	C	2559	300477	合纵科技	46.7	C
2524	000058	深赛格	47.3	C	2560	002350	北京科锐	46.7	C
2525	600775	南京熊猫	47.3	C	2561	002031	巨轮智能	46.7	C
2526	000518	四环生物	47.3	C	2562	600517	国网英大	46.7	C
2527	601606	长城军工	47.2	C	2563	600267	海正药业	46.7	C
2528	300583	赛托生物	47.2	C	2564	000554	泰山石油	46.7	C
2529	002593	日上集团	47.2	C	2565	300688	创业黑马	46.6	C
2530	002345	潮宏基	47.2	C	2566	603169	兰石重装	46.6	C
2531	002095	生意宝	47.2	C	2567	300074	华平股份	46.6	C
2532	600480	凌云股份	47.2	C	2568	601008	连云港	46.6	C
2533	000716	黑芝麻	47.2	C	2569	600316	洪都航空	46.6	C
2534	600605	汇通能源	47.2	C	2570	600366	宁波韵升	46.6	C
2535	603861	白云电器	47.1	C	2571	000962	东方钽业	46.6	C
2536	002779	中坚科技	47.1	C	2572	000861	海印股份	46.6	C

续表

序号	股票代码	股票简称	评价得分	评价等级	序号	股票代码	股票简称	评价得分	评价等级
2573	600077	宋都股份	46.6	C	2609	601028	玉龙股份	46	C
2574	603499	翔港科技	46.5	C	2610	300126	锐奇股份	46	C
2575	300591	万里马	46.5	C	2611	002417	深南股份	46	C
2576	300472	新元科技	46.5	C	2612	002337	赛象科技	46	C
2577	601339	百隆东方	46.5	C	2613	002771	真视通	45.9	C
2578	600738	兰州民百	46.5	C	2614	002748	世龙实业	45.9	C
2579	603042	华脉科技	46.4	C	2615	002544	杰赛科技	45.9	C
2580	603015	弘讯科技	46.4	C	2616	300163	先锋新材	45.9	C
2581	002699	美盛文化	46.4	C	2617	002472	双环传动	45.9	C
2582	002527	新时达	46.4	C	2618	300068	南都电源	45.9	C
2583	600405	动力源	46.4	C	2619	002249	大洋电机	45.9	C
2584	600222	太龙药业	46.4	C	2620	000158	常山北明	45.9	C
2585	600071	凤凰光学	46.4	C	2621	000613	大东海 A	45.9	C
2586	000056	皇庭国际	46.4	C	2622	002862	实丰文化	45.8	C
2587	300641	正丹股份	46.3	C	2623	002789	建艺集团	45.8	C
2588	002842	翔鹭钨业	46.3	C	2624	300471	厚普股份	45.8	C
2589	300376	易事特	46.3	C	2625	601608	中信重工	45.8	C
2590	300011	鼎汉技术	46.3	C	2626	002676	顺威股份	45.8	C
2591	002046	轴研科技	46.3	C	2627	600312	平高电气	45.8	C
2592	600232	金鹰股份	46.3	C	2628	300521	爱司凯	45.7	C
2593	000037	深南电 A	46.3	C	2629	601908	京运通	45.7	C
2594	603933	睿能科技	46.2	C	2630	600107	美尔雅	45.7	C
2595	601500	通用股份	46.2	C	2631	000668	荣丰控股	45.7	C
2596	002752	昇兴股份	46.2	C	2632	600774	汉商集团	45.7	C
2597	300261	雅本化学	46.2	C	2633	000545	金浦钛业	45.7	C
2598	002523	天桥起重	46.2	C	2634	603001	奥康国际	45.6	C
2599	600990	四创电子	46.2	C	2635	002474	榕基软件	45.6	C
2600	000973	佛塑科技	46.2	C	2636	300056	中创环保	45.6	C
2601	000862	银星能源	46.2	C	2637	002342	巨力索具	45.6	C
2602	603045	福达合金	46.1	C	2638	600895	张江高科	45.6	C
2603	002574	明牌珠宝	46.1	C	2639	600661	昂立教育	45.6	C
2604	300145	中金环境	46.1	C	2640	603810	丰山集团	45.5	C
2605	300004	南风股份	46.1	C	2641	300647	超频三	45.5	C
2606	600501	航天晨光	46.1	C	2642	002715	登云股份	45.5	C
2607	300604	长川科技	46	C	2643	002628	成都路桥	45.5	C
2608	603958	哈森股份	46	C	2644	600345	长江通信	45.5	C

续表

序号	股票代码	股票简称	评价得分	评价等级	序号	股票代码	股票简称	评价得分	评价等级
2645	000993	闽东电力	45.5	C	2681	002289	ST 宇顺	44.8	C
2646	600277	亿利洁能	45.5	C	2682	600962	国投中鲁	44.8	C
2647	600075	新疆天业	45.5	C	2683	600526	菲达环保	44.8	C
2648	600686	金龙汽车	45.5	C	2684	600250	南纺股份	44.8	C
2649	002684	*ST 猛狮	45.4	C	2685	600781	*ST 辅仁	44.8	C
2650	002505	大康农业	45.4	C	2686	000615	京汉股份	44.8	C
2651	002229	鸿博股份	45.4	C	2687	600744	华银电力	44.8	C
2652	600759	洲际油气	45.4	C	2688	300165	天瑞仪器	44.7	C
2653	000605	渤海股份	45.4	C	2689	002160	常铝股份	44.7	C
2654	600825	新华传媒	45.4	C	2690	600770	综艺股份	44.7	C
2655	300592	华凯创意	45.3	C	2691	300352	北信源	44.6	C
2656	300356	光一科技	45.3	C	2692	300020	银江股份	44.6	C
2657	002671	龙泉股份	45.3	C	2693	600961	株冶集团	44.6	C
2658	300202	聚龙股份	45.3	C	2694	000722	湖南发展	44.6	C
2659	300201	海伦哲	45.3	C	2695	600758	辽宁能源	44.6	C
2660	603789	星光农机	45.2	C	2696	603768	常青股份	44.5	C
2661	002112	三变科技	45.2	C	2697	300191	潜能恒信	44.5	C
2662	600246	万通地产	45.2	C	2698	600540	新赛股份	44.5	C
2663	600664	哈药股份	45.2	C	2699	600321	正源股份	44.5	C
2664	002321	华英农业	45.1	C	2700	000681	视觉中国	44.5	C
2665	002163	海南发展	45.1	C	2701	300302	同有科技	44.4	C
2666	600186	莲花健康	45.1	C	2702	002344	海宁皮城	44.4	C
2667	600133	东湖高新	45.1	C	2703	601015	陕西黑猫	44.3	C
2668	600881	亚泰集团	45.1	C	2704	002510	天汽模	44.3	C
2669	600805	悦达投资	45.1	C	2705	600981	汇鸿集团	44.3	C
2670	603773	沃格光电	45	C	2706	600351	亚宝药业	44.3	C
2671	603507	振江股份	45	C	2707	002769	普路通	44.2	C
2672	300540	深冷股份	45	C	2708	002551	尚荣医疗	44.2	C
2673	002702	海欣食品	45	C	2709	002073	软控股份	44.2	C
2674	300279	和晶科技	45	C	2710	000852	石化机械	44.2	C
2675	600936	广西广电	44.9	C	2711	000798	中水渔业	44.2	C
2676	600562	国睿科技	44.9	C	2712	600692	亚通股份	44.2	C
2677	600108	亚盛集团	44.9	C	2713	300490	华自科技	44.1	C
2678	600712	南宁百货	44.9	C	2714	300495	美尚生态	44.1	C
2679	603683	晶华新材	44.8	C	2715	300211	亿通科技	44.1	C
2680	300024	机器人	44.8	C	2716	300170	汉得信息	44.1	C

续表

序号	股票代码	股票简称	评价得分	评价等级	序号	股票代码	股票简称	评价得分	评价等级
2717	000570	苏常柴 A	44.1	C	2753	002094	青岛金王	43.4	C
2718	300105	龙源技术	44	C	2754	000812	陕西金叶	43.4	C
2719	300061	旗天科技	44	C	2755	600743	华远地产	43.4	C
2720	600584	长电科技	44	C	2756	002218	拓日新能	43.3	C
2721	000815	美利云	44	C	2757	000957	中通客车	43.3	C
2722	000680	山推股份	44	C	2758	000007	全新好	43.3	C
2723	600718	东软集团	43.9	C	2759	600106	重庆路桥	43.2	C
2724	002776	柏堡龙	43.8	C	2760	603721	中广天择	43.1	C
2725	300447	全信股份	43.8	C	2761	603177	德创环保	43.1	C
2726	300310	宜通世纪	43.8	C	2762	603518	锦泓集团	43.1	C
2727	002011	盾安环境	43.8	C	2763	300289	利德曼	43.1	C
2728	600594	益佰制药	43.8	C	2764	300203	聚光科技	43.1	C
2729	600571	信雅达	43.8	C	2765	002503	搜于特	43.1	C
2730	600228	ST 昌九	43.8	C	2766	600796	钱江生化	43.1	C
2731	000826	启迪环境	43.8	C	2767	603725	天安新材	43	C
2732	000038	深大通	43.8	C	2768	002774	快意电梯	43	C
2733	603486	科沃斯	43.7	C	2769	300062	中能电气	42.9	C
2734	002863	今飞凯达	43.7	C	2770	300017	网宿科技	42.9	C
2735	300332	天壕环境	43.7	C	2771	000530	冰山冷热	42.9	C
2736	600281	太化股份	43.7	C	2772	603023	威帝股份	42.8	C
2737	600213	亚星客车	43.7	C	2773	002625	光启技术	42.8	C
2738	600830	香溢融通	43.7	C	2774	300091	金通灵	42.8	C
2739	300673	佩蒂股份	43.6	C	2775	300140	中环装备	42.7	C
2740	603660	苏州科达	43.6	C	2776	002288	超华科技	42.7	C
2741	300164	通源石油	43.6	C	2777	603007	花王股份	42.6	C
2742	002277	友阿股份	43.6	C	2778	002314	南山控股	42.6	C
2743	600590	泰豪科技	43.6	C	2779	600533	栖霞建设	42.6	C
2744	600128	弘业股份	43.6	C	2780	600127	金健米业	42.6	C
2745	600622	光大嘉宝	43.6	C	2781	000408	*ST 藏格	42.6	C
2746	002708	光洋股份	43.5	C	2782	603101	汇嘉时代	42.5	C
2747	601929	吉视传媒	43.5	C	2783	002584	西陇科学	42.5	C
2748	601177	杭齿前进	43.5	C	2784	002806	华锋股份	42.4	C
2749	002227	奥特迅	43.5	C	2785	002196	方正电机	42.4	C
2750	600448	华纺股份	43.5	C	2786	600880	博瑞传播	42.4	C
2751	600208	新湖中宝	43.5	C	2787	600626	申达股份	42.4	C
2752	300539	横河模具	43.4	C	2788	300265	通光线缆	42.3	C

续表

序号	股票代码	股票简称	评价得分	评价等级	序号	股票代码	股票简称	评价得分	评价等级
2789	002183	怡亚通	42.3	C	2825	600620	天宸股份	41.1	C
2790	000995	*ST 皇台	42.3	C	2826	002197	证通电子	41	C
2791	300528	幸福蓝海	42.2	C	2827	600300	维维股份	41	C
2792	300287	飞利信	42.2	C	2828	600082	海泰发展	41	C
2793	300273	和佳医疗	42.2	C	2829	000695	滨海能源	40.9	C
2794	600421	ST 仰帆	42.2	C	2830	600714	金瑞矿业	40.8	C
2795	600671	*ST 目药	42.2	C	2831	600883	博闻科技	40.8	C
2796	600630	龙头股份	42.2	C	2832	600628	新世界	40.8	C
2797	002870	香山股份	42.1	C	2833	300282	三盛教育	40.7	C
2798	002693	双成药业	42.1	C	2834	601258	ST 庞大	40.7	C
2799	601989	中国重工	42.1	C	2835	002374	丽鹏股份	40.7	C
2800	002316	亚联发展	42	C	2836	300409	道氏技术	40.6	C
2801	300555	路通视信	41.9	C	2837	603011	合锻智能	40.6	C
2802	002141	贤丰控股	41.9	C	2838	002093	国脉科技	40.6	C
2803	000792	*ST 盐湖	41.9	C	2839	600538	国发股份	40.6	C
2804	002346	柘中股份	41.8	C	2840	600319	ST 亚星	40.6	C
2805	002659	凯文教育	41.7	C	2841	000911	ST 南糖	40.6	C
2806	002562	兄弟科技	41.7	C	2842	000851	高鸿股份	40.6	C
2807	000622	恒立实业	41.7	C	2843	600854	春兰股份	40.6	C
2808	300721	怡达股份	41.6	C	2844	603559	中通国脉	40.5	C
2809	603828	柯利达	41.6	C	2845	600604	市北高新	40.5	C
2810	002642	荣之联	41.6	C	2846	300442	普丽盛	40.4	C
2811	002486	嘉麟杰	41.6	C	2847	002211	宏达新材	40.4	C
2812	002313	日海智能	41.6	C	2848	002181	粤传媒	40.4	C
2813	002646	青青稞酒	41.5	C	2849	000929	兰州黄河	40.4	C
2814	002569	ST 步森	41.5	C	2850	000909	数源科技	40.4	C
2815	002265	西仪股份	41.5	C	2851	600749	西藏旅游	40.4	C
2816	600192	长城电工	41.5	C	2852	600831	广电网络	40.4	C
2817	000625	长安汽车	41.5	C	2853	300733	西菱动力	40.3	C
2818	600746	江苏索普	41.5	C	2854	300708	聚灿光电	40.3	C
2819	600861	北京城乡	41.5	C	2855	601718	际华集团	40.3	C
2820	002536	飞龙股份	41.4	C	2856	600166	福田汽车	40.3	C
2821	002245	澳洋顺昌	41.4	C	2857	300040	九洲电气	40.2	C
2822	600418	江淮汽车	41.4	C	2858	000540	中天金融	40.2	C
2823	300085	银之杰	41.1	C	2859	300007	汉威科技	40.1	C
2824	600215	*ST 经开	41.1	C	2860	000955	欣龙控股	40.1	C

续表

序号	股票代码	股票简称	评价得分	评价等级	序号	股票代码	股票简称	评价得分	评价等级
2861	600733	北汽蓝谷	40.1	C	2897	600698	ST 天雁	39.1	C
2862	002941	新疆交建	40	C	2898	000504	ST 生物	39.1	C
2863	002848	高斯贝尔	40	C	2899	002044	美年健康	39	C
2864	300254	仟源医药	40	C	2900	002009	天奇股份	39	C
2865	600791	京能置业	40	C	2901	603196	日播时尚	38.9	C
2866	300125	聆达股份	39.9	C	2902	002266	浙富控股	38.9	C
2867	002741	光华科技	39.8	C	2903	603003	龙宇燃油	38.8	C
2868	300293	蓝英装备	39.8	C	2904	002482	广田集团	38.8	C
2869	300252	金信诺	39.8	C	2905	002205	国统股份	38.8	C
2870	300048	合康新能	39.8	C	2906	600783	鲁信创投	38.8	C
2871	600265	ST 景谷	39.8	C	2907	002074	国轩高科	38.7	C
2872	000801	四川九洲	39.8	C	2908	000592	平潭发展	38.7	C
2873	600715	文投控股	39.8	C	2909	000548	湖南投资	38.7	C
2874	300083	劲胜智能	39.7	C	2910	000422	ST 宜化	38.6	C
2875	600375	华菱星马	39.7	C	2911	600396	金山股份	38.3	C
2876	600769	祥龙电业	39.7	C	2912	000882	华联股份	38.3	C
2877	000042	中洲控股	39.7	C	2913	002168	惠程科技	38.2	C
2878	300419	浩丰科技	39.6	C	2914	300032	金龙机电	38.1	C
2879	002420	*ST 毅昌	39.6	C	2915	000856	冀东装备	38.1	C
2880	000609	中迪投资	39.6	C	2916	600610	*ST 毅达	38.1	C
2881	300618	寒锐钴业	39.5	C	2917	000735	罗牛山	38	C
2882	002240	威华股份	39.5	C	2918	600707	彩虹股份	38	C
2883	600773	西藏城投	39.5	C	2919	000004	国农科技	38	C
2884	600726	华电能源	39.5	C	2920	600187	国中水务	37.9	C
2885	000586	汇源通信	39.5	C	2921	600766	园城黄金	37.9	C
2886	300648	星云股份	39.4	C	2922	300405	科隆股份	37.8	C
2887	002617	露笑科技	39.3	C	2923	600365	通葡股份	37.8	C
2888	002442	龙星化工	39.3	C	2924	000659	珠海中富	37.8	C
2889	002898	赛隆药业	39.2	C	2925	000503	国新健康	37.8	C
2890	300281	金明精机	39.2	C	2926	603717	天域生态	37.7	C
2891	300204	舒泰神	39.2	C	2927	300340	科恒股份	37.7	C
2892	600784	鲁银投资	39.2	C	2928	002178	延华智能	37.7	C
2893	600721	ST 百花	39.2	C	2929	002041	登海种业	37.7	C
2894	600617	国新能源	39.2	C	2930	603117	万林物流	37.6	C
2895	002355	兴民智通	39.1	C	2931	002432	九安医疗	37.6	C
2896	600403	大有能源	39.1	C	2932	600460	士兰微	37.6	C

续表

序号	股票代码	股票简称	评价得分	评价等级	序号	股票代码	股票简称	评价得分	评价等级
2933	000046	泛海控股	37.6	C	2969	600649	城投控股	36.3	C
2934	603900	莱绅通灵	37.5	C	2970	603778	乾景园林	36.2	C
2935	300370	安控科技	37.5	C	2971	000868	ST 安凯	36.2	C
2936	300134	大富科技	37.5	C	2972	000678	襄阳轴承	36.1	C
2937	002451	摩恩电气	37.5	C	2973	002915	中欣氟材	36	C
2938	002098	浔兴股份	37.5	C	2974	002829	星网宇达	35.9	C
2939	600129	太极集团	37.5	C	2975	300153	科泰电源	35.9	C
2940	000782	美达股份	37.5	C	2976	300116	坚瑞沃能	35.9	C
2941	002692	ST 远程	37.4	C	2977	002665	首航高科	35.8	C
2942	002618	丹邦科技	37.4	C	2978	600110	诺德股份	35.8	C
2943	601011	宝泰隆	37.4	C	2979	000584	哈工智能	35.8	C
2944	002721	金一文化	37.3	C	2980	600615	丰华股份	35.8	C
2945	000886	海南高速	37.3	C	2981	002691	冀凯股份	35.7	C
2946	600716	凤凰股份	37.3	C	2982	300084	海默科技	35.7	C
2947	300740	御家汇	37.1	C	2983	300081	恒信东方	35.7	C
2948	000426	兴业矿业	37.1	C	2984	000638	万方发展	35.7	C
2949	600647	同达创业	37.1	C	2985	601798	蓝科高新	35.6	C
2950	600771	广誉远	37	C	2986	002309	中利集团	35.6	C
2951	300554	三超新材	36.9	C	2987	002494	华斯股份	35.5	C
2952	600230	沧州大化	36.9	C	2988	002577	雷柏科技	35.4	C
2953	600172	黄河旋风	36.9	C	2989	300072	三聚环保	35.4	C
2954	300141	和顺电气	36.8	C	2990	600212	*ST 江泉	35.4	C
2955	600100	同方股份	36.8	C	2991	600119	ST 长投	35.4	C
2956	000428	华天酒店	36.8	C	2992	002589	瑞康医药	35.3	C
2957	600543	莫高股份	36.7	C	2993	002865	钧达股份	35.2	C
2958	600458	时代新材	36.7	C	2994	603628	清源股份	35.2	C
2959	300161	华中数控	36.6	C	2995	300146	汤臣倍健	35.2	C
2960	002512	达华智能	36.6	C	2996	300076	GQY 视讯	35.2	C
2961	600235	民丰特纸	36.6	C	2997	600385	ST 金泰	35.2	C
2962	002506	协鑫集成	36.5	C	2998	600200	江苏吴中	35.2	C
2963	600463	空港股份	36.5	C	2999	000707	ST 双环	35.1	C
2964	300187	永清环保	36.4	C	3000	300086	康芝药业	35	C
2965	600343	航天动力	36.4	C	3001	002515	金字火腿	34.9	C
2966	600793	宜宾纸业	36.4	C	3002	300177	中海达	34.8	C
2967	300268	佳沃股份	36.3	C	3003	002005	*ST 德豪	34.8	C
2968	600249	两面针	36.3	C	3004	603105	芯能科技	34.6	C

续表

序号	股票代码	股票简称	评价得分	评价等级	序号	股票代码	股票简称	评价得分	评价等级
3005	002739	万达电影	34.6	C	3041	600530	*ST 交昂	33.2	C
3006	002635	安洁科技	34.6	C	3042	002581	未名医药	33.1	C
3007	002123	梦网集团	34.6	C	3043	600090	*ST 济堂	33.1	C
3008	300152	科融环境	34.5	C	3044	300006	莱美药业	33	C
3009	300101	振芯科技	34.5	C	3045	600595	ST 中孚	33	C
3010	002193	如意集团	34.4	C	3046	000585	*ST 东电	33	C
3011	600293	三峡新材	34.4	C	3047	600818	中路股份	33	C
3012	000606	顺利办	34.4	C	3048	300318	博晖创新	32.9	C
3013	002731	萃华珠宝	34.3	C	3049	000996	中国中期	32.9	C
3014	300117	嘉寓股份	34.3	C	3050	000780	*ST 平能	32.9	C
3015	600986	科达股份	34.3	C	3051	300237	美晨生态	32.8	C
3016	000839	中信国安	34.3	C	3052	600303	曙光股份	32.8	C
3017	603718	海利生物	34.2	C	3053	300338	开元股份	32.7	C
3018	002694	顾地科技	34.2	C	3054	002502	*ST 鼎龙	32.7	C
3019	601127	小康股份	34.1	C	3055	002780	三夫户外	32.6	C
3020	002428	云南锗业	34.1	C	3056	300355	蒙草生态	32.5	C
3021	002026	山东威达	34.1	C	3057	002239	奥特佳	32.5	C
3022	002903	宇环数控	34	C	3058	002175	*ST 东网	32.5	C
3023	300411	金盾股份	34	C	3059	000667	美好置业	32.5	C
3024	600708	光明地产	34	C	3060	000566	海南海药	32.5	C
3025	000610	西安旅游	33.9	C	3061	002305	南国置业	32.4	C
3026	600658	电子城	33.9	C	3062	002719	*ST 麦趣	32.3	C
3027	002638	*ST 勤上	33.8	C	3063	600199	金种子酒	32.3	C
3028	000836	富通鑫茂	33.8	C	3064	600634	*ST 富控	32.3	C
3029	600684	珠江实业	33.8	C	3065	603133	碳元科技	32.2	C
3030	600509	天富能源	33.7	C	3066	002630	华西能源	32.2	C
3031	600136	当代文体	33.6	C	3067	002341	新纶科技	32.2	C
3032	002750	龙津药业	33.5	C	3068	300249	依米康	32.1	C
3033	300262	巴安水务	33.5	C	3069	300128	锦富技术	32	C
3034	000972	ST 中基	33.5	C	3070	002333	ST 罗普	32	C
3035	600653	申华控股	33.5	C	3071	600358	*ST 联合	32	C
3036	300106	西部牧业	33.4	C	3072	300441	鲍斯股份	31.9	C
3037	002681	*ST 奋达	33.3	C	3073	300400	劲拓股份	31.9	C
3038	002657	中科金财	33.2	C	3074	600156	华升股份	31.9	C
3039	002488	金固股份	33.2	C	3075	002622	融钰集团	31.8	C
3040	002435	长江健康	33.2	C	3076	300055	万邦达	31.8	C

续表

序号	股票代码	股票简称	评价得分	评价等级	序号	股票代码	股票简称	评价得分	评价等级
3077	002336	ST 人乐	31.8	C	3113	603595	东尼电子	30.3	C
3078	002188	ST 巴士	31.8	C	3114	601700	风范股份	30.3	C
3079	000998	隆平高科	31.8	C	3115	002260	*ST 德奥	30.3	C
3080	000698	沈阳化工	31.7	C	3116	002118	紫鑫药业	30.3	C
3081	603032	德新交运	31.6	C	3117	600537	亿晶光电	30.3	C
3082	002248	华东数控	31.6	C	3118	300745	欣锐科技	30.2	C
3083	000159	国际实业	31.5	C	3119	002740	爱迪尔	30.2	C
3084	002943	宇晶股份	31.3	C	3120	002696	百洋股份	30.2	C
3085	002623	亚玛顿	31.3	C	3121	300217	东方电热	30.1	C
3086	002453	华软科技	31.3	C	3122	600359	新农开发	30.1	C
3087	600306	*ST 商城	31.3	C	3123	002856	美芝股份	29.9	C
3088	600152	维科技术	31.3	C	3124	300053	欧比特	29.9	C
3089	000616	海航投资	31.3	C	3125	600311	*ST 荣华	29.9	C
3090	300051	三五互联	31.2	C	3126	000151	中成股份	29.9	C
3091	000953	*ST 河化	31.2	C	3127	600651	*ST 飞乐	29.9	C
3092	603329	上海雅仕	31.1	C	3128	600354	*ST 敦种	29.8	C
3093	603076	乐惠国际	31.1	C	3129	002711	*ST 欧浦	29.7	C
3094	600572	康恩贝	31.1	C	3130	000599	青岛双星	29.7	C
3095	600654	ST 中安	31.1	C	3131	300143	盈康生命	29.6	C
3096	000721	西安饮食	31	C	3132	600683	京投发展	29.5	C
3097	000572	ST 海马	31	C	3133	603106	恒银金融	29.3	C
3098	300337	银邦股份	30.9	C	3134	002151	北斗星通	29.3	C
3099	300266	兴源环境	30.9	C	3135	300588	熙菱信息	29.2	C
3100	002200	ST 云投	30.9	C	3136	300460	惠伦晶体	29.2	C
3101	000611	*ST 天首	30.9	C	3137	002235	安妮股份	29.2	C
3102	600844	丹化科技	30.9	C	3138	600579	克劳斯	29.2	C
3103	002530	金财互联	30.8	C	3139	600539	ST 狮头	29.2	C
3104	000506	中润资源	30.8	C	3140	000965	天保基建	29.2	C
3105	300221	银禧科技	30.7	C	3141	600767	ST 运盛	29.2	C
3106	300073	当升科技	30.7	C	3142	000918	嘉凯城	29.1	C
3107	002427	*ST 尤夫	30.6	C	3143	600151	航天机电	29.1	C
3108	603021	山东华鹏	30.5	C	3144	300045	华力创通	29	C
3109	002629	*ST 仁智	30.5	C	3145	603399	吉翔股份	28.9	C
3110	300050	世纪鼎利	30.5	C	3146	002308	威创股份	28.9	C
3111	002058	威尔泰	30.4	C	3147	002030	达安基因	28.9	C
3112	600257	大湖股份	30.4	C	3148	300241	瑞丰光电	28.8	C

续表

序号	股票代码	股票简称	评价得分	评价等级
3149	002021	ST 中捷	28.8	C
3150	600889	南京化纤	28.8	C
3151	603598	引力传媒	28.7	C
3152	002785	万里石	28.6	C
3153	603729	龙韵股份	28.6	C
3154	600084	ST 中葡	28.6	C
3155	000692	惠天热电	28.6	C
3156	002513	*ST 蓝丰	28.3	C
3157	300071	华谊嘉信	28.3	C
3158	600091	ST 明科	28.3	C
3159	300629	新劲刚	28.2	C
3160	600701	*ST 工新	28.2	C
3161	603009	北特科技	28.1	C
3162	002565	顺灏股份	28	C
3163	002284	亚太股份	28	C
3164	600870	ST 厦华	28	C
3165	600860	*ST 京城	27.9	C
3166	600652	ST 游久	27.9	C
3167	600381	青海春天	27.8	C
3168	300111	向日葵	27.7	C
3169	300466	赛摩智能	27.5	C
3170	300439	美康生物	27.5	C
3171	000732	泰禾集团	27.4	C
3172	300238	冠昊生物	27.3	C
3173	300489	中飞股份	27.2	C
3174	002446	盛路通信	27.2	C
3175	002334	英威腾	27.2	C
3176	000639	西王食品	27.2	C
3177	603895	天永智能	27.1	C
3178	000533	顺钠股份	27.1	C
3179	300713	英可瑞	26.9	C
3180	600478	科力远	26.9	C
3181	002570	贝因美	26.8	C
3182	600730	中国高科	26.8	C
3183	300736	百邦科技	26.7	C
3184	600237	铜峰电子	26.7	C
3185	000752	*ST 西发	26.7	C
3186	002759	天际股份	26.5	C
3187	300339	润和软件	26.5	C
3188	600898	*ST 美讯	26.5	C
3189	300311	任子行	26.4	C
3190	600470	*ST 六化	26.4	C
3191	000737	ST 南风	26.4	C
3192	002604	龙力退	26.3	C
3193	600083	*ST 博信	26.3	C
3194	600146	*ST 环球	26.2	C
3195	002610	爱康科技	26.1	C
3196	002816	和科达	26	C
3197	002407	多氟多	26	C
3198	300013	新宁物流	26	C
3199	002765	蓝黛传动	25.9	C
3200	603178	圣龙股份	25.8	C
3201	300046	台基股份	25.6	C
3202	600506	香梨股份	25.6	C
3203	000697	炼石航空	25.6	C
3204	603779	ST 威龙	25.5	C
3205	300219	鸿利智汇	25.5	C
3206	300216	千山药机	25.5	C
3207	600525	长园集团	25.4	C
3208	000889	中嘉博创	25.4	C
3209	603922	金鸿顺	25.3	C
3210	002633	申科股份	25.3	C
3211	000017	*ST 中华 A	25.3	C
3212	300094	国联水产	25.2	C
3213	002378	章源钨业	25.1	C
3214	002259	*ST 升达	25.1	C
3215	600550	保变电气	25.1	C
3216	601113	ST 华鼎	25	C
3217	603626	科森科技	24.9	C
3218	002348	高乐股份	24.9	C
3219	600978	*ST 宜生	24.7	C
3220	002703	浙江世宝	24.6	C

续表

序号	股票代码	股票简称	评价得分	评价等级	序号	股票代码	股票简称	评价得分	评价等级
3221	300307	慈星股份	24.6	C	3257	002072	ST 凯瑞	23.3	C
3222	300503	昊志机电	24.5	C	3258	600169	太原重工	23.3	C
3223	300301	长方集团	24.5	C	3259	000758	中色股份	23.2	C
3224	600476	湘邮科技	24.5	C	3260	002209	达意隆	23	C
3225	600561	江西长运	24.5	C	3261	000558	莱茵体育	23	C
3226	000701	厦门信达	24.5	C	3262	000509	*ST 华塑	23	C
3227	002689	远大智能	24.4	C	3263	300469	信息发展	22.8	C
3228	300228	富瑞特装	24.4	C	3264	300449	汉邦高科	22.8	C
3229	000727	*ST 东科	24.4	C	3265	600238	ST 椰岛	22.8	C
3230	300353	东土科技	24.3	C	3266	002713	东易日盛	22.7	C
3231	300093	金刚玻璃	24.3	C	3267	002490	山东墨龙	22.7	C
3232	300044	赛为智能	24.3	C	3268	002280	*ST 联络	22.7	C
3233	300029	天龙光电	24.3	C	3269	300023	宝德股份	22.6	C
3234	002310	东方园林	24.3	C	3270	300002	神州泰岳	22.6	C
3235	000608	阳光股份	24.3	C	3271	603322	超讯通信	22.5	C
3236	600601	方正科技	24.3	C	3272	300364	中文在线	22.5	C
3237	000927	*ST 夏利	24.2	C	3273	000816	ST 慧业	22.5	C
3238	300169	天晟新材	24	C	3274	000068	华控赛格	22.5	C
3239	600983	惠而浦	24	C	3275	002167	东方锆业	22.3	C
3240	002473	圣莱达	23.9	C	3276	300351	永贵电器	22.2	C
3241	002148	北纬科技	23.9	C	3277	002575	*ST 群兴	22.2	C
3242	600515	海航基础	23.9	C	3278	002517	恺英网络	22.2	C
3243	600576	祥源文化	23.8	C	3279	603188	ST 亚邦	22.1	C
3244	000809	铁岭新城	23.8	C	3280	002592	ST 八菱	22.1	C
3245	002586	*ST 围海	23.7	C	3281	600462	*ST 九有	22.1	C
3246	002198	嘉应制药	23.7	C	3282	600589	广东榕泰	22.1	C
3247	000939	*ST 凯迪	23.7	C	3283	600302	标准股份	22.1	C
3248	000837	*ST 秦机	23.7	C	3284	002358	森源电气	22	C
3249	000835	*ST 长动	23.6	C	3285	002306	ST 云网	22	C
3250	603085	天成自控	23.5	C	3286	000423	东阿阿胶	22	C
3251	300168	万达信息	23.5	C	3287	002663	普邦股份	21.9	C
3252	600691	阳煤化工	23.5	C	3288	600355	精伦电子	21.9	C
3253	300359	全通教育	23.4	C	3289	000982	*ST 中绒	21.9	C
3254	002686	亿利达	23.4	C	3290	603389	*ST 亚振	21.8	C
3255	600243	*ST 海华	23.4	C	3291	000971	*ST 高升	21.8	C
3256	300077	国民技术	23.3	C	3292	300510	金冠股份	21.7	C

续表

序号	股票代码	股票简称	评价得分	评价等级	序号	股票代码	股票简称	评价得分	评价等级
3293	600189	吉林森工	21.7	C	3329	300362	天翔环境	19.3	C
3294	300104	乐视退	21.6	C	3330	002068	黑猫股份	19.2	C
3295	000766	通化金马	21.6	C	3331	600815	*ST 厦工	19.2	C
3296	000502	绿景控股	21.6	C	3332	300681	英搏尔	19.1	C
3297	002596	海南瑞泽	21.5	C	3333	300323	华灿光电	19	C
3298	300090	盛运环保	21.5	C	3334	600139	西部资源	19	C
3299	002679	福建金森	21.4	C	3335	000409	ST 地矿	19	C
3300	002496	*ST 辉丰	21.4	C	3336	300299	富春股份	18.9	C
3301	002537	海联金汇	21.2	C	3337	600677	*ST 航通	18.9	C
3302	002173	创新医疗	21.2	C	3338	300565	科信技术	18.7	C
3303	600423	ST 柳化	21.1	C	3339	300025	华星创业	18.7	C
3304	300189	神农科技	21	C	3340	002437	誉衡药业	18.4	C
3305	002055	得润电子	20.9	C	3341	600255	*ST 梦舟	18.3	C
3306	002052	*ST 同洲	20.9	C	3342	000820	*ST 节能	18.1	C
3307	000413	东旭光电	20.9	C	3343	000525	红太阳	18.1	C
3308	002421	达实智能	20.8	C	3344	603616	韩建河山	18	C
3309	002089	*ST 新海	20.8	C	3345	002006	精功科技	18	C
3310	002813	路畅科技	20.7	C	3346	600568	*ST 中珠	18	C
3311	002786	银宝山新	20.7	C	3347	002470	*ST 金正	17.9	C
3312	002192	*ST 融捷	20.7	C	3348	002652	扬子新材	17.8	C
3313	603991	至正股份	20.6	C	3349	300157	恒泰艾普	17.8	C
3314	300467	迅游科技	20.6	C	3350	300270	中威电子	17.6	C
3315	600666	ST 瑞德	20.5	C	3351	300133	华策影视	17.6	C
3316	600275	ST 昌鱼	20.2	C	3352	600226	*ST 瀚叶	17.6	C
3317	300264	佳创视讯	20.1	C	3353	002069	獐子岛	17.4	C
3318	300195	长荣股份	20	C	3354	002071	*ST 长城	17.3	C
3319	000821	京山轻机	20	C	3355	601599	鹿港文化	17.1	C
3320	300247	融捷健康	19.9	C	3356	300350	华鹏飞	17	C
3321	002349	精华制药	19.9	C	3357	002255	*ST 海陆	17	C
3322	300518	盛讯达	19.8	C	3358	000571	*ST 大洲	16.9	C
3323	002447	*ST 晨鑫	19.7	C	3359	002480	新筑股份	16.8	C
3324	600241	*ST 时万	19.7	C	3360	000711	京蓝科技	16.8	C
3325	300391	康跃科技	19.5	C	3361	000516	国际医学	16.8	C
3326	600198	大唐电信	19.5	C	3362	300297	蓝盾股份	16.7	C
3327	300343	联创股份	19.4	C	3363	300700	岱勒新材	16.6	C
3328	002426	*ST 胜利	19.4	C	3364	300102	乾照光电	16.6	C

续表

序号	股票代码	股票简称	评价得分	评价等级	序号	股票代码	股票简称	评价得分	评价等级
3365	300027	华谊兄弟	16.5	C	3402	600485	*ST 信威	14.7	C
3366	600227	圣济堂	16.4	C	3403	002210	*ST 飞马	14.5	C
3367	603959	百利科技	16.2	C	3404	600416	*ST 湘电	14.5	C
3368	300478	杭州高新	16.2	C	3405	300461	田中精机	14.4	C
3369	002356	*ST 赫美	16.2	C	3406	002656	ST 摩登	14.3	C
3370	002172	澳洋健康	16.1	C	3407	002872	*ST 天圣	14.2	C
3371	600242	*ST 中昌	16.1	C	3408	600209	ST 罗顿	14.1	C
3372	600069	*ST 银鸽	16.1	C	3409	002501	*ST 利源	14	C
3373	002256	*ST 兆新	16	C	3410	300098	高新兴	14	C
3374	600121	郑州煤电	16	C	3411	000564	供销大集	14	C
3375	600836	*ST 界龙	15.9	C	3412	002464	众应互联	13.9	C
3376	002269	美邦服饰	15.8	C	3413	300325	德威新材	13.8	C
3377	002219	*ST 恒康	15.8	C	3414	300313	天山生物	13.8	C
3378	300269	联建光电	15.7	C	3415	300139	晓程科技	13.8	C
3379	002077	*ST 大港	15.7	C	3416	300022	吉峰科技	13.8	C
3380	600175	退市美都	15.7	C	3417	000040	东旭蓝天	13.8	C
3381	600891	*ST 秋林	15.7	C	3418	300336	新文化	13.7	C
3382	300334	津膜科技	15.6	C	3419	002466	天齐锂业	13.7	C
3383	000410	*ST 沈机	15.6	C	3420	600165	新日恒力	13.7	C
3384	000892	欢瑞世纪	15.5	C	3421	600555	*ST 海创	13.6	C
3385	600638	新黄浦	15.5	C	3422	300300	汉鼎宇佑	13.4	C
3386	002662	京威股份	15.4	C	3423	300176	派生科技	13.4	C
3387	300173	智慧松德	15.4	C	3424	000908	景峰医药	13.3	C
3388	300028	金亚退	15.4	C	3425	000669	*ST 金鸿	13.2	C
3389	002297	博云新材	15.4	C	3426	300410	正业科技	13.1	C
3390	000802	北京文化	15.4	C	3427	002491	通鼎互联	13	C
3391	600804	鹏博士	15.4	C	3428	000536	*ST 华映	12.7	C
3392	300484	蓝海华腾	15.3	C	3429	002766	*ST 索菱	12.6	C
3393	300317	珈伟新能	15.3	C	3430	002113	*ST 天润	12.6	C
3394	002619	艾格拉斯	15.3	C	3431	603318	派思股份	12.5	C
3395	600520	文一科技	15.3	C	3432	002640	跨境通	12.5	C
3396	002264	新华都	15.2	C	3433	600280	*ST 中商	12.5	C
3397	600247	*ST 成城	15.1	C	3434	600892	*ST 大晟	12.4	C
3398	600896	览海医疗	15.1	C	3435	600821	*ST 劝业	12.3	C
3399	300182	捷成股份	14.9	C	3436	300008	天海防务	12.2	C
3400	002471	中超控股	14.9	C	3437	300312	邦讯技术	12.1	C
3401	000633	合金投资	14.9	C	3438	002770	ST 科迪	12	C

续表

序号	股票代码	股票简称	评价得分	评价等级	序号	股票代码	股票简称	评价得分	评价等级
3439	300097	智云股份	11.7	C	3475	300210	森远股份	7.3	C
3440	600179	*ST 安通	11.7	C	3476	000150	宜华健康	6.7	C
3441	300100	双林股份	11.6	C	3477	002383	合众思壮	6.6	C
3442	300208	青岛中程	11.5	C	3478	000687	*ST 华讯	6.6	C
3443	002176	*ST 江特	11.5	C	3479	603157	*ST 拉夏	6.3	C
3444	002247	*ST 聚力	11.3	C	3480	000679	*ST 友谊	6.3	C
3445	002122	*ST 天马	10.9	C	3481	002076	*ST 雪莱	6.2	C
3446	600225	*ST 松江	10.9	C	3482	600239	云南城投	6.2	C
3447	600734	*ST 实达	10.9	C	3483	600614	*ST 鹏起	6.2	C
3448	300197	铁汉生态	10.8	C	3484	603603	博天环境	6.1	C
3449	002121	*ST 科陆	10.8	C	3485	000670	*ST 盈方	6.1	C
3450	000663	*ST 永林	10.6	C	3486	300199	翰宇药业	5.6	C
3451	000595	*ST 宝实	10.6	C	3487	000760	*ST 斯太	5.6	C
3452	300459	金科文化	10.4	C	3488	300278	华昌达	5.4	C
3453	002319	*ST 乐通	10.4	C	3489	002450	*ST 康得	5.3	C
3454	300159	新研股份	10.2	C	3490	000981	*ST 银亿	5.3	C
3455	300108	吉药控股	10.2	C	3491	002354	*ST 天娱	5	C
3456	002290	*ST 中科	10.2	C	3492	002535	*ST 林重	4.3	C
3457	002716	*ST 金贵	10.1	C	3493	002366	台海核电	4.1	C
3458	002323	*ST 雅博	10	C	3494	002431	棕榈股份	3.8	C
3459	300444	双杰电气	9.8	C	3495	000662	*ST 天夏	3.8	C
3460	603555	*ST 贵人	9.6	C	3496	600122	*ST 宏图	3.7	C
3461	002529	*ST 海源	9.6	C	3497	000980	*ST 众泰	3.2	C
3462	002418	*ST 康盛	9.6	C	3498	600518	ST 康美	3	C
3463	600800	天津磁卡	9.6	C	3499	600112	ST 天成	3	C
3464	000803	*ST 金宇	9.5	C	3500	300089	文化长城	2.8	C
3465	000691	亚太实业	9.3	C	3501	600856	*ST 中天	2.7	C
3466	000806	*ST 银河	9.1	C	3502	002504	弘高创意	2.4	C
3467	000673	*ST 当代	9.1	C	3503	300064	豫金刚石	1.7	C
3468	300426	唐德影视	8.4	C	3504	000587	*ST 金洲	1	C
3469	300222	科大智能	8.4	C	3505	300742	越博动力	0	C
3470	002370	亚太药业	8.4	C	3506	603996	*ST 中新	0	C
3471	300178	腾邦国际	8.3	C	3507	300367	东方网力	0	C
3472	002086	*ST 东洋	7.7	C	3508	002509	天茂退	0	C
3473	000890	*ST 胜尔	7.6	C	3509	002499	*ST 科林	0	C
3474	601777	力帆股份	7.5	C	3510	002445	*ST 中南	0	C

续表

序号	股票代码	股票简称	评价得分	评价等级	序号	股票代码	股票简称	评价得分	评价等级
3511	002359	*ST 北讯	0	C		300806	斯迪克	63.7	B
3512	002220	天宝退	0	C		300798	锦鸡股份	61.8	B
3513	002147	*ST 新光	0	C		688196	卓越新能	79.1	A
3514	600290	*ST 华仪	0	C		300805	电声股份	72.8	BBB
3515	600086	*ST 金钰	0	C		688138	清溢光电	67	BB
3516	600687	*ST 刚泰	0	C		688111	金山办公	74.8	BBB
	603109	神驰机电	66.3	BB		300803	指南针	68	BB
	688078	龙软科技	70.8	BBB		688300	联瑞新材	71.9	BBB
	300811	铂科新材	68.9	BB		688101	三达膜	69	BB
	002972	科安达	70.8	BBB		300796	贝斯美	64.2	B
	688268	华特气体	67.2	BB		300802	矩子科技	69.5	BB
	603995	甬金股份	74.1	BBB		603489	八方股份	77.1	A
	688123	聚辰股份	72.6	BBB		688166	博瑞医药	70.6	BBB
	601512	中新集团	63.8	B		300564	筑博设计	70.6	BBB
	688089	嘉必优	70.8	BBB		002967	广电计量	68.3	BB
	300807	天迈科技	67	BB		688363	华熙生物	76.2	A
	603053	成都燃气	76.4	A		300800	力合科技	75.5	A
	002970	锐明技术	75.1	A		688288	鸿泉物联	72.4	BBB
	688037	芯源微	57.5	CCC		688299	长阳科技	71.1	BBB
	688039	当虹科技	61.8	B		688021	奥福环保	63	B
	688218	江苏北人	57.8	CCC		688199	久日新材	72.8	BBB
	601658	邮储银行	58.1	CCC		688389	普门科技	72	BBB
	688198	佰仁医疗	73.8	BBB		688202	美迪西	72	BBB
	688258	卓易信息	64.3	B		688128	中国电研	71.9	BBB
	300810	中科海讯	60.6	B		688023	安恒信息	69.2	BB
	688399	硕世生物	74.5	BBB		688058	宝兰德	66.4	BB
	300809	华辰装备	71.5	BBB		300797	钢研纳克	63.3	B
	688357	建龙微纳	70.2	BBB		688369	致远互联	72.4	BBB
	688118	普元信息	60.9	B		688025	杰普特	57.7	CCC
	002968	新大正	74.6	BBB		688366	昊海生科	69.9	BB
	688358	祥生医疗	72.9	BBB		688108	赛诺医疗	68.8	BB
	688310	迈得医疗	62.7	B		603610	麒盛科技	75.4	A
	002969	嘉美包装	61.8	B		300799	左江科技	60.1	B
	300808	久量股份	61	B		002963	豪尔赛	72	BBB
	300801	泰和科技	75.1	A		688098	申联生物	58.6	CCC
	603390	通达电气	63.8	B		688139	海尔生物	73	BBB

续表

序号	股票代码	股票简称	评价得分	评价等级	序号	股票代码	股票简称	评价得分	评价等级
	002965	祥鑫科技	67.5	BB		300786	国林科技	69.4	BB
	300795	米奥会展	77.5	A		688388	嘉元科技	79.4	A
	603815	交建股份	51.1	CC		688029	南微医学	77	A
	300793	佳禾智能	66.9	BB		688018	乐鑫科技	76.2	A
	603786	科博达	75	BBB		688016	心脉医疗	76	A
	688368	晶丰明源	70.9	BBB		688008	澜起科技	74.6	BBB
	688036	传音控股	85.6	AAA		688009	中国通号	70.3	BBB
	688030	山石网科	63.5	B		688002	睿创微纳	69.8	BB
	688068	热景生物	63	B		688020	方邦股份	68.9	BB
	300792	壹网壹创	77.1	A		688019	安集科技	68.9	BB
	300791	仙乐健康	70.6	BBB		688007	光峰科技	68.2	BB
	688116	天奈科技	67.8	BB		688006	杭可科技	67.9	BB
	300790	宇瞳光学	68.9	BB		688033	天宜上佳	66.8	BB
	002962	五方光电	73.3	BBB		688015	交控科技	66.7	BB
	603927	中科软	72.8	BBB		688088	虹软科技	66.6	BB
	688168	安博通	66.4	BB		688028	沃尔德	65	B
	002961	瑞达期货	46.4	C		688012	中微公司	63.4	B
	603093	南华期货	50	C		688022	瀚川智能	60.4	B
	603755	日辰股份	75.8	A		688333	铂力特	59.9	CCC
	300789	唐源电气	64.4	B		688001	华兴源创	59.1	CCC
	603992	松霖科技	71.5	BBB		688010	福光股份	58.6	CCC
	003816	中国广核	70.6	BBB		688066	航天宏图	56.8	CCC
	002959	小熊电器	78.8	A		688003	天准科技	56.4	CCC
	300787	海能实业	68.3	BB		688005	容百科技	55.5	CCC
	688321	微芯生物	42	C		688011	新光光电	54.9	CC
	002960	青鸟消防	71.3	BBB		688122	西部超导	51	CC
	603115	海星股份	68.3	BB		603256	宏和科技	55.7	CCC
	688188	柏楚电子	73.1	BBB		603236	移远通信	62.7	B
	688099	晶晨股份	63.6	B		300785	值得买	74.4	BBB
	603662	柯力传感	72.1	BBB		300783	三只松鼠	58.8	CCC
	603530	神马电力	68.4	BB		300788	中信出版	76.8	A
	603613	国联股份	75.6	A		601698	中国卫通	62.1	B
	603279	景津环保	73	BBB		603867	新化股份	65	B
	002957	科瑞技术	69.7	BB		600968	海油发展	70.1	BBB
	603687	大胜达	59.1	CCC		603863	松炀资源	65	B
	603983	丸美股份	77	A		300594	朗进科技	60.4	B

续表

序号	股票代码	股票简称	评价得分	评价等级	序号	股票代码	股票简称	评价得分	评价等级
	603217	元利科技	66.7	BB		002951	金时科技	66.4	BB
	002956	西麦食品	76	A		300762	上海瀚讯	59.1	CCC
	300782	卓胜微	71.9	BBB		002950	奥美医疗	67.5	BB
	603915	国茂股份	71.7	BBB		002949	华阳国际	71.3	BBB
	300781	因赛集团	66.9	BB		300758	七彩化学	67	BB
	300780	德恩精工	62.5	B		603956	威派格	61.6	B
	603327	福蓉科技	71.6	BBB		300761	立华股份	85	AA
	002955	鸿合科技	71.2	BBB		601865	福莱特	69.5	BB
	603982	泉峰汽车	62.4	B		002947	恒铭达	72	BBB
	300779	惠城环保	61.7	B		603351	威尔药业	70.6	BBB
	300775	三角防务	64.1	B		300755	华致酒行	66.1	BB
	300776	帝尔激光	71.4	BBB		300759	康龙化成	74.7	BBB
	600989	宝丰能源	80	A		002946	新乳业	64.1	B
	300777	中简科技	63.7	B		601615	明阳智能	66.5	BB
	603267	鸿远电子	70	BB		603700	宁水集团	72.3	BBB
	300778	新城市	71.3	BBB		601298	青岛港	73.3	BBB
	002953	日丰股份	67.4	BB		601598	中国外运	67	BB
	603697	有友食品	73.2	BBB		603332	苏州龙杰	74.1	BBB
	603967	中创物流	73.1	BBB		603739	蔚蓝生物	64.9	B
	300772	运达股份	56.8	CCC		603121	华培动力	63.9	B
	300773	拉卡拉	77.1	A		601975	招商南油	68.6	BB
	300771	智莱科技	77	A		300757	罗博特科	58.2	CCC
	300770	新媒股份	79.3	A		002755	奥赛康	75	BBB
	603317	天味食品	79	A		002607	中公教育	76.1	A
	300769	德方纳米	70	BB		002459	晶澳科技	81.8	AA
	603068	博通集成	68.1	BB		002189	中光学	61.5	B
	300768	迪普科技	74	BBB		002059	云南旅游	48.3	C
	603379	三美股份	74.9	BBB		002053	云南能投	62.7	B
	300767	震安科技	55.1	CCC		002037	保利联合	43.2	C
	002952	亚世光电	69.7	BB		002015	协鑫能科	76	A
	603681	永冠新材	70.1	BBB		600556	天下秀	69.6	BB
	300766	每日互动	56.5	CCC		000785	居然之家	83.6	AA
	300765	新诺威	74.6	BBB		600764	中国海防	71.2	BBB
	300763	锦浪科技	70.7	BBB		600732	爱旭股份	79.7	A

注：2019 年当年新股发行和借壳上市的公司只进行业绩评价，不参与排序。

附录三　2019 年度中国上市公司分类财务指标

序号	单位名称	带息负债比率（%）	累计保留盈余率（%）	三年营业收入平均增长率（%）	总资产增长率（%）	营业利润增长率（%）	扣除非经常性损益净资产收益率（%）
1	全国 A 股上市公司	41.99	41	14.54	10.59	0.61	6.61
2	一、按证监会行业划分（根据行业代码）	0	0	0	0	0	0
3	农林牧渔业 A	46.68	44.98	14.55	16.64	150.08	17.69
4	采掘业 B	38.13	56.02	16.15	8.37	-6.77	7.15
5	煤炭 B01	49.71	53.34	18.01	1.65	-3.88	10.38
6	制造业 C	41.99	39.86	14.11	8.46	-8.42	6.3
7	食品、饮料 C0	34.17	63.98	15.07	14.91	18.08	17.31
8	纺织、服装、毛皮 C1	47.06	39.34	21.22	22.8	3.15	5.08
9	造纸、印刷 C3	62.31	39.38	15.06	3.41	-14.27	5.9
10	石油、化学、塑胶、塑料 C4	55.78	35.35	17.5	9.5	-44.04	7.11
11	电子 C5	47.64	27.34	16.02	6.96	8.17	2.04
12	金属、非金属 C6	50.53	37.96	16.82	7.86	-19.48	7.39
13	非金属矿物制品业（建筑材料）C61	49.41	55.53	26.9	10.73	11.74	14.84
14	机械、设备、仪表 C7	29.78	40.28	10.44	8.5	1.46	5.14
15	普通机械、专用设备（装备制造）,	33.39	30.71	13.54	7.89	8.8	2.35
16	交通运输设备制造业 C75	27.99	45.3	6.18	6.65	-12.07	5.55
17	医药、生物制品 C8	46.5	44.73	15.77	5.35	-5.46	5.25
18	医药制造业 C81	46.25	44.97	15.23	4.85	-12.67	4.59
19	其他制造业 C9	54.12	29.19	6.98	-1.49	216.03	-2.45
20	电力煤气及水的生产和供应业 D	75.84	30.75	14.96	8.07	16.47	6.76
21	电力、蒸汽、热水的生产和供应业（D01）	77.46	30.67	14.98	7.94	18.83	7.2
22	自来水的生产和供应业（D05）	60.78	35.82	17.41	17.34	13.98	6.78
23	建筑业 E	33.02	41.62	12.17	12.85	9.29	8.33
24	交通运输、仓储业 F	56.25	40.34	14.04	10.29	13.08	7.05

续表

序号	单位名称	带息负债比率（%）	累计保留盈余率（%）	三年营业收入平均增长率（%）	总资产增长率（%）	营业利润增长率（%）	扣除非经常性损益净资产收益率（%）
25	铁路运输业（f01）	28.94	56.33	19.86	1.73	−6.58	10.5
26	公路运输业（f03）	64.65	48.92	17.45	11.16	10.64	8.58
27	管道运输业（f05）	0	0	0	0	0	0
28	水上运输业（f07）	71.08	20.48	19.13	7.85	35.4	5.76
29	航空运输业（f09）	41.42	37.56	10.22	16.63	35.7	3.91
30	信息技术业 G	32.23	23.93	11.5	7.1	−8.78	0.49
31	通信及相关设备制造业（G81）	33.34	33.31	10.42	4.64	−22.89	1.5
32	计算机及相关设备制造业（G83）	38.92	32.1	11.2	16.14	−45.92	0.38
33	计算机应用服务业（G87）	37.14	25.9	19.02	6.64	69.38	0.14
34	批发和零售贸易业 H	35.97	36.55	16.74	10.75	4.91	3.78
35	零售 H11	33.79	38.46	9.9	10.05	−9.39	1.92
36	外贸 H21	37.9	38.88	19.77	21.46	−15.1	6.77
37	房地产业 J	36.19	47.8	16.2	16.76	16.17	12.23
38	社会服务业 K	53.99	38.11	18.67	9.58	−11.59	4.52
39	传播与文化产业 L	24.64	27.99	8.05	1.64	58.65	−1.26
40	综合类 M	67.57	33.5	17.9	9.42	−1.22	3.32
41	二、按照申万行业代码分类	0	0	0	0	0	0
42	农林牧渔（申银）	51.53	41.69	13.83	16.4	135.25	13.91
43	采掘（申银）	40.99	56.3	16.87	7.34	−8.02	7.35
44	化工（申银）	45.06	44.41	16.11	10.78	−29.64	7.41
45	化工 + 石油（申银）	41.83	52.56	16.07	11.33	−24.25	6.54
46	化工 + 石油 + 油气钻采（申银）	41.18	51.45	16.04	10.94	−23.12	6.41
47	钢铁（申银）	42.89	34.82	19.68	6.12	−41.43	7.85
48	有色金属（申银）	64.01	26.46	11.62	8.13	−28.58	0.42
49	建筑材料（申银）	51.44	57.55	26.29	8.23	20.59	15.65
50	建筑装饰（申银）	32.69	42.61	12.48	13.04	10.09	8.6
51	电气设备（申银）	33.51	30.53	12.82	10.83	37.87	3.73
52	机械设备（申银）	31.98	33.4	14.07	8.44	22.67	3.63
53	机械设备 − 不包括金属制品（申银）	29.38	32.86	13.7	8.56	27.32	3.68
54	机械设备 + 非汽车交运设备 − 金属制品	29.38	32.86	13.7	8.56	27.32	3.68
55	电气设备 + 机械设备 + 国防军工	31.6	30.38	12.4	8.42	28.1	3.07
56	国防军工（申银）	25.59	22.78	6.45	3.41	23.5	0.45
57	汽车（申银）	35.32	46.98	5.7	5.51	−25.1	4.03
58	汽车整车和零部件（申银）	34.4	48.18	6.53	5.66	−30.54	4.28
59	家用电器（申银）	24.23	64.31	16.88	11.02	16.41	14.67

续表

序号	单位名称	带息负债比率（%）	累计保留盈余率（%）	三年营业收入平均增长率（%）	总资产增长率（%）	营业利润增长率（%）	扣除非经常性损益净资产收益率（%）
60	纺织服装（申银）	39.13	37.2	17.22	20.07	-2.38	3
61	轻工制造（申银）	56.85	37.85	12.04	5.85	7.51	4.67
62	食品饮料（申银）	22.76	71.62	14.65	13.4	12.28	19.49
63	医药生物（申银）	42.99	44.51	17.75	9.17	-1.78	6.75
64	休闲服务（申银）	45.39	41.88	16.98	3.51	-7.38	7.34
65	电子（申银）	45.1	29.84	22.9	9.34	16.28	4.41
66	计算机（申银）	33.17	29.2	14.07	9.98	7.14	1.1
67	传媒（申银）	34.42	20.92	11.28	3.35	0	-2.69
68	通信（申银）	27.37	17.06	5.15	2.33	-83.2	-2.34
69	交通运输（申银）	52.6	39.64	17.5	11.29	5.72	6.67
70	房地产（申银）	36.37	48.05	15.44	16.49	14.09	11.71
71	商业贸易（申银）	34.53	39.15	12.02	10.52	-5.3	2.51
72	公用事业（申银）	73.59	30.72	15.62	9.31	15.07	6.38
73	电力（申银，公共事业其中项）	77.77	30.52	15.07	7.79	17.93	7.16
74	非银金融（申银）	75.85	25.55	13.69	11.48	14.8	5.99
75	综合（申银）	49.29	32.2	12.44	1	-15.77	0.44
76	煤炭（申银，包含煤炭两字的）	49.43	51.13	19.19	2.15	-6.04	10.8
77	环保（申银，包含环保两字的）	47.43	28.96	19.12	21.66	21.58	3.25
78	节能（申银，包含节能两字的）	0	0	0	0	0	0
79	三、按资产规模划分	0	0	0	0	0	0
80	100 亿元以上	42.44	44.78	15.05	11.56	0.75	8.09
81	50-100 亿元	40.03	32.49	13.2	5.91	-2.47	3.11
82	10-50 亿元	35.71	23.26	10.34	4.18	-6.51	-0.88
83	10 亿元以下	22.12	-10.65	3.03	-1.11	0	-2.33
84	四、按上市地点划分	0	0	0	0	0	0
85	沪市（60 开头或 900）	41.81	44.42	13.77	10.07	1.7	7.65
86	深市（00 开头或 300）	42.54	35.24	16.27	11.2	-2.25	4.72
87	科创板（688）	6.72	27.56	22.86	59.89	22.49	11.03
88	其中：深圳普通版（000,001,003）	43.19	37.62	14.5	11.01	-6.86	6.66
89	中小企业板（002）	41.99	35.37	17.98	12.04	-3.58	3.25
90	创业板（300）	39.64	28.18	18.35	9.91	40.18	2.41
91	五、按上市时间	0	0	0	0	0	0
92	2019 年上市	48.01	34.21	20.19	26.88	12.8	12.33
93	2018 年上市	32.39	47.36	16.12	13.38	2.74	12.4
94	2017 年上市	46.17	41.35	16.29	14.53	2.29	9.08

续表

序号	单位名称	带息负债比率（%）	累计保留盈余率（%）	三年营业收入平均增长率（%）	总资产增长率（%）	营业利润增长率（%）	扣除非经常性损益净资产收益率（%）
95	2016 年上市	34.43	47.49	17.23	19.51	14.48	8.96
96	2015 年上市	40.93	40.19	25.9	27.82	6.43	8.45
97	2014 年前上市	42.06	40.96	14.13	9.47	−0.44	6.18
119	六、按公司地点分类	0	0	0	0	0	0
120	北京	39.59	44.47	12.77	8.75	−0.7	6.45
121	天津	51.32	30.3	36.41	6.2	54.06	5.67
122	河北	45.07	42.39	11.46	10.2	11.64	8.21
123	京津冀地区	40.61	43.64	13.57	8.74	2.29	6.54
124	山西	53.39	45.99	13.07	1.86	−20.8	7.29
125	内蒙	48.56	36.45	18.99	9.62	−3.86	7.64
126	辽宁	63.16	29.37	16.24	11.13	9.15	3.4
127	吉林	51.07	24.03	9.3	−0.71	−265.17	−8.75
128	黑龙江	67.9	9.13	6.92	5.3	0	−5.71
129	上海	39.59	45.97	10.43	11.56	−6.92	7.3
130	江苏	33.99	37.93	16.25	14.96	−8.02	4.63
131	浙江	44.01	40.45	17.85	11.5	1.16	5.82
132	安徽	42.8	49.74	19.07	9.14	9.1	10.48
133	福建	42.6	33.44	25.66	13.33	−8.66	5.97
134	江西	47.71	46.86	10.25	12.64	−22.15	5.49
135	山东	44.27	45.37	18.28	7.82	−5.97	7.88
136	河南	46.65	33.82	14.07	16.03	25.73	5.43
137	湖北	41.59	35	15.22	17.79	26.9	6.41
138	湖南	45.23	30.82	21.77	18.74	23.55	4.51
139	广东	37.67	43.53	14	14.38	15.93	9.03
140	广西	61.43	30.44	25.04	11.63	−21.99	4.51
141	海南	61.79	6.78	12.7	−4.44	0	−3.63
142	重庆	34.14	36.22	12.7	16.66	−11.26	4.19
143	四川	40.91	44.34	13.64	12.68	8.61	8.36
144	贵州	44.39	73.55	12.67	11.92	13.15	20.73
145	云南	62.95	22.82	8.78	7.39	−6.46	5.73
146	西藏	55.57	37.51	12.39	8.21	2.7	10.11
147	陕西	32.5	26.9	14.72	6.59	3.77	5.13
148	甘肃	58.01	21.96	6.93	−1.79	−105.4	−4.11
149	青海	66.2	−95.7	8.98	−27.28	0	−4.89
150	宁夏	55.05	4.19	5.3	0.25	353.69	7.69

续表

序号	单位名称	带息负债比率（%）	累计保留盈余率（%）	三年营业收入平均增长率（%）	总资产增长率（%）	营业利润增长率（%）	扣除非经常性损益净资产收益率（%）
151	新疆	56.7	28.51	16.48	1.86	−19.07	3.83
152	七、按公司属性分类	0	0	0	0	0	0
153	（一）中央国有企业	41.19	43.16	12.92	11.6	1.63	7.14
154	（二）地方国有企业	46.64	44.08	14.92	9.35	−7.73	7.96
155	（三）公众企业	29.68	40.51	11.75	9.46	31.01	9.18
156	（四）民营企业	42.87	36.29	16.84	11.55	2.26	4.36
157	（五）外资企业	35.5	40.81	11.97	6.42	−15.02	7.57
158	（六）集体企业	34.26	56.68	17.7	6.44	11.29	12.21
159	（七）其他企业	60.84	15.94	42.51	−2.29	61.87	0.55

附录四　新三板概述

回首2019年，在长时间的守望之后，新三板市场终于在2019年的第四季度迎来了“暖阳”，10月25日，证监会宣布启动全面深化新三板改革，强调将重点推进“新三板改革五大组合拳”：推进优化发行融资制度、完善市场分层制度、建立转板上市机制、加强监督管理、健全市场退出制度等改革，新三板吹响改革冲锋号，迎来历史性发展机遇。

一级市场方面，2019年，累计挂牌公司总数为8953家，较18年末减少了1738家；全年新三板累计新增挂牌公司249家，为2018年583家的42.7%；2019年实施完成的募资总额为243.3亿元，为2018年404.6亿元的60%。

二级市场方面，从指数走势来看，三板做市指数从年初的715.08点下跌至707.8点，触底反弹；2019年12月30日收盘价为909.52，上涨27.2%；同期中小板指上涨41.4%，创业板指上涨45.7%。成交方面，2019年新三板呈逐步放大趋势，2月份新三板月度成交额43亿元，12月成交额达到99亿元。

一、重点政策回顾

“改革”无疑是新三板2019年提及最高频的词汇。从呼吁改革到期待改革，最终，在2019年即将结束之际，新三板终于迎来了多项改革政策的落地。

（一）新定位

过去6年，新三板存在定位不明的问题，市场各方对新三板将成为独立市场还是孵化器未达到一致预期。市场定位不明一定程度上阻缓了新三板的改革进程，也削弱了部分企业以及投资者的信心。

2019年10月25日，证监会明确提及“新三板与交易所的错位发展”的定位，随后，股转公司多次明确提出“错位分工、保持特色”。目前的新三板业已形成了“精选层、创新层和基础层”的市场结构，并匹配以差异化制度安排，以期提升市场融资功能和定价能力，改善流动性，带动企业进一步发展。其中《分层管理办法》适当降低了精选层的入层标准，具体调整包括两方面。一是将企业 ROE（净资产收益率）指标要求由 10% 降低至 8%；二是将精选层准入标准中的“营业收入增长率”进一步明确为“最近一年的营业收入增长率”。次新股，ST 的股票不能用。

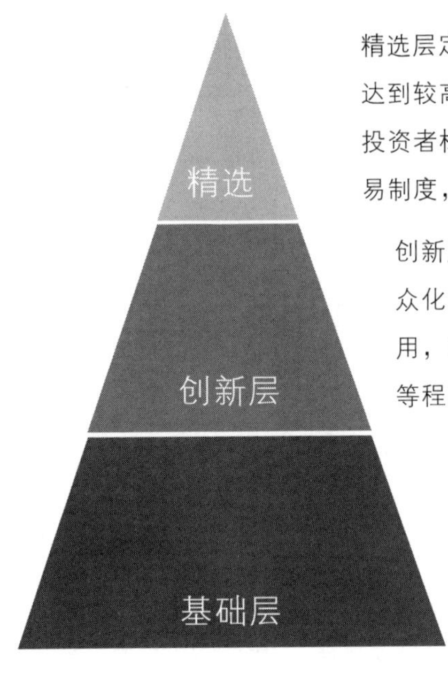

（二）新机遇

新三板深改落地，创新层企业迎来制度红利。根据相关政策，挂牌满一年的创新层企业可以申请公开发行，并进入精选层。因此，首批精选层也将成为市场关注的焦点，也为市场各方提供了新的机遇。除了公开发行外，定增、并购、借资等新三板业务预计也将随之增加，新三板有望成为券商投行等机构的另一座金矿。

（三）新门槛

2019 年 12 月 27 日，全国股转公司发布《分层管理办法》《股票交易规则》与《投资者适当性管理办法》。

《投资者适当性管理办法》主要从三方面对投资者适当性管理进行了调整：一是调整完善投资者准入资产要求。改革后，精选层、创新层和基础层的投资者准入资产标准分别为 100 万元、150 万元和 200 万元。二是将个人投资者资产标准由金融资产调整为证券资产，提升可操作性，防范违规开通交易权限的风险。三是取消主办券商督促投资者持续符合资产标准的规定，全国股转公司要求主办券商结合投资者信息及其参与挂牌公司股票交易的情况，及时更新评估数据库，主动调整投资者适当性匹配意见。

精选层、创新层、基础层投资者门槛降低，不仅能够上精选层的优质企业得到了源头活水，创新层以及基础层上的所有的企业，也将会迎来一大批的源头活水。诸多券商有利于吸引优质企业的挂牌。另外，全国股转公司有关负责人指出，《股票交易规则》已为精选层采取混合交易预留了空间，基于稳妥考虑，初期精选层将实施连续竞价。全国股转公司将在对相关改革措施的效果进行评估后，进一步研究完善交易机制。

附录表 4－1　2019 年新三板主要政策概览

时间	部门	主要政策概况
1 月 25 日	《做市业务管理规定》	允许做市商与挂牌公司股东就做市库存股进行回售、转售约定，于 3 月 1 日起正式实施。
2 月 14 日	《关于加强金融服务民营企业的若干意见》	稳步推进新三板发行与交易制度改革，促进新三板成为创新型民营中小微企业融资的重要平台。
3 月 8 日	《股票挂牌审查工作指引（试行）》、终止挂牌审查及特定事项协议转让	全国股转发布实施新制定的，对涉及新三板股票挂牌、对终止挂牌审查及特定事项协议转让进行优化改革。
6 月 14 日	《自律监管措施和纪律处分实施细则》《复核细则》《挂牌公司要约收购业务指引》及《关于实施要约回购制度的公告》	推进全国中小企业股份转让系统新三板改革
7 月 12 日	《关于继续实施全国中小企业股份转让系统挂牌公司股息红利差别化个人所得税政策的公告》	继续实施一个 5 年期的政策优惠，自 2019 年 7 月 1 日起至 2024 年 6 月 30 日止。
8 月 30 日	《非公开发行可转换公司债券业务实施办法》	全国股转联合沪深交易所、中国结算共同制定并发布实施，私募可转债在新三板所有挂牌企业中全面落地。
10 月 18 日	调整业务规则体系变更部分业务规则名称	分 4 个层级：基本业务规则以“规则”“办法”或“规定”命名，业务细则以“细则”命名，业务指引以“指引”命名，业务办理指南以“指南”等命名。
12 月 13 日	《上市公司分拆所属子公司境内上市试点若干规定》	主要包括三方面内容，一是明确分拆条件，要求上市公司具备一定盈利能力，规范运作手段。二是要有独立流程，三是强化中介机构责任，要求上市公司聘请专业机构，就分拆是否符合相关机构发表意见。独立财务顾问还要进行持续督导。
12 月 20 日	《非上市公众公司监督管理办法》《非上市公众公司信息披露管理办法》	此次修改立足于服务新三板改革，重点围绕实施向不特定合格投资者公开发行、优化定向发行机制等改革内容进行针对性调整。
12 月 27 日	7 件全面深化新三板改革有关业务规则	包括《分层管理办法》《股票交易规则》《投资者适当性管理办法》《特定事项协议转让细则》《股票异常交易监控细则》《投资者适当性管理业务指南》《特定事项协议转让业务办理指南》，标志着新三板改革“蓝图”进入“施工”阶段。
12 月 31 日	《主办券商执业质量评价细则》及 2020 年度专项评价指标	进一步促进主办券商提升执业质量、更好服务中小企业，推动新三板市场持续健康发展。

二、市场概况

（一）市场总量：规模收缩态势

自 2017 年 11 月新三板挂牌公司数达到 11649 家的高峰后，挂牌总数一路下降。截至

2019年底，挂牌公司总数为8953家，较2018年减少了1738家。按照交易模式划分，做市转让公司692家、协议转让公司8261家。

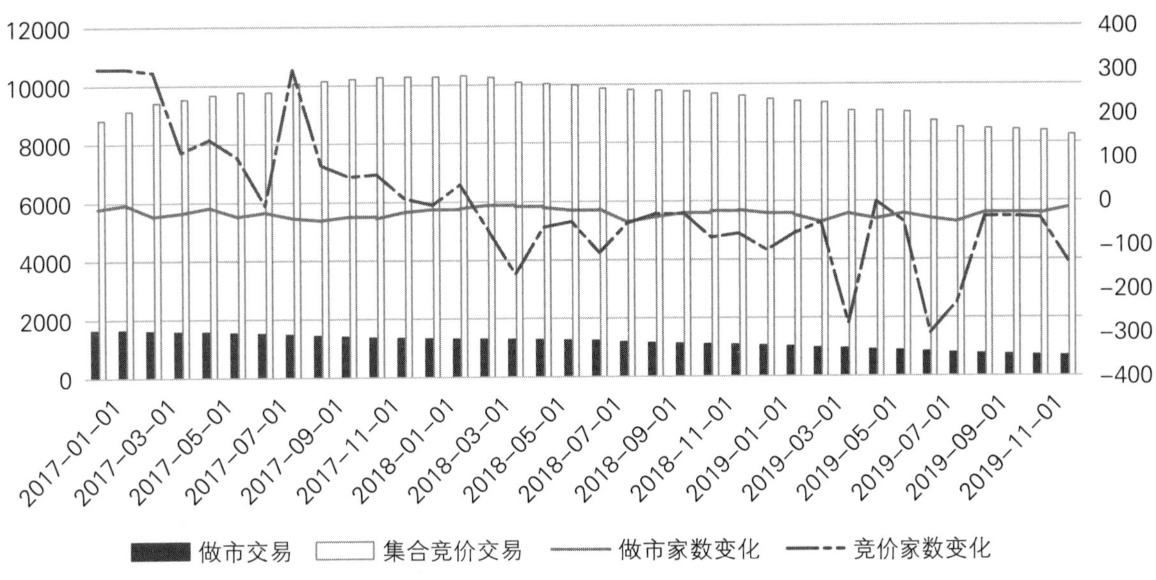

附录图4－1　做市转让与竞价交易公司总数月度变化图（2017—2019年）

资料来源：海瀛新锐，WIND

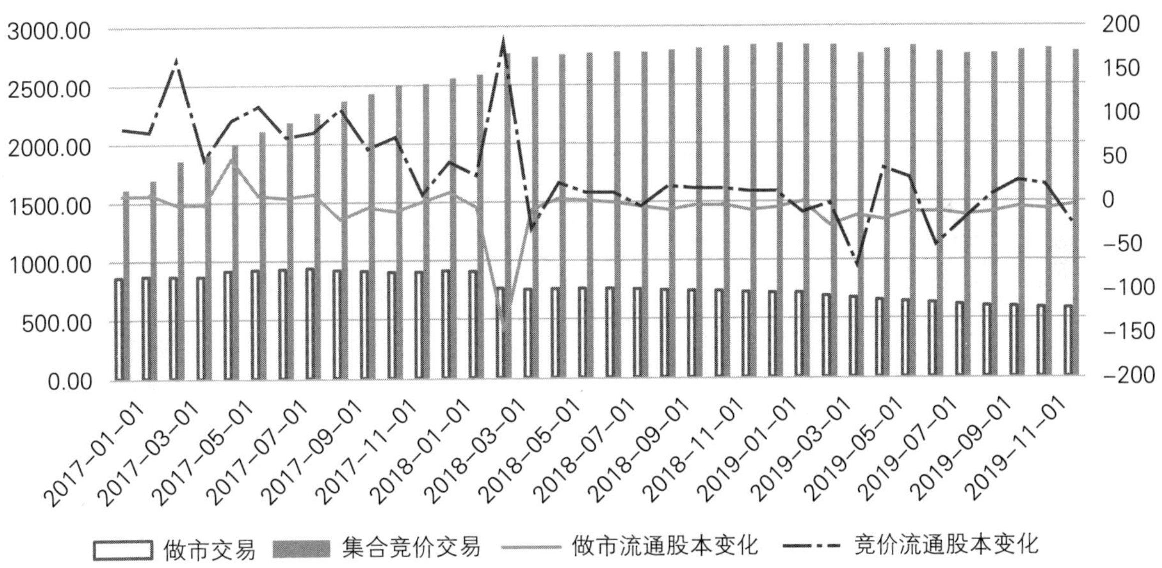

附录图4－2　做市转让与竞价交易流通股本月度变化图（2017—2019年）

资料来源：海瀛新锐，WIND

（二）行业分类

在全部挂牌公司中，工业仍然是排名第一的行业门类，挂牌公司数占比29.9%，较2018年上升0.8%；其次是信息技术类企业，占比26.01%，较2018年下降了2%；排名第三位为可选消费类公司，占比14.12%，较18年下降了0.2%。

附录表 4－2　2019 年各行业挂牌公司情况概览表（Wind 一级行业）

行业名称	总挂牌家数	股份总量（万股）	总资产均值（万元）	净资产合计（万元）	净资产均值（万元）	营业收入均值（万元）	净利润均值（万元）
工业	2580	13355858	23202	27945798	10832	18267	869
信息技术	2244	9964449	16983	21943469	9779	19815	669
非日常生活消费品	1218	5777222	20689	12211444	10026	17619	197
原材料	1020	6766024	27769	15033453	14739	23465	1060
医疗保健	486	2753230	23324	7208415	14863	15243	1123
日常消费品	475	3248432	28083	7022254	14784	25595	998
电信业务	173	1044078	20202	2043714	11813	14654	404
能源	162	1361332	40959	2640072	16297	29713	-753
金融	124	8764946	684790	17147273	138284	82825	6602
公用事业	74	1436214	69029	2146129	29399	22493	1678
房地产	70	288741	22591	979774	13997	15404	1026

资料来源：海瀛新锐，Wind。

（三）地域分布

附录表 4－3　2019 年各省市挂牌公司情况概览表

所属地域	2019					2018		
	挂牌家数	家数占比	净资产均值（万元）	营业收入均值（万元）	净利润均值（万元）	挂牌家数	净资产均值（万元）	营业收入均值（万元）
广东	1320	14.74	11207	17090	567	1638	10499	17832
北京	1187	13.26	16664	19338	632	1440	15637	17420
江苏	1070	11.95	12663	17922	1009	1273	10890	16551
浙江	787	8.79	12530	28440	1097	932	11069	22520
上海	714	7.97	11608	37952	575	904	10637	26469
山东	549	6.13	16475	22803	1468	624	15539	20893
湖北	314	3.51	10465	17783	672	360	9886	15532
福建	310	3.46	11859	17809	1150	373	10132	15071
河南	310	3.46	13912	15129	719	371	12536	14348
安徽	308	3.44	15608	18338	920	340	14195	17972
四川	272	3.04	11718	15756	616	311	9981	13457
河北	216	2.41	14029	19714	1355	243	12927	18066
辽宁	183	2.04	14399	15041	1194	223	12209	13618
湖南	179	2	13547	19661	195	223	11832	18947
天津	161	1.8	9986	20499	675	194	9678	18511

续表

所属地域	2019					2018		
	挂牌家数	家数占比	净资产均值（万元）	营业收入均值（万元）	净利润均值（万元）	挂牌家数	净资产均值（万元）	营业收入均值（万元）
陕西	143	1.6	17761	18338	1898	159	17581	18301
江西	126	1.41	11757	20634	828	146	11192	18518
重庆	112	1.25	10955	20913	61	132	11231	14795
山西	83	0.93	11066	11389	761	89	9243	9641
云南	79	0.88	18025	21912	127	94	17454	20134
黑龙江	77	0.86	13695	19255	1045	94	12679	16476
新疆	72	0.8	17191	17309	672	87	15032	16961
吉林	71	0.79	11739	13504	612	85	10217	11225
广西	67	0.75	12124	18809	170	76	12010	15464
内蒙古	54	0.6	18368	27490	1260	66	17104	21937
宁夏	54	0.6	14689	17297	1050	58	13659	16095
贵州	50	0.56	12568	19897	–552	54	13167	16140
甘肃	32	0.36	22257	29752	–265	35	25209	26340
海南	31	0.35	34526	27208	2194	39	25595	24346
西藏	16	0.18	29487	29215	1936	20	24864	24115
青海	6	0.07	27873	14477	1486	6	25167	12091

资料来源：海瀛新锐，Wind。

（四）摘牌公司

	2018	2019
其他不符合挂牌的情形	759	827
生产经营调整	546	700
暂停上市后未披露定期报告	112	395
转板上市	96	65
吸收合并	3	
连续三年亏损	1	
合计	1517	1987

三、新三板 2019 年一级发行市场情况

（一）新增挂牌同比下滑 71%

2018 年以来，新三板市场挂牌公司数持续下降，新增挂牌公司数量减少，主动摘牌公司数急剧增加。2019 年，累计新增挂牌公司 249 家，为 2018 年 583 家的 42.7%。

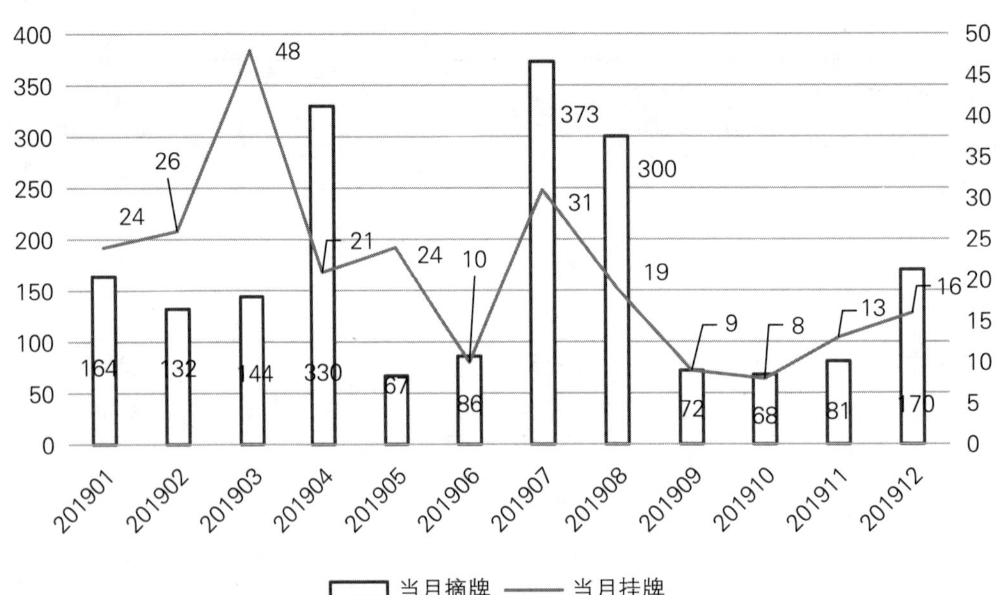

附录图 4－4　2019 年月度摘牌、挂牌数量

资料来源：海瀛新锐，Wind。

（二）新增公司所属行业统计

以新增挂牌公司家数统计，行业分布主要为资本货物、材料 II、商业和专业服务等。以总股本统计，新增行业主要为公用事业 II 、资本货物、材料 II 等。

附录表 4－4　2019 年新增挂牌公司数量行业分布情况（wind 二级行业）

Wind 二级行业	家数	净利润（万元）	总营收（万元）	总股本（万股）	流通股本（万股）
总计	248	227232	3131088	1083566	308867
资本货物	52	34353	1145766	206291	47988
材料 II	35	23092	382715	96859	20462
商业和专业服务	31	17130	190345	63446	13835
技术硬件与设备	22	14957	152958	56518	3066
软件与服务	22	79953	330949	75189	44775
耐用消费品与服装	14	15248	189537	38967	8421
食品、饮料与烟草	11	7736	191677	46884	17597
媒体 II	9	4483	61877	17003	6782
消费者服务 II	8	1475	23625	29751	7929
公用事业 II	7	6257	123932	344027	116880
制药、生物科技与生命科学	7	10186	87855	30333	7173
汽车与汽车零部件	6	3308	50096	13529	1341

续表

Wind 二级行业	家数	净利润（万元）	总营收（万元）	总股本（万股）	流通股本（万股）
半导体与半导体生产设备	5	1654	18919	8640	4054
房地产 II	5	2192	32162	6305	1853
医疗保健设备与服务	3	2284	48934	14005	3118
运输	3	1060	42031	14997	–
保险 II	2	569	7634	3500	625
零售业	2	–680	9064	3500	667
能源 II	2	1061	18255	8123	667
电信服务 II	1	933	6798	3500	917
食品与主要用品零售 II	1	–17	15961	2200	717

资料来源：海瀛新锐，Wind。

（三）增发

1. 增发总次数下降明显

挂牌企业融资意愿继续下降，2019 年增发预案总数为 127 次，仅为 2018 年 184 次的 69%。

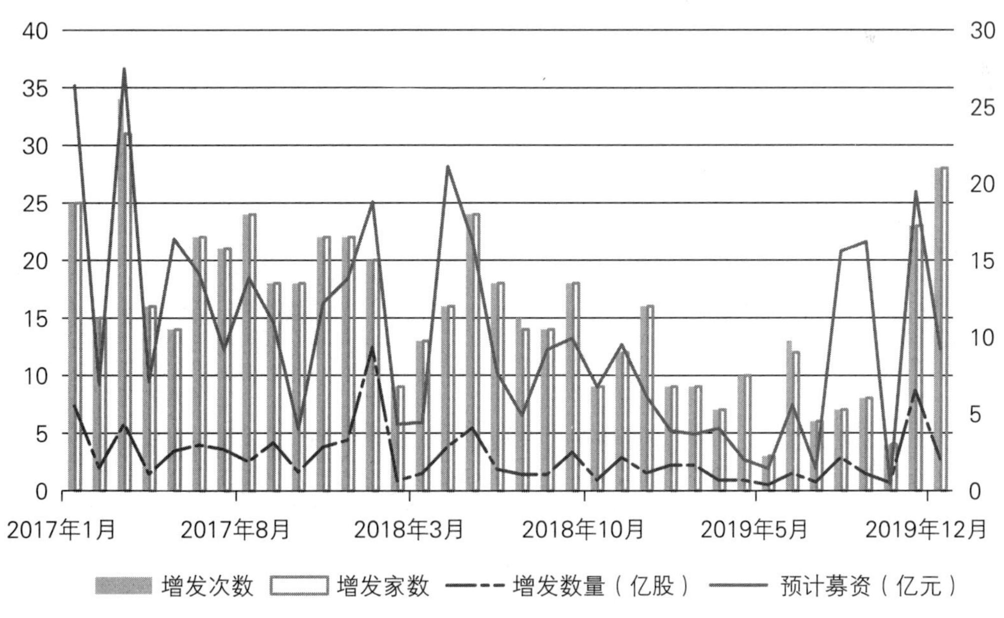

附录图 4－5　2017—2019 年增发预案情况

资料来源：海瀛新锐，Wind。

2. 增发募集资金为 2018 年的 60%

2019 年实施完成的增发募资总额为 243.3 亿元，仅为 2018 年 404.6 亿元的 60%；是

2017 年 735.2 亿元的 33.1%。

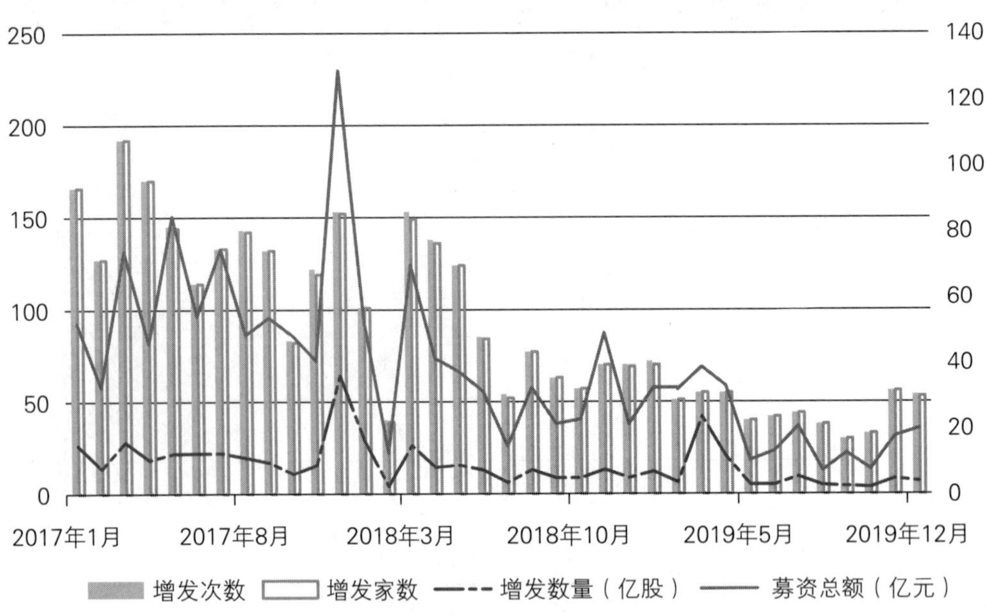

附录图 4 – 6　2017—2019 年增发实施完成情况

资料来源：海瀛新锐，Wind。

3. 增发主承销商

附录表 4 – 5　增发主承销商承销家数排名前 20 名

机构名称	承销家数	募集资金合计（万元）	机构名称	承销家数	募集资金合计（万元）
申万宏源证券有限公司	33	114226	西南证券股份有限公司	16	69638
东吴证券股份有限公司	22	44852	国融证券股份有限公司	14	44633
天风证券股份有限公司	20	31962	国泰君安证券股份有限公司	14	123715
安信证券股份有限公司	19	39720	光大证券股份有限公司	12	54357
开源证券股份有限公司	19	56080	兴业证券股份有限公司	11	18866
中泰证券股份有限公司	18	34404	海通证券股份有限公司	10	20027
招商证券股份有限公司	17	99043	东莞证券股份有限公司	9	36280
中信建投证券股份有限公司	17	447438	财通证券股份有限公司	9	32637
东北证券股份有限公司	17	31972	首创证券有限责任公司	8	25569
长江证券股份有限公司	16	45106	万联证券股份有限公司	8	10017

资料来源：海瀛新锐，Wind。

（四）债券发行

2019 年共有 7 家企业发行 9 次各类债券，累计发行各类债券 55.1 亿元。

附录表 4－7　2019 债券发行概况表

公司简称	债券简称	发行期限（年）	票面利率（%）	上市日期	发行规模（亿）	利率类型	发行方式
中国康富	19 康富 D1	1.0	6.00	2019-11-27	5.00	固定利率	私募
中国康富	19 康富 04	3.0	6.30	2019-10-31	5.00	累进利率	私募
东方股份	19 衢州 01	3.0	6.30	2019-07-08	1.00	固定利率	私募
中国康富	19 康富 02	3.0	6.30	2019-05-21	8.00	累进利率	私募
飞企互联	PR 飞企债	3.0	6.50	2019-04-23	0.20	固定利率	私募
浙商创投	19 浙投 01	5.0	7.50	2019-04-15	0.50	累进利率	公募
中投保	19 中保 01	5.0	3.87	2019-04-15	25.00	累进利率	公募
泛华体育	19 泛华 01	3.0	6.50	2019-04-12	0.40	固定利率	私募
中国康富	19 康富 01	3.0	6.50	2019-04-12	10.00	固定利率	私募

资料来源：海瀛新锐，Wind。

（五）分红送股

2019 年共有 2987 家挂牌公司进行了分红送股。其中分红有 2530 家次，送股的 407 家次、398 家次转增股份。

附录表 4－8　2019 年分红行业分布表

Wind 行业	派息	送股	转增
总计	3356920.7	673000.3	835310.6
材料 II	586620.8	102209.6	116993.2
资本货物	473789.8	134722.4	142152.4
软件与服务	454393.9	97746.6	124126.2
商业和专业服务	275544.8	63497.5	51086.0
技术硬件与设备	247287.4	46706.0	41373.3
食品、饮料与烟草	190689.1	52409.7	91334.1
多元金融	187765.1	3694.0	5937.4
制药、生物科技与生命科学	178104.3	25852.3	67936.6
媒体 II	116520.6	18154.2	19050.3
银行	103730.8	33267.6	–
汽车与汽车零部件	92990.4	12669.3	8433.1
耐用消费品与服装	85243.1	10190.6	19451.9
医疗保健设备与服务	76833.7	11702.0	8529.7
公用事业 II	63411.5	3887.1	9846.5

续表

Wind 行业	派息	送股	转增
运输	62307.5	15811.6	15298.0
消费者服务Ⅱ	49077.6	11874.4	15506.3
零售业	39471.5	8750.9	48270.7
能源Ⅱ	21521.7	1747.2	32093.5
房地产Ⅱ	16657.5	3205.7	1320.0
家庭与个人用品	8045.8	3902.4	1534.6
半导体与半导体生产设备	7999.3	6277.8	6894.3
电信服务Ⅱ	7700.3	2341.6	8142.6
食品与主要用品零售Ⅱ	6230.3	2379.5	–
保险Ⅱ	4983.9	–	–

资料来源：海瀛新锐，Wind。

（六）推荐挂牌主办券商

2019 年有 55 家主办券商开展推荐挂牌业务，前 10 名是：

附录表 4－9　2019 年主办券商前 10 名

主办券商	挂牌家数	股份总量（万股）	可交易股份总量（万股）
开源证券	56	117316.50	27441.45
国融证券	22	61682.71	19185.93
东吴证券	15	31317.44	2465.83
长江证券	9	17298.70	1976.12
中泰证券	8	30866.00	8743.67
西南证券	8	27655.00	9406.92
恒泰证券	8	14547.89	5453.60
财通证券	7	16868.50	2098.22
申万宏源证券	7	23431.00	5601.82
中信建投	6	26697.87	2743.33

资料来源：海瀛新锐，Wind

四、2019 年新三板二级市场交易情况

1. 三板指数

从指数走势来看，三板做市指数从年初的 715.08 点下跌至 1 月的 707.8 点后触底反弹；

2019 年 12 月 30 日收盘价为 909.52 点，上涨 27.2%；同期中小板指上涨 41.4%，创业板指上涨 45.7%。

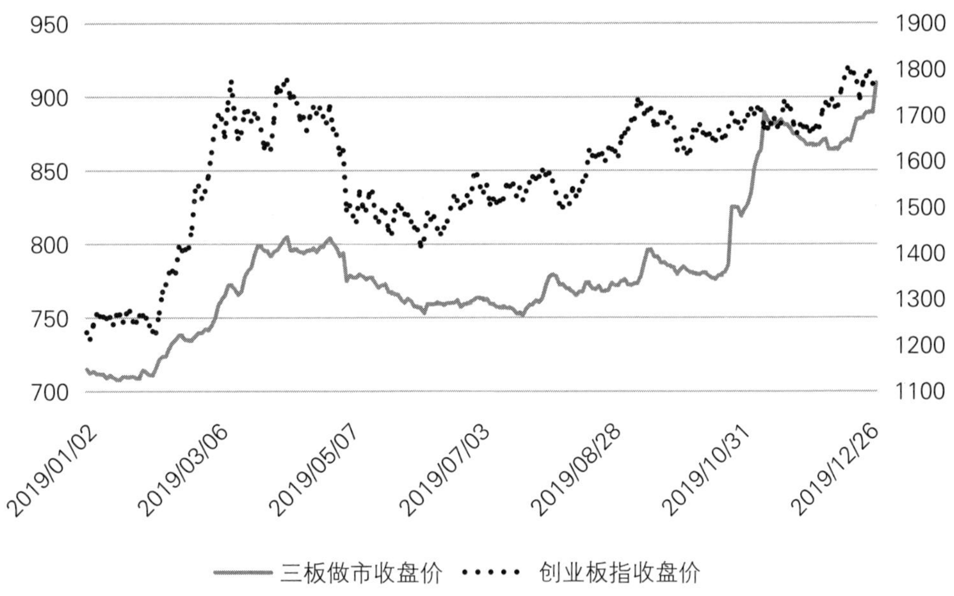

附录图 4－7　2018 年三板做市、创业板指对比

资料来源：海瀛新锐，Wind。

2. 成交

2019 年，新三板成交呈逐步放大趋势，2 月份新三板月度成交额 43 亿元，12 月成交额达到 99 亿元。

附录表 4－10　新三板 2019 年成交数据

交易日期	成交数量（万股）			成交金额（万元）			成交均价（元）		
	合计	做市交易	集合竞价交易	合计	做市交易	集合竞价交易	合计	做市交易	集合竞价交易
2019-01-31	230320	75784	154536	757524	264646	492878	3.30	3.32	3.31
2019-02-28	119347	50648	68699	430521	186312	244209	3.65	3.80	3.56
2019-03-29	210408	106979	103429	847030	487439	359591	4.09	4.62	3.64
2019-04-30	201221	70063	131158	684052	354976	329076	3.52	5.14	2.61
2019-05-31	146023	52585	93438	539339	246060	293279	3.67	4.49	3.18
2019-06-28	162064	51336	110728	598995	257885	341110	3.65	4.40	3.20
2019-07-31	220720	70389	150331	824370	302044	522326	3.78	4.28	3.55
2019-08-30	192637	72447	120190	744963	332000	412962	4.11	4.67	3.77
2019-09-30	151316	66152	85164	598865	338217	260649	4.03	5.22	3.13
2019-10-31	130537	43770	86766	511114	180507	330607	3.89	4.09	3.85
2019-11-29	180487	90176	90311	725773	417076	308697	4.01	4.65	3.40
2019-12-31	256939	84790	172149	994345	474790	519555	4.03	5.48	3.25

资料来源：海瀛新锐，Wind

3. 行业成交情况

2019 年，新三板中软件与服务、多元金融业、材料 II 成交最为活跃。

附录表 4－11　2018 年新三板行业成交情况

行业名称	区间成交数量（万股）		区间成交金额（万股）		区间成交额占股转总成交额比重（%）	
	合计	做市交易	合计	做市交易	合计	做市交易
制药、生物科技与生命科学	44954	34590	802022	724703	100.00	90.4
软件与服务	119280	87504	517242	375484	100.00	72.6
材料 II	77883	57500	300599	228223	100.00	75.9
技术硬件与设备	72908	54392	289012	233536	100.00	80.8
资本货物	73250	40695	213750	113632	100.00	53.2
多元金融	161109	86360	181322	106103	100.00	58.5
商业和专业服务	44505	37518	112354	79826	100.00	71.0
医疗保健设备与服务	19509	17615	78990	68236	100.00	86.4
食品、饮料与烟草	24707	7659	68593	31857	100.00	46.4
运输	19073	16164	60241	52848	100.00	87.7
媒体 II	15785	11251	44220	32724	100.00	74.0
耐用消费品与服装	5546	2356	29127	10332	100.00	35.5
汽车与汽车零部件	5786	3997	20101	13795	100.00	68.6
零售业	10873	916	13259	2306	100.00	17.4
消费者服务 II	3478	1808	12899	4972	100.00	38.5
半导体与半导体生产设备	10334	8950	11575	7377	100.00	63.7
能源 II	4028	2806	10052	6731	100.00	67.0
公用事业 II	6886	4995	9995	6389	100.00	63.9
银行	2958	0	9383	0	100.00	0.0
家庭与个人用品	1702	1169	4154	2581	100.00	62.1
房地产 II	247	185	3809	3492	100.00	91.7
电信服务 II	1860	483	3679	2528	100.00	68.7
食品与主要用品零售 II	1128	11	2659	23	100.00	0.9
保险 II	317	27	1478	123	100.00	8.3

资料来源：海瀛新锐，Wind。

4. 估值情况

（1）2019 年新三板估值变化情况。

虽然 2019 年新三板二级市场持续火爆，但整体估值修复却较为缓慢。

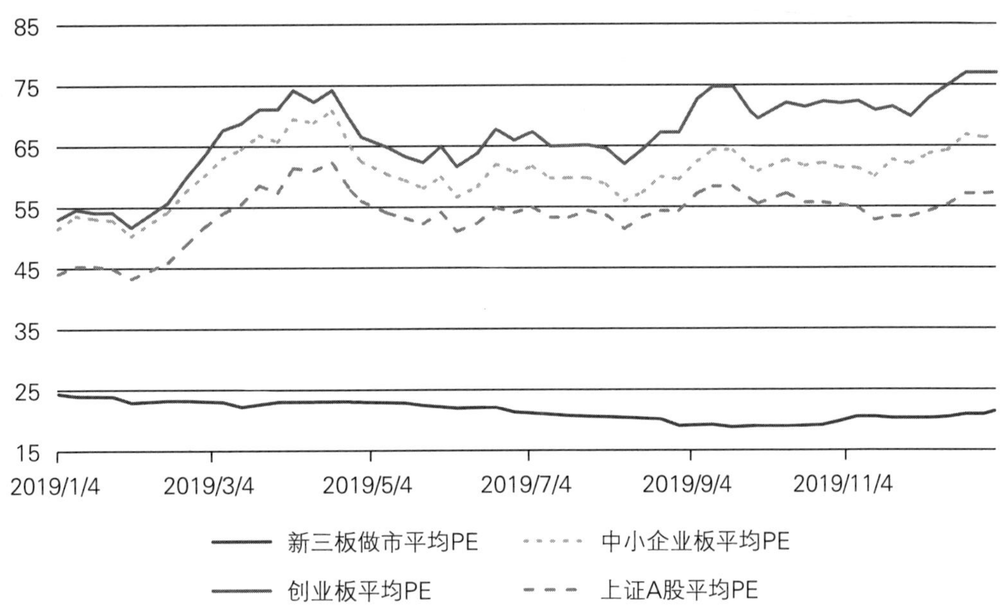

附录图 4－8　2019 年新三板（做市）、中小板、创业板、上证平均 PE 比较图

资料来源：海瀛新锐，Wind。

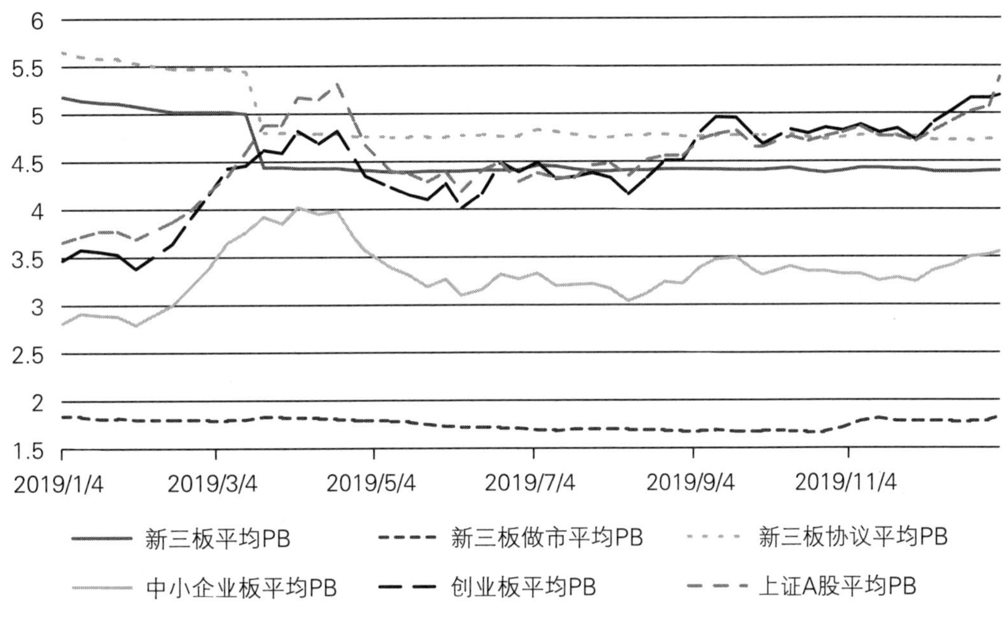

附录图 4－9　新三板、中小板、创业板、上证平均 PB 比较图

资料来源：海瀛新锐，Wind。

（2）行业估值。

新三板平均 PE（市盈率）前三名为软件与服务、媒体Ⅱ、食品、饮料与烟草，平均市盈率分别为 339 倍、157 倍、121 倍。

平均 PB（市净率）前三名的则为媒体Ⅱ，零售业，食品、饮料与烟草，分别为 14.08 倍、7.37 倍、5.37 倍。

附录表 4－12　新三板、中小板、创业板平均 PE、PB 比较表

行业名称	新三板			中小企业板			创业板		
	公司家数	平均 PE	平均 PB	公司家数	平均 PE	平均 PB	公司家数	平均 PE	平均 PB
能源Ⅱ	88	2.70	2.46	11	19.12	18.67	5	67.68	2.31
材料Ⅱ	1058	4.37	3.21	164	31.18	2.54	92	19.16	3.74
资本货物	1635	8.47	2.69	229	36.43	2.61	193	51.57	3.27
商业和专业服务	832	−3.65	3.48	17	58.00	3.12	42	64.36	2.97
运输	134	24.98	2.13	19	24.45	2.37	3	−8198.40	2.50
汽车与汽车零部件	191	120.70	2.21	39	−2.35	2.01	23	46.23	2.93
耐用消费品与服装	314	−67.58	3.81	84	29.17	2.94	23	47.48	3.92
消费者服务Ⅱ	198	−45.67	−10.38	11	−89.32	33.27	8	13.74	2.32
媒体Ⅱ	356	156.94	14.08	16	29.54	3.58	25	35.57	4.57
零售业	150	86.26	7.37	8	13.40	1.19	3	2.73	5.15
食品与主要用品零售Ⅱ	37	121.36	4.92	5	12.68	2.32	2	53.79	8.52
食品、饮料与烟草	404	−7.46	5.37	53	43.36	3.42	15	−22.96	4.32
家庭与个人用品	32	48.07	4.32	3	39.75	2.88	1	139.05	3.24
医疗保健设备与服务	211	29.46	3.72	16	−1.24	3.03	20	53.70	6.16
制药、生物科技与生命科学	266	20.03	3.27	64	97.49	3.39	66	87.38	5.00
银行	9	18.56	0.93	7	11.74	1.25	0		
多元金融	90	11.03	2.58	11	42.42	3.21	3	36.05	4.84
保险Ⅱ	25	12.35	3.23	0			0		
软件与服务	1563	339.00	4.08	52	54.43	3.58	115	−7.17	5.03
技术硬件与设备	778	−28.93	2.88	105	50.83	4.29	133	43.52	4.86
半导体与半导体生产设备	63	71.32	3.97	17	25.29	3.70	32	56.64	2.30
电信服务Ⅱ	24	−37.32	5.00	1	67.28	3.65	1	86.43	4.14
公用事业Ⅱ	98	47.74	2.68	9	18.61	2.51	2	16.76	1.20
房地产Ⅱ	70	64.90	5.19	14	19.67	1.59	0		

资料来源：海瀛新锐，Wind

5. 做市券商排名

截至 2019 年 12 月 31 日，新三板做市商共有 24 家。

附录表 4 – 13　2019 做市券商做市股票数量排名

券商列表	期间做市股票个数	截止日做市股票个数	总市值（万元）
中原证券股份有限公司	10	9	4886380
中天证券股份有限公司	7	7	7345620
长城证券股份有限公司	6	5	8036571
银泰证券有限责任公司	5	5	2969399
中航证券有限公司	5	5	2323030
湘财证券股份有限公司	4	4	4300540
安信证券股份有限公司	3	3	2611697
国泰君安证券股份有限公司	3	3	1889848
华安证券股份有限公司	3	3	190631
金元证券股份有限公司	3	3	211844
国海证券股份有限公司	2	2	97833
国金证券股份有限公司	2	2	211769
中山证券有限责任公司	2	2	288181
大同证券有限责任公司	2		265773
天风证券股份有限公司	1	1	21065
德邦证券股份有限公司	1	1	19778
国信证券股份有限公司	1		561295
浙商证券股份有限公司	1	1	20561
九州证券股份有限公司	1	1	130842
中国国际金融股份有限公司	1	1	2018065
南京证券股份有限公司	1		2018065
红塔证券股份有限公司	1	1	97264
江海证券有限公司	1	1	13300
太平洋证券股份有限公司	1	1	8610

资料来源：海瀛新锐，Wind

五、并购、重组

1. 并购

2019 年，上市公司并购挂牌公司事件发生了 161 起，较 2018 年 223 起下降了 28%。按照进度划分：完成的有 106 起、进行中的有 28 起、暂停 / 终止的有 27 起。

其中，完成部分，按照并购目的划分，垂直整合的 13 起、多元化战略的 23 起、横向整合的 59 起、买壳上市的 3 起、战略合作的 16 起、资产调整的 12 起、、其他的 35 起。

附录表 4 – 14　上市公司并购挂牌公司交易金额前 15 名

公司名称	所属行业	公司名称	并购目的	支付方式	交易金额（万元）
韦尔股份	半导体与半导体生产设备	思比科（退市）	资产调整	股权	1351206.44
天泽信息	软件与服务	有棵树（退市）	多元化战略	股权 + 现金	339997.06
青松股份	材料 II	诺斯贝尔（退市）	横向整合	股权 + 现金	243000.00
山鼎设计	商业和专业服务	赛普健身（退市）	战略合作	股权 + 现金	223506.10
盛屯矿业	资本货物	四环锌锗（退市）	垂直整合	股权 + 现金	213874.60
云南旅游	消费者服务 II	文旅科技（退市）	买壳上市	股权 + 现金	201741.56
新宏泰	资本货物	海高通信	多元化战略	股权	180000.00
星期六	耐用消费品与服装	遥望网络（退市）	横向整合	股权 + 现金	177130.21
立昂技术	技术硬件与设备	沃驰科技（退市）	垂直整合	股权 + 现金	164800.00
宝新能源	公用事业 II	东方富海	横向整合	现金	144000.00
会畅通讯	电信服务 II	数智源（退市）	横向整合	股权 + 现金	104227.79
越秀金控	多元金融	广州期货	其他	现金	101641.80
兴业矿业	材料 II	雪银矿业（退市）	横向整合	股权 + 现金	99892.76
远望谷	技术硬件与设备	龙铁纵横（退市）	多元化战略	股权 + 现金	97374.45

资料来源：海瀛新锐，Wind。

2. 重组

据 wind 统计，2019 全年新三板共发生 35 次重组。

按照重组方式划分，发行股份收购资产 16 次、协议收购 12 次、二级市场收购 3 次、增资 2 次、其他 2 次。

按照重组目的划分，横向联合 17 次、多元化战略 4 次、垂直整合 6 次、资产调整 1 次、其他 7 次。

六、其他重大事项

1. 股权质押

2019年，累计公告发生1700次股权质押，质押股数达236亿股。分行业质押情况如下：

附录表4－15　2019年新三板股权质押分行业概况（Wind二级行业）

行业	质押总额（万股）	质押次数
多元金融	823694.60	36
材料Ⅱ	287907.18	235
资本货物	231426.04	254
食品、饮料与烟草	156342.00	228
软件与服务	127452.41	227
商业和专业服务	123298.18	145
技术硬件与设备	101324.23	142
消费者服务Ⅱ	86819.68	41
运输	70405.37	33
耐用消费品与服装	62837.82	73
媒体Ⅱ	55280.97	51
公用事业Ⅱ	44766.54	18
制药、生物科技与生命科学	41492.05	54
汽车与汽车零部件	37180.00	41
能源Ⅱ	32398.67	27
医疗保健设备与服务	17040.83	21
零售业	15733.00	27
房地产Ⅱ	12725.32	8
半导体与半导体生产设备	12693.46	14
银行	10326.73	4
家庭与个人用品	9163.81	12
食品与主要用品零售Ⅱ	3150.00	8
电信服务Ⅱ	800	1

资料来源：海瀛新锐，Wind。

2. 冻结

2019年，新三板共发生冻结股权232起，累计冻结41.5亿股。

附录表 4－16　2019 年新三板股权冻结分行业概况（Wind 二级行业）

Wind 行业	次数	冻结股数（万股）
资本货物	35	52964.42
材料Ⅱ	21	48830.77
食品、饮料与烟草	22	41367.60
多元金融	5	38902.10
运输	4	38025.06
商业和专业服务	20	28858.63
软件与服务	39	28009.08
制药、生物科技与生命科学	12	27550.57
技术硬件与设备	20	23530.08
消费者服务Ⅱ	10	18936.53
公用事业Ⅱ	2	15728.81
耐用消费品与服装	10	13463.55
媒体Ⅱ	8	11751.15
半导体与半导体生产设备	7	8324.48
房地产Ⅱ	4	8087.53
能源Ⅱ	4	6516.55
食品与主要用品零售Ⅱ	1	1692.52
零售业	4	1599.92
医疗保健设备与服务	3	565.9
银行	1	480
总	232	415185.23

资料来源：海瀛新锐，Wind。

3. 诉讼仲裁

2019 年，新三板共发生诉讼仲裁 2573 起，累计涉案金额 279 亿元。

附录表 4－17　2019 年新三板诉讼仲裁金额分行业概况（Wind 二级行业）

Wind 行业	涉案次数	涉案金额（万元）
多元金融	154	443531.79
资本货物	535	430115.36
材料Ⅱ	374	326281.31
消费者服务Ⅱ	54	282402.63
软件与服务	261	219661.57

续表

Wind 行业	涉案次数	涉案金额（万元）
耐用消费品与服装	131	196741.38
技术硬件与设备	160	176498.29
食品、饮料与烟草	149	161197.20
商业和专业服务	163	148127.03
媒体 II	91	99366.64
公用事业 II	124	84852.04
能源 II	36	74106.03
半导体与半导体生产设备	28	30046.72
汽车与汽车零部件	45	27157.90
房地产 II	33	24897.39
银行	111	16716.99
医疗保健设备与服务	20	14557.91
零售业	43	10026.93
制药、生物科技与生命科学	25	9980.37
食品与主要用品零售 II	9	8860.23
家庭与个人用品	7	3798.48
运输	19	3756.13
电信服务 II	1	560
总计	2573	2793240.32

资料来源：海瀛新锐，Wind。

4. 处罚

2019 年，新三板共发生处罚 833 起，累计处罚金额 4564 万元。

附录表 4－18　2019 年新三板处罚分行业概况（Wind 二级行业）

Wind 行业	处罚次数	处罚金额（万元）
资本货物	136	420.7
材料 II	128	836.49
软件与服务	91	60.42
食品、饮料与烟草	69	484.47
商业和专业服务	67	615.74
技术硬件与设备	53	189.28
制药、生物科技与生命科学	50	164.71

续表

Wind 行业	处罚次数	处罚金额（万元）
耐用消费品与服装	47	13.36
多元金融	33	47
消费者服务 Ⅱ	21	7.48
媒体 Ⅱ	21	22
医疗保健设备与服务	20	153.09
保险 Ⅱ	19	218.6
公用事业 Ⅱ	14	816.66
汽车与汽车零部件	12	45
能源 Ⅱ	12	100.56
零售业	9	80
运输	8	21.8
食品与主要用品零售 Ⅱ	8	62.78
家庭与个人用品	5	78
房地产 Ⅱ	5	0
银行	3	90
半导体与半导体生产设备	2	5.1
总计	833	4533.26

资料来源：海瀛新锐，Wind。

5. 股权转让

2018 年，新三板共发生股权转让 3682 起。

附录表 4 – 19　2019 年新三板股权转让分行业概况（Wind 二级行业）

行业	件数	行业	件数
软件与服务	818	医疗保健设备与服务	70
资本货物	492	零售业	70
材料 Ⅱ	410	半导体与半导体生产设备	56
商业和专业服务	382	多元金融	48
技术硬件与设备	334	公用事业 Ⅱ	40
媒体 Ⅱ	200	房地产 Ⅱ	37
消费者服务 Ⅱ	143	能源 Ⅱ	22
食品、饮料与烟草	126	家庭与个人用品	21
耐用消费品与服装	112	食品与主要用品零售 Ⅱ	20

续表

行业	件数	行业	件数
制药、生物科技与生命科学	110	保险Ⅱ	9
运输	83	电信服务Ⅱ	3
汽车与汽车零部件	76	总计	3682

资料来源：海瀛新锐，Wind。

6. 股权激励

2019 年，新三板共发生股权激励 115 起，涉及股票的 95 起、涉及期权的 20 起。其中实施的 42 起、股东大会通过的 59 起、股东大会未通过的 1 起、停止实施的 7 起、董事会预案的 6 起。

附录表 4 – 20　2019 年激励方式汇总情况

激励方式	件数
股东转让股票	51
上市公司定向发行股票	43
上市公司提取激励基金买入流通 A 股	1
授予期权，行权股票来源为股东转让股票	6
授予期权，行权股票来源为上市公司定向发行股票	14
总计	115

资料来源：海瀛新锐，Wind。

附录表 4 – 21　2019 年新三板股权激励分行业概况（Wind 二级行业）

行业	件数	激励总数（万股/万份）	行业	件数	激励总数（万股/万份）
软件与服务	24	4249.07	半导体与半导体生产设备	1	400
技术硬件与设备	21	4182.64	食品、饮料与烟草	2	379.25
制药、生物科技与生命科学	10	3286.46	多元金融	1	360
商业和专业服务	15	3164.69	运输	2	268.41
材料Ⅱ	12	3110.53	食品与主要用品零售Ⅱ	1	100
资本货物	14	2949.01	医疗保健设备与服务	1	54.1
媒体Ⅱ	6	1104.49	零售业	1	53.16
汽车与汽车零部件	1	595	耐用消费品与服装	1	51
消费者服务Ⅱ	2	445.86	总计	115	24753.67

资料来源：海瀛新锐，Wind。

七、2020 年展望

新三板作为我国多层次资本市场的重要组成部分，是解决中小企业发展瓶颈的重要抓手！在中国民营经济每年贡献了 50% 以上的税收，创造了 60% 以上的 GDP，以及 70% 左右的出口，提供了 80% 左右的就业。

随着新三板系列新规的正式出台，2020 年将成为新三板新规实施元年，必将焕发勃勃生机。

1. 法规不断补充、完善，释放制度红利

中央经济工作会议首次直接提及新三板改革。会议确定，2020 年要抓好六大重点工作，包括深化经济体制改革，要加快金融体制改革，完善资本市场基础制度，提高上市公司质量，健全退出机制，稳步推进创业板和新三板改革。

可以预计，将有更多深化新三板改革的相关细则出台，以进一步完善股票发行和再融资制度、提高民营企业首发上市和再融资审核效率等。

2. 深改精选层，打通转板渠道

转板制度是多层次市场间互联互通的桥梁，对于提升我国资本市场服务实体经济能力有着长远意义。对于解决中小企业融资问题，培育中小企业快速健康成长发挥重要作用。就目前而言，转板是新三板投资最为理想的退出通道。

但由于注册制、转入板块范围、上市条件、上市程序等没有出台监管细则，导致了多层次证券市场生态系统“投 - 融 - 管 - 退”渠道没有畅通。预计 2020 年将进一步对精选层深化改革，使相关配套的准入审查、信息披露、交易等各项制度要求趋同沪深交易所，为未来转板的顺畅衔接奠定基础。

3. 投资结构优化、流动性持续改善

根据全国股转公司发布的公告，2019 年 12 月 30 日，新三板全面深化改革第一阶段业务成功上线，自即日起，投资者投资新三板的门槛有所降低：基础层 200 万元、创新层 150 万元、精选层 100 万元。可以预计，新三板流动性持续改善，将成为新三板 2020 年“现象级”状态。

4. 公募基金投资新三板

新三板企业多、融资需求较大，与投资机构少、资金供给不足的根本失衡有望得到缓解。允许公募基金投资新三板挂牌公司，对成交量长期低迷不振的新三板来说，无疑将进一步改善其流动性与估值，至少有三大利处：

一是有利于改善新三板投资者结构，壮大专业机构投资者队伍，提升市场交易活跃度，降低中小企业融资成本；

二是有利于逐步推动基金管理人充分发挥专业管理能力，形成健康、灵活、长期的投资机制，充分发挥机构投资者在多层次资本市场的综合作用，支持国家创新发展战略；

三是有利于拓展公募基金投资范围，帮助投资者分享创新创业型企业成长红利。

但与此同时，也给公募基金自身的投研实力带来更多挑战。

5. 深改完善挂牌公司治理

12 月 20 日，中国证监会正式发布实施修订后的《非上市公众公司监督管理办法》和新制定的《非上市公众公司信息披露管理办法》，标志着全面深化新三板改革进入落地实施阶段。

预计在公司治理方面，会做出作出差异化的监管安排，如要求精选层公司设立独立董事制度、实施累计投票制度、中小股东单独计票等，以确保新三板改革各项措施平稳落地。

后　　记

《中国上市公司业绩评价报告》研究与编辑工作是中联企业管理集团组建的、由国务院国资委等机构专家组成的“中国上市公司业绩评价课题组”完成的。课题组充分借鉴了财政部、国资委颁布的有关企业绩效评价办法，以财政部等五部委颁布的《企业绩效评价操作细则（修订）》为基础，结合中国上市公司的特点，构建了一套包含20多项财务指标的业绩评价体系。评价结果完全基于公开披露的上市公司信息。

2019年面对国内外风险挑战明显上升的复杂局面，中国政府及时作出预判，调控政策，打出“组合拳”，中国经济展现出很强韧性，延续了总体平稳、稳中有进的高质量发展态势。上市公司作为微观主体当中的佼佼者，表现可圈可点，2019年，上市公司整体业绩保持了稳中向好的趋势，营业收入和净利润，同比分别增长8.6%和6.4%，与此同时，A股三大指数一路震荡上行，彰显出宏观经济与微观主体的双重韧性，上证综指（代码：000001）报收于3050.12点，年上涨22.11%；深证综指（代码：399106）报收于1722.94点，年上涨35.61%；创业板指（代码：399006）报收于1798.12点，年上涨43.78%。

基于连续19年对中国上市公司业绩深刻研究，通过对2019年中国A股上市公司的研究，形成了丰富的研究成果。通过对2019年国内外宏观经济背景的分析，2019年上市公司评价报告对上市公司的经营业绩进行了综合评价，在此基础上，结合各界专家的意见，最终推选出中国资本市场权威、科学的“中联价值”上市公司。课题组还深入研究煤炭、石油石化、有色等15个重点行业，所选行业覆盖了产业规划重点扶持行业和投资者关注的市场特点板块，为了提升业绩评价报告研究深度，组织召开了部分行业的研讨会。课题组还对新三板、上市公司年度税收负担率等进行了研究分析，丰富了中国上市公司业绩评价报告的内容。

本书分为三个部分及一个附录，其中第一部分第一章由穆东升、张晓梅撰写；第二章由丁青超、孙凯萌撰写；第三章由李向亮撰写。第二部分第四章由陶涛、石圣之撰写；第五章由蒋卫锋、翟湘琳撰写；第六章由陶涛、刘杰撰写；第七章由潘明、高峰撰写；第八章由金阳、张换利撰写；第九章由俞文杰、龙勇撰写；第十章由李业强、任喆撰写；第十一章由侯超飞、蒋霄骑撰写；第十二章由邹洪、蔡嘉露撰写；第十三章由胡超、黄永佳撰写；第十四章由胡超、张国丽撰写；第十五章由侯超飞、徐晶晶撰写；第十六章由张帆、周骏垚撰写；第十七章由吴晓光、孙禄撰写；第十八章由田祥宇、于哲撰写；第三部分第十九章由赵靖、李静文撰写；第二十章由张世超、李依雯撰写；第二十一章由邓艳芳撰写；第二十二章由刘玮、欧阳翊、张星辰撰写。附录四由陈丹旭撰写。穆东升、潘明、金阳、邓艳芳、唐章奇、刘松、鲁杰钢、韩荣、吴晓光、王大鹏负责审稿与统稿工作。孙庆红、刘志、洪方圆、张晓萌负责本书数据采集、处理和统计分析工作。

课题研究和编纂工作，得到了国务院国资委和国务院发展研究中心的大力支持。第十三届全国人大社会建设委员会委员、国务院国资委原副主任孟建民等为研究工作提供了诸多指导，在此谨表谢意！